Kohlhammer

Religionspädagogik innovativ

Herausgegeben von

Rita Burrichter
Bernhard Grümme
Hans Mendl
Manfred L. Pirner
Martin Rothgangel
Thomas Schlag

Band 45

Die Reihe „Religionspädagogik innovativ" umfasst sowohl Lehr-, Studien- und Arbeitsbücher als auch besonders qualifizierte Forschungsarbeiten. Sie versteht sich als Forum für die Vernetzung von religionspädagogischer Theorie und religionsunterrichtlicher Praxis, bezieht konfessions- und religionsübergreifende sowie internationale Perspektiven ein und berücksichtigt die unterschiedlichen Phasen der Lehrerbildung. „Religionspädagogik innovativ" greift zentrale Entwicklungen im gesellschaftlichen und bildungspolitischen Bereich sowie im wissenschaftstheoretischen Selbstverständnis der Religionspädagogik der jüngsten Zeit auf und setzt Akzente für eine zukunftsfähige religionspädagogische Forschung und Lehre.

Reese-Schnitker/Bertram/Fröhle (Hrsg.)

Gespräche im Religionsunterricht

Einblicke - Einsichten - Potenziale

Verlag W. Kohlhammer

1. Auflage 2022

Gesamtherstellung: W. Kohlhammer GmbH, Stuttgart

Print:
ISBN 978-3-17-038166-7

E-Book-Format:
pdf: 978-3-17-038167-4

Inhaltsverzeichnis

III Ausgewählte thematisch-vertiefende Studien

Einleitung

Daniel Bertram / Dominic Fröhle / Annegret Reese-Schnitker

Stellen wir uns eine Religionsstunde vor: einen Klassenraum, eine Klasse, eine Lehrperson. Stellen wir uns vor, wir könnten, gewissermaßen als stille Beobachter_innen, in das Schulgebäude hineinsehen und den Unterricht verfolgen. Wir könnten alles Gesprochene verstehen und den Blickwinkel wechseln, um den ganzen Raum zu erfassen. Der Unterricht beginnt und dann passiert etwas recht Alltägliches: Eine Schülerin hebt die Hand, wird drangenommen und leitet ein: „Ich hab' da mal 'ne Frage." Was nun folgt, kann banal sein (sie könnte ja fragen, ob sie einmal auf die Toilette darf), muss es aber nicht: es könnte ebenso gut Ausgangspunkt eines längeren Gesprächs unter Beteiligung ihrer Mitlernenden zum Thema der Stunde sein, das Korrelationen sichtbar werden lässt und letztlich sogar einen erkenntniserweiternden Gesprächsprozess initiieren. Viele Nuancen dazwischen sind denkbar. Die Frage der Schülerin kann sich als für den Unterricht bedeutungslos erweisen und keinen Einfluss auf den weiteren Verlauf haben oder denkwürdig sein, ihre Mitschüler_innen zum Nachdenken, Hinterfragen und gemeinsamen Debattieren anregen und dabei vielleicht auch den zuvor konzipierten Unterrichtsplan der Lehrperson irritieren und möglicherweise ablösen.

Um Beobachtungen wie diese, tatsächliches, alltägliches Unterrichtsgeschehen, einer religionspädagogischen Reflexion zu unterziehen, wurde das Projekt der Kasseler Unterrichtsgesprächsstudie von einer Forschungsgruppe begonnen, die aus wissenschaftlich und in der schulischen Praxis arbeitenden Personen besteht. Forschungsfragen, die sich auf Erfahrungen im konkreten Religionsunterricht gründen, wurden formuliert und ein mehrstufiges empirisches Forschungsdesign entwickelt. Über mehrere Jahre hinweg wurden 63 Stunden Religionsunterricht aufgezeichnet und darin 351 Unterrichtsgespräche identifiziert, ausgewertet und interpretiert. Das Ergebnis dieser Anstrengung ist dieses Buch, das Sie nun in Händen halten.

In drei Teilen möchte dieses Buch, gemäß den ankündigenden Schlagworten des Untertitels, *Einblicke* in das Thema und den Forschungsstand zu Unterrichtsgesprächen im religionsunterrichtlichen Kontext geben (Teil A), das Forschungsvorhaben, die Durchführung und vor allem die *Einsichten* der Kasseler Unterrichtsgesprächsstudie vorstellen (Teil B) und, darauf aufbauend, Hinweise und praktische Arbeitshilfen zur Verfügung stellen, um *Potentiale* für religionsunterrichtliches Handeln herauszustellen (Teil C).

Es war eine bewusste Entscheidung während des Entstehens dieses Bandes, der Unterrichtsstudie einen ersten Teil vorzuschalten, in dem das Unterrichtsgespräch im religionspädagogischen Kontext von unterschiedlichen Autor_innen unter Berücksichtigung verschiedener Perspektiven beleuchtet wird. Verschiedene Beweggründe dafür sind zu nennen. Eine solche Konzentration von Beiträgen zum Thema unterrichtlicher Kommunikation gibt es bisher nicht. Zudem war es uns ein Anliegen, dadurch Relevanz und Potential der Fragestellung unserer Studie zu Unterrichtsgesprächen mindestens implizit aufweisen zu können. Und schließlich zeigt die Breite der Perspektiven, dass Unterrichtsgespräche ein komplexes Forschungsfeld sind. Neben unserer Studie, die ein facettenreiches, aber begrenztes Bild von Gesprächen im Unterricht reflektiert, sind vielfältige andere Zugänge und Perspektiven möglich, die wir exemplarisch abbilden möchten.

So stehen am Anfang des *Teils A* zwei einführende Beiträge der Herausgeber_innen zu Unterrichtsgesprächen an und für sich, im schulischen wie religionsunterrichtlichen Kontext. *Annegret Reese-Schnitker* klärt grundsätzlich den Begriff des Gesprächs und problematisiert den schulischen und religionsunterrichtlichen Kontext desselben. Die Relevanz von Gesprächen für (religiöses) Lernen wird reflektiert und es werden Desiderate und Kritik am Unterrichtsgespräch herausgestellt. Der Beitrag von *Daniel Bertram* konzentriert sich auf die begriffliche Fassung zu Unterrichtsgesprächen und zeichnet deren Entwicklung in der schulpädagogischen Diskussion nach. Es schließt der Beitrag von *Andrea Schulte* zur (religiösen) Sprachbildung im Religionsunterricht an, der die Notwendigkeit, in die Fach- und Sprachlichkeit des Lernens und Lehrens innerhalb eines religiösen Sprechraums Einsicht zu nehmen, hervorhebt und diese auch im Hinblick auf die Herausforderung für Unterrichtende kritisch hinterfragt. Der folgende Beitrag von *Hanna Roose* geht darüber hinaus und problematisiert (religionsunterrichtliche) Gesprächsmuster vor allem ob des Anspruchs der für das Fach stets zu Recht eingeforderten Subjektorientierung. Hier gerät das Gespräch als Teil der religionsunterrichtlichen Alltagsroutinen in den Blick und es wird für die Beharrungskräfte der Normform von Unterricht sensibilisiert. Es kann als erster Ausblick auf das Potential von Unterrichtsgesprächen verstanden werden, wenn *Petra Freudenberger-Lötz, Julia Drube* und *Carolin M. Altmann* in ihrem Beitrag sehr praxisnah Gespräche im Kontext des Theologisierens mit Jugendlichen beschreiben und beispielhaft mit einem Einblick in die Kasseler Forschungswerkstatt „Theologische Gespräche“ verbinden. Zu einem sehr konkreten bedeutenden Einzelaspekt nimmt *Marcel Franzmann* Stellung, indem er die Rolle des Geschlechts beim Entstehen der Gespräche und darüber hinaus hinterfragt. *Sarah Delling* wiederum stellt die Themenentwicklung in das Zentrum ihres Beitrages und analysiert unter anderem die Wechselbeziehung zwischen ebendieser, der Form des Unterrichtsgesprächs und den Folgen für den Gesprächsverlauf. Das Potential von Gesprächen im Religionsunterricht im Kontext biblischer Lernprozesse zeigt *Rebecca Gita Deurer* auf. *Matthias Scharer*, der den Religionsunterricht an sich als kommunikatives Geschehen versteht, plädiert vor dem Hintergrund dieser Annahme dafür, insbesondere Unterrichtsgespräche mit einem themenzentriert-interaktionellen und kommunikativ-theologischen Blick zu betrachten und legt dies in seinem Beitrag begründet dar. Es folgt der Beitrag von *Hans Schmid*, der die Dramaturgie des Unterrichts als Ausgangspunkt seiner Frage nach der Rolle von Gesprächen im Religionsunterricht wählt und vor der Erfahrung seiner Forschung kritisch Stellung dazu nimmt. Schließlich ist es *Peter Orth*, der in seinem sehr praxisnahen Beitrag die Gelingensbedingungen von Gesprächen diskutiert und konkret zu fassen versucht, wann ein Gespräch als gelungen beschrieben werden kann. Sein Ergebnis sind Leitfragen, die sicher auch in der Praxis der Lehrerausbildung eine Orientierung geben können.

Der *Teil B* präsentiert die Kasseler Unterrichtgesprächsstudie, macht die methodische Herangehensweise transparent, gibt Inhalte und Erkenntnisse wieder und stellt das Herzstück des Buches dar.

Es werden die Beiträge und Auswertungstexte der Herausgebenden und weiterer Mitglieder der Forschungsgruppe präsentiert. Zu Beginn stehen die Vorstellung des methodischen Vorgehens und die begründete Darstellung des Forschungsdesigns mit den gewählten Erhebungs- und Auswertungsmethoden von *Annegret Reese-Schnitker*. Im Anschluss werden die Ergebnisse des niedriginferenten Ratings von *Marcel Franzmann* und *Martin Richwien* vorgestellt, das mit einem vergleichsweise groben Blick auf den Unterricht, gewissermaßen in einem ersten Schritt, Auskunft über das Vorkommen von Unterrichtsgesprächen allgemein sowie die Platzierung innerhalb der Unterrichtsstunde und die Dauer derselben gibt. Im Folgenden wird *von Annegret Reese-Schnitker, Daniel Bertram, Dominic Fröhle* und *Marcel Franzmann* eine genauere, feingliedrige Analyse mittels des hoch-inferenten Auswertungsverfahrens präsentiert, mit dessen Hilfe die aufgezeichneten Gespräche hinsichtlich der zuvor festgelegten Untersuchungsaspekte interpretiert und bewertet werden. Diese Ergebnisse werden auf zwei spezifische Fokusse hin befragt: Der erste Fokus – von *Daniel Bertram, Dominic Fröhle* und *Annegret Reese-Schnitker* – liegt auf den jeweiligen Lerngruppen und Lehrpersonen. Das Ziel ist, Zusammenhänge zu induzieren und Fallprofile anzulegen. Der zweite Fokus – erarbeitet von *Dominic Fröhle, Daniel Bertram* und *Annegret Reese-Schnitker* – liegt auf den Gesprächstypen selbst: Was lässt sich in der Rückschau zu den zuvor konzipierten Typen sagen? Wie unterscheiden sie sich und wie sind die beobachteten Gesprächstypen in ihrer Differenz zu interpretieren? Um die Forschungsergebnisse auf ihre Aussagekraft statistisch zu prüfen und weitere Muster und Strukturen der Gespräche zu finden und zu validieren, findet sich nachfolgend ein Kapitel mit Ergebnissen einer weiteren konzentrierten statistischen Auswertung von *Hermann-Josef Wagener, Dominic Fröhle* und *Annegret Reese-Schnitker*.

Damit ist, aus einer forschungslogischen Sicht, der erste Teil, der sich mit den konkreten Ergebnissen des Ratingverfahrens beschäftigt, abgeschlossen. Es folgt ein zweiter, der mit den aufgezeichneten videografierten Unterrichtsgesprächen intensiv und vertiefend arbeitet, indem er sequenzielle Gesprächsfeinanalysen vornimmt. Vier ausgewählte Gespräche werden hinsichtlich ihres Verlaufs, ihrer Dynamik und auch ihres didaktischen Potentials kleinschrittig und präzise analysiert. Hier geraten vertane Lernchancen und konkrete Potentiale ebenso in den Blick wie die Komplexität des vielperspektivischen und simultanen, d. h. durch einander überlappende Prozesse gekennzeichneten Unterrichtsgeschehens.

Eine erste Gesprächsfeinanalyse von *Marion Hanser, Daniel Bertram* und *Annegret Reese-Schnitker* widmet sich einem durch eine Schülerfrage initiierten Gespräch, in dem der religionsunterrichtliche Umgang mit Missverständnissen nach einer Präsentation von Schülerinnen betrachtet wird. Eine weitere Gesprächsfeinanalyse – von *Dominic Fröhle* und *Annegret Reese-Schnitker* – zeigt ein stark gelenktes Unterrichtsgespräch, in dem die Theodizee-Thematik in einer 9. Klasse kontroverser Gesprächsgegenstand ist. Ein engagiertes Unterrichtsgespräch, in dem die Schüler_innen miteinander sprechen und über die Konsequenzen einer Welt ohne Gott diskutieren, wird von *Elena Nowatschka* und *Dominic Fröhle* analysiert. Ein letztes echtes Unterrichtsgespräch in einer 6. Klasse zu der Frage, warum es heute keine Geschichten mehr von Gott gibt, wird interpretiert von *Theresa Michel-Heldt, Daniel Bertram* und *Annegret Reese-Schnitker.*

Auf der Grundlage dieser Feinanalysen werden exemplarisch zwei konkrete thematische Fragen an Unterrichtsgespräche bearbeitet, die Frage nach der Relevanz von Fragen in Gesprächen von *Martha Görth* und die Suche nach korrelativen Momenten in Gesprächen von *Elena Nowatschka.*

Der abschließende *Teil C* greift die bis dahin formulierten Erkenntnisse auf und lädt (angehende) Praktiker_innen dazu ein, damit zu arbeiten und ihren Blick auf Unterrichtsgespräche zu schärfen: Drei forschende Religionslehrer_innen, *Philipp Ernst, Martha Görth* und *Jesus Sola Requena*, stellen eine Arbeitshilfe bereit, in der sie erläutern, wie Unterrichtstransskripte, wie sie auch in der Kasseler Unterrichtsgesprächsstudie verwendet wurden, genutzt werden können. Sie bieten damit insbesondere in der Aus- und Weiterbildung Beschäftigten Material für die religionspädagogische Fallarbeit an, die auf die Kompetenzen zur eigenen Unterrichtsgesprächsgestaltung abzielt.

Am Ende werden die zentralen Ergebnisse und Erkenntnisse des Bandes von den Herausgebenden *Annegret Reese-Schnitker, Daniel Bertram* und *Dominic Fröhle* pointiert in Thesen zusammengefasst und zur Diskussion gestellt, um das Potential von Unterrichtsgesprächen und der Auseinandersetzung mit ihnen nachdrücklich aufzuzeigen.

Dem Forschungsprojekt lagen zu Beginn drei Annahmen zugrunde. (1) Zunächst stellten wir fest, dass Gespräche im Religionsunterricht bisher (zu Unrecht) unzureichend religionspädagogisch-hermeneutisch reflektiert, das heißt auch in den religionspädagogischen Diskurs eingebunden wurden. Wir freuen uns daher ausdrücklich, dass wir Autor_innen gewinnen konnten, die durch ihre Beiträge die Bedeutung und Chancen von Unterrichtsgesprächen bezeugen. (2) Außerdem konstatierten wir, dass die empirische Unterrichtsforschung in der Religionspädagogik in den letzten Jahren schrittweise gewachsen ist, einige höchst aufschlussreiche Studien zur Unterrichtspraxis vorliegen und dennoch immer noch begrenzt ist. Eine empirische Vergewisserung hinsichtlich religionsunterrichtlicher Kommunikation stellt bis heute ein Desiderat dar. (3) Auch in der Schulpraxis sind deutliche Leerstellen zu erkennen. Unterrichtsgespräche werden im Religionsunterricht häufig eingesetzt, deren Potentiale für das Lernen jedoch nur unzureichend genutzt. Diese Annahmen haben wir als Herausforderungen verstanden, denen wir mit diesem Buch begegnen wollen.

Wir hoffen, damit auch den Erwartungen der Lesenden gerecht zu werden, ihnen einen realitätsnahen Einblick in den von uns videografierten Unterricht zu gewähren, zentrale Erkenntnisse zur Relevanz von Unterrichtsgesprächen zu präsentieren und vor allem sie von dem besonderen Potential eines schülerorientierten, interaktiven und dialogischen Lernens durch Gespräche im Religionsunterricht zu überzeugen. Die Forschenden sollen motiviert werden, das Thema weiterhin in ihrer Forschungsarbeit qualitativ und quantitativ kritisch reflektiert und praxisnah zu begleiten. Den Lehrenden möchten wir eine Hilfe in die Hand geben, die mitunter verborgenen Potentiale des eigenen Unterrichts zu finden, wertzuschätzen und zu nutzen.

Zuletzt wollen wir diesen Raum nutzen, uns bei all jenen zu bedanken, die die Publikation dieser Studie finanziell, ideell und tatkräftig vorangetrieben, gefördert und unterstützt haben. Dank gilt dem Bistum Fulda und dem Bistum Münster für den großzügigen Zuschuss zu den Druckkosten.

Die Ergebnisse dieser Studie sind das Produkt eines Gemeinschaftsprojektes, einer religionspädagogischen Forschungsgruppe, in der hauptamtliche Mitarbeitende, aber auch viele ehrenamtliche Studierende, Lehrer_innen und wissenschaftlich und unterrichtspraktisch interessierte Personen bei den regelmäßig stattfindenden Forschungstreffen und Klausurtagen mitgearbeitet haben. Durch ihre Ideen, kritischen Anfragen und engagierte Denk- und Debattenarbeit, etwa in Auswertungs- und Interpretationsgruppen, wurde der Forschungsprozess vorangetrieben. Unterrichtsgespräche wurden aus vielfältigen Perspektiven kritisch betrachtet und es wurde engagiert über die Chancen und Potentiale sowie auch Hürden und Schwierigkeiten der religionsunterrichtlichen Umsetzung gestritten. Ebenso produktiv kontrovers wurde über die empirische Zugänglichkeit unterrichtlicher Praxis diskutiert. Was können wir aus den Sichtstrukturen von Religionsunterricht wissenschaftlich schließen? Diese kommunikativen Prozesse haben die Forschung nachdrücklich bereichert und zu vielen tiefgründigen Erkenntnissen geführt, die bei weitem nicht alle in diesem Buch aufgegriffen werden konnten.

Unser Dank gilt Niklas Baierl (Student), Jasna Baumgarten (Studentin), Matthias Brudek (Student), Antonia Emde (Studentin), Philipp Ernst (Religionslehrer), Helena Fernys-Adamietz (Päd. Mitarbeiterin, Religionslehrerin), Marcel Franzmann (Wiss. Mitarbeiter), Martha Görth (Studentin, Religionslehrerin), Helena Golücke (Studentin), Marion Hanser (Wiss. Mitarbeiterin), Johannes Hofmann (Student), Tina Krasenbrink (Studentin), Michael Kräbs (Religionslehrer), Theresa Michel-Heldt (Studentin, Wiss. Mitarbeiterin), Mathias Mocigemba (Student), Friederike Nägler (Studentin), Laura Nemenz (Studentin), Raphaela Nickel (Studentin), Elena Nowatschka (Studentin, Referendarin), Dr. Andrea Paul (Religionslehrerin, Lehrbeauftragte), Dr. Monika Rack (Religionslehrerin), Michelle Reuter (Studentin), Martin Richwien (Student), Jesus Sola Requena (Päd. Mitarbeiter, Religionslehrer), Carolin Riga (Studentin), Josua Ruppel (Student), Dr. Nele Spiering-Schomborg (Wiss. Mitarbeiterin), Erik Stottut (Student) und Sarah Weidemann (Studentin).

Bedanken möchten wir uns auch bei unseren externen Fachkolleg_innen, die unser Forschungsprojekt durch ihre fachliche Expertise bei Kolloquien bereichert haben. Unser Dank gilt Prof. Peter Orth, Prof. Dr. Viera Pirker, Dr. Georg Ritzer, Dr. Hans Schmid, Dr. Alexander Schimmel und Dr. Dr. Hans-Josef Wagener.

Für die redaktionelle Fertigstellung der Druckvorlage und die vielfältigen Korrekturarbeiten möchten wir uns bei allen Korrekturleser_innen, besonders bei der Koordinatorin Sarah Weidemann und unserer Sekretärin Dagmar Knauf bedanken.

Unser Dank gilt auch den Religionslehrer_innen und Schüler_innen, die uns Einblick in ihren Unterricht gewährt haben, für das Vertrauen und die damit verbundenen Mühen und Unannehmlichkeiten.

Teil A

Unterrichtsgespräche in der religionspädagogischen Debatte

Gespräche im Religionsunterricht

Annegret Reese-Schnitker

In diesem Beitrag geht es (1) um eine grundsätzliche Klärung, was Unterrichtsgespräche sind, durch philosophische, sprach- und kommunikationswissenschaftliche sowie pädagogische Annäherungen. Damit eine Anschlussfähigkeit an die schulpädagogische Diskussion zur unterrichtlichen Kommunikation gewährleistet ist, wird (2) die Frage nach dem Lernpotential von Unterrichtsgesprächen gestellt. Danach (3) sollen elementare Überlegungen zu Form und didaktischer Intention von Gesprächen im Unterricht, speziell für religionsunterrichtliches Lernen, präsentiert und damit der religionspädagogische Diskussionsstand eingeholt werden. Der Beitrag schließt (4) mit einer Zusammenstellung von Desideraten und kritischen Anfragen an das Unterrichtsgespräch.

1. Gespräche – Unterrichtsgespräche

1.1 Was sind Gespräche? Was kennzeichnet Gespräche?

Aus philosophischer Sicht werden seit Sokrates (469-399 v. Chr.) Gespräche als Mittel des Denkens verstanden. Sokrates ging es im Gespräch um eine gemeinsame Suche nach der Wahrheit, darum, das Wesen der Dinge im Dialog gemeinsam zu erkunden. Gespräche sollten zu einem vertieften Verstehen des Lebens und der Welt führen.

Aus sprechwissenschaftlicher Perspektive hat Hellmuth Geissner Mitte der 1980er Jahre Gespräche grundsätzlich als eine „wechselseitige Verständigungshandlung mit dem Ziel, etwas zur gemeinsamen Sache zu machen bzw. etwas gemeinsam zur Sache zu machen“ (ders. 1986, 14) definiert. Damit sind die Reziprozität, d. h. die Wechselbezüglichkeit im kommunikativen Austausch zwischen zwei oder mehr Personen, und die manifeste Gesprächsintention als Austausch über einen Gesprächsgegenstand bzw. für ein gemeinsames Handeln konstitutive Elemente jedes Gesprächs.

Auch für die Sprachwissenschaftler Klaus Brinker und Sven F. Sager steht der gemeinsamen Gesprächsgegenstand im Zentrum ihrer Definition, wenn sie ein Gespräch als „eine begrenzte Folge von sprachlichen Äußerungen, die dialogisch ausgerichtet ist und eine thematische Orientierung aufweist,“ (dies. 2010, 12) verstehen. Als grundlegende Kennzeichen besteht ein Gespräch aus mindestens zwei Interaktanten, ist durch einen Sprecherwechsel gekennzeichnet, wird mündlich realisiert und ist auf einen bestimmten Gesprächsgegenstand ausgerichtet.

Der empirische Sprach- und Kommunikationswissenschaftler Arnulf Deppermann setzt andere Akzente und unterscheidet verschiedene Merkmale, die jegliches Gespräch prägen (ders. [4]2008, 8): Ein Gespräch ist ein Ereignis zwischen Personen (*Konstitutivität*), es besteht aus einer Abfolge von Aktivitäten (*Prozessualität*), Gespräche bestehen aus wechselseitig aufeinander bezogenen Beiträgen (*Interaktivität*), Gesprächsteilnehmende benutzen typische, kulturell verbreitete Methoden, mit denen sie Beiträge konstruieren und interpretieren und ihren Austausch miteinander organisieren (*Methodizität*), und sie verfolgen gemeinsame und individuelle Zwecke, bearbeiten etwa Probleme oder Aufgaben (*Pragmatizität*). Um Gespräche zu analysieren, konzentriert sich Deppermann auf die sichtbaren Gesprächspraktiken, mit denen die am Gespräch Beteiligten dieses konstituieren, ihm Sinn in oben genannter Gestalt geben und den Verlauf organisieren. Zur Konstitution der kommunikativen Interaktion sind sechs verschiedene Ebenen zu unterscheiden, die das Gespräch ausmachen und in der Regel miteinander verschränkt sind:

(1) die Gesprächsorganisation (formaler Ablauf),
(2) die Darstellung von Sachverhalten in Form von Argumentationen, Beschreibungen und Erzählungen (Gesprächsthema),
(3) das Handeln nach bestimmten Zwecken und Zielen,
(4) die sozialen Beziehungen zwischen den Teilnehmenden und ihre Identitäten und Rollen,
(5) die Modalität der Gespräche (Realitätsbezug bzw. Emotionalität u. a.) und
(6) die Herstellung von Reziprozität zwischen den Gesprächsbeteiligten.

Zur Analyse der Gesprächspraktiken gehört daher „die genaue Darstellung, *wie* Gesprächsteilnehmer handeln, und die Rekonstruktion ihrer Funktion, *wozu* also das Handeln dient“ (Deppermann [4]2008, 10).

1.2 *Was sind Unterrichtsgespräche? Was kennzeichnet Unterrichtsgespräche?*

Das von Sokrates überlieferte und von ihm praktizierte mäeutische Gespräch wurde pädagogisch rezipiert. Die Pädagogen und Fachleiter Frank Schneider und Klaus Draken (2020, 139) begreifen das sokratische Gespräch in seiner fragend-entwickelnden Gestalt dabei als einen Vorgänger heutiger Unterrichtsgespräche. Die Lehrperson agiert wie eine Hebamme, die aus einem / einer Schüler_in das Wissen „herausfragt“. Grundsätzlich geht es bei der schuldidaktisch rezipierten sokratischen Gesprächsmethode nicht darum, im Gespräch von der

Lehrperson Vorgedachtes „nur" nachzudenken und auszusprechen, es geht nicht um Belehrung, sondern darum, durch die aufmerksame und aktive Beteiligung am Gespräch eigenes Wissen gedanklich selbst zu konstruieren, und damit um selbstverantwortliches Denken, das durch die gemeinsame Reflexion im Gespräch angeregt und gebildet wird.

Im Bereich des Unterrichts ist der schulisch-institutionelle und damit halböffentliche Kontext der Kommunikation zu berücksichtigen, der alle schulischen Interaktionen[1] und damit auch die oben beschriebenen Ebenen des Gesprächs entscheidend prägt. Unterrichtsgespräche verlaufen nach vorgegebenen, routinierten, auch impliziten Regeln und Verfahren (Gesprächsregeln, Turnübergabe durch Lehrperson), ihre Inhalte sind von didaktischen Zwecken bestimmt (Lehrplanvorgaben, didaktische Planungen), sie gestalten sich in einem Raum, der teils widersprüchliche Ziele (Fördern, Fordern, Selektieren) verfolgt, und die Gesprächsteilnehmenden beteiligen sich in ihren unterschiedlichen Rollen[2] (Schüler_innen, Mädchen bzw. Jungen, Lehrpersonen, Migrant_innen) und Verpflichtungen. Die Art der Gespräche wird durch den Ort (Klassenräume, Sitzordnungen) und seine strukturellen Bedingungen (Leistungsbewertung, Pflichtcharakter, zeitliche Taktung) mitbestimmt. Man sollte sich bewusst machen, dass Gespräche in einer solch großen Gruppe von 15 bis nahezu 30 Personen, die im Klassenraum täglich mit pädagogischen Absichten zu gestalten sind, im Alltag selten vorkommen und dort, wo sie stattfinden, allemal eine besondere Herausforderung sind.

Gespräche im Unterricht werden von der Lehrperson meist als schülerorientierte Unterrichtsphasen begriffen und geplant. Der Schulpädagoge Hilbert Meyer hingegen ordnet Unterrichtsgespräche dem Frontalunterricht zu (ders. 2009, 139f.). Die Idee des Frontalunterrichts besteht darin, ein Aufmerksamkeitszentrum für die ganze Klasse zu etablieren. Alle blicken auf ein gemeinsames Geschehen, an dem gelernt werden soll. In den allermeisten Fällen zentriert sich die Aufmerksamkeit auf die Lehrperson. Und genauso erleben und bewerten die Schüler_innen Gesprächsphasen im Klassenplenum als Frontalphasen: Die Aufmerksamkeit der Schüler_innen ist vorwiegend nach vorne und auf die Lehrkraft gerichtet, die in der Regel das Gespräch initiiert, Fragen stellt, Beiträge moderiert, Impulse gibt, das Gespräch lenkt, die Beiträge bewertet bzw. über die Qualität derselben urteilt und auch entscheidet, wer wie lange sprechen darf und wann das Gespräch beendet ist. Meist sind die Antworten der Schüler_innen an die Lehrkraft gerichtet, auch dann, wenn eine Schülerin die Frage geäußert hat. Dabei ist der Grad der Öffentlichkeit von Schüleräuße-

1 Auf welche Bedingungen Sprache im schulischen Kontext trifft, wurde an anderer Stelle vertiefend ausgewiesen (Reese-Schnitker 2021, 370). Als Bildungs- und Unterrichtssprache unterliegt sie den Anforderungen schulischen Lernens (etwa verpflichtende Teilnahme, bewertungsrelevanter Ort, fester Klassenbestand, hierarchisches Rollenverhältnis).

2 Vgl. auch Schulte 2022, S. 57 in diesem Band.

rungen und die Wichtigkeit der Aussage für die Gruppe und für den gemeinsamen Lernprozess unterschiedlich. Oft verharren die Augen der Schüler_innen bei der Lehrperson, die durch ihre verbale und nonverbale Reaktion Aufschluss über die Bedeutung des Beitrags gibt. Gespräche der Schüler_innen zum Unterrichtsgegenstand untereinander finden im Unterricht eher selten statt. So ist es nicht erstaunlich, dass die Kommunikation im Unterricht von den verschiedenen Akteur_innen unterschiedlich bewertet wird.

Es ist festzuhalten: Unterrichtliche Kommunikation ist nicht symmetrisch[3], was deutlich an der Macht der Lehrperson, Gesprächsbeiträge aufzurufen, diese zu bewerten und das Fragerecht zu verteilen, zu erkennen ist sowie an der Antwortpflicht und dem inneren Zugzwang auf Seiten der Schüler_innen. Damit ist auch anzuerkennen: Unterrichtsgespräche sind deutlich von Alltagsgesprächen zu unterscheiden[4]: „Während in (alltäglichen, privaten) Gesprächen ein Dialog auf Augenhöhe erwünscht ist, in dem sich beide Seiten unvoreingenommen einbringen können, Positionen, Erfahrungen und Einsichten austauschen, authentisch sind, muss konstatiert werden, dass das unterrichtliche Gespräch hierzu nur bedingt und unter bestimmten Voraussetzungen in der Lage ist." (Reese-Schnitker / Fröhle 2018, 127)

2. Unterrichtsgespräche und Lernen

2.1 *Welche Bedeutung hat das Gespräch für den Unterricht und das Lernen?*

Die Grundschulpädagogin Friederike Heinzel begreift als Hauptmotiv für den Einsatz des Gesprächs in Erziehungssituationen in Geschichte und Gegenwart „das Bestreben [...], den Menschen zu ‚selbstständigem' und ‚eigenem' Denken anzuregen" (dies. 2017, 101). Im Kontext der reformpädagogischen Bewegungen sollte das Gespräch dazu beitragen, die alte Schule als Anstalt bloßer Wissensvermittlung zu überwinden und freie Formen des von Kindern und Jugendlichen mitbestimmten Gesprächs zu etablieren. Heinzel (ebd.) unterscheidet darüber hinaus verschiedene didaktische Bedeutungen des Unterrichtsgesprächs: Gespräche können eine *Vermittlungsfunktion* für sachliche Lerninhalte haben, gleichzeitig kann das Gespräch selbst als *Lerninhalt* betrachtet werden, wenn die Sprach- und Argumentationsfähigkeit der Schüler_innen geübt und

---

3 Auch Roose verweist auf „die asymmetrische Kommunikationssituation, (die) den Äußerungen der Lehrkraft eine deutlich höhere Relevanz als den Äußerungen der Schülerinnen und Schüler" zuschreibt (Roose 2015, 43).

4 Vgl. grundlegend zu schulischer Kommunikation: Ehlich / Rehbein 1986.

gefördert werden soll. Das Gespräch kann auch als *Handlungsfeld* und Chance zur Verwirklichung der Erziehungsziele einer demokratischen Schule begriffen werden[5], etwa indem es die grundlegende Gesprächsfähigkeit und eine Haltung des Dialogs und der Toleranz einübt und fördert.

Sicher ist heute auch eine diagnostische Bedeutung der Unterrichtsgespräche für die Lehrperson zu ergänzen (vgl. Reese-Schnitker 2021, 193). Unterrichtsgespräche, besonders Gespräche von Schüler_innen untereinander, können entscheidende Aufschlüsse über den Wissens- und Lernstand der Schüler_innen liefern, denn sie ermöglichen Lehrer_innen, den Austausch der Kinder und Jugendlichen aufmerksam zu beobachten, und geben dabei die Möglichkeit, die Prozesse der Welterschließung und Perspektiven der Schüler innen wahrzunehmen. Sie werden dazu auch bewusst in diagnostischer Funktion eingesetzt.

Sebo Ebbens und Simon Ettekoven (2011, 116ff.), erfahrene Lehrer und Fortbilder aus den Niederlanden, haben überzeugende Argumente für den Einsatz von Unterrichtsgesprächen systematisch zusammengestellt und anhand der unterrichtlichen Gestalt anschaulich erläutert:

(1) Durch die aktive Herausforderung des Sprechhandelns im Unterricht wird das Denken der Sprechenden und Zuhörenden gefördert – es handelt sich um eine soziale, aktive und aktuelle – und damit äußerst effektive Lernsituation.
(2) Durch das Sprechen wird das Lernen für alle sichtbar. Durch die Sichtbarkeit des Denkprozesses der Schüler_innen erhofft sich die Lehrperson, Einblicke in die Lernprozesse zu erhalten und positiv Einfluss darauf nehmen zu können.
(3) Jedes Gespräch ist durch einen Prozess gekennzeichnet, ein chronologisches Nacheinander von Worten, Gedanken, Erkenntnissen, die sich weiterentwickeln, eine Vertiefung erfahren, nach ihrer Tragbarkeit befragt werden u. a. Ein gutes Unterrichtsgespräch sollte sich argumentativ entfalten und zu Klärungen führen, es sollte für möglichst viele Beteiligte ein gedanklicher Fortschritt erzielt werden.
(4) Im Gespräch mit anderen kann man durch die Vielfalt und Unterschiedlichkeit der Gesprächsbeiträge im eigenen Denken herausgefordert werden, in dem etwa die eigene Sicht auf die Dinge vertieft, bereichert, bestärkt, korrigiert wird. Durch die verschiedenen Blickwinkel auf das Thema kann es zu einem den eigenen Horizont erweiternden, mehrschichtigen und tiefgründigen Lernen kommen.

Diese eingängigen und anspruchsvollen Überlegungen zu den besonderen Lernpotentialen mündlicher Klassenkommunikation fußen auf dem Lernverständnis, „dass Lernen nicht etwa durch die Übertragung von Wissen, sondern

5 So bereits die Grundschulpädagogin Gertrud Ritz-Fröhlich 1977.

in einem aktiven, konstruktiven, kooperativen, situierten und weitgehend selbstgesteuerten Prozess erfolgt, indem SchülerInnen – im Gespräch mit Lehrenden und auch im Gesprächen untereinander – Vorstellungen aufbauen und überprüfen“ (Heinzel 2017, 103).

Nach diesen Ausführungen sind Gespräche besondere Orte des Lernens, und zwar für alle Beteiligten. Die Sprache ist dabei für fachliches Lernen (Lern)Inhalt und Werk zugleich, sie wird eingeübt, praktiziert, der Bewährung ausgesetzt und „geschliffen“ (vgl. Reese-Schnitker 2020). Gespräche können somit Akte des Verstehens beinhalten, etwa in dem Bemühen zur Ordnung der geäußerten (und nicht geäußerten) Gedanken, beim Bearbeiten von Strukturen und dem Begreifen von Sachverhalten. Dazu gehört allerdings grundlegend, sich gegenseitig zuzuhören, sachlich zu argumentieren, Empathie aufzubringen, dem anderen zuzustimmen bzw. zu widersprechen und gegebenenfalls die eigene Auffassung verändern zu können.

2.2 *Welche Bedeutung hat das Gespräch für den Religionsunterricht und das religiöse Lernen?*

Was kennzeichnet Gespräche im Religionsunterricht? Das Gespräch, so sind sich Praktiker_innen und Theoretiker_innen in der religionspädagogischen Community weitestgehend einig, bildet das Zentrum des Religionsunterrichts. Iris Bosold und Peter Kliemann, Religionslehrerbildner_innen, formulieren: „Versteht man den Religionsunterricht als herausfordernde Begegnung [...] mit dem christlichen Glauben, dann bildet das Gespräch seine innerste unverzichtbare Mitte und sein Rückgrat.“ (Dies. 2003, 258) Auch die empirische Unterrichtsforscherin und Religionspädagogin Gabriele Faust-Siehl ist überzeugt, dass „Unterrichtsgespräche aufgrund ihres institutionalisierten Charakters formal wie inhaltlich einzigartige Lern- und Entwicklungschancen für die Heranwachsenden“ bereithalten (dies. ^{2}2009, 476).[6] Im Folgenden wird die Frage nach der Bedeutung und dem Potential von Gesprächen für das (religiöse) Lernen in Thesen dargelegt (ähnlich bereits bei Adam / Lachmann 1993, 113ff.):

(1) *Das Gespräch ist mit Abstand die häufigste Methode im Religionsunterricht und besitzt eine große Beliebtheit bei den Lehrer_innen sowie den Schüler_innen.*

Bereits in den 1970er Jahren hat der Religionspädagoge und Pionier empirischer Unterrichtsforschung Günter Stachel das sog. Klassengespräch als die häufigste Unterrichtsmethode im Religionsunterricht identifiziert (vgl. Stachel 1976, 247). Gut zwanzig Jahre später hat die Essener Befragung von Grundschullehrer_innen (Englert / Güth 1999, 86f.) ergeben, dass es auch bei ihnen

6 Vgl. ebenso aktueller bei Deurer (2018, 74ff.).

die am häufigsten eingesetzte Unterrichtsform[7] mit großer Beliebtheit bei allen Altersstufen der Lehrerschaft ist. Befragungen von Schülerinnen und Schülern zeigen, dass das Gespräch auch bei ihnen gut ankommt. „Je älter die Kinder werden, desto beliebter ist das Unterrichtsgespräch." (Michalke-Leicht / Stäbler 2002, auch Bucher 2000). Mehr als die Hälfte der Schüler_innen (58%) in Sachsen-Anhalt sagen laut einer Studie aus dem Jahr 2010 von Michael Domsgen und Frank M. Lütze, dass ihnen die Gespräche und das Diskutieren im Religionsunterricht am besten gefallen (dies. 2010, 128). Aktuell in ihrem Beitrag in diesem Buch gibt allerdings die Religionspädagogin Hanna Roose zu bedenken, dass „Klassengespräche, in denen der Unterrichtsgegenstand gemeinsam und diskursiv konstituiert wird, [...] keine Selbstverständlichkeit mehr" sind (Roose 2022, 70).

(2) *Der Religionsunterricht verlangt besonders nach dem Unterrichtsgespräch, weil es für die Entwicklung fachlich-sprachlicher Kompetenz grundlegend ist und es der Spezifik des Unterrichtsgegenstandes in Religion entspricht.*

Der Religionsunterricht ist, wie andere geisteswissenschaftliche Fächer, ein stark sprachlich konnotiertes Unterrichtsfach, weil es ihm wesentlich darum geht, die (religiöse) Sprach- und Argumentationsfähigkeit der Schüler_innen zu stärken[8] und zwar in schriftlicher sowie in mündlicher Form (vgl. Reese-Schnitker 2020).[9] Schüler_innen sollen die Sprache des christlichen Glaubens kennen lernen und verstehen, aber auch lernen, selbst zu sprechen, sich sprachlich korrekt auszudrücken, theologisch zu argumentieren und daneben selbst religiös sprechen lernen.

Ein weiterer entscheidender Grund für die Bedeutung von Gesprächen im Religionsunterricht ist sein spezifischer Gesprächsgegenstand, denn es geht „in Religion im besonderen Maße um den Austausch persönlicher Gefühle und Einstellungen [...]. Hierüber in einen gegenseitig respektierenden und gleichzeitig sich konstruktiv kritisierenden Austausch zu kommen, ist gleich dringlich wie mühsam." (Reese-Schnitker 2013, 133) Ebenso begreift dies Hartmut Lenhard und spricht dem Gespräch im Religionsunterricht diese zentrale Rolle zu, „da die kommunikative Verständigung über religiös geprägte Erfahrungen und interpretationsbedürftige Texte zu den Standardsituationen des Religionsunterrichts gehört" (ders. 2016, 12).

An anderer Stelle (Reese-Schnitker 2021, 372) habe ich drei verschiedene Modi der sprachlichen Kompetenz unterschieden, (1) die Verstehbarkeit von (religiöser) Sprache, (2) die aktive Verwendung von (religiöser) Sprache und (3) die (religiöse) Dialog- und Verständigungsbereitschaft. In der Praxis schuli-

7 Vgl. dazu auch Mattes 2018, 91.
8 Vgl. Schulte 2022, 54f. in diesem Band, vertiefend auch Schulte 2018.
9 Sprachliche Kompetenzen sind in allen Kompetenzbereichen des Kerncurriculums festgeschrieben.

schen Lernens, besonders im Unterrichtsgespräch, sind diese drei Faktoren verschränkt und aufeinander angewiesen.

Wie bereits oben ausgewiesen, kann die Ausbildung und Qualifizierung religiöser Sprach- und Dialogkompetenz durch ein Miteinandersprechen, Debattieren und Diskutieren über religiöse Themen und Positionen gelingen, wenn die am Gespräch Beteiligen auch gelernt haben, einander zuzuhören, sich empathisch in das Gegenüber einzufühlen und eine dialogische Haltung ausgebildet haben, sich von den anderen Stimmen anregen, kritisieren und herausfordern zu lassen. Eine Grundhaltung des Dialogs und der Kooperation mit anderen religiösen und auch areligiösen Standpunkten ist wichtig. Gespräch ist auch hier Mittel und Werkzeug sowie ein Ziel zugleich: Schüler_innen sollen Gesprächsbereitschaft und Dialogfähigkeit lernen und dabei ihre theologische Sprach- und fachliche Argumentationsfähigkeit entfalten. Der Religionslehrer und Schulpfarrer Dirk Alpermann formuliert dies einprägsam so: „Ich erwarte Engagement für die Sache, Offenheit, Argumentationsbereitschaft und Kritikfähigkeit gegenüber sich selbst und anderen." (Ders. 2006, 8)

(3) Das Gespräch ist die mit Abstand schwierigste und anspruchsvollste Unterrichtsmethode.

„Gespräche sind schnell zu arrangieren, aber nicht einfach zu führen" (Heinzel 2017, 105). Ein Unterrichtsgespräch zu moderieren, ist anspruchsvoll. Die immensen Aufgaben der Gesprächsführung an die Lehrperson hat der Physikdidaktiker Josef Leisen treffend veranschaulicht: „Man soll das Gemeinte im Gesagten erfassen, das Ungesagte im Gemeinten verbalisieren, das Frühere mit dem Jetzigen verknüpfen und auf Zukünftiges hinweisen, das Gesagte zusammenfassen und an Bekanntes erinnern, Geistreiches als solches hervorheben und Geistlosem mit pädagogischem Takt begegnen, die Mutlosen ermutigen und die Übermütigen bremsen" (ders. 2007, 115). Für Gabriele Faust-Siehl gilt das Gespräch im Religionsunterricht als „schwierige Methode, die langer Übung bedarf" (dies. 2009, 275). Denn die Ansprüche eines korrelativen Religionsunterrichts, die Erfahrungen der Schüler_innen mit den religiösen Traditionen zu verschränken, sodass beide Größen gleichwertig sich wechselseitig befragen können, ist in kommunikativen Lernsettings komplex. Erschwerend kommt hinzu, dass die in den Gesprächen verhandelten Themen oft persönlicher und teils intimer Natur, etwa der eigene Gottesglaube oder persönliche religiöse Erfahrungen.

Gespräche in einer immerhin meist zwischen 20 und 30 Personen großen Lerngruppe zu initiieren, lebendig zu halten und die Gedankengänge der Schüler_innen bestenfalls einer Klärung zuzuführen, ist prinzipiell anspruchsvoll.

(4) *Dem Gespräch wird in der fachdidaktischen Debatte hinsichtlich der im Religionsunterricht angestrebten Lernziele (zu) viel zugetraut. Es bedarf einer realistischen, empirisch fundierten und voraussichtlich bescheideneren Sicht auf das Unterrichtsgespräch.*

Ein großes Zutrauen in das Potential der Unterrichtsgespräche findet man in einer Reihe von Formulierungen bei Religionspädagog_innen.[10] Die Religionspädagogen Peter Kliemann und Friedrich Schweitzer deklarieren: „Wenn Religionsunterricht gelingt, dann gibt es Raum für echte Diskussionen und vertiefende Unterrichtsgespräche, bei denen die Fragen und Voten der Kinder und Jugendlichen ernst genommen und nicht als Stichworte für ein schon vor der Stunde entwickeltes Unterrichtsprogramm verwendet werden." (Dies. 2007, 29) Die Freiburger Religionspädagogin Mirjam Schambeck betont: „Erst indem die eigenen Deutungen von anderen angefragt, weitergedacht, korrigiert oder auch bestätigt werden, erst wenn Deutungen miteinander ausgetauscht werden, kann Verständigung stattfinden. Subjektive Deutungen erfahren in der intersubjektiven Kommunikation einen Ermöglichungsraum, aber auch eine Grenze." (Dies. 2009, 112) Auch die deutschen Bischöfe wertschätzen in „Der Religionsunterricht vor neuen Herausforderungen" (2005) das Gespräch ausdrücklich. Im Religionsunterricht „bedarf (es) ... der Pflege einer Kultur des Gesprächs. Einander aufmerksam zuhören, den anderen respektieren, Argumente zusammenstellen und gewichten, Übereinstimmungen und Dissens feststellen und die eigene Meinung argumentativ überprüfen sind grundlegende Fähigkeiten, die in allen Schulformen und Schulstufen eingeübt werden müssen." (Der Religionsunterricht vor neuen Herausforderungen 2005)

Dabei gilt dieses Zutrauen nicht so sehr den klassischen, stark lehrerzentrierten Formen des Unterrichtsgesprächs, sondern den schülerorientierten, freieren Gesprächsformaten, wie dem Kreisgespräch, Gruppengesprächen und ähnlichem.[11]

Die vorausgehenden Aussagen zeigen die große Bedeutung, die Gesprächen zugesprochen wird. Sie sind für das religiöse reflexive Lernen enorm wichtig – kommen aber (wie wir sehen werden) im realen Unterricht zu selten in entsprechender Qualität vor. Gespräche, die diese Ansprüche einlösen, sind anspruchsvoll. Wichtig ist es, deutlich zu machen, dass längst nicht immer, wo im Religionsunterricht gesprochen wird, auch all das passiert und eingelöst wird.

---

10 Auf gleicher Linie werden Unterrichtsgespräche beim biblischen Lernen als „konstitutives Element" (Fricke 2009, 84) begriffen, sie haben eine besondere Rolle für einen zukunftsfähigen Religionsunterricht (Englert / Güth 1999, 89), sind der Motor von Innovationen im Austausch unterschiedlicher biblischer Lesarten (Porzelt 2012, 116), „ein Gewinn für die vertiefte Rezeption der Inhalte." (Mendl 2011, 112). Vgl. dazu auch Roose (2022) in diesem Band.

11 Vgl. etwa die anspruchsvolle Gesprächskultur beim Philosophieren mit Kindern: Martens 1999.

Es braucht einen empirisch fundierten Blick auf den unterschiedlichen Charakter von Unterrichtsgesprächen, um zu einer differenzierteren Einschätzung zum Potential von, in der Praxis ganz unterschiedlichen, Unterrichtsgesprächen zu gelangen. Religionspädagogische Konzepte sollten hier bescheidener und realistischer formulieren.

Ein Religionsunterricht ohne Gespräch ist undenkbar und religionspädagogisch nicht zu verantworten und gleichzeitig höchst anspruchsvoll – so könnten die vier Thesen vor der nun hinter uns liegenden Corona-Zeit zusammengefasst werden. Die außergewöhnliche Unterrichtszeit während der Pandemie in den Jahren 2020 und 2021 hat allerdings gezeigt, dass im Distanzunterricht auch andere Möglichkeiten genutzt wurden, der Unterricht hier meist gesprächsarm war. Sicherlich ist dadurch schmerzlich bewusst geworden, wie sehr das persönliche, unmittelbare Gespräch in Präsenz vermisst wurde und welche grundlegende Bedeutung es für den sozialen Zusammenhalt in der Klasse und für das (religiöse) Lernen hat.[12]

Das Unterrichtsgespräch ist und bleibt die Mitte religionsunterrichtlicher Arbeit, der Ort im Unterricht, wo respektvolle Gesprächs- und Dialogfähigkeit ebenso wie (religiöse) Sprachfähigkeit und produktive Diskussionskultur gelernt und geübt werden. Hierbei können Schüler_innen kognitiv aktiviert werden, ohne dass dabei die emotionale und soziale Seite des Lernens vernachlässigt wird – wie uns der Distanzunterricht bitter zu spüren gegeben hat.

3. Formen von Unterrichtsgesprächen und didaktische Funktionen für den Religionsunterricht

In diesem Abschnitt sollen die Formen von Gesprächen, die in der religionspädagogischen Literatur unterschieden und aktuell priorisiert werden[13], zusammengestellt werden und es soll erläutert werden, welche didaktischen Funktionen diese für das (religiöse) Lernen übernehmen. Für die historischen und aktuellen schulpädagogischen Begriffs- und Konzeptklärungen kann auf den Beitrag von Daniel Bertram in diesem Buch[14] aufgebaut und verwiesen werden.

---

12 Vgl. das Konzept von Reinhold Boschki, der „Beziehung" als Leitbegriff der Religionspädagogik etabliert hat (ders. 2003).

13 Faust-Siehl etwa resümiert, dass je nach Epoche und religionspädagogischer Ausrichtung unterschiedlichste Gesprächsmethoden bevorzugt werden (dies. 2002, 475).

14 Vgl. den Beitrag *Das Unterrichtsgespräch in der schulpädagogischen Diskussion. Anmerkungen zum Begriff und zur Begriffsgeschichte* von Daniel Bertram.

3.1 *Formen von Gesprächen im Religionsunterricht*

Die begrifflichen Unterscheidungen und schulpädagogischen Entwicklungen wurden von dem Religionspädagogen Werner Lachmann Ende der 1990er Jahre rezipiert und für die religionspädagogische Diskussion nutzbar gemacht. Er unterscheidet in seinem Grundlagenbeitrag drei Grundformen von Unterrichtsgesprächen (Lachmann 1998, 122ff.):

(1) Das *Lehrgespräch* zeichnet sich durch eine klare Lenkung der Lehrperson aus. Ein vorgeplantes Thema wird behandelt, schrittweise erarbeitet und ein klares Ergebnis angezielt. Die Lehrperson orientiert sich dabei durchaus an den Lernenden und knüpft mit ihren Fragen und Impulsen an die Lernvoraussetzungen der Schüler_innen an, motiviert sie zur Mitarbeit.

(2) Im *Schülergespräch* geht ist in erster Linie darum, dass die Schüler_innen miteinander sprechen, eigene Erfahrungen und Gedanken austauschen. Die Lehrperson moderiert das Gespräch, hält sich selbst allerdings mit eigenen Beiträgen und Kommentaren zurück.

(3) Bei der *Diskussion* geht es um ein organisiertes Streitgespräch zu einer kontroversen Thematik. Es ist wünschenswert, dass ein_e Diskussionsleiter_in dieses lenkt und etwa auf die Einhaltung von Gesprächsregeln achtet.

Eine Einteilung in weitere Formen des Unterrichtsgesprächs (ähnlich wie Schneider / Draken 2021, 11)[15] nimmt der Religionspädagoge Peter Orth vor und unterscheidet hinsichtlich der Lehrerzentriertheit zwischen stark lehrerzentrierten fragend-entwickelnden Lehrgesprächen, dem freien Unterrichtsgespräch, der Diskussion, dem Streitgespräch, Kreis- und Kleingruppengesprächen (Orth 2019, 31).[16]

Bereits Faust-Siehl gibt zu bedenken, dass dies eine Unterscheidung in Idealtypen ist und diese auf einer präskriptiven Methodik beruht. Daher sei eine religionspädagogische Gesprächsforschung dringlich, die „die Bedingungen und Anforderungen im Unterricht realistisch einschätzt und die Möglichkeiten und Grenzen von Unterrichtsgesprächen im Religionsunterricht" absteckt (dies. 2002, 477), um empirisch fundierte gesprächsdidaktische Anregungen gewinnen zu können. Der Aufgabe der empirischen Vergewisserung und Verortung und der Suche nach den tatsächlich praktizierten Formen von Unterrichtsgesprächen stellt sich die vorliegende Studie.[17]

---

15 Vgl. auch die vielfältigen Gesprächsformen zusammengestellt bei dem Physikdidaktiker Leisen (2007, 19ff.).

16 Vgl. auch Orth 2009, und ders. 2022, 175ff. in diesem Buch.

17 Vgl. die Beiträge: *Vorkommen und Dauer der Unterrichtsgespräche*, *Typen von Unterrichtsgesprächen und ihre Merkmale* und *Strukturen und Muster der Unterrichtsgespräche* in diesem Buch.

3.2 *Didaktische Funktionen von Gesprächen im Religionsunterricht*

Im Folgenden werden zunächst drei Großformen von Intentionen für die kommunikativen Interaktionen im Unterricht unterschieden, die sukzessiv aufeinander aufbauen und damit voneinander abhängig sind:

(1) Stärkung eines lernförderlichen, offenen und respektvollen Klassenklimas: Ein respektvoll geführtes Gespräch fördert das Verständnis füreinander und die Gruppe und stärkt den Gruppenzusammenhalt, der eine grundlegende Basis für alle Lernprozesse bildet. Ein Fundament dafür bilden eine wertschätzende Kommunikationskultur (Zutrauen und optimistisch-vertrauende Erwartungshaltung seitens der Lehrperson wie seitens der Lernenden) und gute Beziehungsarbeit (wertschätzende Zuwendung). Diese Gesprächskultur ist der Nährboden für alle weiteren Lernintentionen, die dem Gespräch zugeordnet werden. Wie aktuelle empirische Studien zeigen (vgl. Hattie ^{3}2015, 4), ist jeglicher Lernerfolg von der Kommunikations- und Beziehungsqualität (Boschki 2003) abhängig. Gespräche werden geführt, damit dieses grundlegende Klassenklima, diese förderliche kommunikative Lernkultur, gebildet, gefördert und gepflegt wird.

(2) Austausch von Gedanken: Grundsätzliches Ziel von religionsunterrichtlichen Gesprächen ist es, das Denken der Schüler_innen in Gang zu setzen und dadurch, dass diese Gedanken von einigen geäußert werden, diese Gedanken in der Lerngruppe für alle vernehmbar werden und damit geteilt werden. Der Austausch von Gedanken zu einer Frage, einem Thema, einem Problem[18] – also das Formulieren der eigenen Gedanken und das Zuhören, Aufnehmen und Verstehen der Gedanken der anderen – ist damit bereits ein wesentliches Ziel religionsunterrichtlicher Gespräche.

(3) Voneinander und miteinander lernen: Indem vielfältige Gedanken im Austausch mit Gleichaltrigen sowie mit unterschiedlich begabten, interessierten und befähigten Mitschüler_innen mit unterschiedlichen Erfahrungen geäußert und zusammengetragen werden, die Schüler_innen einander zuhören, kann bereits ein weiteres Ziel, das Miteinander- und Voneinander-Lernen, angestoßen werden. Die Gedanken können – unter Anleitung oder Begleitung durch die Lehrperson – miteinander geklärt, befragt, diskutiert, strukturiert, weiterentwi-

---

18 So begreift auch der Pädagoge und Fachseminarleiter Thomas Unruh Unterrichtsgespräche als „Situationen im Unterricht, in denen ein gemeinsamer Austausch aller Schüler stattfindet“ (Thomas Unruh 2011, vgl. auch Petersen / Unruh 2011). Für ihn äußern sich möglichst viele Schüler_innen hintereinander, es spricht jeweils nur einer, die anderen hören zu. Nach Möglichkeit sollten sich die Beiträge auf die Äußerungen der anderen Gesprächsteilnehmer_innen beziehen.

ckelt und geschärft werden; ein Erkenntnisweg kann mit den anderen beschritten werden. Im Gespräch kann eine Sache verstanden, sprachlich auf den Punkt gebracht und in seiner Komplexität erkannt, gemeinsam vertieft und verarbeitet werden. Im Gespräch würde dann beispielsweise Wissen erarbeitet, konstruiert, korrigiert, optimiert, und zwar im Idealfall so, dass dieses Wissen nicht nur angelernt und nachgeahmt wird, sondern zu einem fachlichen Fortschritt führt, verstanden und damit bestenfalls in die eigene Lebens- und Weltsicht integriert wird.

An anderer Stelle (Reese-Schnitker 2021, 193f.) habe ich verschiedene didaktische Funktionen von Gesprächen[19] systematisiert, die Lehrkräften helfen können, die eigene Intention beim Einsatz von Gesprächen differenzierter wahrzunehmen und sie damit auch passgenauer und begründeter auszuwählen.

Unterrichtsgespräche können:

- der Lehrperson Einblick in die Vorstellungen, Vorkenntnisse und Deutungen der Lernenden geben (*diagnostische Funktion*) und sind damit ein wichtiges Diagnoseinstrument für die Unterrichtsplanung und Leistungsbewertung,
- ein Instrument des Einholens verschiedener Beiträge der Schüler_innen sein, um einen Sachverhalt zu wiederholen, unterschiedliche Erfahrungen oder Einstellungen der Beteiligten zusammenzutragen (*reaktivierende Funktion*),
- dem Austausch über ein Thema, einen Sachverhalt, ein Problem, eine Fragestellung, einen Text etc. dienen (*verständigende, präsentierende Funktion*), etwa wenn verschiedene Ergebnisse einer Einzel-, Partner- oder Gruppenarbeit präsentiert werden,
- für die Erarbeitung von neuen Themen und Sachverhalten (*erarbeitende Funktion*) oder
- zur Vertiefung des Gesprächsgegenstandes eingesetzt werden (*vertiefende Funktion*),
- in ihrer kontroversen Gestalt ein Ort des gemeinsamen Ringens zu einer komplexen Fragestellung, einem strittigen Thema sein und dabei zur Erweiterung des eigenen Horizontes (*horizonterweiternde Funktion*) beitragen und
- zum Erwerb einer begründeten eigenen Positionierung führen (*sich eine eigene Position erarbeitende Funktion*),
- ein Ort der Interpretation eines Textes, eines Bildes oder sonstigen Mediums sein, in dem verschiedene Interpretationsansätze zusammenge-

19 Mendl unterscheidet ähnlich wie Bittner im Verlauf der Unterrichtsstunde unterschiedliche Funktionen der Unterrichtsgespräche: Reaktivieren, Erarbeiten, Interpretieren, Diskutieren, Positionieren. Vgl. ders. 2019, 91f. und den Beitrag von Daniel Bertram *Das Unterrichtsgespräch in der schulpädagogischen Diskussion* in diesem Buch.

tragen, geprüft und kontrovers diskutiert werden (*erkenntniserweiternde Funktion*),
– den Lernenden die Möglichkeit zur Verbalisierung ihrer Gedanken geben und damit zur Qualifizierung ihres sprachlichen Ausdrucks- und Denkvermögens[20] beitragen (*sprachlich-qualifizierende Funktion*).

Der Ort der Gespräche im Unterricht und seine Funktion für die Unterrichtsplanung beeinflussen die didaktische Absicht. Die Lehrperson sollte „bewusst und kompetent der jeweilig angezielten Intention gerecht werdende Gesprächsformen initiieren" (Reese-Schnitker 2020, 375).

4. Kritik am Unterrichtsgespräch

Schneider und Draken verweisen auf die Ambivalenz von Unterrichtsgesprächen: Sie werden „in der pädagogischen Literatur massiv kritisiert, gleichwohl im Schulalltag umfassend genutzt." (Dies. 2020, 7) Daher soll nun ein kritischer Blick auf Unterrichtsgespräche folgen, in dem systematisch geklärt wird, was genau am Unterrichtsgespräch kritisiert wird.

Grundsätzlich ist zu unterscheiden zwischen einer Kritik am Unterrichtsgespräch an sich und einer Kritik an der konkreten Umsetzung des Gesprächs im Unterrichtsalltag, wobei beides sich sicherlich bedingt.

4.1 Grundsätzliche Kritik am schulischen Unterrichtsgespräch

Es gibt Personen, die dem Unterrichtsgespräch grundsätzlich misstrauen, d. h. den Sinn von Gesprächen im schulischen Kontext anzweifeln, bzw. die strukturell angelegten Grenzen des Unterrichtsgesprächs im schulischen Kontext markieren. Hilbert Meyer etwa begreift das gelenkte Unterrichtsgespräch als „ein unökonomisches und unehrliches, die Herrschaftsverhältnisse im Unterricht verschleierndes Handlungsmuster." (Ders. 1987, 287)

Ein anschauliches Beispiel sind der Umgang mit und die Bedeutung von Schülerfragen. Während Fragen pädagogisch erwünscht sind, in der Regel Lernprozesse initiieren, auf intrinsische Motivation verweisen, oft bereits Gewusstes in der Frage neu konfigurieren und damit eine besondere Qualität haben, wird Schüler_innen dagegen rein strukturell und implizit in der Schule

20 Dabei denke ich an die von Eva Willebrand getätigte Forderung, dass es bei der religiösen Sprachbildung darum geht, „das sprachliche Niveau der Schüler_innen stetig zu steigern." (Dies. 2019, 78)

das Fragen abgewöhnt, da es als Ausdruck von Nicht-Wissen negativ konnotiert wird.

Bereits Anfang der 1980er Jahre haben die Pädagogen Claus Forytta und Jürgen Linke (1981) Unterricht als „gestörte Kommunikation“ charakterisiert, weil im Unterricht und im Unterrichtsgespräch das Wissen der Schüler_innen nicht erwünscht ist, Diskursaktivitäten kaum auftreten und individuelle Sozialisationserfahrungen nur wenig berücksichtigt werden. Ein deutlicher Bruch wurde zwischen der demokratischen Idee, eine Dialogfähigkeit in der Schule zu etablieren, und ihrer Realisierung im Unterrichtsgeschehen erkannt, da im institutionellen Kontext keine Gleichwertigkeit der Gesprächspartner_innen besteht. Das Prinzip der Gleichwertigkeit in Gesprächen sei fingiert, da Unterrichtsgespräche meist auf Belehrung und Beeinflussung abzielten.

In ähnlicher Weise hat Hanna Roose ihre Bedenken zu dem Konzept des Theologisierens mit Kindern geäußert, da die asymmetrische Kommunikationssituation im Widerspruch zu der Forderung eines gleichberechtigten Dialogs zwischen Schüler_innen sowie der Lehrkraft in kinder- und jugendtheologischen Konzepten stehe (vgl. dies. 2016, 43).

In der Tat zeigen empirische Befunde, dass bis heute eine Kommunikationsform in unterrichtlichen Gesprächen dominiert, die dreigliedrig gestaltet ist: nach der Initiation der Lehrperson folgt eine Response durch Schüler_innen, die durch ein Feedback bzw. eine Evaluation der Lehrperson abgeschlossen wird.[21] Die Kritik von Roose und ihr Hinweis auf die Beharrungskräfte der Normform von Unterricht, in der etwa Fragen der Schüler_innen grundsätzlich keine Rolle spielen, gehen in die gleiche Richtung.[22]

4.2 *Kritik an der Gestalt und der / dem Gestalter_in der Unterrichtsgespräche*

Viele Stimmen sind zu vernehmen, die die Qualität der tatsächlichen Gestalt von Unterrichtsgesprächen kritisieren, also misslungene Gespräche oder die unprofessionelle Durchführung durch die Lehrkraft beklagen. Ein Versuch einer Systematisierung der wiederkehrenden Kritik am Unterrichtsgespräch folgt.

21 Vgl. Wenzel 2014 und die präzise Reflexion einer exemplarischen Unterrichtssequenz bei Roose 2022, 71ff. in diesem Band.

22 Vgl. die augenöffnende empirische Studie und basale Kritik an den eingeschliffenen Routinen im Religionsunterricht: Roose 2019b.

4.2.1 *Kritik an der Gestalt der Unterrichtsgespräche*[23]

Fehlende Grundvoraussetzungen
Basis jeden gelungenen Unterrichtsgesprächs ist eine vertrauensvolle Gesprächsatmosphäre, in der die am Gespräch Teilnehmenden sich mit Respekt begegnen, einander zuhören und Interesse aneinander und am Thema zeigen. Wer Angst hat, eigene Gedanken auszusprechen, wer sich unter der strengen Beobachtung der Lehrkraft und der Mitschüler_innen fühlt, der / die schweigt, traut sich nicht zu sprechen, sich zu beteiligen und einzubringen.

Neben dem Fehlen einer respektvollen Gesprächshaltung wird auch die Abwesenheit von klaren, für alle verbindlichen Gesprächsregeln[24] kritisiert.

Wichtig ist auch, dass ausreichend Zeit und Ressourcen zur Verfügung stehen, um sich einander und dem Thema zuzuwenden. Das Gespräch braucht für die Aufmerksamkeit und Konzentration aller didaktisch sinnvoll begrenzte Zeit. Es sollte nicht zu lange dauern, die Schüler_innen in ihrer Aufmerksamkeit nicht überfordern, sonst dominiert das gedankliche Abwandern und die fehlende Präsenz. Schüler_innen zeigen mit ihrer Unaufmerksamkeit meist nicht so sehr ihr Desinteresse, sondern vielmehr ihre Überforderung.

Viele Kritiker_innen sehen, dass diese Grundvoraussetzungen im schulischen Alltag viel zu selten gegeben sind und damit die geführten Unterrichtsgespräche auf einem fragilen Fundament stehen.

Kritik an der fragend-entwickelnden, stark lehrerdominierten Gestalt und dem Pingpong-Modus der Unterrichtsgespräche
Kritik am Unterrichtsgespräch ist häufig eine Kritik an einer bestimmten Gestalt des Gesprächs, nämlich dem lehrerdominierten, fragend-entwickelnden Unterrichtsgespräch. Viele Gespräche sind Pingpong-Dialoge zwischen Lehrperson und wohlmöglich einzelnen Schüler_innen. Diese Form des Unterrichtsgesprächs ist engmaschig und lehrerfixiert. Oft bleibt es dabei, dass jede/r sagt, was er/sie zu der Frage, der Problemstellung denkt. „Die Lernenden reden nicht selbst miteinander, sondern füllen Lücken in einem Lehrervortrag" so beschreiben es Schneider / Draken (2020, 7). Schüler_innen werden hier oft zu Detektiven degradiert, die dem Standpunkt der Lehrkraft auf die Spur zu kommen suchen.

Kein Zuhören, kein einander Zuwenden, kein miteinander und voneinander Lernen
Hans Mendl analysiert treffend: „In vielen Unterrichtsstunden wird bereits die Fähigkeit zur individuellen Konstruktion gefördert, was aber zu kurz kommt,

23 Vgl. auch die differenzierten Wahrnehmungen von misslungenen Gesprächspraktiken bei Schulte 2022, 61f. in diesem Band.

24 Beispiele für sinnvolle Regeln finden sich bei Unruh (2011): Wir nehmen uns gegenseitig dran. Damit viele drankommen, spricht jeder nur kurz zur Sache. Wir sprechen nur zum Thema. Wir sehen den Sprecher an und zeigen ihm so, dass wir ihm zuhören.

ist der Austausch über diese unterschiedlichen Konstruktionen." (Mendl 2011, 11; Englert u. a. 2014, 120)[25] Vermisst werden das Miteinander und die Wechselseitigkeit beim Gespräch, also eine Haltung, die gegenseitiges Interesse zeigt und bei der ein Zuhören sich ausbildet, das verstehen will und gegebenenfalls sich hinsichtlich des Verstandenen rückversichert. Das Nachdenken jedes Einzelnen wird wichtig, um gemeinsam bei einer Frage, einem Text, einem Bild usw. weiterzukommen, voranzuschreiten. Das heißt allerdings auch: es wird im Gespräch nicht die eine und einzig richtige Lösung gesucht, sondern mehrere Lösungen werden präsentiert, befragt und geprüft.[26] Die oft einseitige Konzentration, den eigenen Beitrag einzubringen und von der Lehrperson aufgerufen zu werden, führt dazu, dass keine Ressourcen für aktives Zuhören, für ein miteinander Sprechen und ein voneinander Lernen bleiben. „Was zu kurz kommt, was im Rahmen der von uns videografierten und ausgewerteten Unterrichtsstunden viel zu selten gesehen und beobachtet wurde, ist ein kritischer Austausch, Stellungnahmen zu anderen Lesarten, dass Schülerinnen und Schüler sich nicht nur die eigenen Vorstellungen gegenseitig vorstellen, sondern darüber und miteinander zu einer kritischen Auseinandersetzung mit den verschiedenen ins Spiel gebrachten Lesarten kommen." (Reese-Schnitker 2016, 237) Dies bedeutet eine Aufgabe der gemeinsamen Ressource der Gruppe, des Reichtums auf der Grundlage vielfältiger unterschiedlicher Gedanken und Ideen der Schüler_innen.

Fehlende didaktische Passung in Bezug auf Ziele und Zeitpunkt
Gespräche lassen manchmal die Zielorientierung und den Sinn vermissen. Die Frage, wozu haben wir eigentlich darüber geredet, bleibt für die Schüler_innen zu oft unplausibel und unbeantwortet. Es wird für die Teilnehmenden nicht transparent, was genau mithilfe des Unterrichtsgesprächs geklärt werden soll und worüber warum gemeinsam nachgedacht werden soll. Kritisiert wird, dass grundsätzlich ein klarer Fokus für das Gespräch fehlt (Englert u. a. 2014, 129) bzw. die Absicht des Gesprächs nicht transparent gemacht wird.

Beanstandet wird zudem, dass die gewählte Gesprächsform nicht zur didaktischen Planung passt: Ist es an dieser Stelle notwendig und dem Lern- und Erkenntnisfortschritt der Schüler_innen wirklich förderlich, in einen gemeinsamen Austausch zu gehen? (vgl. Unruh 2011) Es sollte vorher geklärt und entschieden werden, ob es darum geht, ein Thema gemeinsam zu reflektieren

25 Eine ähnliche Wahrnehmung haben Petra Freudenberger-Lötz und Anika Reiß. Es gelang nur selten, Gespräche zu initiieren, in denen die Jugendlichen auch untereinander über inhaltliche Fragen kommunizierten (dies. 2009, 252, 255). Ein Vorschlag zur Verbesserung von ihnen ist, durch eine „inhaltliche Unterfütterung" (ebd., 258) das Theologisieren mit Jugendlichen deutlich und fachlich differenziert anzuregen.

26 Gerhard Büttner fordert daher, dass Lehrkräfte die – gerade bei Jugendlichen als sehr hoch eingestufte – „Pluralität der möglichen Optionen im Gespräch offen ... halten" sollen (ders. 2012, 64).

oder eher ein Thema zu erarbeiten, und ob eine Gesprächsform an dieser Stelle didaktisch geeignet ist. So könnten ermüdende Gespräche in einem fragend-entwickelnden Stil vermieden werden.

Kritik an fehlender Tiefe, Struktur und Erkenntnisgewinn gegenüber den fachlichen Inhalten

Gespräche werden häufig zum Gelaber und oberflächlichen Austausch über „Gott und die Welt" degradiert. So schreiben Kliemann / Rupp: „Reli ist oft zum Schwafelfach geworden. Allgemeinste abstrakte Begriffe werden unscharf diskutiert. Manchmal entsteht der Eindruck, dass die Inhalte vom Lehrer selbst nicht klar durchdacht bzw. begriffen werden. Religion ist meiner Meinung nach das Fach, in dem beinahe ohne System und Struktur unterrichtet wird." (Dies. 2000, 59f.) Die Oberflächlichkeit hinsichtlich der fachlichen Inhalte und das Ausbleiben eines sinnvollen roten Fadens werden beklagt. Hans Schmid tadelt das Unterrichtsgespräch als „eine schnelle Methode, indem zu viele Themen in kurzer Zeit relativ einfach angesprochen werden, dabei aber oft nur kurz erwähnt und nicht näher vertieft werden. Es erlaubt also, dass das Lernen in einer hohen Geschwindigkeit abläuft, jedoch vielfach an der Oberfläche bleibt." (Schmid 2001, 414) Die Tiefe im Thema und das fachliche Weiterdenken nach der Äußerung vielfältiger Gedanken der Schüler_innen, also der fachliche Erkenntnisfortschritt in der unterrichtlichen Kommunikation wird zu selten wahrgenommen.

Zu geringe Beteiligung und Lerngelegenheit für die fachlich schwachen und weniger sprachlich starken und selbstbewussten Schüler_innen

Beanstandet wird, dass das gemeinsame Lernen in der kommunikativen Interaktion die kommunikationsstarken Schüler_innen fördert und sich damit nur an einen Teil der Schüler_innen richtet. Es beteiligen sich in der Regel zu wenige und immer nur dieselben Schüler_innen an den Gesprächen. Zu viele Schüler_innen beschäftigen sich in Plenumsphasen mit etwas anderem, träumen oder stören den Unterricht.

Das Lernen im Unterrichtgespräch im Klassenplenum ist ein gleichschrittiges Lernen. Ein Lernweg wird für die gesamte Lerngruppe angeboten, unabhängig der unterschiedlichen Lernvoraussetzungen, Lerntempi, kognitiven Zugängen, Lernprioritäten oder Motivationen.

Hier greift auch die Kritik Rudolf Englerts an einer subjektorientierten Religionspädagogik, die die Motivierten zusätzlich motiviere, die Trägen, Gleichgültigen, Sprachlosen zusätzlich deklassiere (ders. 2010, 128).[27]

27 Zu beachten hier auch die Kritik von Manfred Grümme an der Kindertheologie, die den Zeugnissen gesellschaftlich marginalisierter Kinder zu wenig Beachtung schenke (ders. 2006, 118).

4.2.2 *Kritik an der Lehrperson als Gestalterin der Unterrichtsgespräche*

Die Kritik an der Lehrperson als Gestalterin der Unterrichtsgespräche ähnelt der Kritik an der Gestalt der Unterrichtsgespräche.

Kritik an Moderation, Gesprächstechnik und kommunikativer Professionalität
Grundständig ist die Kritik an der ausbleibenden oder mangelhaften Gesprächsführung und Moderation der Lehrperson. Es wird ein unsicherer Umgang mit Pausen und Stille wahrgenommen, sodass diese nicht als kreative Denkpause für den Austausch gesehen und genutzt werden, sondern vorschnell und für den Lernprozess ineffektiv weitermoderiert und das Tempo im Gespräch erhöht wird.

Kritisiert werden auch die Formate und das Übergewicht von Lehrerfragen. „Zu häufig werden in Unterrichtsgesprächen von Lehrpersonen Fragen gestellt, welche die Kinder zu wenig kognitiv anregen, sie unter- oder überfordern, es werden zu viele geschlossene Fragen gestellt, häufig auch einfache Alternativfragen, Suggestivfragen, rhetorische Fragen und Fragen ohne Antworterwartung." (Heinzel 2017, 105)

Der Redeanteil der Lehrkräfte ist im Unterrichtsgespräch insgesamt zu hoch. Es fällt den Lehrpersonen offensichtlich schwer, die Erfahrungen, Interessen und Weltzugänge der Schüler_innen in Gesprächen zuzulassen und sachbezogene Fragen, Probleme und Interessen aufzugreifen. Der Fachseminarleiter Christian Kiesow beklagt die fehlende Flexibilität, etwa dann, wenn überraschende Fragen von Schüler_innen ignoriert bzw. nicht als Lernanlass genutzt werden (ders. 2006, 31).

Wichtig sei es, sowohl die „Kommunikationsrisiken und Gestaltungsspielräume bewusster wahrzunehmen" (Schneider / Draken 2020, 133) und professionell darauf zu reagieren, etwa durch Beachtung der Mechanismen der vielfältigen Botschaften in der Kommunikation (Selbstoffenbarung, Beziehungsklärung, Appelle, Sachinhalt (nach Schulz von Thun 1981)) und Vermeidung von Missverständnissen. Das Gespräch ist eine professionelle Methode, die gezielt einzuüben ist, so der Unterrichtscoach Thomas Unruh.[28]

Kritik an der Haltung der Lehrperson, die kein ehrliches Interesse an den Beiträgen der Schüler_innen zeigt
Neben der Gestalt der Fragen wird die dahinterstehende Haltung der Lehrperson grundlegend kritisiert. Die Fragen zeigen kein ernstes Interesse an den Antworten der Schüler_innen. Die Lehrperson hält hartnäckig am eigenen

28 Eine sichere Methode, dass Unterrichtsgespräche scheitern, ist, so beteuert der Unterrichtscoach Thomas Unruh, wenn sie unvorbereitet, spontan entstehen. Unterrichtsgespräche sind eine professionelle Methode, die gelernt und gezielt reflektiert eingesetzt werden muss (ders. 2011).

Unterrichtsplan fest und gestaltet mit einem Tunnelblick den Unterricht und die Begegnung mit den Schüler_innen. Die Religionslehrkraft ist fixiert auf vorher festgelegte „richtige" Antworten, sie weiß, wohin der Lernweg führen soll. Mit engen Fragen führt sie die Schüler_innen an einer Leine und eröffnet eine Ratesituation, bei der jeder bemüht ist, den Erwartungen zu entsprechen und die für die Lehrkraft „richtige" Antwort zu finden. Eine eigene begründete Position scheint hier nicht erwünscht. Das bekannte Religionsstunden-Ich ist dabei zu identifizieren und zu kritisieren, wenn es darum geht, allein die Gedanken der Lehrperson nachzudenken und die für den religionsunterrichtlichen Kontext erwünschte Antwort zu finden. Schüler_innen agieren strategisch und verstellen sich, Lehrkräfte nehmen gefiltert wahr, das Gespräch ist durch Missverständnisse geprägt, aktives eigenständiges Lernen findet nicht statt. Ein solches inszeniertes Lehrgespräch wird von der Lehrkraft mit einer bestimmten Absicht initiiert und moderiert und folgt vorgegebenen, meist impliziten Regeln.

Es braucht eine Kehrtwende in der Haltung der Lehrkraft, weg von der Bescheidwisserin hin zu einer Person, die ihr ernsthaftes Interesse an den Beiträgen der Schüler_innen zeigt, dabei selbst lern- und wissbegierig bleibt, ohne aber die eigene fachliche Expertise auszublenden. Zentrale Aufgabe der Lehrperson nach der Initiation des Gesprächs könnte es sein, sich zunächst zurückzuziehen, eine Haltung des aktiven Zuhörens einzunehmen, die Vielfalt der Gedanken der Schüler_innen zulassen und verstehen zu wollen. Wo die Lehrperson eine offene Spur legt und wo sie auf nichts hinauswill, sondern alle Gedanken und Ideen der Schüler_innen wirklich gefragt sind, dort ereignet sich lebendiges und authentisches Gespräch. Allerdings heißt das nicht, dass die Lehrperson nur passiv und zurückhaltend agiert. Ihre fachliche Expertise sollte sie bei der didaktischen Gestaltung des Settings, den kompetent ausgewählten Gesprächsimpulsen und natürlich auch bei ihrer Moderation und ihren Nachfragen einbringen. Gerade bei dem Prozess des gemeinsamen Weiterdenkens gilt es durch Strukturierung, Fokussierung, teils auch Verlangsamung des kommunikativen Prozesses an geeigneter Stelle, eine Tiefe im Thema zu erreichen. Ein Unterrichtsgespräch qualifiziert zu leiten, mit guten Impulsen und Fragen, die in die Tiefe führen, kann man nur mit fachlichem Verständnis.

Fehlende Transparenz hinsichtlich der Intention und fehlende Fokussierung des Gesprächs

Die oben bereits angesprochene fehlende Transparenz hinsichtlich des Ziels sowie eine ungenügende Strukturierungsleistung der Beiträge im Gespräch wird vor allem der Lehrkraft angelastet.

Es wird eine Fokussierung im Gespräch gefordert, damit gemeinsam weitergedacht werden kann. Roose beschreibt diese Herausforderung folgendermaßen. Es geht „wesentlich um die gemeinsame Suche nach Selektionsstrategien, die die gewünschte (!) Fülle der Einzelbeiträge von Schülerinnen und

Schülern im Sinne der Kinder- und Jugendtheologie auf ein handhabbares Maß reduzieren. Denn unter der Maßgabe der Zielorientierung können nicht alle individuellen Aneignungsformen auf Dauer „im Spiel" bleiben." (Roose 2015, 49)

Fehlende fachliche Stimulation durch die Expertise der Lehrkraft
Wie oben bereits angedeutet, bringt sich die Lehrperson zu selten mit ihrem fachlichen Wissen in das Gespräch als Impulsgeberin ein und stimuliert den Fortgang des Gesprächs. Reflexionen zu jugendtheologischen Praxiskonzepten aus den weiterführenden Schulen zeigen, dass Unterrichtsgespräche besonders bei Jugendlichen häufig scheitern. „Die Lehrkraft ist in ihrer Rolle als begleitende Expertin (hier) in besonderer Weise gefordert", so Freudenberger-Lötz (dies. 2009, 259). In ähnlicher Weise beklagt Englert es, dass der/die Religionslehrer_in sich zu selten mit fachlicher Expertise einbringt (Englert u. a. 2014, 231f.) und zu häufig die Beiträge der Schüler_innen undifferenziert lobt und alle Beiträge als gleich richtig und wichtig qualifiziert. Er fordert dazu auf, dass auch kindliche Beiträge hinsichtlich ihrer Plausibilität stärker befragt werden müssten (Englert 2013, 40f.).

4.2.3 *Reaktionen auf die Kritik bzw. Konzepte zur Orientierung für gelingende Unterrichtsgespräche*

An dieser Stelle kann leider nur knapp auf didaktische Ansätze und Konzepte verwiesen werden[29], die diesen Desideraten beim Führen von Gesprächen konstruktiv begegnen:

(1) Das Konzept des Theologisierens für Kinder, das fortgeführt wurde in das Konzept des Theologisierens mit Jugendlichen (Freudenberger-Lötz 2012), weist u. a. konkrete Gesprächsförderer[30] aus und gibt vielfältige Hinweise für eine gelungene Unterrichtspraxis (Checklisten).[31]
(2) Peter Orth hat – auch in diesem Band – konkrete Gelingensbedingungen des Klassengesprächs, Gesprächstechniken, Fragekategorien und Checklisten für Lehrer_innen zusammengestellt (Orth 2009, 2019, 2022).
(3) In der Handreichung zur Unterrichtsplanung von Harriet Gandlau werden hilfreiche Tipps zur Gestaltung von Unterrichtsgesprächen (Lehrerfragen, Gesprächsregeln, Prinzipien für einen dialogischen Religionsunterricht, Methoden) gegeben (dies. 2017, 71–82).

29 Vgl. ausführlicher Reese-Schnitker 2021.

30 Sie nennt fünf Gesprächsförderer: (1) Fragen weitergeben, (2) Fragen kategorisieren, (3) In Beziehung setzen, (4) Auf den Punkt bringen, (5) Voraussetzungen klären (Freudenberger-Lötz 2012, 16f.)

31 Freudenberger-Lötz, Checkliste. Kennzeichen gelungener theologischer Gespräche, in: dies. 2012, 169–173.

(4) Sieben Grundsätze[32], die für die Kommunikation im Religionsunterricht zentral sind, stellt Alois Müller (2007) zusammen.
(5) Kurz zu nennen sind die Gelingensbedingungen des Unterrichtscoachs Thomas Unruh (2011).
(6) Eigene Vorschläge zur Achtsamkeit beim Führen von Gesprächen wurden an anderen Stelle ausgewiesen (Reese-Schnitker 2021, 198ff., Reese-Schnitker 2013, 135f.).

Das Unterrichtsgespräch wird auch in Zukunft ein zentraler Bestandteil des Religionsunterrichts sein und Formen des selbstständigen Lernens in Einzel-, Partner- oder Gruppenarbeit rahmen. Das Gespräch bleibt die Königsdisziplin im Religionsunterricht und wird weiterhin wichtig und wesentlich sein und das zu Recht, wenn man die aufgezeigten Kriterien für Qualität beachtet. Qualifizierte empirische Unterrichtsforschung zu Gesprächen sind dringlich und ihre Erkenntnisse sollten in die (Religionslehrer_innenbildung eingebracht werden.

Literatur

ADAM, GOTTFRIED / LACHMANN, RAINER (1993), Methodisches Kompendium für den Religionsunterricht, Göttingen.

ALPERMANN, DIRK (2006), „Das muss jeder für sich selbst entscheiden!" Über den Umgang mit einer Killerphrase im Religionsunterricht, in: Schönberger Hefte 4, 7–8.

BERTRAM, DANIEL (2022), Das Unterrichtsgespräch in der schulpädagogischen Diskussion. Anmerkungen zum Begriff und zur Begriffsgeschichte, in: REESE-SCHNITKER, ANNEGRET / BERTRAM, DANIEL / FRÖHLE, DOMINIC (Hrsg.), Gespräche im Religionsunterricht, Stuttgart, 43–52.

BIRNBACHER, DIETER ([2]2019), Schule des Selbstdenkens – das Sokratische Gespräch, in: MEYER, KIRSTEN (Hrsg.), Texte zur Didaktik der Philosophie, Stuttgart, 215–236.

BIRNBACHER, DIETER / KROHN, DIETER (2020), Das sokratische Gespräch, Stuttgart.

BOSCHKI, REINHOLD (2003), „Beziehung" als Leitbegriff der Religionspädagogik. Grundlegung einer dialogisch-kreativen Religionsdidaktik. Ostfildern.

BOSOLD, IRIS / KLIEMANN, PETER ([5]2003), Ach, sie unterrichten Religion? Methoden, Tipps und Trends, Stuttgart.

BRINKER, KLAUS / SAGER, SVEN ([5]2010), Linguistische Gesprächsanalyse, Berlin.

BUCHER, ANTON (2000), Religionsunterricht zwischen Lernfach und Lebenshilfe, Stuttgart.

DEPPERMANN, ARNULF ([4]2008), Gespräche analysieren, Opladen.

32 1. Wertschätzung, Achtsamkeit und Echtheit, 2. Gesprächsblockaden (Befehlen, warnen, drohen, werten bagatellisieren, Vorwürfe machen, überreden, ironisieren, Lösungen vorgeben) und Kommunikationssperren meiden, 3. Nicht nur mit dem Beziehungsohr hören (Beziehungs-, Sach-, Appell- und Selbstoffenbarungsaspekte einer Nachricht), 4. Ich-Botschaften verwenden statt Du-Botschaften, 5. aktiv Zuhören, 6. Gesprächsförderer (Nachfragen, klären, in Beziehung setzen, weiterführen, Gefühle ansprechen) verwenden, 7. Im Zweifelsfall „streicheln" (Stroke), 8. Interaktionen produktiv kreuzen (wertschätzendes Feedback) (Müller 2017).

DEURER, REBECCA GITA (2018), Ein Text, zwei Menschen, drei Lesarten. Interaktive Interpretationen eines biblischen Textes in offenen Unterrichtsgesprächen, Bad Heilbrunn.

DOMSGEN, MICHAEL / LÜTZE, FRANK M. (2010), Schülerperspektiven zum Religionsunterricht. Eine empirischen Untersuchung in Sachsen-Anhalt, Leipzig.

EBBENS, SEBO / ETTEKOVEN, SIMON (2011), Unterricht entwickeln. Bd. 2: Kooperatives Lernen, Baltmannweiler.

EHLICH KONRAD / REHBEIN JOCHEN (1986), Muster und Institution. Untersuchungen zur schulischen Kommunikation, Tübingen.

ENGLERT, RUDOLF / GÜTH, RALF (1999), Kinder zum Nachdenken bringen: Eine empirische Untersuchung zu Situation und Profil katholischen Religionsunterrichts an Grundschulen, Stuttgart.

ENGLERT, RUDOLF (2010), Vorsicht Schlagseite! Was im Bildungsdiskurs der Religionspädagogik gegenwärtig zu kurz kommt. Theologisch-praktische Quartalschrift (158), 123–131.

ENGLERT, RUDOLF (2013), Religion gibt zu denken. Eine Religionsdidaktik in 19 Lehrstücken, München.

ENGLERT, RUDOLF / HENNECKE, ELISABETH / KÄMMERLING, MARKUS (2014), Innenansichten des Religionsunterrichts. Fallbeispiele – Analysen – Konsequenzen, München.

FAUST-SIEHL, GABRIELE ([2]2009, [1]2002), Gesprächsformen, in: BITTER, GOTTFRIED / ENGLERT, RUDOLF / MILLER, GABRIELE / NIPKOW, KARL ERNST (Hrsg.), Neues Handbuch religionspädagogischer Grundbegriffe, München, 474–477.

FORYTTA, CLAUS / LINKE, JÜRGEN (1981), Ist Unterricht „gestörte" Kommunikation? Eine Untersuchung zum sprachlichen Handeln in der Primarstufe, München.

FREUDENBERGER-LÖTZ, PETRA / REIẞ, ANNIKE (2009), Kognitive Aktivierung im theologischen Gespräch mit Jugendlichen, in: FEINDT, ANDREAS (Hrsg.), Kompetenzorientierung im Religionsunterricht. Befunde und Perspektiven. Münster, 247–262.

FREUDENBERGER-LÖTZ, PETRA (2012), Theologische Gespräche mit Jugendlichen. Erfahrungen – Beispiele – Anleitungen, München.

FRICKE, MICHAEL (2009), Was können Schülerinnen und Schüler mit der Bibel lernen? Konturen einer Bibeldidaktik für das 21. Jahrhundert, in: BACHMANN, MICHAEL / WOYKE, JOHANNES (Hrsg.), Erstaunlich lebendig und bestürzend verständlich? Studien und Impulse zur Bibeldidaktik (FS für Ingo Baldermann), Neukirchen-Vluyn, 69–84.

GANDLAU, HARRIET (2017), Wie Religion unterrichten? Grundlagen und Bausteine für einen qualifizierten Unterricht, München, 71–82.

GEISSNER, HELMUT ([2]1986), Sprecherziehung. Didaktik und Methodik der mündlichen Kommunikation, Frankfurt am Main.

GRÜMME, BERNHARD (2006), Kindertheologie: Modethema oder Bereicherung für die Religionspädagogik?, in: Religionspädagogische Beiträge 57/2006, 103-118.

HATTIE, JOHN A. C. ([3]2015), Lernen sichtbar machen. Überarbeitete deutschsprachige Ausgabe von „Visible learning", besorgt von Wolfgang Beywl und Klaus Zierer, Baltmannsweiler.

HEINZEL, FRIEDERIKE (2017), Gespräche, in: VON REEKEN, DIETMAR (Hrsg.), Handbuch Methoden im Sachunterricht, Baltmannsweiler, 73–80.

KIESOW, KLAUS (2006), Worauf es mir bei Unterrichtsbesuchen besonders ankommt. Die Perspektive eines Fachleiters, in: BIZER, CHRISTIAN u. a. (Hrsg.), Was ist guter Religionsunterricht? (Jahrbuch der Religionspädagogik, Bd. 22), Neukirchen-Vluyn, 31–33.

KLIEMANN, PETER / RUPP HARTMUT (Hrsg.) (2000), 1000 Stunden Religion. Wie junge Erwachsene den Religionsunterricht erleben, Stuttgart.

KLIEMANN, PETER / SCHWEITZER, FRIEDRICH (2007), Religion unterrichten lernen. Zwölf Fallbeispiele, Göttingen.

LACHMANN, RAINER ([3]1998, 1993), Gesprächsmethoden im Religionsunterricht, in: ADAM, GOTTFRIED / LACHMANN, RAINER (Hrsg.), Methodisches Kompendium für den Religionsunterricht, Göttingen, 113–139.

LEISEN, JOSEF (2007), Unterrichtsgespräch: Fragend-entwickelnder Unterricht, sokratischer Dialog und Schülergespräche, in: Physik Methodik für die Sekundarstufen, Berlin, 115–132.

LENHARD, HARMUT (2016), Unterrichtsplanung, in: Wissenschaftlich-Religionspädagogisches Lexikon. https://www.bibelwissenschaft.de/stichwort/100131/ (Zugriff 10.10.2021).

MATTES, WOLFGANG ([10]2018), Methoden für den Unterricht, Paderborn.

MARTENS, EKKEHARD (1999), Philosophieren mit Kindern, Stuttgart.

MENDL, HANS (2011), Miteinander reden, in: SCHIEFER FERRARI, MARKUS / DERS. u.a. (Hrsg.), Leben lernen. Menschliche Ausdrucksformen als Lernperspektiven im Religionsunterricht, Babenhausen, 106–114.

MENDL, HANS (2019), Gespräche, in: DERS. (Hrsg.), Taschenlexikon Religionsdidaktik, München, 91–92.

MEYER, HILBERT (1987), Unterrichtsmethoden II, Berlin.

MEYER, HILBERT (2009), Unterrichtsmethoden I, Berlin.

MICHALKE-LEICHT, WOLFGANG / STÄBLER, WALTER u.a. (Hrsg.) (2002), Gezählt, gewogen und befunden. Eine Evaluation zum Lehrplan für den Religionsunterricht am Gymnasium in Baden-Württemberg (2000-2001), Reihe: Tübinger Perspektiven zur Pastoraltheologie und Religionspädagogik, Bd. 19, Tübingen.

MÜLLER, ALOIS ([7]2007), Kommunikation üben, in: RENDLE, LUDWIG (Hrsg.), Ganzheitlichen Methoden im Religionsunterricht, München, 116–134.

PETERSEN, SUSANNE / UNRUH, THOMAS (2011), Guter Unterricht: Praxishandbuch. Handwerkszeug für Unterrichts-Profis. Damit guter Unterricht keine Utopie bleibt!, Hamburg, 86–97.

PORZELT, BURKHARD (2012), Grundlinien biblischer Didaktik, Regensburg.

ORTH, PETER (2009), Gesprächsformen und ihre Gelingensbedingungen, in: Pädagogik 61 (2009), 30–33.

ORTH, PETER (2019), Unverzichtbar: das Klassengespräch, in: Katechetische Blätter 144 /4, 31–33.

ORTH, PETER (2022), Das Klassengespräch. Grundsätzliche Überlegungen, Gelingensbedingungen und Tipps, in: REESE-SCHNITKER, ANNEGRET / BERTRAM, DANIEL / FRÖHLE, DOMINIC (Hrsg.), Gespräche im Religionsunterricht. Einblicke – Einsichten – Potentiale, Stuttgart 2022, 173–188.

REESE-SCHNITKER, ANNEGRET (2013), Produktive Unterbrechungen im Unterrichtsgespräch. Typische Muster, Stolpersteine und Lernchancen von Unterrichtsgesprächen – aufgezeigt an einem Fallbeispiel, in: Katechetische Blätter 138/2, 130–137.

REESE-SCHNITKER, ANNEGRET (2016), Wie werden biblische Texte im Religionsunterricht ›eingespielt‹? Einblicke in eine empirische Unterrichtsforschungsstudie, in: KLUMBIES, PAUL-GERHARD / MÜLLNER, ILSE (Hrsg.), Bibel und Kultur. Das Buch der Bücher in Literatur, Musik und Film, Leipzig, 221–250.

REESE-SCHNITKER, ANNEGRET / FRÖHLE, DOMINIC, (2018), Ist Reden wirklich nur Silber? Einblicke in videographierte Gespräche im Religionsunterricht, in: Pädagogische Stiftung Cassianeum (Hrsg.), Dokumentation des 13. Arbeitsforum für Religionspädagogik, München, 125–140.

REESE-SCHNITKER, ANNEGRET (2020), Sprache, in: KROPAČ, ULRICH / RIEGEL, ULRICH (Hrsg.), Handbuch der Religionsdidaktik, Stuttgart, 406–413.

REESE-SCHNITKER, ANNEGRET (2021), Unterrichtsgespräche im Religionsunterricht. Formen und Gelingensbedingungen, in: ALTMEYER, STEFAN / GRÜMME, BERNHARD u. a. (Hrsg.), Sprach-

sensibler Religionsunterricht (Jahrbuch der Religionspädagogik, Bd. 37), Göttingen, 189–200.
RITZ-FRÖHLICH, GERTRUD (1977), Das Gespräch im Unterricht. Anleitung, Phasen, Verlaufsformen, Bad Heilbrunn.
ROOSE, HANNA (2015). „Kinder- und Jugendtheologie im hochschuldidaktischen Kontext", in: Theo-Web. Zeitschrift für Religionspädagogik 14/2, 41–53.
ROOSE, HANNA (2017), Familienähnlichkeiten: Das fragend-entwickelnde und das theologische Unterrichtsgespräch, in: Theo-Web 16/2, 275–289.
ROOSE, HANNA (2019a), Kindertheologische und schulische Alltagspraxis. Eine Studie zum Verhältnis von kindertheologischen Normen und eingeschliffenen Routinen im Religionsunterricht, Stuttgart.
ROOSE, HANNA (2019b), Kindertheologie und schulische Alltagspraxis. Eine Studie zum Verhältnis von kindertheologischen Normen und eingeschliffenen Routinen im Religionsunterricht, Stuttgart.
ROOSE, HANNA (2022), Unterrichtsgespräche und Alltagspraxis, in: REESE-SCHNITKER, ANNEGRET / BERTRAM, DANIEL / FRÖHLE, DOMINIC (Hrsg.), Gespräche im Religionsunterricht, Stuttgart, 69–83.
SCHAMBECK, MIRJAM (2009), Bibeltheologische Didaktik. Biblisches Lernen im Religionsunterricht, Göttingen.
SCHMID, HANS (2001), Ein Lackmustest für die Qualität des Religionsunterrichts, in: Katechetische Blätter 126/6, 409–418.
SCHNEIDER, FRANK / DRAKEN, KLAUS (2020), Unterrichtsgespräche. Gespräche in der Klasse initiieren, moderieren, reflektieren, Berlin.
SCHULTE, ANDREA (2018), Sprache. Kommunikation. Religionsunterricht. Gegenwärtige Herausforderungen religiöser Sprachbildung und Kommunikation über Religion im Religionsunterricht (Studien zur Religiösen Bildung StRB 15), Leipzig.
SCHULTE, ANDREA (2022), Religiöse Sprachbildung im Unterrichtsgespräch, in: REESE-SCHNITKER, ANNEGRET / BERTRAM, DANIEL / FRÖHLE, DOMINIC (Hrsg.), Gespräche im Religionsunterricht, Stuttgart, 53–68.
SEKRETARIAT DER DEUTSCHEN BISCHOFSKONFERENZ (2005), Der Religionsunterricht vor neuen Herausforderungen, Bonn.
STACHEL, GÜNTER u. a. (1976), Die Religionsstunde – beobachtet und analysiert. Eine Untersuchung zur Praxis des Religionsunterrichts, Zürich u. a.
UNRUH, THOMAS (2011), Unterrichtsgespräche, in: PETERSEN, SUSANNE / UNRUH, THOMAS (Hrsg.), Guter Unterricht, Praxishandbuch. Handwerkszeug für Unterrichts-Profis. Damit guter Unterricht keine Utopie bleibt, 86–96. (auch https://www.guterunterricht.de/unterrichtsgespraeche (Zugriff am 4.6. 2021)).
WENZL, THOMAS (2014), Elementarstrukturen unterrichtlicher Interaktion. Zum Vermittlungszusammenhang von Sozialisation und Bildung im schulischen Unterricht, Wiesbaden.
WILLEBRAND, EVA (2019), Korrelativ – kritisch – kreativ. Konturen einer religiösen Sprachbildung im Religionsunterricht, in: Religionspädagogische Beiträge 80/78, 70–81.

Begriffliche Anmerkungen zum Unterrichtsgespräch in der schulpädagogischen Diskussion

Daniel Bertram

1. Definitionen und Differenzierungen bei Beck (1994)

> „Versucht man das Wesen des Unterrichtsgesprächs näher zu bestimmen, stößt man bald auf den doch recht fragwürdigen und in sich nicht widerspruchsfreien Begriff des ‚Unterrichtsgesprächs'. Werden nicht hier [...] zwei Formen vereinigt, die sich doch offenbar widersprechen: Unterricht und Gespräch? Kann denn ein Unterricht zum Gespräch werden, ohne sich selbst aufzugeben? Ist nicht das Wesen des echten Gesprächs fast das Gegenteil eines zielstrebigen, auf den Lernerfolg bedachten Unterrichts?" (Stöcker [16]1970, 230)

Diese Problematisierung soll nun zum Anlass genommen werden, sich dem Begriff des Unterrichtsgesprächs aus pädagogisch-historischer Perspektive zu nähern. Zunächst soll aufgewiesen werden, dass der Begriff „Unterrichtsgespräch" wie ein Oberbegriff fungiert, der, insbesondere in der bisherigen erziehungswissenschaftlichen Forschung, teilweise sehr differente (soziale) Praktiken subsummiert. Eine erste, qualitativ umfassende, Darstellung verschiedener Definitionen, die anschließend nachgezeichnet werden soll, findet sich bei dem Sprecherzieher und Grundschullehrer Martin Beck. In seiner sprechwissenschaftlichen Untersuchung verschiedener didaktischer Ansätze der Unterrichtskommunikation (Beck 1994, 31f.) differenziert er zunächst nach Gesprächsformen, die in gewisser Art und Weise als Unterkategorien des Unterrichtsgesprächs verstanden werden.

Der österreichische Pädagoge Ernst Höller etwa spricht vom „Schülergespräch" und intendiert damit sogenannte „freie" Schülergespräche, die an ein bestimmtes Thema gebunden sind, welches zuvor von der Lehrperson auf ein Lernziel hin bestimmt wurde (Höller [3]1970, 14ff.). Im Rückblick kann es verwundern, hier von einem freien Gespräch zu sprechen, wenn der Rahmen nicht nur institutionell, sondern auch inhaltlich und teleologisch derart eng gesetzt, d.h. vorgegeben, ist. „Frei" bezieht sich bei Höller aber eben weniger auf den Gesprächsinhalt als mehr auch die Gesprächsführung. So versteht er das Gespräch als demokratischen Prozess (vgl. ebd., 9). Das bedeutet auch, dass Lernende andere Mitschüler_innen aufrufen und das Wort weitergeben dürfen. Auch eine Änderung der Sitzordnung ist dabei angedacht (vgl. ebd., 33ff.; 41f.). Für den Österreicher ist es sogar denkbar, das Lernende selbst das Gespräch initiieren (vgl. ebd., 50). Insgesamt stellt Höller die Machtposition des Lehrenden nicht in Frage, zeigt aber eine durchdachte Alternative zum Frontalunterricht auf. Hierzu muss gesagt werden, dass die erste Auflage des Buches bereits 1948 erschien und allein die Rede vom Schülergespräch schon neuartig war.

Christina Zacharias, Sprecherzieherin aus der DDR möchte das Unterrichtsgespräch als eine Form des Problemgesprächs verstanden wissen, wobei eben dieses, anders als bei Höller, stets von der Lehrperson aufgeworfen wird. Letztlich sei es ein gelenktes Gespräch, das in Form und Ablauf frei ist, aber eben doch von der Lehrperson gelenkt wird und werden muss, um die Lernenden anzuhalten, ein Problem zu klären. Die Lehrperson kennt dessen Lösung bereits und lässt die Lernenden in den Grenzen des Gesprächs frei gewähren (vgl. Zacharias [4]1974, 177). Dies Kommunikationsstruktur kann dann nie symmetrisch sein. Beck deutet diese starke Betonung der Autorität als Notwendigkeit, soll doch auch in anderen Bereichen der Lebenswelt die Autorität des Staates (bzw. des Systems der DDR) nicht in Frage gestellt werden (vgl. Beck, 56).

Fasst Zacharias also auch Gespräche, die hinsichtlich des Themas, des Verlaufs und des Ziels von der Lehrerperson bestimmt sind, als „Unterrichtsgespräche" auf, differenziert der Germanist und Hochschullehrer Karl Stöcker (vgl. Stöcker [16]1975, 205), vom dem auch oben genanntes Zitat stammt, grundsätzlich und grenzt solche „Lehrgespräche" von „Unterrichtsgesprächen" ab: Im Unterschied zu Formen des „mittelbaren Unterrichts", der unter der indirekten Führung der Lehrperson steht, steht der „unmittelbare Unterricht" unter dessen/deren direkter Führung. Noch einmal differenziert, kann dieser unmittelbare Unterricht darbietend (vortragend-erzählend oder vortragend-vormachend) oder erarbeitend sein. Hier, als Optionen des erarbeitenden, unmittelbaren Unterrichts unter direkter Führung der Lehrperson, verortet Stöcker das Lehr- und das Unterrichtsgespräch. Interessant ist, dass er das Unterrichtsgespräch noch einmal in „frei" und „gebunden" unterteilt (vgl. ebd., 234), wobei er dies nicht auf die Gesprächsführung und -lenkung bezieht (Gesprächen, die nicht von der Lehrperson gelenkt werden, fehlt die Ernsthaftigkeit und sie enden schließlich als zielloses Gerede oder formloser Gedankenaustausch): Beim freien Unterrichtsgespräch kommen die Themen von den Lernenden, bei gebundenen Unterrichtsgesprächen gibt die Lehrperson diese vor. Hierin unterscheidet er sich von Zacharias. Insgesamt ist das Unterrichtsgespräch, so ordnet Stöcker ein, das „Herzstück neuzeitlicher Unterrichtsgestaltung" (ebd., 228). Obwohl unklar bleibt, was genau Stöcker meint, wenn er von „echten Unterrichtsgesprächen" schreibt und er auch keine Unterscheidung, etwa mit der Negation, also „unechter" bzw. „nicht echter" Gespräche vornimmt, hält er doch fest: „Echte Unterrichtsgespräche in lebendiger und kindlicher Form auch in Schule und Unterricht zu erreichen, ist der Wunschtraum jedes aufgeschlossenen Lehrers, an dem nun freilich die mannigfachen schulischen Bedingtheiten und die kindliche Unreife manchen Abstrich machen." (Ebd.) Er greift das Adjektiv erneut auf, wenn er schreibt, dass „echte" Gesprächsformen der vorherigen Übung und Schulung bedürfen (vgl. ebd., 229). Vielleicht lässt es sich so verstehen, dass ein „echtes Unterrichtsgespräch" ein, in Stöckers Sinn, ernsthaftes ist, insofern sich die Gesprächsteilnehmenden also solche ernst nehmen und auch die Überzeugungen der anderen ernstgenommen werden (vgl. ebd.).

Neben diesen drei heterogenen Verständnissen vom „Unterrichtsgespräch" zählt Beck auch sehr weitgreifende und letztlich unspezifische Klärungsversuche auf, so etwa Franz Kaspar, der das Unterrichtsgespräch zwar im engeren Sinne als von der Lehrperson geleitetes Gespräch mit dem Ziel der gemeinsamen Erarbeitung eines bestimmten Themas versteht (vgl. Kaspar 1971, 88), im weiteren Sinne jedoch „jedes Gespräch zwischen Lehrer und Schüler und Schüler[n] untereinander im Unterrichtsverlauf" (ebd., 87f.) undifferenziert als Unterrichtsgespräch benennt.

Eine transparente Kategorisierung nehmen dagegen Heinrich Reitemeier und Rüdiger Reitemeier (1960) vor In den von ihnen verwendeten Differenzkriterien wird gefragt, von wem Thema, Verlauf und Ziel des Gesprächs bestimmt werden: der Lehrperson oder den Lernenden? Im Ergebnis bezeichnen sie ein Gespräch, das gänzlich von der Lehrperson bestimmt ist, als Lehrgespräch. Werden nur Thema und Ziel vorgegeben und sind die Lernenden bei der Gestaltung des Gesprächs weitestgehend frei, wird vom themengebundenen Lehrgespräch gesprochen. Gibt die Lehrperson nur das Thema vor, ohne ein Ziel zu explizieren und den Verkauf zu lenken, verstehen Reitemeier & Reitemeier dies als gebundenes Unterrichtsgespräch. Gerade im Vergleich zu Stöcker neu und bemerkenswert ist die vierte Gesprächsform, die die Lernenden nicht nur Verlauf und Ziel, sondern vorab bereits das Thema bestimmen lässt: das freie Unterrichtsgespräch (Reitemeier / Reitemeier 1960, 49-50).

Weil er den Begriff „Unterrichtsgespräch" insofern überstrapaziert sieht, als dass auch Lehrgespräche oder daran angelehnte Varianten darunter gefasst werden, erarbeitet Beck eine an den Kategorien von Reitemeier & Reitemeier angelehnte Neueinteilung. Hierbei unterscheidet er zunächst grundlegend Lehr- und Schülergespräch und belässt das Unterrichtsgespräch sozusagen nur als Oberbegriff. Zudem behält er die Bezeichnung Lehrgespräch für ein in Thema, Verlauf und Ziel von der Lehrperson geplantes und bestimmtes Gespräch bei, benennt das von Reitemeier & Reitemeier so genannte themengebundene Lehrgespräch in „verlaufsoffenes Lehrgespräch" um und vollzieht damit einen Perspektivenwechsel: Nicht mehr das von der Lehrperson Festgelegte wird explizit benannt und bei der begrifflichen Abgrenzung ausdrücklich, sondern das, was von den Lernenden mindestens mitbestimmt wird. Aus dem (themen-)gebundenen Unterrichtsgespräch macht Beck das „themengebundene Schülergespräch"; das freie Unterrichtsgespräch bezeichnet er schlicht als „Schülergespräch". Kritisch reflektierend etikettiert er auch die Dynamik bzw. Tendenz hin zum Lehrgespräch als „Scheingespräch" und die Dynamik zum

Schülergespräch als „Klärungsgespräch". Damit wird nahegelegt: Gibt es beim Schülergespräch wirklich etwas zu klären bzw. die Möglichkeit dazu, ist dies beim Lehrgespräch nur scheinbar der Fall (Beck 1994, 36). Warum aber exponiert Beck das Schülergespräch? Er selbst begründet dies mit der Unterscheidung von „Unterrichtsgesprächen" (als Methode) und „Gesprächen im Unterricht" (als Ziel): Im „Schülergespräch" würde beides zusammenfallen, da es sowohl Methode als auch Ziel ist (ebd.).

Nüchtern konstatiert Beck jedoch am Ende seiner Arbeit, dass keiner der von ihm untersuchten didaktischen Ansätze zur Unterrichtskommunikation das Schülergespräch „in Reinform weder von den theoretischen Überlegungen her noch von den Empfehlungen zur praktischen Durchführung [...] intendiert" (Beck 1994, 127). Er erklärt dies bedauernd mit einem, so verstandenen, drohenden Machtverlust der Lehrperson hinsichtlich eines Rollenwechsels und ganz allgemein mit dem mangelnden Zutrauen in die Lernenden.

2. Das Unterrichtsgespräch als Methode (Bittner 2006)

Zwölf Jahre später publizierte der habilitierte Allgemeinpädagoge Stefan Bittner eine Hermeneutik des Unterrichtsgesprächs, wobei er anfangs festhält, dass es „kaum eine schwierigere Methode als das Gespräch" (Bittner 2006, 8) gibt. Die Unterscheidung von Beck zwischen Methode und Ziel (s.o.) trägt Bittner, das wird hier bereits deutlich, nicht mit. Vom Alltagsgespräch unterscheidet sich das Unterrichtsgespräch in formalen Aspekten (Rollenverteilung, Initiierung, Kommunikationsstruktur) hinsichtlich der Zeit (Stellung in der Stunde, Begrenzung durch Stundenende) und des Raumes (Institution Schule, Sitzordnung). Außerdem unterscheidet es sich in sozialen Aspekten (Wer partizipiert? Möchte ich mich zum Thema äußern? Bin ich sozial integriert?) und hinsichtlich des Inhalts (Um was geht es? Verstehe ich das? Kann ich mitreden?) von alltäglichen Gesprächen (Bittner 2006, 22ff.).

Dies bedenkend definiert Bittner das Unterrichtsgespräch so:

> „Ein Unterrichtsgespräch ist eine zum schulischen Lehren, Lernen und Erziehen eingesetzte dialogische Interaktion, mit der unter kommunikativen Gesetzmäßigkeiten sozial relevante Bildungskontexte bereitgestellt werden und in der die personalen Interessen, Rücksichten und Erwartungen so zu moderieren sind, dass Schüler kulturell vorstrukturierte Stoffgebiete er- und verarbeiten können." (Ebd., 31)

Es lässt sich erkennen, dass Bittner die Planung oder zumindest das Zulassen des Unterrichtsgesprächs bei der Lehrperson sieht, wenn er sagt, es werden

Gespräche „eingesetzt". Außerdem beschreibt er das Gespräch als dialogisch, was durchaus zu hinterfragen wäre, würde man beispielsweise von einem mehrpoligen Gespräch nur unter Lernenden ausgehen. Bittner hingegen sieht die an Funktionen geknüpfte Rollen in Unterrichtsgesprächen aber klar verteilt: Die Lehrperson ist der / die Fachspezialist_in und die Lernenden sind Laien, die „noch nicht Eingeweihten" (ebd., 30). Es ist aber durchaus möglich, dass die Gesprächsteilnehmenden die Rolle (zeitweise) wechseln. Dieser Punkt soll noch einmal festgehalten werden: Auch die Lernenden können Spezialist_innen sein. Es ist die Aufgabe der Lehrperson, dies bei der Gesprächsmoderation mitzuberücksichtigen. Bittner versteht sein Buch als Lehrbuch, das in diesem Sinne anleiten soll, Gespräche gelingend zu initiieren und zu führen. Gespräche, die von Schüler_innen initiiert und mehrpolig geführt werden, hat er offenbar nicht vornehmlich im Blick bzw. will er in seinem Lehrbuch nicht didaktisch vorantreiben.

Dies zeigt sich auch in der Unterscheidung verschiedener Arten von Unterrichtsgesprächen. Bittner differenziert teleologisch (1) Erarbeitungsgespräche (Philosophische Disputationen, Erkundungsgespräche, textorientierte Interpretationsgespräche, Sachklärungsgespräche, Wiederholungsgespräche, Informationsgespräche), (2) Verarbeitungsgespräche (operative Gespräche, wahrnehmungsorientierte Interpretationsgespräche), (3) emanzipatorische Unterrichtsgespräche (meinungsbildende Gespräche, den Meinungsaustausch, das Metagespräch) sowie (4) Diskussionen und Debatten (ebd., 32ff.). Auch an dieser Stelle wird deutlich, dass das Unterrichtsgespräch für Bittner eher mehr als weniger geplante und eingesetzte Methode der Lehrperson ist.

Mit diesem Verständnis, das kann auch als kritische Anmerkung verstanden werden, fällt es ihm leicht, Gelingensbedingungen zusammenzustellen und damit die Planung zum „effizienten Einsatz von Unterrichtsgesprächen" (Bittner 2006, 74) zu hinterfragen. Er nennt hier (1) alters-, fach- und schulartenspezifische Rücksichten, die bei der Gesprächsplanung zu bedenken sind. (2) Ein zweiter Punkt hebt die Vergewisserung des Ziels hervor: Geht es der Lehrperson um Informationsvermittlung, Sprecherziehung oder die Entwicklung einer dialogischen Kompetenz? (3) Bittner hinterfragt drittens die Angemessenheit des Gesprächsinhalts im Hinblick auf den erstgenannten Aspekt. (4) Ein vierter Punkt befasst sich mit den Einsatzmöglichkeiten von Unterrichtsgesprächen und fragt, ob diese als Lehrmethode, didaktisches Prinzip oder Handlungsmuster fungieren sollen. (5) Die eingesetzten Medien bzw. das eingesetzte Medium, denn Bittner erläutert hier ausschließlich die Sprache als, sicher zentrales, Medium von Unterrichtsgesprächen, führt dieser als fünften Aspekt auf (vgl. ebd., 74ff.). Zusammenfassend kann gesagt werden, dass ein Unterrichtsgespräch nach Bittner gelingt, wenn sich die Lehrperson der Lerngruppe und den ihr inhärenten Anforderungen vergewissert und den Gesprächsinhalt darauf didaktisch angemessen abstimmt. Denn die Lehrperson sollte vorab klären, woraufhin das Unterrichtsgespräch abzielt und was es bewirken soll und zu jeder Zeit auf die Angemessenheit der verwendeten Sprache achten.

Auch mit Herausforderungen und Schwierigkeiten hat Bittner sich befasst (vgl. ebd., 94ff.). Zu nennen sind hier die Beachtung nonverbaler Kommunikation (im Besonderen der Körpersprache der Lehrperson), der Umgang mit Schweigen und Stille, die Gefahr des Fallens bzw. Wechselns in ein fragend-entwickelndes Gespräch, der Umgang mit Missverständnissen, das (unnötige) Lehrerecho, eine überstarke Führung sowie Langatmigkeit und Langeweile.

Es ist bereits deutlich geworden, wer, nach Bittner, Unterrichtsgespräche initiiert, nämlich die Lehrperson. Zu hinterfragen ist allerdings, wie das geschieht, das heißt, wie Unterrichtsgespräche initiiert werden. Bittner zählt dazu verschiedene Dinge auf, die er in zwei Kategorien einordnet: Fragen und Impulse (vgl. ebd., 103ff.). Davon unterscheidet er noch einmal Moderationsimpulse, wie beispielsweise das Loben, Kommentieren, Motivieren oder Forcieren (vgl. ebd., 145ff.). Besonders hervorzuheben ist aber eine dritte Kategorie von Interaktionsoptionen, die Bittner nur vergleichsweise kurz erwähnt, die aber doch das von ihm vermittelte Bild von Unterrichtsgesprächen weitet, zumindest hinsichtlich deren Dialogizität. So beschreibt er „Steuerungswinke“ als „Sonderfall der Gesprächsführung“ (ebd., 157), wie ein Kopfnicken oder eine kurze Rückmeldung (Aha!, Ja? usw.). Außerdem kann, mit Bezug auf das oben Geschriebene, gesagt werden, dass er die Möglichkeit mehrpoliger Gespräche eben jener zumindest mitdenkt.

Das Neue und für Bittners Arbeit auch Konsequente ist die abschließende Auflistung von Kategorien bzw. Reflexionsfragen zur Auswertung von Unterrichtsgesprächen (vgl. ebd., 158ff.).

3. Das Unterrichtsgespräch als Denkschule bei Schneider / Draken (2020)

Vierzehn Jahre nach Stefan Bittner publizierten Frank Schneider und Klaus Draken, beide Fachleiter und überfachliche Ausbilder in der zweiten Ausbildungsphase, ein Buch zu Unterrichtsgesprächen, in dem sie der Frage nachgehen, wie die Lehrkraft zum Gelingen von Unterrichtsgesprächen beitragen oder dies mindestens begünstigen kann. Wobei sie ihre Vorstellung, wann ein Unterrichtsgespräch gelungen ist, bereits im Vorwort darlegen: Einerseits sollte am Gesprächsgegenstand inhaltlich gelernt werden. Andererseits soll die Kommunikation innerhalb der Klasse dem inhaltlichen Lernen förderlich sein und auch formal gut ablaufen. Drittens sollen sich die Beteiligten als selbstwirksam erleben (vgl. Schneider / Draken 2020, 6). Dabei fällt insbesondere die Offenheit der Formulierung zum Inhalt auf, denn dieser ist auf den Gesprächsgegenstand bezogen. Es ist nicht gesagt, wer den Inhalt bestimmt oder ob der Gesprächsgegenstand auch der Unterrichtsgegenstand ist (sein muss). Auch offen gelassen ist die Frage, wer Unterrichtsgespräche initiiert. Was Bittner noch klar in den Zuständigkeitsbereich der Lehrperson verortet, ist nach Schneider und Draken für das Gelingen des Gesprächs irrelevant.

Insofern ist auch ihre Definition von „Unterrichtsgesprächen" inklusiv: „Unter ‚Unterrichtsgesprächen' sollen [...] sämtliche Unterrichtsszenarien verstanden werden, in denen die gesamte Lerngruppe im Plenum gemeinsam über ein Thema spricht, wobei die Gesprächsanteile zwischen den Beteiligten ungleich verteilt sein können." (Ebd., 10.) Die Autoren wägen auch nicht ab, ob Unterrichtsgespräche nun Methode oder Ziel seien, vielmehr sind sie als Synthese der Sozialform des Klassenunterrichts und der Interaktionsform des Gesprächs (vgl. ebd.) zu verstehen.

Überhaupt ist es den Autoren ein Anliegen, das Unterrichtsgespräch auch in der Breite unterschiedlicher Formen zu fassen, geordnet nach dem Grad der Lenkung durch die Lehrkraft vom Lehrervortrag über die Lehrerinstruktion und das fragend-entwickelnde Unterrichtsgespräch bis zum von der Lehrperson moderierten Schülergespräch, das beide in einer ausgeglichenen Mittelstellung verorten. Es schließen sich an das sokratische Gespräch standardisierte Gesprächsformen wie die amerikanische Debatte oder die Fishbowl-Diskussion und schließlich das schülermoderierte Schülergespräch an (vgl. ebd., 11; 15). Diese Lenkungsbasierte Abstufung erinnert etwa an Reitemeier & Reitemeier und Beck.

Obgleich Schneider und Draken anschließend zu allen genannten Formen kritisch, aber auch würdigend Stellung nehmen, lässt sich erkennen, wann sie Gespräche, ganz grundsätzlich, als gelingend verstehen (vgl. nachfolgend ebd., 10), nämlich wenn, erstens, die Lehrperson einen möglichst geringen Redebeitrag hat. Es wird das Bild von der Lehrperson als kompetente Gesprächspartnerin gezeichnet, die sich selbst zurückhält und das Gespräch an sich im Blick hat. Unterrichtsgespräche sollen, zweitens, an entsprechender Stelle Sinn machen, also eine Funktion besitzen, die mit dem Inhalt und der Unterrichtszeit korrespondiert. Drittens soll das Unterrichtsgespräch maßvoll eingesetzt werden, ein direkter Zusammenhang zwischen der Qualität des Unterrichts selbst und der Quantität von Unterrichtsgesprächen bestehe nicht.

Dass sich die Autoren einer solchen Breite von Gesprächsarten kritisch-würdigend widmen, spiegelt sich in der sich anschließenden Differenzierung wider, die die Bedeutung von Gesprächen in verschiedenen Phasen des Unterrichts (vor dem Einstieg, thematischer Einstieg, Erarbeitung, Unterrichtsausstieg, sowie die Zeit zwischen den Phasen) beleuchtet. Es wird deutlich, dass es für beide keine immer oder an sich schlechte Gesprächsform gibt, sondern eher passende, naheliegende und bereichernde sowie weniger passende bis unpassende. Hier zeigt sich wieder die Rückbesinnung auf die Funktionalität „guter" Unterrichtsgespräche (s.o.), beispielsweise wenn Schüler_innen ihren Mitschüler_innen Ergebnisse aus einer Erarbeitungsphase präsentieren (vgl. ebd., 18ff.).

Da das Buch als praxisnahes Handbuch konzipiert ist, das vor allem Lehrpersonen ansprechen soll, verwundert es nicht, dass die Verfasser deren Rolle in Unterrichtsgesprächen fokussieren. Fasst man das bisher Geschriebene zusammen (Lehrperson als kompetente Gesprächspartnerin, möglichst geringer Redeanteil, Zurückhaltung, Sorge für die Qualität der Kommunikation), ist es naheliegend und konsequent, dass der Lehrperson nach Schneider / Draken vor allem eine Moderatorenrolle zukommt. So widmen sie zwei große Teile des Buches den Fragen, wie Unterrichtsgespräche gelingend moderiert werden können (dies betrifft auch schon die Planung und schließlich die Reflexion) und wie mit Herausforderungen umgegangen werden kann. Hier werden explizit unterschiedliche Kommunikationstypen auf Seiten der Schüler_innen, Störungen, Fehler und Unerwartetes genannt sowie vertiefend reflektiert / problematisiert (vgl. ebd., 69ff.; 98ff.).

Gerade Letztgenanntes lässt aufhorchen: Dass in Unterrichtsgesprächen auch Unerwartetes geschehen kann, liegt auf der Hand, trifft dies doch auch für den Unterricht an sich zu. Hier wird beispielsweise noch einmal gesondert darauf hingewiesen, dass Unterrichtsgespräche unterbrochen werden können. Nun führen die Verfasser zwar unproduktive Unterbrechungen an, Dringlichkeiten (wie eine Hornisse im Klassenzimmer) sowie individuell entstehende Anliegen (wie die geäußerte akute Unlust eines Schülers). Sie denken dies aber auch im positiven Sinne weiter: Schüler_innen lassen einfließen, was für sie im Hinblick auf das Thema jetzt dringlich ist oder welche individuellen Anliegen oder Anfragen sie zum bzw. an das Thema haben (vgl. ebd., 126ff.) und dies kann dann durchaus in diesem Sinne produktiv sein (vgl. auch Reese-Schnitker 2013).

Diese Gedanken rücken die Autoren in den Vordergrund, wenn sie zum Ende ihrer Publikation resümieren, dass in Unterrichtsgesprächen „gelernt wird und ein Lernprozess entsteht, der die Gesprächspartnerinnen und -partner ... mit Achtung behandelt, weil sie das eigene Denken unterstützen." (Ebd., 146) Damit wird noch einmal ausgedrückt, als was Schneider und Draken das Unterrichtsgespräch genau begreifen, nämlich als „Denkschule und zugleich einen Katalysator demokratischer Bildung" (ebd., 143). Im Gegenzug begreifen sie Unterrichtsgespräche, die nur fertige Denkwege abfragen und auf zuvor bereitgestelltes Wissen rekurrieren als defizitär. Damit greifen sie deutlich Partei für Unterrichtsgespräche, die schülerorientiert, offen gestaltet sind sowie höherwertige Argumentationen anregen und damit hinsichtlich nachhaltigerem Lernen mehr Potential in sich bergen, auch wenn sie anderen Formen von Unterricht ebenso eine Berechtigung zuerkennen.

4. Fazit

Der vorliegende Beitrag soll unterschiedliche Perspektiven zum Unterrichtsgespräch aufgreifen und darstellen. Auf die Frage, was gemeint ist, wenn von einem Unterrichtsgespräch die Rede ist, haben in verschiedenen Bereichen Tätige in den vergangenen Jahrzehnten je eigene Antworten formuliert. Akzente haben sich verschoben, Begriffe wurden voneinander abgegrenzt, Arten von Gesprächen unterschiedlich zugeordnet, benannt und gradiert. Dabei fällt es schwer, eine übergreifende Entwicklung zu erkennen. Einerseits, weil es Unterschiede in der *Bewertung* von Gesprächen gibt (hinsichtlich der Bedeutung der Lernenden, der Aufgaben der Lehrperson und anderen Aspekten) und andererseits, weil sich in der *Beschreibung* mannigfache Perspektiven zeigen. Diese können allerdings helfen, die Komplexität des Themas fassbar zu machen. Festzustellen ist, dass das schülergelenkte und sowohl in Inhalt als auch hinsichtlich des Ziels freie Unterrichtsgespräch über einen vergleichsweise langen Zeitraum überwiegend als theoretische Möglichkeit mitgedacht wurde. Dabei wurde lange an der Lehrerzentrierung von Unterricht, auch bei Unterrichtsgesprächen, wie selbstverständlich, festgehalten. Eine Richtung der Entwicklung ist dabei erst in den letzten Jahren sichtbar: Stärker schülerorientierte, offene Unterrichtsgesprächsformen, die zu Beginn bei Höller mit einer ersten Bezeichnung als Schülergespräch in den Blick geraten und bei Bittner als von der Lehrperson mindestens gewährt aufgegriffen werden, finden sich nicht nur als theoretische Möglichkeiten unterrichtlicher Gestaltung. Es wird vielmehr über den, deutlich zugesprochenen, eigenständigen Wert sowie die Potentiale und Möglichkeiten der Gestaltung diskutiert. Insbesondere bei Schneider / Draken wird dieses neben anderen Gesprächen als besonders qualitätsvoll und Schüler_innen qualifizierend bewertet herausgestellt.

Die Frage, welche Formen von Unterrichtsgesprächen (normativ / hermeneutisch) unterschieden werden können, ist dabei zu unterscheiden von der (empirischen) Frage, welche Gespräche im realen alltäglichen Unterricht beobachtet und identifiziert werden können und welche Gestalt diese haben. So können die vorher dargelegten begrifflichen Unterscheidungen vielleicht Entdeckungs- und Benennungshilfen für den videografierten Unterricht werden. An dieser Stelle kann nur verwiesen werden auf die weiteren Beiträge, die etwa die Bedeutung von Unterrichtsgesprächen und ihre verschiedenen vorfindbaren Formen im alltäglichen Unterrichtsgeschehen, insbesondere im Religionsunterricht, beleuchten.

Literatur

BECK, MARTIN (1994), Unterrichtsgespräche. Zwischen Lehrerdominanz und Schülerbeteiligung. Eine Sprechwissenschaftliche Untersuchung didaktischer Ansätze zur Unterrichtskommunikation [Sprechen & Verstehen. Schriften zur Sprachwissenschaft und Sprecherziehung; 6], St. Ingbert.

BITTNER, STEFAN (2006), Das Unterrichtgespräch. Formen und Verfahren des dialogischen Lehrens und Lernens, Bad Heilbrunn.

HÖLLER, ERNST ([3]1970), Theorie und Praxis des Schülergesprächs, Wien.

KASPAR, FRANZ (1971): Gruppenpädagogisches Unterrichtsverfahren für den Religionsunterricht, Stuttgart.

REITEMEIER, RÜDIGER / REITEMEIER HEINRICH (1960), Die Pflege der sprachlichen Ausdrucksgestaltung im Deutschunterricht, in: PAX, EMIL (Hrsg.), Erziehung und Unterricht in den mittleren Schulen, Frankfurt a. M. u. a.

REESE-SCHNITKER, ANNEGRET (2013), Produktive Unterbrechungen im Unterrichtsgespräch. Typische Muster, Stolpersteine und Lernchancen von Unterrichtsgespräch – aufgezeigt an einem Fallbeispiel, in: Katechetische Blätter 138 / 2, 130–137.

SCHNEIDER, FRANK / DRAKEN, KLAUS (2020), Unterrichtsgespräche. Gespräche in der Klasse initiieren, moderieren, reflektieren, Berlin.

STÖCKER, KARL ([15]1975), Neuzeitliche Unterrichtsgestaltung, München.

ZACHARIAS, CHRISTINA ([4]1974), Sprecherziehung. Ein Leitfaden für Pädagogen, Berlin.

Religiöse Sprachbildung in Unterrichtsgesprächen

Andrea Schulte

1. Hinführung

2008 haben Michael Domsgen und Frank M. Lütze eine auf Sachsen-Anhalt bezogene empirische Untersuchung auf den Weg gebracht, die den evangelischen Religionsunterricht aus der Perspektive von Schüler_innen der Sekundarschulen und Gymnasien erhoben hat (Domsgen / Lütze 2010). Darin wird u. a. nach den Motiven der Lernenden zum Verbleib im Religionsunterricht gefragt. Dass im Religionsunterricht viel diskutiert bzw. miteinander gesprochen wird, ist der am häufigsten genannte Grund (57,7 %) (ebd., 128). Auf die Frage: „Was gefällt dir am Religionsunterricht am besten?" fand das „Diskutieren im Unterricht" die breiteste Zustimmung (17 %) (ebd., 199). Offensichtlich weisen die Schüler_innen das Gespräch als Qualitätsmerkmal des zum damaligen Zeitpunkt in Sachsen-Anhalt noch jungen Unterrichtsfachs Religion aus. Dabei sind die Themen und Inhalte als Gesprächsgrundlage breit gefächert und als Diskussionen über *Gott und die Welt* zu klassifizieren. Augenscheinlich bietet das Gespräch einer heterogenen, größtenteils religionsfernen Schülerschaft die Möglichkeit, über ein Thema oder einen Inhalt diskursiv und kommunikativ Religion zu lernen, welche ehemals ins Private verbannt war und in der Öffentlichkeit nicht vorkommen durfte. Diese Kommunikation über Religion im Unterrichtsgespräch scheint mir als Profil des Religionsunterrichts in den jungen Bundesländern bedeutsam zu sein, weil sich hier Religion in der Öffentlichkeit, im intersubjektiven Austausch, im Dialog, in gegenseitiger Verständigung erschließen kann.

Die Theorie und Praxis des Religionsunterrichts verweisen nachdrücklich auf die Bedeutung von Unterrichtsgesprächen (Deurer 2018, 74ff.). Dabei liegt der Fokus nicht exklusiv auf methodentheoretische und -praktische Zugänge. Das religionspädagogische Spektrum ist breit gefächert: Unterrichtstheoretisch sind Gespräche Artikulations- und Gestaltungsformen, die die Themenentwicklung im Unterricht und einen zielorientierten Unterrichtsverlauf befördern. Religionsdidaktisch erfahren sie derzeit eine konzeptionelle Wertschätzung, weil sie als theologische Gespräche das Medium des Theologietreibens von Kindern und Jugendlichen sind. Bildungstheoretisch halten sie die Option offen, als ziel- und ergebnisoffene Unterrichtsgespräche unter Lernenden einen „fruchtbaren Moment im Bildungsprozess" (Copei 1930) zu initiieren (ebd.). Im Akteur-Netzwerk-theoretischen Kontext agieren sie mit Dingen, Objekten oder

Artefakten (z. B. Bildern, gestalteter Sitzkreismitte). *Last but not least* verweisen sie theologisch auf die dialogische Grundstruktur in der Begegnung von Gott und Mensch.

Eine weitere Perspektive auf das Unterrichtsgespräch eröffnet die gegenwärtige wissenschaftliche Befassung mit der Sprachlichkeit von schulischem Fach-unterricht. Diese hat zu der grundlegenden Einsicht geführt, dass fachliches Lernen immer auch sprachliches Lernen und *vice versa* ist. Dieses stete Zusammenspiel gilt mithin auch für den Religionsunterricht und ist religionsdidaktisch von nicht unerheblicher Tragweite für die religiöse Sprachbildung der Schüler_innen. In ihrem Bemühen, religiöse Sprache verstehen zu lernen, in eine religionsbezogene kommunikative Praxis hineinzuwachsen, die eigene Religiosität bzw. Haltung zur Religion zum Ausdruck zu bringen sowie am gesellschaftlichen und kulturellen Diskurs über Religion teilzunehmen, tritt die Sprachlichkeit religiösen Lernens und Lehrens deutlich zutage. Sprache ist mithin auch im Religionsunterricht das wichtigste Medium des Lernens.

Mit Bezug auf das Gespräch lässt sich wohl sagen: Bei keiner anderen Methode tritt die Fachlichkeit und Sprachlichkeit des Religionsunterrichts so deutlich hervor wie beim Gespräch. Im Fachunterricht Religion sollen die Schüler_innen im „Haus der Sprache" (Niehl / Thömmes 2014, 79) zu leben und eines der Zimmer mit der Aufschrift *Gespräch* zu bewohnen lernen. Im Medium der Sprache und im Modus des Sprechens kann Religion kommuniziert und gelernt werden. Mithin fragt dieser Beitrag nach der Verortung des Gesprächs im Kontext eines zusammen zu denkenden religiösen *und* sprachlichen Lernens. Ein so verstandener sprachsensibler Religionsunterricht akzentuiert das Gespräch auf sein sprachbildendes Potential und erweitert das Bewusstsein für die Notwendigkeit religiöser Sprachbildung im Religionsunterricht vor dem Hintergrund der neueren bildungstheoretischen, schulpolitischen und religionsdidaktischen Entwicklungen.

2. Religiöse Sprachbildung im Religionsunterricht als Zusammenschluss von religiösem und sprachlichem Lernen

2.1 Religionspädagogisch orientierte Sprachbildung im Religionsunterricht

Bildungstheoretisch thematisiert der Religionsunterricht Religion als einen eigenen, auf Transzendenz bezogenen Modus der Weltdeutung und Welterschließung, wie dieser sich vor allem in den Formen symbolischer Kommunikation (einschließlich kultischer Praxen) zum Ausdruck bringt. „In der Schule geht es unter dem Vorzeichen religiöser Bildung im Rahmen allgemeiner Bildung [...] darum, die Semantik und Pragmatik dieser Formen im Unterricht so zu erschließen, dass ihre Bedeutsamkeit verstanden werden kann, ohne dass der Unterricht selbst als religiöse Praxis verstanden wird. Es geht um die Ausbildung einer religiösen Sprach- und Ausdruckskompetenz, die selbst immer wieder reflexiv eingeholt wird." (Kumlehn 2015, 10) Im Fokus steht einerseits das religiöse Sprachspiel, wie es als tradierte Sprache in genuinen symbolischen, narrativen und metaphorischen Ausdrucksformen religiöser Erfahrung vorliegt (religiöse Sprache, religiöse Rede) sowie als religiöses Sprechen heutiger Sprachnutzer innen in Erscheinung tritt, andererseits die religiöse Kommunikation als Reden über Religion, wie sie im interreligiösen Dialog sowie in einer pluralen Gesellschaft zum Ausdruck kommt.

Vor diesem Hintergrund lassen sich folgende Kompetenzerwartungen religiöser Sprachbildung anführen: Schüler_innen sollen Zugänge zur häufig als Fremdsprache empfundenen religiösen Sprache finden und diese in ihrer Lebensbedeutsamkeit verstehend und kommunikativ erschließen können. Dementsprechend wird von ihnen erwartet, dass sie traditionelle Formen religiöser Sprache verstehen und deuten können. Religiöse Sprachbildung ist Einfinden in die Sprache der Religion(en). Darüber hinaus gerät die religiöse Kommunikation als Sprachgebrauch und Sprachverwendung in den Blick. Schüler_innen sollen sich über relevante religiöse Fragestellungen intersubjektiv verständigen und dabei den eigenen religiösen Sprachgebrauch reflektieren. Demzufolge ist religiöse Sprachbildung das Hineinwachsen in eine religionsbezogene kommunikative Praxis. *Last but not least* sollen sie mit Hilfe ihres religiösen Wissens und erworbener religiöser Sprachkenntnisse am Diskurs über Religion(en) teilnehmen und mit religiösen Wahrheitsansprüchen kritisch-produktiv umgehen. Demzufolge ist religiöse Sprachbildung Hinführen zur kritischen und selbstbestimmten Teilhabe an gesellschaftlichen und kulturellen Diskursen über Religion.

Religiöse Sprachbildung im Religionsunterricht wird langfristig Schüler_innen zum selbstständigen religiösen Sprechen und Sprechen über Religion befähigen und nutzt dabei die Fähigkeit der Kinder und Jugendlichen, ihrer eigenen Religiosität Ausdruck zu verleihen und über Religion sprechen zu können. So benennt Stefan Altmeyer als Kernaufgabe religiöser Sprachbildung in schulischen Bildungsprozessen, „dass Gott neu Sprache werde." (Altmeyer 2011, 317) D. h.: „Den Lernenden helfen, ihre eigene Sprache zu entdecken, eine Sprache, in der sie plausibel und verständlich religiös und über Religion sprechen sowie den Unterschied beider Perspektiven benennen und ihre Position begründen können." (Altmeyer 2018, 202f.; Sitzberger 2013)

2.2 *Sprachdidaktisch akzentuierte Sprachbildung im Fachunterricht Religion*

Wie in jedem anderen Fachunterricht ist ebenso im Religionsunterricht die Sprache das wichtigste Medium des Lernens. Die empirische Bildungsforschung hat längst auch die Sprache als einen entscheidenden inneren Faktor des Unterrichtsgeschehens identifiziert und diesbezügliche Forschungen initiiert, die die Bedeutung der Sprache für die Bildungsverläufe, Schulleistungen sowie eine gelingende Teilhabe am Unterricht herausgearbeitet haben (Altmeyer 2019, 184). Dieser Befund hat auf bildungs- und schulpolitischer Ebene dazu geführt, allen Unterrichtsfächern gleichermaßen die Sprachbildung und Sprachförderung von Schüler_innen als Querschnittsaufgabe aufzutragen. Dementsprechend gewinnt die Sprache als Lernmedium im Fach(-unterricht), sprich: im Kontext einer domänenspezifischen Bildung an Bedeutung. Das daraus erwachsende Plädoyer für einen sprachbildenden Religionsunterricht verweist auf den engen Zusammenhang von religiösem und sprachlichem Lernen. Ein Fachunterricht Religion lenkt die Aufmerksamkeit auf die sprachlichen Anforderungen, facheigene Vokabulare und Semantiken, fachspezifische Sprachstrukturen sowie fachkommunikative Kompetenzen und Praktiken (Schulte 2019).

Es ist hinlänglich bekannt, dass sich Schüler_innen im Umgang mit der christlich-religiösen Sprache schwertun. Deren Wortschatz kommt ihnen eigenartig fremd vor. Die Syntax unterscheidet sich teilweise deutlich von der Alltagssprache. Die Sprache der Religion in ihrer Eigenart als metaphorische, symbolische und narrative Ausdrucksformen der Gott-Rede schafft für viele unüberwindbare Verstehensbarrieren. Hinzu kommt, dass Schüler_innen im Unterricht beispielsweise den Erklärungen der Religionslehrkraft nicht folgen können oder einen Text aus dem Religionsbuch nicht verstehen. Sie können ihre Fragen (beispielsweise in einem theologischen Gespräch) nicht angemessen formulieren oder geben eine biblische Erzählung nur mit Mühe wieder.

Untersuchungen haben ergeben, dass fachliche Lernprozesse durch die bewusste Thematisierung von fachsprachlichen Aspekten besser strukturiert und für die Lernenden zieltransparenter gelingen können (Grannemann u. a. 2018, 7). Mithin ist davon auszugehen, dass eine nicht hinreichende Sprachfähigkeit sowie gering ausgebaute Kenntnisse der für das Unterrichtsfach Religion angemessenen Sprachverwendung den Schüler_innen den Zugang zu den Lerninhalten erschweren wird. Die in den Beispielen zutage tretende sprachliche Fremdheit in religiösen Bildungsprozessen verweist nachdrücklich auf die Notwendigkeit eines auch sprachdidaktisch motivierten Religionsunterrichts.

Angesichts der Sprachlichkeit allen Lernens und Lehrens sollte jeglicher Unterricht ein höheres Augenmerk auf Sprache legen (Kniffka / Roelcke 2016, 103). Als Grundlage schulischen Lernens wird ein sprachliches Register konstatiert, das etwa als Bildungssprache, *Academic Language* oder *Language of Schooling* bezeichnet wird. Nach dessen Bedeutung, seinen strukturellen Eigenschaften und daraus resultierenden Anforderungen wird auch im Kontext des Religionsunterrichts zu fragen sein. Demzufolge ist die Frage nach den sprachlichen Anforderungen im Religionsunterricht keineswegs marginal, sondern prominent in den Blick zu nehmen.

3. Das Gespräch als kommunikative Praxis des Religionsunterrichts

Die von Guido Meyer aufgeworfene Frage, welche Sprache der Religionsunterricht spricht, verweist auf die Vielfalt religiöser Sprachorte (z. B. Gottesdienst, Kirchentag) und den Religionsunterricht als einen eigenen religiösen Sprachort. Seine Antwort: Der Religionsunterricht spricht die „Sprache der Schule". „Im Religionsunterricht soll nicht nur gemeinsam gelernt werden; Kompetenzen sollen geschult werden, die Schülerinnen und Schüler befähigen, im Alltag ausdrucks- und handlungsfähig zu werden in Sachen Religion." (Meyer 2018, 41)

Gespräche in der Vielfalt ihrer Formen gehören unabdingbar zur kommunikativen Praxis des Religionsunterrichts. Schüler_innen sowie Lehrer_innen ist das Gespräch aus der *Alltagskommunikation* bekannt. Sie sind keine „Gesprächsneulinge" und haben demzufolge ein natürlich gewachsenes Verständnis darüber, was ein Gespräch ist, warum und wozu es geführt wird, wie es funktioniert und abläuft, welche (wechselnden) Rollen den Beteiligten zukommen. Auch im Religionsunterricht ist das Gespräch Teil der *Unterrichtskommunikation* sowie mündlichen Partizipation am Unterricht. Mithin gehört es zu den schultypischen Praktiken des Sprechens. Indem es Teil des Bildungsgeschehens von Schule und Unterricht und demzufolge bildungssprachlich verortet ist, weicht es von der gängigen Alltagskommunikation deutlich ab. Kinder und Jugendliche beteiligen sich im Gespräch in ihrer *Profession* als Schüler_innen, die lernen wollen und sollen. Erwachsene nehmen ihre Rollen als Lehrer_innen wahr. Das Miteinander-Sprechen ist Teil des sozialen Handelns. Es vollzieht sich in Sprachhandlungen. Lehrende und Lernende äußern sich in einer bestimmten Absicht und erhoffen sich damit eine bestimmte Wirkung (z. B. Fragen und Antworten als Lehrer-Schüler-Interaktion). Diese pragmatische Verwendung von Sprache im Unterricht ist auch für das Gespräch zu Grunde zu legen, hat es doch den didaktischen und methodischen Ansprüchen des Wissens- und Diskurserwerbs zu genügen.

Vor diesem Hintergrund werden religionspädagogisch und religionsdidaktisch die Bedeutung des Sprachgebrauchs im Religionsunterricht und in Folge die Sprachlichkeit des Gesprächs in Erinnerung gerufen. Dieser Aspekt verweist auf zweierlei: Das Gespräch ist sprachbezogenes Lernen im Religionsunterricht (Niehl / Thömmes 2014, 6; 79) bzw. eine sprachbezogene Form des Lernens (Baumann 2007, 6), aber zugleich auch sprachliches Lernen und in diesem Sinne selbst schon religiös sprachbildend. Es bringt sein sprachbildendes Potential in sprachlichen Handlungen aller am Gespräch Beteiligten zum Ausdruck, die in der einschlägigen Literatur als *Diskursfunktionen* thematisiert werden. Schüler_innen werden beispielsweise angeregt, einen Begriff zu erklären, einen Sachverhalt zu beschreiben, Argumente auszutauschen, ihre Antworten zu evaluieren. „Diese sprachlichen Handlungen sind in allen Schulfächern anzutreffen und erinnern Didaktiker an die Operatoren in den Bildungsstandards. Gegenwärtig wird aber u. a. untersucht, inwieweit die Ausprägungen dieser diskursiven Einheiten sich zwischen den Fächern unterscheiden oder nicht." (Ahrenholz u. a. 2019, 3)

Das Gespräch ist immer inhaltsgebunden. In ihm wird am domänenspezifischen Wissen der Beteiligten gearbeitet. Ein Thema wird vertieft, Sachverhalte werden geklärt, Exkurse zu Teilfragen des in Rede stehenden Themas werden initiiert. Die Verknüpfung von fachlichem und sprachlichem Lernen ist offensichtlich. Gespräche befördern (religiöses) Lernen und den wechselseitigen Diskurs über das Verstehen, Deuten und Interpretieren der in den fachspezifischen Unterrichtsinhalten aufgehobenen religiösen und theologischen Sprachspiele. Sie befähigen zur Bereitschaft, diskursiv auf die Äußerungen der Mitlernenden Bezug zu nehmen. Sie bringen die kommunikative Dimension der Erschließung von Religion zur Geltung, die auf den Austausch, Diskurs, Dialog setzt. So initiieren sie die intersubjektive Verständigung, innerhalb derer religiöses Sprechen als Ausdruck individueller Religiosität sowie das Sprechen über Religion reflektiert werden können. Das Unterrichtsgespräch fördert die Pluralität von Deutungen, Perspektiven und Sichtweisen einer religiös heterogenen Schülerschaft zutage. Mithin leistet es seinen eigenen Beitrag, Kinder und Jugendliche zur kritischen und selbstbestimmten Teilhabe an gesellschaftlichen und kulturellen Diskursen über Religion zu befähigen.

4. Das Unterrichtsgespräch als religiöser Sprech- und Entwicklungsraum

4.1 *Aufbau und Förderung sprachbildender Gesprächskompetenz von Schüler_innen*

Peter Orth konstatiert mit Nachdruck die Unverzichtbarkeit des Gesprächs im Religionsunterricht (Orth 2019). Dieses ist längst schon seiner Engführung als Frage-Antwort-Unterricht enthoben. Mittlerweile ist ein breites Spektrum unterschiedlicher Gesprächsformen religionsdidaktisch etabliert (z. B. fragend-entwickelndes Lehrgespräch, philosophisches oder theologisches Gespräch mit Schüler_innen, Diskussion, Streitgespräch, Kreis- und Kleingruppengespräch, offenes Unterrichtsgespräch, sokratisches Gespräch etc.), mit dem die diskursive Auseinandersetzung mit einem Bildungs- und Lerngegenstand des Schulfachs Religion erfolgen soll. Dabei sollen die Lernenden um die verschiedenen Formen des Gesprächs sowie die von ihnen darin einzunehmenden Rollen wissen (ebd., 32).

In Folge besteht der sprachdidaktische Anspruch an die Schüler_innen darin, dass sie zwischen den Gesprächsformen differenzieren können. Je nach unterrichtlichem Setting und „Sitz im Leben" des Bildungsinhalts stellt das Gespräch fachliche wie sprachliche Anforderungen an die Lerngruppe. Lernende setzen sich wissensbasiert mit einem Sachverhalt auseinander. Sie benennen ein Problem und zeigen Lösungswege auf. Sie stellen Fragen und erörtern den Kern der Frage. Sie umreißen ein Thema und legen ihre eigenen Erfahrungen dar. Sie diskutieren und wägen Argumente ab. Sie geben Statements ab und formulieren kritische Einwände. Sie reagieren auf Impulse der Lehrperson durch angemessene Antworten (Niehl / Thömmes 2014, 84–91; Orth 2019, 31–33). Die Auswahl zeigt einige Gesprächspraktiken, die für den Religionsunterricht typisch und an bestimmte sprachliche Erwartungen geknüpft sind, die sich in jeweils angemessenen Sprachhandlungen zum Ausdruck bringen und erkennbare Diskursfunktionen erfüllen sollen. Diese sprachdidaktisch orientierte differenzhermeneutische Arbeit am Gespräch führt meines Erachtens zur sprachlich untersetzten fachlichen Klarheit.

Die dafür notwendige Gesprächskompetenz der Schüler_innen ist allerdings im Unterricht allererst aufzubauen und zu fördern. Sie kann nicht als Gegebenheit vorausgesetzt werden, eben weil sich Unterricht vom Alltag unterscheidet und sich die entsprechende Kommunikationsfähigkeit der Schüler_innen über die gesamte Schulzeit hinweg progressiv zu entwickeln hat. Die Gesprächskompetenz der Kinder und Jugendlichen sollte auf einen systematischen Lernzuwachs angelegt sein, dem Prinzip eines fortschreitenden Könnens folgen und mit einer angemessenen Steigerung des fachlichen Anspruchsniveaus einhergehen (Willebrand 2019, 70–81).

Wie gegenwärtig bereits die Gesprächskompetenz gefördert wird bzw. wie sich ein steter Lernzuwachs im theologischen Gespräch in Kompetenzformulierungen zum Ausdruck bringen kann, dokumentiert beispielsweise der für sächsische Grundschulen gültige Lehrplan für das Unterrichtsfach Evangelische Religion. Dieser hält u. a. den Lernbereich 2 *Nach Gott und dem Sinn der Welt fragen* vor, einen Lernbereich, der selbst schon im Modus des Fragens formuliert ist. Ab der ersten Jahrgangsstufe sollen vorzugsweise in diesem Lernbereich Schüler_innen die Gottesfrage im theologischen Gespräch erschließen. Daran lässt sich die enge Verknüpfung von fachlichem und sprachlichem Lernen noch einmal gut zeigen. Die Ausrichtung auf einen steten Lernzuwachs ist an der beabsichtigten Steigerung des fachlichen und sprachlichen Niveaus der Lernenden ablesbar. In den Jahrgangsstufen eins und zwei sollen die Schüler_innen einen Einblick in die Methode des Theologisierens gewinnen, „indem sie existenzielle Fragen nach Identität, Welt und Gott stellen." (Staatsministerium für Kultus. Freistaat Sachsen 2019, 6) Die Lernenden der Jahrgangsstufe drei „erweitern ihre Fähigkeiten zu theologisieren" (ebd., 12), woraufhin bleibt unklar. *Last but not least* sind die Schüler_innen in der vierten Jahrgangsstufe „in der Lage, die Methode des Theologisierens bei der Beschäftigung mit einem biblischen Text anzuwenden." (Ebd., 17) Die Progression ist erkennbar: Zuallererst sollen die Grundlagen für das theologische Gespräch gelegt werden. Die (existenzielle) Frage ist sprachbildend. Kinder sollen befähigt werden, (existenzielle) Fragen zu stellen und dabei erkennen, dass sich Gott im Modus des Fragens zur Sprache bringen lässt. Ein weiterer Lernzuwachs für die Jahrgangsstufe drei wird zwar formuliert, aber nicht genau benannt. Am Ende der Jahrgangsstufe vier sollen die Schüler_innen über einen biblischen Text theologisieren können. Kinder sollen befähigt werden, sich biblische Narrative im Gespräch zu erschließen und dabei erkennen, dass sich Gott erzählend und dialogisch zur Sprache bringen lässt.

Das Lehrplan-Beispiel dokumentiert, wie im Miteinander von religiösem und sprachlichem Lernen, in der Korrespondenz von Gottesfrage und theologischem Gespräch die Gesprächskompetenz von Grundschulkindern angebahnt und gefördert werden soll. Die nachfolgende religiöse Sprachbildung ab der fünften Jahrgangsstufe fokussiert sich auf eine religiöse Sprachlehre im Halbfas'schen Sinne.[1] Der in der Grundschule eingeschlagene Lernweg verliert sich.

---

1 In seinen zahlreichen Arbeiten spricht sich Hubertus Halbfas für eine religiöse Alphabetisierung aus und führt in verschiedene religiöse Sprachformen ein; vgl. ders. 2012.

4.2 *Das sprachbildende Potential von Gesprächen im Kontext von Bildungsstandards*

Die kirchlichen Richtlinien und Orientierungen zu Bildungsstandards und Kompetenzen für den evangelischen und katholischen Religionsunterricht führen eine Vielzahl prozessbezogener Kompetenzen an (wahrnehmen und darstellen, verstehen und deuten, urteilen, kommunizieren, gestalten und handeln) (Deutsche Bischofskonferenz 2000; Kirchenamt der Evangelischen Kirche in Deutschland 2010). Damit werden konkrete Handlungsaufforderungen bzw. Diskursfunktionen benannt, die in den Curricula und Lehrplänen als Operatoren bezeichnet werden. Für das Gespräch können beispielsweise die Diskursfunktionen *zum Ausdruck bringen, Fragen stellen, eine eigene Meinung formulieren, (kritisch) reflektieren, (respektvoll) kommunizieren, Auskunft geben, im Gespräch interpretieren, begründet urteilen* geltend gemacht werden. Die gegenwärtigen Lehr- und Bildungspläne der Länder für den evangelischen und katholischen Religionsunterricht in allen Schulformen und auf allen Schulstufen untermauern diesen Befund. Damit sind gleichzeitig auch die sprachlichen Anforderungen an das Gespräch gestellt sowie das sprachliche Ziel benannt, in einem auf Religion bezogenen Gespräch sprachangemessen zu kommunizieren. Ein weiteres Mal zeigt sich die enge Verknüpfung von sprachlichem und fachlichem Lernen. Themen und Inhalte des Religionsunterrichts erschließen und realisieren sich sprachlich. Auch hier zeigt sich wieder das eigene sprachbildende Potential des Gesprächs. Die im Medium des Gesprächs zu erwerbenden fachkommunikativen Kompetenzen können als eine wichtige Voraussetzung für eine kompetente Teilhabe am kulturellen und gesellschaftlichen Diskurs über Religion in der Öffentlichkeit und damit als wichtiges Ziel religiöser Sprachbildung im Religionsunterricht angesehen werden. Deshalb ist religionsdidaktisch auf eine für das Gespräch ausgebaute Sprache hinzuwirken, in denen erkennbare Formen und geprägte Sprachhandlungen, Übung und Erfahrung ihren Ort haben und Schüler_innen lernen, sich (fach-)sprachlich und inhaltlich differenziert auszudrücken.

Mit Verweis auf Guido Meyer ist Religionsunterricht als ein eigener *religiöser Sprach- und Lernort* zu qualifizieren (Meyer 2018, 34–50). In Ergänzung dazu sind dort jedoch weitere unterschiedliche *religiöse Sprech- und Entwicklungsräume* in Anschlag zu bringen. Das Gespräch ist als ein solcher Sprechraum zu identifizieren, in dem Kinder und Jugendliche im Rahmen der Schule die Sprache der Religion und eine Sprache für Religiöses zu entdecken sowie das Sprechen über Religion und religiöses Sprechen zu erproben lernen. Im Sinne einer angemessenen Steigerung des fachlichen Anspruchsniveaus gehört dazu, das eigene Sprechen zu reflektieren sowie Sprachkritik selbst zum Thema zu machen (z. B. im Umgang mit Texten).

5. Das Unterrichtsgespräch als sprachbildende Aufgabe und Herausforderung der Religionslehrenden

5.1 *Eigene Wahrnehmungen*

Bei meinen zahlreichen Hospitationen im Religionsunterricht von Studierenden während ihres Fachpraktikums an Grund- und Regelschulen konnte ich vielfältige Einblicke in deren ersten Gehversuche in Sachen Gesprächsführung gewinnen. Über die Jahre hinweg identifizierte ich immer wiederkehrende Strukturen und Muster, Techniken und Strategien in der Unterrichtskommunikation, die die Studierenden offensichtlich als eine gute, weil bewährte Praxis von Lehrer-Schüler-Partizipation angenommen bzw. kennen gelernt haben. Am auffälligsten war und ist die im Vorfeld nicht hinreichende Vorbereitung auf ein Unterrichtsgespräch. Die Unterrichtsentwürfe weisen das Gespräch zwar als eine themengebundene und zielorientierte Unterrichtsphase aus, enthalten aber kaum Hinweise auf mögliche Gesprächsverläufe sowie die eigene Rolle im Gespräch.

Meine Wahrnehmungen und Beobachtungen im Einzelnen:

- Gespräche sind hektisch und temporeich. Sie wirken aktionistisch. Die Praktikant_innen warten ungeduldig auf den *Rettungsanker* der ersten Schüleräußerung.
- Gespräche mit einem engen Korridor von Frage und Antwort sind kognitiv wenig aktivierend, haben einsilbige Schüleräußerungen zur Folge und bedienen sich des Lehrerechos.
- Schüler_innen, die sich zuerst melden, werden sofort aufgerufen. Es gibt so gut wie keine Pausen zwischen den Schüleräußerungen.
- Die Schülerpartizipation beschränkt sich auf einige wenige Kinder und Jugendliche.
- Schüleräußerungen bleiben häufig unkommentiert im Raum stehen oder werden einsilbig mit „Hm" zur Kenntnis genommen.
- Die Studierenden nehmen den Sprechakt des Lobs inflationär in Gebrauch. Jede Schüleräußerung ist gleich „super", „klasse" und „toll".
- Über das Fragen, Loben und Lehrerecho hinaus gibt es kaum eigene, auf das Thema bezogene Beiträge der Studierenden (z. B. thematische Vertiefungen).
- In vielen Fällen fehlt es dem Gespräch an Struktur.
- Die Schüler_innen kommunizieren oft über die Lehrperson, selten miteinander.

Meine geschilderten Eindrücke spiegeln die ersten unterrichtlichen Gehversuche zukünftiger Religionslehrer_innen wider, die sich im Fachpraktikum Religion allererst den Weg in eine gute Praxis ebnen wollen und diesbezüglich auf Hilfen und Unterstützung angewiesen sind. Eine wie auch immer geartete Sprachsensibilität für Gespräche sowie ein Bewusstsein für sprachliches Lehrerhandeln können noch nicht erwartet bzw. vorausgesetzt werden. Dieser Umstand hat sicherlich auch damit zu tun, dass die Bedeutung der Lehrersprache im schulischen Kontext religiöser Bildung bislang weitgehend unterschätzt wurde. Dabei sind der religionsunterrichtliche Umgang mit (Wort)Sprache sowie das pädagogisch-didaktische Sprechen der Religionslehrenden wichtige Kompetenzen.

5.2 *Sprachbezogene und (fach-)kommunikative Kompetenzen der Religionslehrer_innen*

Franz W. Niehl und Arthur Thömmes benennen die Aufgaben, die Lehrenden im Gespräch zufallen (Niehl/Thömmes 2014, 84–91). Darin bringen sich bestimmte Kompetenzerwartungen zum Ausdruck, die an die Religionslehrer_innen herangetragen werden:

Religionslehrer_innen:

- beherrschen die Kunst, die richtigen Fragen zu stellen,
- verfügen über ein umfängliches Repertoire an Fragearten (Wissensfragen, Denkfragen, gefühlsbezogene Fragen und Fragen, die sich auf den Lernprozess beziehen),
- formulieren klar und eindeutig *echte* Fragen mit Blick auf die Lerngruppe,
- vermeiden Fragebombardements und ein Frage-Antwort-Ping-Pong,
- unterscheiden zwischen weiten, offenen und geschlossenen Fragen,
- hören im Umgang mit Schülerfragen aktiv zu und bringen ihre Wertschätzung zum Ausdruck,
- geben einem gelenkten Schülergespräch Struktur,
- ermutigen und unterstützen Lernende, die sich mit sprachlichen Äußerungen schwertun, fördern Urteilsfähigkeit und stärken die Suche nach einem eigenen Standpunkt.

Sprachdidaktisch gewendet können die formulierten Ansprüche in sprachbezogene und (fach-)kommunikative Kompetenzerwartungen übersetzt werden. Diese zu vergegenwärtigen, führt zu der Einsicht, dass die religionspädagogisch-theologische Expertise immer auch unter sprachlichen Vorzeichen steht.

Religionslehrer_innen:

- verfügen über ein Basiswissen über sprachliches Lehrerhandeln,
- kennen ihre wechselnden Rollen als sprachliche Akteure im Gespräch (Fragen-Profi, Moderator_in, Lernbegleiter_in, Diskussionsleiter_in, aktive Zuhörer_in, intelligente Instrukteur_in, Regisseur_in, Dramaturg_in, Impuls-Geber_in, Fachexpert_in, (stimulierender) Gesprächspartner_in, aufmerksame Beobachter_in),
- orientieren ihr Sprachverhalten an der jeweiligen Gesprächskommunikation,
- kennen die *Alleinstellungsmerkmale* der verschiedenen Gesprächsformen und die damit verbundenen sprachlichen Anforderungen an die Lernenden,
- verfügen über vielfältige sprachliche Angebote zu einer vitalen und motivierenden Gesprächsgestaltung,
- befördern das Sprachhandeln der Schüler_innen (fachsprachliches und fachkommunikatives Repertoire),
- können aktiv zuhören,
- identifizieren und analysieren im Gespräch sprachliche Verstehensbarrieren und Rezeptionshürden im Umgang mit dem jeweiligen Unterrichtsthema,
- reflektieren in der Nachbereitung den Gesprächsverlauf sowie ihr eigenes Sprachverhalten.

Ein weiteres Mal zeigt sich: Sprache ist konstitutiver Bestandteil des Lehrerhandelns. In Unterrichtsgesprächen ist das Sprachhandeln der Lehrenden von großer Bedeutung. Diskursanalytisch orientierte Unterrichtsforschung mit ihrer Analyse primär linguistischer Merkmale der Lehrer-Schüler-Interaktion hat zu Einsichten über jene Verlaufsformen des Unterrichtsgesprächs geführt, die durch bestimmte Gestaltungsformen des Lehrerhandelns längere, differenziertere, ideenreichere Beiträge der Schüler_innen zu initiieren verstehen und insgesamt ein kognitiv anspruchsvolleres Niveau der Kommunikation zu ermöglichen helfen. Die Forschungen belegen die Verwendung sprachlicher Mittel, die die Antwortfindung hinausschieben und die Interaktion für thematische Vertiefungen, den Austausch von Erfahrungen, Argumenten und Ideen eröffnen. Die zentralen Befunde erfahren mittlerweile in vielen Einzelstudien eine Bestätigung (Lüders 2011, 658–660; Becker-Mrotzek / Weber 2020, 7–10).

Mithin führen verschiedene Gestaltungsformen des Lehrerhandelns zu *fruchtbaren* Sequenzunterbrechungen: Klärungsfragen, weiterführende Fragen, Aufforderungen zur Elaboration der gegebenen Antwort, Aufforderungen zur Selbstbewertung der Antwort oder paraphrasierende und moderierende Akte sowie das Einschieben von Exkursen zu Teilfragen des in Rede stehenden Themas (ebd., 660). Die Beispiele verweisen auf die unterschiedlichsten Sprachangebote, die die Lehrkräfte ihren Schüler_innen zur kognitiven Aktivierung und

Sprachbildung in Unterrichtsgesprächen vorhalten können. Die einschlägige Forschung belegt den positiven Einfluss der sprachlichen Qualität und Angebote der Lehrenden auf die Sprachbildung der Lernenden. Negativbeispiele sind hinlänglich bekannt: Ein monotones, einsilbiges Sprachverhalten der Lehrenden kann dazu führen, dass die Lernenden lediglich in kurzen Sätzen mit wenigen Wörtern antworten. Auch provozieren bestimmte Lehrerfragen ein bestimmtes Schülerverhalten, z. B. nicht in ganzen Sätzen zu antworten oder lediglich fehlende Propositionen zu benennen.

Fazit: Auch ein Unterrichtsgespräch hat sich an den Qualitätsmaßstäben eines guten Unterrichts zu messen (Reese-Schnitker 2013; Mendl 2019, 7). Dazu zählen die kognitive Aktivierung der Schüler_innen (z. B. durch die (sprachlichen) Anreize der Lehrenden), die Partizipation möglichst aller Lernenden am Gespräch (z. B. durch sprachsensible Hilfestellungen oder durch einen geschützten Sprech- und Entwicklungsraum) sowie die fachliche Expertise der Religionslehrkräfte (z. B. theologische Kompetenz sowie sprachliche Handlungs- und Gestaltungskompetenzen).

5.3 *Mikro-Scaffolding in Unterrichtsgesprächen*

Der *Scaffolding*-Ansatz ist ein Konzept sprachbewussten Unterrichts, das sprachliche Lernziele mit fachlichen Lernzielen im Fachunterricht verknüpft (Kniffka / Neuer 2017, 44f.). Auch für das Gespräch im Religionsunterricht werden sprachsensible religionsdidaktische Hilfestellungen zu konzipieren sein, die die Schüler_innen sprachlich-fachlich aktiv unterstützen. Dieses unter dem Begriff des Mikro-*Scaffolding* bekannte Konzept zur Unterrichtskommunikation veranschlagt Prinzipien, an denen sich auch Religionslehrer_innen orientieren können (Kniffka / Roelcke 2016, 148ff.):

Verlangsamung der Interaktion zwischen Lehrer_innen und Schüler_innen
Langsameres Sprechen und Pausen ermöglichen den Schüler_innen eine vertiefende Aufnahme der sprachlichen Äußerung der Lehrkraft.

Gewährung von mehr Zeit für die Planung und Äußerung von Schülerbeiträgen
Lehrer_innen sollten ihre Ungeduld überwinden und allen mehr Zeit für ihre Äußerungen geben. Im Gespräch selbst sollten komplexere, monologische Äußerungen ermöglicht werden.

Variation der Interaktionsmuster
Hier geht es um den Anspruch, echte Fragen zu stellen oder Impulse für komplexere Äußerungen zu geben.

Aktives Zuhören der Lehrkraft

Um die Motivation der Schüler_innen zu fördern, sich im Unterricht zu äußern, sollten die Lehrenden aktiv zuhören, d. h. den intendierten Inhalt nachvollziehen und entsprechend darauf reagieren.

Re-Kodierung von Schüleräußerungen durch die Lehrkraft

Die Lehrenden re-kodieren, d. h. wiederholen die Schüleräußerung in einer angemesseneren (korrekteren oder fachsprachlicheren) Form. Beispielsweise wird eine (alltagssprachliche) Schüleräußerung aufgenommen und in ein fachsprachliches Register überführt oder sie wiederholen eine fehlerhafte Schüleräußerung in der korrekten Form. „Dieses Interaktionsverhalten kann dazu beitragen, dass den Lernenden das korrekte Fachwort bzw. eine korrekte Struktur im jeweiligen Kontext deutlich wird.“ (Ebd., 149)

Einbettung von Schüleräußerungen in größere konzeptuelle Zusammenhänge

Die Lehrperson verknüpft eine Schüleräußerung mit einem übergeordneten Gesichtspunkt. Dadurch wird es möglich, eine Beziehung zwischen der Schüleräußerung und dem fachlich-thematischen Gesamtkontext herzustellen und den Lernenden Orientierung zu geben (z. B. Rückbindung der Schüleräußerung an die Frage im theologischen Gespräch).

Reflexion eigener Sprachlichkeit der Lernenden

Gespräche sollten von metasprachlichen Phasen begleitet sein. So geben Lehrende nicht allein ein inhaltliches, sondern auch ein sprachliches Feedback (z. B. „Ihr habt ganz richtig die Geschichte als ein Gleichnis erkannt.“)

6. Fazit

Der gegenwärtige Diskurs über die Bedeutung der Sprache im Fachunterricht führt meines Erachtens religionspädagogisch und religionsdidaktisch dazu, religiöse Sprachbildung im Religionsunterricht weiter zu prononcieren. Der Akzent auf das Zusammenspiel von religiösem und sprachlichem Lernen schärft nicht allein den Blick für die bereits in den religionsdidaktischen Ansätzen eröffneten Lernwege religiöser Sprachbildung. Er befördert maßgeblich auch einen kompetenzorientierten, an der kognitiven Dimension religiösen Lernens orientierten Religionsunterricht, indem er sprachbezogene Kompetenzen religiöser Bildung zur Geltung bringt und damit die spezifischen sprachlichen Herausforderungen und Schwierigkeiten einer sprachlich und religiös heterogenen Schülerschaft mit ihren unterschiedlichen Lernvoraussetzungen zu berücksichtigen anstrebt. Neue Impulse können den Diskurs über das Unterrichtsgespräch im Religionsunterricht befördern. Die Einsicht in die Fachlichkeit *und* Sprachlichkeit des Lernens und Lehrens lässt die Spezifik des Gesprächs als einen religiösen Sprechraum, in dem Schüler_innen ihre religiöse Sprach- und Ausdrucksfähigkeit progressiv entwickeln können, deutlicher zutage treten. Mag sein, dass das Gespräch durch den bewussten Gebrauch sprachlicher Mittel und Angebote an Spontaneität, Emotionalität oder Authentizität verliert, aber es stellt allen am Gespräch Beteiligten die Teilhabe und Partizipation am Diskurs über Religion hoffnungsvoll in Aussicht.

Literatur

AHRENHOLZ, BERNT / JEUK, STEFAN / LÜTKE, BEATE / PAETSCH, JENNIFER / ROLL, HEIKE (2019), Sprache im fachlichen Unterricht. Eine Einleitung, in: BERNT AHRENHOLZ u. a. (Hrsg.), Fachunterricht, Sprachbildung und Sprachkompetenzen, Berlin u. a., 1–16.

ALTMEYER, STEFAN (2019), Sprachhürden erkennen und abbauen. Wege zu einem sprachsensiblen Religionsunterricht, in: DERS., u. a. (Hrsg.), Reli – keine Lust und keine Ahnung? Göttingen, 184–196.

ALTMEYER, STEFAN (2018), Zum Umgang mit sprachlicher Fremdheit in religiösen Bildungsprozessen, in: ANDREA SCHULTE (Hrsg.), Sprache. Kommunikation. Religionsunterricht. Gegenwärtige Herausforderungen religiöser Sprachbildung und Kommunikation über Religion im Religionsunterricht, Leipzig, 191–205.

ALTMEYER, STEFAN (2011), Fremdsprache Religion? Sprachempirische Studien im Kontext religiöser Bildung, Stuttgart.

BAUMANN, ULRIKE (2007), Miteinander sprechen – im Gespräch bleiben, in: DIES. (Hrsg.), Religionsmethodik. Handbuch für die Sekundarstufe I und II, Berlin, 208–222.

BECKER-MROTZEK, MICHAEL / WEBER, PETER (2020), Unterrichtsgespräche – lernförderlich, anregend und partizipativ, in: Grundschule 52, 7–10.

COPEI, FRIEDRICH (1930), Der fruchtbare Moment im Bildungsprozess, Leipzig.

DEURER, REBECCA GITA (2018), Ein Text, zwei Menschen, drei Lesarten. Interaktive Interpretationen eines biblischen Textes in offenen Unterrichtsgesprächen, Bad Heilbrunn.

DEUTSCHE BISCHOFSKONFERENZ (2000), Kirchliche Richtlinien zu Bildungsstandards für den katholischen Religionsunterricht in der Grundschule / Primarstufe, Bonn.

DOMSGEN, MICHAEL / LÜTZE, FRANK M. (2010), Schülerperspektiven zum Religionsunterricht. Eine empirische Untersuchung in Sachsen-Anhalt, Leipzig.

GRANNEMANN, KATHARINA / OLESCHKO, SVEN / KUCHLER, CHRISTIAN (2018), Vorwort. Sprachbildender Geschichtsunterricht: Zur Bedeutung der kognitiven Funktion von Sprache, in: KATHARINA GRANNEMANN u. a. (Hrsg.), Sprachbildung im Geschichtsunterricht. Zur Bedeutung der kognitiven Funktion von Sprache, Münster u. a., 7–12.

HALBFAS, HUBERTUS (2012), Religiöse Sprachlehre. Theorie und Praxis, Ostfildern.

KIRCHENAMT DER EKD (2010), Kompetenzen und Standards für den Evangelischen Religionsunterricht in der Sekundarstufe I. Ein Orientierungsrahmen, Hannover.

KNIFFKA, GABRIELE / NEUER, BIRGIT (2017), Sprachliche Anforderungen in der Schule, in: HARTMUT GÜNTHER u. a. (Hrsg.), Basiswissen Lehrerbildung. DaZ unterrichten, Seelze, 37–49.

KNIFFKA, GABRIELE / ROELCKE, THORSTEN (2016), Fachsprachenvermittlung im Unterricht, Paderborn.

KUMLEHN, MARTINA (2015), Art. „Bildung, religiöse“, in: Wissenschaftlich-Religionspädagogisches Lexikon im Internet, Zugriff am 07.01.2021, https://www.bibelwissenschaft.de/stichwort/100082/

LÜDERS, MANFRED (2011), Forschung zur Lehrer-Schüler-Interaktion/ Unterrichtskommunikation, in: EWALD TERHART u. a. (Hrsg.), Handbuch der Forschung zum Lehrerberuf, Münster u. a., 644–666.

MENDL, HANS (2019), Methodenkompetenz neu denken, in: Katechetische Blätter 144, 6–11.

MEYER, GUIDO (2018), Die Sprachen des Religionsunterrichts, in: GUIDO MEYER u. a. (Hrsg.), Sprachen der Kirche. Über Vielfalt und Verständlichkeit kirchlichen Sprechens, München, 34–50.

NIEHL, FRANZ W. / THÖMMES, ARTHUR (2014), 212 Methoden für den Religionsunterricht. Neuausgabe, München.

ORTH, PETER (2019), Unverzichtbar: das Klassengespräch, in: Katechetische Blätter 144, 31–33.

REESE-SCHNITKER, ANNEGRET (2013), Produktive Unterbrechungen im Unterrichtsgespräch, in: Katechetische Blätter 138, 130–137.

SCHULTE, ANDREA (2019), Sprachliche Anforderungen im Religionsunterricht, in: WERNER HAUẞMANN u. a. (Hrsg.), Ein Fach Übersetzen. Theologie und Religionspädagogik in der Öffentlichkeit und für die Öffentlichkeit, Stuttgart, 97–103.

SITZBERGER, RUDOLF (2013), Die Bedeutung von Sprache innerhalb eines konstruktivistisch orientierten Religionsunterrichts, Berlin.

STAATSMINISTERIUM FÜR KULTUS. FREISTAAT SACHSEN (2019), Lehrplan Grundschule. Evangelische Religion, Dresden.

WILLEBRAND, EVA (2019), Korrelativ – kritisch – kreativ. Konturen einer religiösen Sprachbildung im Religionsunterricht, in: Religionspädagogische Beiträge 80, 70–81.

Unterrichtsgespräche und Alltagspraxis

Hanna Roose

1. Einleitung

Erst in den letzten Jahren wendet sich die empirische Unterrichtsforschung in der Religionspädagogik verstärkt Alltagsunterricht zu. Unter Alltagsunterricht verstehe ich dabei dokumentierten Unterricht, der idealerweise so läuft „wie immer“. Es geht also nicht um Interventionsstudien, in denen bestimmte didaktisch-methodische Programme ausprobiert oder evaluiert werden sollen. Es geht auch nicht um die Beobachtung von angehenden Lehrkräften im Rahmen von Referendariat oder Praxissemester. Der Blick auf unterrichtliche Alltagspraxis soll nicht normativ und defizitorientiert erfolgen. Der Beitrag möchte Unterrichtsgespräche im alltäglichen Religionsunterricht vielmehr interpretierend beschreiben und auf ihre Funktion für die Ordnung des Unterrichts hin befragen.

Diese Perspektive, die unterrichtliche Alltagsroutinen in den Blick nimmt, kann das Beharrungsvermögen schulischer Praktiken erklären und sie kann verdeutlichen, wie (unrealistisch) hoch z. T. die Ansprüche sind, die unterschiedliche Programmatiken an Unterricht stellen. Ein beschreibender Blick auf Alltagsunterricht kann Reflexionswissen bereitstellen, auf dessen Grundlage programmatische Überlegungen genauer justiert werden können.

Nach einem Blick in die Forschung (2.) fokussiere ich elementare Bestandteile alltäglicher unterrichtlicher Interaktionsstrukturen: das Grundmuster von Initiation – Reply – Evaluation (3.), Melderegel und Redepflicht (4.), fragendentwickelnde Gespräche (5.) und den Umgang mit Schülerfragen (6.). Viele Beobachtungen sind dabei zunächst nicht fachspezifisch. Dort, wo es sich anbietet, ziehe ich jedoch religionsdidaktische Überlegungen ein.

2. Schlaglichter aus der Forschung

In diesem Beitrag beschränke ich Unterrichtsgespräche auf Klassengespräche. Gespräche im Rahmen von Gruppenarbeiten klammere ich aus. Sie hätten einen eigenen Beitrag verdient. Bemerkenswert ist allerdings, dass Reh u. a. eine markante Verschiebung vom Klassengespräch zu Gruppen- und Einzelarbeit im Alltagsunterricht an reformorientierten Ganztagesschulen feststellen:

„Unterricht [findet] nicht mehr als ein klassenöffentliches Gespräch über ein gemeinsames Thema statt, das vom Lehrenden geleitet wird und in dem die Schüler kollektiv adressiert werden; eine gemeinsame Sache, über die sich die Klassengemeinschaft austauschen kann, wird im Wesentlichen nur noch zu organisatorischen Fragen, ansonsten allenfalls an den zeitlichen Rändern von Unterrichtsblöcken als Gegenstand kollektiver Erörterung ermöglicht, die Themen differenzieren sich hier aus zu jeweils individualisierten Themenzuschnitten und -kompositionen, die in Einzelarbeit oder möglicherweise auch projektförmig kooperativ in Kleingruppen erarbeitet werden und über die man sich nur noch über den Weg der Präsentation wechselseitig informieren kann, womit dann auch wiederum sichtbar gemacht wird, dass etwas gelernt wurde, ohne dass eine Sache gemeinsam erarbeitet wurde oder werden muss." (Reh u. a. 2015, 323–324)

Diese Tendenz markiert gerade für den Religionsunterricht eine erhebliche Herausforderung. In dem Maß, in dem Religion als diskursiver Tatbestand angesehen wird, ist er auf Gespräche angewiesen. Da sie jedoch kein sichtbares Produkt hervorbringen und Individualisierungstendenzen entgegenlaufen (s. u.), ist ihre Integration in einen klassenöffentlichen Unterricht prekär, der – reformorientiert – zunehmend auf Formalisierung (Organisation von Arbeitsabläufen, Produktorientierung) und Individualisierung setzt.

Dass diese Befunde auch für den Religionsunterricht an Regelschulen relevant sind, zeigt u. a. die Studie von Englert / Hennecke / Kämmerling (2014). Sie stellen fest, dass „der Dialog zwischen Tradition und Lebenswelt [...] nicht in einem synchronisierten Voranschreiten im Klassenplenum, sondern in individuellen Aneignungen durch die Einzelnen statt[findet]." (Englert u. a. 2014, 119) Klassengespräche, in denen der Unterrichtsgegenstand gemeinsam und diskursiv konstituiert wird, sind also keine Selbstverständlichkeit mehr.

Empirische Forschung zu Unterrichtsgesprächen gibt es seit mehreren Jahrzehnten. In ihrem Überblick über vier Jahrzehnte internationaler Forschung zu dem Thema kommen Howe / Abedin (2013) u. a. zu dem Ergebnis, dass aussagekräftige Wirksamkeitsstudien zu unterschiedlichen Formaten des Unterrichtsgesprächs weitgehend fehlen. Urteile darüber, was als „besser" oder „schlechter" gilt, basieren eher auf pädagogisch-didaktischen Überlegungen als auf empirischer Evidenz (Howe / Abedin 2013, 345). Eine methodische Schwierigkeit besteht darin, dass sich unterrichtliche Interaktionsmuster am ehesten über qualitative Verfahren rekonstruieren lassen, Wirksamkeitsstudien aber eher quantitative Methoden erfordern.

3. Initiation – Reply – Evaluation als Elementarstruktur von Unterrichtsgesprächen

„Klassische" Unterrichtsgespräche weisen bekanntlich eine Elementarstruktur (Wenzl 2014) auf, die aus drei Elementen besteht: *Initiation - Reply - Evaluation* (Mehan 1979; Sinclair / Coulthard 1975). Initiation und Evaluation kommen dabei in der Regel der Lehrkraft zu, die Reply kommt von den Schüler_innen. Die Initiation kann unterschiedlich ausfallen. Typischerweise erfolgt hier eine Frage oder ein Arbeitsauftrag. Die Evaluation kann ebenfalls unterschiedlich ausfallen: Als verbale Bewertung („gut, richtig"), als paraverbale Bewertung („hmm" - in unterschiedlichen Intonationen) oder gestisch (Nicken, Kopfschütteln). Betrachten wir dazu ein Beispiel aus dem Religionsunterricht einer dritten Grundschulklasse (Roose 2019, 110–111). Thema ist die Auferstehung Jesu. Das Transkript ist in eine Tabelle eingelassen, die die Elementarstruktur von *Initiation - Reply - Evaluation* verdeutlicht.

I	[1] L: Jesus hat gesagt: „Maria, halte mich nicht fest. Ich bin bei dir, aber eben anders als früher." Was könnt ihr euch darunter vorstellen? Was meint Jesus wohl damit? [...] [3] L: (6) Elisabet.
R	[4] Elisabet: Vielleicht teilt er nicht mehr alles/ dass also wenn jemand ihn mag, dass dann wieder sowas passieren sollte. [5] L: Du musst es nochmal ganz laut und deutlich sagen. [6] Elisabet: Also er ist jetzt nicht mehr so wie früher, sodass er alles teilt, sondern er ist jetzt auch anders. Und/ also von seinem Verhalten wahrscheinlich auch.
E	[7] L: Mhh (*bejahend*).
I	[8] L: Kann sich jemand noch etwas darunter vorstellen? Ok. Ehm. Was denkt ihr denn, was die anderen Jünger dazu gesagt haben, was Maria ihnen jetzt erklärt? Wie haben die Jünger wohl/ die anderen Jüngerinnen und Jünger wohl reagiert? Jonas.
R	[9] Jonas: Sie haben der Maria nicht geglaubt und haben sich dann selber/ haben dann selber geguckt und haben dann gedacht, Maria hat ihn weggeschleppt.
E	[10] L: Ok.
I	L: Also du meinst, sie sind eher skeptisch?
R/E	[11] Jonas: Ja.
E	[12] L: (*minimales Nicken*).
I	L: Gibt es andere Ansichten? (*lange Pause, 15 Sekunden*) Elisabet.

R	[13] Elisabet: Die sind überrascht, was mit Jesus passiert ist und der wieder auferstanden ist und dass er das überhaupt geschafft hat, weil keiner damit gerechnet hat.
E	[14] L: Mhh (*bejahend*).
I	L: Ok. Ihr könnt euch da jetzt nochmal Gedanken zu machen, denn die Geschichte ist hier nochmal aufgeschrieben, allerdings mit einigen Lücken.

Neben der tabellarisch abgebildeten Abfolge-Struktur IRE zeigt dieses Beispiel einige darüberhinausgehende typische Merkmale von Unterrichtsgesprächen. Die Lehrkraft lässt Elisabet ihre erste Antwort „ganz laut und deutlich" wiederholen [5]. Hier zeigt sich der klassenöffentliche Charakter des Gesprächs. Alle – nicht nur die Lehrkraft – müssen Elisabets Antwort hören können. Die Antwort von Elisabet wird von der Lehrkraft positiv validiert [7]. Trotzdem ist die Angelegenheit damit nicht erledigt. Die Lehrkraft fordert dazu auf, dass sich weitere Schüler_innen äußern [8]. Als das nicht direkt der Fall ist (kein Kind meldet sich), elaboriert sie ihre Fragestellung. Es geht also offensichtlich darum, dass mehrere Kinder etwas beitragen. Die Antwort von Jonas [9] validiert die Lehrkraft wiederum positiv, reformuliert sie anschließend mit ihren Worten und fragt Jonas, ob er das gemeint habe. Die Art dieser Frage ist anders als in [1] und [8]. Die Lehrkraft fordert Jonas dazu auf, ihre Reformulierung seinerseits zu validieren [10]. Die Antwort von Jonas [11] ist damit zugleich Reply und Evaluation. Sie wird jedoch von der Lehrkraft wiederum minimal validiert [12], sodass das Schema IRE sich reproduziert. Noch einmal fordert die Lehrkraft dazu auf, dass sich auch andere Kinder äußern. Nach einer längeren Pause nimmt sie das einzige Kind dran, das sich meldet: Elisabet – die sich ja schon geäußert hatte. Inhaltlich bringt Elisabet mit dem Hinweis auf die Überraschung der Jünger einen neuen Aspekt ein [13]. Die Lehrkraft validiert den Beitrag minimal zustimmend („hmm"), leitet dann aber zu einem neuen Impuls über [14]. Dadurch, dass sich neben Elisabet und Jonas keine weiteren Kinder äußern möchten, ist die Phase abgeschlossen.

Der formale Aspekt (*Wer sagt etwas?*) erscheint ausschlaggebender als der inhaltliche (*Was wird gesagt?*) – denn Elisabet hatte ja durchaus noch einen neuen Gedanken eingebracht. Es geht also im Unterrichtsgespräch nicht nur darum, zu einem Thema sprachlich formuliertes und validiertes Wissen zu sammeln, sondern es geht auch darum, dieses Wissen sozial zu distribuieren. Dadurch, dass alle Äußerungen von allen anderen gehört werden können (müssen), und dadurch, dass möglichst viele Schüler_innen zum Unterrichtsgespräch beitragen sollen, wird das unterrichtliche Wissen als ein „Gemeinschaftsprodukt" generiert. Unterrichtsstunden wenden für diese soziale Distribution viel Zeit auf. So erklärt sich, dass auch eine geschlossene Frage mit einer ersten richtigen Antwort oftmals nicht als beantwortet „abgehakt" wird. Im Rahmen einer kommunikationstheoretischen Modellierung von Unterricht lässt sich damit die Leistung des Interaktionsmusters von *Initiation - Reply - Evaluation* für die Ordnung des Unterrichts folgendermaßen bestimmen:

> „Diese Funktion liegt in *sachlicher* Hinsicht darin, fachbezogenes Wissen zu thematisieren und die Unterrichtskommunikation auf die Darstellung ‚richtigen' Wissens engzuführen. In *sozialer* Hinsicht ermöglicht das Interaktionsmuster, immer wieder individuelle Äußerungen von Wissen als klassenöffentliche Anlässe und stellvertretende Bestätigung und stellvertretende Korrektur zu nutzen. In *zeitlicher* Hinsicht geht es um die Fixierung dieses Wissens im Verlauf des Unterrichts." (Meseth u. a. 2011, 236–237)

4. Melderegel und Redepflicht

Im Unterrichtsgespräch müssen Schüler_innen sich in der Regel melden, um das Rederecht zu erhalten. Die Lehrkraft kann auch solche Schüler_innen drannehmen, die sich nicht gemeldet haben. Es besteht also neben einem Rederecht eine Redepflicht, die ständige Aufmerksamkeit erfordert. Gleichzeitig sind Beiträge, die ohne Rederecht in die Klasse gerufen werden, nicht legitimiert und können aus dem Prozess der gemeinsamen Gegenstandskonstitution ausgeklammert werden. Betrachten wir dazu eine kurze Passage, die ich zunächst aus der oben zitierten Sequenz herausgeschnitten habe:

I	[1] L: Jesus hat gesagt: „Maria, halte mich nicht fest. Ich bin bei dir, aber eben anders als früher." Was könnt ihr euch darunter vorstellen? Was meint Jesus wohl damit?
R	[2] Jonas *(spricht ohne sich zu melden, den Blick auf die Lehrkraft gerichtet, in die Klasse)*: Er schwebt bei ihr.
E	[3] L: *(guckt Jonas nicht an und reagiert weder verbal noch mimisch auf seinen Beitrag)*
I	(6) Elisabet.

Jonas spricht in die Klasse, ohne das Rederecht erteilt bekommen zu haben. Obwohl sein Beitrag gut hörbar ist und sich kein anderes Kind gemeldet hat, ignoriert die Lehrkraft seine Antwort und wartet, bis sich ein anderes Kind meldet, das sie dann drannimmt. Jonas Antwort „zählt nicht", die Evaluation der Lehrkraft besteht darin, dass sie die Antwort übergeht und damit das IRE-Schema manifest verletzt. Das Verhalten von Jonas wird damit indirekt als nicht regelkonform sanktioniert.

Durch die Einübung von Melderegel und Redepflicht zielt der klassenöffentliche Unterricht – so Wenzl – auf „erkaltetes Interesse", also eine dosierte Distanz zum Thema. Die Schüler_innen sollen sich auf das Thema konzentrieren, dürfen sich aber nicht spontan dazu äußern. Schulischer Unterricht kann demnach die spontane Neugier der Kinder, ihre „großen Fragen" (Oberthür

1995), nicht ungebrochen aufnehmen und thematisieren (Roose 2019, 93–96). Die Stärke des klassenöffentlichen Unterrichts liegt an einer anderen Stelle: Er ist in seiner „Normalform" besonders geeignet, „zu einer Reproduktion einer Haltung beizutragen, die es Schülern ermöglicht, ihren Geist unabhängig von ihrer aktuellen inneren Beteiligung in den Dienst jeweils der Sache zu stellen, die ihnen gerade vorgesetzt wird." (Wenzl 2014, 43)

Schüler_innen lernen, im Unterricht nur solche Fragen zu stellen, die auch für die anderen von Interesse sind, und nur solche Beiträge zu liefern, die gerade themenbezogen sind. Sie lernen, sich und ihre Fragen aus der Perspektive der anderen (einschließlich der Lehrkraft) zu sehen, und stimmen ihr Verhalten darauf ab. Sie „machen sich allgemein"[1].

In religionsdidaktischer Perspektive ist diese Funktionsbestimmung weit entfernt von dem subjektorientierten Anliegen, nah an die Schüler_innen und ihre „authentische[n] Erfahrungsräume" (Lehrplan NRW Grundschule evangelische Religion 2008, 151) „heranzukommen". Rainer Oberthür möchte im (katholischen) Religionsunterricht von dem sprechen, was Kinder „fasziniert oder abschreckt, freut oder ängstigt" (Oberthür 1995, 14). Die Umstellung der Sitzordnung von einer frontalen Ausrichtung hin zum Sitzkreis bildet die Programmatik eines Unterrichtsgespräches ab, das darauf zielt, im klassenöffentlichen (Religions-)Unterricht Nähe zu erzeugen (Bennewitz / Hecht 2018, 173–189). Auch diese Gespräche „leben" jedoch *parasitär* von der „Normalform" unterrichtlicher Kommunikation. Denn sie brauchen Schüler_innen, die „sich allgemein machen" und sich dadurch alle „geordnet" zur gleichen Zeit auf eine Frage, ein Thema, einen Text einstellen können.

Wirksamkeitsstudien zur Unterrichtskommunikation stellen der IRE-Interaktionsstruktur ein schlechtes Zeugnis aus: Sie führe zu schwachen Lernergebnissen und wirke sich negativ auf die Motivation aus (Resnick u. a. 2015, 37–142). Versuche, die IRE-Struktur aufzubrechen, setzen v. a. bei Melderegel und Redepflicht an. Sie delegieren z. B. die Turn-Organisation an die Schüler_innen und setzen die Evaluation von Einzelbeiträgen durch die Lehrkraft weitgehend aus („Schülerkette"; Weitergabe eines Gegenstandes, der das Rederecht erteilt, im Sitzkreis). Betrachten wir auch dazu ein Beispiel, wiederum aus einer dritten Grundschulklasse. Thema sind die Zehn Plagen (Roose 2019, 39–41):

[1] L:	Mich würde jetzt mal interessieren, wir haben über die Zehn Plagen gesprochen, welche ihr persönlich am schlimmsten findet. Unterhaltet euch mal so ein bisschen über diese Zehn Plagen. Ich möchte jetzt mal nichts sagen. Wir machen ´ne Schülerkette. Aaron fängt an und er darf da was zu sagen und er darf dann den nächsten Schüler drannehmen.
[2] Aaron:	Ich finde, dass die, dass die zehnte Plage am schlimmsten, dass alle, dass alle ältesten Söhne sterben. Nils.

1 Vgl. dazu den Bildungsbegriff bei Hegel. Dörpinghaus u. a. 2012, 81–90.

[3] Nils: Ich find nämlich auch, dass die Zehnte am schlimmsten ist, weil das dann ja für alle sehr traurig ist. Marie.

[4] Marie: Ehm, ich find auch die Zehnte, weil weil weil da sterben ja, wenn das zum Beispiel zwei Geschwister sind und dann ist der eine, ist ja der ältere Bruder gestorben und das ist dann auch ganz traurig für den. Britta.

[5] Britta: Die fünfte Plage, in der alle Kinder krank sind und sterben. Ehm, Tom.

[...]

[18] Jannis: Ich find die Fünfte und die Sechste und die Zehnte am schlimmsten. Ah ... Mattis.

[19] Mattis: Ich hab mich nicht gemeldet. Arved meldet sich, Tom und Hark.

[20] Jannis: Ja, die war'n schon.

[21] L: Ja lass doch. Kannst sie doch nochmal drannehmen.

[22] Jannis: Tom.

[...]

[27] L: Gut. Danke für eure Meinung. Alle Plagen sind schlimm.

Offensichtlich sind die Schüler_innen mit dem Ablauf einer „Schülerkette" grundsätzlich vertraut. Eine Irritation ergibt sich, als Jannis einen Mitschüler aufruft, der sich nicht gemeldet hat [18]. Mattis gibt auf der inhaltlichen Ebene keine Antwort, sondern wechselt indirekt auf die formale Ebene, indem er die Gesprächsregeln einer „Schülerkette" thematisiert [19]. Sein Einwand beruht auf der Annahme, dass die Schüler_innen bei einer „Schülerkette" nur Kinder aufrufen dürfen, die sich melden – die Redepflicht wäre hier also aufgehoben. Mattis verweist dann auf andere Mitschüler_innen, die sich melden. Es ist also – so die indirekte Botschaft – kein Problem, die „Schülerkette" fortzusetzen. Jannis wendet ein, dass diese Kinder schon etwas gesagt haben [20]. Hier wird unterstellt, dass jedes Kind nur einmal etwas sagen darf. An dieser Stelle greift die Lehrkraft ein [21] und expliziert, welche Regel gelten soll: Kinder dürfen sich auch mehrfach äußern. Auffällig ist, dass die Lehrkraft dort eingreift, wo es um die Gesprächsorganisation geht, nicht aber dort, wo auf der inhaltlichen Ebene Irrtümer sichtbar werden [vgl. 5]. Die abschließende Evaluation der Lehrkraft [27] fällt entsprechend inhaltlich sehr pauschal aus.

Die Delegation der Turnorganisation an die Schüler_innen führt einerseits zu einer verstärkten aktiven Partizipation von Schüler_innen, andererseits zu einer inhaltlichen Offenheit bzw. Beliebigkeit. Hier zeigt sich ein Grundkonflikt zwischen Selbsttätigkeit und Zielorientierung, den Unterrichtsgespräche je neu ausbalancieren müssen (Roose 2019, 130–141). Insofern ist aus fachdidaktischer Sicht nicht ausgemacht, ob die erhöhte Partizipation von Schüler_innen in Gesprächsphasen, in denen sie die Turnorganisation selbst übernehmen, uneingeschränkt als wünschenswert zu betrachten ist – wie Überlegungen zum „dialogic teaching" aus der Erziehungswissenschaft es nahelegen (Alexander 2018). Denn die Delegation der Gesprächsorganisation an die Schüler_innen geht tendenziell mit einer inhaltlichen Beliebigkeit einher, die wesentlich auch damit zusammenhängt, dass die Lehrkraft einzelne Beiträge nicht (mehr) inhaltlich evaluiert und miteinander verknüpft.

Zu fragen wäre dann, inwiefern es möglich ist, Melderegel und Redepflicht (zeitweise) auszusetzen, die inhaltliche Evaluation und Verknüpfung von Beiträgen der Schüler_innen durch die Lehrkraft aber beizubehalten. Programmatische Überlegungen zum literarischen Gespräch gehen in diese Richtung (Pieper 2016). Gleichzeitig zeigen entsprechende empirische Untersuchungen zum literarischen Gespräch, wie schwer es den Schüler_innen fällt, zeitweise auf eine andere Form der Gesprächsorganisation „umzuschalten" (Ohlsen 2011, 337–360). Im Blick auf das theologische Gespräch gibt es an dieser Stelle m. E. ein Reflexionsdefizit (Roose 2019, 153): Sollen sich die Schüler_innen melden? Müssen sie etwas sagen? (Wann) Schaltet sich die Lehrkraft ein, um Beiträge inhaltlich zu korrigieren oder miteinander zu verknüpfen? (Wo) Lässt sich die Gesprächsorganisation an die Schüler_innen delegieren?

5. Fragend-entwickelnde Unterrichtsgespräche

Fragend-entwickelnde Unterrichtsgespräche haben ein schlechtes „Image", sind aber dennoch gerade im Unterricht der Sekundarstufen I und II nach wie vor häufig anzutreffen (Roose 2017, 275–289). Das fragend-entwickelnde Unterrichtsgespräch trat ursprünglich an gegen einen Unterricht, der aus Vortrag, Diktat und Abfragen von Erlerntem bestand (Spinner 1992, 309–321; Bahrdt 1977, 84). Es propagierte das eigene Denken und Urteilen, in dem die Beteiligten „gemeinschaftlich forschende Freunde" (Dinter 1887, 373) sein sollten.

Im Widerspruch zu diesem Ansatz gilt das gelenkte Unterrichtsgespräch als „ein unökonomisches und unehrliches, die Herrschaftsverhältnisse im Unterricht verschleierndes Handlungsmuster." (Meyer 1989, 287) „Unökonomisch" ist das gelenkte Unterrichtsgespräch deshalb, weil es daraufsetzt, dass die Schüler_innen – im Anschluss an das Prinzip des sokratischen Lehrens – die Antworten selbst finden sollen (Spinner 1992, 316). Ein Lehrervortrag – so die Kritik – wäre hier viel effektiver (Grell / Grell 1979, 61; Ehlich / Rehbein 1986). „Unehrlich" ist das gelenkte Unterrichtsgespräch, weil es die pädagogische Asymmetrie verschleiert:

„Dadurch, dass der Lehrer zum Fragenden wird, tut er so, als sei er nicht der Besser-Wissende; er nimmt die untergeordnete Position des Auskunft-Heischenden ein, aber das ist nur Schein. Gerade mit der Frage übt er – oft ohne, dass er es selbst will – seine subtile Herrschaft über den Geist des ihm Anvertrauten aus." (Spinner 1992, 14) Die Beharrungskraft des fragend-entwickelnden Gesprächs zeigt sich insbesondere dort, wo eigentlich ein anderes

Format inszeniert werden soll. Betrachten wir dazu eine Szene aus einer 8. Gymnasialklasse. Thema ist die Vaterunser-Bitte von der Vergebung:[2]

[1] L:	und ich habe jetzt diese nächsten beiden Doppelstunden so der Aufgabe ä:h möchte ich widmen mit euch zusammen dieser Bitte, und vergib uns unsere Schuld wie auch wir vergeben unsern Schuldigern. (.) Und dazu hab ich jetzt mal eine Frage an euch (.) wieso? steht da nicht einfach nur, und vergib uns unsere Schuld. (.) was glaubt ihr warum da der zweite Satz noch steht; (9) Timo,
[2] Timo:	Also ich glaube weil sonst würd des ja (.) auch so rüberkommen als würden wir nur darum bitten dass uns etwas vergeben wird aber wir dafür nichts tun würden,
[3] L:	Ja, //mhm// magst du mal weitergeben? an die Andern?
[4] Timo:	Lilly
[5] Lilly:	Äh wir hatten ja auch letztes Mal den Satz aufgeschrieben, was du willst dass Andere dir tun das tu ihnen auch äh also das ist ja das Gleiche (.) jetzt nur halt mit ne=m Beispiel,
[6] L:	Weiß jemand noch wie das hieß, diese Regel da die du da grade genannt hast und woher die kommt? (.) ja Rita?
[7] Rita:	Das ist die goldene Regel,
[8] L:	Ja.° Genau. und die hat wer, gesagt?
[9] Rita:	Jesus,
[10] L:	Jesus° genau. (.) ja: dann gehn wa mal weiter in der Meldekette; (.)

Zunächst regt die Lehrkraft eine offene Ideensammlung an [1], die auf der Ebene der Gesprächsorganisation dadurch unterstützt wird, dass die Schüler_innen sich gegenseitig drannehmen sollen [3]. Unterbrochen wird die Sammlung dann von einer fragend-entwickelnden Passage, bevor die Lehrkraft wieder zur „Meldekette" überleitet [6–10]. Alternativ hätte die Lehrkraft selbst die Informationen zur Goldenen Regel einflechten können, etwa: „Du meinst die Goldene Regel, die Jesus in der Bergpredigt sagt." Stattdessen erfragt die Lehrkraft dieses Wissen in zwei Schritten [6; 8] und ermöglicht – im Rahmen einer starken Steuerung – die aktive Partizipation der Schüler_innen. Der Gesprächsausschnitt zeigt damit ein Pendeln zwischen einem sehr offenen und einem sehr enggeführten Format.

6. „Ich habe noch 'ne Frage"

Im fragend-entwickelnden Unterricht ist die Lehrkraft diejenige, die Fragen stellt. Religionspädagogisch gewünscht ist hingegen, dass Schüler_innen Fragen stellen (Zimmermann 2013, 18–26). Das Interaktionsschema von *Initiation* –

---

2 Die Transkription erfolgt in den folgenden Transkripten weitgehend nach den Regeln des „Talk in Qualitative Research". Satzzeichen markieren Hebungen (, ?) bzw. Senkungen (;.) der Stimme. (.) markiert eine kurze Pause, ° leises Sprechen.

Reply – Evaluation wird dadurch unterbrochen. Aus didaktischen Fragen werden „echte“ Wissens- oder – besser noch – Glaubensfragen (oder auch Einwände), die Schüler_innen steuern die Unterrichtskommunikation und damit auch die Gegenstandskonstitution stärker selbst, sie sind inhaltlich involviert. Angesichts dieser (religions-)didaktischen Wertschätzung von Schülerfragen ist es erstaunlich, wie Lehrkräfte im Alltagsunterricht mit Schülerfragen umgehen. Betrachten wir dazu ein weiteres Beispiel aus derselben 8. Gymnasialklasse. Zu Beginn der Doppelstunde fordert die Lehrkraft die Schüler_innen explizit dazu auf, Fragen zu stellen:

L:	u:nd wichtig ist dass ihr auch all das einbringt was ihr an Fra:gen an: (.) Ideen zu dem Thema habt dass ihr euch auch traut dass da anzubringen ja? okay. (.)

Dass die Lehrkraft explizit auf die Bedeutung von Schülerfragen hinweist und impliziert, dass es Mut brauche, diese zu stellen, mag dem Umstand geschuldet sein, dass die Unterrichtsstunde videografisch aufgezeichnet wird. Deutlich wird dadurch, dass die Lehrkraft das Fragen-Stellen-Dürfen als eine Norm präsentiert, die für ihren Unterricht wichtig ist. Umso interessanter ist zu beobachten, wie die Lehrkraft anschließend mit Fragen und Ideen der Schüler_innen umgeht. In unmittelbarem Anschluss an die oben zitierte Äußerung führt die Lehrkraft in das Stundenthema ein, indem sie den ersten Teil der Vaterunser-Bitte von der Vergebung an die linke Klapptafel schreibt:

[1] L:	((L schreibt an die Tafel: `Und vergib´) (6) wie gehts weiter? (2)) ((L nickt Lara zu.))
[2] Lara:	Und vergib uns unsere Schuld, wie auch wir vergeben unsern Schuldigern.
[3] L:	((L schreibt an die Tafel: `Wie auch wir vergeben unseren Schuldigern´)) (28)
[4] Pia:	Frau (...) °ich hab noch ‘ne Frage, wir hatten auch noch was danach°
[5] L:	(nickt bejahend) Ja: welche Bitte hatten wir noch im Vordergrund?
[6] Pia:	((nimmt ihre Unterlagen in die Hand)) (2) Und führe uns nicht in Versuchung, sondern erlöse uns von dem Bösen?
[7] L:	((nickt lächelnd)): °Ja: ganz genau.° ((zeigt mit der Hand auf Evelyn, die sich meldet))
[8] Evelyn:	°Ja (...) wollte ich auch sagen°
[9] L:	°Ja genau° (.) und dass diese zweite Bitte, die wir da im Vordergrund hatten, das war im Grunde schon so die Zusammenfassung der letzten Stunde. (2) und ich habe jetzt diese nächsten beiden Doppelstunden so der Aufgabe ä:h möchte ich widmen mit euch zusammen dieser Bitte? und vergib uns unsere Schuld wie auch wir vergeben unsern Schuldigern. (.)

Die Formulierung „Ich hab noch ‘ne Frage“ [4] ist typisch für alltägliche Unterrichtskommunikation. Sie signalisiert, dass Schülerfragen von der Lehrkraft je einzeln zugelassen werden müssen. Schülerfragen werden damit als eine Abweichung von der Regelhaftigkeit des Unterrichts gerahmt, die sich dadurch auszeichnet, dass nicht – wie üblich – die Lehrkraft die Fragen stellt. Schülerfragen sind also in der alltäglichen Unterrichtskommunikation nichts Selbstverständliches.

Die Reaktion der Lehrkraft zeichnet sich nun dadurch aus, dass sie auf die Frage eingeht, indem sie die Antwort der Schülerin validiert und ihrerseits eine didaktische Frage stellt [5]. Die Unterrichtskommunikation wird so gleich wieder in das Interaktionsschema IRE zurückgeführt. Anschließend erteilt die Lehrkraft einer weiteren Schülerin, die sich gemeldet hatte, das Rederecht, obwohl die Frage der ersten Schülerin bereits beantwortet ist [7]. Der Aufruf von Evelyn signalisiert, dass Beiträge von Schüler_innen immer willkommen sind. Die Aussage von Evelyn, dass sie das Gleiche habe sagen wollen [8], wird von der Lehrkraft genauso inhaltlich validiert wie die Antwort von Pia („ja genau") [9]. Inhaltlich ordnet sie den Verweis auf die Bitte um Erlösung so ein, dass sie ihn als Abschluss der letzten Stunde qualifiziert. Das erklärt, warum diese Bitte jetzt – im Unterschied zu der Bitte um Vergebung der Schuld – nicht an der Tafel erscheint. Die aufgezeichneten Stunden ordnen sich demnach in eine größere Einheit ein, die sich nach den Vaterunser-Bitten strukturiert. Das heißt: Die Schülerfrage führt weder dazu, dass das Interaktionsschema von *Initiation – Reply – Evaluation* nachhaltig durchbrochen wird, noch dazu, dass der Prozess der Themenkonstitution erkennbar beeinflusst würde.

Betrachten wir abschließend ein Unterrichtsbeispiel aus derselben Doppelstunde, in dem eine Schülerin einen inhaltlichen Einwand formuliert. Auch das ist in der IRE-Struktur nicht „vorgesehen". Wie verändert sich die Unterrichtskommunikation, wenn Schüler_innen *abweichende* Ideen einbringen?

Im Zusammenhang mit der Vaterunser-Bitte von der Vergebung thematisiert die Klasse im weiteren Verlauf der Unterrichtsstunde das Gleichnis vom verlorenem Sohn. Es geht um die Frage, wer hier wem vergibt. An der Tafel hat die Lehrkraft zur „Sachebene" des Gleichnisses die Aussage notiert: „Gott verzeiht denen, die schuldig geworden sind, wenn sie es bereuen." Daraufhin erhebt eine Schülerin Einspruch:

[1] Charlotte: Aber er will er würde ja auch dem anderen Sohn verzeihen, weil er sich gegen den Jüngeren, der neigt sich ja so ab und er würde ihm trotzdem verzeihen, dass er das gemacht hat.

[2] L: Ja der hatte ja aber auch gar nichts (.) da war ja gar nichts zu verzeihen, ne? der hat ja der war ja die ganze Zeit bei seinem Vater, ne? ((Unruhe in der Klasse))

[3] Charlotte: Ja aber er hat ja trotzdem irgendwie (3) also er wollte ja nichts mit dem Jüngeren zu tun haben, obwohl der Vater ihm ja die Schuld obwohl er ihm das ja verziehen hat, was er gemacht hat.

[4] L: Ja:: ((schreibt an die Tafel, während sie spricht: ‚er will auch jedem anderen, wie Ä [dem älteren Sohn] verzeihen')) also er könnte auch dem äh also jedem anderen auch (3) äh wie dem älteren wie dem älteren Bruder ne (3) und er will es auch ne, er will, schreib ich mal (2) hm ((zustimmend))

Im Unterschied zur voraufgehenden Szene reagiert die Lehrkraft hier nicht mit einer didaktischen Frage, sondern formuliert ihrerseits einen inhaltlichen Einwand [2]. Damit ist das IRE-Schema durchbrochen und es deutet sich ein kontroverser Diskurs darum an, wie das Gleichnis zu interpretieren ist. Letztlich geht aber die Idee der Schülerin – trotz manifester Zustimmung durch die Lehrkraft („ja::") – nur in „entschärfter" Form in das Tafelbild ein. Betrachten wir dazu den Prozess der Gegenstandskonstitution im Detail:

Charlotte formuliert einen Einwand („aber"), indem sie den älteren Sohn ins Spiel bringt [1]. Sie impliziert, dass der ältere Sohn schuldig geworden ist, weil er sich vom jüngeren Sohn (weiterhin) abwendet, obwohl der Vater ihm verziehen hat. Der ältere Sohn ist also schuldig geworden und hat nicht bereut. Trotzdem – so Charlotte – würde der Vater ihm verzeihen. Damit widerspricht Charlotte der Formulierung an der Tafel. Die Lehrkraft widerspricht ihrerseits [2], indem sie die Prämisse anzweifelt: Der ältere Sohn ist gar nicht schuldig geworden. Charlotte beharrt auf ihrer Ansicht und begründet, inwiefern der ältere Sohn sich doch schuldig gemacht hat: „er wollte ja nichts mit dem Jüngeren zu tun haben". [3] Die Lehrkraft geht nun mit einem gedehnten („ja::") auf Charlotte ein und ergänzt den Tafelanschrieb [4]. Der zweite Satz schließt aber nicht adversativ an den ersten an, sondern additiv („auch"). Die Rede ist von einer weiteren Gruppe („auch jedem anderen"). Wer ist damit gemeint? Der syntaktische Anschluss legt nahe, an diejenigen zu denken, die nicht bereuen. Charlotte hatte darauf insistiert, dass Gott auch ihnen verzeiht. An der Tafel wird daraus ein „will ... verzeihen". Diese Verschiebung betont die Lehrkraft auch verbal. Gott *will* jedem verzeihen, aber – so die stillschweigende Implikation – er tut es erst dann, wenn der oder die Betreffende bereut. Aus dem inhaltlichen Widerspruch werden so eine inhaltliche Ergänzung und Präzisierung.

Der Diskurs um eine angemessene Deutung wird dadurch unterlaufen, dass die Lehrkraft manifest zustimmt, latent aber eine Verschiebung vornimmt, die den Widerspruch der Schülerin inhaltlich „gefügig" macht. Die theologisch gehaltvolle Frage, ob Reue eine konstitutive Bedingung für göttliche Vergebung darstellt oder nicht, ist damit „entschärft". Da die Lehrkraft entscheidet, was letztlich als „gültig" an der Tafel steht, beansprucht sie klar die Deutungshoheit. Charlotte widerspricht nicht mehr, sie ordnet sich der Deutungshoheit der Lehrkraft unter.

Thomas Wenzl (2014) hat auf einer breiteren empirischen Basis untersucht, wie Lehrkräfte (nicht nur im Fach Religion) mit Schülerfragen umgehen, die Geltungsfragen aufwerfen. Ein Blick auf seine Typologie zeigt, dass die beiden Beispielszenen keine Ausnahmen darstellen. Wenzl rekonstruiert drei Lehrertypen.

– *Lehrertypus 1* „gibt die Zügel nicht aus der Hand". Er ist „habituell dadurch gekennzeichnet, dass er auch dort, wo der klassenöffentliche Unterricht seine Normalform verlässt [...], an der Gesprächsrollendifferenz zwischen

Lehrer und Schüler und der damit einhergehenden Beanspruchung von Geltungshoheit über die inhaltlichen Aussagen im Unterricht festhält. [...] Dieser Typus bezieht, wenn Fragen von Schülern in den Unterricht einbrechen, nicht einfach einen inhaltlichen Standpunkt zu diesen, der dann klassenöffentlich zum Gegenstand von Kritik gemacht werden könnte, sondern er stattet seine Antworten auf die Fragen der Schüler mit einer Geltungskraft aus, die er aus seiner institutionellen Rolle als Lehrer bezieht." (Wenzl 2014, 151–152)

- *Lehrertypus 2* zeichnet sich demgegenüber durch „eine völlige Standpunktlosigkeit [aus], die durch das Bedürfnis motiviert ist, offenen Dissens im Unterricht, um jeden Preis zu vermeiden. [...] Das Verständnis füreinander ist dem Lehrer dabei wichtiger als ein Verständnis der Sache, die durch ihn an keiner Stelle aktiv vorangetrieben wird. Stattdessen lässt der Lehrer sogar einander explizit ausschließende Behauptungen von Schülern zum Gegenstand des Unterrichts nebeneinanderstehen, ohne die Schüler dazu anzuhalten, argumentativ auf eine inhaltliche Klärung zu drängen." (Wenzl 2014, 172)
- *Lehrertypus 3* zeichnet sich dadurch aus, dass die Reaktion auf Schülerfragen „durch eine Spannung zwischen einer manifest zur Schau gestellten infantilisierenden Aufgeschlossenheit gegenüber allen Fragen von Schülern gekennzeichnet ist, latent jedoch diese Fragen als Störungen des Unterrichts rahmt." (Wenzl 2014, 207)

Die Lehrkraft in unseren beiden Beispielszenen wäre demnach dem ersten Typus zuzuordnen. Wichtig ist dabei, dass Wenzl seine Rekonstruktion nicht als Defizitanalyse versteht, sondern als interpretative Aussage darüber, wie Unterricht sich bestimmt:

„Die ‚Frageüberhänge', die der Unterricht in sich erzeugt, also die Fragen, für deren Klärung er sich nicht mehr verantwortlich fühlt, stellen dieser These zufolge kein Scheitern an einem unterrichtsimmanenten Bildungsanspruch dar, sondern sie bringen zum Ausdruck, dass der Unterricht sich selbst als eine soziale Praxis bestimmt, die nicht für die Befriedigung individueller materialer Bildungsansprüche zuständig ist. Durch das legitime Nicht-Einlösen von Bildungsansprüchen weist der Unterricht sozusagen immer wieder über sich hinaus – auf eine außerunterrichtliche Realität, in der gehaltvolle Bildungsansprüche erst befriedigt werden können." (Wenzl 2014, 218)

Die Studie von Wenzl und die Beobachtungen aus Alltagsunterricht im Fach Religion zeigen, wie tiefgreifend der (religionsdidaktische) Anspruch ist, Religionsunterricht von den Fragen der Schüler_innen her zu konzipieren und durchzuführen. Dieser Anspruch durchbricht konstitutiv und normativ die Normalform des Unterrichts. Angesichts dieser Kluft zwischen Anspruch und Wirklichkeit geht es m. E. nicht darum, zentrale religionsdidaktische Ansprüche wie Subjektorientierung, Schülerfragenorientierung, persönliche Nähe, symmetrische Gespräche etc. ganz aufzugeben, wohl aber darum, die Beharrungskräfte der unterrichtlichen Alltagspraxis nicht zu unterschätzen und sie auch in ihrer Funktion für die Ordnung des Unterrichts wahrzunehmen. Denn Unterrichtsgespräche, die von diesen religionsdidaktischen Ansprüchen herkommen, verhalten sich zur Normalform des Unterrichtsgesprächs weitgehend parasitär.

Literatur

Alexander, Robin (2018), Developing dialogic teaching: Genesis, process, trial, in: Research Papers in Education 5/33, 561–598.

Bahrdt, Carl Friedrich ([2]1977), Philanthropischer Erziehungsplan, Frankenthal.

Bennewitz, Hedda / Hecht, Michael (2018), Doing Privacy. Kreisgespräche in der Sekundarstufe I, in: Budde, Jürgen u. a. (Hrsg.), Konturen praxistheoretischer Erziehungswissenschaft, Weinheim, 173–189.

Dinter, Gustav Friedrich ([2]1887), Ausgewählte Pädagogische Schriften (Bd. 1), Langensalza.

Dörpinghaus, Andreas u. a. ([4]2012), Einführung in die Theorie der Bildung, Darmstadt.

Ehlich, Konrad / Rehbein, Jochen (1986), Muster und Institution. Untersuchungen zur schulischen Kommunikation (Kommunikation und Institution 15), Tübingen.

Englert, Rudolf / Hennecke, Elisabeth / Kämmerling, Markus (2014), Innenansichten des Religionsunterrichts. Fallbeispiele – Analysen – Konsequenzen, München.

Grell, Jochen / Grell, Monika (1979), Unterrichts-Rezepte. München.

Howe, Christine / Abedin, Manzoorul (2013), Classroom dialogue. A Systematic Review across four Decades of Research, in: Cambridge Journal of Education 43/3, 325–356.

Mehan, Hugh (1979), Learning lessons. Social Organization in the Classroom, Cambridge.

Meseth, Wolfgang u. a. (2011), Was leistet eine kommunikationstheoretische Modellierung des Gegenstandes „Unterricht?“, in: Dies. (Hrsg.), Unterrichtstheorien in Forschung und Lehre, Bad Heilbrunn, 223–240.

Meyer, Hilbert ([2]1989), UnterrichtsMethoden II, Frankfurt / M.

Ministerium für Schule und Weiterbildung des Landes Nordrhein-Westfalen (2008), Richtlinien und Lehrpläne für die Grundschule in Nordrhein-Westfalen, Düsseldorf.

Oberthür, Rainer (1995), Kinder und die großen Fragen. Ein Praxisbuch für den Religionsunterricht, München.

Ohlsen, Nele (2011), „Zwischen Stolper- und Meilensteinen“. Probleme und Chancen literarischer Gespräche in der Grundschule, in: Steinbrenner, Marcus u. a. (Hrsg.), „Seit ein Gespräch wir sind und hören voneinander“. Das Heidelberger Modell des Literarischen Gesprächs in Theorie und Praxis, Baltmannsweiler, 337–360.

Pieper, Irene (2016), Literarische Gespräche im Literaturunterricht: Das Vorlesegespräch, in: Roose, Hanna / Schwartz, Elisabeth (Hrsg.), „Da muss ich dann auch alles machen, was er sagt.“ Kindertheologie im Unterricht (Jahrbuch für Kindertheologie 15), Stuttgart, 75–93.

Reh, Sabine u. a. (2015), Ganztagsschulforschung als Transformationsforschung. Theoretische und empirische Erträge des Projekts, in: Dies. (Hrsg.), Lernkulturen. Rekonstruktion pädagogischer Praktiken an Ganztagsschulen (Schule und Gesellschaft 47), Wiesbaden, 297–329.

Resnick, Lauren u. a. (2015), Socializing intelligence through academic talk and dialogue, Washington D. C.
Roose, Hanna (2017), Familienähnlichkeiten: Das fragend-entwickelnde und das theologische Unterrichtsgespräch, in: Theo-Web 16/2, 275–289.
Roose, Hanna (2019), Kindertheologie und schulische Alltagspraxis. Eine Studie zum Verhältnis von kindertheologischen Normen und eingeschliffenen Routinen im Religionsunterricht, Stuttgart.
Sinclair, John / Coulthard, Malcom (1975), Towards an analysis of discourse: The English used by teachers and pupils, London.
Spinner, Kaspar (1992), Sokratisches Lehren und die Dialektik der Aufklärung. Zur Kritik des fragend-entwickelnden Unterrichtsgesprächs, in: Diskussion Deutsch 23/126, 309–321.
Wenzl, Thomas (2014), Elementarstrukturen unterrichtlicher Interaktion. Zum Vermittlungszusammenhang von Sozialisation und Bildung im schulischen Unterricht, Wiesbaden.
Zimmermann, Mirjam (2013), Fragen im Religionsunterricht. Unterrichtsideen zu einer schülerfragenorientierten Didaktik, Göttingen.

Unterrichtsgespräche im Kontext des Theologisierens mit Kindern und Jugendlichen

Carolin M. Altmann/Julia Drube/Petra Freudenberger-Lötz

1. Einleitung

Die Kinder- und Jugendtheologie besitzt seit der Jahrtausendwende eine wichtige Stellung in der Religionsdidaktik. Der vorliegende Aufsatz zeigt wichtige Grundlagen aus der Perspektive der Autorinnen, die im Studienprofil „Theologische Gespräche" an der Universität Kassel lehren. Das abgedruckte Beispiel veranschaulicht, wie bedeutsam reflexive Elemente in der Lehrerbildung zu Theologischen Gesprächen sind.[1]

2. Unterrichtliches Theologisieren mit Kindern und Jugendlichen

Als *Theologisieren* werden die gedankliche Reflexion und Durchdringung persönlich bedeutsamer oder auch allgemein christlich-theologischer Glaubensfragen bezeichnet, welche eher eine existenzielle Betroffenheit als allgemeingültige Antworten im Blick haben (Kraft 2012, 154). Das Ziel eines unterrichtlichen Theologisierens liegt somit zunächst im Hineinfinden von Kindern und Jugendlichen in ein solchermaßen eigenständiges Nachdenken über existenzielle (theologische) Grundfragen. Darüber hinaus sollen sie im gemeinsamen Austausch über diese Fragen aber immer auch schon lernen, eigene begründete Positionen zu entwickeln, „die sie selbstbewusst und im Wissen um die Vorläu-

1 Die Gesamtkonzeption des Studienprofils wird von Petra Freudenberger-Lötz verantwortet. Die Lehrveranstaltungen der einzelnen Module werden von ihr und den Mitarbeiterinnen der Evangelischen Religionspädagogik gestaltet. Diese Zusammenarbeit drückt sich auch im vorliegenden Aufsatz aus. Der zweite Abschnitt orientiert sich an der noch unveröffentlichten Dissertation von Carolin M. Altmann zur Bedeutung einer persönlichen Auseinandersetzung Studierender mit theologischen Fragen hinsichtlich ihres unterrichtlichen Leitens Theologischer Gespräche. Der dritte Abschnitt speist sich aus der Arbeit Julia Drubes in der Forschungswerkstatt Theologische Gespräche mit Jugendlichen, die in eine Habilitationsschrift münden wird.

figkeit (und Wandelbarkeit) all unserer Positionen im Lebenslauf vertreten können." (Freudenberger-Lötz 2014, 69)

Der Begriff des „Theologisierens" wird in der religionspädagogischen Literatur weitgehend synonym zu den ebenfalls benutzten Begrifflichkeiten der „Kinder-/Jugendtheologie" sowie der „Theologischen Gespräche mit Kindern/Jugendlichen" benutzt: Während die Rede einer „Kindertheologie" bzw. einer „Jugendtheologie" den Schwerpunkt auf die eigenständige Entwicklung von theologischen Fragen und Deutungen der Kinder und Jugendlichen legt, macht der Begriff der „Theologischen Gespräche" eher darauf aufmerksam, dass „die Theologie von Kindern bzw. von Jugendlichen in religionspädagogischem Zusammenhang oft im Gespräch ihren Ausdruck findet." (Freudenberger-Lötz 2011, 11f.) Die prozesshafte Konnotation des „Theologisierens" verdeutlicht, dass sich ganzheitliches und methodisch vielfältig theologisches Nachdenken nicht nur in gemeinsamen Gesprächen, sondern genauso in individuellen, etwa in kreativen oder gestalterischen Prozessen, ausdrücken kann (Knapp 2018, 25).

Die Kindertheologie entwickelte sich um die Jahrtausendwende als eigenständiges und bereits früh stark rezipiertes religionspädagogisches Konzept. Sie wurde dabei maßgeblich von der Bewegung der Kinder*philosophie* inspiriert, in welcher existenzielle Fragen von Kindern schon seit den 1970er / 1980er Jahren das Zentrum eines gemeinsamen Nachdenkens darstellten (Kalloch 2014, 13f.). Entsprechend war auch in der Kindertheologie von jeher ein Kernanliegen, „die Fragen der Kinder sowie ihre Deutungen wahrzunehmen, ernst zu nehmen, aufzugreifen und zu fördern." (Freudenberger-Lötz 2007, 21) Etwas später rückten dann zusätzlich theologische Fragen und Deutungen Jugendlicher in den Fokus religionspädagogischer Aufmerksamkeit (Schlag / Schweitzer 2011). Das zentrale Ziel sowohl der Kinder- als auch der Jugendtheologie, nämlich die „Förderung des eigenständigen theologischen Denkens" (Freudenberger-Lötz 2014, 71), impliziert hierbei in beiden Ausprägungen die unbedingte Anerkennung und Wertschätzung von Kindern und Jugendlichen als „Subjekte, die selbstständig über ihren Glauben nachdenken und somit eigenständig Theologie treiben können." (Kallies-Bothmann / Kitzinger 2017, 26)

2.1 Kommunikative Verknüpfung einer Theologie von Kindern und Jugendlichen mit einer Theologie für Kinder und Jugendliche

Im gemeinsamen, unterrichtlichen Theologisieren stehen in Abgrenzung zum Philosophieren also zumeist *theologische* Fragen und Deutungen von Kindern und Jugendlichen im Zentrum (Kalloch 2014, 16f.). Wie innerhalb der Kindertheologie schon früh deutlich gemacht wurde, geht es hierbei aber nicht etwa darum, „Kinder als wissenschaftliche Theologen zu sehen, sondern auf ihr Theologisieren aufmerksam zu werden.“ (Hanisch 2001, 8) Insbesondere diese so verstandene und weit gefasste Theologie *von* Kindern und Jugendlichen weist in der Praxis demzufolge auch variantenreiche Formen auf, die von nicht-religiösen bis hin zu christlich-theologischen oder auch ganz anderweitig religiösen Vorstellungen, Haltungen und Reflexionen reichen können (Eisenhardt 2019, 139). Ein großer Verdienst der Kinder- und Jugendtheologie liegt zunächst darin, genau diese vielfältigen, subjektiven Formen des Nachdenkens wahr- und ernst zu nehmen sowie grundlegend zu würdigen.

Die Kinder- und Jugendtheologie beruht nach unserem Verständnis damit einerseits auf einem recht *weit* gefassten Theologiebegriff – besonders in der Bestimmung der Theologie *von* Kindern und Jugendlichen – und findet andererseits im Rahmen eines gemeinsamen Nachdenkens über die dann *enger* gefasste, spezifisch christliche Theologie statt (Schlag / Schweitzer 2011, 49). Denn neben dem grundlegenden Interesse *an* und dem gemeinsamen Gespräch *über* all die mitgebrachten und weit gefassten theologisch-transzendenten Fragen und Deutungen habe Kinder- und Jugendtheologie Veit-Jakobus Dieterich zufolge immer auch ein inneres, *theologisches* Anliegen:

„Das Ziel besteht darin, die unterschiedlichen Positionen der Jugendlichen (immer im Plural) mit den verschiedenen Positionen der theologischen Tradition (ebenfalls immer im Plural) in einen grundlegend gleichberechtigten, offenen Dialog zu bringen, wobei fremde Positionen anderer Jugendlicher oder der theologischen Tradition zwar verstanden werden sollen, aber zugleich die Freiheit besteht, mit ihnen aus berechtigten Gründen entweder einverstanden, nicht einverstanden oder nur partiell einverstanden zu sein.“ (Dieterich 2012, 18)

Ausgehend von der Theologie *der* Kinder und Jugendlichen finden sich entsprechend insbesondere in der Theologie *für* sowie in der Theologie *mit* Kindern und Jugendlichen Anknüpfungspunkte an die christliche Theologie, indem christlich-theologische Deutungsweisen aufgezeigt und diese mit den Deutungsweisen der Kinder und Jugendlichen ins Gespräch gebracht werden. Diesem Sinne nach sei Mirjam Zimmermann dann auch das Spezifikum der Kinder- und Jugend*theologie* auszumachen, indem sich selbige „in irgendeiner Weise auf die in der biblischen Tradition überlieferte, von der kirchlichen Verkündigung weitererzählte und gegenwärtig erfahrbare Geschichte Gottes mit den Menschen bzw. des Menschen mit Gott beziehen lassen“ (Zimmermann 2012, 85) müsse.

Stimmig zu diesen Überlegungen vermittelt Petra Freudenberger-Lötz durch ihre Veröffentlichungen hindurch, wie spannend es sein kann, in den Fragen von Kindern und Jugendlichen die „großen Fragen der Theologiegeschichte“ (Freudenberger-Lötz 2012a, 23) wiederzuentdecken. Aus ihren zahlreichen Praxiserfahrungen einer Verknüpfung von persönlich relevanten Fragen und Deutungen von Schüler_innen mit Fragen und Deutungen der Theologie heraus verdeutlicht sie, dass es sich bewährt habe, Kindern und „Jugendlichen einen Einblick in eine Auswahl theologischer Deutungsmöglichkeiten zu vermitteln und sie dazu anzuregen, ihre Position mit einer der angebotenen theologischen Positionen zu vernetzen sowie die spezifische Perspektive der theologischen Position wahrzunehmen." (Freudenberger-Lötz 2010, 161) Dabei betonten nicht zuletzt die Jugendlichen ihrer Forschungen selbst, dass sie die Auseinandersetzung mit theologischen Deutungsangeboten im Hinblick auf ihre eigene Beschäftigung mit persönlich bedeutsamen, existenziellen Fragen vielfach als hilfreich erachteten – hatten sie doch so das Gefühl, dass ihnen nicht nur zugehört werde, sondern sie bei ihren individuellen Antwortsuchen auch inhaltlich begleitet wurden (Freudenberger-Lötz 2012b, 123f.).

Ausgehend von der für das Theologisieren grundlegenden Wahrnehmung all der (theologischen) Fragen und Deutungen, die Kinder und Jugendliche bereits mitbringen, geht es im gemeinsamen Theologisieren dementsprechend immer auch um die weitere Förderung eines individuell eigenständigen theologischen Fragens und Nachdenkens (Freudenberger-Lötz 2014, 71). Gemeinschaftliches Theologisieren – häufig im Theologischen Gespräch geschehend (Büttner 2014, 9) – kann hiermit als eine gemeinsame Suche nach Deutungen auf theologische Fragen aufgefasst werden (Reiß / Freudenberger-Lötz 2012, 133). Dabei sind Theologische Gespräche als prinzipiell offen zu verstehen: „Das Ergebnis des Gesprächs ist nicht vorgegeben, gerade weil die ‚großen' Fragen des Lebens keine für alle Beteiligten eindeutigen Antworten zulassen." (Kraft 2012, 154) Für eine eigenständige Entwicklung diskursfähiger Standpunkte im Theologischen Gespräch seien allerdings auf Seiten der Schüler_innen sowohl *kognitive Klarheit* als auch *emotionale Sicherheit* vonnöten: Während der Erwerb vernetzten theologischen Wissens dabei helfe, inhaltliche Zusammenhänge zu verstehen, sollen Kinder und Jugendliche im Theologischen Gespräch immer auch die Möglichkeit erhalten, durch die Entwicklung persönlich tragfähiger und plausibler Positionen individuelle emotionale Sicherheit zu entwickeln (Freudenberger-Lötz 2011, 13).

2.2 *Von den Aufgaben und der spezifischen Haltung der Lehrkraft im Theologischen Gespräch*

Um diese vielfältigen Ziele eines Theologisierens von und mit Kindern und Jugendlichen unterstützen zu können, brauchen Lehrkräfte selbst eine Vielzahl an Fähigkeiten und Fertigkeiten. Insbesondere Petra Freudenberger-Lötz hat dabei in zahlreichen Veröffentlichungen die spezifischen Aufgaben der Lehrkraft innerhalb der drei genannten Dimensionen genauer erläutert und dargestellt: Im Sinne einer Theologie *der* Kinder und Jugendlichen müssen Lehrkräfte individuelle theologische Deutungen ihrer Schüler_innen aufmerksam verstehen und wahrnehmen können; Theologie *für* Kinder und Jugendliche zeichne sich hingegen durch eine spezifischer theologische Kompetenz der Lehrkraft aus, indem passende und weiterführende theologische Deutungsansätze von dieser ausgewählt und für die Gruppe verständlich eingebracht werden (Freudenberger-Lötz 2012b, 126f.). Im Sinne einer Theologie *mit* Kindern und Jugendlichen schließlich müssen Lehrkräfte in der Lage sein, Fragen und Deutungen „aufzugreifen, ins Gespräch zu bringen, neue Impulse zu setzen und die Gespräche gemeinsam mit den Jugendlichen zu strukturieren." (Ebd., 127)

Wie in verschiedenen Veröffentlichungen der Kinder- und Jugendtheologie immer wieder herausgearbeitet wird, ist neben den durch die drei Dimensionen von Kinder- und Jugendtheologie spezifizierten Aufgaben der Lehrkraft aber noch umfassender eine gewisse *Haltung* der Lehrkraft bedeutsam. Kinder und Jugendliche, so wird wiederkehrend beschrieben, können sich *dann* besonders gut auf ein individuelles und gemeinsames theologisches Nachdenken einlassen, wenn sie auch ihre Lehrer_innen als authentisch theologisch Nachdenkende erfahren, die gemeinsam mit ihnen in einen (möglichst) offenen und gleichberechtigten Dialog über die existenziellen großen Fragen eintreten (Reiß / Freudenberger-Lötz 2012, 133). Die Lehrperson ist dieser Auffassung nach damit nicht mehr nur Beobachterin und Moderatorin theologischer Nachdenkprozesse oder Vermittlerin theologisch weiterführenden Wissens, sondern sie tritt nun selbst ein in die „Rolle der ebenfalls fragenden und suchenden Gesprächspartnerin: Sie bringt großes Interesse an den theologischen Deutungen der Schülerinnen und Schüler ein sowie an der Weiterentwicklung ihrer eigenen Deutungen. Sie erweist sich zwar hinsichtlich des theologischen Wissens als Expertin, die den Schülerinnen und Schülern fachlich voraus ist und vor dem Hintergrund dieses fachlichen Wissens anregende und weiterführende Lerngelegenheiten entwickelt, sie ist aber ebenso als glaubende und zweifelnde Person authentisch in theologische Gespräche einbezogen." (Freudenberger-Lötz 2012a, 12f.)

Aus der Haltung der fragenden und suchenden Gesprächspartnerin heraus selbst authentisch am Theologischen Gespräch teilzunehmen, bedeutet daher einerseits, eigene theologische Fragen und Deutungen im Gespräch mitzudenken und andererseits, Schüler_innen als ernstzunehmende, theologisierende Subjekte wahrzunehmen und wertzuschätzen, die nicht zuletzt das eigene theologische Nachdenken bereichern oder hinterfragen können.

3. Beispiel aus der Kasseler Forschungswerkstatt „Theologische Gespräche“

3.1 Hinführung und Skizzierung eines Theologischen Gesprächs anhand der Transkription einer videografierten Unterrichtssequenz

Zur Konkretisierung und Verdeutlichung der zuvor entfalteten theoretischen Einsichten erfolgt die Betrachtung einer konkreten unterrichtlichen Gesprächssituation, welche anhand des beigefügten Transkripts nachvollzogen werden kann. Dieses eröffnet Einblicke in die praktische Umsetzung des skizzierten Konzepts durch eine Lerngruppe der zehnten Jahrgangsstufe einer integrierten Gesamtschule, welche bereits seit der fünften Jahrgangsstufe die gemeinsame Durchführung Theologischer Gespräche kannte und somit mit dem Konzept vertraut war.

Der beigestellte Auszug setzt mit der Auseinandersetzung einiger Schüler_innen mit den Konzepten der Gottesebenbildlichkeit und des Herrschaftsauftrages ein, die sich an die gemeinsame Lektüre der beiden biblischen Schöpfungsdarstellungen anschloss:

Lucas	Das ist auch eins meiner ganz ganz großen Probleme mit der Bibel. Also es gibt zwei Probleme: Zum Ersten: Die Bibel kann extrem in verschiedensten Weisen ausgelegt werden. Es gibt Passagen, da predigt Jesus von Himmel und Hölle, und im Mittelalter da wurde sowas wörtlich genommen. Aber heute, wo man sowas nicht mehr hören will, wird es sich einfach so zurecht interpretiert, dass man hört, dass Jesus einfach nur eine Metapher haben will. Es wird immer so interpretiert, dass es den Menschen in den Kram passt. Mein zweites Problem ist, das sind z. B. Sachen wie der Schöpfungsbericht. Wer hat das aufgeschrieben und was für eine Ahnung hatte der davon überhaupt? Niemand war damals bei der Schöpfung dabei, da kann man sich ziemlich sicher sein. Ich meine, wer hat das aufgeschrieben? Dieser ganze Schöpfungsbericht ist, finde ich, nur Teil der Kirche, die damals versucht, den Menschen eine Macht zu geben, die er eigentlich gar nicht hat. Und damit diese die dann missbrauchen kann, um ihre Zwecke zu rechtfertigen.
L	Was meinen die anderen dazu? Kai.
Kai	Ja ich bin auch der Meinung, also ich bin eigentlich ziemlich sicher, dass wir den Großteil der Bibel im wortwörtlichen Sinne Seite für Seite widerlegen können. Aber ich glaube, darum geht es

	gar nicht, sondern um den Glauben, der dahintersteckt. Und viele glauben halt an die Bibel, an verschiedene Übersetzungen, an verschiedene Ausdrucksweisen. Und letztendlich, selbst wenn jemand dabei gewesen *wäre*, könnte man heute nicht mehr mit Sicherheit sagen, dass das auch „richtig" aufgeschrieben wurde, weil die Teile der Bibel in verschiedensten Sprachen verfasst wurden, ähnlich übersetzt mit jeweils Interpretationsspielräumen. Es gibt alleine schon verschiedenste Ausgaben der Bibel auf Deutsch. Das heißt, man kann sich auf dieses Wort nicht wortwörtlich verlassen. Aber die meisten Versionen drücken dennoch relativ trefflich aus, was die glauben oder die Theorie dahinter ist. Dass Gott die Erde geschaffen hat, dass es unser Gott ist und dass wir seine Würdenträger sind und dass wir mit ihm in Verbindung stehen. Aber da wir das auch nicht wörtlich tun, können wir das auch nicht überprüfen. Das müssen wir so hinnehmen.
L	Ja, das hatten wir ja mal besprochen, dass man das nicht alles wörtlich nehmen kann und soll.
Hanna	Ja also, ich bin ja jetzt zum Beispiel auch in der Kirche, aber ich glaube nicht, dass die Sachen, wie sie hier stehen, wirklich so passiert sind. Ich finde, die Bibel ist eher so eine Art Ratgeber. Ein sehr komplizierter Ratgeber, der einem versucht zu erklären, wie man halt nicht handeln sollte und wie man handeln sollte. Der uns aber nicht sagen sollte, dass der Mensch eine unglaubliche, herrschende Rasse ist, sondern einfach nur über moralische Werte und Taten informiert und darüber, wie wir darüber entscheiden sollen.
L	Okay. Und wir hatten ja schon, vorletzte Woche war das, glaube ich, darüber gesprochen, dass der Mensch ein Sünder ist. Wie passt das nun logisch zusammen? Wieso bekommt der Mensch von Gott trotzdem diese große Verantwortung auferlegt, obwohl er ein Sünder ist? Fabrice.
Fabrice	Weil er keine Verantwortung hätte, wenn es da nicht stehen würde. Weil er, wenn er nicht von irgendwem die Verantwortung hätte, verantwortungslos handeln würde. Deshalb haben sie geschrieben, dass der Mensch Verantwortung hat.
L	Wer hat das geschrieben?
Fabrice	In der Bibel oder nicht?
L	Ach so, okay. Also beziehst du das jetzt auf die Bibel?
Fabrice	Ja, ich weiß nicht, wo genau das stand mit der Verantwortung und der Sünde, aber das ist ja schon biblisch. Also, wenn das jetzt geschrieben wird, dass der Mensch keine Verantwortung hätte, dann würden das wahrscheinlich viele Menschen so interpretieren: Wenn ich keine Verantwortung hätte, dann müsste ich morgen

	auch nicht zur Arbeit gehen! Und anderen schaden und sich gar keine Mühe geben, wenn Gott einem nichts zutraut. Dann würden wir noch mehr Schlechtes machen. Sünden.
L	Okay. Also beschützt diese „Herrschaftsauftrag-Verantwortung" uns auch vor eigenen Sünden, meinst du? Tatsünden?
Fabrice	Ja, also sie vermindert sie. Ja, es schützt, vermindert sie auf jeden Fall, ja.
Lucas	Wenn wir da jetzt ganz banal herangehen würden, könnte man sagen, dass der Mensch der einzigste ist, der überhaupt diese Verantwortung tragen kann, selbst wenn er unglücklicherweise ein Sünder ist, weil ein Tier gar kein Verständnis dafür hat, was Verantwortung ist. Weil wir Menschen können bewusst handeln, wir können die Verantwortung für etwas tragen. Der Rest der Wesen auf dieser Erde kann das wahrscheinlich nicht.
Fabrice	Tiere, die handeln aus ihren Instinkten. Die können nicht erst darüber nachdenken, ob das richtig oder falsch ist, und nach irgendwelchen Richtlinien handeln. Der Mensch ist sich bewusst, was er macht, sofern er keine mentalen Einschränkungen oder so hat. Aber Tiere, die können es ja nicht bereuen oder sie können es ja nicht gut finden. Sie machen es einfach.
L	Also würdet ihr insgesamt sagen...?
Fabrice	Es steht in der Bibel, dass es die Verantwortung gibt. Jemand muss ja die Bibel geschrieben haben und ich glaube eben, dass es seine Intention war, dass den Menschen das Gefühl gegeben werden sollte, dass er Verantwortung hat. Weil, ich würde mich besser fühlen, wenn ich eine Verantwortung hätte, als wenn ich keine Verantwortung hätte.
Lucas	Ähm, man kann jetzt die ganze Ebenbildsache, das ist wieder so eine Geschichte, man weiß nicht, wer das aufgeschrieben hat, ob das vertrauenswürdig ist. Das Ebenbild könnte man auch so interpretieren, als ob der Mensch nur die rechte Hand Gottes ist und er führt einen Befehl aus. Aber wir sprechen jetzt alle nur über Eventualitäten. Es könnte sein, dass wir ein Abbild Gottes sind, aber es könnte auch einfach nur sein, dass wir seine Beauftragten sind oder einfach nur irgendwelche Wesen, die sich nach einem größeren Zweck sehnen.

3.2 *Darstellung und Reflexion ausgesuchter Beobachtungen*

3.2.1 *Darstellung und Reflexion einiger Charakteristika der Gesprächsführung und des Schülereinbezugs*

Bereits eine erste Betrachtung des dargebotenen Gesprächsausschnittes vermittelt einen Eindruck davon, dass und inwiefern die Schüler_innen in der konkreten Unterrichtssituation in Entsprechung zum skizzierten Konzept eigenständig über den Unterrichtsgegenstand nachdenken, ihre Assoziationen und Vorstellungen in das Gespräch einbringen und im gegenseitigen Austausch weiterentwickeln. Der Lehrperson ermöglicht dies, einen ersten Eindruck der Theologie *der* Jugendlichen zu gewinnen und ihre Vorstellungen in Bezug darauf zu konkretisieren, welches Vorwissen und welche Fehlkonzepte oder Verständnisschwierigkeiten innerhalb der Lerngruppe hinsichtlich des Unterrichtsgegenstandes bestehen und welche Aspekte für sie von besonderem Interesse zu sein scheinen.

Ebenfalls in Entsprechung zu dem skizzierten Konzept bringen alle Schüler_innen *ihre* Gedanken – durch den Gebrauch der Pronomina („*mein* Problem mit der Bibel", „*ich* bin auch der Meinung", „*ich* glaube, darum geht es gar nicht." etc.) zumeist eindeutig als *eigene*, gerade *nicht* allgemeingültige Meinungen gekennzeichnet – unter der Prämisse der Vorläufigkeit und Veränderbarkeit in den unterrichtlichen Diskurs ein. Dadurch ist es ihnen möglich, sich von den getätigten Aussagen später auch wieder zu distanzieren oder sie gemeinsam zu erweitern, zu verwerfen oder zu profilieren. Auf diese Weise üben sie sich nicht nur darin, ihre eigenen Vorstellungen zu verbalisieren und über Themen des Glaubens ins Gespräch zu kommen, wodurch sie ihre eigene Sprachfähigkeit in Bezug auf Themen des christlichen Glaubens schulen können, sondern erproben es auch, sich begründet in theologischen Diskursen zu positionieren. Dass alle Schüler_innen sich mit ihren eigenen Vorannahmen, Wahrnehmungen und Ansichten gleichberechtigt in das Gespräch einbringen können, trägt ferner dem Umstand Rechnung, dass es sich bei jeder theologischen Erkenntnisbemühung stets um eine wandelbare Annäherung an einen *unverfügbaren* Gegenstand innerhalb einer lebendigen, gemeinsamen Antwortsuche handelt. Als solche wiederum ist sie von den verschiedensten Diskurspositionen und stets neuen, anregenden Impulsen geprägt und zielt gerade *nicht* darauf ab, sich eine vermeintlich letztgültige Lehrmeinung anzueignen und zu reproduzieren. Diese Vorstellung spiegelt sich im vorangestellten Transkript wider, das davon zeugt, dass die Schüler_innen sich aktiv und interessiert am Unterrichtsgeschehen beteiligen und im Rahmen längerer Wortmeldungen offen und mitunter auch kritisch zum Unterrichtsgegenstand Stellung beziehen.

Offenbar scheint dies auch darin begründet zu sein, dass die Schüler_innen die Relevanz und Interessantheit der zunächst abstrakt anmutenden Konzepte des Herrschaftsauftrages und der Gottesebenbildlichkeit erfasst haben und sie treffend mit den in ihrem Alter höchst aktuellen, existenzial bedeutsamen Fragen nach der eigenen Identität, dem eigenen Selbstverständnis und einer Verantwortung gegenüber der Mitschöpfung in Verbindung bringen können. Insbesondere die letztgenannte Verantwortungsfrage scheint dabei, wie die Stellungnahmen von Lucas und Fabrice zeigen, von besonderem Interesse für die Schüler_innen zu sein und lädt zu weiteren Reflexionen ein. Im Zuge derer könnten vielfältige Themenbereiche – wie etwa die der Anthropologie, der Schöpfungstheologie, der Ethik und der Gottesherrschaft – Erwähnung finden.

3.2.2 *Reflexion des Einbezuges fachwissenschaftlicher Inhalte und kritischer Schülervorstellungen in das Theologische Gespräch*

Für ein gelingendes Unterrichtsgeschehen scheint es aus den genannten Aspekten abzuleitend förderlich, wenn die Lehrkraft die Interessenschwerpunkte der Schüler_innen erkennt, diese hinsichtlich ihrer Anknüpfbarkeit an theologische Konzepte und Modelle reflektiert und sie in nachvollziehbarer Weise mit diesen in Verbindung setzt, anstatt sich in allgemeinen, assoziativen Unterrichtsgesprächen ohne dezidiert theologische Anknüpfungspunkte zu verlieren. Ersichtlich wird dies im beigefügten Transkript sowohl an dem Umstand, dass die Lehrperson die gesprächseinleitenden Impulse des Schülers Lucas aufgreift und im Gespräch zur Diskussion stellt, als auch daran, dass sie die für die Schüler_innen augenscheinlich relevante Verantwortungsfrage mit dem theologischen Konzept der Sünde verbindet.

Das Transkript zeugt zudem von der Bedeutsamkeit dessen, auch kritische Stimmen innerhalb des Gespräches zu Wort kommen zu lassen, die gegebenenfalls von Zweifeln, Verständnisschwierigkeiten, Sorgen oder sogar Einbruchstellen in den Glaubensbiografien der Schüler_innen zeugen und so im Sinne einer prozessorientierten Unterrichtsplanung Impulse für nachfolgende Unterrichtselemente bieten können.

Obschon es sich für die Lehrpersonen zweifellos als herausfordernd erweisen kann, kritischen Anfragen und Gedanken der Schüler_innen offen zu begegnen und sie ins Unterrichtsgeschehen zu integrieren, da diese immer auch dazu herausfordern, die Vorläufigkeit der eigenen Antwortversuche transparent zu machen und sich mit elementaren Fragen des christlichen Glaubens sowie eigenen Zweifeln und Sorgen auseinanderzusetzen, entfaltet sich gerade hier ein enormes Potential Theologischer Gespräche. Dieses besteht nun konkret darin, dass die Lehrpersonen die Möglichkeit erhalten, den persönlichen Zweifeln und Sorgen der Schüler_innen, wie etwa dem Projektionsverdacht des Schülers Lucas, konstruktiv zu begegnen, auf Grenzen und Widersprüche hinzuweisen und zur Auflösung kognitiver Dissonanzen und Fehlkonzepte beizutragen.

Die im Theologischen Gespräch angestrebte Offenheit aller Beteiligten im Vollzug eines gleichberechtigten Dialoges, der von den subjektiven Formen des Wahrnehmens und Denkens der Diskursteilnehmer geprägt wird, ist allerdings zweifellos nicht gleichzusetzen mit einer Beliebigkeit der im Gespräch gewonnenen Ergebnisse. Viele theologische Fragestellungen sind so freilich nicht eindeutig und letztgültig zu beantworten, tangieren aber dennoch systematisch-theologische oder bibelwissenschaftliche Grundeinsichten und Konzepte, die es den Schüler_innen zu vermitteln gilt. Es erweist sich daher als bedeutsam, fachwissenschaftliche Annäherungen und Erkenntnisbemühungen in das Gespräch einzutragen und die Theologie *der* Schüler_innen auf diese Weise – im Sinne der skizzierten Gedanken Freudenberger-Lötz' – mit einer Theologie *für* Schüler_innen in Verbindung zu setzen. Im abgedruckten Beispiel könnte sich an das einführende Theologische Gespräch so etwa eine Auseinandersetzung mit verschiedenen (fachwissenschaftlichen) Fremdmeinungen in Bezug auf den Herrschaftsauftrag oder die Gottesebenbildlichkeit anschließen. Diese könnten die Schüler_innen im Rahmen eines weiteren Argumentationsganges anhand klar definierter Kriterien reflektieren, um so eine eigene Meinung in Annäherung an und Abgrenzung von den besagten Fremdmeinungen zu bilden und Fehlkonzepte begründet als solche zu enttarnen. Dadurch erfahren sie, wie biblische Texte oder theologische Konzepte verstanden werden können, und werden dazu befähigt, Rückfragen an diese zu stellen. Darüber hinaus können sie hier die kennengelernten Vorstellungen im Sinne eines Probehandelns reflektierend in Betracht zu ziehen, sie mit der sie umgebenden Wirklichkeit in ein Verhältnis zu setzen und im gemeinsamen Gespräch ein sinnvoll strukturiertes und verknüpftes Wissen erwerben, das nicht nur zur *kognitiven Klarheit*, sondern auch zur *emotionalen Sicherheit* beiträgt. Als theologisch höchst anknüpfungsfähig erweist sich im abgedruckten Beispiel so etwa die Stellungnahme des Schülers Kai, wohingegen die Gedanken Lucas' zu einer Auseinandersetzung mit religionskritischen Modellen und deren Grenzen einlädt. Auch eine grundsätzliche Verständigung über den Stellenwert und den Anspruch der Bibel innerhalb des christlichen Glaubens könnte sich angesichts der Unsicherheit der Schüler_innen, wie sie bereits an der einleitenden Stellungname des Schülers Lucas ersichtlich wird, als gewinnbringend erweisen.

Dass all jene Unterrichtsideen es freilich voraussetzen, dass die Lehrperson den Schüler_innen – im Sinne der zuvor skizzierten Haltung – zutraut, sich als eigenständig Theologisierende mit fachwissenschaftlichen Inhalten – aber eben auch mit den eigenen Vorannahmen, Vorstellungen und Zweifeln – offen reflexiv auseinanderzusetzen und sie in Bezug auf ihre Tragfähigkeit für die eigene Lebensgestaltung kritisch zu beleuchten, ist dabei augenfällig.

Im abgedruckten Beispiel versucht die Lehrperson, die besagten unterrichtlichen Prozesse – wie bereits angesprochen – zu initiieren, indem sie die

Schüler_innen dazu auffordert, einen Rückbezug zum im Unterricht schon behandelten Konzept der Sünde herzustellen, wodurch sie eine Vernetzung noch fremder und bereits bekannter Inhalte herstellen will und ermitteln kann, inwiefern die zuvor behandelten Inhalte verstanden wurden.

Kritisch zu hinterfragen wäre mit Blick auf das transkribierte Unterrichtsgespräch etwa die Vorstellung Fabrice', dass der Herrschaftsauftrag und die Gottesebenbildlichkeit den Menschen davor bewahren können, Tatsünden zu begehen. Diese und andere im Gespräch ersichtlich gewordenen Unklarheiten und Irritationen könnten innerhalb der nachfolgenden Unterrichtsstunden sinnvoll aufgegriffen und mithilfe weiterer Impulse und Gedanken der Diskursteilnehmer_innen sowie unter Berücksichtigung von Fremdmeinungen reflektiert und diskutiert werden. Ganz im Sinne einer Theologie *für*, aber eben auch einer Theologie *mit* Jugendliche / n ergeben sich hier, wie die exemplarisch benannten Anregungen und Ideen zeigten, vielfältige Anknüpfungspunkte. Diese können die Lehrpersonen nutzen, um die neuen Inhaltsfelder ausgehend von den Interessen der Schüler_innen zu erschließen, sie mit den eigenen Vorstellungen der Jugendlichen in Verbindung zu setzen und innerhalb einer neuen Gesprächsrunde den gewonnenen Erkenntniszuwachs zu reflektieren. Auf diese Weise wird ein gleichberechtigter Kreislauf aus eigener Meinungsbildung und Abgleich ebendieser mit Fachmeinungen und Reflexionen initiiert. Denkbar wäre darüber hinaus auch die Integration kreativer Unterrichtselemente und -aktivitäten zur Aufbereitung der erworbenen Kenntnisse, im Zuge derer die Schüler_innen beispielsweise szenische oder gestalterische Produkte im Gespräch vorstellen, reflektieren und so zur gemeinsamen Antwortsuche nutzbar machen.

3.2.3 Reflexion der Haltung der Lehrperson

Als entscheidend für das Gelingen des Theologischen Gesprächs erweist sich jedoch weniger die konkrete methodische Herangehensweise als vielmehr die zuvor thematisierte Haltung der Lehrperson. Da die Lehrperson unseres Beispiels in diesem kurzen Abschnitt kaum kennengelernt werden konnte, sei ergänzend erwähnt, dass die Haltung dieser Lehrkraft von einer großen Offenheit geprägt war, welche sich stets in der Integration aller Schüler_innen in die gemeinsame Antwortsuche aktualisierte. Ferner wurde ihre Authentizität darin erkennbar, dass sie sich als fragende und selbst nach Antworten suchende Gläubige einbrachte und ihr Interesse an den Gedanken der Jugendlichen zu erkennen gab. Dass auch kritisch eingestellte Schüler_innen wie Lucas sich in dieser Unterrichtsatmosphäre dazu ermutigt sahen, ihre Gedanken mit den anderen Gesprächsteilnehmer_innen zu teilen, verwundert daher nur wenig. Weil die Lehrperson jedoch nicht nur als Fragende, sondern auch als begleitende Expertin auftrat, die kompetent auf die Fragen der Schüler_innen einging,

Anknüpfungspunkte ihrer Interessen und Gedanken an fachwissenschaftliche Inhalte erkannte und diese zu vermitteln wusste, gelang es ihr, dass die Schüler_innen theologische Konzepte und Bezüge kennenlernten, in ihre Überlegungen einbeziehen konnten und somit ihre eigenständigen Deutungen weiterentwickelten.

3.3 *Abschließende Zusammenschau*

In den Erkenntnissen, welche bereits ausgehend von der vorgenommenen Annäherung an das hier exemplarisch reflektierte Unterrichtsgespräch gewonnen werden können, spiegelt sich der Umstand wider, dass das Führen Theologischer Gespräche alle Beteiligten zum Nachdenken anregt und sie dazu auffordert, über existenziell bedeutsame Fragen in einen Austausch zu treten, sich hierbei für die Impulse und Ideen der anderen Gesprächsteilnehmer_innen zu öffnen und im Dialog mit diesen sowie auch mit fachwissenschaftlichen Konzepten eine eigene Meinung auszubilden oder weiterzuentwickeln. Dies trägt augenscheinlich nicht nur zur Lösung kognitiver Dissonanzen, sondern auch zur Gewinnung einer emotionalen Sicherheit bei, was das thematisierte Beispiel der Frage nach der eigenen Identität und der Verantwortung des Menschen nur allzu deutlich zeigt. Dass dies nicht nur authentische Antworten und die Bereitschaft der Lehrperson voraussetzt, sich in kontroverse Diskussionen über Grundfragen des christlichen Glaubens zu begeben, die immer auch mit einer Konfrontation mit eigenen Fragen und Sorgen einhergehen kann, sondern auch mit der Notwendigkeit, die Fragen der Schüler_innen erst einmal als theologische Fragen zu erkennen und Anknüpfungspunkte zwischen der Theologie und ihrer eigenen Wirklichkeitswahrnehmung ersichtlich zu machen, dürfte augenfällig geworden sein.

Angesichts des enormen Ertrages dieses Herangehens für den Unterricht und seine Akteur_innen kann dieses Anliegen des gemeinsamen, einander wertschätzenden Theologisierens in Bezug auf seine Relevanz für den Religionsunterricht und explizit für die Lehrerbildung aber wohl kaum hoch genug geschätzt werden.

Literatur

Büttner, Gerhard (2014), Theologisieren mit Kindern – zwischen Empathie und Strukturierung, in: Ders u. a. (Hrsg.), Handbuch Theologisieren mit Kindern. Einführung – Schlüsselthemen – Methoden, Stuttgart / München, 19–25.

Dieterich, Veit-Jakobus (2012), Theologisieren mit Jugendlichen. Ein Programm für Schule und Kirche, Stuttgart.

EISENHARDT, SASKIA (2019), Theologisieren mit Jugendlichen, in: DIES. u. a. (Hrsg.), Religion unterrichten in Vielfalt. Konfessionell, religiös, weltanschaulich: Ein Handbuch, Göttingen, 137–145.

FREUDENBERGER-LÖTZ, PETRA (2007), Theologische Gespräche mit Kindern. Untersuchungen zur Professionalisierung Studierender und Anstöße zu forschendem Lernen im Religionsunterricht, Stuttgart.

FREUDENBERGER-LÖTZ, PETRA (2010), Theologisieren mit Jugendlichen. Ein neuer religionspädagogischer Ansatz?, in: Praktische Theologie 45.3, 158–162.

FREUDENBERGER-LÖTZ, PETRA (2011), Theologische Gespräche mit Kindern und Jugendlichen, in: ULRICH RIEGEL / PETRA FREUDENBERGER-LÖTZ (Hrsg.), Mir würde das auch gefallen, wenn er mir helfen würde. Baustelle Gottesbild im Kindes- und Jugendalter, 11–20.

FREUDENBERGER-LÖTZ, PETRA (2012a), Theologische Gespräche mit Jugendlichen. Erfahrungen – Beispiele – Anleitungen, München / Stuttgart.

FREUDENBERGER-LÖTZ, PETRA (2012b), Braucht der Religionsunterricht Jugendtheologie? Ein Beitrag aus der Perspektive jugendtheologischer Forschung in Kassel, in: THOMAS SCHLAG u. a. (Hrsg.), Jugendtheologie. Grundlagen – Beispiele – kritische Diskussion, Neukirchen-Vluyn, 118–129.

FREUDENBERGER-LÖTZ, PETRA (2014), Theologische Gespräche führen, in: GERHARD BÜTTNER u. a. (Hrsg.), Handbuch Theologisieren mit Kindern. Einführung – Schlüsselthemen – Methoden, Stuttgart / München, 69–75.

HANISCH, HELMUT (2001), Kinder als Philosophen und Theologen, in: Geist und Leben. Zeitschrift für christliche Spiritualität 16.1, 4–16.

KALLIES-BOTHMANN, JOHANNA / KITZINGER, MARIE SOPHIE (2017), Kinder- und Jugendtheologie, in: FLORIAN KARCHER u. a. (Hrsg.), Selbst glauben. 50 religionspädagogische Methoden und Konzepte für Gemeinde, Jugendarbeit und Schule, Neukirchen-Vluyn, 25–37.

KALLOCH, CHRISTINA (2014), Kindertheologie – Kinderphilosophie, in: GERHARD BÜTTNER u. a. (Hrsg.), Handbuch Theologisieren mit Kindern. Einführung – Schlüsselthemen – Methoden, Stuttgart / München, 13–18.

KNAPP, DAMARIS (2018), ...weil von einem selber weiß man ja schon die Meinung. Die metakognitive Dimension beim Theologisieren mit Kindern, Göttingen.

KRAFT, FRIEDHELM (2012), Theologische Gespräche mit Kindern und Jugendlichen. Eine didaktische Perspektive, in: Loccumer Pelican 4, 153–157.

REIß, ANNIKE / FREUDENBERGER-LÖTZ, PETRA (2012), Didaktik des Theologisierens mit Kindern und Jugendlichen, in: BERNHARD GRÜMME u. a. (Hrsg.), Religionsunterricht neu denken. Innovative Ansätze und Perspektiven der Religionsdidaktik, Stuttgart, 133–145.

SCHLAG, THOMAS / SCHWEITZER, FRIEDRICH (2011), Brauchen Jugendliche Theologie? Jugendtheologie als Herausforderung und didaktische Perspektive, Neukirchen-Vluyn.

ZIMMERMANN, MIRJAM (2012), Kindertheologie als theologische Kompetenz von Kindern. Grundlagen, Methodik und Ziel kindertheologischer Forschung am Beispiel der Deutung des Todes Jesu, Neukirchen-Vluyn.

Spielt das Geschlecht in Unterrichtsgesprächen eine Rolle?[1]

Marcel Franzmann

> *„Deswegen dürfen Frauen auch keine Päpste und sowas sein, deswegen sagen sie, dass das ein Mann ist."*[2]

Mit diesen Worten reagierte eine Schülerin in einem beobachteten Unterrichtsgespräch, welches sich thematisch mit der Frage auseinandersetzte, welche Person in Da Vincis Darstellung des letzten Abendmahls neben Jesus sitzt. Die Schülerin war der Auffassung, dass es sich nicht um den Apostel Johannes, sondern um Maria Magdalena handele. Offenbar hatte sie den Roman „Sakrileg" von Dan Brown (2004) gelesen oder dessen Verfilmung angesehen.[3] Aus dem Impuls der Schülerin entwickelte sich eine spannende Diskussion, in der das *kyriarchale System*[4] (Schüssler Fiorenza 2007, 76) der katholischen Kirche als solches thematisiert und hinterfragt wurde. Besonders die Schülerinnen der Klasse waren der Auffassung, dass die Institution Kirche Frauen marginalisiere und von vorderen Kirchenämtern fernhalte.

Die zitierte Aussage der Schülerin ist unter (geschlechts-)analytischen Gesichtspunkten in mehrfacher Hinsicht besonders aufschlussreich: Zum einen

---

1 Dieser Artikel basiert auf der Dissertationsschrift zum Thema *Geschlechterverhältnisse in Interaktionen im Religionsunterricht* von Marcel Franzmann, welche voraussichtlich 2022 erscheinen wird. In den Religionspädagogischen Beiträgen (Heft 83/2019) wurde bereits das Forschungsvorhaben skizziert. Mit Hilfe eines triangulativen Forschungsvorgehens wird sich dem Forschungsgegenstand von Interaktionen im Religionsunterricht genähert, um die Relevanz der Kategorie Geschlecht zu beleuchten (Franzmann 2019).

2 Bei der Aussage handelt es sich um eine Originalaussage einer Schülerin in einem Unterrichtsgespräch, in dem eine kontroverse und engagierte Debatte über das wahre Menschsein Jesu geführt wird und über das, was die katholische Kirche darüber überliefert habe. Die Schülerin kritisiert hier, dass die katholische Kirche Frauen marginalisiere, deren Bedeutung in Jesu Leben herunterspiele und dies als Begründung nutzt bis heute Frauen zu benachteiligen.

3 Im Roman von Dan Brown werden unterschiedliche Verschwörungstheorien über Jesus Verhältnis zu Maria Magdalena dargestellt. Maria sei Jesus Frau gewesen und deren Nachkommen seien in der königlichen Linie von Frankreich zu finden. In dem Roman wird zudem die These aufgestellt, dass Maria Magdalena auf Da Vincis Werk „Das letzte Abendmahl" zu finden sei. Sie wird als der Heilige Gral interpretiert (Brown 2004).

4 Elisabeth Schüssler Fiorenza definiert das Kyriarchat als ein „pyramidales, politisch-kulturelles System von Herrschaft und Unterordnung [...] als ein Herrschaftssystem, das durch Geschlecht, Klasse, religiöse und kulturelle Zugehörigkeit und andere historische Herrschaftsformulierungen strukturiert wird." (Schüssler Fiorenza 2007, 76).

wird in dem Beitrag das kyriachale System der Kirche kritisch hinterfragt und zum anderen nutzt die Schülerin für die Kirchenoberhäupter das generische Maskulinum als Personenbezeichnung. Hieraus entsteht die Vermutung, dass Geschlecht und Geschlechterverhältnisse präsent in Unterrichtsgesprächen im Religionsunterricht zu seien scheinen und situativ explizit und implizit in Erscheinung treten können. Die Initiierung einer Auseinandersetzung mit der Geschlechterthematik, wie z. B. durch Beiträge oder Unterrichtsmaterialen, muss dabei nicht unmittelbar durch die Lehrkraft erfolgen; denn die Schüler_innen bringen ihren eigenen geschlechtlichen Hintergrund mit und haben in Bezug auf Geschlecht bereits vielfältige Erfahrungen gemacht (Wischer / Spiering-Schomborg 2020, 365–366). Unterdes steht in der wissenschaftlichen Diskussion die Frage im Raum, welche Relevanz Geschlecht als Differenzkategorie[5] besitzt. Neben Geschlecht werden innerhalb der Intersektionalitätsforschung[6] eine Reihe von Kategorien diskutiert, die u. a. mit Blick auf soziales Handeln eine wichtige Rolle spielen (Lutz 2001, 215; Lenz 2014, 84). Ziel des Artikels ist es, die Relevanz von Geschlecht[7] als Kategorie zu beleuchten und dabei unterschiedliche Perspektiven zur Geltung zu bringen. Neben dem Umgang und der Wirkung von (geschlechtersensibler) Sprache auf einer übergeordneten Ebene werden ferner konkrete Handlungsmöglichkeiten angesichts des Religionsunterrichts besprochen.

5 Eine Differenzkategorie „bezeichnet eine systematische Einheit, z. B. Klasse, Art, Gattung oder Gruppe. Die Funktion dieser systematischen Einheit ist das Ordnen und Unterscheiden: Nach bestimmten Kriterien werden Personen, Gegenstände oder Ideen unterschieden und zugeordnet, um auf diese Weise Orientierung zu erlangen. Geschlecht als Kategorie zu fassen, geht also davon aus, dass ihre Ordnungsfunktion, nämlich die Unterscheidung zwischen Mann und Frau, vor allem der Orientierung und Einordnung dient." (Rieger-Goertz 2008, 19)

6 Nach Ilse Lenz (2014) kann Intersektionalität verstanden werden als „ein Bündel theoretischer Ansätze [...], die das Wechselverhältnis von Geschlecht und weiteren sozialen Ungleichheiten erfassen wollen." (Lenz 2014, 844) Hierbei handelt es sich nicht um ein einheitliches Konzept, sondern um vielfältige Ansätze, die sich mit dem Entstehen und den Wirkungsmechanismen von Ungerechtigkeiten befassen (Konrad 2017, 24). Im religionspädagogischen Kontext taucht der Begriff zum ersten Mal im Sammelwerk „Gender – Religion – Bildung. Beiträge zu einer Religionspädagogik der Vielfalt" von Pithan u. a. (2009) auf. Der evangelische Religionspädagoge Thorsten Knauth (2020) bezeichnet „Intersektionalität als ein Brückenkonzept" (Knauth 2020, o. S.).

7 Zur Frage Geschlecht / Gender in der Theologie und religiösen Bildung sind bereits vielfältige Publikationen erschienen u. a.: Pithan, Annebelle / Arzt, Silvia / Jakobs, Monika / Knauth, Thorsten (Hrsg.) (2009), Gender – Religion – Bildung. Beiträge zu einer Religionspädagogik der Vielfalt, Gütersloh; Qualbrink, Andrea / Pithan, Annebelle / Wischer, Mariele (Hrsg.) (2011), Geschlechter bilden. Perspektiven für einen genderbewussten Religionsunterricht, Gütersloh, Eckholt, Margit (Hrsg.) (2017), Gender studieren. Lernprozess für Theologie und Kirche. Ostfildern; Laubach, Thomas / Wahl, Stefanie A. (Hrsg.) (2019), Gott schuf den Menschen als Mann und Frau und ...? Münster.

1. Geschlecht – Eine Differenzkategorie unter vielen?

Geschlecht ist nicht nur „ein anthropologisches Merkmal, sondern strukturiert auch Kultur mit ihren historischen Wandlungsprozessen." (Kaupp 2015a, 37) Zur Konstruktion von Geschlecht existieren vielfältige Zugänge und Theorien, die sich allesamt einig sind, dass sie dem s. g. Alltagswissen grundlegend entgegenstehen. Innerhalb dieses Alltagswissens dominiert die Annahmen, dass Geschlecht als dichotom und naturgegeben anzusehen ist. Die Zugehörigkeit zu einem Geschlecht wird als feststehende Größe angesehen, worauf kein Einfluss genommen werden kann (Wetterer 2010, 126). Menschen werden durch ihre Vorannahmen und Erfahrungen im Denken beeinflusst. Bea Zumwald und Thomas Rhyner sprechen in diesem Zusammenhang von unterschiedlichen Brillen, die wir Menschen tragen und die uns in der Bewertung von Situationen und ebenso in der Wahrnehmung und Deutung von Geschlecht beeinflussen: Sehen wir (das) Geschlecht als evolutionsbiologisch bestimmbar oder nehmen wir andere Theorien zur Hilfe, wie u. a. die Sozialisationstheorie, die Psychoanalytische Theorie oder die Konstruktivistische Theorie (Zumwald / Rhyner 2008, 15–20). Geschlecht als eine Kategorie unter vielen zu nennen, ist gleichzeitig eine Festlegung im Diskurs (Rieger-Goertz 2008, 19). Nach Regine Gildemeister (2015) lassen sich im wissenschaftlichen Diskurs zwei Pole unterscheiden: Auf der einen Seite „Geschlecht als Strukturkategorie" (Gildemeister 2015, 216) und auf der anderen Seite „Geschlecht als soziale Konstruktion" (ebd.). Geschlecht als Strukturkategorie zu fassen, geht von der Annahme aus, dass sich Ungleichheiten und Ungerechtigkeiten aus Produktion und Reproduktion (bzw. Care- und Erwerbsarbeit) ableiten. Männer sind in beiden Bereichen (Re- und Produktion) dominierend, Frauen sind bzw. werden mehrheitlich auf den Reproduktionsbereich beschränkt. Gildemeister hebt hervor, dass sich durch diese Ungleichheiten „Hierarchien im Geschlechterverhältnis" (ebd.) ergeben, da der berufliche Bereich (Produktion) Konsequenzen auf den gesamten privaten Bereich hat: Das erwirtschaftete Einkommen wirkt sich auf die privaten Lebensverhältnisse der Familien aus. Hinzu kommt, dass die Reproduktion gesellschaftlich aktuell nicht die gleiche Anerkennung erfährt wie die Produktion (ebd., 216–217). Geschlecht als soziale Konstruktion richtet den Fokus auf die gesellschaftlich entwickelten Herstellungspraktiken (ebd., 217).

Die Intersektionalitätsforschung[8] hat aufgezeigt, dass es beim Blick auf Benachteiligungen und Diskriminierungen nicht allein darum geht, ob jemand männlich oder weiblich ist, sondern sich die Ursachen vielfältig darstellen.

8 Die Intersektionalitätsforschung hat ihre wesentlichen Wurzeln in den USA, dort besonders auch im Black Feminism (Combahee River Collective (1977). Die Juristin Kimberlé Crenshaw (1989) führte den Begriff „intersectionality" in den wissenschaftlichen Diskurs ein. Hierbei wird der Ansatz vertreten, dass neben Geschlecht weitere Faktoren wie bspw. Klasse oder race in Diskriminierungsmechanismen eine Rolle spielen.

Bezogen auf die Bildungsforschung führt Sabine Pemsel-Maier (2017) an, dass über Erfolg und Misserfolg neben der Kategorie Geschlecht „die nationale und soziale Herkunft, der kulturelle Kontext, Alter, Behinderung" (Pemsel-Maier 2017, 132) sowie die individuelle Förderung entscheiden. Der Mensch kann nicht als homogene Einheit angesehen werden, sondern als in sich heterogen strukturiert. Die Intersektionalitätsforschung wirft einen Blick auf die Verwobenheit der Kategorien. Gleichwohl ist Geschlecht eine besondere Kategorie, da sie nicht nur mit anderen Kategorien in einer Wechselwirkung steht, sondern dessen Verständnis auch von sozialen, kulturellen und historischen Einflüssen abhängt (Pemsel-Maier 2017, 132–133). Stefanie Walgenbach (2007) nutzt hierzu den Begriff Gender als interdependente Kategorie[9] (Walgenbach 2007, 23–24).

Diese Annahme führt zur nächsten wichtigen Unterscheidung im Diskurs: Sex und Gender. In der deutschen Sprache haben wir drei Termini, um Geschlecht zu unterscheiden: „*Sexus* für das biologische, *Genus* für das grammatische und *Gender* für das soziale Geschlecht." (Elsen 2020, 29) Im Gegensatz zur englischen Sprache bietet die deutsche Sprache nicht die Möglichkeit zwischen dem biologischen und dem sozialen Geschlecht zu differenzieren. Aus diesem Grund wurde die englische Bezeichnung Gender für das soziale Geschlecht übernommen (Elsen 2020, 29; Jakobs 2020, 214). Innerhalb der englischen Sprache hat die Unterscheidung in Sex und Gender eine lange Tradition. Für die Wissenschaft sind vor allem die Werke von John Money, Talcott Parsons und Robert Stoller bedeutsam, die wesentlich zur wissenschaftlichen Grundlegung beigetragen haben (Becker-Schmidt 2011, 33). Candance West und Don H. Zimmerman weisen in ihren Beitrag auf die Unterscheidung in Sex, Sex Category und Gender hin (West/ Zimmermann 1989). Unter Sex fällt die biologische Bestimmung in eines der beiden Geschlechter, dieses erfolgt u. a. durch die Hormonbestimmung oder die Genitalien. Unter Sex Category fällt die Zuordnung in die Geschlechter aufgrund der aufgestellten Kategorien (Faulstich-Wieland 2004, 176–177). „Im Alltag muss [...] diese Zuordnung immer wieder erkennbar gemacht werden." (Ebd., 177) Unter Gender verstehen West und Zimmerman „die Fähigkeit das Verhalten so zu managen, dass die alltäglichen Praktiken mit der vorgenommen Zuordnung übereinstimmen [...]." (Ebd.) Die dekonstruktivistischen Theorien, maßgeblich beeinflusst durch Judith Butler (2016), richten ihre Kritik an die Sex-Gender-Unterscheidung und den damit verbundenen Normierungsprozessen. Butler führt in „Das Unbehagen der Geschlechter" an, dass es sich selbst bei Sex ein um sozio-kulturelles Konstrukt handelt, dass sich aus gesellschaftlicher Normierung ergibt. Ihr zentraler Kritikpunkt ist der gesellschaftliche Automatismus von Zweigeschlechtlichkeit und Heterosexualität (Butler 2016, 25–28).

9 Die Kategorie Gender ist in sich heterogen strukturiert. Das Verständnis ist abhängig vom kulturellen, religiösen und sozialen Kontext (Walgenbach 2007, 62–63).

Besonders angestoßen durch die Debatte um Intersektionalität, Heterogenität und Diversity muss hinterfragt werden, welche Relevanz Gender als Differenzkategorie besitzt und ob „Geschlecht im Sinne der Zweigeschlechtlichkeit nach wie vor ein hermeneutischer Schlüssel zum Verständnis von Lernprozessen ist." (Arzt u. a. 2009, 22) Im Alltag zeigt sich gerade an vielen Stellen die Bedeutung der dichotomen Unterscheidung zwischen den Geschlechtern[10]. Welches Geschlecht jemand besitzt, wird in vielen Bereichen zum Thema (bspw. auf Fragebögen, in Anreden etc.). Gleichwohl zu konstatieren ist, dass es neben Geschlecht viele weitere einflussnehmende Kategorien gibt. Wie Silvia Arzt richtigerweise feststellt, sollte Geschlecht als Analysekategorie[11] allerdings nach wie vor besondere Aufmerksamkeit gebühren, da „das hegemoniale System der Zweigeschlechtlichkeit" (ebd., 22) weiterhin im Leben eine wichtige Bedeutung hat. So zeigt sich das exemplarisch am Beispiel der Schülerin, welche der Meinung ist, dass die Kirche Frauen marginalisieren möchte. Jedoch ist es nicht damit getan, Diskriminierungen und Benachteiligungen auf einer eindimensionalen Ebene zu betrachten, da Geschlecht in sich heterogen strukturiert ist; so existieren viele unterschiedliche Formen von Männlichkeit oder Weiblichkeit; klare Grenzen lassen sich nicht formulieren, wo das eine endet und das andere anfängt (ebd., 21–22). Im Blick auf die Überschrift dieses Absatzes ist zusammenfassend festzuhalten: Ja, Geschlecht ist eine zentrale Differenzkategorie neben weiteren, ihre Bedeutung für die Interaktionen im Religionsunterricht - insbesondere in Unterrichtsgesprächen - und im Leben allgemein darf nicht unterschätzt werden.

2. Wirkung von geschlechtergerechter Sprache

Die Schülerin nutzt in der aufgeführten Sequenz das generische Maskulinum für die Bezeichnung des Kirchenoberhauptes („Päpste"). Diese Feststellung scheint auf dem ersten Blick keine Besonderheit darzustellen, da es in der deutschen Sprache bis dato zur Normalität gehört, diese grammatikalische

10 Gerade eine dualistische bzw. dichotome Sicht führt zu Aus- und Abgrenzungen, dieses zeigt sich in vielen Bereichen, wie „Gläubige - Ungläubige, Christen - Nichtchristen, eigene Kultur - fremde Kultur, *die* Frau - *der* Mann." (Arzt 2009, 11)

11 Nach Regina Ammicht Quinn ist Gender „eine Analysekategorie für die „Grammatik" der in soziale Zusammenhänge eingeschriebenen Geschlechterverhältnisse." (Dies. 2017, 30–31) Weiter beschreibt sie Gender als Verunsicherungskategorie, da sie das bisherige Denken hinterfragt. Aus dieser Verunsicherung kann aber eine Kultur der Ermöglichung entstehen. Kindern werden Ermöglichungsräume aufgezeigt, dass es nicht darauf ankommt, welches Geschlecht, Hautfarbe, Elternhaus, etc. sie haben. Somit ist Gender ebenso eine Gerechtigkeitskategorie, da sie sich gegen Exklusion richtet und Praktiken entwickeln möchte, die der Vielfalt der Menschen gerecht werden (ebd., 37–38).

maskuline Sprachform für Personenbezeichnungen zu nutzen – sei es im Singular oder im Plural (Elsen 2020, 85–91). Das spannende an der aufgeführten Sequenz wird erst im Nachgang des Unterrichtsgesprächs deutlich. Nach einem an das Gespräch anschließenden Vortrag der Lehrkraft, in dem sie die Aspekte und Anfragen des Unterrichtsgesprächs thematisiert, meldet sich die zitierte Schülerin erneut, fragend (mit langsamen Sprechtempo) zu Wort und nutzt das Femininum als Sprachform: *„Warum darf es eigentlich keine Päpstinnen geben oder Pfarrerinnen?"* Hieraus ergeben sich mehrere Fragen: Warum nutzt die Schülerin innerhalb des Unterrichtsgesprächs die maskuline Form? Verfolgt sie damit einen Zweck? Welche Wirkung wird mit der männlichen Form in den Gedanken erzeugt?

Grundsätzlich ergibt sich die Anfrage, wie Sprache mit den unterschiedlichen Geschlechtern umgeht; denn aus Sprache resultiert Denken. Wilhelm von Humboldt sagt hierzu, dass die „Sprache bildende [s; M. F.] Organ der Gedanken" (Humboldt 1988, 426) sei. Die deutsche Sprache[12] weist in vielerlei Hinsicht zahlreiche Asymmetrien auf. „Die männliche Form ist die unmarkierte bzw. ‚normale'." (Elsen 2020, 85) Von daher sind Frauen in der Sprache weniger präsent als Männer. Nach Meinung von Hilke Elsen sorgt diese Unausgewogenheit für Benachteiligungen von Frauen[13] „und verstärkt die im Denken verankerten Stereotype." (Ebd.) Seit einigen Jahren befassen sich diverse Studien[14] mit der Frage, wie Sprache und Denken zusammenhängen und welchen Einfluss das generische Maskulinum als grammatische Kategorie in der gedanklichen Wahrnehmung der Geschlechter hat. So ergaben die Studien, dass das generische Maskulinum „keinesfalls als geschlechtsneutral gelten [kann; M. F.], denn es führt zu einem geringeren gedanklichen Einbezug von Frauen." (Ebd., 90) Bei neutralen Formulierungen, wie etwa Studierende, Lehrende, Lernende, etc. spielt der Kontext eine wichtige Rolle, inwieweit Frauen mitgedacht werden. In Bereichen, wo Frauen eher unterrepräsentiert sind, dominieren männliche Assoziationen. Gleichwohl neigen Männer tendenziell dazu, bei neutralen Formulierungen mehr maskuline Interpretationen zu vollziehen. Beidnennung (bspw. Schülerinnen und Schüler) oder die verkürzte Variante mit Schrägstrich und Bindestrich (bspw. Schüler/-innen) erhöhen den gedanklichen Anteil von

12 Zur Wirkung von Geschlecht und Gender in der Sprache sei auf folgende Publikationen hingewiesen: Elsen, Hilke (2020): Gender – Sprache – Stereotype. Geschlechtersensibilität in Alltag und Unterricht, Münster., Kotthoff, Helga / Nübling, Damaris (2018), Genderlinguistik. Eine Einführung in Sprache, Gespräch und Geschlecht. Unter Mitarbeit von Claudia Schmidt, Tübingen.

13 Ebenso werden queere Menschen in der Sprache benachteiligt, die sich zum Teil nicht durch feminine oder maskuline Sprachformen angesprochen fühlen.

14 So sei hier unter anderem hingewiesen auf: Stahlberg, Dagmar / Sczesny, Sabine (2001): Effekte des generischen Maskulinums und alternativer Sprachformen auf den gedanklichen Einbezug von Frauen. In: *Psychologische Rundschau* 52 (3), 131–140., Heise, Else (2000): Sind Frauen mitgemeint? Eine empirische Untersuchung zum Verständnis des generischen Maskulinums. In: *Sprache und Kognition* 172 (19), 3–13.

Frauen; das Binnen-I sorgt sogar für einen gedanklichen Überhang von Frauen (ebd., 89–90). Der Vorwurf dagegen, dass die geschlechterechte Sprache die Textrezeption erschwere, konnte seitens der Studien widerlegt werden (ebd., 90).

Eva Stögbauer weist darauf hin, „dass Frauen in der biblischen und christentumsgeschichtlichen Tradition sichtbar werden bzw. gehört werden können (z.B. Erzmütter, Jüngerinnen und Jünger Jesus, Diakoninnen)." (Stögbauer 2019, 177) Sie stellt in diesem Zusammenhang zur Diskussion, dass kein Dauersplitting (Nennung von Mann und Frau) erfolgen solle, da hierdurch eine „Wirklichkeit der Zweigeschlechtlichkeit" (ebd.) erzeugt werde. Damit weist sie richtigerweise auf ein Problem hin, dass die Beidnennung (maskuline und feminine Form) zu Diskriminierungen von Personen führt, die sich keinem der Geschlechter Mann oder Frau[15] zugehörig fühlen. Innerhalb der Schriftsprache bestehen u. a. durch Gender_Gap, Gender* oder Gender-Doppelpunkt Möglichkeiten, die Dichotomie aufzubrechen und nicht-binäre Geschlechtsidentitäten sichtbar zu machen und einzuschließen. Gleiches kann auch in der gesprochenen Sprache erreicht werden, wenn man eine Lücke (beim Gap) im Sprechen einbaut. Gleichwohl sollte es in diesem Feld weitere Forschung geben, wie sich die geschlechtergerechte Sprache in der gesprochenen Form auswirkt.

Bezogen auf die umschriebene Unterrichtssequenz ist klärungsbedürftig, wo die Gründe liegen, dass die Schülerin innerhalb des Unterrichtsgesprächs das Generische Maskulinum nutzt und an anderer Stelle das Femininum. Ursache könnte die hohe Dynamik des Unterrichtsgesprächs sein (Gesprächsbeiträge folgen dicht aufeinander), sodass ihr die Zeit für das bewusste Nachdenken über Formulierungen fehlte. Zum Zeitpunkt der Nutzung der femininen Sprachform hatte die Schülerin die Gelegenheit, über ihre Frage und den Wortlaut nachzudenken und meldete sich nach dem Vortrag der Lehrkraft zu Wort. Dieses spiegelt sich u. a. im Sprechtempo der Schülerin wider. Im Unterschied zu ihrem Gesprächsbeitrag innerhalb des Unterrichtsgesprächs spricht die Schülerin langsam. Offenbar korreliert die bewusste Nutzung der geschlechtergerechten bzw. geschlechterbewussten Sprache mit der Zeit des Nachdenkens bzw. mit dem Sprechtempo. Als eine mögliche zweite Erklärung für die Nutzung des Generischen Maskulinums in dem Unterrichtsgespräch kann herangezogen werden, dass die Schülerin an der Stelle das Faktum bewusst deutlich machen wollte, dass es nur Päpste gibt und daher die weibliche Sprachform an dieser Stelle sachlich nicht angemessen ist.

---

15 Seit 2018 besteht für intergeschlechtliche Menschen rechtlich die Möglichkeit, neben Mann oder Frau als drittes Geschlecht „divers" in das Geburtsregister eintragen zu lassen (Bundesgesetz 18.12.2018, o. S.). Hiermit wurde die rechtlich-tradierte binäre Geschlechterordnung aufgebrochen. Gleichwohl kann dieses nur ein erster Schritt zu mehr Geschlechtergerechtigkeit jenseits der dichotomen Einteilung in das männliche und weibliche Geschlecht sein; denn neben dieser rechtlichen Frage gibt es weitere Aspekte zu klären, bspw. wie in der Sprache der Geschlechtervielfalt Rechnung getragen wird.

3. (Un-)Doing Gender und Doing Student

Unter der Prämisse, dass Gender als eine soziale Konstruktion angesehen wird, ist zu klären, wie und wann sich dieser Prozess (Doing Gender) vollzieht. So soll es in diesem Abschnitt um die Konzepte gehen, welche umschreiben, wie Menschen in Interaktion Geschlecht inszenieren und (ir-)relevant machen. Hierzu steht die Frage im Raum, ob Geschlecht eine Dauerrelevanz – in Unterrichtsgesprächen – besitzt, oder als kontextabhängig zu bezeichnen ist.

Die Anfänge des Doing-Gender-Konzepts lassen sich in den 1960er / 1970er Jahren verorten. Hier sind vor allem die grundlegenden Arbeiten von Harold Garfinkel und Erving Goffmann zu nennen, „die Zweigeschlechtlichkeit nicht als Personenmerkmal betrachten, sondern als eine Form der Einteilung von bzw. Inszenierung / Darstellung durch Menschen andererseits." (Faulstich-Wieland 2004, 176) Durch West und Zimmerman wurde dieser Ansatz als Doing Gender systematisiert (Faulstich-Wieland 2004, 175–177). Dabei kann Doing Gender „als Prozess des aktiven Darstellens und Reproduzierens" (Zumwald / Rhyner 2008, 24) zusammengefasst werden. Menschen sind in dieser Theorie handelende Subjekte, die als einem Geschlecht zugehörig wahrgenommen werden möchten. Dieses manifestiert sich in einem immerwährenden Bestätigungsprozess: Wie möchte ich wahrgenommen werden und wie werde ich wahrgenommen? Werde ich nicht als das wahrgenommen, was ich sein möchte, was kann / muss ich tun, um das zu erreichen? (Ebd., 26–27)

Zimmerman und West vertreten die Omnirelevanzannahme von Geschlecht. Die Unterscheidung in eines der Geschlechter sei zu jedem Zeitpunkt eine essenzielle Wirkungsgröße, weshalb das Doing Gender nicht zu vermeiden sei. Stefan Hirschauer negiert diese Annahmen und hat hierzu ein Gegenmodell entwickelt, dass als Undoing Gender zu bezeichnen ist. Nach Hirschauer gibt es keinen immerwährenden geschlechtsbezogenen „Ausweisungszwang" (Hirschauer 2001, 215). Geschlecht sei zwar eine wichtige Größe, jedoch kann jeder Mensch etwas dafür tun, dass dieses keine Auswirkungen auf Interaktionen besitzt, bzw. diese minimiert werden (ebd.). So stellen Bettina Heintz und Eva Nadei (1998) fest: „Die Geschlechtlichkeit von Personen mag zwar als Hintergrunderwartung immer präsent sein, aber nicht in jedem Kontext wird das Geschlecht zu einer sozialen Ordnungskategorie. Es gibt Situationen, in denen die Geschlechtszugehörigkeit durch andere soziale Merkmale überdeckt oder auch gezielt neutralisiert wird." (Heintz / Nadai 1998, 82)

Im schulischen Kontext ist hierzu besonders die Studie von Hannelore Faulstich-Wieland u. a. (2004) interessant, so kommen sie zur Feststellung: „Geschlecht ist kein omnirelevantes Merkmal, man kann davon sprechen, dass es sehr wohl eine Form des undoing gender gibt – dann nämlich, wenn andere Kriterien für das Agieren bedeutsamer sind." (Faulstich-Wieland u. a. 2004, 222) Faulstich-Wieland u. a. führen in diesem Kontext die Bezeichnung Doing Student ein, die den Prozess umschreibt, wenn das Schüler-Sein (das Solidarisieren mit den Mitschüler_innen) das Doing Gender überlagert, bspw. funktioniere das Hausaufgabenabschreiben geschlechtsübergreifend. Nach Franziska Birke-Bugiel (2011) zeige die Studie von Faulstich-Wieland auf, dass Gender zwar eine wichtige Analysekategorie sei, die jedoch nicht zu jedem Zeitpunkt hinreichende Erklärungen für das Verhalten der Schüler_innen liefere. Gender könne als „eine Art ruhende Ressource" (Birke-Bugiel 2011, 118) bezeichnet werden, die situativ zum Vorschein kommen kann bzw. eingesetzt wird. Formen der Dramatisierung und Entdramatisierung von Geschlecht können im schulischen Kontext beobachtet werden; so lassen sich Situationen in der Schule finden, wo das eigene Geschlecht betont wird, um einen Vorteil zu bekommen (ebd.). In der Konsequenz kann das Doing Gender ebenso in (Unterrichts-)Gesprächen bedeutsam sein, wenn die Schüler_innen und Lehrkräfte interaktiv Geschlecht (de-) konstruieren; so führen bspw. Stereotype dazu, dass Menschen die Geschlechter unterschiedlich wahrnehmen und unterschiedlich reagieren (Elsen 2020, 161). Unter anderem beurteilen Lehrkräfte die Selbstbehauptung von Jungen in Gesprächen positiv, dagegen wird dieses Gesprächsverhalten bei Mädchen als unpassend empfunden (Faulstich-Wieland u. a. 2004, 216; Elsen 2020, 223). Für die empirische Religionspädagogik ist es daher aufschlussreich, einen Blick auf den konkret ablaufenden Unterricht zu werfen und zu untersuchen, wann Geschlecht dramatisiert oder entdramatisiert wird (Stögbauer 2019, 172). Es ist wichtig, konkret darauf zu schauen, in welchen Situationen und durch welche Themen Doing Gender sichtbar wird und wie dieses möglichweise durch Formen des Undoing Gender oder Doing Student überlagert wird.

Die aufgeführte Unterrichtssequenz ist ein Beispiel, wann und wie Geschlecht in Unterrichtsgesprächen im Religionsunterricht dramatisiert werden kann, da hier Geschlecht explizit seitens der Schülerin zum Thema gemacht wird. Die Schülerin bemerkt, dass Frauen aufgrund ihrer Geschlechtszugehörigkeit bestimmte Funktionen in der Kirche vorenthalten werden. In dem aufgezeigten Ausschnitt des Unterrichtsgesprächs tritt Geschlecht als die soziale Differenzkategorie in den Fokus und wird relevant gemacht. Die Zugehörigkeit zu einer Geschlechtergruppe wird zum Nachteil für deren Angehörigen – in diesem Fall für Frauen. Für Lehrkräfte stellt sich die Aufgabe bzw. Herausforderung, wie sie mit diesen Situationen umgehen sollten und sie pädagogisch nutzbar machen können, ohne durch das Verhalten einen Beitrag zur Fortschreibung der Geschlechterdifferenzen und -stereotype zu leisten. Hierfür bedarf es der Sensibilität und Reflexivität zu erkennen, wie das Doing Gender durch die Schüler_innen und durch die Lehrpersonen selbst vorangetrieben wird.

4. Religionspädagogik der Vielfalt

Aus der Akzeptanz der Geschlechtergerechtigkeit als Leitziel für den Religionsunterricht und dem Vorsatz, den individuellen Bedürfnissen der einzelnen Schüler_innen in ihrer Vielfalt gerecht zu werden, ergibt sich die Frage, welche Handlungsmöglichkeiten bzw. -konzepte sich zur zieladäquaten Umsetzung anbieten. Eine potenzielle naheliegende Option ist das Konzept der Pädagogik der Vielfalt von Annedore Prengel (2019). So stellt Monika Jakobs (2020) fest, dass Prengel nicht nur für die Pädagogik, „sondern auch für die Religionspädagogik ein zentraler Referenzpunkt“ (Jakobs 2020, 213) ist. Dabei lasse sich festhalten, dass die dort formulierte Frage nach dem Verhältnis von Gleichheit und Verschiedenheit in der Bildung, die Ziele einer Kultur der Anerkennung des Verschiedenen und die Herstellung egalitärer Differenzen [...] bis heute Gültigkeit“ (ebd.) besitzt. Die Religionspädagogik hat sich Prengels Ansätze zu eigen gemacht und darauf aufbauend eine Religionspädagogik der Vielfalt entwickelt. Nach Thorsten Knauth (2015) kann darunter ein Konzept verstanden werden,

> „das soziale, religiöse, geschlechtsbezogene Gemeinsamkeiten und Differenzen als bedeutsam für Voraussetzungen, Strukturen, Arbeitsformen und Themen von religiösen Bildungsprozessen erachtet. Es werden Differenzen und Gemeinsamkeiten reflektiert und die Gestaltung von Bildungsprozessen mit dem Ziel einbezogen, über dialogische Formen des Lernens in heterogenen Settings eine egalitäre Differenz zu realisieren, die ihre gesellschaftliche Gestalt in einem demokratischen Umgang mit religiöser, kultureller, sozialer und geschlechtsbezogener Vielfalt besitzt.“ (Knauth 2015, 53)

„In der Schule lernen die Kinder soziales Rollenverhalten in Gesprächen und mit den Lehrer/innen als Vorbild.“ (Elsen 2020, 227) Nach Elsen verläuft ein geschlechtergerechter Unterricht in vielen Etappen ab:

> „Selbstreflexion, Bewusstmachen und Selbstkritik, kritische Beobachtung anderer, auch sprachlich, und Reaktion auf andere, Skepsis gegenüber Materialien, Auseinandersetzung mit Strategien des Umsetzens sowie ihre Realisierung und bewusstes aktives Thematisieren und Sprechen.“ (Ebd., 228)

Die bisherigen Ausführungen haben jedoch aufgezeigt, dass sich die Lehrkraft nicht ausschließlich auf die Differenzen zwischen den Geschlechtern richten kann, da Benachteiligungen sich in einer Verflechtung von diversen Kategorien darstellen. Mariele Wischer und Nele Spiering-Schomborg (2020) führen hierzu das pädagogische Handwerkszeug „Zoomen“ ein. Hiermit könne „im Religionsunterricht intersektional-sensibel wahrgenommen, gefragt, interagiert und gearbeitet werden [...].“ (Wischer / Spiering-Schomborg 2020, 364) Damit wird eine Methode beschrieben, „in verschiedenen Situationen mit einzelnen Aspekten und Themen von Heterogenität bewusst fokussierend umzugehen, wobei zugleich Unterkomplexität und unzulässige Vereinfachung des

Blickes vermieden werden soll." (Ebd., 370) Unter der Vielfalt der verschiedenen Diversitäten / Differenzlinien wird dann z.B. jeweils eine herausgegriffen und zum Thema des Unterrichts gemacht (bspw. durch gezielte thematisch abgestimmte Unterrichtsmaterialien) oder aber implizit in Lernprozesse einbezogen. Die Lehrkraft ist angehalten das eigene Handeln in Interaktionen wie auch die Konzeption von Arbeitsaufträgen „bewusster zu gestalten." (Wischer / Spiering-Schomborg 2020, 370) So ist es nach Annabelle Pithan unter anderem die „Aufgabe des Religionsunterrichts [...], Genderkonzepte und -erfahrungen zu thematisieren, zu reflektieren, zu stärken und zu irritieren." (Dies. 2011, 76)

Der Beitrag der Schülerin kann in der aufgezeigten Unterrichtssequenz als Chance für die Lehrkraft angesehen werden, sich dem Thema Gender in einer spezifischen und zwar kirchenpolitischen Weise anzunehmen und dabei die Verwobenheit und Komplexität anzusprechen. Gerade weil in diesem Fall die Schülerin selbst das Geschlecht und die Ungleichberechtigung in der kirchlichen Struktur explizit zum Thema gemacht hat, kann es zu einer erhöhten Aufmerksamkeit und Mitnahme der anderen Mitschüler_innen führen. In Unterrichtsgesprächen bedarf es seitens der Lehrkraft eine hohe Aufmerksamkeit, die vielschichtigen geschlechtlichen Herstellungspraktiken in der konkreten Situation zu identifizieren und gleichzeitig abzuwägen, wann der richtige Zeitpunkt ist, die Situation, das Thema und die Differenzierung gemeinsam mit den Schüler_innen zu reflektieren und ggf. zu dekonstruieren. Unterrichtsgespräche können von einer hohen Dynamik und thematischen Dichte geprägt sein. Gleichwohl es das Ziel sein sollte, eine Zentrierung auf die Lehrperson zu vermeiden, kann sie steuernd durch kurze Fragen oder Impulse das Gespräch lenken bzw. entscheiden erst am Ende eine inhaltliche Klärung durchzuführen. Die Lehrkraft in dem betrachteten Unterrichtsgespräch nutzte die Möglichkeit, nach dem Gespräch die offenen Fragen und Irritationen in einem Vortrag aufzulösen. Es zeigt sich, dass Lehrkräfte vielfältige Kompetenzen benötigen, damit im unterrichtlichen Rahmen Genderkonzepte und -erfahrungen adäquat behandelt werden können. So ist es notwendig, dass Lehrer_innen sich fortwährend mit den Geschlechter- und Gendertheorien auseinandersetzen. Ferner sollten sie sich ihrer eigenen (geschlechtlichen und pädagogischen) Rolle und Aufgabe (Förderung der individuellen Vielfalt und Geschlechtergerechtigkeit) bewusst sein. Die Sensibilisierung für die Wirkkraft von (geschlechtlichen) Zuschreibungen ist ein stetiger Prozess über alle Phasen der Lehrkräfteausbildung hinweg.

5. Fazit und Desiderat

Ein Blick in den aktuellen Forschungstand zeigt, dass die Relevanz von Gender in religiösen Lernprozessen weitestgehend als Desiderat umschrieben werden kann. So stellen u. a. Eva Stögbauer und Angela Kaupp fest, dass mehr Studien innerhalb der Religionspädagogik gebraucht werden, die sich mit den geschlechtlichen Herstellungspraxen und geschlechtsspezifischen Diskriminierungsmechanismen befassen (Stögbauer 2019, 172; Kaupp 2015b, 27–28). Ebenso weist u. a. Ulrich Riegel (2015) darauf hin, dass die Studienergebnisse zwar darauf hindeuten, „dass Geschlecht als soziale Kategorie eine Rolle für Religiosität und religiöses Lernen spielt" (ders. 2015, 20); gleichwohl führt er an, dass die Befunde noch zu wenige seien, „um empirisch fundiert bestimmen zu können, wie sich Geschlecht als soziale Kategorie auswirkt." (Ebd.) Die Studie des Autors knüpft an dem Desiderat an und möchte einen Beitrag dazu leisten, empirisch fundierte Erkenntnisse in diesem Bereich zu generieren (Franzmann 2019, 70–73).

Die Auswertungen der Unterrichtsvideos weisen darauf hin, „dass das Geschlecht inhaltlich wie formal eine Bedeutung für den Religionsunterricht hat." (Franzmann 2019, 73) Das aufgeführte Beispiel der Schülerin zeigt exemplarisch auf, dass Geschlecht zum Thema im Religionsunterricht werden kann – sei es explizit oder implizit. Es ist eine Kategorie, die mal mehr, mal weniger in den Vordergrund tritt. Die verbalisierte geschlechter(un)spezifische Sprache ist dabei ein Teil von vielen, die in den Fokus der Analyse rücken kann. Im Kontext einer Religionspädagogik der Vielfalt ist es die Aufgabe der Lehrer_innen, den Unterricht so zu gestalten, dass dieser auf die individuellen Bedürfnisse der Schüler_innen eingeht. Die Lehrkraft kann in ihrem Verhalten als Vorbild dienen und Orientierung geben. Ein wesentlicher Baustein ist hierbei die Selbstreflexion des eigenen Handelns: Welche (geschlechtliche) Rolle nehme ich innerhalb dieser Gesellschaft / des Unterrichts ein? Welche Einstellungen und Vorstellungen beeinflussen mich in dieser Wahrnehmung? Wie sorge ich durch mein Verhalten dafür, dass andere Geschlechter und die Diversität im Allgemeinen Beachtung finden?

Als Lehrkraft begleite ich die Schüler_innen einen Teil ihres (schulischen) Lebens und habe im Rahmen des (Religions-)Unterrichts Möglichkeiten, einen Beitrag zu Akzeptanz und Toleranz zu leisten. Gerade der Religionsunterricht – und hier insbesondere das Unterrichtsgespräch – bietet den Rahmen historisch und kulturell gewachsene Geschlechterordnungen mithilfe diverser Zugänge (wie bspw. Zoomen) sichtbar zu machen und zusammen mit den Schüler_innen zu dekonstruieren. In der Folge geht es darum, eine (geschlechter-)gerechtere Gesellschaft als ersten Schritt in der Klassengemeinschaft möglich zu machen, in der Hoffnung auf Auswirkungen über diese hinaus (Familie, Peergroups, Gesellschaft, etc.). Gleichwohl ist an dieser Stelle festzuhalten, dass der Religionsunterricht nur ein Teil des Ganzen ist. Familie, Peergroups, Schule und Gesellschaft bedingen sich in der Frage gegenseitig: Sie können sich unterstützen, ergänzen aber auch (be-)hindern.

Literatur

AMMICHT QUINN, REGINA (2017), Gender. Zur „Grammatik“ der Geschlechterverhältnisse, in: ECKHOLT, MARGIT (Hrsg.), Gender studieren. Lernprozess für Theologie und Kirche, Ostfildern, 23–38.

ARZT, SILVIA (2009), Bibel lesen als Mädchen, als Junge. Gender und Textrezeption, in: PITHAN, ANNEBELLE / ARZT, SILVIA / JAKOBS, MONIKA / KNAUTH, THORSTEN (Hrsg.), Gender – Religion – Bildung. Beiträge zu einer Religionspädagogik der Vielfalt, Gütersloh, 262–272.

ARZT, SILVIA / JAKOBS, MONIKA / KNAUTH, THORSTEN / PITHAN, ANNEBELLE (2009), Gender und Religionspädagogik der Vielfalt. Einleitung, in: PITHAN, ANNEBELLE / ARZT, SILVIA / JAKOBS, MONIKA / KNAUTH, THORSTEN (Hrsg.), Gender – Religion – Bildung. Beiträge zu einer Religionspädagogik der Vielfalt, Gütersloh, 9–29.

BECKER-SCHMIDT, REGINA (^{5}2011), Frauenforschung, Geschlechterforschung, Geschlechterverhältnisforschung, in: BECKER-SCHMIDT, REGINA / KNAPP, GUDRUN-AXELI (Hrsg.), Feministische Theorien zur Einführung, Hamburg, 14–64.

BIRKE-BUGIEL, FRANZISKA (2011), Zwischen Klausuren, Chat und Pausenhof. Gender in der Sekundarstufe I, in: QUALBRINK, ANDREA u.a. (Hrsg.), Geschlechter bilden. Perspektiven für einen genderbewussten Religionsunterricht, Gütersloh, 113–120.

BROWN, DAN (^{32}2004), Sakrileg. Thriller, Bergisch Gladbach, Lübbe.

BUNDESGESETZ (18.12.2018), Gesetz zur Änderung der in das Geburtenregister einzutragenden Angaben, Zugriff am 12.04.2019 https://www.bgbl.de/xaver/bgbl/start.xav?startbk=Bundesanzeiger_BGBl&start=//*%5B@attr_id=%27bgbl118s2635.pdf%27%5D/#__bgbl__%2F%2F*%5B%40attr_id%3D%27bgbl118s2635.pdf%27%5D__1555056966689.

BUTLER, JUDITH (^{18}2016), Das Unbehagen der Geschlechter, Frankfurt am Main.

COMBAHEE RIVER COLLECTIVE (1977), History is a weapon, Zugriff am 29.11.2020 http://historyisaweapon.com/defcon1/combrivercoll.html.

CRENSHAW, KIMBERLÉ (1989), Demarginalizing the Intersection of Race and Sex: A Black Feminist Critique of Antidiscrimination Doctrine. Feminist Theory and Antiracist Politics, in: *University of Chicago Legal Forum* (1), 139-167, Zugriff am 24.11.2020 https://chicagounbound.uchicago.edu/cgi/viewcontent.cgi?article=1052&context=uclf.

ECKHOLT, MARGIT (2017), Gender studieren. Lernprozess für Theologie und Kirche, Ostfildern.

ELSEN, HILKE (2020), Gender – Sprache – Stereotype. Geschlechtersensibilität in Alltag und Unterricht, Tübingen.

FAULSTICH-WIELAND, HANNELORE (2004), Doing Gender: Konstruktivistische Beiträge, in: GLASER, EDITH / KLIKA, DORLE / PRENGEL, ANNEDORE (Hrsg.), Handbuch Gender und Erziehungswissenschaft, Bad Heilbrunn / Obb., 175–191.

FAULSTICH-WIELAND, HANNELORE / WEBER, MARTINA / WILLEMS, KATHARINA / BUDDE, JÜRGEN (2004), Doing Gender im heutigen Schulalltag. Empirische Studien zur sozialen Konstruktion von Geschlecht in schulischen Interaktionen, Weinheim.

FRANZMANN, MARCEL (2019), „Frauen spielten damals eine untergeordnete Rolle“. Eine empirisch-religionspädagogische Studie zu Geschlechterverhältnissen von Schülerinnen und Schülern im Religionsunterricht, in: *Religionspädagogische Beiträge* (83), 70–73.

GILDEMEISTER, REGINE ([11]2015), Geschlechterforschung (gender studies), in: FLICK, UWE / VON KARDORFF, ERNST / STEINKE, INES (Hrsg.), Qualitative Forschung. Ein Handbuch, Reinbek bei Hamburg, 213–223.

HEINTZ, BETTINA; NADAI, EVA (1998), De-Institutionalsierungsprozesse und geschlechtliche Differenzierung, in: *Zeitschrift für Soziologie* 27 (2), 75–93.

HEISE, ELSE (2000), Sind Frauen mitgemeint? Eine empirische Untersuchung zum Verständnis des generischen Maskulinums, in: Sprache und Kognition 172 (19), 3–13.

HIRSCHAUER, STEFAN (2001), Das Vergessen des Geschlechts. Zur Praelogie einer Kategorie sozialer Ordnung, in: HEINTZ, BETTINA (Hrsg.), Geschlechtersoziologie. Opladen, (Kölner Zeitschrift für Soziologie und Sozialpsychologie), 208–235.

HUMBOLDT, WILHELM VON ([6]1988), Werke III. Schriften zur Sprachphilosophie, Darmstadt.

JAKOBS, MONIKA (2020), Eine genderbewusste Religionspädagogik der Vielfalt, in: KNAUTH, THORSTEN / MÖLLER, RAINER / PITHAN, ANNEBELLE (Hrsg.), Inklusive Religionspädagogik der Vielfalt. Konzeptionelle Grundlagen und didaktische Konkretionen, Münster / New York, 213–223.

KAUPP, ANGELA (2015a), Geschlecht, in: PORZELT, BURKARD / SCHIMMEL, ALEXANDER (Hrsg.), Strukturbegriffe der Religionspädagogik. Festgabe für Werner Simon zum 65. Geburtstag. Unter Mitarbeit von Werner Simon, Bad Heilbrunn, 33–37.

KAUPP, ANGELA (2015b), Geschlechtersensibilität als unverzichtbare Dimension einer Religionspädagogik der Vielfalt, in: *Religionspädagogische Beiträge* (72), 22–30.

KNAUTH, THORSTEN (2015), Inklusive Religionspädagogik. Grundlagen und Perspektiven, in: NORD, ILONA (Hrsg.), Inklusion im Studium Evangelische Theologie. Grundlagen und Perspektiven mit einem Schwerpunkt im Bereich von Sinnesbehinderungen, Leipzig, 49–68.

KNAUTH, THORSTEN (2020), Intersektionalität, in: WiReLex, Zugriff am 03.12.2020 https://www.bibelwissenschaft.de/stichwort/100233/.

KONRAD, LISA (2017), Geschlecht und Gender im Geschichtsunterricht. Dissertation, Opladen / Berlin / Toronto.

KOTTHOFF, HELGA / NÜBLING, DAMARIS (2018), Genderlinguistik. Eine Einführung in Sprache, Gespräch und Geschlecht. Unter Mitarbeit von Claudia Schmidt, Tübingen.

LAUBACH, THOMAS / WAHL, STEFANIE A. (2019), Gott schuf den Menschen als Mann und Frau und ...?, Münster.

LENZ, ILSE (2014), Von den Dualismen zur Differenzierung der Differenz, in: LÖW, MARTINA (Hrsg.), Vielfalt und Zusammenhalt. Verhandlungen des 36. Kongresses der Deutschen Gesellschaft für Soziologie in Bochum und Dortmund 2012, Frankfurt am Main, 843–858.

LUTZ, HELMA (2001), Differenz als Rechenaufgabe: über die Relevanz der Kategorien Race, Class und Gender, in: LUTZ, HELMA / WENNING, NORBERT (Hrsg.), Unterschiedlich verschieden. Differenz in der Erziehungswissenschaft, Opladen, 215–230.

PEMSEL-MAIER, SABINE (2017), „Geschlechter bilden“. Schlaglichter aus religionspädagogischer und bildungswissenschaftlicher Perspektive, in: ECKHOLT, MARGIT (Hrsg.), Gender studieren. Lernprozess für Theologie und Kirche, Ostfildern, 121–138.

PITHAN, ANNEBELLE (2011), Wo steht die geschlechterbewusste Religionspädagogik?, in: QUALBRINK, ANDREA / PITHAN, ANNEBELLE / WISCHER, MARIELE (Hrsg.), Geschlechter bilden. Perspektiven für einen genderbewussten Religionsunterricht, Gütersloh, 62–78.

PITHAN, ANNEBELLE / ARZT, SILVIA / JAKOBS, MONIKA / KNAUTH, THORSTEN (Hrsg.) (2009), Gender – Religion – Bildung. Beiträge zu einer Religionspädagogik der Vielfalt, Gütersloh.

PRENGEL, ANNEDORE ([4]2019), Pädagogik der Vielfalt. Verschiedenheit und Gleichberechtigung in Interkultureller, Feministischer und Integrativer Pädagogik, Wiesbaden.

QUALBRINK, ANDREA / PITHAN, ANNEBELLE / WISCHER, MARIELE (2011), Geschlechter bilden. Perspektiven für einen genderbewussten Religionsunterricht, Gütersloh.

RIEGEL, ULRICH (2015), Männlichkeit(en) – das vergessene Andere der religionsdidaktischen Genderdebatte, in: *Religionspädagogische Beiträge* (72), 15–21.

RIEGER-GOERTZ, STEFANIE (2008), Geschlechterbilder in der katholischen Erwachsenenbildung, Bielefeld.

SCHÜSSLER FIORENZA, ELISABETH ([2]2007), Grenzen überschreiten. Der theoretische Anspruch feministischer Theologie; ausgewählte Aufsätze, Berlin.

STAHLBERG, DAGMAR / SCZESNY, SABINE (2001), Effekte des generischen Maskulinums und alternativer Sprachformen auf den gedanklichen Einbezug von Frauen, in: Psychologische Rundschau 52 (3), 131–140.

STÖGBAUER, EVA (2019), Geschlechtergerechtigkeit als Ziel religiöser Bildung? Religionspädagogische Überlegung zur Gender-Frage, in: LAUBACH, THOMAS / WAHL, STEFANIE A. (Hrsg.), Gott schuf den Menschen als Mann und Frau und ...? Münster, 165–184.

WALGENBACH, KATHARINA (2007), Gender als interdependente Kategorie, in: WALGENBACH, KATHARINA u. a. (Hrsg.), Gender als interdependente Kategorie. Neue Perspektiven auf Intersektionalität, Diversität und Heterogenität, Opladen, 23–64.

WEST, CANDANCE / ZIMMERMANN, DON (1989), Doing Gender, in: *Gender & Society* 1 (2), 125–151.

WETTERER, ANGELIKA ([3]2010), Konstruktion von Geschlecht: Reproduktionsweisen der Zweigeschlechtlichkeit, in: BECKER, RUTH / KORTENDIEK, BEATE (Hrsg.), Handbuch Frauen- und Geschlechterforschung. Theorie, Methoden, Empirie, Wiesbaden, 126–136.

WISCHER, MARIELE / SPIERING-SCHOMBORG, NELE (2020), Zooming – ein Werkzeug zum produktiv-verändernden Umgang mit Intersektionalität in religiösen Lernprozessen, in: KNAUTH, THORSTEN / MÖLLER, RAINER / PITHAN, ANNEBELLE (Hrsg.), Inklusive Religionspädagogik der Vielfalt. Konzeptionelle Grundlagen und didaktische Konkretionen, Münster / New York, 363–375.

ZUMWALD, BEA; RHYNER, THOMAS (2008), Aus Geschlechtersicht auf Schule blicken, in: RHYNER, THOMAS / ZUMWALD, BEA (Hrsg.), Coole Mädchen – starke Jungs. Impulse und Praxistipps für eine geschlechterbewusste Schule, Bern / Stuttgart / Wien, 13–28.

Unterrichtsgespräche und Themenentwicklung im konfessionellen Religionsunterricht

Sarah Delling

Der Religionsunterricht in Deutschland verfolgt das Ziel, Schüler_innen in Bezug auf Glauben und Religion sprach- und handlungsfähig zu machen (DBK 2005, 18; EKD 2011, 11). Im Unterrichtsgespräch findet dieses Ziel eine mögliche Realisierungsform: Schüler_innen erörtern mit der Lehrperson religiös relevante Themen, eignen sie sich an, hinterfragen sie und entwickeln sie weiter (Deurer 2018, 182). Welche Themen wie in diesen Gesprächen verhandelt werden, erweist sich dabei als komplexe Angelegenheit. Auf der einen Seite legen z. B. curriculare Vorgaben oder planerische Vorentscheidungen der Lehrperson bestimmte Themen nahe, auf der anderen Seite bringen auch die Schüler_innen ihre Ein- und Vorstellungen ins Unterrichtsgespräch ein (Bahr 2010, 510). Die Erfahrung zeigt, dass nicht alle Unterrichtsgespräche so verlaufen, wie von der Lehrperson geplant. Es stellt sich die Frage, wer zu welchem Zeitpunkt bestimmt, was das Thema eines Unterrichtsgesprächs im Religionsunterricht ist und wie es sich entfaltet.

Daher untersucht dieser Artikel die Frage, wie sich ein Thema im Unterrichtsgespräch des Religionsunterrichts entwickelt und inwiefern Prozesse der Themenentwicklung die Form des Unterrichtsgesprächs beeinflussen. Hierzu wird zunächst der Begriff der Themenentwicklung für den Religionsunterricht konzeptualisiert (Kap. 1). Nach einer Definition des Begriffs des Unterrichtsgesprächs folgt die Darstellung drei im Hinblick auf die Themenentwicklung exemplarischer Kategorien von Unterrichtsgesprächen (Kap. 2). Es schließt sich die Diskussion um die Frage an, inwiefern die einzelnen Ebenen der Themenentwicklung den Einsatz der unterschiedlichen Unterrichtsgesprächstypen bedingen (Kap. 3). Zum Schluss werden weiterführende Forschungsperspektiven aufgezeigt (Kap. 4).

1. Etappen der Themenentwicklung des Religionsunterrichts

Als Themenentwicklung versteht man mehrheitlich den Prozess der Konstruktion eines Unterrichtsthemas (Faust-Siehl 1987, 5). Dieser Definition liegt die Unterscheidung von Inhalten und Themen zu Grunde (Wolters / Lüsebrink 2019, 34). Während Inhalte und Gegenstände als Gegebenheiten des gesellschaftlichen Lebens vorliegen, stellt ein Thema einen Inhalt mit pädagogischer Bedeutung und einem Ziel dar. Ein Unterrichtsthema ist also ein gefilterter Ausschnitt der gesellschaftlichen Realität, den unterschiedliche Akteur_innen zu unterschiedlichen Zeiten in mehreren Etappen definieren (Meyer 1992, 79). Klingberg (1990, 50–52) unterscheidet dabei drei Ebenen der Themenentwicklung. Die erste Ebene bezieht sich auf die curricularen Vorgaben des Unterrichts (1), die zweite Ebene auf die Unterrichtsplanung der Lehrperson (2) und die dritte Ebene auf das Unterrichtsgeschehen selbst (3).

1.1 Bildungsstandards und Lehrpläne

Die erste Ebene der Themenentwicklung bezieht sich auf die curriculare Festlegung bildungsrelevanter Inhalte. Gesellschaftliche Institutionen bestimmen die Phänomene der Realität, die sie für tradierungswürdig erachten, zu Bildungsinhalten (Klingberg 1990, 49–50). Die formal zuständigen Institutionen – Ministerien, Fachkollegien etc. – formulieren diese als Vorgaben in Form von Bildungsstandards, Kernlehrplänen und schulinternen Curricula (Bahr 2010, 510).

Als *res mixta* nimmt der Religionsunterricht hier eine Ausnahmestellung gegenüber anderen Fächern ein, denn im konfessionell gebundenen Religionsunterricht geben statt staatlicher Ministerien die jeweiligen religiösen Gemeinschaften vor, welche Phänomene der Realität als bildungswert qualifiziert werden (Riegel 2018, 43). Dieser Einfluss liegt in der gesetzlichen Vorgabe des Religionsunterrichtes als konfessionell gebunden begründet (Art. 7 Abs. 3 GG). Die Unterrichtsinhalte orientierten sich an dogmatischen Traktaten, wie z. B. Christologie, Eschatologie etc. und folgen dementsprechend einer theologischen Binnenlogik. Damit schreiben sich Unterrichtsinhalte auf dieser Ebene in einen konfessionellen Bedeutungshorizont ein (Knauth 2015, 131). Das heißt, die festgelegten Inhaltsfelder der Bildungsstandards z. B. „Mensch“, „Gott“, „Ethik“ (DBK 2004, 19; EKD 2010, 3) beziehen zwar anthropologische und fremde Weltdeutungen mit ein, blicken aber in der Regel aus einer christlich-theologischen Perspektive auf den Inhalt (z. B. „Die Schülerinnen und Schüler kennen Beispiele christlich-jüdischer und christlich-muslimischer Zusammenarbeit.", DBK 2004, 34).

Der Staat gibt die Präsentationsform der Inhalte in den Lehrplänen vor. Maßgebliches Kriterium der Operationalisierung der Inhalte ist gegenwärtig die Kompetenzorientierung, die den Aufbau von Fähigkeiten und Fertigkeiten anvisiert, die in unterschiedlichsten Anwendungssituationen variabel zur Lösung oder Handhabung eingesetzt werden können (Weinert 2001, 27), um so in religiösen Angelegenheiten für das Leben gerüstet zu sein (Sajak / Feindt 2012, 164). Für den Religionsunterricht im Sekundarbereich gliedern sich diese Kompetenzen in spezifische Bereiche auf, wie bspw. „religiös bedeutsame Phänomene wahrnehmen und beschreiben" (EKD 2010, 13; DBK 2004, 16) und „in religiösen Fragen begründet urteilen." (DBK 2004, 16; EKD 2010, 13)

1.2 Unterrichtsplanung der Lehrperson

Die zweite Ebene der Themenentwicklung bezieht sich auf die Unterrichtsplanung der Lehrperson (Klingberg 1990, 50–51). In ihr nimmt sie das Unterrichtsgeschehen hypothetisch vorweg und macht so die Bildungsinhalte der ersten Ebene zu potenziellen Unterrichtsthemen (Bahr 2010, 510). In der Logik bestimmter Organisationsformen (z. B. Gruppenunterricht), sowie allgemeindidaktischer (z. B. kognitive Aktivierung) und fachdidaktischer Unterrichtsprinzipien (z. B. ästhetisches Lernen) zeichnet die Lehrperson mit Hilfe von Methoden, Sozialformen, Aufgabenstellungen und Lernzielen den idealen Verlauf einer Unterrichtsstunde und damit die ideale inhaltliche Themenentwicklung vor (Faust-Siehl 1987, 5).

Das aktuelle Leitkonzept, den katholischen Religionsunterricht zu denken, stellt dabei am ehesten die Korrelationsdidaktik dar (Schambeck 2015; Woppowa 2018, 118–132). Sie geht davon aus, dass zwischen dem Inhalt und dem Subjekt bzw. der Glaubenstradition und der Lebenswelt der Schüler_innen eine Beziehung hergestellt werden kann (Pemsel-Maier 2010, 84). Allerdings erweist sich die Anbahnung einer solchen Beziehung mittlerweile alles andere als trivial. Auf der einen Seite scheint es vielen Lehrpersonen zunehmend schwerer zu fallen, den Geltungsanspruch religiöser Traditionen im Unterricht klar herauszustellen und die mit ihm verbundene Teilnehmerperspektive in das Unterrichtsgeschehen einzuspielen (Englert / Hennecke / Kämmerling 2014, 111–113). Auf der anderen Seite erweisen sich die Lebenserfahrungen vieler Schüler_innen als derart säkularisiert und pluralisiert (Grümme 2017, 27–28), dass mögliche Bezüge ihrer Alltagserfahrungen zu religiösen Erfahrungen nicht ohne Weiteres vorliegen (Heil 2012, 55).

Als technische Heuristik für die Bewältigung dieser Divergenzen wird gegenwärtig häufig das Modell der Elementarisierung vorgeschlagen (Schweitzer / Haen / Krimmer 2019; Riegel 2014, 39–122; Woppowa 2018, 133–151). Die

Perspektive der elementaren Strukturen untersucht die Kerninhalte eines Gegenstands. Der Blick auf die elementaren Wahrheiten zeichnet die bildungstheoretische und theologische Relevanz des Inhalts nach. Die elementaren Zugänge prüfen die kognitiven, psychologischen und religiösen Lernvoraussetzungen, die es auf Schülerseiten braucht bzw. die dort vorhanden sind. Die elementaren Erfahrungen berücksichtigen potenzielle Erfahrungen, Ansprüche und Situationen der Lebenswelt der Schüler_innen. Die elementaren Lernwege fragen nach geeigneten Lehr-Lernsettings, die die inhaltlichen Besonderheiten und die Lernausgangslage der Schüler_innen angemessen berücksichtigen (Schweitzer / Haen / Krimmer 2019, 20) Die Elementarisierung gibt weder eine Reihenfolge noch eine Gewichtung der einzelnen Perspektiven vor. Im stetigen Wechselspiel der Perspektiven kann die Lehrperson so eine Themenentwicklung planen, die sowohl der konfessionellen Sachlichkeit des Inhalts als auch den Lernvoraussetzungen der Schüler_innen in Bezug auf diese Inhalte gerecht wird.

1.3 *Die Interaktion zwischen Lehrer_innen und Schüler_innen*

Die dritte Ebene der Themenentwicklung bezieht sich auf die konkrete Unterrichtspraxis (Klingberg 1990, 51). Hier entwickelt sich das Unterrichtsthema innerhalb der Interaktion von Lehrperson und Schüler_innen weiter. Interaktion beschreibt dabei die wechselseitige Beeinflussung der Unterrichtsteilnehmer_innen (Trenz 2008, 397). Das heißt, dass das Verhalten und die Ideen der Lehrperson das Verhalten und die Ideen der Schüler_innen bedingen kann und andersherum.

Diese themenbezogene Interaktion lässt sich im Rahmen des sog. Angebots-Nutzungs-Modells beschreiben (Helmke 2014, 71–75). Die Lehrperson bietet einen Inhalt in seiner vorbereiteten Version an, welchen die Schüler_innen auf ihre jeweils eigene Art und Weise verarbeiten, interpretieren und verstehen (Mendl 2012). Sie können auf die thematischen Impulse so reagieren, wie es die Lehrperson geplant hat. Schüler_innen können aber auch andere Prozesse der Themenaneignung wählen und zu nicht vorhersehbaren Ergebnissen kommen, sodass ihr Themenverständnis von dem der Lehrperson mehr oder weniger abweicht oder es modifiziert (Wenholt 2010, 242). Inwiefern das thematische Angebot genutzt wird und inwiefern die Lehrperson mit abweichenden Themenaneignungen umgeht, hängt von einer Vielzahl von Faktoren ab, wie zum Beispiel dem Vorwissen der Schüler_innen, der aktiven Lernzeit, dem Selbstverständnis der Lehrperson (Helmke 2014, 71–75).

Daneben hängt die Themenentwicklung in der Unterrichtsinteraktion speziell im Religionsunterricht auch wesentlich davon ab, ob eine entscheidbare oder eine unentscheidbare Frage verhandelt wird (Freudenberger-Lötz 2007, 14–15). Entscheidbare Fragen heben auf Themen ab, die objektive bspw. intersubjektive Gültigkeit beanspruchen und demnach entlang einer allgemein anerkannten Regel beantwortet werden können (Bittner 2006, 18). Die Lehrer-Schüler-Interaktion zu solchen Fragen sollten deshalb weitgehend entlang der geplanten Entwicklungslinie verlaufen. Etwaige Abweichungen sind dabei entweder auf echtes Missverstehen seitens der Lernenden, in der Planungsphase nicht absehbare Assoziationen derselben oder bewusste Störungen zurückzuführen. Die Beantwortung un-entscheidbarer Fragen erfolgt hingegen nicht entlang allgemeingültigen Regeln und Logiken, sondern im Sinne der subjektiven Interpretation (Freudenberger-Lötz 2007, 15). Die Unterrichtsinteraktion zu un-entscheidbaren Fragen sollten deshalb stark durch die Prüfung und Diskussion unterschiedlicher thematischer Deutungen und Antwortstrategien geprägt sein, deren Verlauf sich noch gut planen lässt. In der Entwicklung der Thematik hängen sie stark vom Input der Schüler_innen ab.

2. Unterrichtsgespräche als Indikator für Themenentwicklung

Unterrichtsgespräche als eine typische Lehrer-Schüler-Interaktion im Religionsunterricht (Lachmann 2011, 113) bieten sich auf Grund ihres öffentlichen Charakters an, um die interaktionalen Prozesse der Themenentwicklung sichtbar zu machen (Becker-Mrotzek / Vogt 2009, 5–7). Deshalb werden zuerst charakteristische Dimensionen des Unterrichtsgesprächs herausgearbeitet (1). Entlang der charakteristischen Dimensionen erfolgt die Vorstellung drei im Hinblick auf die Themenentwicklung exemplarischer Kategorien von Unterrichtsgesprächen. Konkret werden rekonstruierende Unterrichtsgespräche (2), konstruierende Unterrichtsgespräche (3) und solche, die sowohl rekonstruierend als auch konstruierend Themen entwickeln (4), verhandelt.

2.1 Das Unterrichtsgespräch – Definition

Bittner (2006, 31) definiert ein Unterrichtsgespräch als „[...] eine zum schulischen Lehren, Lernen und Erziehen eingesetzte dialogische Interaktion mit der unter kommunikativen Gesetzmäßigkeiten sozial relevante Bildungskontexte bereitgestellt werden und in der die personalen Interessen, Rücksichten und Erwartungen so zu moderieren sind, dass Schüler kulturell vorstrukturierte Stoffgebiete er- und verarbeiten können.“ Demnach kann ein Unterrichtsgespräch durch eine thematische, kommunikative und eine personal-soziale Dimension bestimmt werden.

Aus thematischer Perspektive heben Unterrichtsgespräche auf die sozial relevanten Bildungskontexte ab. Es handelt sich hierbei um die durch die deutschen Bischöfe als bildungswürdig deklarierten Inhalten, die in Vorgaben der Bildungsstandards und Kernlehrpläne festgelegt wurden (Bahr 2010, 510). Die Lehrperson strukturiert die Inhalte in ihrer Planung vor. Im Unterrichtsgespräch machen sich die Schüler_innen diese von der Lehrperson vorstrukturierten Stoffgebiete unter einer bestimmten Zielperspektive zu eigen. Sie durchdringen die Themen, übernehmen oder modifizieren diese gegebenenfalls (Deurer 2018, 181). Die leitende Zielperspektive von Unterrichtsgesprächen kann dabei variieren: Erkenntnisse erwerben, Zusammenhänge verstehen, Probleme lösen und Meinungen bilden (Fendt 2019, 35).

In kommunikativer Hinsicht kennzeichnet das Gespräch die dialogische Interaktion zwischen einem Sender und einem Empfänger. Weil diese Interaktion dialogisch zu denken ist, d. h. der Sender zugleich Empfänger ist und umgekehrt, tragen alle am Unterrichtsgespräch Beteiligten prinzipiell zu seiner inhaltlichen Entwicklung bei (Bittner 2006, 13). Diese Interaktion unterliegt im Religionsunterricht institutionellen Gesetzmäßigkeiten, die den Ablauf des Gesprächs betreffen. Der Sprecherwechsel und die Verteilung des Rederechts läuft in der Regel geordnet, zumeist über ein Handsignal und das verbale Aufrufen seitens der Lehrperson, ab (Lüders 2018, 139). Außerdem ist der schulische Alltag durch einen 45-, 60- oder 90-Minuten-Rhythmus geprägt, sodass die maximale Dauer des Gesprächs begrenzt ist. In der Folge verkürzt sich die mögliche Beitragszeit der einzelnen Person zunehmend, je mehr Schüler_innen sich am Gespräch beteiligen (Thiel 2016, 79). Hinzu kommt, dass sich durch die Architektur der Klassenzimmer und der in ihm möglichen Sitzordnungen oftmals eine kommunikative Ausrichtung nach vorne ergibt, sodass die Aufmerksamkeit auf einer Person, meist der Lehrperson, liegt, die mit mehreren Personen gleichzeitig interagiert (Reichertz 2013, 53).

In sozial-personaler Hinsicht treten innerhalb dieser schulischen Kommunikationssituation mit mehreren Teilnehmer_innen individuelle Interessen und Erwartungen zu Tage. In Form von Rollenverständnis und -erwartung beeinflussen sie die Interaktion, in der das Unterrichtsthema verhandelt wird (Bittner 2006, 15). Die Rollenerwartungen spiegeln dabei oft ein institutionell bedingtes soziales Gefälle zwischen Lehrperson und Schüler_innen wider (Thiel 2016, 79): Die Lehrperson hat im Vergleich zu den Schüler_innen nicht nur das Recht, das Gespräch inhaltlich und zeitlich zu kontrollieren und kommunikative Beiträge zu bewerten. Durch ihre Ausbildung hat sie außerdem einen Wissensvorsprung aufgebaut, der sie in den meisten Fällen zur Expertin der Thematik macht (Faust-Siehl 2002, 476).

2.2 Rekonstruierende Unterrichtsgespräche

Für ein rekonstruierendes Unterrichtsgespräch finden sich in der Literatur verschiedene Begriffe: Bittner (2006) nennt es Erarbeitungsgespräch, Huwendiek (2014) betitelt es als fragend-lenkendes Gespräch und Lachmann (2011) als Lehrgespräch. All diesen Konzepten von Unterrichtsgesprächen ist gemeinsam, dass sie oftmals auf das Nachvollziehen und Verstehen vorgegebener Themen abzielen, die allgemeine Gültigkeit beanspruchen (Bittner 2006, 28).

Thematisch geht es also um Inhalte, die sich auf logische Prinzipien stützen und damit meist auf konkrete Lösungen hinauslaufen (Freudenberg-Lötz 2007, 14). Für den Religionsunterricht ist ein solches Thema zum Beispiel der Aufbau der Bibel, die Unterscheidung zwischen Altem und Neuen Testament oder die Abfolge der einzelnen Bücher sind Festschreibungen, die allgemein anerkannt sind. Im Religionsunterricht geht es darum, diese Anordnung in seiner bestehenden Form kennenzulernen und nachzuvollziehen. Ein Unterrichtsgespräch zum Aufbau der Bibel läuft auf die Rekonstruktion der bestehenden Anordnung hinaus, nicht auf die Konstruktion einer neuen Ordnung der biblischen Inhalte. Die einzelnen thematischen Stationen und das Ergebnis dieser Themenentwicklung sind weitestgehend also bereits festgelegt. Das macht den Verlauf von Unterrichtsgesprächen relativ vorhersehbar bzw. planbar.

Auf kommunikativer Ebene stehen die Lehrperson und der Inhalt im Vordergrund. Die kommunikative Entfaltung des Themas verläuft im Duktus der Vermittlung maßgeblich von der Lehrperson in Richtung der Schüler_innen. Dementsprechend steuert sie die Kommunikation so, dass die Schüler_innen die thematischen Teilaspekte und das Ergebnis nachvollziehen können. In diesem Sinne lenkt sie das Unterrichtsgespräch kleinschrittig entlang ihrer Planung. Sie formuliert zielführende Fragen oder Gesprächsimpulse. Die Schüler_innen reagieren auf die Fragen und Impulse und erhalten von der Lehrperson eine Rückmeldung, inwiefern die Schülerreproduktion dem allgemeinen objektiven Themenverständnis entspricht (Lüders 2018, 146).

Personal-sozial gesehen spiegelt sich in diesem Typ des Unterrichtsgesprächs das institutionell-bedingte soziale Gefälle wider. Die Lehrperson nimmt die Rolle der Expertin ein, da sie durch ihre Ausbildung mit dem Thema vertraut ist und die Lösung bereits kennt. Das versetzt sie in die Lage, inhaltlich korrekte und inkorrekte Antworten zu identifizieren. Die Schüler_innen gelten zum größten Teil als Noviz_innen, die bei der Lösungssuche Anleitung brauchen (Meyer 2007, 290–291).

2.3 Konstruierende Unterrichtsgespräche

Konstruierende Unterrichtsgespräche betiteln Lachmann (2011) sowie Huwendiek (2014) als Schülergespräch. Gemeinsamer Nenner beider Konzepte ist der Fokus auf das selbstständige und individuelle Ergründen und Interpretieren von eigenen thematischen Vorstellungen.

Thematisch handelt es sich also um Inhalte, die unterschiedliche Lösungen, Interpretationen und Ergebnisse zulassen. Diese ergebnisoffene Themenentwicklung liegt darin begründet, dass die angebotenen Themen nicht entlang allgemein gültiger Logiken gelöst werden können, wie es z. B. bei den unentscheidbaren Fragen der Fall ist (Freudenberger-Lötz 2007, 15). Schüler_innen ebenso wie die Lehrperson sind auf subjektiv konstruierte Logiken angewiesen, da z. B. bei der Frage nach dem individuellen Gottesbild keine letztgültig objektiv überprüfbare Antwort möglich ist. Das eigene Verständnis zu entdecken und zu formulieren, es anzufragen zu lassen und zu modifizieren, ist demnach umso mehr Ziel eines konstruierenden Unterrichtsgesprächs. Die thematischen Entwicklungsprozesse in solchen Unterrichtsgesprächen sind nur sehr bedingt planbar.

Auf kommunikativer Ebene stehen die Schüler_innen und der Inhalt im Vordergrund. In einem reinen Schülergespräch formulieren und diskutieren sie eigene und fremde Positionen. Ohne die Steuerung der Lehrperson ringen die Schüler_innen um die sprachlich passende Formulierung. Sie stellen sich gegenseitig Fragen bzw. greifen ihre Beiträge auf, hinterfragen diese, sodass sie selbst die Bedeutung des Unterrichtsthemas im Gespräch sozial und individuell konstruieren (Huwendiek 2014, 91). Die Redeanteile der Lehrkraftsind minimal (Lachmann 2011, 129). In diesen Schülergesprächen entfällt die Etablierung einer kommunikativen Ordnung seitens der Lehrperson (Huwendiek 2014, 88). Der Gesprächsverlauf organisiert sich über kommunikative Akte wie der Regulierung der Lautstärke oder vorangestellte Partikel („Also...“), die es ermöglichen, sich ins Gespräch einzubringen. Das kann einerseits dazu führen, dass die zeitliche Begrenzung der Redebeiträge zumindest für Einzelne aufweicht und so Raum für die Entfaltung der eigenen Deutung entsteht. Andererseits fordert dieser Gesprächstyp die Schüler_innen dazu auf, ein Gespräch zu initiieren, in dem jeder zu Wort kommt und die Meinung jedes einzelnen wertgeschätzt wird (Fendt 2019, 36).

Das institutionell-bedingte soziale Gefälle wird hier durch das Gespräch auf Augenhöhe relativiert. Personal stehen die Schüler_innen als gleichberechtige Expert_innen mit ihren eigenen thematischen Interpretationen im Fokus. Das spricht den Schüler_innen einerseits die Fähigkeit zu, theologisch tragfähige Antworten konstruieren zu können (Freudenberger-Lötz 2007, 13). Anderseits setzt es bei den Schüler_innen fachliche Kenntnisse und methodisches Know-How voraus. Ein Schülergespräch zum individuellen Gottesbild gewinnt da an

Produktivität, wo die Schüler_innen eigene Vorstellungen haben bzw. bereit sind, diese gemeinsam zu konstruieren und wissen, wie sie dies im oben genannten Sinne angemessen kommunikativ und sozial gestalten können. Die Lehrperson nimmt die Rolle des / der Beobachters / in dieser inhaltlichen Konstruktionsprozesse ein. Wenn sie sich in das Gespräch einschaltet, tut sie dies in der Funktion der gleichberechtigten Teilnehmer_in (Huwendiek 2014, 88). In dieser Funktion ist es ihr möglich, alternative, wie etwa theologische Perspektiven, da einzuspielen, wo die Schüler_innen diese nicht selbstständig im Gespräch ansprechen. Der eingebrachte Blickwinkel der Lehrperson stellt jedoch einen unter vielen möglichen Deutungen aller Beteiligten dar und somit nicht die Zielperspektive des Unterrichtsgesprächs. Die Lehrperson wird so zu einem von vielen Konstrukteur_innen möglicher Antworten (Freudenberger-Lötz 2007, 15).

2.4 Rekonstruierend-konstruierende Unterrichtsgespräche

Rekonstruierend-konstruierende Unterrichtsgespräche stellen zum Beispiel das entwickelnde Gespräch nach Huwendiek (2014) und die Diskussion nach Lachmann (2011) dar. Bittner (2006) nennt es Verarbeitungsgespräch. Diese Konzepte haben gemeinsam, dass die Schüler_innen angeleitet werden, auf der Basis der Auseinandersetzung mit objektiv verstandenen Themen, ihre eigenen subjektiven thematischen Rückschlüsse zu ziehen. Objektiv verstandene Themen sind Inhalte, denen für die Zeit der Bearbeitung und aus einer bestimmten Perspektive eine Geltung zugeschrieben wird, die zunächst einmal nicht diskutiert wird (z. B. die katholische Position oder philosophische Stimmen zum Thema Sterbehilfe). Schüler_innen erarbeiten diese vorab z. B. arbeitsteilig in Kleingruppen. Im anschließenden Unterrichtsgespräch bringen sie die unterschiedlichen Argumentationen zunächst ungeachtet ihrer persönlichen Haltung zum Thema, ein. Dieses Gespräch kann je nach Methodenwahl im Hinblick auf seinen Ablauf mehr oder weniger stark geregelt sein. Im Verlauf des Gesprächs können dann persönliche Haltungen mehr und mehr in das Gespräch miteingebracht werden.

In thematischer Hinsicht bleiben bei diesem Typ die inhaltlichen Wegmarken und das Ergebnis des Gesprächs offen, obwohl Thema und Ablauf des Unterrichtsgesprächs klar definiert sind (Lachmann 2011, 131–132). Im Religionsunterricht kann ein solches Unterrichtsgespräch zum Beispiel da zum Einsatz kommen, wo verschiedene theologische und anthropologische Standpunkte vorliegen, deren Pro und Contra gegeneinander abgeglichen werden soll. Im Rahmen einer klar strukturierten Diskussion (z. B. mit Hilfe der Fish-Bowl Methode) argumentieren die Schüler_innen zunächst unter Rückgriff auf fremde Positionierungen. Sie übernehmen bspw. in der Diskussion um die Sterbehilfe probeweise die Position der katholischen Kirche, der Medizin, der Politik etc.

Der Austausch der jeweiligen Argumente erfolgt unter der Moderation eines Gesprächsleiters / einer Gesprächsleiterin. Mit zunehmender Kenntnis und Reflexion der fremden Positionen sind die Schüler_innen mehr und mehr fähig, ihre eigene Meinung begründet auszudrücken, anfragen zu lassen, zu modifizieren und verteidigen zu können (Schwarzkopf 2016, 26). Die individuelle Konstruktion des Themas steht also als Leitziel im Vordergrund. Allerdings geschieht dies unter Rückgriff auf zuvor aufgebautes Fachwissen.

Kommunikativ stehen in diesem Fall sowohl Lehrperson als auch Schüler_innen und der Inhalt im Fokus des Interesses. Je nach Ausformung kann es dabei zu einer eher lehrergesteuerten oder schülergesteuerten Gesprächsführung kommen. Im Vergleich zum Schülergespräch ist der Gesprächsverlauf z. B. durch den Einsatz von Meldeketten (Reese-Schnitker 2017, 165) reglementiert und folgt klaren kommunikativen Mustern: Äußerung der eigenen Meinung, Äußerung der gegenläufigen Meinung, ... (Lachmann 2011, 133). Durch die kommunikativ vorgegebene Ordnung entfällt die Gesprächsorganisation seitens der Schüler_innen: Bspw. kann in einer Art Gerichtsverhandlung zum Thema Todesstrafe vorgegeben sein, dass zuerst das Statement der Verteidigung und danach das Statement der Anklage vorgetragen wird. Ein anderes Beispiel kommunikativer Ordnung zeigt sich an der Moderatorenrolle und dem „Besucherplatz" der Fish-Bowl-Methode, die die Frequenz und Dauer, in der bestimmte Schüler_innen neue Aspekte in die Diskussion einbringen können, begrenzen. Die Regeln, die in diesen Fällen bestimmen, wer wann wie lange sprechen kann führt einerseits dazu, dass die Schüler_innen sich auf die Entwicklung der eigenen Position konzentrieren können. Andererseits sichert z. B. ein_e Moderator_in, die je nach Kompetenzniveau sowohl ein_e Schüler_in oder die Lehrperson sein kann, dass die Redezeit angemessen lang, aber nicht einseitig bei wenigen Schüler_innen liegt.

Aus personal-sozialer Perspektive etabliert sich im Vergleich zum Schülergespräch in dieser Form des Unterrichtsgesprächs das institutionell bedingte soziale Gefälle mit einem dynamischen Rollenverhältnis, in dem sich bspw. der Expertenstatus der Lehrperson und der Novizenstatus der Schüler_innen im Laufe des Gesprächs angleicht Der Lehrperson fällt gerade bei komplexen Themen oder auch ungeübten Schülergruppen, die diese Form des Unterrichtsgesprächs noch nicht kennen, die Rolle des / der Moderators / in zu. Ihr Wissensvorsprung erlaubt es, das gesamte Themenfeld zu überblicken und wichtige Aspekte zu bündeln (Faust-Siehl 2002, 476). Diese Vormachtstellung dient hier allerdings nicht dazu, die Reproduktion von bereits bestehenden Theorien etc. zu beaufsichtigen, sondern vielmehr darin, die Schüler_innen dazu anzuleiten, eigene Theorien zu entwickeln. Im Fortschreiten der Diskussion bzw. bei zunehmender Fach- und Gesprächskompetenz kann die Lehrperson diese Rolle mehr und mehr aufgeben. Die Schüler_innen sind zunehmend fähig, eigene Deutungen und Positionierung zu äußern, zu begründen und die Meinungslage im Diskurs zu überblicken. Die Schülerrolle verändert sich demensprechend von thematischen und kommunikativen Noviz_innen hin zu fachlich kompetenten Gesprächsteilnehmer_innen und Moderator_innen. Das äußert sich dann z. B. auch darin, dass die Schüler_innen in Diskussionen (sei es nun eine Gerichtsverhandlung, eine Fish-Bowl-Diskussion, etc.) argumentativ improvisieren können, da sie das Thema in der Tiefe durchdrungen haben oder dass die Lehrperson die Moderation an Schüler_innen abgibt bzw. diese stückweise aufgegeben wird, um den Gesprächsfluss nicht zu unterbrechen.

3. Der Einfluss der Themenentwicklungsebenen auf die Form des Unterrichtsgesprächs

In der konkreten Praxis des Unterrichtsgesprächs bedingen die Vorgaben und die konfessionelle Gefasstheit des Religionsunterrichts (1), die Planung der Lehrperson (2) und die Unterrichtsinteraktion (3) den Einsatz der unterschiedlichen Gesprächstypen.

3.1 *Kompetenzorientierung und konfessionelle Gefasstheit*

Die Beeinflussung der Themenentwicklungsprozesse in Unterrichtsgesprächen durch die offiziellen Vorgaben der Bildungsstandards für den Religionsunterricht sind komplex. Durch die Kompetenzorientierung als leitgebende Ordnungskategorie der Vorgaben sind die Lernprozesse auf die lebensweltliche Anwendung hin ausgerichtet. Der Religionsunterricht will die Schüler_innen durch die Auseinandersetzung mit exemplarisch gewählten Inhalten dazu befähigen, selbstständig in religiösen Angelegenheiten zu urteilen und zu handeln (Sajak / Feindt 2012, 164). Für die Unterrichtspraxis scheinen sich didaktisch demnach Formen der selbstständigen Aneignung im Sinne des entdeckenden oder problemlösenden Lernens anzubieten (Lüders 2018, 137). Im Hinblick auf Unterrichtsgespräche könnte man auf den ersten Blick annehmen, dass v. a. das Schülergespräch, das am ehesten auf eine konstruierende Themenentwicklung abhebt, diesem Anspruch gerecht wird. Die Schüler_innen selbst konstruieren das Thema, ohne dabei zwingend auf objektive Themenbestände zurückzugreifen oder von der Lehrperson gelenkt zu werden. So können die Schüler_innen z. B. bei der Arbeit mit un-entscheidbaren Fragen eigene Themendeutungen und Positionierungen entwickeln und auf die Anwendbarkeit im eigenen Leben überprüfen. Auf den zweiten Blick wird jedoch schnell deutlich, dass auch die Kompetenzorientierung konkreter Wissensbestände bedarf (Feindt 2010, 86–88). Dies äußert sich zum einen in Kompetenzformulierungen, die gezielt objektives Wissen einfordern, z. B. unterschiedliche Textgattungen der Bibel unterscheiden (DBK 2004, 14). Zum anderen fordern die Kompetenzbeschreibungen zu einer begründeten subjektiven Stellungnahme auf. Bei ihrer Begründung sind die individuellen Antworten z. B. bei der Auseinandersetzung mit un-entscheidbaren Fragen angewiesen auf Wissensbestände, die allgemein gültigen Logiken folgen, wenn sie in Konfrontation mit anderen Deutungsangeboten Bestand haben wollen. Diesem Anspruch genügt z. B. die Form der Diskussion, da sie die Verschränkung von objektiven und subjektiven Logiken begünstigen. Verdeutlicht werden kann das am Beispiel der Frage nach der Vertretbarkeit von Sterbehilfe. Die Diskussion zielt darauf ab, dass die Schüler_innen einen eigenen Standpunkt zu dieser Streitfrage entwickeln. Wenn die Argumentation im Gespräch tragfähig und intersubjektiv nachvollziehbar bleiben soll, benötigen die Schüler_innen hierfür Anhaltspunkte, anhand derer sie ihre Meinung festmachen können, wie z. B. die Definition von aktiver und passiver Sterbehilfe, die aktuelle Gesetzeslage in Deutschland sowie theologische und anthropologische Begründungsfiguren. Übernimmt die Lehrperson mit ihrem Wissensvorsprung die Moderation, kann sie auf einen geordneten Gesprächsablauf und die inhaltliche Korrektheit der objektiven Wissensbestände achten. Die Schüler_innen können im Laufe der Diskussion mehr und mehr zu gleichberechtigten Gesprächspartner_innen werden, die im Sinne der Kompetenzorientierung die vorgegebenen Themen mit Blick auf die Relevanz für das eigene Leben hinterfragen und beurteilen können (Sajak / Feindt 2012, 164), was die Lehrperson z. B. auch dazu veranlassen kann, die Diskussion in ein Schülergespräch zu verlagern.

Neben dem Verhältnis von Kompetenz und Wissen könnte sich der konfessionelle Charakter des Religionsunterrichts auf die Themenentwicklung in Unterrichtsgesprächen auswirken. So heben die Inhaltsfelder und Themenbereiche der Bildungspläne auf religiöse Phänomene und Praktiken ab, deren Inhalte sowohl objektive als auch subjektive Qualität beanspruchen (v. Stosch 2003, 139). Religiöse Gemeinschaften formulieren in Bezug auf die subjektiven Themen, die prinzipiell individuell konstruierbar und entscheidbar sind (z. B. Sterbehilfe), eine eigene Position, die sie als wahrhaftig vertreten (Gergen / Gergen 2009, 21–25; Mendl 2012, 110). Wenn religiöse Gemeinschaften mit Wahrheitsansprüchen die inhaltlichen Vorgaben für den Religionsunterricht bestimmen, könnte man annehmen, dass es im Unterrichtsgespräch zu einer Perspektivverengung auf die kirchliche Deutung kommt (Knauth 2015, 127–131). Von institutioneller Seite aus geht es bei der konfessionellen Prägung des Religionsunterrichts jedoch nicht um Vereindeutlichung, sondern um eine individuelle Auseinandersetzung mit Themen, die eine eigene Positionierung für oder gegen die kirchlich für wahr gehaltenen Themendeutungen einfordert (DBK 1996; 2005; EKD 2011). Ein Religionsunterricht, der einerseits die subjektive Qualität der Themen ernstnimmt und gleichzeitig die Position der jeweiligen Glaubenstradition nachvollziehbar machen will, ist darauf angewiesen, Themen mit religiös aufgeladenen Wahrheitsansprüchen im Sinne eines Angebots als objektive Themen zu verhandeln, die in einem zweiten Schritt von den Schüler_innen geprüft und hinterfragt werden. Im Religionsunterricht kann das da realisiert werden, wo z. B. den konstruierenden Unterrichtsgesprächen, Unterrichtsgesprächstypen vorgeschaltet werden, die die kirchliche Sicht der Dinge rekonstruierend zu entwickeln vermögen, wie zum Beispiel im Lehrgespräch. In einem anschließenden Schülergespräch oder einer Diskussion haben die Schüler_innen die Möglichkeit, die Tragfähigkeit der angebotenen Deutung für das eigene Leben zu überprüfen. In diesem didaktischen Szenario werden die Lernenden also nicht aufgefordert, einen bestimmten Zugang zum Thema als wahr zu erachten, sondern ihn zu hinterfragen, mit anderen Zugängen abgleichen und schließlich eine Positionierung im und gegen den Sinn der Glaubenstradition begründet beziehen zu können.

3.2 Entscheidungen der Lehrperson in Bezug auf Inhalt und Lernvoraussetzungen

Die Themenentwicklung auf der zweiten Ebene definiert sich maßgeblich durch die Planung der Lehrperson, die das Lehr-Lernsetting der Unterrichtsstunde entwirft. Die Entscheidung, welches Unterrichtsgespräch an welcher Stelle im Lehr-Lernsetting wie inszeniert werden soll, trägt dabei wesentlich zur Art und Weise bei, wie sich ein Thema entwickeln kann. Bei dieser Entscheidung hat die Lehrperson idealer Weise sowohl die inhaltlichen Kernaspekte sowie die Lernvoraussetzungen der Schüler_innen im Blick (Schweitzer / Haen / Krimmer 2019, 18).

Es liegt hier an der Lehrperson, in der Unterrichtsplanung aus den Möglichkeiten der unterschiedlichen Gesprächsformen, die objektive und subjektive Themen auf unterschiedliche Art entwickeln, eine Choreographie zu entwerfen, die die geplante Themenentwicklung methodisch unterstützt.

In einer Sequenz zur Sterbehilfe könnte man z. B. mit einer freien Assoziation zum Thema einsteigen, welche aufgrund ihres dezidiert subjektiven Charakters ein Schülergespräch nahelegt. Im Folgenden werden wahrscheinlich Positionen verschiedener Institutionen zur Sterbehilfe erarbeitet. Wenn das in einem Unterrichtsgespräch geschehen soll, könnte hier wegen des objektiven Charakters des Inhalts ein fragend-entwickelndes Gespräch gewählt werden. Da es sich um ein potentiell kontrovers verhandelbares Thema handelt, ist es wahrscheinlich, dass die Schüler_innen im Verlauf der Stunde angeleitet werden, sich über die Überzeugungskraft der erarbeiteten Positionen auszutauschen. Weil sich bei dieser Thematik allgemein verbindliche Positionen (etwa der Institutionen) und Aspekte mit persönlichen Bezug (Überzeugungskraft) durchmischen, wäre die Diskussion aufgrund ihres rekonstruierendem und zugleich konstruierendem Charakters eine mögliche Gesprächsform. Das Beispiel zeigt, wie sich in der Planung einer Stunde der Charakter des verhandelten Themas und die Wahl der Form des Unterrichtsgesprächs miteinander verschränken.

Bezieht die Lehrperson nun die Lernvoraussetzungen z. B. mit Blick auf die kommunikativen Kompetenzen, das Vorwissen und die Erfahrungen der Schüler_innen in ihre Überlegungen mit ein, kann sich die Wahl des Gesprächstyps verändern. Manchmal führt diese Analyse dazu, dass ein geplantes Gespräch gar nicht eingesetzt werden kann. Die institutionellen Positionen zur Sterbehilfe mittels eines fragend-entwickelnden Unterrichtsgesprächs zu erarbeiten, erfordert ein Mindestmaß an Vorwissen der Schüler_innen. Ist dieses Maß nicht vorhanden, kann auch das Gespräch nicht gelingen. Im Fall der Fälle wäre diesem Unterrichtsgespräch also z. B. eine arbeitsteilige Gruppenarbeit vorzuschalten, in der sich die Schüler_innen mit jeweils einer der zu erarbeitenden Positionen vertraut machen und sich ihre Erkenntnisse in einem Schülergespräch gegenseitig mitteilen. Im anschließenden eher fragend-lenkendes Gespräch kann dann die Lehrperson etwaige inhaltliche Fehler korrigieren. An diesem Beispiel wird deutlich, dass die Analyse der Lernvoraussetzungen Varianzen in die gewählte Gesprächsform eintragen kann. Manchmal ist es aufgrund dieser Analyse sogar pädagogisch opportun, eine von der Sache her nahe liegende Gesprächsform durch eine andere zu ersetzen. Wenn sich in der Lerngruppe z. B. Schüler_innen befinden, die sich – evtl. aufgrund ihrer Leistungsschwäche oder weil sie schüchtern sind – in Diskussionen selten bis nie äußern, kann es pädagogisch angemessen sein, im obigen Beispiel die Diskussion durch ein gelenktes Unterrichtsgespräch zu ersetzen. Offensichtlich wird diese Gesprächsform dem objektiv-subjektiven Charakter des verhandelten Inhalts weniger gerecht als eine Diskussion. Allerdings gewährt das gelenkte Unterrichtsgespräch allen Lernenden die Möglichkeit, ihren eigenen Zugang zur Thematik auszudrücken und somit nicht nur die Position der Meinungsführerinnen in der Klasse kennen zu lernen. In diesem Fall würde die Analyse der Lernvoraussetzungen also dazu führen, die von der Sache her ideale Gesprächsform durch eine von der Sache her weniger nahe liegende Gesprächsform zu ersetzen, weil es pädagogische Erwägungen gebieten.

Natürlich bedingen noch weitere Faktoren die Wahl des Unterrichtsgesprächs, wie etwa die zur Verfügung stehende Zeit oder die Stellung der Stunde im Kontext der gesamten Unterrichtsreihe (Riegel / Delling 2019, 411). Diese Faktoren können hier aus Platzgründen jedoch nicht weiter ausgeführt werden.

3.3 *Die Dynamik der Interaktion zwischen Lehrer_innen und Schüler_innen*

Innerhalb der Lehrer-Schüler-Interaktion entwickelt sich das Thema weiter. In der konkreten Unterrichtssituation trifft die „singuläre, individuelle Sicht von Lehrerinnen und Lehrern auf das Thema [...] auf viele Perspektiven der Schülerinnen und Schüler [...]." (Bahr 2010, 489) Bei diesem Zusammentreffen beeinflussen sich die Lehrperson und die Schüler_innen gegenseitig in ihrem Verhalten und in ihrer Perspektive auf das Thema. Das macht die Themenentwicklung auf dieser Ebene zu einem dynamischen und komplexen Prozess, der einen flexiblen Wechsel der Unterrichtsgesprächsformen zur Konsequenz haben kann.

In kommunikativer Hinsicht stellen Fragen und Gesprächsimpulse sowie das Rückmeldeverhalten der Lehrperson zentrale Weichen für die Themenentwicklung in den unterschiedlichen Gesprächstypen (Lüders 2018, 142). Die Qualität des Impulses bzw. der Frage bedingt dabei nicht selten die Qualität der Antwort der Schüler_innen (Kolenda 2010, 147; 149). Im rekonstruierenden Unterrichtsgespräch stehen dabei unterschiedliche Fragetypen im Vordergrund. Wissensfragen (Lüders 2018, 141; Lachmann 2011, 127) dienen hierbei der Wiederholung von Sachwissen. Die Frage *„Wie heißen die 4 Evangelisten?"* kann eindeutig beantwortet werden und ist nicht diskutierbar. Sogenannte Denkfragen, Analysefragen und Aufforderungen zur Stellungnahme sind kognitiv anspruchsvoller (Huwendiek 2014, 86). Die Antwort auf die Frage *„Inwiefern kann man Bezüge zwischen dem Triptychon von Memling und der christlichen Eschatologie herstellen?"* kann individuell unterschiedlich ausfallen und lässt theoretisch ein weiterführendes Gespräch zu, dass das Unterrichtsthema in seiner Tiefe ergründet, indem es die einzelnen Schülerantworten anfragt, überprüft etc. Für Diskussionen und im Schülergespräch gestaltet sich diese Dynamik ähnlich, allerdings arbeiten Lehrpersonen hier eher mit Operatoren (z. B. *nennen; diskutieren*) bzw. mit Aufgabenstellungen. Über den Einsatz der jeweiligen Fragen kann die Lehrperson die Form des Unterrichtsgesprächs unterstützen oder wenn nötig wechseln. Wenn in einem Schülergespräch bspw. deutlich wird, dass die Schüler_innen sich nicht über ihre persönliche Einschätzung zum Thema Sterbehilfe austauschen können, weil sie nicht wissen, was Sterbehilfe eigentlich bedeutet, kann die Lehrperson das Schülergespräch an dieser Stelle unterbrechen und über eine Wissensfrage hier die Definition der Sterbehilfe einholen.

Inwiefern die Antworten der Schüler_innen Eingang in die Themenentwicklung finden, hängt nach Deurer (2018, 188) auch mit dem Umgang mit den geäußerten Schülerantworten ab. Deutungsoptionen, die von den Schüler_innen genannt werden, können da zu neuen Erkenntnissen führen, wo sie nicht vorschnell durch die Lehrperson eingeebnet werden. Lüders (2018, 141) zeichnet mehrere Möglichkeiten dieses Umgangs mit Schülerantworten nach. Zum einen können Schülerantworten von der Lehrperson z. B. als korrekt oder inkorrekt bewertet werden. Auch kann die Lehrperson die Schülerantwort zunächst einmal neutral zur Kenntnis nehmen, durch ein „mhmh" oder „ok", ohne diese zu bewerten. Diese Formen der Rückmeldung führt nach Lüders (2018, 141) dazu, dass das Gespräch relativ schnell verebbt oder ein bloßes Nebeneinander einzelner Antworten bleibt. Nach Heil (2012, 61) kann die Lehrperson alternativ auch eine weiterführende Frage stellen, die Bewertung der Antwort an die Gruppe weitergeben oder über die Einspielung von Kontexten auf die Weiterentwicklung der Antwort drängen. Lüders (2018, 147–148) sowie Heil (2012, 59) gehen davon aus, dass sich so ein Unterrichtsgespräch einstellt, das, egal ob rekonstruierend oder konstruierend, an thematischer Tiefe und kognitivem Niveau gewinnt.

Auch bleibt zu bedenken, dass es durch die wechselseitige Beeinflussung der Akteur_innen zu einer Verschiebung der anvisierten Themenentwicklung oder einer Verschiebung der Form des Unterrichtsgesprächs kommen kann. Wenn die Lehrperson im Vorhinein angedacht hat, die Position der katholischen Kirche zum Thema Sterbehilfe als ein Thema, dem ein objektive Logik zu Grunde liegt, in einem fragend-entwickelnden Unterrichtsgespräch zu rekonstruieren, kann dieses aus mehreren Gründen anders verlaufen als geplant: Schüler_innen wollen die Position sofort diskutieren, anstatt sie zunächst zu erarbeiten und nachzuvollziehen. Oder aber sie verstehen die Fachbegriffe nicht. Ein fragend-lenkendes Gespräch kann sich dann je nach kommunikativen Management der Lehrperson mehr zu einer Diskussion hin entwickeln. Auch ist es der Lehrperson in der Praxis vielleicht nicht möglich, ihre eigene Planung umzusetzen (Riegel / Leven 2016, 84). Z. B. kann sie auf Planungsebene entscheiden, die kirchliche Position und deren Gültigkeitsanspruch innerhalb eines fragend-lenkendem Gespräch erarbeiten zu wollen, um es anschließend von den Schüler_innen hinterfragen zu lassen. In der unterrichtlichen Umsetzung wird dann aber weder der Gültigkeitsanspruch herausgearbeitet, noch bezieht die Lehrperson in der Phase des Hinterfragens selbst Stellung zu diesem Thema (Englert / Hennecke / Kämmerling 2014, 111–113; 123–125). Denkbar wäre auch, dass die Lehrperson in der Phase des Hinterfragens so agiert, dass die Schüler_innen den Eindruck gewinnen, dass ein wirkliches Hinterfragen kirchlicher Positionen nicht legitim sei (Riegel / Leven 2016, 84–85; Roose 2019).

Für die Gestaltung der Themenentwicklung in einem bestimmten Unterrichtsgesprächstyp ist ebenfalls entscheidend, welche Rolle die Lehrperson und die Schüler_innen zugeschrieben bekommen und welche sie annehmen. Unterrichtsgespräche mit konstruierenden Anteilen weisen den Schüler_innen eine aktive Rolle zu. Gerade in Schülergesprächen sind sie aufgefordert, selbstständig Lösungen zu formulieren (Roose 2017, 284). Die Lehrperson hingegen ist dazu angehalten, sich selbst zurückzunehmen und im Gespräch die Rolle der

Moderator_in, Motivator_in bzw. Auditor_in einzunehmen (Bertram / Franzmann 2019, 118–120). Wenn die Schüler_innen diese Rolle aber zurückweisen, z. B. indem sie die Rückmeldung der Lehrperson einfordern, damit sie sich sicher sein können, alles richtig zu machen, oder aber wenn die Lehrperson ihre institutionell begründete Vormachtstellung nicht aufgeben kann, kann dies zur Steuerung des Gesprächs durch die Lehrperson führen (Roose 2017, 284). Die konstruierende Themenentwicklung kann dabei durchaus noch gegeben sein, allerdings hat sich der Gesprächstypus in ein fragend-entwickelndes Gespräch verändert.

4. Fazit

Die Themenentwicklung in den unterschiedlichen Typen der Unterrichtsgespräche lässt sich am ehesten vor dem Hintergrund der kompetenzorientierten und konfessionell geprägten Vorgaben, der Planung der Lehrperson und dem dynamischen Charakter der Lehrer-Schüler-Interaktion bewerten. Auf rein formaler Ebene begünstigen zwar rekonstruierenden Unterrichtsgespräche eher die Auseinandersetzung mit entscheidbaren Fragen und konstruierenden Unterrichtsgespräche die Auseinandersetzung mit un-entscheidbaren Fragen. Jedoch hat der Blick auf die einzelnen Ebenen der Themenentwicklung gezeigt, dass eine solche Zuordnung zu kurz greift. Kompetenzorientierte Vorgaben und konfessionelle Rahmung lassen die Gestaltung der Auseinandersetzung mit den einzelnen Themenbereichen weitestgehend offen. Die Lehrperson entscheidet vor dem Hintergrund der Lernvoraussetzungen, inwiefern eine entscheidbare Frage in einem fragend-lenkendem Gespräch oder einer Schülerdiskussion bearbeitet werden soll. In der konkreten Lehrer-Schüler-Interaktion gestaltet sich die Themenentwicklung dynamisch und macht einen flexiblen Umgang mit den einzelnen Unterrichtsgesprächsformen erforderlich.

Die Erforschung dieser Dynamiken in den Unterrichtsgesprächen ist in den letzten Jahren gerade mit Fokus auf die un-entscheidbaren Fragen (Schwarzkopf 2016; Freudenberger-Lötz 2007; Roose 2019), die verbale Kommunikation (Reese-Schnitker 2018; Schulte 2018; Deurer 2018) und den unterschiedlichen Lehrer- und Schülerrollen (Bertram / Franzmann 2019; Roose 2017) vorangetrieben worden. Forschungsperspektiven tun sich z. B. im Hinblick auf die Frage nach der Lernwirksamkeit z. B. der konstruierenden Unterrichtsgespräche auf (Lüders 2018, 152) oder inwiefern nonverbale Kommunikation zur Themenentwicklung beiträgt.

Literatur

BAHR, MATTHIAS (2010), Didaktische Analyse und Elementarisierung. Planung des Unplanbaren, in: HILGER, GEORG / LEIMGRUBER, STEPHAN / ZIEBERTZ, HANS-GEORG (Hrsg.), Religionsdidaktik. Ein Leitfaden für Studium, Ausbildung und Beruf, München, 498–512.

BECKER-MROTZEK, MICHAEL / VOGT, RÜDIGER ([2]2009), Unterrichtskommunikation. Linguistische Analysemethoden und Forschungsergebnisse (Germanistische Arbeitshefte 38), Berlin.

BERTRAM, DANIEL / FRANZMANN, MARCEL (2019), Die Rolle der Lehrkraft in Unterrichtsgesprächen: ModeratorIn – MotivatorIn – AuditorIn, in: Katechetische Blätter 144, 117–122.

BITTNER, STEFAN (2006), Das Unterrichtsgespräch. Formen und Verfahren des dialogischen Lehrens und Lernens (Erziehen und Unterrichten in der Schule), Bad Heilbrunn.

DEURER, REBECCA GITA (2018), Ein Text, zwei Menschen, drei Lesarten. Interaktive Interpretationen eines biblischen Textes in offenen Unterrichtsgesprächen, Bad Heilbrunn.

DBK – SEKRETARIAT DER DEUTSCHEN BISCHOFSKONFERENZ (1996), Die bildende Kraft des Religionsunterrichts (56), Bonn.

DBK – SEKRETARIAT DER DEUTSCHEN BISCHOFSKONFERENZ (2004), Kirchliche Richtlinien zu Bildungsstandards für den katholischen Religionsunterricht in den Jahrgangsstufen 5-10/ Sekundarstufe I (Mittlerer Schulabschluss) (78), Bonn.

DBK – SEKRETARIAT DER DEUTSCHEN BISCHOFSKONFERENZ (2005), Der Religionsunterricht vor neuen Herausforderungen (80), Bonn.

EKD – KIRCHENAMT DER EVANGELISCHE KIRCHE IN DEUTSCHLAND (2010), Kerncurriculum für das Fach Evangelische Religionslehre in der gymnasialen Oberstufe. Themen und Inhalte für die Entwicklung von Kompetenzen religiöser Bildung (109), Hannover.

EKD – KIRCHENAMT DER EVANGELISCHE KIRCHE IN DEUTSCHLAND (2011), Kompetenzen und Standards für den Evangelischen Religionsunterricht in der Sekundarstufe I. Ein Orientierungsrahmen (111), Hannover.

ENGLERT, RUDOLF / HENNECKE, ELISABETH / KÄMMERLING, MARKUS (2014), Innenansichten des Religionsunterrichts. Fallbeispiele – Analysen – Konsequenzen, München.

FAUST-SIEHL, GABRIELE (1987), Themenkonstitution als Problem von Didaktik und Unterrichtsforschung, Weinheim.

FAUST-SIEHL, GABRIELE (2002): Gesprächsformen, in: GOTTFRIED, BITTER (Hrsg.), Neues Handbuch religionspädagogischer Grundbegriffe, München, 474–477.

FEINDT, ANDREAS (2010), Kompetenzorientierter Unterricht – wie geht das? Didaktische Herausforderungen im Zentrum der Lehrerarbeit, in: Lehrerarbeit. Lehrer sein, Friedrich Jahresheft XXVIII, 85–89.

FENDT, TANJA (2019): Schülervorstellungen im Zentrum des Unterrichtsgespräches – Kokonstruktive Lernprozesse im Chemieunterricht. Bamberg: University of Bamberg Press (Schriften aus der Fakultät Humanwissenschaften der Otto-Friedrich-Universität Bamberg 30).

FREUDENBERGER-LÖTZ, PETRA (2007), Theologische Gespräche mit Kindern – Chancen und Herausforderungen für die Lehrer/innenausbildung, in: Theo-Web. Zeitschrift für Religionspädagogik 6, 12–20, Zugriff am 18.09.20 https://www.theo-web.de/zeitschrift/ausgabe-2007-01/3.pdf.

GERGEN, KENNETH / GERGEN, MARY M. (2009), Einführung in den sozialen Konstruktionismus, Heidelberg.

GRÜMME, BERNHARD (2017), Heterogenität in der Religionspädagogik. Grundlagen und konkrete Baustein, Freiburg i. Br. u. a.

HEIL, STEFAN (2012), Abduktive Korrelation – Weiterentwicklung der Korrelationsdidaktik, in: GRÜMME, BERNHARD / LENHARD, HARTMUT / PIRNER, MANFRED L. (Hrsg.), Religionsunterricht neu denken. Innovative Ansätze und Perspektiven der Religionsdidaktik. Ein Arbeitsbuch (Praktische Theologie, Religionspädagogik, Diakonie), Stuttgart, 55–67.

HELMKE, ANDREAS ([5]2014), Unterrichtsqualität und Lehrerprofessionalität. Diagnose, Evaluation und Verbesserung des Unterrichts (Unterricht verbessern – Schule entwickeln, Schule weiterentwickeln, Unterricht verbessern. Orientierungsband), Seelze-Velber.

HUWENDIEK, VOLKER ([7]2014), Unterrichtsmethoden, in: BOVET, GISLINDE / HUWENDIEK, VOLKER / ABELE, ULRICH (Hrsg.), Leitfaden Schulpraxis. Pädagogik und Psychologie für den Lehrberuf, Berlin, 70–106.

KLINGBERG, LOTHAR (1990), Lehrende und Lernende im Unterricht, Berlin.

KNAUTH, THORSTEN (2015), Dialog und Sinnkonstitution im Religionsunterricht, in: GEBHARD, ULRICH (Hrsg.), Sinn im Dialog. Zur Möglichkeit sinnkonstituierender Lernprozesse im Fachunterricht, Wiesbaden, 125–146.

KOLENDA, SANDY (2010), Unterricht als bildendes Gespräch. Richard Rorty und die Entstehung des Neuen im sprachlichen Prozess (Studien zur Bildungsgangforschung 28), Opladen.

LACHMANN, RAINER ([4]2011), Gesprächsmethoden im Religionsunterricht, in: LACHMANN, RAINER / ADAM, GOTTFRIED (Hrsg.), Methodisches Kompendium für den Religionsunterricht 1, Göttingen, 113–136.

LÜDERS, MANFRED (2018), Unterrichtssprache und indirekt instruierendes Lehrerverhalten, in: SCHULTE, ANDREA (Hrsg.), Sprache. Kommunikation. Religionsunterricht. Gegenwärtige Herausforderungen religiöser Sprachbildung und Kommunikation über Religion im Religionsunterricht. Leipzig: Evangelische Verlagsanstalt (Studien zur Religiösen Bildung 15), 137–156.

MENDL, HANS (2012), Konstruktivistische Religionspädagogik, in: GRÜMME, BERNHARD / LENHARD, HARTMUT / PIRNER, MANFRED L. (Hrsg.), Religionsunterricht neu denken. Innovative Ansätze und Perspektiven der Religionsdidaktik. Ein Arbeitsbuch (Praktische Theologie, Religionspädagogik, Diakonie), Stuttgart, 105–118.

MEYER, HILBERT ([5]1992), Unterrichtsmethoden I: Theorieband, Frankfurt a. M.

MEYER, HILBERT ([12]2007), Unterrichtsmethoden II: Praxisband, Berlin.

PEMSEL-MAIER, SABINE (2010), In der Spannung von Offenbarungsinhalten und Subjektorientierung: Themenkonstitution in der Religionsdidaktik, in: LANGE, HARALD / SINNING, SILKE (Hrsg.), Kultur und Gesellschaft Fachdidaktik und Themenkonstitution in den geistes- und sozialwissenschaftlichen Fächern und Lernbereichen (Forschungs- und Lehrzusammenhang Themenkonstitution 9), Hohengehren, 77–98.

REESE-SCHNITKER, ANNEGRET (2017), Gelungene Unterrichtsgespräche: Miteinander ins Gespräch kommen, in: GARSKE, VOLKER / NAUERTH, THOMAS / NIERMANN, ANJA (Hrsg.), Vom Können erzählen. Ein Lesebuch zum Frieden. FS Egon Spiegel (Friedenswissenschaft 6), Berlin, 163–166.

REESE-SCHNITKER, ANNEGRET (2018), Interaktive Lernprozess im Kontext biblischen Lernens – Eine sequentielle Gesprächsfeinanalyse, in: SCHAMBECK, MIRJAM / RIEGEL, ULRICH (Hrsg.), Was im Religionsunterricht so läuft. Wege und Ergebnisse religionspädagogischer Unterrichtsforschung, Freiburg, Basel, Wien, 233–251.

REICHERTZ, JO (2013), Grundzüge des kommunikativen Konstruktivismus, in: KELLER, REINER / REICHERTZ, JO / KNOBLAUCH, HUBERT (Hrsg.), Kommunikativer Konstruktivismus Elektronische Ressource. Theoretische und empirische Arbeiten zu einem neuen wissenssoziologischen Ansatz (Wissen, Kommunikation und Gesellschaft, Schriften zur Wissenssoziologie), Wiesbaden, 49–68.

RIEGEL, ULRICH ([2]2014), Religionsunterricht planen. Ein didaktisch-methodischer Leitfaden für die Planung einer Unterrichtsstunde, Stuttgart.

RIEGEL, ULRICH (2018), Wie Religion in Zukunft unterrichten? Zum Konfessionsbezug des Religionsunterrichts von (über-)morgen, Stuttgart.

RIEGEL, ULRICH / DELLING, SARAH (2019), Dealing with worldviews in religious education. Thematic analysis on the topical structure of German RE, in: Journal of Beliefs and Values-Studies in Religion and Education 40, 4, 403–415.

RIEGEL, ULRICH / LEVEN, EVA- MARIA (2016), How do German RE teachers deal with truth claims in a pluralist classroom setting?, in: Journal of Religious Education 64, 75–86.

ROOSE, HANNA (2017), Familienähnlichkeit. Das fragend-entwickelnde Gespräch und das theologische Gespräch, in: theo-web. Zeitschrift für Religionspädagogik, 275–289, Zugriff am 18.09.20https://www.theo-web.de/fileadmin/user_upload/TW_pdf2_2017/21_Roose .pdf.

ROOSE, HANNAH (2019), *Kindertheologie* und schulische Alltagspraxis eine Studie zum Verhältnis von kindertheologischen Normen und eingeschliffenen Routinen im Religionsunterricht, Stuttgart.

SAJAK, CLAUß PETER / FEINDT, ANDREAS (2012), Räume zur selbsttätigen Aneignung schaffen. Zur Signatur kompetenzorientierter Unterrichtsgestaltung im Religionsunterricht, in: Theo-Web. Zeitschrift für Religionspädagogik 11, 164–178, Zugriff am 18.09.20 https://www.theo-web.de/zeitschrift/ausgabe-2012-01a/10.pdf.

SCHAMBECK, MIRJAM (2015), Korrelationskonturen. Von der Weite des Korrelationsgedankens, eingeschlichenen Missverständnissen und „Chiffren" als Brücke zwischen Lebensdeutung und Glaubenstradition, in: SCHAMBECK, MIRJAM / PEMSEL-MAIER, SABINE (Hrsg.), Keine Angst vor Inhalten! Systematisch-theologische Themen religionsdidaktisch erschließen, Freiburg i. Br., 40–66.

SCHULTE, ANDREA (2018), Sprache. Kommunikation. Religionsunterricht. Gegenwärtige Herausforderungen religiöser Sprachbildung und Kommunikation über Religion im Religionsunterricht (Studien zur Religiösen Bildung StRB 15), Leipzig.

SCHWARZKOPF, THERESA (2016), Vielfältigkeit denken. Wie Schülerinnen und Schüler im Religionsunterricht argumentieren lernen (Religionspädagogik innovativ 15), Stuttgart.

SCHWEITZER, FRIEDRICH / HAEN, SARA / KRIMMER, EVELYN (2019), Elementarisierung 2.0: Religionsunterricht vorbereiten nach dem Elementarisierungsmodell, Göttingen.

THIEL, FELICITAS (2016), Interaktion im Unterricht. Ordnungsmechanismen und Störungsdynamiken, Opladen, Toronto.

TRENZ, GÜNTER ([7]2008), Interaktionsprozess im Unterricht, in: BOVET, GISLINDE / HUWENDIEK, VOLKER / ABELE, ULRICH (Hrsg.), Leitfaden Schulpraxis. Pädagogik und Psychologie für den Lehrberuf. Berlin, 397–416.

V. STOSCH, KLAUS (2003), Was sind religiöse Überzeugungen, in: JOAS, HANS / SCHÄRTL, THOMAS (Hrsg.), Was sind religiöse Überzeugungen, Göttingen, 103–146.

WEINERT, FRANZ E. (2001), Vergleichende Leistungsmessung in Schulen – eine umstrittene Selbstverständlichkeit, in: WEINERT, FRANZ E. (Hrsg.), Leistungsmessungen in Schulen, Weinheim, 17–31.

WENHOLT, TINA (2010), Zwischen Gewissheit und Ungewissheit: Themenkonstitution und Themenentwicklung in Situationen bewegten Unterrichts, in: FREI, PETER (Hrsg.), Ungewissheit. Sportpädagogische Felder im Wandel; Jahrestagung der dvs-Sektion Sportpädagogik vom 11.-13. Juni 2009 in Hildesheim (Schriften der Deutschen Vereinigung für Sportwissenschaft 200), Hamburg, 241–247.

WOLTERS, PETRA / LÜSEBRINK, ILKA (2019), Themenkonstitution und Reflexion. Fallstudien zur Bedeutung der Themenkonstitution für einen reflektierten Sportunterricht, in: Zeitschrift für sportpädagogische Forschung 7, 31–48.

WOPPOWA, JAN (2018), Religionsdidaktik, Paderborn.

„Ich versteh dat niet ganz“ Auf der Suche nach dem bildenden Moment im offenen Unterrichtsgespräch über einen biblischen Text

Rebecca Gita Deurer

Gott verzeiht jetzt auf irgendeine Art und Weise leichtsinnig (131f.)[1], konstatiert Leonie in einem offenen Unterrichtsgespräch[2] über Kain und Abel (Gen 4,1–16) und löst eine angeregte Diskussion unter ihren Mitschüler_innen aus. Im weiteren Verlauf des Gesprächs werden von den Gesprächsteilnehmer_innen unterschiedliche Textinterpretationen artikuliert, abgeglichen und modifiziert. Hierbei werden die verschiedenen Deutungen mithilfe von textimmanenten und textexmanenten Informationen gestützt, Konsense benannt und Dissense erörtert.

Unterrichtsgespräche, wie dieses, sind elektrisierend. Man glaubt zu spüren, wie „biblisches Verstehen [...] im Rahmen des Miteinanderverstehens bzw. Miteinanderlernens“ (Theis 2009, 328) entsteht. Es sind Kommunikationen, bei denen es zu einer „Qualifizierung des theologischen Denkvermögens der Beteiligten und [...] eine[m] Erkenntniszuwachs“ (Reese-Schnitker 2013, 137) zu kommen scheint.

In diesem Artikel soll auf Spurensuche nach biblischen Lernprozessen in offenen Unterrichtsgesprächen gegangen werden oder anders ausgedrückt, warum dürfen wir den Optimismus haben, dass solche Gespräche bildende Momente bergen und wir nicht nur, elektrisiert durch den Ablauf der Kommunikation, den Eindruck haben.

Im Verlauf der folgenden Zeilen soll zuerst der Grund für den Optimismus, biblische Lernprozesse in Unterrichtsgesprächen nachvollziehen zu können,

1 Im Folgenden werden alle Zitate aus Interviewausschnitten kursiv gesetzt. Dieses Zitat stammt aus einem bisher unveröffentlichten Unterrichtsgesprächsausschnitt. Der gesamte Ausschnitt ist am Ende dieses Beitrages abgedruckt.

2 In einem offenen Unterrichtsgespräch wird eine inhaltsgebundene, jedoch ziel- und ergebnisoffene Kommunikation angestrebt und mit dem Terminus „offen“ der Ausgangspunkt sowie das Ziel der verbalen Interaktion beschrieben. Gedacht ist an intensive, diskursive Gespräche. Im schulischen Alltag können jedoch auch in längeren offenen Unterrichtsgesprächen Momente der Aneinanderreihung von Beiträgen der Schüler_innen, kurze Lehrervorträge oder wenige enge Fragen der Lehrkraft im Gesprächsverlauf eines „offenen Gesprächs“ vorkommen (vgl. dazu im Vergleich das Verständnis der „echten Unterrichtsgespräche“ in dieser Unterrichtsforschungsstudie Kapitel *„Das methodische Vorgehen in der Unterrichtsstudie“* 194)

erläutert werden (1), bevor anhand einer Schlüsselpassage die „Resonanz der Schülerinnen und Schüler auf den Text“ (Niehl 2006, 448) in der Kommunikation skizziert wird (2). Abgerundet werden soll der Artikel mit einem Plädoyer, sich Zeit zu nehmen, offene Unterrichtsgespräche zu führen (3).

1. Biblische Lernprozesse. Interaktive Interpretationen eines biblischen Textes in offenen Unterrichtsgesprächen

Zwei Interaktionen kennzeichnen biblische Lernprozesse in Unterrichtsgesprächen. Auf der einen Seite sind die individuellen Kommunikationen zwischen dem biblischen Text und den Lesenden zu nennen. Auf der anderen Seite stehen die Wechselbeziehungen zwischen Gesprächspartner_innen.

1.1 *Interaktionen zwischen Text und Leser_innen*

Leonie fokussiert Gen 4,15[3] in einem Gesprächsbeitrag über die Erzählung von Kain und Abel. Aus ihrer Perspektive *verzeiht* (131f.) Gott *auf irgendeine Art und Weise leichtsinnig* (132). Obwohl ihre Bewertung, Gottes Handeln sei *leichtsinnig* (132), im folgenden Gesprächsverlauf angezweifelt wird, artikuliert keiner der Gesprächsteilnehmer Kritik an Leonies Annahme, dass Gott *verzeiht* (131f.). Zwei ihrer Mitschülerinnen teilen sogar explizit diese Lesart der Bibelstelle und verwenden den gleichen Terminus (*verzeiht* 149.157) in ihren Beiträgen. Interessanterweise wird jedoch weder der Begriff „verzeihen“ noch der Grund für Gottes Handeln in Gen 4,1–16 genannt.

Leonies Lesart ist legitim, wenn man einen funktionalen Textbegriff zugrunde legt. Lesen wird vor diesem Hintergrund nicht als eine „passive Rezeption dessen, was im jeweiligen Text an Informationen enthalten ist“ (Artelt u. a. 2002, 56), betrachtet, sondern als eine „selbstständige (Re)konstruktion der Textbedeutung“ (ebd.). Der „Leser als Sinnstifter“ (Schambeck 2009, 41) nähert sich verstehend, erklärend und deutend dem Text an und verbindet aktiv die im Text enthaltenen Informationen mit seinem „Vor-, Welt- und Sprachwissen“ (ebd.). Im schöpferischen Prozess des Textverstehens füllen die Leser_innen die Leerstellen im Text, „um das Werk in den eigenen Verstehenshorizont einverleiben zu können“ (Theis 2015, 88) und erfahren gleichzeitig

3 „Der Herr sprach zu ihm: Darum soll jeder, der Kain erschlägt, siebenfacher Rache verfallen. Darauf machte der Herr dem Kain ein Zeichen, damit ihn keiner erschlage, der ihn finde.“ (Gen 4,15)

durch den Eigengehalt der Niederschrift eine Einschränkung ihrer Lesart. In diesem dialogischen und dialektischen Geschehen können unterschiedliche Lektüreprozesse zu „oft verblüffend vielfältig[en] und manchmal sogar widersprüchlich[en]" (ebd.) Lesarten führen, die wiederum den Ausgangspunkt für biblische Unterrichtsgespräche bieten.

1.2 *Interaktionen im Gespräch*

In biblischen Unterrichtsgesprächen artikulieren die Schüler_innen – bestenfalls adressatengerecht – ihre unterschiedlichen Lesarten des Textes und setzen sie der Kritik ihrer Religionsunterrichtsklasse aus. Die verschiedenen Deutungen erfahren eine „Bewährungsprobe" (Porzelt 2012, 116) durch die Gesprächsteilnehmer_innen, die die individuellen Lesarten mit dem Text abgleichen.

Textinterpretationen, die kritisiert werden, fordern die ursprünglichen Verfasser_innen der jeweiligen Lesart auf, ihre Deutungen nochmal mit dem Text abzugleichen. Erneut muss die Niederschrift verstanden, genutzt und über sie reflektiert werden (OECD 2001, 23), bevor die ursprünglichen Textdeutungen modifiziert, korrigiert oder – falls die Einwände zurückgewiesen werden – durch zusätzliche Argumente verteidigt werden. Geschult wird bei diesem Prozess nicht nur die Gesprächs-, sondern auch die Lesekompetenz.

Die Lesekompetenz wird auch bei den Zuhörer_innen gefördert. Sie sind gefordert, „fremde Sichtweisen nachzuvollziehen, um immer wieder neu abzuwägen, wie es denn um die Stimmigkeit ihrer eigenen, bisherigen Lesarten bestellt ist." (Porzelt 2012, 116)[4]

Sowohl die Zuhörer_innen wie auch die Sprecher_innen partizipieren in diesen Gesprächen an den Gedankengängen ihrer Mitschüler_innen und suchen teilweise „nach einer besseren, interessanteren, ergebnisbereichernden Antwort." (Deurer 2019, 86) Diese Form der Partizipation, folgt man den Ausführungen des Philosophen und Literaturwissenschaftler Richard Rorty, ist essentiell für das „Inganghalten" (ders. 1987, 409) einer Kommunikation. Es sind, so deutet Sandy Kolenda Rortys Ausführungen, bildende Gespräche (u. a. dies. 2010, 37), die erst ihr Ende finden und zu normalen kommunikativen Auseinandersetzungen werden, wenn die beteiligten Personen die Ansicht vertreten, dass sie eine letztgültige Wahrheit auf eine Fragestellung gefunden haben. Kennzeichnend für das Bildungsgeschehen in diesen Gesprächen sind deren hermeneutische und poetische Dimension.

4 Dieses Phänomen konnte im Rahmen einer qualitativen Studie zu interaktiven Interpretationen eines biblischen Textes in offenen Unterrichtsgesprächen aufgezeigt werden (Deurer 2018, 188).

Das Unvertraute wird, so Rorty, in der hermeneutischen Tätigkeit studiert und bewältigt. Dieser Vorgang markiert den Beginn der Verstehensprozesse. Erst wenn man dem Unvertrauten ausgeliefert ist, um es zu bewältigen, entsteht ein Erkenntnisgewinn und Neues kann kreiert werden.

Bei der spielerisch-experimentellen Seite, der poetischen Dimension der Kommunikation, wird sowohl „mit den eigenen Beschreibungen und Vokabular wie auch mit denen von anderen Menschen" (Deurer 2018, 67) experimentiert.

Auch der Soziologe Max Miller vertritt die These, dass Gespräche einen bildenden Moment bergen können. Den Ausgangspunkt von Lernprozessen in der mündlichen Auseinandersetzung bildet für ihn das „gemeinsame Wissen über Differenzen" (ders. 2006, 285), der Dissens, bei dem es zu einer Explorierung der Differenzen kommt. „Schritt für Schritt [kommt es bei diesem Vorgang zu einem] tieferen wechselseitigen Verstehen" (ebd.). So kann im Verlauf einer kollektiven Auseinandersetzung, nach Miller, ein Produkt entstehen, dass über die Summe der Einzelbeiträge hinausgeht. Das Kommunikationssystem lernt etwas Neues.

Dieses Lerngeschehen kann, nach Miller, in der Kommunikation nicht beobachtet werden. Nachvollzogen werden kann jedoch „die Veränderung, die sich im Gespräch bei den Beteiligten vollzieht, sowie an den als gemeinsam geteilt und akzeptiert entwickelten Deutungen." (de Boer 2015, 19)

1.3 Interaktive Interpretationen eines biblischen Textes in offenen Unterrichtsgesprächen

Dieser Wandel soll in den folgenden Zeilen mithilfe von interaktiven Interpretationen eines biblischen Textes in einem offenen Unterrichtsgesprächsausschnitt aufgezeigt werden. Im Zentrum steht die „handlungsbezogene Nutzbarmachung, Auswertung und Systematisierung des biblischen Textes" (Deurer 2018, 80) von Seiten der Schüler_innen in der alltäglichen Praxis des offenen Unterrichtsgesprächs.

Interaktive Interpretationen werden in diesem Zusammenhang als „wechselseitig beeinflusste Übersetzungen des biblischen Textes" (ebd.) in der mündlichen Kommunikation definiert.

Der Terminus *interaktiv* bezieht sich auf das „‚Hin-und-her-Laufen' zwischen den Gedanken und Ideen" (Kolenda 2010, 34) im Gespräch, bei dem es zu einer „wechselseitige[n] Beeinflussung [von] Einstellungen, Erwartungen und Handlungen" (Hofer 1997, 213) zwischen den Gesprächsteilnehmer_innen kommt.

Der Begriff *Interpretationen* weist hingegen auf die individuellen Interaktionen zwischen dem Text und den Lesenden hin, bei denen sich die Lesenden verstehend, erklärend und deutend dem Text annähern. Die Ursprünge der unterschiedlichen Lesarten werden an dieser Stelle nicht bedacht.[5] Wichtig für die Analyse von interaktiven Interpretationen ist nicht der Ursprung der unterschiedlichen Lesarten, sondern deren Legitimität.

Fokussiert wird im Folgenden ein bisher unveröffentlichter Auszug aus einem offenen Unterrichtsgespräch einer gymnasialen Religionsklasse[6] einer zehnten Jahrgangsstufe.[7] Unter einem *offenen Unterrichtsgespräch* wird in diesem Kontext ein „inhaltsgebundener, jedoch ziel- und ergebnisoffener Dialog zwischen den beteiligten Personen verstanden." (Deurer 2018, 80) Die Kommunikation der Schüler_innen des ländlich gelegenen Gymnasiums in der Oberpfalz ist inhaltsgebunden, da sich die Religionsunterrichtsklasse ausschließlich mit der Erzählung von Kain und Abel auseinandergesetzt hat. Gleichzeitig ist das Gespräch ergebnisoffen, da die Schüler_innen „die Ausgangspunkte ihrer Fragen frei wählen" (ebd.)[8] konnten und „kein vorgegebenes Ziel erreicht werden musste." (Ebd.)

Im Folgenden soll zuerst der Gesprächsauszug abgedruckt werden, bevor ein Ergebnis hinsichtlich der thematischen Entwicklungen einer syntaktisch-semantischen Interaktionsanalyse[9] von interaktiven Interpretationen in einem offenen Unterrichtsgespräch über Gen 4,1-16 skizziert wird. Anhand der thematischen Entwicklungen wird ein Überblick über die wechselseitig beeinflussten Übersetzungen des biblischen Textes ermöglicht. Die unterschiedlichen Textinterpretationen spiegeln sich nicht nur im Verlauf wider, sondern prägen auch diesen. Die Rekonstruktion der thematischen Entwicklungen[10] umfasst neben der inhaltlichen Umschreibung der Passage, die konkrete, kontextuelle Bedeutung des Gesprächsbeitrags (Gesprächsfunktion) wie auch die Form des Sprecherwechsels. Leitend ist bei Erstellung die Frage: Wie entwickelt sich das Thema?

---

5 Innerhalb der Religionspädagogik wurden sowohl in rezeptionsästhetisch wie auch in kognitionswissenschaftlich ausgerichteten Arbeiten Gründe für die unterschiedlichen Lesarten erforscht. Einen Überblick über diese Arbeiten gibt Deurer (2018, 37–60).

6 Das Unterrichtsgespräch wurde im März 2014 aufgezeichnet. Feldbeobachtungen zu dieser Religionsunterrichtsklasse können nachgelesen werden in: Deurer 2018, 126f.

7 Das von der gewohnter Religionslehrkraft initiierte Gespräch wurde im Zuge einer qualitativen Studie durch Audioaufnahmen aufgezeichnet und mithilfe des Transkriptionssystems GAT 2 (Selting 2009, 353–402) verschriftlicht.

8 Warum es sich lohnt, der Schülerfrage „mehr Raum zu geben und das Fragen gezielt zu fördern" (Görth / Fröhle 2019, 106), legen Görth und Fröhle in ihrem Artikel „;Ich hab' da mal 'ne Frage' Schülerfragen im Religionsunterricht" (dies. 2019) dar. Vgl. auch den Beitrag von Martha Görth in diesem Band.

9 Burkard Porzelts syntaktisch-semantischen Sequenzanalyse wurde für die syntaktisch-semantische Interaktionsanalyse bereichert durch Elemente von Götz Krummheuers Interaktionsanalyse. Leitend für die syntaktisch-semantischen Interaktionsanalyse ist die Frage: „Wie wird was im Rekurs auf andere Schüler/-innen und den biblischen Text gesagt?" (Deurer 2018, 19). Eine ausführliche Darlegung der Methode kann nachgelesen werden bei: ebd. 104–106.

10 Ausführlicher nachzulesen in: Deurer 2018, 107.

Leonie (130–134):	*Ja also e_hm ich versteh dat niet ganz, weil (.) eigentlich ist ja morden e_hm also man soll nicht töten, ist ja eigentlich ein Gebot, aber Gott verzeiht jetzt auf irgendeine Art und Weise leichtsinnig, obwohl_s (.) auch gut für ihn ist, weil er es ja wahnsinnig gnädig, aber trotzdem (3) widerspricht sich das irgendwie*
Julian (135–139):	*E_hm ja, aber die zehn Gebote kommen ja spa:ter erst (.) eh:: der Moses eh: von Gott erhalten, als er da (.) Kain hat ja eigentlich ja noch nichts gewi:sst, dass man eigentlich niet eh: töten dürf. So koammers eigentlich so, (-) dass er nun nicht unbedingt so schuldig ist, wie im Sinne von den zehn Geboten, na*
Leonie (140):	*Ach so*
Lehrerin (141):	*Nimmt euch einfach selber*
Alexander (142–145):	*Ja es ist ja in der Bibel öfters so, dass irgendwie ein Bruder bevorzugt wird, weil zum Beispiel (-) eh:: beim verlorenen Sohn wird ja auch der oine bevorzugt (.) der wo (-) also abgehaut ist u:nd der andere ist dann auch eifersüchtig*
Lehrerin (146):	*M_hm*
Alexander (147):	*Paula*
Paula (148-149):	*E_hm man könnte dann aber auch denken, dass Gott (.) dass man sich alles erlauben kann, wenn Gott eh alles verzeiht (-) Leonie*
Leonie (150–156):	*Also zu dem von Julian (-) e_hm ich find, das ist eigentlich keine Entschuldigung, dass man sagt ja, (.) es hat die Zehn Gebote noch niet gegeben, wei::l e_hm schließlich wollte ihn ja Gott vor der Sünde bewahren und das er es dann trotzdem gemacht hat (.) e_hm (-) also (.) da find ich so ist dann das die Zehn Gebote erst später Moses überreicht worden san koein Entschuldigung. (--) Ja Laura*
Laura (157–162):	*Also ich find eigentlich niet, dass Gott Abel bevorzugt, vielleicht (-) im ersten Moment schon, aber er eh: verzeiht ja dann Kain eigentlich auch und wenn er jetzt wirklich e_hm nur sagen würde, (.) dass er jetzt auch sterben soll oder irgendeine harte Strafe erfahren soll, (.) dann wär das eigentlich erst für mich, dass er e_hm (.) dann Abel bevorzugt hat (.) ja*
Emily (163–167):	*E_hm (-) zu dem, dass er ihn Kai=Kains Opfer praktisch ignoriert hat. (.) Es könnt ja=a ein Test gewesen sein oder ähnliches, (.) weil (.) der Mensch hat ja trotzdem noch einen freien Willen (.) u::nd es gibt (.) hät ja eben auch sein können, wenn er sich gegen den Mord entschließt und vielleicht wollte es Gott einfach nur sehen*
Marie (168–170):	*E_hm (.) vielleicht sieht Gott auch sein Fehler ein, (.) dass er beide nicht gerecht behandelt hat und e_hm (.) deswegen bestraft er den Kain dann auch nicht so hart*

Kains Handeln (Gen 4,8b[11]) *verzeiht* (132) Gott, so deutet Leonie Gen 4,15[12], *auf irgendeine Art und Weise leichtsinnig* (132). Warum es von Gott *leichtsinnig* (132) ist zu verzeihen, belegt die Schülerin mithilfe von Ex 20,13 bzw. Dtn 5,17[13] (*man soll nicht töten* 131). Gott ist *ja wahnsinnig gnädig* (133), bemerkt Leonie, *aber trotzdem* (3) *widerspricht sich das irgendwie* (134).

Julian ergreift unaufgefordert das Rederecht, reagiert auf Leonies Beitrag und fokussiert analog zu seiner Vorrednerin Ex 20,13 bzw. Dtn 5,17. Im Gegensatz zu Leonie thematisiert er nicht Gottes Verhalten (*Gott verzeiht* 132f.), sondern Kains Schuld. Aus seiner Perspektive ist Kain *nicht unbedingt so schuldig [...] im Sinne von den zehn Geboten* (135f.), da Mose *die zehn Gebote [...] spa:ter erst* erhalten hat.

Julians Aussage kommentiert Leonie kurz mit einem *Ach so* (140), bevor die Lehrerin das Rederecht übernimmt und die Schüler_innen auffordert, sich untereinander aufzurufen.

Alexander, der unaufgefordert das Rederecht übernimmt, fokussiert Gen 4,3–5a[14]. Für ihn wird *in der Bibel öfters* (142) *irgendein Bruder bevorzugt* (142f.). Seine Deutung stützt er mithilfe eines Verweises auf Lk 15,11–32 (*beim verlorenen Sohn* 143). Analog zu Gen 4,1–16 wird der *oine bevorzugt* (144) und der andere *ist dann auch eifersüchtig* (145).

Die Lehrerin kommentiert Alexanders Beitrag kurz mit einem bestätigenden Partikel (*M_hm* 146), bevor Alexander Paula aufruft. Gleich Leonie fokussiert Paula Gen 4,8b. Auch sie deutet diese Stelle mit dem Terminus *verzeiht* (147). Vorsichtig (*man könnte* 148) gibt sie zu *denken, dass [...] man sich alles erlauben kann, wenn Gott eh alles verzeiht* (148f.).

Leonie, die das Rederecht von Paula übertragen bekommen hat, bereichert erneut das Gespräch durch einen eigenen Wortbeitrag. Dezidiert widerspricht sie mithilfe Gen 4,6f[15] Julians Argumentation. Für sie ist es *eigentlich keine Ent-*

---

11 „Als sie auf dem Feld waren, griff Kain seinen Bruder Abel an und erschlug ihn" (Gen 4,8b).

12 „Der Herr aber sprach zu ihm: Darum soll jeder, der Kain erschlägt, siebenfacher Rache verfallen. Darauf machte der Herr dem Kain ein Zeichen, damit ihn keiner erschlage, der ihn finde" (Gen 4,15).

13 „Du sollst nicht töten" (Ex 20,13; Dtn 5,17).

14 „Nach einiger Zeit brachte Kain dem Herrn ein Opfer von den Früchten des Feldes dar; auch Abel brachte eines dar von den Erstlingen seiner Herde und von ihrem Fett. Der Herr schaute auf Abel und sein Opfer, aber auf Kain und sein Opfer schaute er nicht" (Gen 4,3–5a).

15 „Der Herr sprach zu Kain: Warum überläuft es dich heiß und warum senkt sich dein Blick? Nicht wahr, wenn du recht tust, darfst du aufblicken; wenn du nicht recht tust, lauert an der Tür die Sünde als Dämon. Auf dich hat er es abgesehen, doch du werde Herr über ihn." (Gen, 4,6f.)

schuldigung (151), dass *die Zehn Gebote erst später Moses überreicht worden san* (154f.). Gott wollte Kain *vor der Sünde bewahren* (154) und *trotzdem* (154) hat *er es dann [...] gemacht* (153f.). Leonie reicht das Rederecht an Laura weiter.

Laura knüpft an ihre Vorredner_innen an. Während sie Leonies Deutung von Gen 4,15 (*Gott verzeiht* 131) teilt, markiert sie einen Dissens zu Alexanders Gedankengang. Aus Lauras Perspektive wird Abel von Gott *niet [...] bevorzugt. Vielleicht* (157), da stimmt sie Alexander eingeschränkt zu, im *ersten Moment schon, aber er eh: verzeiht ja dann Kain* (158).

Emily, die durch ein kurzes *ja* (162) von Laura aufgefordert wird zu sprechen, bringt einen neuen Gedanken in das Gespräch. Sie deutet Gen 4,4b-5a[16] als Test. *Der Mensch hat ja trotzdem noch einen freien Willen* (165) und *vielleicht wollte Gott einfach nur sehen* (167) wie Kain handelt.

Das Ende der thematischen Entwicklungen markiert Maries Beitrag. Die Schülerin, die unaufgefordert spricht, fokussiert analog zu ihren beiden Vorrednerinnen Gen 4,4b–5a. Gleich Laura wertet sie Kains Strafe als *nicht so hart* (170). Während Laura diese Argumentation verwendet, um darzulegen, warum Gott Abel nicht *bevorzugt* (157), überlegt (*vielleicht* 168) Marie, ob Gott *sein Fehler* (168) einsieht. Diese Lesart steht im Widerspruch zu Leonies Textinterpretation von Gen 4,15 zu Beginn des Unterrichtsgesprächsauszugs. Für Leonie war Gottes Handeln kein Zeichen dafür, dass er *sein Fehler* (168) einsieht, sondern dafür, dass er *wahnsinnig gnädig* (133) ist.

3. Warum sich nicht trauen?

In den thematischen Entwicklungen des offenen Unterrichtsgesprächsausschnitts spiegeln sich die intensiven Auseinandersetzungen der Schüler_innen mit dem biblischen Text in den vielfältigen Lesarten wider. Unterschiedliche Leerstellen in Gen 4,1–16 werden von den beteiligten Personen fokussiert, verschiedene Lesarten artikuliert, Deutungen mithilfe von textimmanenten und -exmanenten Informationen belegt und Konsense bzw. Dissense benannt.

Die Schüler_innen formulieren in der face-to-face-Kommunikation ihre Lesarten adressatengerecht und liefern sich gegenseitig der Kritik der Mitschüler_innen aus. So widerspricht z. B. Julian (*ja, aber* 137) dezidiert Leonies Lesart von Gen 4,15, markiert einen Dissens und verwendet zur Unterstützung seiner These sogar den gleichen biblischen Verweis (Ex 20,13; Dtn 5,17) wie seine Mitschülerin. Während Leonie auf diese Weise erneut aufgefordert ist, ihre Lesart mit dem biblischen Text abzugleichen und mithilfe von neuen Argumenten (Gen 4,6f.) zu verteidigen, werden andere Lesarten bestätigt. Ein Beispiel

16 „Der Herr schaute auf Abel und sein Opfer, aber auf Kain und sein Opfer schaute er nicht." (Gen 4,4b–5a)

für dieses Phänomen war Leonies Deutung von Gen 4,15. Für sie *verzeiht* (133) Gott Kain. Diese Textinterpretation bejahten Paula und Laura, indem sie den gleichen Terminus (154; 165) verwenden.

Anhand der interaktiven Interpretationen, die sich in den thematischen Entwicklungen widerspiegeln, wird illustriert, „wie durch die produktiv-konstruktive Wechselwirkung zwischen der individuellen Begegnung zwischen Text und Leser und der kollektiven Auseinandersetzung der Leser im Gespräch" (Deurer 2018, 185) sich etwas Neues entwickeln kann. Im vorliegenden Unterrichtsgesprächsausschnitt partizipieren die Gesprächsteilnehmer_innen gegenseitig an ihren Beiträgen (Rorty 1987, 409) und es kommt zu einer „Explorierung der Differenzen" (Miller 2006, 285) im Ringen um einen gemeinsamen Konsens. Identifiziert werden konnten daher in dieser kollektiven Auseinandersetzung bildende Momente, die – im besten Fall – biblische Lernprozesse bei den Schüler_innen ausgelöst haben.

Im alltäglichen Unterricht ist oft zu wenig Zeit zum Reden. Auch sind nur wenige offene Unterrichtsgespräche elektrisierend, wie das vorliegende, da die Religionsklassen z. B. wortkarger sind. Im Rahmen einer empirischen Studie zu interaktiven Interpretationen von biblischen Texten in offenen Unterrichtsgesprächen konnten auch in kurzen, unscheinbar wirkenden Gesprächen interaktive Interpretationen dokumentiert werden (Deurer 2018, 186f.). Dieser Nachweis von interaktiven Interpretationen rechtfertigt nicht nur den hohen Stellenwert des Unterrichtsgesprächs als „konstitutives Element" (Fricke 2009, 84) in der Bibeldidaktik, sondern fordert auch Lehrer_innen auf, sich Zeit für umfangreichere wie auch für kurze kollektive Auseinandersetzungen zu nehmen.

Für die Lehrer_innen bedeutet dies, dass sie sich der anspruchsvollen Aufgabe stellen, in ausgeglichener Weise als Bibelleser_innen, Exeget_innen und Anwält_innen der Schüler_innen und Textwelt aufzutreten, um mit einer „gewissen Leichtigkeit im Umgang mit exegetischen Lehrmeinungen und mit Schüleräußerungen" (Müller 2009, 31) ein Gespräch initiieren und moderieren zu können.

Eine „kritische Selbstvergewisserung" (Theis 2005, 276) brauchen Lehrer_innen als Bibelleser_innen. Wissend, dass die eigenen Leseprozesse „interessengeleitet" (Ebner 2016, 41) sind, sollten die Lehrer_innen sich selbst fragen, „welche Interessen der Auslegung zugrunde liegen und wie die Leitbilder aussehen, unter deren Blickwinkel auf den Text gelesen wird (Ebner 2016, 41).

Um Wortbeiträge, insbesondere jene von wortkargen Schüler_innen, in den gesamttheologischen Kontext einordnen zu können, müssen die Lehrer_innen als Exeget_innen sich Sachkompetenz aneignen. Wichtig ist aufgrund der unterschiedlichen, teilweise unvorhersehbaren Verläufe in offenen Unterrichtsgesprächen, dass die Lehrer_innen sich „mit (neuen) exegetischen Methoden und Erkenntnissen [...] beschäftigen, ohne sofort die Frage nach ihrer unmittelbaren Anwendbarkeit im schulischen Kontext zu stellen." (Theis 2005, 276)

Auch sollten die Lehrer_innen als Anwält_innen „Schüler/innen und der Leserwelt" (Schambeck 2009, 141) ihr methodisch-didaktisches Wissen im Unterrichtsgespräch einbringen. Einerseits müssen die Lehrer_innen bei der Vorbereitung der Unterrichtseinheit „die Verstehensvoraussetzungen der Schüler / Schülerinnen [...] ermitteln, deren entwickungspsychologischen Voraussetzungen [...] klären, ihr Vorwissen [und ihre möglichen] Erwartungen und Ziele in Bezug auf den Text" (ebd.) bedenken. Andererseits haben die Lehrer_innen als „ModeratorIn, MotivatorIn und AuditorIn" (Bertram / Franzmann 2019, 118) die Aufgabe, während des Gesprächs die Schüler_innen deren Leserwelten in ein „ernsthaftes Gespräch" (Porzelt 2016, 74) zu verwickeln.

Warum sich nicht trauen, Gespräche „als Prüfstand und Spielfeld der Interpretationen (Porzelt 2013, 39) zu nutzen, den Umgang mit Mehrdeutigkeit zu üben, Dissense zu initiieren und zu moderieren. Der Lohn wären Momente des Verstehens, „Inseln der Einmaligkeit des Person-Gegenstand-Verhältnisses." (Combe / Gebhard 2012, 228) Es wären bildende Momente – Momente, die biblische Lernprozesse auslösen können.

Literatur

Artelt, Cordula u. a. (2002), Ländervergleich zur Lesekompetenz, in: Baumert, Jürgen u. a. (Hrsg.), PISA 2000 – die Länder der Bundesrepublik Deutschland im Vergleich, Opladen, 55–94.

Bertram, Daniel / Franzmann, Marcel (2019), Die Rolle der Lehrkraft in Unterrichtsgesprächen: ModeratorIn – MotivatorIn – Auditorin, in: Katechetische Blätter 144, 117–122.

Combe, Arno / Gebhard, Ulrich (2012), Verstehen im Unterricht: Zur Rolle der Phantasie und Erfahrung, Wiesbaden.

De Boer, Heike (2015), Lernprozesse in Unterrichtsgesprächen, in: de Boer, Heike / Bonanti, Marina (Hrsg.), Gespräche über Lernen – Lernen im Gespräch, Wiesbaden, 17–36.

Deurer, Rebecca G. (2018), Ein Text, zwei Menschen, drei Lesarten. Interaktive Interpretationen eines biblischen Textes in offenen Unterrichtsgesprächen, Bad Heilbrunn.

Deurer, Rebecca G. (2019), Erst lesen, dann diskutieren. Interaktive Interpretationen eines biblischen Textes in offenen Unterrichtsgesprächen, in: Religionspädagogisch Beiträge 80, 82–9.

Die Heilige Schrift ([9]2001), Einheitsübersetzung Altes und Neues Testament, Stuttgart.

Ebner, Martin (2016), Die Rezipienten und ihr Bibeltext. Exegetische Anmerkungen zur Alltagsexegese, in: Religionspädagogische Beiträge 75, 33–42.

Fricke, Michael (2009), Was können Schülerinnen und Schüler mit der Bibel lernen? Konturen einer Bibeldidaktik für das 21. Jahrhundert, in: Bachmann, Michael / Woyke, Johannes (Hrsg.), Erstaunlich lebendig und bestürzend verständlich? Studien und Impulse zur Bibeldidaktik, Göttingen, 69–84.

Görth, Martha / Fröhle, Dominic (2019), „Ich hab' da mal 'ne Frage" Schülerfragen im Religionsunterricht, in: Katechetische Blätter 144, 106–110.

HOFER, MANFRED (1997), Lehrer-Schüler-Interaktion, in: WEINERT, FRANZ E. (Hrsg.), Psychologie des Unterrichts und der Schule. Enzyklopädie der Psychologie 3: Pädagogische Psychologie, Göttingen, 21–252.
KOLENDA, SANDY (2010), Unterricht als bildendes Gespräch. Richard Rorty und die Entstehung des Neuen im sprachlichen Prozess, Opladen / Farmington Hills.
MILLER, MAX (2006), Dissens. Zur Theorie diskursiven und systemischen Lernens, Bielefeld.
MÜLLER, PETER (2009), Schlüssel zur Bibel. Eine Einführung in die Bibeldidaktik, Stuttgart 2009.
NIEHL, FRANZ W. ([2]2002), Umgang mit Texten, in: BITTER, GOTTFRIED (Hrsg.),Neues Handbuch für religionspädagogische Grundbegriffe, 485–489.
ORGANISATION FÜR WIRTSCHAFTLICHE ZUSAMMENARBEIT UND ENTWICKLUNG (OECD 2001), Lernen für das Leben. Erste Ergebnisse der internationalen Schulleistungsstudie PISA 2000,: http://www.oecd.org/education/school/programmeforinternationalstudentassessment pisa/33691612.pdf, Zugriff am 14.04.2021.
PORZELT, BURKARD (2012), Grundlinien biblischer Didaktik, Bad Heilbrunn.
PORZELT, BURKARD (2013), Verantwortbare Lesarten entwickeln! Konturen eines Unterrichts, der Schüler/innen wie Bibel wertschätzt, in: Religionsunterricht heute 41, 37–41.
PORZELT, BURKARD (2016), Lässt sich ein gerne moralisierter Text auch anders lesen? Überlegungen zu einer vielperspektivischen Bibeldidaktik, in: Religionspädagogische Beiträge 75, 72–80.
REESE-SCHNITKER, ANNEGRET (2013), Produktive Unterbrechungen im Unterrichtsgespräch: Typische Muster, Stolpersteine und Lernchancen von Unterrichtsgesprächen – aufgezeigt an einem Fallbeispiel, in: Katechetische Blätter 138, 130–137.
RORTY, RICHARD (1987), Der Spiegel der Natur: Eine Kritik der Philosophie, Frankfurt a. M.
SCHAMBECK, MIRJAM (2009), Bibeltheologische Didaktik. Biblisches Lernen im Religionsunterricht, Göttingen.
SELTING, MAGRET u. a. (2009), Gesprächsanalytisches Transkriptionssystem 2 (GAT 2), in: Gesprächsforschung – Online-Zeitschrift zur verbalen Interaktion 10, 353–402.
THEIS, JOACHIM (2005), Biblische Texte verstehen lernen. Eine bibeldidaktische Studie mit einer empirischen Untersuchung zum Gleichnis vom barmherzigen Samariter (Praktische Theologie heute 64), Stuttgart.
THEIS, JOACHIM (2009), Bibeldidaktik als Ermöglichungsdidaktik, in: BACHMANN, MICHAEL / WOYKE, JOHANNES (Hrsg.), Erstaunlich lebendig und bestürzend verständlich? Studien und Impulse zur Bibeldidaktik, Göttingen, 319–332.
THEIS, JOACHIM (2015), Rezeption, in: PORZELT, BURKARD / SCHIMMEL, ALEXANDER (Hrsg.), Strukturbegriffe der Religionspädagogik, Bad Heilbrunn, 87–92.

Unterrichtsgespräche aus der Perspektive von Themenzentrierter Interaktion und Kommunikativer Theologie

Matthias Scharer

Vermutlich ist das Unterrichtsgespräch das meistpraktizierte „Handlungsmuster" (Meyer [14]2011, 280–295) im Religionsunterricht (RU). Das hängt einerseits mit dem kommunikativen Charakter dieses Unterrichtsfaches und andererseits mit der breiten Verwendung des Begriffs Unterrichtsgespräch zusammen. Vom mehr oder minder offenen Austausch zwischen Lehrer_innen und Schüler_innen zu einer bestimmten Thematik oder über Unterricht generell (Grell [12]2010), über lehrerzentrierte, (direktiv) gelenkte Auseinandersetzungen mit Lerninhalten, bis hin zur sokratischen Mäeutik (Krohn u. a. 2000) wird eine große Bandbreite an Gesprächsformaten als Unterrichtsgespräch bezeichnet. Im weitesten Sinne kann der RU insgesamt als kommunikatives Geschehen betrachtet werden.

1. Perspektivisch sehen

In diesem Beitrag setze ich ein weites Verständnis von Unterrichtsgesprächen voraus. Es geht sowohl um intendierte als auch um ungeplante Gespräche im und am Rande von (Religions-)Unterricht. Aus der Themenzentrierten Interaktion (TZI) und der Kommunikativen Theologie (KomTheo), um die es in diesem Beitrag geht, lässt sich keine neue Form des Unterrichtsgesprächs kreieren. F. Lott rekonstruiert den RU insgesamt als „themenzentrierte Interaktion im Kontext einer Schule der Zukunft." (Lott 2001) Für A. Biesinger handelt es sich bei der TZI um „Hoffnungsversuche in Schule und Gemeinde." (Biesinger 1984) Der Didaktiker St. Padberg sieht in der „TZI [...] eine Allgemeine Didaktik ... und mehr als das." (Padberg 2010) Auch die KomTheo ist keine Methode im didaktischen Sinn. In der englischsprachigen Einführung (Scharer / Hilberath 2008) wird sie als „new theological culture" eingeführt; das trifft die Sache ganz gut.

Auch wenn der Blick auf das Unterrichtsgespräch aus beiden Perspektiven nicht in der Absicht geschieht, den unterschiedlichen Formen, in denen Unterrichtsgespräche geplant und durchgeführt werden, eine neue hinzuzufügen, kann die TZI / KomTheo-Perspektive das geltende Kommunikationsverständnis in Schule und RU klären helfen (Scharer 2015a); außerdem kann sie einige

Aspekte erhellen, die bei der Konzeptionierung, Planung und Durchführung von Unterrichtsgesprächen Beachtung finden können (Scharer 2000, 2013).

2. „Living Learning" – eine schulpolitische Herausforderung

Der TZI-Ansatz, oft auch als „Lebendiges Lernen" bezeichnet, geht auf die in Berlin geborene und dort aufgewachsene Psycho- und Gesellschaftstherapeutin Ruth C. Cohn (1912–2010) zurück. Als deutsche Jüdin, die bereits 1933 aus Deutschland zunächst in die Schweiz und 1941 in die USA emigrieren musste, hatte sie die TZI im amerikanischen Exil „als politisches Konzept und politische Methode" (Cohn 1977, Bl 23) gegen die „ongoing hitlerization"[1], von der die Gesellschaft bleibend infiziert sei, entdeckt und entwickelt. Je länger Ruth C. Cohn lebte und wirkte, umso überzeugender erwies sie sich als „Therapeutin gegen totalitäres Denken", die Menschen – meist in Gruppen – darin begleitete, sich aus kurzsichtigen „Entweder-oder-Fallen", für die totalitäres Denken immer anfällig ist, zu befreien und mit ihnen eine „Vision vom guten Leben mit allen und allem" zu entwickeln (Scharer 2020a, 134–150).

Als Beispiel dafür, wie totalitäre Fallen auch in Erziehungs- und Bildungskontexten zuschlagen können, stehen Ruth C. Cohn extreme Bildungskonzepte vor Augen, wie sie ihr im amerikanischen Exil begegnet sind. Da gibt es auf der einen Seite noch Schulen, in denen Kinder und Jugendliche autoritär geführt werden und keine Eigenverantwortlichkeit entwickeln können. Die Kommunikation ist ausschließlich lehrerzentriert. Auf der anderen Seite entsteht ein Laissez-faire Stil, in dem die Lehrer_innen von den Schüler_innen abhängig werden, weil deren uneingeschränkte Freiheit oberste Norm ist. Die Kommunikation ist ausschließlich von den Interessen der Schüler_innen bestimmt. Ruth C. Cohn wendet sich gegen beide Extreme: Für sie ist „zu wenig geben […] Diebstahl", was sie dem autoritären Konzept anlastet; dagegen ist „zu viel geben […] Mord" (Cohn 1981), was ihrer Meinung dem Laissez-faire Stil nahekommt.

Das Konzept des „Living Learning", wie der Kollege und enger Vertraute Ruth C. Cohns, Norman Liberman, die „Theme-centered Interactional Method

1 „I can see three stages of development in what I would call the ‚Hitlerization' of our world. The first is the incubation time which leads from World War I to Hitler's rise to power. Two: the twelve years of his personal dictatorship. Three: ladies, and gentlemen, is the world we are living in. The general mental attitude producing him, permitting him, keeping him in power, has penetrated the feelings, thoughts, and actions of billions of people, including the thinking ones. It's a Hitler-time without Hitler. He is not needed any longer. It works by its own gravity in free and incessant fall" (Ruth C. Cohn, HUB, UA, NL Cohn, Nr. 28, Blatt 279).

(TIM)" nannte, war die Alternative zu den totalitären Tendenzen, die sich auch in Erziehung und Bildung immer wieder zeigten und zeigen. In Erinnerung an die TZI-Anfänge im amerikanischen Exil der 1950iger Jahre schrieb Ruth C. Cohn: „TZI war für mich von Anfang an der Ausdruck einer Idee, daß es doch etwas geben müsse, was wir mitten im Grauen der Welt tun könnten, ihm etwas entgegenzusetzen, – kleine Schritte, kleine winzige Richtungsänderungen. [...] Ich hatte den Wunsch, eine Bewußtwerdung – wie die Analyse sie einzelnen Menschen ermöglichte – vielen Leuten zugänglich zu machen, und vor allem Kinder und Eltern zu erreichen." (Ockel / Cohn 1984, 6) Bis heute ist der TZI eine hohe politisch-soziale Sensibilität gegenüber Marginalisierungsvorgängen eingeschrieben. So werden sich nach der COVID-19 Pandemie TZI-sensibilisierte (Religions-)Lehrer_innen nicht in erster Linie darum kümmern, wie sie den versäumten Lehrstoff aufholen können, sondern wie schulische Verlierer_innen grundsätzlich und speziell nach einer Phase des weitgehend virtuell bestimmten Homeschooling wieder Anschluss an das Schul- und Unterrichtsgeschehen finden und angesichts einer – mitunter ausschließenden – Beziehungsdynamik einer Schulklasse, in der Klasse / Gruppe neu Fuß fassen können.

Die religionsunterrichtliche Kommunikation in der Haltung und nach der Methode der TZI hat nicht die homogene, wärmende Gruppe der Gleichgesinnten, Gleichbemittelten und Gleichbegabten als Modell für eine „gute" Klassengemeinschaft im Auge. Bisweilen nehmen sich gerade in thematisch anders geplanten oder auch ungeplanten Unterrichtsgesprächen „Störungen und tiefe Betroffenheiten Vorrang", wie es das zweite TZI–Postulat ausdrückt; sie sind nicht der Unfall des RUs; meist sind sie sein Kairos, der die wirklich bewegenden Anliegen und Themen zu Tage fördert.

Die TZI ist, in der Begrifflichkeit des Soziologen H. Rosa ausgedrückt, ein Resonanzkonzept lebendiger Weltbeziehung (Rosa 2016). Rosas Kritik an einer resonanzbehindernden, weil der totalen Verfügbarkeit verschriebenen, Erziehungs- und Bildungskonzeption geht mit der Problematik, die Ruth C. Cohn und die TZI mit der Unterscheidung von „lebendigem" und „totem" Lernen ansprechen, Hand in Hand. Nach Rosa ist Bildung „ein bestenfalls halbverfügbarer Prozess des In-Resonanz-Tretens zwischen Subjekt und Welt bzw. zwischen Kind und einem bestimmten Weltausschnitt: Bildung ereignet sich nicht dort, wo eine bestimmte Kompetenz erworben wird, sondern dann, wenn ein gesellschaftlicher relevanter Weltausschnitt ‚zu sprechen beginnt', wenn also ein Kind oder ein Jugendlicher plötzlich registriert: Oh, Geschichte, oder Politik, oder Physik, oder Musik etc. sagen mir etwas – sie gehen mich etwas an, und ich kann mich selbstwirksam auf sie einlassen. Wann sich die entsprechenden ‚Entzündungsmomente' ereignen, ist nahezu unverfügbar [...]." (Rosa [3]2019, 79)

Lebendiges Lernen nach TZI eröffnet Kindern und Jugendlichen und ihren Lehrer_innen jenen Raum der Weltbeziehung, in dem sie sich selbstwirksam –

Ruth C. Cohn würde von Selbstleitung (Chairperson) sprechen – auf jenen Weltausschnitt einlassen können, um den es im Unterricht gerade geht; dass die Resonanz darauf weitgehend unverfügbar ist, entspricht zwar einer generellen theologischen Einsicht eines gnaden- / geschenkhaften Welt- und Glaubenszugangs; im schulisch-verfügungsorientierten Kontext bedeutet es aber eine grundlegende Herausforderung.

3. Kommunizieren in der Haltung und nach der „Methode" der TZI

Wenn wir in der TZI von Interaktion oder Kommunikation sprechen, dann meinen wir nicht jenen neoliberal gesteuerten, entkörperlichten, extensiven „Kommunikationslärm", der gemäß B.-C. Han (2019) speziell in der Form digitaler Verbindungen aufgebaut wird und den die Schulen in der Zeit des Homeschooling verstärkt haben. In Hans Sichtweise unterbricht dieser „Lärm" nur die Stille und beendet das Schweigen, stellt aber keinerlei Gemeinschaft her, weil die Rituale daraus verschwunden sind. Demgegenüber hat bereits D. Funke in seiner praktisch-theologischen Studie zur TZI, diese als „Modell thematisch-symbolischer Orientierung" (Funke 1984, 240–340) rekonstruiert. Dem autistischen und narzisstischen Milieu, in dem auch die schulische Routine sich vielfach verfängt, stellt Funke in der thematisch-symbolischen Orientierung der TZI eine lebendige Alternative der Interaktion und Kommunikation gegenüber.

Gemäß der Gründungserzählung entstammt die TZI einem Traum, den Ruth C. Cohn nach ihrem eigenen Bericht in einer Nacht auf dem sogenannten „Gegenübertragungsworkshop", den sie 1955 für junge Kolleg_innen leitete (Cohn [1955] 1961), geträumt hatte. Der Hintergrund für den Workshop war die lange gehegte Sichtweise der Psychoanalyse, dass in der Psychotherapie die Übertragung nur von Klient_innen auf die Analytiker_innen erfolge. Die Gegenübertragung war nicht im Bewusstsein. Auf den Unterricht bezogen, wo die Projektions- und Übertragungsdynamik zwischen Lehrer_innen und Schüler_innen auch läuft, würde das heißen: Nur die Schüler_innen projizieren ihre Vorerfahrungen etwa mit Autoritätspersonen auf die Lehrer_innen; nur sie übertragen aus anderen Zusammenhängen Erfahrungen in die Unterrichtssituationen hinein. Die Lehrer_innen wären diesbezüglich „neutral", was sie selbstverständlich nicht sind. Ruth C. Cohn hatte in ihrer Lehranalyse, die sie in ihrem ersten Exil in der Schweiz gemacht hatte, die einseitige Übertragung auf den – scheinbar neutralen – Analytiker leidvoll erlebt. Ihre eigene Fixierung der Übertragung beschäftigte sie noch lange Zeit, nachdem die Analyse kriegsbedingt nach sechs Jahren abgebrochen werden musste. Inzwischen hatte sie in den USA ihre psychotherapeutischen Handlungsmöglichkeiten erheblich erweitert, den Körper und die Gruppe miteinbezogen und vor allem Interesse an einer lebendigen Weise des Lernens gewonnen.

3.1 Das „erträumte" Arbeitsprinzip

Für die angehenden Psychotherapeut_innen, mit denen Ruth C. Cohn im Gegenübertragungsworkshop arbeitete, war ungewohnt, dass sie als Leiterin gleich zu Beginn einen eigenen Fall einbrachte, mit dem sie nicht zu Rande kam und sich in dieser Weise als „Modellteilnehmerin" zeigte. Auf den Unterricht bezogen, würde das heißen, dass Lehrer_innen ihren eigenen Zugang zum jeweiligen Thema, um das es gehen soll, offenlegen und dabei auch die Stolpersteine nicht verschweigen.

Im Gegenübertragungsworkshop stimulierte Ruths eigener Fall die Autonomie und Interdependenz der Teilnehmer_innen, machte sie sensibel und regte ihre Intuition an. Während des besagten Workshops hatte Ruth C. Cohn jenen berühmten Traum, der ihr Konzept „lehrbar" machte. Sie schreibt:

„Eines Nachts [...] träumte ich von einer gleichseitigen Pyramide. Im Aufwachen wurde mir sofort klar, daß ich die Grundlage meiner Arbeit ‚erträumt' hatte. Die gleichseitige Traumpyramide bedeutete mir: Vier Punkte bestimmen meine Gruppenarbeit. Sie sind alle vier miteinander verbunden und gleich wichtig. Diese Punkte sind:

- die Person, die sich selbst, den andern und dem Thema zuwendet (= Ich);
- die Gruppenmitglieder, die durch die Zuwendung zum Thema und ihre
- Interaktion zur Gruppe werden (= Wir); das Thema, die von der Gruppe behandelte Aufgabe (= Es);
- das Umfeld, das die Gruppe beeinflußt und von ihr beeinflußt wird – also die Umgebung im nächsten und weitesten Sinn (= der Globe)." (Cohn / Farau 2008, 343f.)

Aus der „Traumpyramide" wurde das berühmte gleichseitige Dreieck in der Kugel, das bis heute als Signet für die TZI fungiert und gleichzeitig ihr Arbeitsprinzip darstellt. Ruth C. Cohn musste bald erkennen, dass ihre „Methode", die auf eine dynamische Balance zwischen den TZI-Faktoren – Ich-Wir-Es / Thema-Globe – abzielte, leicht als Methode oder Technik, wie man Gruppen leitet, missverstanden werden konnte. Um dem entgegenzutreten, änderte sie sogar die Bezeichnung ihres Konzepts, entfernte den Begriff „Methode" und sprach künftighin von der Themenzentrierten Interaktion, wie der Ansatz bis heute bezeichnet wird.

3.2 Im TZI-Habitus kommunizieren

Ruth C. Cohn war davon überzeugt, dass die TZI [...] „wie Streichhölzer im Heuschober" wirke, wenn sie ihres ganzheitlichen, relationalen Menschen- und Weltverhältnisses beraubt wäre, aus dem jene humanistische Haltung resultiert, die dem Konzept inhärent ist. Sie ist u. a. in den drei bekannten „TZI-Axiomen" und den zwei „TZI-Postulaten" auch explizit formuliert. Im Sinne von P. Bourdieu kann man von einem Habitus sprechen, einer Grundhaltung des Menschen zur Welt, zu den anderen und zu sich selbst, aus dem heraus das TZI-Konzept die angemessene Anwendung findet.

Jeder Mensch wird als autonomes, eigenständiges und gleichzeitig umfassend bezogenes Wesen gesehen. Damit leben bereits Kinder und Jugendliche mit dem Zutrauen, Autonomie und Interdependenz so miteinander verbinden zu können, dass Selbstbewusstsein, Selbstentscheidung und Selbstverantwortung gefördert werden. Das Postulat „Be your own chairperson" (ursprünglich: chairman) (Cohn 2009, 121f.) gilt grundlegend für jeden Menschen in jedem Lebensalter.

Eigenständigkeit und Bezogenheit sind dialektisch miteinander verschränkt: *„Ich bin um so autonomer, je mehr ich die Welt bewußt in mich einlasse."* (Cohn / Farau 2008, 357) Wachsendes Selbstbewusstsein hat wachsendes Weltbewusstsein zufolge und umgekehrt. „Die dialektische Gegensatzeinheit von Autonomie und Interdependenz wird durch Bewusstheit in eine Synthese überführt", schreibt H. Reiser (2014, 71). In der TZI geht es um ein Denken, das mit Gegensätzen, Ambivalenzen, Ambiguitäten und Paradoxien rechnet. Ein solches Denken sei nach Meinung des bekannten Soziologen Z. Bauman der „festen" Moderne abhandengekommen, weil alles eindeutig bestimmbar sein müsse (Bauman 2017, 36).

Die Offenheit für Gegensätzliches, Widersprüchliches und Paradoxes fehlt auch im routinierten schulischen Alltag. In der Massenschule erscheint es zu anstrengend zu sein, die Vielsinnigkeit anteilnehmend wahrzunehmen (Cohn 1989), mit ihr zu leben und sich – etwa in Unterrichtsgesprächen – mit ihr auseinanderzusetzen. Der „erfolgreiche" Unterricht hängt scheinbar davon ab, dass alles glatt geht und transparent bleibt. B.-C. Han sieht in der kapitalistischen „Transparenzgesellschaft" als „Positivgesellschaft" eine geradezu tödliche Falle: „Transparent werden die Dinge, wenn sie jede Negativität abstreifen, wenn sie geglättet und eingeebnet werden, wenn sie sich widerstandslos in glatte Ströme des Kapitals, der Kommunikation und Information einfügen. Transparent werden die Handlungen, wenn sie sich dem berechen-, steuer- und kontrollierbaren Prozess unterordnen." (Han 2019, 49) Demgegenüber wird in der TZI das Anders- und Fremdsein, die „Widerständigkeit des Anderen" (Han 2019, 50) geschätzt und zur Geltung gebracht. Religion lernen ist heute nur „in the Presence of the Other" (Boys 2008) möglich, ob die / der Andere / Fremde real gegenwärtig ist oder nicht (Scharer 2015b).

Dabei kommt das zweite, das „ethische" Axiom, zum Tragen: *„Ehrfurcht gebührt allem Lebendigen und seinem Wachstum.* Respekt vor dem Wachstum bedingt bewertende Entscheidungen. Das Humane ist wertvoll, Inhumanes ist wertbedrohend." (Cohn / Farau 2008, 357) Damit daraus keine Wachstumsideologie abgeleitet werden kann, wurde später hinzugefügt, dass die Ehrfurcht nicht nur dem Wachsen, sondern auch dem „Vergehen" gilt (Zitterbarth 2001, hier: 104). Ruth C. Cohn vertrat die Hypothese eines „angeborenen", „organismischen Werte-Sinns" (Cohn / Farau 2008, 471–483), den zu entfalten eine Überlebensfrage der Menschheit sei und der dem Menschen als autonom-interdependentem Subjekt entspräche.

Das dritte, pragmatisch-politische, Axiom mahnt die bedingenden inneren, aber auch die äußeren Grenzen an, die es einerseits aufmerksam wahrzunehmen gilt, die aber auch erweiterbar sind. *„Freie Entscheidung geschieht innerhalb bedingender innerer und äußerer Grenzen; Erweiterung dieser Grenzen ist möglich."* (Cohn / Farau 2008, 357)

3.3 *Themen als Fokus der Interaktion*

Ein zentrales Element der TZI ist ihre Fokussierung auf das Thema. Damit sind nicht einfach Inhalte des Unterrichts gemeint, wie der Themenbegriff oft verstanden wird. TZI-Themen sind die auf das jeweilige kommunikative Geschehen des Unterrichts hin oder aus ihm heraus aktuell formulierten Anliegen. Sie können sich demnach – auch wenn es um dieselbe Sache geht – kaum wiederholen. Themen sind der Brennpunkt der Interaktion / Kommunikation und gleichzeitig ihr Seismograph. „Schattenthemen" (Stollberg 1982, 28–42) bringen zum Ausdruck, was im routinierten Unterrichtsgespräch gerne unter den Teppich gekehrt wird, weil es den effizienten Unterricht „stört", aber in Wirklichkeit die Interaktion / Kommunikation beflügeln würde.

An der lebendigen Auseinandersetzung mit sinntiefen, symbolkräftigen, performativen Themen bricht der „Kommunikationslärm", von wem immer er analog oder digital ausgesandt wird. Über angemessene Themen werden persönliche Anliegen, Einstellungen und Entwicklungen und die Interaktion mit anderen ebenso bearbeitbar wie sachliche Anliegen. Über sie kommt die (Bildungs-) Welt ins Interaktions- / Kommunikationsgeschehen. Der Mensch wird erst dann ganz Mensch, wenn er sich der Welt mit ihren Herausforderungen, Aufgaben und Wissensbeständen zuwendet. Über das In-Beziehung-Sein hinaus, wie es M. Buber mit seiner Unterscheidung von Ich-Du- und Ich-Es-Begegnung bewusst gemacht hat (Scharer 2005), ist in der TZI der Weltbezug ein gleichgewichtiger und gleichwertiger Faktor, weil er zum Menschsein ursprünglich gehört (Faßhauer 2014, 80). Die „dynamische Balance" von Ich–Wir–

Es-Globe ist auch für die Themenwahl und Themenformulierung von Bedeutung.

So wie bei Ruth C. Cohn Themen oft erst aus dem aufmerksamen Hinhören auf die persönlichen Erzählungen von Menschen ihre prägnante Gestalt erhielten, so geht es im TZI-Habitus um das Anteilnehmen (Cohn 1989) an dem, was Schüler_innen bewegt und wie sie sich den Anliegen schulischer Curricula nähern und dabei Kompetenzen aneignen, die sich in vielen Bereichen der standardisierten Evaluierung, zumindest kurzfristig, entziehen.

Unterrichtliche Kommunikation und Unterrichtsgespräche sind von der klischeeproduzierenden Routine dann am meisten bedroht, wenn Lehrer_innen zum xten-Mal dasselbe unterrichten, kein Eigeninteresse an der Thematik aufbringen und damit nicht mehr im Stande sind, ein performativ starkes Thema mit symbolischen Identifikationsmöglichkeiten für sich und die Schüler_innen zu finden und zu formulieren. Bereits J. Scharfenberg / H. Kämpfer haben darauf hingewiesen, dass sich der Mensch das spezifische menschliche Element, „das seine Kommunikation auszeichnet", nimmt, wenn „seine Symbole auf die Ebene der Zeichen" absinken. Er lebt dann „in der trostlosen Einöde einer eindeutigen Signalwelt, die nur als Impulsgeber zu funktionieren vermag. Wird das Symbol zum Klischee desymbolisiert, bleibt es an den szenischen Auslöser einer individuellen oder kollektiven Biografie gebunden, verliert es seinen Kommunikationswert." (Scharfenberg / Kämpfer 1980, 137)

Ruth C. Cohns Intentionen zur Themenwahl enthalten einen hohen ethischen und politischen Anspruch und ebenso sprachliche Herausforderungen, an denen es zu arbeiten gilt; schließlich war Ruth C. Cohn auch Lyrikerin und hatte sowohl im Englischen sowie im Deutschen einen sensiblen Umgang mit Sprache, den sie in die Themenkompetenz transformierte. Auch TZI-Erprobte können die Themen nicht einfach aus dem Ärmel schütteln; bei der Themenfindung und -formulierung spielt Intuition eine nicht zu unterschätzende Rolle (Scharer 2019, 193–224).

In der folgenden TZI-Graphik wird durch das gleichseitige Dreieck, mit einer die Ecken tangierenden Kugel, die Gleichwertigkeit der TZI-Faktoren (Ich-Wir-Es-Globe) betont. Mit den Faktoren stehen die Axiome und Postulate in Verbindung, welche den TZI-Habitus hauptsächlich bestimmen.

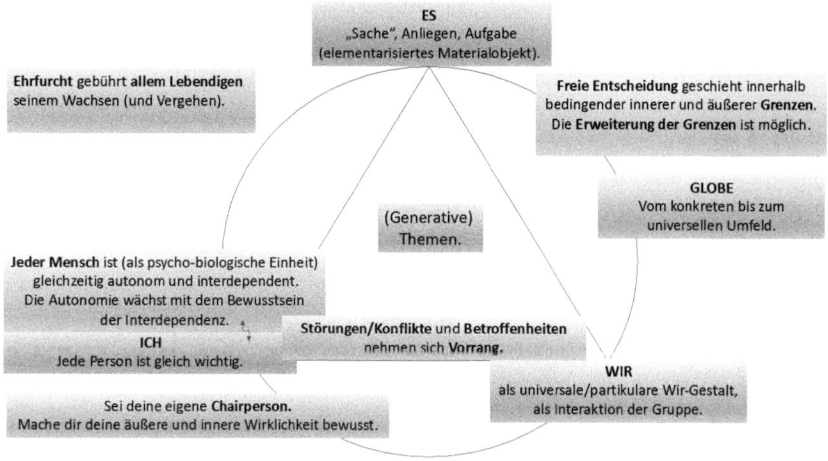

Abbildung 1: TZI-System

Ein nach dem TZI-Konzept geplanter Unterricht würde das Unterrichtsgespräch als methodischen Schritt sehen, der mit anderen Methoden und Medien das Thema strukturiert. Weil sich der gesamte Unterricht im Vier-Faktoren-Modell in einer „dynamischen Balance" bewegt, welche die längerfristige Fixierung auf einen Faktor verhindert und einen Ausgleich in der Dynamik der Faktoren schaffen soll, handelt es sich insgesamt um ein kommunikatives Geschehen. Die TZI-Faktoren kommen immer wieder neu und anders ins Spiel, je nachdem, wo sich die jeweilige Gruppe / Klasse kommunikativ gerade bewegt. Wenn sie stark im Es, also im Sachanliegen bzw. in den Aufgaben involviert ist, dann hilft die Aufmerksamkeit auf die einzelnen Menschen (Ich-Faktor), auf die Dynamik zwischen ihnen (Wir-Faktor) oder auf den jeweiligen Kontext (Globe-Faktor), um die Balance zurückzugewinnen. Die Realisierung des sehr einfach klingenden TZI-Arbeitsinstruments im TZI-Habitus erfordert in der Praxis viel Aufmerksamkeit auf die konkret am Interaktionsgeschehen Beteiligten, auf die Dynamik, die sich zwischen ihnen entwickelt, auf die existentielle Tiefendimension der Anliegen, um die es jeweils geht, und auf den Globe, den Kontext, in dem die Interaktion stattfindet.

4. Kommunikative Theologie als Hermeneutik (religions-)unterrichtlicher Kommunikation

„Kommunikative Theologie ist Theologie in und aus lebendigen Kommunikationsprozessen"; so hatten wir im ersten Grundlagenband (Scharer / Hilberath 2003, 15) jene „theologische Kultur" kurz und bündig auf den Begriff gebracht, welche sich in der religionsunterrichtlichen Kommunikation und speziell in den Unterrichtsgesprächen zeigen kann. Der Begriff „lebendige Kommunikation" schließt an die Unterscheidung von „lebendigem" und „totem" Lernen in der TZI an. „Lebendig" ist ein Lern- / Kommunikationsgeschehen, wenn in und zwischen den Lehrer_innen und Schüler_innen und ihren Sach- und Weltbezügen eine Dynamik in Gang kommt und lebendige Resonanz entsteht; „tot" ist Lernen / Kommunikation, wenn trockenes Stofflernen (Es) ohne Resonanz die Interaktion bestimmt. Ein entsprechender Habitus ist Voraussetzung für lebendiges Lernen / Kommunizieren. Existentiell bedeutsame, generative Themen, in denen sowohl der Sach- und Weltbezug als auch die Erlebens- und Erfahrungswelt der Schüler_innen und Lehrer_innen kreativ angesprochen werden, sind der Brennpunkt lebendiger und damit auch theologisch bedeutsamer Lernprozesse im Sinne Kommunikativer Theologie.

Die TZI und die KomTheo verbindet ein wechselseitig-kritisches Verhältnis (Scharer 2010a, hier: 37). Letztere bezieht sich auch auf andere philosophische und kommunikationstheoretische Ansätze wie die Begegnungsphilosophie M. Bubers, die Berührungspunkte zur TZI hat (Reiser 1987) oder die Philosophie der Anerkennung des Anderen bei E. Lévinas (Hilberath / Scharer 2012, 134f.). P. Jung hat dem „Wechselspiel der Anerkennung" bei Paul Ricœur eine umfangreiche Forschung im Rahmen der KomTheo-Reihe gewidmet (Jung 2019, 217–220).

Nicht nur der RU, sondern auch der Mathematik- oder Sprachunterricht, wie jeder andere Unterricht, kann aus kommunikativ-theologischer Perspektive theologisch bedeutsam sein, insofern sich darin lebendige Kommunikation ereignet (Juen 2013, 55–67; 82–92). Der Unterschied zum RU besteht darin, dass sich in diesem der thematische Horizont auf alles hin öffnet, auch auf das empirisch Nicht-Fassbare, das Unbegriffene und Unbegreifbare, das Lebens- und Gottesgeheimnis. Dieses ist im kosmologisch-transzendentalen Denken Ruth C. Cohns zwar humanistisch „vorgespurt", aber nicht aus den unterschiedlichen religiösen Traditionen heraus entfaltet.

Da wir nur menschlich von Gott und dem Göttlichen sprechen können, wird in den jüdischen, christlichen und muslimischen Offenbarungstraditionen die Kommunikation Gottes mit uns Menschen mit metaphorischen Erzählungen und Texten vom befreienden und erlösenden Gott oder mit Allah, dem Allbarmherzigen, verbunden. Gemeinsam ist diesen Traditionen, dass sich Gott in Schöpfung und Geschichte offenbart. Christ_innen glauben daran, dass „in dieser Offenbarung [...] der unsichtbare Gott [...] aus überströmender Liebe die Menschen [anredet] wie Freunde [...] und verkehrt mit ihnen [...], um sie in seine Gemeinschaft einzuladen und aufzunehmen." (DV 2) In Jesus Christus hat sich die berührende und heilende Kommunikation Gottes mit uns Menschen in einer unüberbietbaren Weise verdichtet. Christ_innen bekennen: Gott ist Mensch geworden.

Weil Gott „kommunikativ“ am Menschen handelt, ist menschliche Kommunikation – theologisch betrachtet – nicht Leistung, sondern Gabe, Geschenk. Die Geistbegabung jeder Schülerin und jedes Schülers zeigt sich – unabhängig von deren / dessen Glaubenszustimmung – in „geschenkter Kommunikation“. Sie hebt die Brüchigkeit und bleibende Fremdheit in den menschlichen Beziehungen nicht auf (Scharer 2012). Unterrichtliche Kommunikation ist ein „theologischer Ort“, an dem im Erleben, in den Erfahrungen und Reflexionen aller Beteiligten, der Schüler_innen und der Lehrer_innen, authentische theologische Einsichten gewonnen werden können. Das Problem besteht darin, dass solche Einsichten oft übersehen oder nicht entsprechend gewürdigt werden; dies kann besonders dann der Fall sein, „wenn das Herz [zu sehr] am Output hängt.“ (Scharer 2010b)

Wie kann die Aufmerksamkeit auf das kommunikativ-theologisch Bedeutsame geschärft werden? Vier Dimensionen (analog zu den vier Faktoren der TZI) führen zu spezifischen Aufmerksamkeiten:

- Die persönliche Lebens- / Glaubenserfahrung jeder / jedes Beteiligten (Ich–Dimension).
- Die Beziehungsdynamik zwischen den Betroffenen; die Gemeinschaftserfahrung, die aus christlicher Perspektive mit der Kirchlichkeit verbunden ist (Wir–Dimension).
- Die biblischen Zeugnisse in lebendiger Vermittlung und andere religiöse Traditionen (Es–Dimension).
- Der gesellschaftliche Kontext, die Welterfahrung (Globe–Dimension).

Wie auch in anderen lebendigen, religiös bedeutsamen Interaktions- und Kommunikationsprozessen, ereignet sich das Zusammenspiel dieser vier Dimensionen gerade auch im RU auf drei Ebenen, die aber nur theoretisch voneinander unterschieden werden können, weil sie in der Realität ständig changieren:

- Auf der Ebene des unmittelbar Beteiligt-Seins (Erleben);
- auf der Erfahrungsebene, auf der das unmittelbare Erleben und Kommunizieren spontan gedeutet wird;
- auf der Ebene der methodisch geleiteten, wissenschaftlichen Reflexion.

Je nach Alter und Kompetenz der Schüler_innen spielen die drei Ebenen selbstverständlich eine je unterschiedliche Rolle für das Zustandekommen theologischer Einsichten. Auch wenn bei sehr jungen Kindern das Beteiligt-Sein im Vordergrund steht und die Erfahrung und Deutung und vor allem die (methodisch-geleitete) Reflexion zunächst den Lehrer_innen zufällt, generieren auch sie theologische Einsichten (Scharer 2020b), die im „Theologisieren mit Kindern“ (Büttner u. a. 2014) religionspädagogische Anerkennung gefunden haben.

Ab dem dritten Kongress zum Thema „Heilig – Tabu“ (Kästle u. a. 2009) hat die KomTheo die Zusammenarbeit mit der muslimischen Theologie, besonders mit der islamischen Religionspädagogik, gesucht. Religionspädagog_innen beider Traditionen beziehen sich – speziell an der Universität Innsbruck – auf eine TZI- / Kom-Theo geleitete und „möglichkeitssensible" (Kraml 2019) transreligiöse Religionspädagogik und Religionsdidaktik (Sejdini / Kraml / Scharer 2017, 83–146). In der islamischen Religionspädagogik wurde u. a. auch an einer TZI-orientierten Koranlektüre gearbeitet (Ebrahim 2018).

Bringt man die drei changierenden kommunikativ-theologischen Erkenntnisorte in ein Verhältnis zu den drei Bereichen, die nach M. Grimmit (1981) oder B. Roebben (2001) religiöses Lernen kennzeichnen, dann zeigt sich ein interessanter Zusammenhang:

- Das Lernen *in* Religion / en bezieht sich sowohl konfessionell als auch transreligiös auf den unmittelbaren religiösen Vollzug und ist damit vor allem auf der Erlebensebene angesiedelt. Symbolisch-metaphorische und rituelle Zugänge sind speziell bei jüngeren Kindern besonders fruchtbar.
- Das Lernen *von* Religion/en bezieht die Erfahrungsebene mit ein, welche mit der Frage nach der (Be-)Deutung religiösen Vollzugs verbunden ist. Bei Kindern / Jugendlichen „erwacht" das Bewusstsein für das (kritische) Bedenken eigener und fremder Erfahrungen spätestens mit der Erschütterung der „Naivität ersten Grades", also der ersten Unmittelbarkeit.
- Im Lernen *über* Religion / en erfolgt eine theologisch bzw. religionswissenschaftlich geleitete Reflexion auf religiöse Traditionen und ihre Vollzüge und die damit verbundenen Erfahrungen. Im günstigsten Fall kommt es in der (Post-)Adoleszenz zur Ausbildung einer „Naivität zweiten Grades", die religiöse Unmittelbarkeit, Deutende Erfahrung und wissenschaftliche Einsichten integriert. Gelingt diese Integration nicht, kann es einerseits zu einer Regression in eine für Fanatismus anfällige religiöse Unmittelbarkeit kommen, wie sie fundamentalistische Bewegungen kennzeichnet, oder es kann andererseits in eine atheistische Ablehnung oder deistische Gleichgültigkeit gegenüber Religion führen.

Religiöses Lernen ereignet sich schwerpunktmäßig auf jeweils einer kommunikativ-theologischen Ebene. „Ganzheitliches" religiöses Lernen geschieht in einem changierenden Prozess der verschiedenen Ebenen, wie sie die Graphik – mit allen Grenzen einer solchen Darstellung – zu zeigen versucht.

Die folgende Graphik stellt im Überblick dar, wie sich das TZI-Schema (gleichseitiges Dreieck in der Kugel als Hintergrund) in der KomTheo auf drei unterschiedlichen Ebenen ausdifferenziert und transreligiös erweitert. Die „Strahlen", die vom absolut transzendenten, unverfügbaren Gottesgeheimnis ausgehen und die „Geistdynamik" in religiösen Lernprozessen symbolisieren, treffen auf vier „Dimensionen", die – aus transreligiöser Perspektive – die jeweils weltanschaulich-religiös bedeutsamen Aspekte persönlich und gemeinschaftlich bedeutsamer, religiöser Lernprozesse sichtbar machen. In lebendigen Unterrichtsgesprächen – speziell mit älteren Schüler_innen entfaltet sich die (Geist-)Dynamik nicht nur zwischen den Dimensionen, die sowohl konfessionell offen als auch transreligiös gesehen werden können, sondern auch auf den (changierenden) Ebenen, die zu authentischen religiös-theologischen Einsichten führen können, wie sie einem von einer zweiten Unmittelbarkeit gekennzeichneten Glaubens- / Religionsverständnis und -vollzug eigen sind.

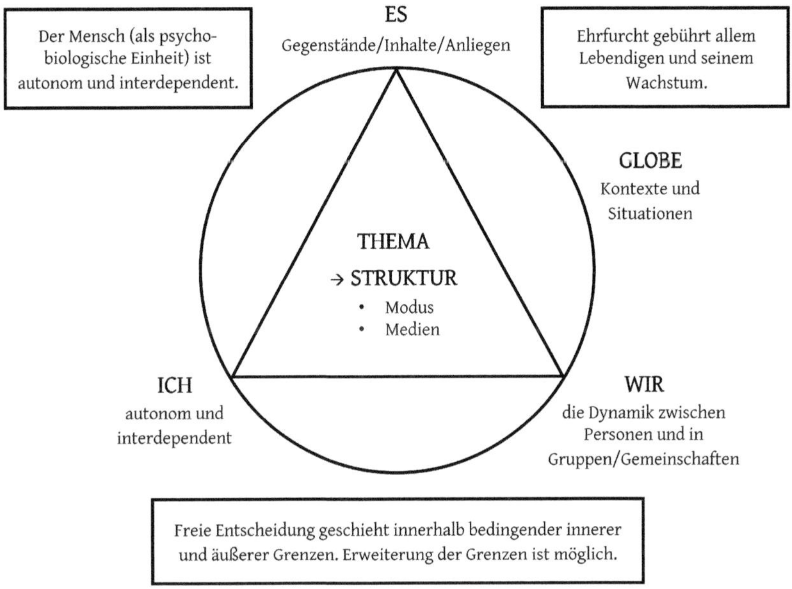

Abbildung 2: Kommunikative Theologie und Ebenen (trans-)religiösen Lernens

Ähnlich wie die TZI nur im Kontext einer humanistischen Grundhaltung – eines speziellen Habitus – praktiziert werden kann, stehen hinter der KomTheo „vorrangige Optionen". In einer gewissen Analogie zu den TZI-Axiomen geht die KomTheo davon aus, dass „der Mensch in Beziehung", „verfügt und frei" ist. „Schöpfung und Inkarnation begründen Ehrfurcht und Respekt." „Begrenztheit und Ausweitung der Grenzen" geschieht „angesichts des universalen Heilswillens Gottes." (Forschungskreis 2007, 96–102)

Zusammenfassend lässt sich sagen, dass (religions-)unterrichtliche Kommunikation und speziell Unterrichtsgespräche mit einem themenzentriert-interaktionellen und kommunikativ-theologischen Blick betrachtet, der prinzipiell konfessionell offen ist oder sich transreligiösem Erleben, Erfahren und Reflektieren aussetzt, das „pulsierende Herz" des theologisch bedeutsamen Interaktionsgeschehens im RU darstellen, ohne das schulischer Bildung eine zentrale Lebensader entzogen wäre.

Literatur

BAUMAN, ZYGMUNt (2017), Flüchtige Moderne, Frankfurt a. M.

BIESINGER, ALBERT (1984), Lebendiges Lernen in der Katechese. Hoffnungsversuche in Schule und Gemeinde – Antrittsvorlesung an der Universität Salzburg (1.–3. Teil), in: Christlich pädagogische Blätter 97, 6–9; 85–95; 223–226.

BOYS, MARY C. (2008), Learning in the Presence of the Other, in: Religious Education 103 (5), 502–506.

BÜTTNER, GERHARD u. a. (2014), Handbuch Theologisieren mit Kindern, Stuttgart–München.

COHN, RUTH C. [1955] (1961), A Workshop On Countertransference. An Experiment in Countertransference Training of Psychoanalytic Therapists in a Group-therapeutic Setting, in: International Journal of Group Psychotherapy (Ed.), (Vol. IX / 3), Manuscript, Humboldt Universität Berlin (HUB), Universitätsarchiv (UA), Nachlass (NL) Cohn, Nr. 7, Blatt 53–98.

COHN RUTH C. [1975] ([16]2009), Von der Psychoanalyse zur themenzentrierten Interaktion. Von der Behandlung einzelner zu einer Pädagogik für alle, Stuttgart.

COHN, RUTH C. (1977), Notizen mit Kari, 11. 12. 1977, HUB, UA, NL Cohn, Nr. 117, Bl 20–23.

COHN, RUTH C. (1981), „Zuwenig geben ist Diebstahl – zuviel geben ist Mord". Gespräch mit Ruth C. Cohn – Gesprächspartner: Otto Herz, in: betrifft: erziehung 14 (1981) 1, 22–27.

COHN, RUTH C. (1989), Es geht ums Anteilnehmen… Perspektiven der Persönlichkeitsentfaltung in der Gesellschaft der Jahrtausendwende, Freiburg i. Br.

COHN, RUTH C. / FARAU, ALFRED [1984] ([4]2008), Gelebte Geschichte der Psychotherapie. Zwei Perspektiven, Stuttgart.

DOGMATISCHE KONSTITUTION ÜBER DIE GÖTTLICHE OFFENBARUNG DES ZWEITEN VATIKANISCHEN KONZILS „DEI VERBUM" (DV).

EBRAHIM, RANJA (2018), Schülerinnen und Schüler im Diskurs mit dem Qur'ān: Chancen und Grenzen für einen zukunftsorientierten islamischen Religionsunterricht. Ein Handlungskonzept zum themenzentrierten Arbeiten anhand der Offenbarungsanlässe (asbāb an-Nuzūl), DISSERTATION / DOCTORAL THESIS, unveröffentlicht (Universität Wien).

FAßHAUER, UWE ([3]2014), 1. Axiom: existentiell-anthropologisches Axiom, in: SCHNEIDER-LANDOLF, MINA u. a. (Hrsg.), Handbuch Themenzentrierte Interaktion (TZI), Göttingen, 80–85.

FORSCHUNGSKREIS KOMMUNIKATIVE THEOLOGIE / COMMUNICATIVE THEOLOGY RESEARCH GROUP (2007), Kommunikative Theologie. Selbstvergewisserung unserer Kultur des Theologietreibens / Communicative Theology. Reflections on the Culture of Our Practice of Theology (= Kommunikative Theologie – interdisziplinär. Communicative Theology – Interdisziplinary Studies, 1/1 Wien / Berlin.

FUNKE, DIETER (1984), Verkündigung zwischen Tradition und Interaktion. Praktisch-theologische Studien zur Themenzentrierten Interaktion (TZI) nach Ruth C. Cohn, Frankfurt a. M.

GRELL, JOCHEN UND MONIKA ([12]2010), Unterrichtsrezepte, Weinheim.

GRIMMIT, MICHAEL (1981), When is „commitment" a problem in religious education?', in: British Journal of education studies 29/1, 42–53.

HAN, BYUNG-CHUL ([3]2019), Vom Verschwinden der Rituale. Eine Topologie der Gegenwart, Berlin.

HAN, BYUNG-CHUL (2019), Kapitalismus und Todestrieb. Essays und Gespräche, Berlin.

HILBERATH, BERND J. / SCHARER, MATTHIAS (2012), Kommunikative Theologie. Grundlagen – Erfahrungen – Klärungen, Ostfildern.

JUEN, MARIA (2013), Die ersten Minuten des Unterrichts. Skizzen einer Kairologie des Anfangs aus kommunikativ-theologischer Perspektive (= Kommunikative Theologie – interdisziplinär. Communicative Theology – Interdisziplinary Studies). Dissertation an der Leopold-Franzens-Universität Innsbruck, Wien.

JUNG, PASCALE (2019), Anerkennung. Paul Ricœurs Beitrag zu einem ökumenischen Schlüsselbegriff (= Kommunikative Theologie Bd. 20), Ostfildern.

KÄSTLE, DANIELA u. a. (2009), Heilig – Tabu. Christen und Muslime wagen Begegnung (= Kommunikative Theologie Bd. 13), Ostfildern.

KRAML, MARTINA (2019), Anderes ist möglich. Eine theologiedidaktische Studie zu Kontingenz in Forschungsprozessen (= Kommunikative Theologie Bd. 19), Ostfildern.

KROHN, DIETER u. a. (2000), Das Sokratische Gespräch im Unterricht, Frankfurt a. M. (= Sokratisches Philosophieren, Band VII).

LOTT, FRIEDHELM (2001), Religionsunterricht als themenzentrierte Interaktion im Kontext einer Schule der Zukunft: bildungs-, subjekt- und beziehungsorientiert. Inauguraldissertation zur Erlangung des Doktorgrades (= Glaubenskommunikation Reihe Zeitzeichen Bd. 9), Ostfildern.

MEYER, HILBERT ([14]2011), Unterrichtsmethoden, II: Praxisband, Berlin.

OCKEL, ANITA / COHN, RUTH C. (1984), Das Konzept des Widerstandes in der themenzentrierten Interaktion. Vom psychoanalytischen Konzept des Widerstandes über das TZI-Konzept der Störung zum Ansatz einer Gesellschaftstherapie“, in: Euro-Info, Sondernummer, WILL-EUROPA, 5–33.

PADBERG, STEFAN (2010), TZI ist eine allgemeine Didaktik ... und mehr als das, in: Themenzentrierte Interaktion / theme-centered interaction 24 (2), 73–84.

REISER, HELMUT (1987), Ruth Cohn und Martin Buber. Anmerkungen zu den axiomatischen Grundlagen der TZI, in: HAHN, KARIN u. a. (Hrsg.), Gruppenarbeit: themenzentriert. Entwicklungsgeschichte, Kritik und Methodenreflexion, Mainz, 38–46.

REISER, HELMUT (2014), Vorschlag für eine theoretische Grundlegung der Themenzentrierten Interaktion, in: Themenzentrierte Interaktion. theme-centered interaction 28 (2), 69–77.

ROEBBEN, BERT (2001), Religionspädagogik der Hoffnung: Grundlinien Religiöser Bildung in der Spätmoderne, Berlin.

ROSA, HARTMUT (2016), Resonanz. Eine Soziologie der Weltbeziehung, Berlin.

ROSA, HARTMUT ([3]2019), Unverfügbarkeit, Wien / Salzburg.

SCHARER, MATTHIAS (2000), Religion unterrichten lernen: Das Innsbrucker Modell, in: ISENBERG, WOLFGANG (Hrsg.), Kompetenz für die Praxis? Innovative Modelle der Religionslehreraus- und -fortbildung. Bensberger Protokolle 101, 55–68.

SCHARER, MATTHIAS / HILBERATH, BERND JOCHEN ([2]2003), Kommunikative Theologie. Eine Grundlegung, Mainz.

SCHARER, MATTHIAS (2005), Gottesgeheimnis und Beziehungskultur. Skizzen zur kommunikativen Zeichenhaftigkeit der Kirche, in: SIEBENROCK, ROMAN / SANDLER, WILLIBALD (Hrsg.), Kirche als universales Zeichen. In memoriam Raymund Schwager SJ, Wien / Münster, 285–299.

SCHARER, MATTHIAS / HILBERATH, BERND JOCHEN (2008), the practice of COMMUNICATIVE THEOLOGY. an introduction to a new theological culture, New York.

SCHARER, MATTHIAS u. a. (2010a), Kommunikative Theologie. Zugänge – Auseinandersetzungen – Ausdifferenzierungen. Communicative Theology. Approaches – Discussions – Differentiation. Kommunikative Theologie – interdisziplinär / Communicative Theology – Interdisziplinary Studies Vol. 15, Wien.

SCHARER, MATTHIAS (2010b), Wenn das Herz am Output hängt. Kommunikative-theologische und religionsdidaktische Überlegungen zu Bildungsstandards und Kompetenzorientierung in Religion, in: Österreichisches Religionspädagogisches Forum 18, 16–26.

SCHARER, MATTHIAS (2012), Der Geistbegabung trauen. Katechese zwischen Machbarkeitsnot und Machbarkeitswahn, in: Sandler, Willibald (Hrsg.), Ein Hauch von Gott: Die Präsenz des Heiligen Geistes in Kirche und Welt. Vorträge der 12. Innsbrucker Sommertage 2011, Innsbruck, 165–187.

SCHARER, MATTHIAS (2013), Lebendigen Lernprozessen trauen, Kompetenzen fördern. Das 'Innsbrucker Modell' der ReligionslehrerInnenausbildung unter der Herausforderung des Kompetenz- und Standarddiskurses in der Religionsdidaktik, in: Österreichisches Religionspädagogisches Forum 21, 58–63.

SCHARER, MATTHIAS (2015a), Kommunikation, in: PORZELT, BURKARD / SCHIMMEL ALEXANDER (Hrsg.), Strukturbegriffe der Religionspädagogik. Festgabe für Werner Simon zum 65. Geburtstag und anlässlich seiner Pensionierung, Bad Heilbrunn, 98–103.

SCHARER, MATTHIAS (2015b), „Learning Religion“ in the Presence of the Other: Provocation and Gift in Public Education, in: European University Institute (Ed.), The Future of Religious Education in Europe, Florence, 39–43.

SCHARER, MATTHIAS (²2019), Vielheit couragiert leben. Die politische Kraft der Themenzentrierten Interaktion (Ruth C. Cohn) heute, in Zusammenarbeit mit Michaela Scharer, Ostfildern.

SCHARER, MATTHIAS (2020a), Ruth C. Cohn. Eine Therapeutin gegen totalitäres Denken, in Zusammenarbeit mit Michaela Scharer, Ostfildern.

SCHARER, MATTHIAS (2020b), Wahrheit in und aus Beziehung. Subjekt- und Interaktionsbezogenheit weltanschaulich-religiöser Erkenntnisprozesse, in: SEJDINI, ZEKIRIJA / KRAML, MARTINA (Hrsg.), Interreligiöse Bildung zwischen Kontingenzbewusstsein und Wahrheitsansprüchen, Stuttgart (= Studien zur Interreligiösen Religionspädagogik, Bd. 4), 87–100.

SCHARFENBERG, JOACHIM / KÄMPFER, HORST (1980), Mit Symbolen leben. Soziologische, psychologische und religiöse Konfliktbearbeitung, Olten.

SEJDINI, ZEKIRIJA u. a. (2017), Mensch werden. Grundlagen einer interreligiösen Religionspädagogik und -didaktik aus muslimisch-christlicher Perspektive (= Studien zur Interreligiösen Religionspädagogik Bd. 1), Stuttgart.

STOLLBERG, DIETRICH (1982), Lernen, weil es Freude macht. Eine Einführung in die Themenzentrierte Interaktion, München.

ZITTERBARTH, WALTER (2001), TZI und Ethik, in: Themenzentrierte Interaktion. theme-centered interaction, 15 (2), 102–104.

Triffst du nur das Zauberwort
Das Gespräch in der Dramaturgie des Unterrichts

Hans Schmid

Schläft ein Lied in allen Dingen,
die da träumen fort und fort,
und die Welt hebt an zu singen,
triffst du nur das Zauberwort.
Joseph von Eichendorff

1. Gespräch? Im Religionsunterricht?

So fraglos es zunächst erscheint, dass Gespräch und Religionsunterricht zusammengehören, so ist dies alles andere als selbstverständlich. Es gab und gibt Formen des religiösen Lernens, in denen die Doktrin und ihre Annahme im Mittelpunkt stehen. Der Merksatz im Katechismusunterricht beanspruchte für sich die Wahrheit, die man zwar durch Nachfragen zu verstehen, aber letztlich anzunehmen und zu memorieren hatte. Das entsprach dem Religionsunterricht einer konfessionell klar aufgeteilten Gesellschaft mit einer weithin homogenen Schülerschaft, die aus Familie, Gemeinde und sonstigen konfessionell geprägten Milieus ein hohes Maß an religiös-konfessioneller Sozialisation in die Schule mitbrachte und von diesem „Vorverständnis" her am Religionsunterricht teilnahm. Diese Voraussetzungen haben sich seit den 50er und 60er Jahren des letzten Jahrhunderts zunehmend aufgelöst. An ihre Stelle traten plurale Lebensverhältnisse, in denen die Schüler_innen nicht nur mit anderen Konfessionen und Lebensanschauungen, sondern inzwischen auch mit anderen Religionen und im Ganzen mit einer mannigfachen Pluralität von Wahrheitsansprüchen in Berührung kommen. Gleichzeitig löste sich der religiös-konfessionelle Hintergrund auf und die Mehrzahl der Schüler_innen begegneten Religion und Glaube meist nur noch im Religionsunterricht der Schule.

Vor diesem Hintergrund wurde das Gespräch zum bestimmenden Modus des Religionsunterrichts. Der Synodenbeschluss „Der Religionsunterricht in der Schule" im Jahre 1974 bringt diesen Paradigmenwechsel hin zu Gespräch, Dialog, „Auseinandersetzung" zum Ausdruck und macht ihn offiziell zum kirchlichen Konzept des Religionsunterrichts. Dort heißt es: Der Religionsunterricht „[hilft] dem gläubigen Schüler, [...] sich bewusster für diesen Glauben zu entscheiden […] Dem suchenden oder im Glauben angefochtenen Schüler bietet er die Möglichkeit, die Antworten der Kirche auf seine Fragen kennenzulernen und sich mit ihnen auseinanderzusetzen… Dem sich als ungläubig betrachtenden Schüler […] ist im Religionsunterricht Gelegenheit gegeben, durch die Auseinandersetzung mit der Gegenposition den eigenen Standort klarer zu erkennen oder auch zu revidieren." (Gemeinsame Synode der Bistümer Deutschlands 1974, 2.5.1) Im Fächerkanon der Schule sind es inzwischen gerade Gespräch und Diskussion, in denen das besondere Gepräge des Religionsunterrichts in Erscheinung tritt und geschätzt wird.[1] Wenn es den Lehrer_innen gelingt, in offener, wertschätzender Weise mit den Schüler_innen „über Gott und die Welt" zu reden, sodass sie sich mit ihrer jeweiligen Sichtweise und ihrer Neugierde, ihren Bedenken und Zweifeln, mit ihrer Ablehnung und Zustimmung einbringen können, dann erleben sie den Religionsunterricht in positiver Weise als „cool"; dann hilft er ihnen, sich mit der pluralen Vielfalt auseinanderzusetzen und Worte für ihre Wirklichkeit zu finden, sodass sie sich bewusster entscheiden und einen eigenen Standpunkt herausbilden können. Dann mag es sein, dass im spontanen Austausch des Religionsunterrichts „Zauberworte" gefunden und „getroffen" werden, die die Wirklichkeit in einem neuen Licht erscheinen lassen und die Welt „zum Singen" bringen. Gewisslich: „Glaube" entsteht nicht aus Diskussion, sondern er kommt vom Hören (Röm 10,17); damit aber die Botschaft hörbar wird, muss viel gesprochen werden.

2. Gespräch und die Dramaturgie des Unterrichts

Gleichwohl hat ein Gespräch[2] Bedingungen zur Voraussetzung, damit es im Religionsunterricht lebendig werden kann. Neben einer gesprächsfähigen, authentischen und die Schüler_innen wertschätzenden Art der Lehrer_innen muss das Gespräch vor allem auf die dramaturgischen Erfordernisse des Unterrichtsprozesses abgestimmt sein, damit es sich entfalten kann. Die Blindheit gegenüber der dramaturgischen Dimension des Unterrichts stellt eines der größten Probleme der heutigen Schule dar; Lernunlust, fehlendes Interesse, Unruhe, ungebundene und chaotische Energie, Vergeblichkeit des unterrichtlichen Bemühens und auch das Misslingen von Gesprächen hängen mit dieser Blindheit wesentlich zusammen.

In der Dramaturgie geht es um die Bedingungen der Aufmerksamkeit, um Spannung und Entspannung, um den richtigen Zeitpunkt. Unterricht als sozia-

1 Das Gleiche gilt analog auch für die anderen „Weltanschauungsfächer" wie Ethik, Philosophie usw.

2 Mit Gespräch werden hier unter einer dramaturgischen Perspektive Unterrichtsgespräche verstanden, d. h. alle gemeinsamen Gespräche im Unterricht.

les Geschehen gleicht nicht dem Abfüllen einer Flasche als einem linearen und bloß quantitativen Vorgang. Der Unterrichtsprozess weist vielmehr verschiedene Qualitäten der Aufmerksamkeit und Ansprechbarkeit auf, von denen die Lehrer_innen wissen müssen, um sie ergreifen und nutzen zu können. Des Weiteren erfordert er Interventionen, in denen das gemeinsame Lerngeschehen *inszeniert* werden muss, damit es in Gang kommen kann. Dabei öffnet die Dramaturgie den Unterrichtsprozess für die zur Verfügung stehende Lernenergie der Schüler_innen und gestaltet die Lernprozesse nach deren eigenen Möglichkeiten und Grenzen.

2.1 *Eröffnung*

Aufgabe der Eröffnung ist es, einen gemeinsamen Aufmerksamkeitsraum herzustellen als basale Voraussetzung des Gesprächs, ja des Unterrichts überhaupt. Konstituiert sich dieser gemeinsame Raum nicht, kann das Gespräch tatsächlich nicht zustande kommen oder es ist von vorneherein gestört. An anderen dramaturgischen Veranstaltungen lässt sich die Bedeutung der Eröffnung exemplarisch beobachten: Im Theater geht das Licht aus, der Vorhang öffnet sich und die Besucher_innen richten sich auf die Bühne aus; im Gottesdienst schlagen die Ministrant_innen beim Einzug die Glocke an, die Gläubigen erheben und öffnen sich für die Feier; beim Fußballspiel pfeift der Schiedsrichter oder die Schiedsrichterin die Partie an und die Spieler_innen fokussieren sich auf das Spiel. Dabei zeigt sich: Bei der Eröffnung haben Rituale eine wichtige Bedeutung; sie machen allen deutlich, dass das Geschehen nun seinen Anfang nimmt und spannen so den gemeinsamen Aufmerksamkeitsraum auf. Solche Eröffnungsrituale haben auch im Unterricht eine große Bedeutung, vor allem am Beginn des Unterrichts, der oft mit dem Beginn des Gespräches zusammenfällt, worüber noch zu sprechen sein wird.[3]

Maria Juen hat im Jahre 2013 eine Untersuchung über „die ersten Minuten des Unterrichts“ (Juen 2013) vorgelegt, die für unseren Zusammenhang sehr aufschlussreich ist. Sie untersuchte mit qualitativen Methoden[4] drei Unterrichtsanfänge der 7. Klasse einer allgemeinbildenden höheren Schule in Österreich mit 13–14 Jahre alten Schüler_innen: Einer Physik-, einer Religions- und einer Mathematikstunde. Aus der Zusammenfassung und Interpretation der Ergebnisse dieser drei Unterrichtsanfänge der Klasse zeigen sich für die Autorin unter anderem folgende Merkmale des Unterrichtsanfangs:

- „Das Nebeneinander, Miteinander und konfliktreiche Gegeneinander vielfältiger simultan verlaufender Interaktionsdynamiken,

3 Siehe Punkt 2.3.
4 Die in Videografie erhobenen Daten wurden mit Hilfe der „Grounded Theory“ ausgewertet.

- das Sich-Einlassen (aufeinander und auf die Sache) als Bedingung der Möglichkeit des Anfangens im Kontext des schulischen Unterrichts,
- die Unverfügbarkeit und Nicht-Machbarkeit des Miteinander-Anfangens [...].“ (Juen 2013, 102)

In der Tat geht es in der Eröffnung darum, „das Nebeneinander, Miteinander und konfliktreiche Gegeneinander vielfältiger simultan verlaufender Interaktionsdynamiken“ zu synchronisieren und einen gemeinsamen Aufmerksamkeitsraum herzustellen. *Juen* sieht zurecht, dass das „Sich-Einlassen [aufeinander und auf die Sache] die Bedingung der Möglichkeit des Unterrichts“ darstellt. Dieses „Sich-Einlassen“ nimmt sie jedoch in den drei beobachteten Unterrichtsanfängen nur in der Mathematikstunde wahr. Hieraus folgert *Juen* ihr Merkmal „der Unverfügbarkeit und der Nicht-Machbarkeit des Miteinander-Anfangens“.

Dieses Merkmal der „Unverfügbarkeit und Nicht-Machbarkeit des Anfangens“ mag sich aus diesen drei Unterrichtsstunden einer 7. Klasse anbieten, für eine Generalisierung stellen diese „Unterrichtsanfänge“ jedoch eine viel zu schmale empirische Datenbasis dar. Aus einer dramaturgischen Perspektive zeigt sich jedoch, dass in allen drei Fällen der Unterricht weithin noch gar nicht begonnen hat, weil es den Lehrkräften nicht gelungen ist, einen gemeinsamen Aufmerksamkeitsraum und eine konzentrierte Fokussierung herzustellen. In der Mathematikstunde wurde dieses „Sich-Einlassen“ nur möglich, weil die Lehrerin die Schüler_innen mit einer „schriftlichen Hausarbeitsüberprüfung“ (Juen 2013, 88) konfrontierte, einer typischen schulischen Testsituation.

Tatsächlich finden landauf landab viele Unterrichtsstunden statt, die im eigentlichen Sinne nicht „anfangen“, weil das „Nebeneinander vielfältiger Interaktionsdynamiken“ regiert, – dies heißt aber nicht, dass ein gemeinsamer Aufmerksamkeitsraum nicht hergestellt werden könnte. Im Gegenteil: Er ist die Grundbedingung des Unterrichts, „der Anfang“. Deutlich wird auch: Unterricht ergibt sich nicht von selbst: Er ist ein dramaturgisches Geschehen und muss in den ersten Minuten über die Eröffnung als basaler dramaturgischer Akt von den Lehrkräften gesetzt und inszeniert und von den Schüler_innen bejaht[5] und ratifiziert werden; sie müssen sich darauf „einlassen“. Geschieht dies nicht, findet Unterricht im eigentlichen Sinne nicht statt und lässt sich auch nicht beobachten und erforschen. Dies wirft darüber hinaus ganz prinzipielle Fragen der Unterrichtsforschung auf, denn ein beobachtetes Geschehen kann nur angemessen interpretiert werden, auf dem Hintergrund des dramaturgischen Zusammenhangs des Unterrichts und der Art und Weise, wie er durch die Interventionen der Lehrer_innen als soziales Geschehen inszeniert wird.

5 Unterricht als soziales Geschehen lebt von dieser Bejahung durch die Schüler_innen; können sie dieses „Ja“ aus den unterschiedlichsten Gründen nicht aufbringen, ist er von seinen dramaturgischen Fundamenten her gestört.

2.2 *Die dramaturgische Grundlinie des Unterrichts*

Der Königsweg der Eröffnung ist ein inhaltlicher Einstieg, eine „Motivation", wie er in lernpsychologischer Hinsicht genannt wird, oder eine „dramaturgische Platzierung des Hauptmediums", wie ich den Einstieg aus dramaturgischer Perspektive genannt habe (Schmid 2012, 21ff.). Dabei geht es darum, das Interesse für die Sache bei den Schüler_innen zu wecken, sodass sie ihre Lernenergie auf den Lerngegenstand ausrichten. Oft ist dieser inhaltliche Einstieg als Eröffnung in der Schule jedoch nicht zureichend, wie die von *Maria Juen* untersuchten Unterrichtsanfänge, aber auch viele andere Unterrichtsstunden tagtäglich zeigen. Unruhe regiert und stört die Aufmerksamkeit von Anfang an. Der inhaltliche Einstieg muss deshalb in der Schule von Maßnahmen flankiert werden, welche das „Nebeneinander und Gegeneinander vielfältiger simultan laufender Interaktionsdynamiken" der Unruhe synchronisieren und auf Stille und ein gemeinsames Hören und Sehen zurückführen, sodass der inhaltliche Einstieg wahrgenommen werden kann. Diesen Ausgangspunkt der Stille, des Hörens und Sehens nenne ich die *dramaturgische Grundlinie des Unterrichts*[6]: Sie ist die Voraussetzung, dass sich der gemeinsame Aufmerksamkeitsraum für eine Sache aufspannen kann. Wie sich in der Schrift die Buchstaben an der Grundlinie orientieren, muss der Unterricht immer wieder auf die Grundlinie der Aufmerksamkeit zurückkommen, damit ein gemeinsames, konzentriertes, lebendiges Lernen und damit auch ein Gespräch möglich ist.

Die konkreten Interventionen zur Erreichung dieser dramaturgischen Grundlinie sind vielfältig. Zuerst und vor allem: Die Lehrkraft zeigt und repräsentiert diese Grundlinie in ihrem Verhalten. Sie darf selbst nicht in die Unruhe sprechen, sondern nimmt ihren Standort ein, öffnet sich für die Schüler_innen und wartet mit ihren eröffnenden Worten, bis es ruhig ist. Geschieht dies nicht, muss sie ermahnen und unter Umständen die gemeinsame Aufmerksamkeit auch mit Sanktionsmaßnahmen einfordern und durchsetzen. Dazu gehört auch, darauf zu achten, dass sich z. B. keine Gegenstände auf den Schülertischen befinden, welche ablenken und Unruhe erzeugen: Was nicht zum jeweiligen Unterricht gehört, sollte sich nicht auf den Tischen befinden. Zur Eröffnung z. B. eines Klassengesprächs hilft auch eine kommunikative Sitzordnung, in der sich die Schüler_innen möglichst alle anschauen können; oft ist eine solche Sitzordnung als Plenum nicht möglich, aber durch ein Dre-

---

6 In Analogie zum Vierliniensystem der Typographie, das auch für das Erlernen der Schreibschriften in der Schule als Orientierung dient, bei dem die Buchstaben auf der *Grundlinie* stehen und immer wieder auf diese zurückkommen. Nach oben hin begrenzt eine Linie die Kleinbuchstaben und eine weitere die Großbuchstaben. Nach unten hin begrenzt eine Linie die Kleinbuchstaben, welche die Grundlinie unterschreiten, wie g, p, q und y.

hen der Stühle kann die kommunikative Situation meist verbessert werden. Vielfältige Rituale bei Stunden- und Unterrichtsbeginn haben hier ihren Ort.

2.3 *Von der goldenen Zeit des Gesprächs. Oder: Das 20-Minuten-Maß*

Wird der Unterricht von einer positiven Lehrer-Schüler-Beziehung getragen, lassen sich die Schüler_innen sehr gerne auf Gesprächssituationen ein und sie erleben sich dabei in besonderer Weise im sozialen Geschehen des Klassenzusammenhangs. Dabei gehört das Gespräch sicherlich zu den wichtigsten Elementen des unterrichtlichen Lernens in der Schule, nicht nur im Religionsunterricht. Gleichwohl erfordert das Gespräch eine besondere Form der Lernenergie, die den Schüler_innen nicht unbegrenzt zur Verfügung steht: Gespräch ist *außengerichtetes Lernen.* Die Schüler_innen wenden sich in ihrer Wahrnehmung nach außen, sie hören, sehen, folgen dem Gesprächsverlauf und beteiligen sich daran. Dabei müssen sie von ihrer inneren Befindlichkeit, ihren Regungen, ihren Gefühlen, ihrem Bewegungsdrang absehen und sich ganz auf das Gesprächsgeschehen im Klassenzimmer ausrichten. Obwohl sich die Schüler_innen in der Regel gerne öffnen, Neues erfahren und *neugierig* sind, geht nach ziemlich genau 20 Minuten diese Energie als Fähigkeit, sich nach außen zu richten zur Neige und ihre innere Welt bringt sich zur Geltung: Die ersten verlieren den Faden, werden unruhig und beginnen mit ihren Mäppchen zu spielen, kippeln auf den Stühlen, manche fangen an, sich mit dem Nachbarn oder der Nachbarin zu unterhalten. Fordert der Unterricht nun trotzdem weiter außengerichtete Lernenergie, dann nimmt die Unruhe immer mehr zu und in den unteren Klassen fallen die Kinder bald von den Stühlen. Der gemeinsame Aufmerksamkeitsraum löst sich in ein „Nebeneinander, Miteinander und konfliktreiches Gegeneinander vielfältiger simultan verlaufender Interaktionsdynamiken" auf. Die Schüler_innen geraten im wahrsten Sinne des Wortes „außer sich". Hinweise oder Ermahnungen zur Konzentration, d. h. *zur dramaturgischen Grundlinie* zurückzukehren, sind, wenn überhaupt, nun nur noch von kurzer Wirkung: Die Energie zum gemeinsamen Aufmerksamkeitsraum ist verbraucht.

Diese ersten 20 Minuten des Unterrichts nenne ich deshalb *die goldene Zeit des Lernens;* sie sind auch *die goldene Zeit des Gesprächs.* Offenheit, Empfänglichkeit, Konzentration sind hier qualitativ und quantitativ am größten und stärksten. In dieser Zeit können Berge bestiegen und Zauberworte gefunden und getroffen werden. Nach diesen 20 Minuten erfordert der Unterricht jedoch einen dramaturgischen Wechsel von der Außenorientierung zur Innenorientierung. Wird er vollzogen, dann bleiben die Schüler_innen in fast wundersamer Weise bei der Sache und „bei sich". Der Wechsel bewirkt, dass sich die in der Außenorientierung aufgebaute Spannung lösen kann; Konzentration ist weiterhin möglich. Noch mehr: Die Schüler_innen erholen sich im Modus der Innenorientierung von der Außenorientierung des Gesprächs. Beispielsweise kann ein „einfaches" Schreiben in Stille diesen Wechsel vollziehen; es ist auch ein Wechsel vom Reden und Hören im Gespräch zur Motorik der Hände und Finger, von der Ausrichtung auf den Klassenraum zum Nahbereich des Tisches, von der Orientierung am Neuen zum Verweilen am nun schon Bekannten. Schreiben[7], Malen, Gestalten – die ganze Palette der Stillarbeit – sind nicht nur Mittel, etwas festzuhalten, darzustellen, zu reflektieren oder auszudrücken, sondern aktualisieren auch einen anderen Modus der Lernenergie. Als Formen der Innenorientierung sind sie für die Dramaturgie des Unterrichts unverzichtbare Elemente.

Umgekehrt ist auch die Energie der Innenorientierung begrenzt, erlahmt nach einer gewissen Zeit und findet durch die Außenorientierung ihre Lösung. Innen- und Außenorientierung bilden im unterrichtlichen Lernen ein komplementäres Geschehen wie das Einatmen und das Ausatmen. Das eine ist die Voraussetzung und zugleich die Grenze für das andere. In gleicher Weise lebt die Vitalität des unterrichtlichen Lernens vom Rhythmus der Außen- und Innenorientierung. Die Dramaturgie des Unterrichts gestaltet die Unterrichtsprozesse so, dass sie diesem vitalen Grundrhythmus der Schüler_innen gerecht werden: Er bringt das Lernen in eine Balance. Von hierher lässt sich die dramaturgische Qualität des Unterrichts daraus bestimmen, ob die Schüler_innen am Ende des Unterrichts außer sich oder bei sich sind.

In einem Unterricht, der die Lernprozesse von den Schüler_innen her gestaltet, ist dieser Rhythmus von der Außen- und Innenorientierung von großer Bedeutung: Es ist auch der Rhythmus zwischen der Bereitschaft, sich für Neues zu öffnen einerseits und der Strebung, dieses Neue zu verarbeiten und zu integrieren andererseits. Der eine Modus richtet sich auf Fremdes, Neues und lebt vom Staunen; der andere bezieht das Neue auf bisher schon Gewusstes, Eigenes und lebt von der Besinnung. Außenorientierung und Innenorientierung, Neugierde und Besinnung, sind zwei fundamentale Momente des Lernens, der Weltbegegnung und Weltaneignung, dem die Dramaturgie des Unterrichts gerecht werden muss (Schmid 2008, 108ff.).

7 Von hierher hat die Vernachlässigung der Handschrift und ihrer damit einhergehenden Degenerierung unter dramaturgischen Gesichtspunkten weitreichende Folgen. Schreiben mit der Hand ist nicht eine „zeitintensive Routine", wie sie zuweilen despektierlich bezeichnet wird, die einen effektiven Unterricht behindert und deshalb möglichst zu minimieren ist, sondern ein Ort der Innenorientierung, an dem sich die Schüler_innen von der Außenorientierung erholen können.

2.4 Variationen

Der Anfang, die ersten 20 Minuten sind in der Regel die goldene Zeit des Unterrichts und des Gesprächs: Die Schüler_innen sind „frisch", u. U. sogar ausgeruht, wenn sie von Zuhause oder der Pause kommen, sie haben sich im Stundenwechsel bewegt, etwa von einem Klassenzimmer ins andere oder durch Bewegungsübungen[8], oder die vorhergehende Stunde schloss mit einer Phase der Innenorientierung. Nicht zufällig werden deshalb die Phasen der Erarbeitung und Erschließung, bei denen verschiedene Formen des Gesprächs weithin eine entscheidende Rolle spielen, schon immer an den Anfang der Unterrichtsstunde gelegt:[9] Die Schüler_innen haben am Beginn Kraft zur Außenorientierung. Es gibt aber auch Varianten, bei denen Innenorientierung und Besinnung am Anfang stehen. So etwa, wenn am Beginn ein Test oder eine Probe stehen, wie bei der von *Maria Juen* untersuchten Mathematikstunde (Juen 2013, 88); oder die Schüler_innen schreiben oder gestalten, was sie erlebt und erfahren haben, um auf dieser Basis ein erschließendes und reflektierendes Gespräch zu beginnen; oder wenn am Anfang der Stunde ein Film[10] steht, der danach erschlossen und diskutiert wird.

Es gibt problematische Unterrichtsstile, die durch ein andauerndes Lehrer-Schüler-Gespräch von den Schüler_innen hauptsächlich außenorientiertes Lernen fordern und bei denen Innenorientierung und Besinnung fast keine Rolle spielen. Dehnt sich das Lehrer-Schüler-Gespräch in dieser Weise aus, beginnt es sich gegen die Gesprächsmöglichkeiten der Schüler_innen zu wenden und der Unterricht wird von der *Lehrer-Schüler-Gespräch-Krankheit* befallen, die mit einem dauernden Unruhepegel im Klassenzimmer einhergeht. Eine dramaturgische Grundlinie der Stille und der Konzentration, ein gemeinsamer Aufmerksamkeitsraum ist in solchen Klassen fast nie zu erreichen. Beim Fachunterricht, z. B. dem Religionsunterricht durch andere Lehrer_innen sind die Schüler_innen solcher Klassen oft von Anfang an schwer zu beruhigen, weil ihnen chronisch eine Innenorientierung und damit eine Balance vorenthalten wird. Hier ist es hilfreich, mit einer Phase der Innenorientierung zu beginnen, damit die Schüler_innen sich überhaupt erst wieder nach außen richten können.

---

8 Die verschiedenen Programme zum sogenannten „Bewegten Unterricht" in den Bundesländern haben hier ihren Ort.

9 Dies zeigen auch die unterschiedlichen Schemata des *Unterrichtsaufbaus* und der *Unterrichtsartikulation*, die landauf landab Verwendung finden.

10 Filmbetrachtung ist eine Mischung von Außen- und Innenorientierung und stellt damit einen Sonderfall da, in dem die Aufmerksamkeit um ein Vielfaches länger aufrechterhalten werden kann. Die Handlung bewirkt Identifikation, der Film spricht auf vielfältige Weise die Betrachter_innen als Einzelne an und nimmt sie in mannigfacher Weise mit. Und vor allem: Nach einem Film ist weiter ein gemeinsames Gespräch im Modus der Außenorientierung möglich.

Es ist frappierend zu sehen, wie das 20-Minuten-Maß der Außenorientierung und des Gespräches im Unterricht fast unerbittlich immer wieder seine Gültigkeit erweist. Offenbar handelt es sich dabei um ein Aufmerksamkeitsmaß in unterrichtlichen Zusammenhängen, dass sowohl bei jüngeren als auch bei älteren Schüler_innen, ja sogar selbst bei Erwachsenen bestimmend ist. Es gibt jedoch auch Ausnahmen, die sich zuweilen in überraschender Weise einstellen: Ein Gespräch, das sich etwa über 45 Minuten erstreckt und die Schüler_innen beim Klingelzeichen erstaunt fragen: „Oh, die Stunde ist schon um?" In solchen Situationen gerät das Gespräch spontan in eine besondere Schwingung und hat eine elektrisierende Wirkung auf alle Beteiligten. Wenn sich eine derartige Gesprächssituation einstellt, kann die Lehrkraft das 20-Minuten-Maß loslassen und die Fruchtbarkeit des Augenblicks ergreifen. Wichtig ist aber: Solche Gespräche sind nicht planbar. Sie haben den Charakter eines Kairos, der sich nur dankbar ergreifen lässt.[11]

3. Unterrichtsforschung und Dramaturgie des Unterrichts

Die Einbettung des Gesprächs in die Dramaturgie des Unterrichts hat große Bedeutung für sein Gelingen oder Misslingen: Wurde ein gemeinsamer Aufmerksamkeitsraum inszeniert? Findet das Gespräch in der „goldenen Zeit" des Unterrichts statt? Ist ein Wechsel zur Innenorientierung und zur Besinnung erforderlich? Solche und viele weitere dramaturgische Fragen haben für die Lehrer_innen tagtäglich, Stunde für Stunde, große Relevanz, um die richtigen Entscheidungen zu treffen. Sie haben auch für die Unterrichtsforschung große Bedeutung, denn die dramaturgische Dimension des Unterrichts ist empirisch noch viel zu wenig im Blickfeld. Dabei ginge es vor allem darum, die dramaturgischen Dimensionen der verschiedenen Unterrichtsformen detailliert zu erforschen und in die Aus- und Fortbildung der Lehrkräfte einzubringen. Ein „schülerorientierter Unterricht", der das Lernen von den Lernpotentialen der Schüler_innen her gestaltet, kommt ohne die Orientierung an den dramaturgischen Zusammenhängen des Unterrichts nicht aus.

Als junger Religionslehrer an der Berufsschule hatte ich die Gelegenheit von 1984 – 1986 an einem DFG-Projekt am Institut für Soziologie der Universität Erlangen-Nürnberg zu „Kollektiven Orientierungen in Gruppen Jugendlicher" unter der Leitung von Ralf Bohnsack mitzuarbeiten (Bohnsack 1989, Schmid 1989). Bei der Rekonstruktion der Orientierungen in den Gruppendis-

11 Tatsächlich begegnet uns *an dieser Stelle* das Unverfügbarkeits- und Nicht-Machbarkeitsmerkmal der Kommunikation, die *Maria Juen* erwähnt hat.

kussionen mit Jugendlichen spielte die Dramaturgie des Gesprächsverlaufes eine entscheidende Rolle. Mit diesem empirisch geschulten Blick habe ich später als Verantwortlicher für die Ausbildung von Priestern für den Religionsunterricht sowie der Fortbildung und Begleitung der Religionslehrer_innen an Realschulen in der Diözese Bamberg viele hunderte Religionsstunden hospitiert und die Lehrkräfte beraten. Sehr früh sprang mir die dramaturgische Dynamik der Unterrichtsprozesse in die Augen, die sich Stunde für Stunde Geltung verschafft und für das Verständnis des Geschehens einen zentralen Schlüssel darstellt. Deutlich wurde auch, dass sich die Dramaturgie des Unterrichts zwar graduell, aber nicht prinzipiell in den verschiedenen Schulstufen und -arten unterscheidet.[12]

Ein solcher Blick auf die dramaturgische Dynamik des Unterrichts ist nicht, wie so oft in der Didaktik, von einer pädagogischen, psychologischen oder ästhetischen Theorie abgeleitet:[13] Sind die Augen dafür geöffnet, ist diese Dynamik der Beobachtung und Wahrnehmung zugänglich. Erfahrene Lehrer_innen wissen schon immer von den dramaturgischen Zusammenhängen, auch wenn sie nicht Begriffe wie Dramaturgie, Außenorientierung, Innenorientierung, Lernenergie, Balance, Aufmerksamkeitsraum usw. verwenden. Weil die dramaturgische „Unterströmung" des Unterrichts der Erfahrung zugänglich ist, lässt sie sich erforschen und kann für eine empirisch gestützte praktische Theorie des Unterrichtens eine basale Rolle spielen. Auf sie abgestimmt lassen sich Varianten einer dramaturgischen Grundarchitektur verschiedener Unterrichtsformen entwickeln, die sowohl den Schüler_innen als auch der Sache gerecht werden.

Literatur

BOHNSACK, RALF (1989), Generation, Milieu und Geschlecht. Ergebnisse aus Gruppendiskussionen mit Jugendlichen, Opladen.

GEMEINSAME SYNODE DER BISTÜMER DEUTSCHLANDS (1974), Der Religionsunterricht in der Schule, Freiburg u.a.

HAUSMANN, GOTTFRIED (1959), Didaktik als Dramaturgie des Unterrichts, Heidelberg.

JUEN, MARIA (2013), Die ersten Minuten des Unterrichts. Skizzen einer Kairologie des Anfangs aus kommunikativ-theologischer Perspektive, Berlin / Wien.

SCHMID, HANS (1989), Religiosität der Schüler und Religionsunterricht. Empirischer Zugang und Konsequenzen für den Religionsunterricht, Bad Heilbrunn.

SCHMID, HANS (2008), Unterrichtsvorbereitung eine Kunst. Ein Leitfaden für den Religionsunterricht, München.

SCHMID, HANS (2012, aktualisierte Neuausgabe), Die Kunst des Unterrichtens. Ein praktischer Leitfaden für den Religionsunterricht, München.

---

12 Die Kapläne unterrichteten hauptsächlich an der Grund- und Mittelschule, waren aber auch in der Förderschule und im Gymnasium eingesetzt.

13 So hat auch Gottfried Hausmann seine „Didaktik als Dramaturgie des Unterrichts" auf die klassischen Theorien der Dramaturgie seit Aristoteles bezogen; vermutlich ist sie deshalb im Ganzen weithin folgenlos geblieben (Hausmann 1959).

Das Klassengespräch
Grundsätzliche Überlegungen, Gelingensbedingungen und Tipps für unterrichtliches Sprachhandeln

Peter Orth

1. Grundsätzliches: Bedeutung des (Klassen-) Gesprächs

Die Philosophie bezeichnet den Menschen früh als „zóon lógon éschon", als das Wesen, das das Wort, das den Begriff, das Sprache hat (Anzenbacher 1981, 150). Unser In-der-Welt-Sein vollzieht sich immer in Sprache; sie ist das grundlegende Medium, in dem wir uns bewegen. In Sprache teilt sich der Mensch mit; er setzt sich über Sprache mit anderen auseinander; Sprache ermöglicht Gemeinschaft; sie ist das wesentliche Medium zwischenmenschlicher Kommunikation. Sprache benötigen wir, um den Erscheinungen und Dingen in der Welt einen Namen zu geben; sie hilft, gemeinsam über Welt und Leben nachzudenken, ihnen Bedeutung zuzusprechen und so Ordnung in der Welt zu schaffen. Sie ist der Schlüssel zum Selbst- und Weltverständnis, sie ist nach dem Begreifen im Baby- und Kleinkindalter das Primärmedium der Wirklichkeitserschließung (Halbfas 2012). Der Aphorismus des Philosophen Ludwig Wittgenstein (1889-1951): „Die Grenzen meiner Sprache bedeuten die Grenzen meiner Welt" macht deutlich, dass Spracherfassung, Welterfassung und Weltverstehen Hand in Hand gehen (Orth 2009, 30f. und 2019).

Sprache in Wort und Schrift ist wesentliche Grundlage unserer Kultur. Sie ermöglicht gemeinsame, erinnerte Geschichte, Tradition und Kultur sowie deren Verstehen, Weitergabe und Weiterentwicklung. Mit Hilfe der Sprache können wir die Gegenwart kritisch analysieren und Visionen einer besseren Welt entwerfen. Und wir können uns selbst in der Kommunikation mit anderen und in der Reflexion unserer Person verstehen lernen. (Nur nebenbei: Das sind alles Ziele von Schule und Bildung.)

Auch Schule und Unterricht kommen ohne die Sprache – sowohl ohne das geschriebene Wort wie ohne das Sprechen – nicht aus. Dabei kommt dem Gespräch noch einmal eine besondere Bedeutung zu; das Klassengespräch ist eine zentrale Lehr- / Lernform. Lehrende und Lernende setzen sich im Klassen-

oder Unterrichtsgespräch[1] gemeinsam sach- und problembezogen mit einem Thema auseinander, beleuchten die verschiedenen Facetten eines Unterrichtsgegenstandes, erarbeiten Problemstellungen und entwickeln Lösungsansätze. Im Klassengespräch werden Einstellungen und Haltungen bewusst gemacht, offengelegt, bedacht und begründet. So ist das Klassengespräch ein aktives und soziales Lernen, in dem die Klassengemeinschaft gemeinsam eine Frage oder ein Problem bespricht, sich gegenseitig anregt, in Frage stellt und Gedanken vertieft. Dabei wird das Lernen sichtbar, „hörbar"; Lehrperson und Lernende können sofort auf die einzelnen Gedanken und Aussagen reagieren. Und wenn im „Meta-Unterricht" über den eigenen Unterricht nachgedacht wird, geschieht das meistens in der Form des Gesprächs.

Diese Bedeutung des Klassengesprächs bleibt unbeschadet der Kritik an dieser Lehr- / Lernform. Kritisiert werden seit der Arbeitsschulbewegung in der Regel Verfallsformen, Zerrbilder dieser Unterrichtsmethode: Das niedrige Niveau vieler Fragen, das Fehlen weiterführender verbaler oder nonverbaler Impulse, das Häufen von Kettenfragen, die Fragwürdigkeit von Suggestivfragen oder der fast ausschließliche Gebrauch sehr enger Fragen, mit deren Hilfe Lehrende die Schüler_innen in den eigenen Gedankengang zwingen und so das eigenständige Nachdenken eher behindern als fördern. Durch solche engen Fragen der Lehrenden ist der Antwortradius der Lernenden eingeengt und begrenzt. Entsprechend sind die Antworten der Lernenden oft sehr kurz, häufig nur Ein-Wort-Antworten (s. u., Abbildung 2). Die Kritik bezieht sich also häufig auf das Frageverhalten der Lehrenden. Seltener wird die Lehrerfrage in ihrer Künstlichkeit angefragt. Denn die Lehrperson fragt häufig nicht, weil sie etwas wissen will, sondern weil sie mit Fragen das bereits Gewusste ins Bewusstsein heben und das eigene Nachdenken anregen will.

Trotz dieser berechtigten Kritik ist die Lehrerfrage wichtiges Instrument der Unterrichts- und Gesprächsführung. Das Klassengespräch bleibt „ideales Lernmedium" (Rosner 2006, 115), das aber zu den schwierigsten Lehrformen und Interaktionen zwischen Lehrenden und Lernenden gehört (vgl. Moers u. a. 2019, 29). Die pädagogische Diskussion hat jedoch das Verständnis dafür gefördert, dass das Klassengespräch keineswegs nur als enger Frage-Antwort-Unterricht geführt wird. Es gibt unterschiedliche Formen des Klassengesprächs, die im Folgenden dargestellt werden.

1 Die verschiedenen Begriffe Klassen-, Unterrichts- oder Lehrer-Schüler-Gespräch bezeichnen dieselbe Sache bei verschiedenen Akzentuierungen. Ich benutze im Folgenden den Begriff Klassengespräch, weil er andeutet, dass es sich um ein Gespräch der gesamten Klasse handelt – nicht um ein Gespräch der Lehrperson mit einem oder wenigen Lernenden und nicht um einen Monolog des / der Lehrenden. Dabei lässt der Begriff offen, ob sich das Gespräch hauptsächlich zwischen Lehrkraft und Schüler_innen abspielt oder ob es zwischen den Lernenden geführt wird und die Lehrperson nur die Rolle eines / einer Moderators / Moderatorin innehat.

2. Gesprächsformen im Unterricht

2.1 *Die Vielfalt der Gesprächsformen*

Die folgende Grafik verdeutlicht die unterschiedlichen Gesprächsformen im Unterricht. Sie schafft in der Vielfalt möglicher Gesprächsformen Übersichtlichkeit, durch die Lehrkräfte in der Unterrichtspraxis ihr Sprachhandeln einschätzen und reflektieren können. Die Unterscheidung der Gesprächsformen erfolgt aus unterrichtspraktischer Perspektive mit der Absicht, eigenes Sprachhandeln bewusst zu machen, damit es reflektiert und optimiert werden kann. Wird die Perspektive geändert, sind auch andere Darstellungen und Systematisierungen möglich.

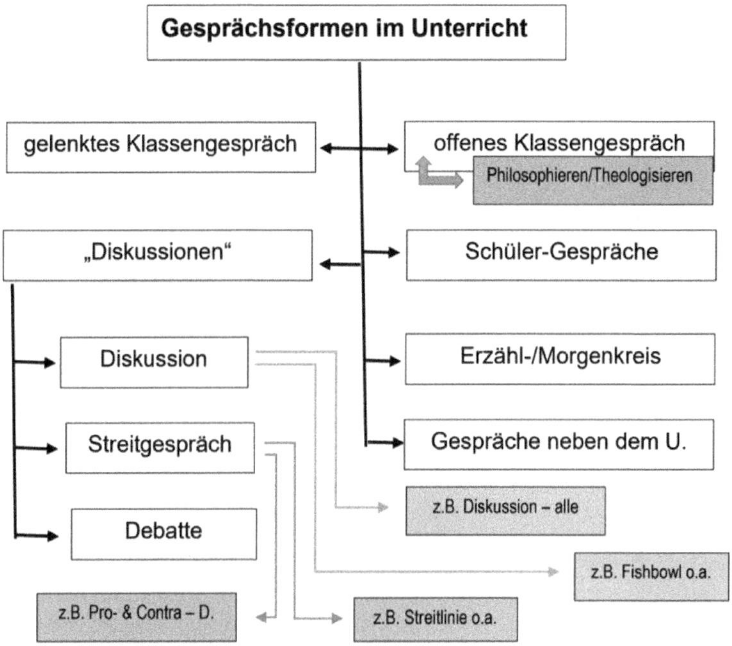

Abbildung 1: Gesprächsformen im Unterricht

Wird der Klassenunterricht als Frontalunterricht geführt, dominiert weitgehend das Klassengespräch. Das kann entweder stark lehrerzentriert als fragend-entwickelndes Lehrgespräch geführt werden, lässt sich aber auch als freies, offenes Gespräch in der Klasse arrangieren. Die o. g. Kritik am Klassengespräch entzündete sich vor allem an der lehrerzentrierten, fragend-entwickelnden Gesprächsform, in dem die Lehrperson jeden kleinen Schritt im Gedankengang vorgibt (s. o.). Trotzdem hat auch das gelenkte Klassengespräch seine Berechtigung, zum Beispiel in Phasen der Wiederholung oder wenn sachlogisch richtige Argumentationsketten nachvollzogen werden sollen – wenn die oben genannten Fehler dabei vermieden werden.

Das Klassengespräch kann auch in einer freien, offenen Form geführt werden, in der die Lehrenden zurücktreten, den Gedankengängen der Schüler_innen und ihren Äußerungen viel mehr Raum geben. Sie sind dann nicht mehr diejenigen, die ihre Lernenden quasi an die Hand nehmen und kleinschrittig zu einem vorher festgelegten Ziel und Ergebnis führen. Sie werden vielmehr zu Initiator_innen der Gespräche, indem sie weite, offene Impulse, Fragen oder Themen stellen und den Lernenden die Gelegenheit geben, eigene Gedanken und Meinungen zu äußern, neue Ideen ins Gespräch zu bringen und die Struktur von Gedankengängen, aber auch von Methoden und Interaktionen zu verändern. Der Grad der Offenheit kann in dieser Form unterschiedlich sein.

Enge Frage / enger Impuls	Weite, offene Frage / weiter Impuls
Lehrende erwarten eine bestimmte Äußerung oder doch Antworten in bestimmter Richtung, die als richtig oder falsch qualifiziert werden können. Die richtige Antwort ist vorhersehbar.	Sie lassen den Lernenden Freiheit in ihren Äußerungen und regen dazu an, weiter zu denken und mitzureden. Die Äußerungen sind oft nicht vorhersehbar und können oft nicht nach richtig oder falsch beurteilt werden.
Die Antworten der Lernenden sind durch Fragen und Impulse der Lehrenden in Richtung, Umfang und Struktur vorgeprägt. Die Antworten fallen oft kurz aus.	Die Lernenden werden initiativ und sprechen aus eigenem Antrieb. Oder sie äußern auf Anregung der Lehrenden eigene Gedanken und Meinungen. Sie bringen neue Ideen ein oder verlassen die vorgegebene Struktur von Gedankengang oder Methoden.

Abbildung 2: Unterscheidung bei Frageimpulsen

Zu solch einem offenen Klassengespräch zählt auch die Art der Gesprächsführung, die als Theologisieren oder Philosophieren mit Kindern und Jugendlichen mittlerweile breiten Raum in der Religionsdidaktik eingenommen hat. Kennzeichen dieses Theologisierens ist, dass das Kind als Partner und „als dialogisch-kommunikative beziehungsorientierte Person ... im Zentrum des Theologisierens (steht), dessen Mitte theologische Fragen [...] und die Suche nach Antworten darstellen. Die Rolle des Lehrenden ist die des gleichberechtigten Gesprächspartners, der in symmetrisch offener Kommunikation respektvoll nachfragt, Impulse zum Weiterdenken gibt und dialogorientiert gemeinsam mit dem Kind nach tragfähigen Deutungen sucht. Methodisch geht es um die Konstruktion von Anforderungssituationen und Lernszenarien und [...] um kommunikationswissenschaftlich-gesprächsorientierte Zugänge, die helfen, aktiv ‚Geburtshelfer' für Kinder und Jugendliche im theologisch-reflexiven

Sprachgeschehen zu sein." (Zimmermann 2013, 430) Hier wird den Gedanken der Lernenden, ihren Deutungen, ihrer Religiosität, ihren eigenen Fragen, Aussagen und Begründungen ein hoher Stellenwert zugeschrieben (Kraft 2014, 30). Lehrende sollten bei dieser Form des Gesprächs darauf achten, was als Ergebnis solcher Gespräche gemeinsam mit den Lernenden festgehalten werden kann.

Diese beiden Formen des Klassengesprächs werden ergänzt, insbesondere durch Formen der Diskussion. Dabei ist der Begriff „Diskussion" für viele eher undifferenziert. Dahinterstehen aber wiederum unterschiedliche Formen: die Diskussion, das Streitgespräch und die Debatte (Orth / Marxen 2002, 1–16).

Allen drei Gesprächsformen ist gemeinsam, dass es zwei oder mehrere kontroverse Positionen gibt, die im Gespräch einander gegenübergestellt werden. Sie sind also durch eine konfrontative Struktur gekennzeichnet. In den Gesprächen wird versucht, Ansichten einander gegenüberzustellen, eindeutig Position zu beziehen, Argumente auszutauschen, sie zu prüfen sowie den anderen zu überzeugen. Darin liegt auch die Chance dieser Gesprächsformen: Lernende werden durch sie befähigt, eine Auseinandersetzung überlegt zu führen und auf die Kraft von Argumenten zu hören (anstatt auf die Kraft des Stärkeren zu vertrauen, auf Ideologien zu hören, ...) und sich so der Anstrengung des kritischen Denkens und Argumentierens zu unterziehen.

Wichtig ist für alle drei Gesprächsformen ein zündendes Thema, das überhaupt kontroverse Auffassungen und Bewertungen zulässt und hervorruft. Unverzichtbar ist ebenso eine entsprechende Information: Lernende brauchen vor Beginn solcher Gespräche ausreichend Zeit und Gelegenheit, sich mit dem Thema zu beschäftigen, Informationen und Stellungnahmen zusammenzutragen, und sich in mögliche Argumentationsgänge hineinzudenken.

Die Gesprächsformen unterscheiden sich durch einen unterschiedlichen Regelungsgrad des Gesprächsablaufs.

2.2 Die Diskussion

Die *Diskussion* ist nicht zu verwechseln mit einer lockeren Aussprache über ein Thema. Wo dieses Verständnis vorherrscht, da entsteht die Gefahr, dass sich das Gespräch in belanglosem und vorurteilsbestimmtem Reden erschöpft. Stattdessen ist die Diskussion ein sachlich fundiertes Gespräch, in dem die Lernenden sich an die Regeln halten, die eine qualifizierte Diskussion kennzeichnen und die sich in der Rolle der Diskussionsleitung konzentrieren.

Der / Die Diskussionsleiter_in:

- eröffnet und schließt die Diskussion.
- führt eine Rednerliste in der Reihenfolge der Wortmeldungen und erteilt entsprechend das Wort.

- sorgt für Ordnung während des Gesprächs, fordert die Beachtung des Themas an und achtet auf die Einhaltung der Redezeit; kann ggf. das Wort einem / einer Redenden entziehen.
- kann Diskussionsimpulse eingeben, klärende Nachfragen stellen und zur Fortführung der Diskussion Voten der Teilnehmenden spiegeln.
- kann Zwischenergebnisse konstatieren und muss das Diskussionsergebnis zusammenfassen.

Entsprechend müssen sich die Teilnehmenden an diesen Regeln ausrichten. Das gilt auch für die Lehrkraft, die bei der Einführung der Methode die Diskussionsleitung übernimmt, aber mit fortschreitender Übung in höheren Klassen an geeignete Lernende abgeben sollte. An der Diskussion können im Unterschied zum Streitgespräch alle Lernenden teilnehmen. Denkbar sind aber auch Diskussionen mit nur einem Teil der Lernenden, z. B. die Diskussion im Fishbowl (bpb, fishbowl).

2.3 Das Streitgespräch

Das *Streitgespräch* ist noch reglementierter. Hier diskutieren die Schüler_innen nicht mehr aufgrund ihrer persönlichen Stellungnahme zum Thema, sondern es wird eine Konkurrenzsituation simuliert. Neben dem / der Gesprächsleiter_in oder Moderator_in gibt es im Streitgespräch mindestens drei weitere Rollen: Die Befürwortenden, die Gegner_innen und das Publikum, wobei letztere eine Beobachter- oder auch Schiedsrichterfunktion übernehmen können. Die Gruppen der Befürworter_innen und Gegner_innen erarbeiten und vertreten dabei Positionen, die nicht ihre eigenen sein müssen. Ihr Auftrag lautet stattdessen, die von ihnen übernommenen Rollen und Positionen durch geschicktes Argumentieren möglichst überzeugend zu vertreten (Pro- und Contra-Gespräch). Auch in einem solchen Fall brauchen die Lernenden genügend Zeit, sich in die entsprechende Rolle einzuarbeiten, Informationen zu sammeln und Argumente zu formulieren. Dies kann in einer Phase der Gruppenarbeit geschehen. Bereits vorher ist festzulegen, ob die Rollen der Befürworter_innen und Gegner_innen mehrfach besetzt werden oder ob „Einflüsterer_innen“ zugelassen werden. Die Einflüsterer_innen können sich hinter die Person stellen, die ihren Standpunkt vertreten und ihr Argumente ins Ohr flüstern. Die Beobachter_innen brauchen einen klar definierten Beobachtungsauftrag; ihre Ergebnisse sind in der Reflexion des Streitgesprächs abzurufen und mit einzubeziehen.

Neben der klar reglementierten Pro- und Contra-Diskussion gibt es aber auch die Möglichkeit, die ganze Klasse ins Streitgespräch einzubeziehen, z. B. die Streitlinie (Orth 2018).

2.4 *Die Debatte*

Die Debatte, die im Religionsunterricht aber kaum eine Rolle spielt, stellt eine Variante des Streitgesprächs dar, die sich an der Geschäftsordnung politischer Entscheidungsgremien orientiert. In ihr werden Anträge gestellt und begründet, Gegenrede geführt, Pro- und Contra-Argumente in einer allgemeinen Debatte abgewogen und Abstimmungen durchgeführt. Ziel der Debatte ist die mehrheitliche Annahme oder die Modifikation eines Antrages. Entsprechend muss der/die „Vorsitzende" die Sitzung eröffnen, auffordern, die Anträge einzubringen und Gegenrede zu führen, die Debatte oder Aussprache leiten und schließlich abstimmen lassen.

2.5 *Weitere Gesprächsvarianten*

Neben diesen zentralen Gesprächsformen dürfen nicht vergessen werden:

- Die Schülergespräche, die in Partner-, Gruppenarbeit oder in Murmelgruppen geführt werden und die für das eigenständige Lernen der Schüler_innen wichtig sind. Zu solchen Schülergesprächen ist auch der stille Austausch im Schreibgespräch (z. B. Placemat u. a.) zu rechnen.
- Der Erzählkreis am Morgen oder nach den Ferien, in dem die Schüler_innen von ihren Erlebnissen, Fragen und Sorgen erzählen können. Diese Form ist eher dem Klassenlehrer bzw. der Klassenlehrerin vorbehalten, kann aber auch von der Fachkraft für Religion angeregt werden, ggf. auch in sehr kurzer Form (z. B. als Blitzlicht, mit einem Erzählstein ...).
- Die Gespräche, die „neben" dem Unterricht geführt werden: Beratungsgespräche und Konfliktgespräche mit Lernenden, das interessierte Nachfragen nach Befindlichkeiten von Einzelnen ebenso wie die Plauderei und der Smalltalk auf dem Schulhof.

3. Hinweise und Checklisten für (angehende) Religionslehrkräfte

Gespräche führen wir allenthalben, jederzeit und überall. Die Art und Weise, wie wir miteinander reden, erwerben wir in Sozialisationsprozessen. Für viele Kommunikationssituationen genügen die so erworbenen Fähigkeiten; sie werden im Lebenslauf aber auch verändert und erweitert (z. B. im Zusammenleben mit einem Partner oder einer Partnerin). Vor allem in professionellen Kontexten genügen die ‚nebenher' erworbenen Sprachfähigkeiten oft nicht. Deswegen stellt sich für die (Religions-)Lehrerbildung die Aufgabe, den Blick für das Sprachhandeln im Unterricht zu schärfen. Dazu muss das eigene Gesprächsverhalten bewusst, kritisch betrachtet, hinterfragt und ggf. mit dem Blick auf Unterricht verändert und verbessert werden. Zu diesem Prozess gehört das Bewusstsein,

1. welche Bedeutung Sprache in meiner Profession besitzt,
2. welche unterschiedlichen Formen des Gesprächs in verschiedenen Situationen des Unterrichts notwendig sind und
3. welche hilfreichen Hinweise es gibt, auf die zugegriffen werden kann.

Im Vorangegangenen sind die ersten beiden Punkte dargestellt worden; hilfreiche Hinweise zu Rahmenbedingungen, zu Fragen und Impulsen, zu Regeln zu Reaktionen auf Schüleräußerungen und helfende Gesprächstechniken (Punkt 3) finden sich als Anhang am Endes dieses Beitrages. Solche Hinweise helfen, auch wenn es keine einfachen Rezepte für Gesprächsführung gibt. Um die Reflexion des eigenen Sprachhandelns weiter zu unterstützen, wird im Folgenden auch eine Checkliste zur Lehrersprache abgedruckt.[2]

Literatur[3]

ANZENBACHER, ARNO (1981), Einführung in die Philosophie, Wien.

BPB, FISHBOWL (Methode 26), Zugriff am 26.06.2020 https://www.bpb.de/shop/lernen/thema-im-unterricht/36913/methoden-kiste

ENGLERT, RUDOLF (2013), Die Hattie-Studie und der Religionsunterricht, in: KatBl 138, 44–450.

FREUDENBERGER-LÖTZ, PETRA (2012), Theologische Gespräche mit Jugendlichen. Erfahrungen – Beispiele – Anleitungen, München / Stuttgart.

HALBFAS, HUBERTUS (2012), Religiöse Sprachlehre. Theorie und Praxis, Ostfildern.

HILKERT, MANFRED (2013), Theologisieren mit Kindern, Zugriff am 26.06.2020 https://material.rpi-virtuell.de/material/theologisieren-mit-kindern-3/

HORSTER, LEONHARD (2007), Unterricht: 10 gravierende Fehler, in: Friedrich Jahresheft, 31.

HÜDEPOHL, GABRIELE (2005), Anders lernen – anders lehren, in: Katechetische Blätter 130, 238–241.

KOSTKA, MICHAEL / KÖSTER, PETER (2015), Kompetent unterrichten. Ein Praxishandbuch für das Referendariat, Leipzig.

KRAFT, FRIEDHELM (2014), Theologisieren mit Kindern und Kompetenzerwerb, in: BÜTTNER, GERHARD u. a. (Hrsg.), Theologisieren mit Kindern. Einführung – Schlüsselthemen – Methoden, München / Stuttgart, 26–31.

2 Der Beitrag legt das Augenmerk auf die Sprache der Lehrkräfte. Darüber hinaus ist ebenso die Methodenkompetenz der Lernenden zu fördern. Sie müssen um die verschiedenen Formen des Gesprächs und um Rollen wissen, die darin übernommen werden (z. B. die Rolle eines Diskussionsleiters). Solche Informationen können auf Methodenkarten oder in Schülerbriefen festgehalten werden – ebenso wie Feedbackregeln.

3 Hier wird auch auf die Literatur verwiesen, die im folgenden Anhang angegeben wird.

MOERS, EDELGARD u. a. (2019), Methoden im Religions- und Ethikunterricht. Ein Praxishandbuch, Stuttgart.

OBERTHÜR, RAINER (2005), Kinder und die großen Fragen. Ein Praxisbuch, München.

ORTH, PETER (2009), Gesprächsformen und ihre Gelingensbedingungen, in: Pädagogik 61, 30–33.

ORTH, PETER (2018), Streitlinie, in: Katechetische Blätter 143, 278–279.

ORTH, PETER (2019), Unverzichtbar: das Klassengespräch, in: Katechetische Blätter 144, 31–33.

ORTH, PETER / MARXEN, REINHARD (2002), Diskussion, Streitgespräch und Debatte kultivieren. Wider der Endlosdiskussion, während der dieselben immer dasselbe sagen, in: Das Lehrerhandbuch, Berlin / Stuttgart: RAABE-Verlag, Ergänzungslieferung Mai 2002, C 4.17, 1–16.

ROSNER, CHRISTOPH (2006), Gibt es den Himmel auf Erden? – Theologische Gespräche mit Jugendlichen, in: Katechetische Blätter 131, 114–119.

UNRUH, THOMAS / PETERSEN, SUSANNE ([11]2011), Guter Unterricht – Praxishandbuch. Handwerkszeug für Unterrichtsprofis. AOL-Verlag, auch in: UNRUH, THOMAS, Unterrichtsgespräche, Zugriff am 28.01. 2021 http://www.guterunterricht.de/GU/Unterrichtsgesprache.html.

ZIMMERMANN, MIRJAM (2013), Kindertheologie und Kinderexegese, in: ZIMMERMANN, MIRJAM / ZIMMERMANN, RUBEN (Hrsg.), Handbuch Bibeldidaktik, Tübingen, 428–433.

ZIMMERMANN, MIRJAM (2015), Kindertheologie, Zugriff am 28.01.2021 https://www.bibelwissenschaft.de/stichwort/100020/.

Anhang 1: Hinweise zu den Rahmenbedingungen für ein gutes Gespräch

1. Machen Sie sich Ihre Einstellung zu den Gesprächen bewusst; sie ist das Fundament: Zentral ist eine Haltung der Achtsamkeit und Anerkennung. Sie wenden sich Ihren Schüler_innen achtsam zu. Dann können Sie nicht nebenher noch die Tafel wischen, in Unterlagen blättern o. ä. Bei aller Asymmetrie der Lehrer-Schüler-Beziehung nehmen Sie die Schüler_innen als gleichberechtigte Partner_innen im Gespräch ernst! Sie erkennen ihre Beiträge und ihr Mitdenken und Mitsprechen an, selbst wenn Aussagen falsch sind und korrigiert werden müssen. Sie versuchen, wirklich zu verstehen, was jemand sagen will, indem sie nachfragen und auch verschlüsselte Botschaften zu verstehen suchen (aktives Zuhören).
2. Was für Unterricht generell gilt, gilt auch für das Führen von Klassengesprächen: Ihr Vorgehen ist transparent. Sie informieren die Schüler_innen über Inhalte, Ziele und Methoden (Unruh / Petersen 2011, 94)![4]
3. Sorgen Sie bei längeren Gesprächen für eine gute Sitzordnung (Gesprächskreis; Sitzordnung in U-Form)!
4. Ihr Unterrichtsziel ist der Kompass der Klassengespräche. Vergessen Sie es nicht, damit ein Gespräch sich nicht in irgendwelchen Sackgassen totläuft!
5. Vereinbaren Sie einsichtige Gesprächsregeln und verweisen Sie ggf. darauf; rufen Sie sie in Erinnerung!
6. Das gegenseitige aufmerksame Zuhören ist Voraussetzung jeden Klassengesprächs. Das gilt bereits für den Beginn: Einen Austausch zu eröffnen, wenn die Klasse unruhig ist in der Hoffnung, im Laufe des Gesprächs würde Ruhe einkehren, gelingt nicht. Stellen Sie deswegen vorher Ruhe und Aufmerksamkeit her. Fordern Sie auch während des Gesprächs im Bedarfsfall immer wieder Aufmerksamkeit an. Unterbrechen Sie ggf. das Gespräch und wechseln Sie auf die Meta-Ebene, um den Grund für die Unruhe oder fehlende Konzentration zu finden.
7. Versuchen Sie grundsätzlich, Ihren Redeanteil zugunsten größerer Sprechanteile der Lernenden zu verringern!
8. Fördern Sie die Methodenkompetenz Ihrer Schüler_innen!
9. Religionsunterricht ist Sprachunterricht, der die Schüler_innen zum Fragen ermuntert. Er regt an, Leben, (vermeintliche) Wirklichkeit, soziale Realität in den Blick zu nehmen und sie kritisch zu befragen. So fördert und praktiziert er eine „Grundhaltung des Fragens". Er hält die Fragen der Lernenden wach, weckt zum „richtigen" Fragen, sucht gemeinsam nach mög-

4 Insbesondere die Punkte 1 und 2 sind auch zentral in der direkten Instruktion; vgl. Englert 2013, 446.

lichen Antworten und zeigt exemplarisch das Aushalten der Fragen, auf die es keine (schnellen) Antworten gibt (Oberthür 2005, 16f).

10. Auch die Inszenierung der Gespräche hat Auswirkungen auf deren Qualität. Gespräche müssen nicht immer als Klassengespräche im herkömmlichen Sinne stattfinden. Das Gespräch kann in einem Gesprächskarussell (Kugellager) geführt werden; die Diskussion kann als Fishbowl-Diskussion arrangiert werden oder in einer Streitlinie u. v. a.

Anhang 2: Hinweise zu Fragen und Impulsen der Lehrenden

1. Achten Sie darauf, dass Ihr Frageverhalten nicht durch enge Fragen dominiert wird. Stellen Sie auch weite Fragen.[5] Enge Fragen schränken den möglichen Antworthorizont von Lernenden ein; die Lehrenden wissen um die richtige Antwort (s.o. Bild 2). Also z. B.: Was haben wir letzte Stunde gemacht? Wie heißt der jetzige Papst? Welche Personen kommen in der Erzählung von Bartimäus vor?

   Weite Fragen dagegen öffnen den Denkhorizont; die Lehrenden können nicht wissen, welche Antworten die Lernenden geben; die Antworten sind oft nicht nach dem Muster richtig – falsch zu bewerten; z. B.: Was fällt euch ein, wenn ihr das Wort „Kirche“ hört? Wenn ihr der Regierung einen Tipp zur Flüchtlingspolitik geben könntet, wie würde der lauten?

   Hinweis: Sie merken an den Beispielen, dass ich von der alten didaktischen Regel „Verwende keine W-Fragen“ nichts halte. Mit viel Fantasie kann ich jede Frage so umformulieren, dass sie nicht mit „W“ (was, warum, wie, ...) beginnt. Viel wichtiger ist die Unterscheidung zwischen engen und weiten Fragen. Die W-Fragen sind aber deswegen in Verruf geraten, weil sie oft und ausschließlich eng gestellt wurden
2. Achten Sie auf das Niveau Ihrer Fragen und Impulse! Stellen Sie nicht nur Wissens- und Wiederholungsfragen. Stellen Sie auch Fragen, die zum Nachdenken anregen, die eigene Stellungnahmen anfordern, die zum Transfer motivieren und die sich nicht mit einer (richtigen) Antwort beantworten lassen.
3. Wichtige Fragen oder Impulse, die eine Thematik eröffnen, können eine ganze Stunde lenken. Visualisieren Sie solche Fragen oder Impulse, schreiben Sie sie auf (Tafel, Whiteboard, Arbeitsblatt). Überlegen Sie sich die Formulierung in der Vorbereitung der Stunde genau!
4. Denken Sie an die unterschiedlichen Gesprächsformen im Unterricht, in denen zentrale Fragen den Ausgangs- und Kernpunkt bilden können (s. o.).

5 Alle folgenden Aussagen gelten immer auch für Impulse. Ich verzichte aber wegen der leichteren Lesbarkeit auf eine durchgängige Doppelung.

5. Stellen Sie Ihr Sprachverhalten auf das Alter und das Niveau der Lernenden: Benutzen Sie bekannte Begriffe; die Satzlänge ist sinnvoll; grammatikalisch schwierige Satzkonstruktionen werden vermieden; Sie reden lebendig, anschaulich und nuanciert, weder zu schnell noch zu langsam (vgl. die Hinweise auf der DVD von Kosta / Köster 2015).
6. Ersetzen Sie immer wieder Fragen durch Impulse. Sie müssen bei einer Bildbeschreibung nicht immer wieder fragen: Was seht ihr noch? Der Impuls lautet: Oh, da gibt es noch viel mehr zu sehen. Oder: Ich bin mir sicher, ihr seht da noch viel mehr. Letztere Formulierung transportiert mit dem Impuls zugleich das Zutrauen der Lehrperson in das Können der Lernenden.

   Impulse können auch nonverbal sein, z. B.: Der Begriff „Gerechtigkeit" wird ohne Einführung an die Tafel geschrieben, und die Lernenden erschließen assoziativ das Bedeutungsfeld (auch im Brainstorming schriftlich möglich). Oder: Die Lehrperson lässt unerwartet einen tönernen Blumentopf fallen, so- dass er in Scherben zerspringt – und wartet auf Äußerungen der Lernenden. Damit wird ein Thema eröffnet, das sich (als Tafelanschrieb) überschreiben lässt mit „Wenn ein Leben in die Brüche geht ..."
7. Stellen Sie Ihre Fragen an die gesamte Klasse. Vermeiden Sie Gesprächssequenzen mit einzelnen Schüler_innen.
8. Lassen Sie Ihren Schüler_innen Zeit, nachzudenken und nach Antworten zu suchen. Sie müssen als Lehrkraft warten können. Rufen Sie deswegen auch nicht den auf, der sich als erstes meldet.
9. Es ist hilfreich, bei (komplexen und schwierigen) Fragen eine kurze Einzelarbeit einzuplanen, in der jeder Schüler und jede Schülerin sich auf die Antworten vorbereiten kann. Dadurch erweitern Sie den Beteiligungsradius; nach der Vorbereitung kann sich jede und jeder an dem Gespräch beteiligen (Unruh / Petersen 2011, 94 und Hüdepohl 2005, 240).
10. Wird eine Frage nicht beantwortet, müssen Sie die Frage möglicherweise umformulieren, weil sie unverständlich war. Oder Ihre Lernenden brauchen (minimale) Lernhilfen.

Anhang 3: Regeln zu Reaktionen auf Äußerungen von Schüler_innen

1. Sammeln Sie zunächst die Antworten der Lernenden. Sie müssen nicht jede Äußerung sofort kommentieren. Manches wird sich im Laufe eines Gespräches „zurechtrücken".
2. Vermeiden Sie das einfache Wiederholen von Schülerantworten („Lehrerecho").

3. Loben Sie Ihre Schüler_innen für gute Antworten, aber setzen Sie Lob nicht inflationär und floskelhaft ein. Ein Aufgreifen von Gedanken, ein Weiterarbeiten damit bedeutet mehr Anerkennung als ein flüchtiges, floskelhaftes Lob.
4. Die Lernenden fassen die Ergebnisse – mit Ihrer Hilfe – sinnvoll zusammenfassen. Ggf. gibt es Protokollierende, die dafür während des Gesprächs Stichworte notieren.
5. Denken Sie daran, dass Sie ein Klassengespräch leiten (vgl. Hilkert 2013, 5):
   a) Es sind oft dieselben drei oder vier Schüler_innen, die ein Gespräch führen.[6] Geben Sie sich damit nicht zufrieden. Beziehen Sie auch die ruhigen und schwachen Lernenden in die Gespräche mit ein. Sprechen Sie sie direkt an; rufen Sie sie zuerst auf (ohne sie bloßzustellen!).
   b) Lassen Sie Beiträge präzisieren, ergänzen oder in Beziehung setzen.
   c) Stellen Sie einen Beitrag zur Diskussion.
   d) Die Schüler_innen rufen sich selbst auf (Meldekette).
   e) Geben Sie inhaltliche Fragen von Lernenden, die an Sie gerichtet werden, an die Klasse weiter.
   f) Lassen Sie verschiedene Antworten systematisieren. Das gelingt gut, wenn die Antworten zum Beispiel auf Moderationskarten stichwortartig festgehalten worden sind. Die Lernenden bilden daraus Cluster oder erstellen eine Mind-Map.[7]
6. Geben Sie sich nicht mit allzu kurzen Antworten Ihrer Lernenden zufrieden! Da kann schon eine einfache Aufforderung helfen: „Oh, da kannst du aber mehr zu sagen".
7. Sind Sie aufmerksam auf Schülerantworten und Schülerfragen, die Unerwartetes thematisieren. Entscheiden Sie im Moment, wie Sie auf solche Beiträge der Schüler_innen reagieren, die überhaupt nicht in Ihr Konzept und zu Ihrem Ziel passen! Möglicherweise können sie darauf hinweisen, dass Sie zu sehr in Ihren eigenen Gedankengängen gefangen sind! Vielleicht sind sie aber auch Anlass für ein weiteres, anderes Thema. Ist eine Aussage oder eine Frage sehr individuell, dann kann auch helfen, ein Gespräch dazu nach der Stunde mit diesem Einzelnen zu führen.
8. Signalisieren Sie Ihren Schüler_innen, dass Sie mit ihnen zusammen auf der Suche nach der richtigen Lösung / Aussageabsicht / Antwort sind!
9. Jede und jeder hat ein Recht darauf, sich am Gespräch zu beteiligen, ohne belächelt oder gar ausgelacht zu werden. Unterbinden Sie abwertende Bemerkungen und Kommentare sofort! Führen Sie Einzelgespräche mit de-

---

6 Leonhard Horster nennt das „Unterrichten (fast) ohne Schüler" (2007, 31).

7 Freudenberger-Lötz nennt die Maßnahmen, die unter c bis f stehen, „Gesprächsförderer" (2012, 16f oder 2014, 72f).

nen, die andere abwerten! Legen Sie solche Vorkommnisse ggf. dem Klassenrat vor.

10. Wenn Sie bemerken, dass wenige Schüler_innen dem Gespräch nicht folgen und die Inhalte nicht verstehen konnten, dann fassen Sie in Phasen von Einzel- oder Partnerarbeit diese hilfsbedürftigen Lernenden in einer Kleingruppe zusammen und erarbeiten mit ihnen noch einmal direkt die Ergebnisse.

Anhang 4: Helfende Gesprächstechniken und (Rück-)Fragen

Mirjam Zimmermann (2015, o. S.) führt eine Reihe guter Gesprächstechniken bzw. (Rück-)Fragen auf, die Religionslehrer_innen helfen können, Schüleräußerungen wahrzunehmen, Gedanken weiterzuführen und in Beziehung zu setzen. Sie werden im Folgenden aufgeführt, auch wenn manches bereits angesprochen worden ist:

- Rückfragen: Kannst du das noch einmal erklären?
- Wiederholen, um Verständnis zu bestätigen: Habe ich dich richtig verstanden, wenn ...
- Fragen nach Begründungen: Wie würdest du das begründen?
- Fragen nach den Voraussetzungen: Welche Annahme steckt dahinter? Trifft sie zu?
- Fragen nach Begriffen / Worten / Aussagen: Was meinst du mit diesem/r Wort / Begriff / Aussage? Welche ähnlichen Begriffe könnte es geben? Was wären entgegengesetzte Begriffe?
- Versuch der Abgrenzung zu anderen Vorstellungen: Was wäre eine mögliche gegensätzliche Vorstellung?
- Fragen nach Folgen: Welche Folgerung können wir ableiten? Ist sie logisch? Was ändert sich, wenn du so denkst, wenn alle so denken?
- Fragen nach Gruppenzugehörigkeit: Welche Menschen denken genauso wie du?
- Fragen nach biografischen Hintergründen: Wie ist es zu deiner Vorstellung gekommen? War das immer so? Wann hat sich deine Position warum geändert?“
- Welche Positionen können wir in unserer Klasse feststellen? Worin unterscheiden sie sich?

Anhang 5: Checkliste Sprache der Lehrperson (für Schulpraktika, Hospitationen)[8]

Checkliste Lehrersprache	Bewertung		Kommentare / Erklärungen
Wichtige Fragen werden schriftlich vorbereitet.	ja []	nein []	
Es gibt neben Wissens- und Wiederholungsfragen auch Fragen, die zum Nachdenken anregen.	ja []	nein []	
Der Redeanteil der Lehrkraft ist nicht zu hoch!	ja []	nein []	
Die Sprechgeschwindigkeit ist nicht zu hoch und nicht zu gering.	ja []	nein []	
Die Artikulation ist deutlich.	ja []	nein []	
Die Lautstärke ist ausreichend.	ja []	nein []	
Das Sprechen ist nicht monoton, sondern betont und nuanciert.	ja []	nein []	
Die Sprache ist verständlich und anschaulich.	ja []	nein []	
Die Fragen werden klar und eindeutig formuliert.	ja []	nein []	
Die Sätze sind kurz und nicht zu verschachtelt.	ja []	nein []	
Die Terminologie (Wortwahl, Fremdworte) ist dem Alter der Schüler_innen angemessen.	ja []	nein []	
Wichtige Fragen werden visualisiert (Tafel, Whiteboard, Arbeitsblatt).	ja []	nein []	
Die Lernenden werden persönlich angesprochen und mit Namen aufgerufen.	ja []	nein []	

8 Diese Checkliste ist online zugänglich unter: https://www.katbl.de/pdf/download/2019/01/katbl2019_01_orth.pdf (Zugriff 04.03.2021).

Es werden nicht nur enge, sondern auch weite Fragen gestellt.	ja []	nein []	
Gelegentlich treten Impulse an die Stelle der Fragen.	ja []	nein []	
Nach Fragen / Impulsen lässt die Lehrkraft den Lernenden Zeit zum Nachdenken / Antworten.	ja []	nein []	
Die Fragen entsprechen dem Niveau der Klasse.	ja []	nein []	
Während des Klassengesprächs herrscht Ruhe.	ja []	nein []	
Die Lernenden in der Klasse werden gleichmäßig häufig aufgerufen.	ja []	nein []	
Gesprächssequenzen werden sinnvoll zusammengefasst.	ja []	nein []	
Ergebnisse werden gemeinsam erarbeitet und festgehalten, aber nicht vorgesetzt.	ja []	nein []	
Lehrkraft und Lernende halten sich an (vereinbarte) Gesprächsregeln.	ja []	nein []	
Schwache Schüler_innen werden in die Gespräche mit einbezogen, werden direkt angesprochen.	ja []	nein []	
Die Lehrkraft lobt gute Schülerantworten bewusst und nicht nur floskelhaft.	ja []	nein []	
Die Lehrkraft vermeidet das einfache Wiederholen der Schülerantworten (Lehrerecho).	ja []	nein []	
Die Frage wird wiederholt, ggf. leicht verändert, wenn sich niemand meldet.	ja []	nein []	
Schülerantworten werden zum Präzisieren / Richtigstellen an die Klasse zurückgegeben. Ebenso Schülerfragen.	Ja []	nein []	
Die Lehrkraft gibt sich nicht mit der ersten richtigen Schülerantwort zufrieden.	Ja []	nein []	
Die Lehrkraft spiegelt die Antwort, erbittet Begründungen und weitere Erklärungen.	Ja []	nein []	
Die Schüler_innen werden zum Selber-Fragen ermuntert und angeleitet.	ja []	nein []	

Teil B

Die Kasseler Unterrichtsgesprächsstudie

Das methodische Vorgehen in der Unterrichtsstudie

Annegret Reese-Schnitker

Dieses Kapitel stellt das Forschungsdesign der Studie „Gespräche im Religionsunterricht“ vor, d. h. das methodische Vorgehen in der Unterrichtsstudie wird beschrieben und begründet. Zunächst wird die Forschungsfrage des Forschungsvorhabens konkretisiert (1) und der Untersuchungsgegenstand geklärt (2), an dem sich die zentralen methodischen Entscheidungen orientieren, dann das Sample des empirischen Zugangs zum Religionsunterricht vorgestellt (3), die Erhebungsmethode skizziert und erläutert (4), um abschließend die vielfältigen zur Anwendung gekommenen Auswertungsmethoden des Videomaterials zu fundieren sowie transparent und nachvollziehbar darzustellen (5). Der Beitrag schließt mit Reflexionen zum methodischen Vorgehen (6).

1. Forschungsfrage

Im Fokus dieser Unterrichtsforschungsstudie stehen Gespräche im Religionsunterricht. Ziel des Vorhabens ist es, alltäglichen Religionsunterricht abzubilden und darin Vorkommen, Verlauf und Dynamik der Gespräche zu untersuchen und verschiedene kommunikative Interaktionsmuster zu identifizieren. Eine Ausgangshypothese der Studie ist, dass sich in der religionsunterrichtlichen Praxis (abhängig von der Berufsbiografie der Religionslehrer_innen, dem Alter der Schüler_innen, den verschiedenen Schulformen, verschiedenen Unterrichtsthemen und didaktischen Intentionen) unterschiedliche Gestalten von Unterrichtsgesprächen etabliert haben, deren Varianz auf der Ebene des konzeptionellen Diskurses – mindestens zurzeit – sprachlich nicht angemessen abgebildet werden kann. Es fehlt der Religionsdidaktik an einem geeigneten Instrumentarium für die Beschreibung differenter fachdidaktischer Unterrichtsgespräche.

In der Unterscheidbarkeit religionsdidaktischer Strategien zur Planung und Durchführung von Unterrichtsgesprächen erkennen wir, das Forschungsteam[1], eine wichtige Voraussetzung dafür, dass Lehrerinnen und Lehrer ein deutlicheres Bewusstsein der in ihrer Praxis jeweils getroffenen fachlichen Präferenzen entwickeln können. Es geht damit auch um die Ermöglichung fachdidaktischer Reflexivität, die wiederum für den Aufbau beruflicher Professionalität insgesamt als höchst bedeutsam gelten kann (vgl. Helsper 2001; Reh / Schelle 2000). Die Frage ist, wie ein auf die spezifischen Bedingungen des Religionsunterrichts zugeschnittenes Unterscheidungsinstrumentarium für die Inszenierung von Gesprächen im Religionsunterricht konstruiert werden kann.

Die grundlegende *erste Intention* der Studie ist also, einen beschreibenden, am realen Religionsunterricht orientierten Zugang zur Wirklichkeit religionsunterrichtlicher Praxis zu ermöglichen. Der Fokus ist dabei zunächst auf die Frage nach der Gestalt der Gespräche gerichtet, also die Frage, wie Gespräche initiiert oder in Gang gebracht, vorangetrieben und zu einem Ergebnis gebracht werden. Es geht hierbei nicht darum, eine Hierarchie mehr oder weniger erwünschter (effizienter, motivationsförderlicher, schülerorientierter...) Gesprächsvarianten zu entwickeln. Im Vordergrund steht vielmehr ein deskriptives Anliegen. Die Unterscheidung verschiedener Gesprächsvarianten ist daher von Bewertungen zunächst einmal so weit wie möglich freizuhalten.

Erst in einem weiteren Schritt sollen die unterschiedenen Gesprächsvarianten auf ihr jeweiliges didaktisches Potential hin untersucht werden. Als *zweite Intention* ist daher eine Einschätzung und fachliche Bewertung der vorgefundenen religionsunterrichtlichen Gestalten von Gesprächen hinsichtlich ihres religionspädagogischen Potentials zu nennen. Die religionspädagogische Interpretation orientiert sich dabei erneut eng an den Daten und den daraus abgeleiteten Erkenntnissen. Sie vergleicht, unterscheidet und bewertet diese hinsichtlich verschiedener religionsdidaktischer Fragestellungen und stellt weiterführende Hypothesen auf, die Aufschluss über die jeweilige Leistung und das Potential der vorgefundenen Gespräche geben.

Die wichtigsten *Arbeitsschritte* der Untersuchung sind damit

- die Erarbeitung eines Inventars für die Beobachtung und Beschreibung religionsdidaktischer Inszenierungsmuster von Unterrichtsgesprächen,
- die Prüfung und Verbesserung der Tauglichkeit dieses Inventars im Umgang mit videografisch dokumentierter religionsunterrichtlicher Praxis,

1 Die vorliegende Forschungsstudie wurde von einem Team konzipiert, durchgeführt und abgeschlossen. Unter Leitung von Annegret Reese-Schnitker fanden in den letzten sechs Jahren monatliche Treffen sowohl der studentischen und wissenschaftlichen Mitarbeiter_innen als auch der ehrenamtlichen Religionslehrer_innen statt. Siehe die konkreten Personen in der Danksagung der Einleitung. Vgl. bereits publizierte Ergebnisse: Reese-Schnitker 2013; Reese-Schnitker 2016; Reese-Schnitker / Fröhle 2018; Reese-Schnitker 2018.

- die Erfassung zentraler Merkmale und ihrer Ausprägungen in den vorgefundenen Unterrichtsgesprächsvarianten (durch die Analyse beobachteten Unterrichts mittels des Beschreibungsinventars),
- die Generierung bestimmter Gesprächsmuster bzw. Kommunikationstypen und
- die Analyse des fachdidaktischen Potentials der verschiedenen Gesprächsvarianten (aufgrund der jeweils für sie charakteristischen Konfigurationen unterrichtspraktischer Merkmale).

Gesucht ist ein Instrument zur Unterscheidbarkeit unterrichtlicher Strategien zur Gestaltung von Unterrichtsgesprächen (von denen, so ist zu vermuten, eine bestimmte Lehrperson unter Umständen mehrere in seinem / ihrem Handlungsrepertoire hat). Um Beschreibungskategorien von Unterrichtsgesprächen zu entwickeln, wurde auf eine Reihe von erziehungswissenschaftlichen Beschreibungs- und Unterscheidungskategorien zurückgegriffen, aber es wurden auch eigene Kategorien entwickelt und geprüft.

2. Untersuchungsgegenstand

Nach den Linguisten Klaus Brinker und Sven Sager ist ein „Gespräch' [...] eine begrenzte Folge von sprachlichen Äußerungen, die dialogisch ausgerichtet ist und thematische Orientierung aufweist." (Brinker / Sager 2006, 12) Gespräche im Unterricht setzen das Denken der Schüler_innen in Gang und dadurch, dass diese Gedanken geäußert werden, werden diese Gedanken sichtbar und teilbar. Es geht in Unterrichtsgesprächen idealerweise darum, sich gemeinsam mit einer Frage, einem Thema, einem Problem auseinanderzusetzen, vielfältige Gedanken zusammenzutragen, einander zuzuhören und voneinander zu lernen.

Im Fokus der Unterrichtsstudie stehen als Untersuchungsgegenstand die Unterrichtsgespräche, die im Plenum der Klasse stattfinden. Gespräche in Kleingruppen, Partnerarbeit oder Einzelgespräche der Lehrperson mit einzelnen Schüler_innen, die zwischendurch stattfinden, finden hier keine Berücksichtigung.

Plenumsgespräche sind nach Unruhe „Situationen im Unterricht, in denen ein gemeinsamer Austausch aller Schüler stattfindet. ... Ein Unterrichtsgespräch ist [...] eine professionelle Methode, die zunächst mit den vertrauten (Privat-) ‚Gesprächen' gar nichts zu tun hat [...]" (Unruhe 2011, 86). Ziel für ihn ist es, dass möglichst viele Schüler_innen sich hintereinander zu einem bestimmten Thema äußern, es spricht jeweils nur einer, die anderen hören zu.

Um einen ersten Zugang zu Unterrichtsgesprächen zu finden, haben wir mit Rückgriff auf einschlägige pädagogische Literatur und eine mehrmalige Unterrichtsbeobachtung vier verschiedene Unterrichtsgesprächsformen identifiziert, die vor allem die äußere Gestalt des Gesprächs und das Zu- und Miteinander der Gesprächsbeiträge und -beitragenden berücksichtigen. Diese vier Unterrichtsgesprächstypen wurden beim ersten empirischen Zugriff auf die Daten – die videografierten Unterrichtsstunden – in einem niedrig-inferenten Rating angewendet, getestet und auf ihre Aussagekraft hin überprüft:

1. Der erste Typ wird bezeichnet als *echtes Unterrichtsgespräch (UG)* und kennzeichnet mindestens dreipolige thematisch verbundene verbale Interaktionen, in denen die Schüler_innen sich aufeinander beziehen und miteinander sprechen. Sie nehmen explizit Bezug auf vorausgehende Beiträge und setzen ihre eigenen Aussagen dazu in Beziehung, führen einen Gedankengang fort, bestätigen oder widersprechen diesem, positionieren ihren Beitrag zu einer vorausgehenden Aussage. Die Lehrperson kann sich hier entweder aus dem Gespräch ganz heraushalten oder als ein_e Teilnehmer_in mit eigenen Beiträgen einbringen.

2. Der zweite Typ wird *Unterrichtsgespräch als Reihung von Beiträge der Schüler_innen (UGS)* genannt. In dieser Gesprächsform folgen die Beiträge der Schüler_innen sukzessiv hintereinander, ohne etwa von der Lehrkraft kommentiert oder unterbrochen zu werden; dabei nehmen die Schüler_innen in ihren Beiträgen allerdings keinen Bezug auf das von anderen Mitschüler_innen zuvor Gesagte.

3. Im dritten Gesprächstyp finden *Gespräche in verteilten Rollen als getarnte Lehrervorträge*[2] *(UGLV)* statt, in denen die Lehrperson dominiert. Hier beabsichtigt die Lehrkraft, die Schüler_innen in einer kommunikativ eng gestalteten Unterrichtssituation mit gezielten lenkenden Fragen dazu zu bringen, eiten bestimmten, von ihr vorher angedachten Inhalt zu erinnern oder gegebenenfalls zu erraten und wiederzugeben.[3]

4. Der vierte Gesprächstyp, das *Pingpong-Gespräch zwischen der Lehrperson und den Schüler_innen (UGLS),* zeichnet sich durch eine sich wiederholende strenge Zweigliederung, einen ständigen Wechsel der Beiträge zwischen Lehrkraft und Schüler_innen aus, in dem die Lehrperson die Beiträge der Schüler_innen wiederholt (vgl. sog. Lehrerecho), kommentiert, bewertet, vertieft oder weiterfragt.

In der empirischen Studie wird untersucht, inwiefern diese vier theoriegeleiteten und an das Material angelegten Unterrichtsgesprächstypen tatsächlich das Unterrichtsgeschehen im Religionsunterricht erklären und ob weitere Gesprächstypen im explorativen Zugang bei der Auswertung des hoch-inferenten

---

2 Vgl. in ähnlicher Form wie der „Lehrervortrag in verteilten Rollen" bei Ehlich/Jochen 1986, 59–87.

3 Durch enge Fragen werden die Antworten den Schüler_innen bereits in den Mund gelegt, ein Sprechwechsel findet statt ohne Sprecherwechsel.

Ratings und der statistischen Auswertung zu identifizieren sind. Außerdem werden verschiedene unterrichtliche Einflussfaktoren auf das Unterrichtsgespräch (bspw. Gesprächsatmosphäre, methodische Lenkung, Gesprächsfluss u. a.) auf ihr Vorkommen, ihre Wirkkraft und ihr Zusammenspiel hinsichtlich kommunikativer Interaktion untersucht.

3. Sample

Die Kasseler religionspädagogische Forschungsgruppe[4] hat in einer groß angelegten Studie Unterrichtsreihen mit insgesamt 63 Unterrichtsstunden weitestgehend katholischen[5] Religionsunterrichts (19 Einzelstunden und 22 Doppelstunden) zur Gottesrede und eschatologischen Themen[6] in acht verschiedenen Lerngruppen (6. Jg. bis 10. Jg.) videografiert und ausgewertet.

Tabelle 1: Gesamtsample des Forschungsprojektes

Lerngruppe	Schüler_innen	Lehrperson	Stunden	Erhebungszeitraum
6. Jahrgang Realschule	20 Schüler_innen (6 M., 14 J.)	Frau Mantel	4 Doppelstunden	11/2009 – 1/2010
8. Jahrgang Realschule	22 Schüler_innen (11 M., 11 J.)	Frau Ernte	6 Einzelstunden	10/2016 – 11/2016
9. Jahrgang Gymnasium	26 Schüler_innen (20 M., 6 J.)	Frau Blume	5 Doppelstunden	11/2009 – 1/2010
9. Jahrgang Realschule	8 Schüler_innen (6 M., 2 J.)	Frau Kösel	4 Einzelstunden, 1 Doppelstunde	11/2009 – 1/2010
9. Jahrgang Realschule	21 Schüler_innen (12 M., 9 J.)	Herr Holle, Frau Tinda	5 Doppelstunden	11/2009 – 1/2010
9. Jahrgang Realschule	10 Schüler_innen (5 M., 5 J.)	Herr Schön	5 Doppelstunden	4/2015 – 6/2015
10. Jahrgang Gymnasium	22 Schüler_innen (12 M., 10 J.)	Frau Bornemann	3 Doppelstunden	11/2009 – 1/2010
10. Jahrgang Realschule	24 Schüler_innen (13 M., 11 J.)	Frau Ernte	7 Einzelstunden	11/2009 – 1/2010
Gesamt			63 Stunden	

4 Die Kasseler religionspädagogische Forschungsgruppe besteht aus einem Kreis studentischer und wissenschaftlicher Mitarbeiter_innen und ehrenamtlich engagierter Religionslehrer_innen. Siehe auch Fußnote 1.

5 Eine evangelische Lerngruppe wurde aufgezeichnet.

6 Den Lehrer_innen wurde freigestellt, ob sie eine Unterrichtsreihe zur Gottesrede oder zu einem eschatologischen Thema präsentieren.

Die Aufnahmen von Unterrichtsreihen des Religionsunterrichts erfolgten sukzessiv zwischen 2009 und 2016 im süd-westlichen Niedersachsen, in Hessen und im süd-östlichen Niedersachsen in acht verschiedenen Klassen, bei sieben Lehrerinnen und zwei Lehrern in verschiedenen Schultypen (Realschule, Gesamtschule und Gymnasium). Die Altersgruppe der Schüler_innen reicht von der 6. Klasse (12- bis 13-Jährige) über die 8. Klasse (14- bis 15-Jährige) und 9. Klasse (15- bis 16-Jährige) bis zur 10. Klasse (16- bis 17-Jährige). Die Anzahl der Schüler_innen in den Unterrichtsklassen schwankte deutlich. So gibt es Lerngruppen mit acht Lernenden und Klassen mit 23 oder 25 Schüler_innen. Es handelte sich in den meisten Fällen um katholischen, in einem Fall um evangelischen Religionsunterricht, wobei die Zusammensetzung unterschiedlich gestaltet ist: es kommen für den Religionsunterricht Kinder aus nur einer Klasse, aber auch aus zwei oder drei Parallelklassen zusammen.

Einen Überblick über die acht aufgezeichneten Lerngruppen mit der jeweiligen Schülerzahl, der Schulart und der Zahl der aufgezeichneten Unterrichtsstunden gibt die vorausgehende Tabelle.

In den 63 videografierten Unterrichtsstunden wurden 351 Unterrichtsgespräche[7] identifiziert und niedrig-inferent analysiert. 145 Gespräche dauerten länger als zwei Minuten und wurden einer tiefergehenden Analyse (hoch-inferente Auswertungsverfahren s. u.) unterzogen.

Anders als in vielen anderen Projekten aus dem Bereich der Unterrichtsforschung soll die zu entdeckende Varianz von Unterrichtsgesprächen nicht durch die Beschränkung der Analysen auf einen bestimmten thematischen Bereich (also z. B. „christliche Werte" „Auferstehungsverständnis") eingeschränkt werden. Es ist vielmehr zu prüfen, inwieweit die Analyse Korrespondenzen zwischen bestimmten Inhaltsbereichen und bestimmten Varianten von Unterrichtsgesprächen erkennen lässt.

Zu Gunsten der aufzuspürenden Pluralität von Unterrichtsgesprächen wurden bei der Auswahl von Jahrgangsstufen und Schultypen keine strikten Vorgaben gemacht. Insgesamt ging es bei dem Sample um eine Auswahl nach dem Kriterium der vermuteten maximalen Differenz (Geschlecht, Alter, Lehrperson, Größe der Klasse, Ort der Schule) und um pragmatische Gesichtspunkte in Bezug auf die zu gewinnenden Lehrpersonen und Lerngruppen, da eine Akquise von Lehrkräften und Lerngruppen besondere Herausforderungen beinhaltet. Auch wenn keine statistisch repräsentative Stichprobe erreicht werden konnte,[8] ist in dem qualitativen Zugang[9] zur Unterrichtswirklichkeit davon auszugehen, dass mit dieser Studie aufschlussreiche Erkenntnisse über die Ge-

7 Es wurden alle Unterrichtsgespräche berücksichtigt, die eine Mindestdauer von 15 Sekunden hatten.

8 Das methodische Vorgehen gründet auf Transparenz und der intersubjektiven Nachvollziehbarkeit.

9 Repräsentativität ist im strengen Sinne kein Qualitätskriterium qualitativer Forschung. Vgl. Englert u. a. 2014, 23.

samtsituation von Gesprächen im Religionsunterricht erreicht und diskutiert werden können.

Die Kontakte zu den Lehrpersonen und Lerngruppen wurden per Schneeballsystem hergestellt. Die Lehrpersonen und Schulen waren dem Forschungsteam vorher nicht bekannt. In dieser Distanz sahen wir einen Vorteil für die unvoreingenommene Analyse der Unterrichtsstunden. Die Unterrichtsreihen wurden sukzessiv über einige Jahre in unterschiedlichen Bundesländern, Orten, Schulen und Jahrgangsstufen aufgezeichnet. Für die Videoaufnahmen wurde vorab ein schriftliches Einverständnis der Schulleitung, der Lehrkräfte und aller Eltern eingeholt, in dem einer anonymisierten Auswertung für wissenschaftliche Zwecke und einer Verwendung der Videos in der Kasseler Lehrerbildung zugestimmt wurde.

4. Erhebungsmethode

Das komplexe Unterrichtsgeschehen wurde durch eine videobasierte Beobachtung (Riegel / Leven 2018, 179) erhoben und damit in aufgezeichnete Unterrichtsvideos und handschriftliche Memos der Unterrichtsstunden übertragen (Riegel / Leven 2018, 181–184).

Die Religionsunterrichtsstunden wurden von zwei Kameras mit Weitwinkelobjektiv und ausgezeichneten Richtmikrophonen aufgezeichnet (eine feste statische Kamera neben der Tafel, die mit Weitwinkelobjektiv alle Schüler_innen im Blick hatte, und eine zweite, variable Kamera im hinteren Drittel, die die Lehrperson im Fokus hatte und im Unterrichtsverlauf sowohl diese als auch gegebenenfalls das Tafelbild oder sonstige Präsentationen variabel aufzeichnen konnte) (Petko 2006, 15-23) und von einem Aufnahmeteam begleitet, das mindestens aus zwei Personen bestand. Eine Person bediente die variable Kamera, eine zweite Person verfasste während des Unterrichts ein handschriftliches Memo, in dem ein konkreter Sitzplan der Kinder erstellt wurde, Besonderheiten der Stunde und mögliche Einflussfaktoren notiert wurden. Ein weiteres Funkmikrophon war außerdem an der Kleidung der Lehrperson befestigt.

Unsere Erfahrungen bei der Aufzeichnung bestätigten die auch in der Literatur bereits aufgegriffene Erkenntnis (Mayring u. a. 2005, 5, Riegel / Leven 2018, 181), dass störende Effekte durch die Kameras sich schnell in den ersten Minuten der Aufzeichnung verringern, die Schüler_innen die Anwesenheit der Kameras weitestgehend ausblenden und sich annähernd ähnlich wie üblich im Unterricht verhalten (vgl. dazu auch Rothgangel 2018, 65).

Das Aufzeichnungsteam orientierte sich dabei an einheitlichen Regeln, welche etwa ein möglichst unauffälliges Verhalten, die Verminderung von Störgeräuschen, vorteilhafte Lichtverhältnisse, das Einsammeln aller Unterrichtsprodukte und wiederholte Kontrollen der Aufnahmegeräte einschlossen. Eine umfangreiche Datenlage konnte so erreicht werden.

5. Auswertungsdesign und -methoden

Das Auswertungsdesign zur Analyse der Unterrichtsvideos[10] besteht aus einer Verbindung von zwei hintereinandergeschalteten Phasen, in denen verschiedenes Auswertungsinventar zur Entschlüsselung, Deskription und Analyse der Gesprächsvarianten aus dem erhobenen Videomaterial und den erstellten Auswertungstexten zur Anwendung kam.

(1) In einer *ersten Phase* wurde ein Instrumentarium entwickelt, um die Unterrichtsprozesse mit dem Fokus auf kommunikative Interaktionen möglichst nah an der aufgezeichneten Unterrichtswirklichkeit differenziert wahrzunehmen und zu beschreiben, um verschiedene Merkmale und Charakteristika von Unterrichtgesprächen zu identifizieren.

Hierfür entwickelten wir:

a) einen Beobachtungsbogen zur formalen Beschreibung des Verlaufs einer Unterrichtsstunde und der Identifizierung der vier Unterrichtsgesprächstypen mittels eines niedrig-inferenten Ratings in den Kategorien „Zeit", „Sozialformen" und „inhaltliche Aktivitäten", bezogen auf die Analyseeinheit einer Unterrichtsstunde.
b) ein Beobachtungsinventar (32 Bewertungskategorien) zur Erfassung der für die verschiedenen Gesprächsvarianten spezifischen Merkmale durch ein hoch-inferentes Rating bezogen auf die Analyseeinheit eines Unterrichtsgesprächs mit der Mindestdauer von zwei Minuten.

(2) In einer *zweiten Phase* fokussierten wir uns auf die Analyse, den Vergleich und die Bewertung hinsichtlich des didaktischen Potentials der unterschiedlichen Gesprächsvarianten. Es wurden

a) nach bestimmten begründeten Kriterien Schlüsselgespräche ausgewählt und diese einer Gesprächsfeinanalyse unterzogen, in der nach einem beschreibenden sequentiellen Analyseverfahren Fragen nach verpassten Lernchancen und gelungenen Aspekten bearbeitet wurden,
b) vergleichende analytische Verfahren angewendet, in denen die Ergebnisse aus der ersten Phase nach verschiedenen thematischen Fragestellungen (etwa den Charakteristika der verschiedenen Unterrichtsgesprächstypen

10 Einen guten Überblick über Möglichkeiten und Grenzen einer Videoanalyse gibt Riegel 2017. Vgl. auch die Zwischenbilanz bei Hunze 2015.

oder der Fallprofile der Lerngruppen oder der Dynamik des Gesprächs) vergleichend ausgewertet, analysiert und religionspädagogisch bewertet wurden.

5.1 *Entwicklung und Optimierung des Beobachtungs- und Auswertungsinventars und Einübung in das Ratingverfahren*

Das zu generierende Auswertungsinstrumentarium zur Erfassung der unterrichtlichen Realität musste präzise genug sein, um eine differenzierte Beobachtung und Analyse religionsunterrichtlicher Gesprächsprozesse zu ermöglichen. Um das Forschungsziel einer differenzierungsstarken Beschreibung von der Gestalt und Dynamik unterrichtlicher Gespräche zu erreichen, wurde auf die Ausarbeitung des Beschreibungsinventars einschlägig relevanter Kriterien, die die Sichtstruktur von Unterricht erfassen, besondere Sorgfalt verwendet.

In der ersten Erhebungsphase im Jahr 2009 wurden 34 Religionsstunden aufgenommen. Das umfangreiche Material bot die Möglichkeit, den Umgang mit dem entwickelten Inventar von Beschreibungskategorien im niedrig-inferenten und hoch-inferenten Rating[11] auf (1) seine *Tauglichkeit* hin zu prüfen, zu verbessern und zu verfeinern, (2) den korrekten *Gebrauch* des Inventars einzuüben und (3) eine annehmbare *Rater-Übereinstimmung* zu erzielen und zu sichern.

(1) Bei der *Entwicklung und Schärfung des Rating-Instrumentariums* wurde die Mindestdauer von Gesprächen für das niedrig-inferente Rating von 15 Sekunden und für das hoch-inferente Rating von 2 Minuten festgelegt. Verschiedene Bewertungskategorien wurden auf ihre Tauglichkeit geprüft, verworfen, neu konzipiert. Hier erfolgte auch die Ausdifferenzierung verschiedener Bewertungskategorien, sodass etwa der Vertiefungsgrad der theologischen Inhalte sowohl von der Lehrperson als auch von den Schüler_innen ausgehend erfasst wurde.

(2) Hat das Beschreibungsinventar seine Brauchbarkeit am Material erwiesen, ist der *Gebrauch dieses Inventars* einzuüben. Die bei der Analyse des erhobenen Materials zu treffenden Urteile bei den beiden Ratingverfahren orientierten sich dabei an einem sukzessiv sich erweiternden *Manual* zur Durchführung des niedrig- und hoch-inferenten Ratings, in dem Ankerbeispiele notiert wurden und auch strittige Fälle dokumentiert waren. „Die Validität von Videoanalysen betrifft [...] die authentische und eindeutige Zuordnung einer Kategorie zu

11 Hugener beschreibt die Ausdifferenzierung verschiedener Ratingverfahren in niedrig- und hoch-inferente Beobachtungsinstrumente, die unterschiedliche Schulung und Expertise bei den Rater_innen voraussetzen. Vgl. Hugener 2008, 129; Pauli / Reusser 2003; Hugener / Pauli / Reusser 2006.

einem beobachteten Ereignis." (Hugener 2008, 134) Als Kriterium gilt dabei die „interpersonale Konsensbildung" oder „konsensuale Validierung" (Bortz / Döring 2003, 328), die sogenannte Interrater-Reliabilität (Beobachterübereinstimmung). Der beständige Austausch über das Vorgehen und das Klären von strittigen Fällen in der religionspädagogischen Forschungsgruppe führte zu einem transparenten, intersubjektiv verständlichen und stark ausdifferenzierten Manual zur Durchführung der Ratingverfahren. Das Manual als Garant für eine hohe Reliabilität der getroffenen Einschätzungen wurde im Anschluss für die Schulung neuer Auswerter_innen genutzt.

(3) Bei beiden Ratingverfahren (niedrig- und hoch-inferent) fand eine eingehende *Schulung der Rater_innen* statt. Danach erfolgte anhand einer begrenzten Auswahl von Daten (zwei Unterrichtsstunden für das niedrig-inferente Rating und drei Unterrichtsgespräche für das hoch-inferente Rating) eine Überprüfung der *Übereinstimmung der Raterergebnisse*[12]. Danach codierten jeweils zwei Auswerter_innen in Tandems gemeinsam das restliche Material. Nach der Codierung von 50 Prozent des Materials wurden die Einstufungen der Beurteiler_innen anhand eines begrenzten Datenvolumens erneut einer Interrater-Reliabilitätsprüfung unterzogen. Stimmten die Urteile verschiedener Rater_innen über die Ausprägung der einzelnen Faktoren in dem Sinne überein, dass sich für Cohens Kappa ein Wert größer als 0,75 ergab, was einer guten (erheblichen) Übereinstimmung entspricht, wurde die Auswertungsarbeit fortgeführt.[13] In einzelnen Bewertungskategorien zeigten sich unterschiedliche Bewertungen, was dazu führte, dass nach Rücksprache in der Forschungsgruppe diese Kategorien neu und differenzierter konzipiert wurden[14] und im Anschluss ein komplett neuer Bewertungsdurchgang erfolgte bzw. auch Kategorien gestrichen wurden.[15]

---

12 Durch die Interrater-Reliabilität bzw. die Urteilerübereinstimmung kann angegeben werden, inwieweit die Ergebnisse von den Beobachter_innen unabhängig sind, weshalb es sich genau genommen um ein Maß der Objektivität handelt. Die Reliabilität ist ein Maß für die Güte der Methode, die zur Messung einer bestimmten Variablen eingesetzt wird. Allgemein geht man davon aus, dass eine Übereinstimmung von 85 % der Ergebnisse ausreichend ist. Vgl. in ähnlicher Form die Studie: Englert u.a. 2014, 28.

13 Cohens Kappa ist ein statistisches Maß für die Interrater-Reliabilität von Einschätzungen von (in der Regel) zwei Beurteilern (Ratern), das Jacob Cohen 1960 vorschlug. Interrater-Reliabilitätswerte von \kappa>=0,75 scheinen gut bis ausgezeichnet, \kappa-Werte von 0,40 bis 0,60 vielleicht noch annehmbar, Werte unter 0,40 sollten mit etwas Skepsis betrachtet werden (vgl. Greve / Wentura 1997, 111).

14 So wurde die Kategorie *Einfluss von Medien* ausdifferenziert in die beiden Kategorien *Einfluss von thematischen und nicht-thematischen Medien*. Ebenso wurde die Kategorie *Gesprächsdynamik* ausdifferenziert in *Gesprächsfluss* und *Erkenntniserweiternder Lernprozess*. Die *Gesprächsatmosphäre* wurde in drei beobachtbare Komponenten untergliedert: eine räumliche, eine in Bezug auf die Lerngruppe und eine in Bezug auf die Lehrperson.

15 Die Kategorie *Eröffnete Aneignungsspielräume für Schüler_innen* wurde komplett gestrichen.

5.2 *Aufbereitung des Videomaterials, Unterrichtsmemos, Unterrichtsprodukte und Transkription von ausgewählten Unterrichtssequenzen*

Die Unterrichtsprodukte, die Memos zu den einzelnen Unterrichtsstunden und das Videomaterial wurden nacheinander sortiert, vereinheitlicht und systematisch für einen Vergleich aufbereitet. Die Rohdaten der Videoaufnahmen wurden unter besonderer Berücksichtigung des Datenschutzes gesichert, aufbereitet, archiviert und geordnet, alle Namen wurden pseudonymisiert. Mit dem Programm Video Pro X5 der Firma Magix wurden die Filme bearbeitet, Tonspuren synchronisiert und mögliche Störgeräusche herausgefiltert sowie beide Kameraperspektiven zusammengeführt, sodass beide Aufnahmen – mit Fokus auf die Schüler_innen und mit Fokus auf der Lehrperson – auf einem Bildschirm synchron abgespielt werden konnten.

Die für eine Gesprächsfeinanalyse ausgewählten Unterrichtssequenzen wurden wortgetreu transkribiert. Dabei wurden auch nonverbale Interaktionen, die die Unterrichtskommunikation beeinflussten, festgehalten.

5.3 *Niedrig-inferentes Rating nach Sozialformen und inhaltlichen Aktivitäten bezogen auf die Unterrichtsstunden*

In einem niedrig-inferenten Ratingverfahren werden die Oberflächenstruktur und „Sichtstrukturen" (Pauli / Reusser 2006, 784) des unterrichtlichen Geschehens erfasst. Dabei konzentriert sich dieser Auswertungsschritt auf die Auswertungseinheit von Unterrichtsstunden. Es wurde auf ein bereits bewährtes Instrumentarium zurückgegriffen (Englert u. a. 2014, 24[16]), das zwischen Sozialformen und inhaltlichen Aktivitäten unterscheidet, und dieses erweitert, indem die Unterrichtsgespräche als eine Sozialform nochmals differenziert hinsichtlich der vier verschiedenen oben bereits genannten Unterrichtsgesprächstypen berücksichtigt wurden: UG, UGLV, UGS und UGLS. Ziel dieses Verfahrens ist es, die auf diese Weise aufgezeichneten Unterrichtsstunden deskriptiv zu erfassen und die darin enthaltenen Unterrichtsgespräche zu identifizieren, auch hinsichtlich ihrer Platzierung im Unterrichtsgeschehen und ihrer Dauer (Was sind das für Gespräche, wie lange dauern diese, wo sind sie in der Unterrichtsstunde platziert?). Die Ergebnisse dieser Unterrichtsverläufe geben darüber hinaus Aufschluss über die didaktische Struktur der Unterrichtsstunde und den Kontext der identifizierten Unterrichtsgespräche.

---

16 Bei der Essener Unterrichtsstudie und der Entwicklung des hier praktizierten methodischen Zugangs war Annegret Reese-Schnitker maßgeblich beteiligt und konnte damit auf dieses methodische Know-how gewinnbringend zurückgreifen.

Tabelle 2: Beispiel des Manuals des niedrig-inferenten Ratings zu Sozialformen und inhaltlichen Aktivitäten:

	Manual zu den Sozialformen		
	Basiscodierung	Zeit	Zeitdauer
1.	EA, PA, GA, Arbeit im Plenum: LV, SV, UG, UGS, UGLV, UGLS, KS	von __ Min __ Sek bis __ Min __ Sek	___ Min ___ Sek
usw.	EA, PA, GA, Arbeit im Plenum: LV, SV, UG, UGS, UGLV, UGLS, KS	von __ Min __ Sek bis __ Min __ Sek	___ Min ___ Sek

	Manual zu den inhaltlichen Aktivitäten		
	Basiscodierung	Zeit	Zeitdauer
1.	REA, PRÄ-S, PRÄ-L, INT, GE, OR	von __ Min __ Sek bis __ Min __ Sek	___ Min ___ Sek
usw.	REA, PRÄ-S, PRÄ-L, INT, GE, OR	von __ Min __ Sek bis __ Min __ Sek	___ Min ___ Sek

Legende: EA = Einzelarbeit, PA = Partnerarbeit, GA = Gruppenarbeit, LV = Lehrervortrag, SV = Schülervortrag, UG = echte Unterrichtsgespräche, UGS = Mehrere, direkt aneinandergereihte Beiträge der Schüler_innen, UGLS = Gespräch im Pingpong-Schema, UGLV = Lehrervortrag in verteilten Rollen, KS = Keine Sozialform, REA = Reaktivierung: PRÄ-S = Präsentation durch eine_n Schüler_in; PRÄ-L = Präsentation durch Lehrperson; INT = Interpretation; GE = Gestaltung; OR = Organisation.

Mit diesem ersten Instrument wurden alle Sozialformen (Einzelarbeit, Partnerarbeit, Gruppenarbeit, Unterrichtsgespräche differenziert nach UG, UGS, UGLV und UGLS und keine Sozialform[17]) und inhaltlichen Aktivitäten (Reaktivierung, Präsentation, Interpretation, Gestaltung, Organisation)[18] in einer Zeitleiste in ihrem Vorkommen erfasst und ihre Länge notiert, wobei die Mindestdauer von 15 Sekunden festgelegt wurde (s. Anlage). Das Rater-Team (mindestens zwei Personen) orientierte sich dabei, wie bereits oben erläutert, an einem gemeinsam erstellten Manual zur Zuordnung der ausgewerteten Unterrichtsbausteine.

17 Diese Kategorie wurde gewählt, wenn die Unterrichtsphase keiner anderen Kategorie zuzuordnen war, kein strukturierendes Unterrichtsgeschehen zu identifizieren war.

18 In dieser Publikation werden vor allem die Ergebnisse des Verlaufs der erhobenen Sozialformen berücksichtigt und analysiert. Die inhaltlichen Aktivitäten wurden bisher nicht vertiefend ausgewertet, wobei ein weiteres Erkenntnispotential zu sehen ist.

Die erzielten Ergebnisse über Vorkommen, Dauer und Charakteristika von Unterrichtsgesprächen können in einem separaten Beitrag eingesehen werden *(vgl. Kapitel zu Vorkommen und Dauer von Gesprächen unterschiedlichen Typs).*

5.4 *Hoch-inferentes Rating nach Bewertungskategorien bezogen auf die Unterrichtsgespräche*

Das Auswertungsverfahren des hoch-inferenten Ratings[19] fokussiert auf Unterrichtsgespräche. Es geht um eine Einschätzung verschiedener Merkmale der zuvor im niedrig-inferenten Rating identifizierten Gespräche, wobei aufgrund der Aussagekraft nur Gespräche mit einer Dauer von mindestens 2 Minuten berücksichtigt wurden, was auf 145 Gespräche zutraf.

Die Bewertungskategorien wurden sukzessiv entwickelt und im Verlauf des Forschungsprozesses optimiert, erweitert und hinsichtlich ihrer Anwendbarkeit und Genauigkeit überprüft. Einige Kriterien wurden verworfen, andere verfeinert oder deutlicher konkretisiert, weitere entstanden neu und wurden wiederholt getestet. Der Kriterienkatalog hat sich so im Laufe des Forschungsprozesses verändert und ist abschließend auf 32 Merkmalkategorien herangewachsen, nach denen alle 145 Unterrichtsgespräche anhand einer Kardinalskala bezüglich ihrer Ausprägung bewertet wurden. Als Grundlage für die geschulten und fachlich kompetenten Rater-Tandems entstand ein Manual, in dem Ankerbeispiele und problematische Fälle transparent festgehalten wurden. So entstanden umfangreiche Rohmaterialien.

---

19 Nach Hugener (2008, 129) können verschiedene Ratinginstrumente unterschieden werden, die nach dem Grad der Schlussfolgerungen, auch „Inferenzen" bezeichnet, differenziert werden können in niedrig-inferente über mittel-inferente bis hin zu hoch-inferenten Verfahren. Bei den hoch-inferenten Ratings ist der Anteil an interpretativen Schlussfolgerungen hoch, d. h. bei den Rater_innen ist ein bestimmtes Maß an fachlicher Kompetenz bei der Einschätzung erforderlich und muss in der Regel vorher eingeübt und trainiert werden. Bei dem niedrig-inferenten Verfahren sind dagegen die Schlussfolgerungen fachlich wenig anspruchsvoll, d. h. diese könnten weitestgehend auch durch fachlich fernstehende Rater_innen erfolgen. Vgl. auch Clauser / Reusser / Klieme 2003.

Tabelle 3: Beispiel des Manuals für eine Bewertungskategorie „Gesprächsfluss" im hochinferenten Rating

Kategorie 09 Gesprächsfluss		
Grundidee: Erfasst werden soll der Gesprächsfluss, ob das Gespräch fließend ist oder ob Unterbrechungen, Pausen, Stagnation, Gesprächsabbrüche zu beobachten sind.		
Level 0	Es ist kein Gesprächsfluss erkennbar. Das Gespräch stagniert (0%).	☐
	Es sind deutliche, wiederholte Brüche und Pausen im Gespräch zu beobachten.	
Level 1	Es ist im geringen Maße ein Gesprächsfluss erkennbar (33%).	☐
	Das Gespräch „fließt" in Ansätzen, stockt aber zuweilen.	
Level 2	Es ist im starken Maße ein Gesprächsfluss erkennbar (67%).	☐
	Das Gespräch wird durch mehrere Beiträge gut vorangetrieben, es „fließt".	
Level 3	Es ist im sehr starken Maße ein Gesprächsfluss erkennbar (100%).	☐
	Das Gespräch ist einem deutlichen Fluss, es ist dynamisch, selbstläufig und wird durch die Teilnehmer_innen mit neuen, ergänzenden Gedanken und Beiträgen vorangetrieben und im Fluss gehalten.	
Indikatoren	Gibt es kontinuierlich Meldungen zum Thema des Gesprächs? Folgen die Beiträge der Schüler_innen dicht nacheinander? Wird sichtbar, dass Schüler_innen mit Vehemenz „drankommen" wollen? (Gestik, Mimik) Ist eine „produktive Unruhe" erkennbar?	

Grundlage für ein valides Vorgehen ist, dass ein geschultes Ratingteam von mindestens zwei Personen die Auswertung vornimmt. Zu Beginn der Auswertung erfolgte eine Testung der Interrater-Reliabilität (siehe oben). Bei dieser Interrater-Reliabilität geht es um ein „Fein-Tuning" beim Abgleich der Ratingergebnisse, sodass die Differenz der erzielten Ergebnisse möglichst gering ist. Aufgrund der Dauer des Forschungsprojektes wurden im Laufe der Zeit mehrere Rater-Teams geschult und kamen zum Einsatz.

Wir haben die Level als metrische Skalen angelegt, sodass die Ausprägung eines bestimmten Merkmals erfasst wird. Die vier verschiedenen Antwortmöglichkeiten (0-1-2-3) stehen für die Ausprägung des Merkmals. Zwischen den einzelnen Level befindet sich jeweils ein festgelegtes Intervall, sodass der Abstand stets den gleichen Qualitätsunterschied in der Merkmalsausprägung hat.

Die beobachteten Differenzen sind gleich groß. Damit liegen eine Intervallskala und ein metrisches Datenniveau vor.[1]

Tabelle 4: Bewertungskategorien des hoch-inferenten Ratings

K01	Transparenz der Gesprächsintention	Wie deutlich wird die Intention des Gesprächs transparent gemacht?
K02	Körpersprache der Lehrperson	Wie stark begünstigt die Körpersprache der Lehrperson die kommunikative Situation in der Lerngruppe?
K03	Gesprächsintensität	Wie intensiv ist das Gespräch? Wie ausgeprägt ist das Engagement, das Interesse und die Aufmerksamkeit der Schüler_innen im Gespräch?
K04	Gesprächsatmosphäre der Schüler_innen	Wie stark wird eine gesprächsförderliche Atmosphäre durch die Schüler_innen unterstützt?
K05	Gesprächsatmosphäre durch die Rahmenbedingungen	Wie stark wird eine gesprächsförderliche Atmosphäre durch die (institutionellen) Rahmenbedingungen (Raum, Sitzordnung, Zeit u.a.) unterstützt?
K06	Gesprächsatmosphäre durch Lehrperson	Wie stark wird eine gesprächsförderliche Atmosphäre durch die Lehrperson unterstützt?
K07	Diskussionsgrad	Wie stark ist der Diskussionscharakter im Gespräch ausgeprägt?
K08	Raum für abweichende Auffassungen	Wie ausgeprägt gibt die Lehrperson Raum für abweichende Auffassungen?
K09	Gesprächsfluss	Wie stark ist ein Gesprächsfluss zu erkennen?
K10	Erkenntniserweiternder Gesprächsprozess	Wie ausgeprägt ist eine fortschreitende Dynamik, ein erkenntniserweiternder Gesprächsprozess festzustellen?
K11	Einfluss von thematischen Medien	Wie stark unterstützen thematische Medien (Texte, Bilder, Filme u. a.) das Unterrichtsgespräch?
K12	Einfluss von nicht-thematischen Medien	Wie stark unterstützen nicht-thematische Medien (Tafel, Erzählstein u. a.) das Unterrichtsgespräch?
K13	Erfahrungsbezug der Gesprächsinhalte	Wie ausgeprägt ist der Erfahrungsbezug der Gesprächsinhalte?
K14	Vertiefungsgrad der Beiträge der Schüler_innen durch Lehrperson	Wie ausgeprägt geht die Lehrperson auf die Beiträge der Schüler_innen ein?
K15	Vertiefungsgrad der Beiträge der Schüler_innen durch Mitschüler_innen	Wie ausgeprägt gehen die Schüler_innen auf die Beiträge ihrer Mitschüler_innen ein?
K16	Theologiebezug der Gesprächsinhalte	Wie ausgeprägt ist der Theologiebezug der Gesprächsinhalte?
K17	Vertiefungsgrad theologischer Inhalte durch Lehrperson	Wie ausgeprägt thematisiert die Lehrperson theologische Inhalte?

1 Bei jeder Bewertungskategorie wird die Ausprägung des Merkmals gemessen als (annähernd) 0 %, über 33 %, 67 % bis hin zu 100 %. In den verbalen Ausformulierungen wurde unterschieden zwischen 0 % = nicht, kein, gegen null tendierend, äußerst gering, 33 % = niedrig, schwach, gering, ansatzweise, teilweise, 67 % = stark, hoch, groß, deutlich, 100 % = sehr stark, sehr hoch, sehr groß, sehr deutlich.

K18	Vertiefungsgrad theologischer Inhalte durch die Schüler_innen	Wie ausgeprägt thematisieren die Schüler_innen theologische Inhalte?
K19	Partizipationsgrad Schüler_innen quantitativ	Wie hoch ist die (quantitative) Beteiligung der Schüler_innen am Gespräch? [2]
K20	Partizipationsgrad Schüler_innen qualitativ	Wie hoch ist die Qualität der Beiträge der Schüler_innen?
K21	Methodische Lenkung	Wie stark wird das Gespräch methodisch gelenkt und strukturiert?
K22	Inhaltliche Strukturierung	Wie stark wird das Gespräch inhaltlich strukturiert?
K23	Fachliche Auskünfte der Lehrperson	Wie stark gibt die Lehrperson im Gespräch fachliche Auskünfte?
K24	Gesprächsanteil der Lehrperson	Wie hoch ist der Gesprächsanteil der Lehrperson? [3]
K25	Herstellung übergreifender thematischer Bezüge (Roter Faden)	Wie ausgeprägt werden Bezüge zwischen dem aktuellen Gesprächsgegenstand und zurückliegenden bzw. bevorstehenden Lernprozessen herge-
K26	Sicherung der Gesprächsergebnisse	In welchem Maße findet eine Sicherung der Gesprächsergebnisse statt?
K27	Reflexion der unterrichtlichen Prozesse	Wie ausgeprägt erfolgt eine Reflexion des Lernprozesses?
K28	Förderung von Metakognition	Wie stark fördert die Lehrperson metakognitive Prozesse?
K29	Korrelative Lernprozesse	Wie ausgeprägt finden korrelative Lernprozesse im Unterrichtsgespräch statt?
K30	Gesprächsbeteiligung Jungen	Wie hoch ist die Gesprächsbeteiligung der Jungen? [4]
K31	Gesprächsbeteiligung Mädchen	Wie hoch ist die Gesprächsbeteiligung der Mädchen? [5]
K32	Zeitliche Position in der Unterrichtsstunde	Wann findet das Gespräch in der Unterrichtsstunde statt?

Die vorausgehende Tabelle präsentiert die von uns erarbeiteten Bewertungskategorien für Unterrichtsgespräche im Religionsunterricht:

Die Einschätzung der 32 bzw. 31 Kategorien bei allen 145 Unterrichtsgesprächen wurde in drei verschiedenen Schritten analysiert und interpretiert:

1. Durchaus bereits interessante Ergebnisse lieferten die absoluten Häufigkeiten der einzelnen Kategorien und die entdeckten einfachen Zusammenhänge (Korrelationen) zwischen den verschiedenen Kategorien, deren Re-

2 Äußerst gering, gering (mindestens 25% der Lerngruppe), groß (mehr als 50% der Lerngruppe), sehr groß (mindestens 75% der Lerngruppe).

3 Kein, gering (bis zu 33% der Gesprächszeit), hoch (bis zu 66% der Gesprächszeit), sehr hoch (höher als 66% der Gesprächszeit).

4 Zeitlicher Anteil der Beiträge der Schüler an der Gesprächszeit: Null, gering (bis zu einem Drittel der Gesprächszeit), im mittleren / hohen Maße (über ein Drittel bis zu zwei Drittel der Gesprächszeit), sehr hoch (über zwei Drittel der Gesprächszeit).

5 Zeitlicher Anteil der Schülerinnenbeiträge an der Gesprächszeit: Null, gering (bis zu einem Drittel der Gesprächszeit), im mittleren / hohen Maße (über ein Drittel bis zu zwei Drittel der Gesprächszeit), sehr hoch (über zwei Drittel der Gesprächszeit).

sultate in einem eigenen Beitrag präsentiert und interpretiert werden (vgl. Kapitel zu *Was zeichnet Unterrichtsgespräche aus? Merkmale und Charakteristika*).

2. Darüber hinaus erfolgte eine vergleichende Analyse, die die Erkenntnisse zu Fallprofilen und Typen bündelte, auswertete und interpretierte. Es entstand ein Beitrag zu den *Typen von Unterrichtsgesprächen und ihren Merkmalen* (vgl. entsprechendes Kapitel) und ein weiterer zu den Lerngruppen und ihren Lehrpersonen in Form von Fallprofilen (vgl. das Kapitel *Was kennzeichnet die verschiedenen Lerngruppen und ihre Lehrpersonen?*).
3. Neben diesen Erkenntnissen, die auf der Auswertung der einzelnen Einschätzungen beruhen, ist es besonders aufschlussreich, die Rolle der einzelnen Merkmalkategorien im gesamten Gesprächsgeschehen vertiefend zu erforschen, das Zusammenspiel einzelner Merkmale zu untersuchen und mögliche Konfigurationsmuster zu entdecken und zu interpretieren. Dies erfolgte durch die Anwendung weiterer statistischer Instrumente an den umfangreichen Daten. Die Darstellung der einzelnen Schritte, Erkenntnisse und Interpretationen erfolgt erneut in einem eigenständigen Kapitel (vgl. Kapitel zu *Strukturen und Muster der Unterrichtsgespräche*).

Zum Abschluss der Studie werden zentrale Ergebnisse thesenartig zusammengetragen. Durch die Triangulation unterschiedlicher Auswertungsverfahren (niedrig- und hoch-inferente Ratingverfahren, Gesprächsfeinanalyse, vergleichende Analysen von Fallprofilen) besteht hier auch die Aufgabe, die erzielten Erkenntnisse bei den verschiedenen Auswertungsmethoden miteinander zu vergleichen und zu diskutieren (vgl. auch Englert u. a. 2014, 35).

5.5 *Anwendung weiterer statistischer Auswertungsschritte und -methoden*

Die Vielfalt der durch das Ratingverfahren erhobenen Daten wird im Anschluss einer vertiefenden statistischen Auswertung unterzogen. Die Absicht ist es, neue Strukturen und Muster in den Daten zu entdecken, die weitere Aufschlüsse zu der Gestalt und der Dynamik der Unterrichtsgespräche geben und auch Zusammenhänge in den Blick nehmen.

Zunächst wird auf der Suche nach stabilen Faktoren, bei denen die verwendeten 31 Bewertungskategorien ihre Tauglichkeit erweisen, eine Faktorenanalyse durchgeführt. Diese Faktoren als kommunikative Dimensionen können das Unterrichtsgespräch in seiner Struktur aufklären. Die Faktoren wurden mittels Alpha-Faktorisierung extrahiert, es wurde eine varimax-rotierte Analyse durchgeführt. Als Maß für die innere Konsistenz der gebildeten Indizes wird sowohl das Cronbachs α (Reliabilitätskoeffizient) als auch der durchschnittliche Korrelationskoeffizienten r berechnet. Zudem werden die Rahmenbedingungen der Unterrichtsgespräche durch eine hierarchische Cluster-Analyse untersucht und durch Varianzanalysen in ihren Zusammenhängen betrachtet. Uni- und multivariate Tests sichern die Ergebnisse ab. Um weitere Aufschlüsse und Zusammenhänge der Erkenntnisse zu erhalten, werden zudem partielle Korrelationen errechnet, Regressionsmethoden angewendet und Diskriminanzanalysen durchgeführt, auch wird der Unterschiedstest nach Kruskal-Wallis verwendet.

Das genaue sukzessive Vorgehen der verschiedenen statistischen Methoden und die Begründung für die jeweiligen Entscheidungen bei der Wahl der statistischen Instrumentarien werden im Kapitel zu *Strukturen und Muster der Unterrichtsgespräche. Ergebnisse statistischer Auswertungen* (vgl. entsprechenden Beitrag) transparent gemacht.

5.6 *Gesprächsfeinanalyse*

Die videografierte Aufzeichnung von Unterricht birgt das Potential, Merkmale des Unterrichts wiederholt und detailliert zu betrachten und die Interaktionen zwischen der Lehrperson und den Lernenden aufmerksam zu sichten und zu analysieren. Um den Verlauf und die Dynamik von Gesprächen im Religionsunterricht genau zu erfassen und auch didaktisch bewerten zu können, werden neben dem Ratingverfahren ausgewählte Unterrichtsgespräche einer semantisch-syntaktischen Gesprächsfeinanalyse unterzogen.[6] Die Videos[7] und die transkribierten Gesprächssequenzen werden dabei als Grundlage in einer Auswertungsgruppe intensiv und mehrmalig betrachtet, sequentiell bearbeitet, analysiert, interpretiert und in einer schriftlichen Fallanalyse fixiert.[8]

Bei der *Auswahl* der Unterrichtsgespräche für die Gesprächsfeinanalyse waren neben der thematischen Relevanz die Kriterien Authentizität, inhaltliche Dichte und emotionale Betroffenheit, Nähe zum Schulalltag, „Verborgenheit"

6 „Einzelfallanalysen haben ein besonders hohes Potential darin, reale Unterrichtsdynamiken detailliert nachzuzeichnen und komplexe Unterrichtsprozesse intensiv und vertiefend zu studieren und zu analysieren." Reese-Schnitker 2018, 233. Vgl. auch Englert 2018.

7 Die videografierte Aufzeichnung dokumentiert das Unterrichtsgeschehen, wobei es sich hier bereits um eine Reduktion des tatsächlichen Unterrichtsgeschehens handelt, da nur die Perspektive der Kamera sichtbar ist.

8 Vgl. auch zu diesem Vorgehen: Fischer 2003, 120–142.

der Gesprächskonzeption[9] und die formalen Kriterien Überschaubarkeit und gute Aufnahmequalität des Gesprächs entscheidend.

Grundlage für die Analyse sind sowohl die zwei Videoperspektiven auf den Unterricht (mit zwei Kameras mit dem Fokus von vorne auf die Lerngruppe sowie von hinten auf die Lehrperson) als auch das verschriftlichte Gesprächstranskript. Transkripte dokumentieren die sprachlich-kommunikative Praxis. Sie wirken wie ein Mikroskop oder eine Zeitlupe und machen viele Phänomene erst für die Analyse zugänglich. Sie bewahren die genauen Formen des Gesprochenen und schaffen Distanz, was die detaillierte Gesprächsanalyse erheblich schärft und erleichtert.

Die Gesprächsfeinanalyse (vgl. Reese-Schnitker 2018, 234f.) wird als eine *sequenzielle Analyse* durchgeführt, die dem linearen zeitlichen Ablauf und der Prozesshaftigkeit von Gesprächen Rechnung trägt (Brünner 2009, 60f.).[10] Die verschiedenen Gesprächsbeiträge und kommunikativen Handlungen sind durch die vorausgehenden Beiträge geprägt und beeinflusst und formen ihrerseits die folgenden Äußerungen. Die Analyse berücksichtigt dies, indem sie von Anfang an – Sequenz für Sequenz, Unterrichtszug für Unterrichtszug – die kommunikativen Handlungen nachzeichnet. Um das komplexe Interaktionsgeschehen zu berücksichtigen, spielt neben der Sequentialität auch die Simultanität unterrichtlicher Prozesse eine Rolle.

Grundvoraussetzung dieses analytischen Vorgehens ist die Annahme, dass alle Beteiligten in der kommunikativen Handlung bewusst oder unbewusst Entscheidungen treffen und damit das Unterrichtsgespräch beeinflussen. Eine Gesprächsfeinanalyse bemüht sich, die im Unterrichtsgespräch erfolgten Entscheidungen herauszuarbeiten und das Spezifische und Besondere dieser Sprachhandlungen vor dem Hintergrund der grundsätzlich offenstehenden Optionen der sprachlich Handelnden herauszustellen (vgl. Englert u. a. 2014, 37). Indem man an manchen Stellen Operationen probehalber vornimmt und Alternativen ausprobiert, kann man durch den Vergleich mit dem faktisch Gesprochenen Schlüsse ziehen, die das Charakteristische des gegebenen Gesprächs kennzeichnen.

Für die Auswertung ist die *sorgfältige Rekonstruktion des sprachlichen Sinngehaltes* grundlegend, d. h. Unverstandenes, Widersprüchliches, Unklares sollte nicht zu schnell geglättet werden, ein vorschnelles Einvernehmen mit dem Ge-

9 Unter dem Kriterium der „Verborgenheit" der Gesprächskonzeption werden Gespräche erfasst, die beim ersten Betrachten nicht bereits vollkommen durchsichtig erscheinen, die in sich ein Geheimnis bergen, die Fragen offenlassen oder auch intuitiv als unverständlich / geheimnisvoll / positiv irritierend erscheinen.

10 Bei der sequenziellen Gesprächsfeinanalyse wird an das Verfahren der Fallanalyse der Essener Religionsunterrichtsforschungsgruppe unter Leitung von Rudolf Englert angeknüpft (Englert u.a. 2014, 36–38.). Dies ist ein weiterentwickeltes Verfahren der objektiven Hermeneutik von Oevermann u. a. (1979), deren Methode auf unsere Datenlage, die Transkriptionen von Unterrichtsgesprächen, angepasst wurde.

sagten ist zu vermeiden, eine Verfremdung des zunächst Selbstverständlichen durch eine sorgfältige sprachliche Analyse des Textes (Sprachgestalt, Sprachbedeutung und kommunikative Codes) ist gewinnbringend. Vor aller Interpretation und Reflexion wird versucht, das Gesagte und Erlebte beim Wort zu nehmen und genau, teilweise akribisch nachzuzeichnen; grundsätzlich ist jedes Detail des Gesprächs sinnhaft motiviert und hat eine Funktion im Gespräch. Es ist sorgsam die Form des Gesagten zu analysieren, um zum eigenen Inhalt des Gesagten durchzudringen.

Die Leitlinie eines *kontextsensitiven Sinnverstehens* versucht, mit Bezug auf den spezifischen Kontext verschiedene Interpretationsmöglichkeiten zu entwerfen, am Text selbst zu begründen und deren Kohärenz zu überprüfen. Auf externe und vorgegebene theoretische Hypothesen und fiktive Analysekategorien zum Verstehen des Textes wird bei der Feinanalyse von Schlüsselpassagen ausdrücklich verzichtet. Der damit verbundene Grundsatz der gegenstandsfundierten Methodologie betont, dass sich die Auswertung und Interpretation strikt am Text orientieren und messen muss. Die empirischen Daten sind Ausgangspunkt und Prüfstein für alle Feststellungen und Interpretationen. Daher verbietet es sich, „Paraphrasen und Zusammenfassungen oder gar eigene Spekulationen und Assoziationen zum Interview und zur Person des Erzählers anstelle der konkreten Gestalt der vorliegenden Daten zum Ausgangspunkt für Interpretationen zu machen." (Lucius-Hoene / Deppermann 2002, 97f.)

Bei der Analyse von Unterrichtsgesprächen in der Schule sollte auch der *institutionelle Rahmen* Berücksichtigung finden. Die Turnübergabe vollzieht sich im Unterricht nicht naturwüchsig wie in der Alltagskommunikation. Das Recht zur Turnzuteilung gehört der Lehrperson.[11] „In inhaltlicher Hinsicht schreibt die asymmetrische Kommunikationssituation den Äußerungen der Lehrkraft eine deutlich höhere Relevanz zu als den Äußerungen der Schülerinnen und Schüler." (Roose 2015, 43) Unterricht muss in seiner unhintergehbaren institutionellen Konstituiertheit ernstgenommen werden[12], d. h. Kommunikation im Unterricht funktioniert nicht wie Kommunikation im Alltag. Die beteiligten Personen begegnen sich unter schulischen Bedingungen, eine ungezwungene und gleichberechtigte Teilnahme ist in diesen Gesprächen rein strukturell nicht gegeben, was bei der Analyse zu bedenken ist. Mit Oevermann[13] sind wir

11 Vgl. Ehlich 2009, 342.

12 Vgl. weiterführend zu schulischer Kommunikation: Ehlich / Rehbein 1986.

13 Diese latenten sozialen Sinnmuster haben nach Oevermann einen objektiven Status, da sie überindividuell und eben unbewusst wirksam werden. Die Analyse beruht auf der Annahme der Regelgeleitetheit von Handlung und Kommunikation. Die latenten Strukturen sind zumeist nicht reflexiv verfügbar, nicht „explizierbar" (nicht sagbar), dem Einzelnen nicht bewusst, meist nicht aus den Texten und Interakten „abschöpfbar", sondern müssen vom Forschungsteam aufwändig durch ein Rekonstruktionsverfahren nachvollzogen und herausgearbeitet werden. Vgl. eine detaillierte Beschreibung des Verfahrens in: Oevermann 2001, 3–81.

überzeugt, dass das kommunikative Handeln in einer Gruppe von bewussten und vielfach unbewussten Sinnstrukturen der Akteur_innen oder auch der gesamten Institution getragen wird (vgl. Englert 2014, 37). Durch die sequentielle Analyse können solche latenten Sinnstrukturen herausgearbeitet werden. Zu Beginn bewegt sich die Analyse deshalb oft in vielfältige Richtungen, vollzieht unterschiedliche Gedankenexperimente. Im Verlauf der Analyse verdichten sich bestimmte Annahmen, es treten prägende Sinnstrukturen heraus, die sich in ihrer besonderen Gestalt beschreiben lassen.

Das konkrete Vorgehen kann folgendermaßen beschrieben werden:

(1) In einem ersten Schritt wird das Datenmaterial zunächst in einzelne Teilstücke (Segmente) zerlegt, die zu Beginn sehr überschaubar sind, Halbsätze oder nur ein Wort umfassen können. Im Laufe der Analyse werden nach und nach weitere und größere Gesprächsabschnitte untersucht. Auf eine Vogelperspektive wird bei dieser Analyse bewusst und streng verzichtet, sondern es gilt, den Gesprächsverlauf aus der gleichen zeitlichen Perspektive zu erfassen und zu analysieren, wie ihn auch die Gesprächsteilnehmer_innen erlebt haben.

(2) Im Weiteren wird für jede Äußerung eine inhaltliche Paraphrase gegeben und bestimmt, wie sie das Gespräch thematisch fortführt. Es wird gefragt, was für eine Handlung mit ihr vollzogen wird, welche Funktionen sie an dieser Stelle des Gesprächs hat und welche (grammatischen, stilistischen, semantischen, prosodischen u. a.) Besonderheiten die Form der Äußerung aufweist. Auch nonverbale Handlungen (Blick, Kopfnicken, Körperhaltung) werden berücksichtigt, wenn sie für die Analyse von Bedeutung sind. Bei jedem Analyseschritt werden mögliche (sogenannte Gedankenexperimente) und tatsächliche Bedeutungsgehalte der einzelnen kommunikativen Handlungen schrittweise systematisch verglichen. Dabei werden verschiedene Lesarten entworfen, im Fortgang der Unterrichtsschritte überprüft und danach verworfen oder weiterentwickelt. So entsteht eine nahe, sich am Unterrichtsgeschehen orientierende *formulierende Interpretation*, die zuallererst das Geschehene zu beschreiben versucht. Ziel dieses Schrittes ist es, das Zueinander der Interaktionen beschreibend zu verstehen und damit die spezifische Art und Weise des unterrichtlichen Vorgangs als komplexes Interaktionsgeschehen zu erfassen.

(3) In einem weiteren Schritt werden die Lesarten verfeinert und verallgemeinert, sodass sich nach und nach eine *reflektierende und zusammenfassende Interpretation* herauskristallisiert.

Bei Gesprächsfeinanalysen ist die *Interpretationsgruppe*[14] ein zentraler Faktor, sie ist bei der Analyse der Garant, dass möglichst viele Lesarten der Unterrichtskommunikation und des Gesprächsverlaufs entworfen und geprüft werden. Mögliche Fragen sind etwa: Was oder wer initiiert das Gespräch? Mit welchen Absichten stellt eine Lehrperson eine bestimmte Frage? Wie hätte sie auch fragen können? Wie reagieren die Schüler_innen auf diese Frage? Was will eine Schülerin sagen, wenn sie sich so und nicht anders äußert? Auf welchen Beitrag beziehen sich die Schüler_innen, welcher Gedanke wird wie aufgegriffen und fortgeführt, was bleibt unkommentiert? Die Analyse will der Interaktivität und Dynamik von Gesprächen gerecht werden und nachvollziehen, wie und ob die Gesprächsteilnehmer_innen kooperieren, wie sie sich aufeinander beziehen, wie sie sich gegenseitig steuern usw. Welche Lesarten wie plausibel werden, zeigt sich dann im Fortgang der Analyse.

Das Auswertungsgespräch wird auf Tonband aufgezeichnet und anschließend in einen schriftlichen Auswertungstext überführt. Die Auswertungsgruppe überarbeitet den Text, reduziert und konzentriert ihn entlang seiner zentralen Erkenntnisse. In der Verschriftlichung des Auswertungsgesprächs erfolgt eine immer stärkere Konzentration und Reduktion auf wesentliche Ergebnisse, die abschließend fachlich zu interpretieren sind. Gemäß der dokumentarischen Methode erfolgt die Verschriftlichung in zwei Phasen von einer formulierenden Interpretation, die sich in beschreibender Manier dem Unterrichtsgeschehen nähert, hin zu einer reflektierenden, bedeutungszuschreibenden und zusammenfassenden Interpretation.

6. Reflexion zum methodischen Vorgehen

Das vorliegende Forschungsprojekt zeichnet sich, wie oben beschrieben und begründet wurde, durch einen direkten Zugang auf das alltägliche komplexe Unterrichtsgeschehen, durch teilnehmende Beobachtung am und Videografie vom Unterricht, aus. Dagegen kann etwa bei Befragungen von Lehrkräften oder Schüler_innen, die in der religionspädagogischen Forschung verbreiteter sind,

14 „Jedes Gruppenmitglied trägt eine neue Perspektive an den Text heran und steuert eigene Aufmerksamkeitsrichtungen, Hintergrundwissen und kommunikative Erfahrungen bei, die die Interpretation bereichern. Verschiedene Lesarten werden in der Gruppe auf ihre Konsistenz hin überprüft. Durch die Interpretationsgruppe entsteht die Notwendigkeit, eigene Sichtweisen und analytische Ideen am Text selbst zu begründen und den Gruppenmitgliedern verständlich zu machen. Dies zwingt zur Präzision und zur sprachlichen Ausformulierung des Gemeinten. Einseitige subjektive Interpretationsvorlieben werden durch die gemeinsame Interpretation als solche erkannt und können korrigiert werden. Interpretationsansätze müssen sich an der intersubjektiven Nachvollziehbarkeit aller Gruppenmitglieder bewähren." Reese 2005, 31.

in der Regel nur von einem vermittelten Zugriff auf das Unterrichtsgeschehen gesprochen werden. Wie Lehrerinnen und Schüler ihren Unterricht beschreiben und interpretieren, muss nicht zwingend einen tatsächlichen Bezug zum realen Unterricht haben. Die empirische Erforschung des realen Religionsunterrichts, fundierte Hinweise etwa zur Gestalt und Dynamik von Unterrichtsgesprächen, bildet bis heute ein Desiderat. Warum ein empirischer Zugriff auf das Unterrichtsgeschehen bisher so wenig in den Fokus von religionspädagogischer Forschung rückte, liegt an den besonderen Hürden und Schwierigkeiten, auf die hier kurz hingewiesen werden soll:

1. Grundsätzlich ist zu konstatieren, dass Unterricht als Forschungsgegenstand hoch komplex ist; Unterricht ist „eine Konfiguration, eine Art Gesamtkunstwerk – und eben nicht, wie es eine bestimmte Art von Unterrichtsforschung immer noch vorauszusetzen scheint, die bloße Summe von Einzelmerkmalen" (Englert 2010, 51), so gibt Englert zu bedenken. Dies trifft in potenzierter Form auf die kommunikative Situation des Unterrichtsgesprächs zu, sodass fundierte Forschung eine besondere Herausforderung darstellt. Um in die Tiefe der realen Gespräche im Religionsunterricht eindringen zu können, sind meiner Ansicht nach insbesondere qualitative Zugänge prädestiniert.
2. Eine weitere beträchtliche Schwierigkeit stellt die fachdidaktische Bewertung von Unterrichtssequenzen dar. Vorschnelle, subjektive Werturteile, die oft eher Einblick in die eigene (Vor-)Urteilswelt geben, anstatt ein Bild der Wirklichkeit darzustellen, sind zu vermeiden. Es ist um einiges leichter, Qualitätskriterien für gute Unterrichtsgespräche aufzustellen und zu begründen, als diese auf das real beobachtbare Unterrichtsgeschehen für alle Beteiligten nachvollziehbar anzuwenden (vgl. ebd.).
3. Auch die Grenzen des empirischen Zugriffs müssen deutlich sein. Was können wir beobachten und was entzieht sich unserer Wahrnehmung? Wir können das sichtbare Verhalten der Akteur_innen, der Lehrpersonen und Schüler_innen, systematisiert beobachten und bewerten, aber – Gott sei Dank – nicht in die Köpfe der Menschen hineinschauen und erfassen, was diese zu einem bestimmten Zeitpunkt des Unterrichts denken und lernen.

Das Forschungsdesign zeichnet sich deutlich durch einen explorativen Zugang zum realen Geschehen des Religionsunterrichts aus, in dem immer wieder auch methodische Entscheidungen korrigiert und neue Verfahren und Auswertungsschritte erprobt und durchgeführt wurden. Als intersubjektives Korrektiv der Überprüfung fungierte die Forschungsgruppe, in der sowohl Wissenschaftler_innen als auch religionsunterrichtliche Praktiker_innen zusammenarbeiteten und um verschiedene Argumente rangen und Sichtweisen miteinander diskutierten. Herausgekommen ist ein komplexes, triangulatives Vorgehen, was sich vor allem in der Kombination verschiedener Auswertungsperspektiven auf das videografierte Unterrichtsmaterial (niedrig- und hoch-inferente Rating-Instrumentarien, Gesprächsfeinanalysen) zeigt. Damit einher gehen viele Chancen bei der Erkenntnisgewinnung, aber auch zugleich Herausforderungen, was etwa die Gesamtinterpretation der Ergebnisse verschiedener Auswertungsmethoden betrifft. Der Zugang zur Realität von Unterricht stößt dabei immer wieder an die Grenzen der Sichtbarkeit und Zugänglichkeit der vielfältigen teils simultanen und komplexen Prozesse im Unterricht. Insgesamt kann gesagt werden, dass das erhobene Datenmaterial bei weitem nicht ausgeschöpft wurde und weitere Untersuchungsfragen und Auswertungsmöglichkeiten bereithält.

Literatur

BORTZ, JÜRGEN / DÖRING, NICOLA (2003), Forschungsmethoden und Evaluation: für Human- und Sozialwissenschaftler, Heidelberg.

BRINKER, KLAUS / SAGER, SEVEN (2006), Linguistische Gesprächsanalyse. Eine Einführung, Berlin.

BRÜNNER, GISELA (2009), Analyse mündlicher Kommunikation, in: BECKER-MROTZEK, MICHAEL (Hrsg.), Mündliche Kommunikation, Baltmannweiler, 52–65.

EHLICH, KONRAD / REHBEIN, JOCHEN (1986), Muster und Institution. Untersuchungen zur schulischen Kommunikation, Tübingen.

EHLICH, KONRAD (2009), Unterrichtskommunikation, in: BECKER-MROTZEK, MICHAEL (Hrsg.), Mündliche Kommunikation, Baltmannweiler, 327–348.

ENGLERT, RUDOLF (2010), Diskussion einer Unterrichtsstunde. Ein Beitrag zur Frage: Was ist guter Religionsunterricht? in: Religionspädagogische Beiträge 64 (2010), 51f.

ENGLERT, RUDOLF / HENNECKE, ELISABETH / KÄMMERLING, MARKUS (2014), Innenansichten des Religionsunterrichts. Fallbeispiele – Analysen – Konsequenzen, München.

ENGLERT, RUDOLF (2018), Cool down! Grundregeln zur Durchführung sequenzieller Unterrichtsanalysen, in: SCHAMBECK, MIRJAM / RIEGEL, ULRICH (Hrsg.), Was im Religionsunterricht so läuft. Wege und Ergebnisse religionspädagogischer Unterrichtsforschung, Freiburg u. a., 123–139.

FISCHER, DIETLIND (2003), Eine Religionsunterrichts-Stunde – sequenzanalytisch untersucht, in: FISCHER, DIETLIND / ELSENBAST, VOLKER / SCHÖLL, ALBRECHT (Hrsg.), Religionsunterricht erforschen. Beiträge zur empirischen Erkundung von religionsunterrichtlicher Praxis, Münster, 120–142.

GREVE, WERNER / WENTURA, DIRK (1997), Wissenschaftliche Beobachtung. Eine Einführung. Unter Mitarbeit von Horst Gräser und Ulrich Schmitz, Weinheim.

HELSPER, WERNER / HERWARTZ-EMDEN, LEONI / TERHART, EWALD (2001), Qualität qualitativer Forschung in der Erziehungswissenschaft, in: Zeitschrift für die Pädagogik 47, 251–269.

HUGENER, ISABELLE / PAULI, CHRISTINE / REUSSER, KURT (2006), Dokumentation der Erhebungs- und Auswertungsinstrumente zur schweizerisch-deutschen Videostudie „Unterrichtsqualität Lernverhalten und mathematischen Verständnis", Teil 3: Videoanalysen, Frankfurt a. Main.

HUGENER, ISABELLE (2008), Inszenierungsmuster im Unterricht und Lernqualität, Münster.

HUNZE, GUIDO (2015), Videografische Unterrichtsforschung in der Religionsdidaktik. Ein methodologisches Zwischenfazit, in: GÄRTNER, CLAUDIA / BRENNE, ANDREAS (Hrsg.), Kunst im Religionsunterricht – Funktion und Wirkung, Stuttgart, 129–150.

MAYRING, PHILIPP / GLÄSER-ZIKUDA, MICHAELA / ZIEGELBAUER, SASCHA (2005), Auswertung von Videoaufnahmen mit Hilfe der Qualitativen Inhaltsanalyse – ein Beispiel aus der Unterrichtsforschung, in: MedienPädagogik (9), 1–17.

MAYRING, PHILIPP (⁶2016), Einführung in die qualitative Sozialforschung. Eine Anleitung zu qualitativem Denken, Weinheim, Basel.

OEVERMANN, ULRICH (2001), Zur Analyse der Struktur von sozialen Deutungsmustern, in: Sozialer Sinn 1, 3–81.

OEVERMANN, ULRICH / ALLERT, TILMAN / KONAU, ELISABETH u. a. (1979), Die Methodologie einer „objektiven Hermeneutik" und ihre allgemein forschungslogische Bedeutung in den Sozialwissenschaften, in:. SOEFFNER, HANS-GEORG (Hrsg.), Interpretative Verfahren in den Sozial- und Textwissenschaften, Stuttgart, 352–434.

PAULI, CHRISTINE / REUSSER, KURT (2003), Unterrichtsskripts im schweizerischen und im deutschen Mathematikunterricht, in: Unterrichtswissenschaft 31, 238-272.

PAULI, CHRISTINE / REUSSER, KURT (2006), Von international vergleichenden Video Surveys zur videobasierten Unterrichtsforschung und -entwicklung, in: Zeitschrift für Pädagogik 52 / 6, 744–798.

PETKO, DOMINIK (2006), Kameraskript, in: HUGENER, ISABELLE / PAULI, CHRISTINE / REUSSER, KURT (Hrsg.), Dokumentation der Erhebungs- und Auswertungsinstrumente zur schweizerisch-deutschen Videostudie „Unterrichtsqualität Lernverhalten und mathematischen Verständnis", Teil 3: Videoanalysen. Frankfurt am Main: GFPF (Materialien zur Bildungsforschung, 15), 15–37.

REESE, ANNEGRET (2005), Methodendarstellung und Auswertungstexte zur Studie: Lebensgestaltung und Lebensbewältigung von kinderlosen und alleinlebenden Frauen um die 40 Jahre. Eine qualitativ-empirische Studie über den Zusammenhang von Lebenswelt und Religiosität, Essen (307 Seiten), Zugriff am 15.09.2021 http://duepublico.uni-duisburg-essen.de/servlets/DocumentServlet?id=12489.

REESE-SCHNITKER, ANNEGRET (2013), Produktive Unterbrechungen im Unterrichtsgespräch. Typische Muster, Stolpersteine und Lernchancen von Unterrichtsgesprächen – aufgezeigt an einem Fallbeispiel, in: Katechetische Blätter 138 / 2, 130–137.

REESE-SCHNITKER, ANNEGRET (2016), Wie werden biblische Texte im Religionsunterricht ›eingespielt‹? Einblicke in eine empirische Unterrichtsforschungsstudie, in: KLUMBIES, PAUL-GERHARD / MÜLLNER, ILSE (Hrsg.), Bibel und Kultur. Das Buch der Bücher in Literatur, Musik und Film, Leipzig, 221–250.

REESE-SCHNITKER, ANNEGRET / FRÖHLE, DOMINIC (2018), Ist Reden wirklich nur Silber? Einblicke in videographierte Gespräche im Religionsunterricht, in: Pädagogische Stiftung Cassianeum, Dokumentation des 13. Arbeitsforums für Religionspädagogik, München, 125–140.

REESE-SCHNITKER, ANNEGRET (2018), Interaktive Lernprozesse im Kontext biblischen Lernens. Eine sequenzielle Gesprächsfeinanalyse, in: SCHAMBECK, MIRJAM / RIEGEL, ULRICH (Hrsg.), Was im Religionsunterricht läuft. Wege und Ergebnisse religionspädagogischer Unterrichtsforschung, Freiburg, 233–251.

REH, SABINE / BASTIAN, JOHANNES / HELSPER, WERNER / SCHELLE, CARLA (2000), Professionalisierung im Lehrerberuf. Von der Kritik der Lehrerrolle zur pädagogischen Professionalität, Opladen.

RIEGEL, ULRICH (2017): Videoanalyse, in: WiReLex, Zugriff am 04.06.2021 https://www.bibelwissenschaft.de/stichwort/100229/.

RIEGEL, ULRICH / LEVEN, EVA (2018), Videobasierte Unterrichtsanalyse am Beispiel kognitiver Aktivierung, in: SCHAMBECK, MIRJAM / RIEGEL, ULRICH (Hrsg.), Was im Religionsunterricht so läuft. Wege und Ergebnisse religionspädagogischer Unterrichtsforschung, Freiburg u. a., 179–198.

ROOSE, HANNA (2015), Kinder- und Jugendtheologie im hochschuldidaktischen Kontext, in: Theo-Web. Zeitschrift für Religionspädagogik 14 / 2, 41–53.

LUCIUS-HOENE, GABRIELE / DEPPERMANN, ARNULF (2002), Rekonstruktion narrativer Identität. Ein Arbeitsbuch zur Analyse narrativer Interviews, Opladen.

ROTHGANGEL, MARTIN (2018), Beobachtungen, in: PIRNER, MANFRED L. / ROTHGANGEL, MARTIN (Hrsg.), Empirisch forschen in der Religionspädagogik. Ein Studienbuch für Studierende und Lehrkräfte, Stuttgart, 57–70.

UNRUH, THOMAS (2011), Unterrichtsgespräche, in: PETERSEN, SUSANNE / UNRUH, THOMAS, Guter Unterricht, Praxishandbuch. Handwerkszeug für Unterrichts-Profis. Damit guter Unterricht keine Utopie bleibt, 86–96. (Zugriff am 4.6. 2021),. auch https://www.guterunterricht.de/unterrichtsgespraeche

I Ergebnisse der Ratingverfahren

Vorkommen und Dauer von Gesprächen unterschiedlichen Typs
Ergebnisse des niedrig-inferenten Ratings

Marcel Franzmann / Martin Richwien

In diesem Beitrag erfolgt eine erste Annäherung an den Untersuchungsgegenstand: Das Vorkommen und die Dauer von Unterrichtsgesprächen werden fokussiert. Es geht darum, den Stellenwert und die Bedeutung von Gesprächen im Religionsunterricht einzuschätzen. Welche Gesprächstypen finden im realen Unterricht statt? Gibt es Unterschiede bei den verschiedenen Lehrkräften? Wie viele Unterrichtsgespräche sind zu identifizieren? Wie lange dauern diese? Welchen Anteil haben die Gespräche an der tatsächlichen Unterrichtszeit[1]?

Insgesamt wurden 63 Unterrichtsstunden in acht verschiedenen Lerngruppen videografiert und ausgewertet. Zwei Lerngruppen wurden von der gleichen Lehrperson (Frau Ernte) geführt, eine Lerngruppe wurde von zwei Lehrer_innen unterrichtet, dem Klassenlehrer (Herr Holle) und einer Referendarin (Frau Tinda). Die Lerngruppen kamen aus den Jahrgangsstufen sechs, acht, neun und zehn. Insgesamt waren 153 Schüler_innen (85 Mädchen, 68 Jungen) an der Aufzeichnung beteiligt.

Im niedrig-inferenten Rating[2] wurden 351 Unterrichtsgespräche[3] in den aufgenommenen Religionsunterrichtsstunden identifiziert. Die Analyse der Ergebnisse erfolgt hier weitestgehend deskriptiv. Zunächst werden Auffälligkeiten bei den acht untersuchten Lerngruppen betrachtet, indem neben den Häufigkeiten der Unterrichtsgesprächstypen auch die zeitliche Dauer und die Verteilung auf die Stunden berücksichtigt werden. Anschließend werden die

1 Bei der tatsächlichen, „echten“ Unterrichtszeit wurde nur die Zeit betrachtet, in der Unterricht stattfand. Hierbei wurden alle Sequenzen abgezogen, die als keine Sozialform kategorisiert wurden, wie u. a. Pausenzeiten bei einer Doppelstunde oder Zeiten vor Unterrichtsbeginn, bevor die Lehrkraft diesen offiziell eröffnet.

2 Das detaillierte methodische Vorgehen wird im vorausgehenden Kapitel *Das methodische Vorgehen in der Unterrichtsstudie* beschrieben.

3 Es wurden alle Unterrichtsgespräche berücksichtigt, die eine Mindestdauer von 15 Sekunden hatten.

Befunde aller Lerngruppen im Vergleich betrachtet und daraus resultierende erste Annahmen und Erkenntnisse formuliert, die im Analyseprozess entwickelt wurden.

1. Ein erster Blick auf die Lerngruppen mit ihren Lehrpersonen[4]

In der 6. Realschulklasse mit 20 Kindern (6 Mädchen, 14 Jungen) bei Frau Mantel werden 31 Unterrichtsgespräche beobachtet, wobei in den ausgezeichneten Stunden 14-mal das Gespräch als Reihung von Beiträge der Schüler_innen (UGS) überwiegt (vgl. hier und im Folgenden Tabelle 1). Auch das echte Unterrichtsgespräch (UG) ist neunmal vertreten. Mit Blick auf die Unterrichtsreihe können gesprächsarme und gesprächsreiche Doppelstunden identifiziert werden. 41 % der Unterrichtszeit ist in dieser Lerngruppe Gesprächen gewidmet, ein besonders hoher Anteil im Vergleich zu den anderen Lerngruppen. Insgesamt kann hier von einer gesprächsstarken Unterrichtskultur gesprochen werden, in der vor allem Unterrichtsgesprächstypen zu finden sind, die sich durch eine starke Schülerbeteiligung auszeichnen (UGS, UG) und bei denen sich die Lehrkraft mit eigenen Beiträgen zurückhält.

In der 8. Realschulklasse mit 22 Schüler_innen (11 Mädchen, 11 Jungen) mit Frau Ernte können 33 Unterrichtsgespräche gefunden werden, wobei das Pingpong-Gespräch mit 16 Gesprächen fast die Hälfte der Gespräche einnimmt, gefolgt vom UGS mit zwölf Gesprächen und vom UGLV mit fünf Gesprächen. Ein echtes UG kommt gar nicht vor. 35 %[5] der Unterrichtszeit kann hier als Gesprächszeit identifiziert werden, wobei im Vergleich zu den absoluten Zahlen, nach dem Pingpong-Gespräch hier vor allem das UGLV viel Zeit einnimmt. UGLV dauern hier offensichtlich deutlich länger als UGS. In dieser Lerngruppe dominieren Gesprächstypen (UGLS, UGLV), bei denen die Lehrkraft einen hohen und beständigen Gesprächsanteil hat. Auch beim UGS, bei denen die Lehrperson eher passiv ist, ist das Gespräch allerdings auf die Lehrperson ausgerichtet. Echte Unterrichtsgespräche, in denen die Schüler_innen miteinander sprechen, finden sich in diesem Unterricht gar nicht.

4 Im hoch-inferenten Rating wird ein vertiefter Blick auf die Lehrpersonen und Lerngruppe in Form von Fallprofilen geworfen: vgl. das Kapitel *Was kennzeichnet die verschiedenen Lerngruppen und ihre Lehrpersonen?*

5 Die Prozentzahlen wurden in dem Beitrag gerundet.

Tabelle 1: Absolute Zahlen und Prozente (bzw. Ø[6]) des Vorkommens der Unterrichtsgesprächstypen verteilt auf die verschiedenen Lerngruppen. In der Tabelle sind die höchsten (dunkelgrau) und niedrigsten (hellgrau) Werte jeweils markiert.

Lerngruppe[7]	Stunden	UG[8]		UGS		UGLS		UGLV	
		n	%	n	%	n	%	n	%
6. Realschulklasse Mantel (w) 20 SuS (6 M., 14 J.)	4 Doppelstd.	9	29%	14	45%	2	7%	6	19%
8. Realschulklasse Ernte (w) 22 SuS (11 M., 11 J.)	6 Einzelstd.	0	0%	12	36%	16	49%	5	15%
9. Gymnasialklasse Blume (w) 26 SuS (20 M., 6 J.)	5 Doppelstd.	22	35%	21	33%	16	25%	4	7%
9. Realschulklasse Kösel (w) 8 SuS (6 M., 2 J.)	4 Einzelstd., 1 Doppelstd.	0	0%	1	3%	27	77%	7	20%
9. Realschulklasse Holle (m)/Tinda (w) 21 SuS (12 M., 9 J.)	5 Doppelstd.	4	9%	14	32%	18	41%	8	18%
9. Realschulklasse Schön (m) 10 SuS (5 M., 5 J.)	5 Doppelstd.	8	13%	10	16%	41	65%	4	6%
10. Gymnasialklasse Bornemann (w) 22 SuS (12 M., 10 J.)	3 Doppelstd.	9	23%	15	39%	13	33%	2	5%
10. Realschulklasse Ernte (w) 24 SuS (13 M., 11 J.)	7 Einzelstd.	0	0%	14	33%	29	67%	0	0%
			Ø		Ø		Ø		Ø
Gesamt		52	14%	101	30%	162	46%	36	11%

6 Gewichtet in Relation zu der Anzahl von Lerngruppen.

7 Aufgrund von Krankheiten oder sonstigen Fehlzeiten war die Anzahl der Schüler_innen in den beobachten Unterrichtsstunden nicht durchweg konstant. Die angegebenen Zahlen entsprechen der maximalen Anzahl von Schüler_innen in den Lerngruppen.

8 Legende: UG = echtes Unterrichtsgespräch; UGS = aufeinanderfolgende Beiträge der Schüler_innen; UGLV = Gespräche in verteilten Rollen als getarnte Lehrervorträge; UGLS = Pingpong-Modus, vgl. erläutert in Kapitel *Das methodische Vorgehen in der Unterrichtsstudie* S. 194 in diesem Buch.

Eine vergleichsweise große Klasse mit 20 Mädchen und sechs Jungen ist die Lerngruppe mit Frau Blume. 63 Unterrichtsgespräche sind in der ganzen Einheit zu finden; am häufigsten mit 22 Gesprächen ist das echte UG, dicht gefolgt vom UGS mit 21 Gesprächen. 16 Gespräche sind Pingpong-Gespräche (UGLS) und nur vier Gespräche UGLV. Besonders in der ersten Doppelstunde werden besonders viele Unterrichtsgespräche geführt (23). Echte Unterrichtsgespräche gehören zum festen Bestandteil jeder Stunde. 34 % der echten Unterrichtszeit wird im Plenum gesprochen, wobei auch hier die echten Unterrichtsgespräche fast die Hälfte (42 %) der Gesprächszeit einnehmen. Diese Lerngruppe zeigt ihre Stärke im gemeinsamen Austausch, der sich im Miteinandersprechen und im Aufeinandereingehen im UG zeigt, aber auch UGS spielen eine konstante Rolle im Unterricht. Lehrerzentrierte Gesprächstypen (UGLV; UGLS) kommen selten vor.

Die kleinste Lerngruppe mit einer Schüleranzahl von sechs Mädchen und zwei Jungen mit Frau Kösel führt insgesamt 35 Gespräche, wobei mit 27 Gesprächen die Pingpong-Gespräche deutlich überwiegen. Das UGLV tritt siebenmal und das UGS nur einmal auf. Echte UG kommen nicht vor. 27 % der echten Unterrichtszeit werden Gespräche geführt. Der Unterricht ist dieser kleinen Klasse ist gesprächsarm bzw. durch Gesprächstypen gekennzeichnet, bei denen die Lehrperson stark lenkend agiert. Es gelingt nicht, Gespräche zu führen, in denen die Schüler_innen miteinander sprechen, sich aufeinander beziehen. Zu fragen wäre, ob die Größe der Lerngruppe hier ein Einflussfaktor ist bzw. ob es leichter oder schwerer fällt, Gespräche in einer kleinen oder großen Lerngruppe zu führen.

Die 9. Klasse, die vom Klassenlehrer Herrn Holle und einer Referendarin geleitet wird, besteht aus 21 Schüler_innen (12 Mädchen, 9 Jungen). In den 44 identifizierten Unterrichtsgesprächen überwiegt das Pingpong-Gespräch (18-mal). Das UGS findet sich 14-mal, das UGLV achtmal und das echte UG nur viermal. Im Unterschied zu den Stunden, die von Herrn Holle unterrichtet werden, hat die Referendarin Frau Tinda keine UGLS und UGLV, aber vier UGS und zwei echte UG. Die Gesprächszeit ist mit 39 % von der tatsächlichen Unterrichtszeit hoch, wobei die Hälfte (50 %) davon UGLS sind. Ein knappes Drittel der Gesprächszeit wird durch UGS bestritten. Echte UG sind spärlich. Beachtenswert ist, dass bei Herrn Holle die Gesprächstypen UGLS und UGS überwiegen, Gesprächstypen, die auf die Lehrperson zentriert sind. Im Gegensatz dazu fehlen in den Stunden, die von der Referendarin Frau Tinda geleitet werden, sowohl Pingpong-Gespräche als auch UGLV. Ein unterschiedliches Gesprächsverhalten in der gleichen Lerngruppe durch zwei verschiedene Lehrer_innen ist hier zu erkennen.

Jeweils fünf Mädchen und Jungen sind in der Lerngruppe mit Herrn Schön und mit 63 Unterrichtsgesprächen und mit 38 % Gesprächszeit kann diese als vergleichsweise gesprächsstark bezeichnet werden. Die Kommunikation wird dabei von 41 Pingpong-Gesprächen (zwei Drittel) bestimmt. Die anderen Gesprächstypen tauchen deutlich weniger auf: zehnmal UGS, achtmal echte UG, und viermal UGLV. Herr Schön bevorzugt offenbar eine stark lenkende Gesprächsmoderation (UGLS), gleichzeitig ist auch Raum für schüleraktive Gesprächsformen (UG und UGS). Zwei Drittel der Gesprächszeit (67 %) in dieser Klasse werden Pingpong-Gespräche geführt. Die anderen Gesprächstypen fallen dagegen beim zeitlichen Umfang deutlich ab: Echte UG nehmen 14 %, UGS 12 % und UGLV 8 % der Gesprächszeit ein.

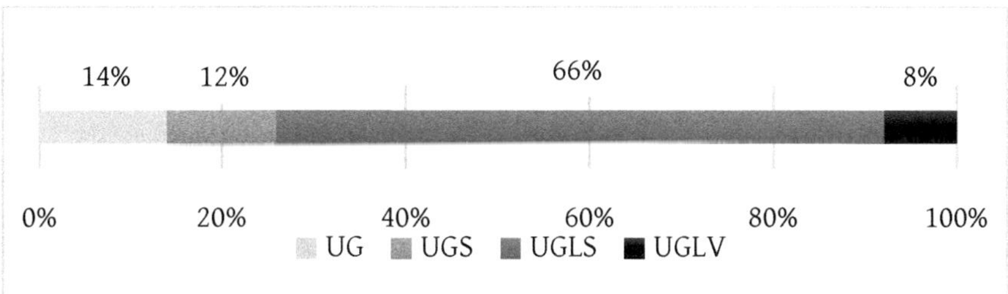

Abbildung 1: Anteil der Gesprächstypen an der Gesprächszeit in Prozent in der Lerngruppe mit Herrn Schön

In der 10. Klasse mit 22 Schüler_innen (12 Mädchen, 10 Jungen) mit Frau Bornemann konnten 39 Unterrichtsgespräche identifiziert werden, wobei mit 15 Gesprächen das Gespräch als Reihung von Beiträge der Schüler_innen (UGS) überwiegt, dicht gefolgt von 13 Pingpong-Gesprächen (UGLS). Neun echte UG und zwei UGLV sind zu finden. Mit 21 % Gesprächszeit im Unterricht wird hier Gesprächen im Plenum allerdings eine geringere Zeit eingeräumt als in den anderen Lerngruppen.

Tabelle 2: Absolute Zahlen der Gesprächstypen in der 10. Klasse mit Frau Bornemann in den einzelnen Unterrichtsstunden

Stunde	UG	UGS	UGLS	UGLV	gesamt
1/2	2	3	9	2	16
3/4	2	10	1	0	13
5/6	5	2	3	0	10
Gesamt	9	15	13	2	39
In Prozent	23%	39%	33%	5%	100%

Auffällig in dieser Lerngruppe ist, dass die drei Doppelstunden stark unterschiedliche kommunikative Ausprägungen haben: Es gibt gesprächsstarke und gesprächsarme Unterrichtsstunden. Während in der ersten Doppelstunde, die Pingpong-Gespräche dominieren, überwiegen in der zweiten Doppelstunde die Gespräche als Reihung von Beiträge der Schüler_innen. In der letzten Unterrichtsstunde dagegen tauchen besonders viele echte Unterrichtsgespräche auf. UGLV kommen nur in der ersten Stunde vor. Charakteristisch in dieser Lerngruppe ist dieser methodische Wechsel in der Kommunikationskultur. Allerdings überwiegen viele und lange Gespräche als Reihung von Beiträge der Schüler_innen, diese 15 Gespräche umfassen die Hälfte der Gesprächszeit.

Eine Klassenstärke von 24 Schüler_innen (13 Mädchen, 11 Jungen) leitet Frau Ernte. Der Unterricht von Frau Ernte wurde in zwei verschiedenen Lerngruppen aufgezeichnet. In der 10. Klasse werden 43 Gespräche beobachtet werden. Dabei kommen lediglich das Pingpong-Gespräch (UGLS) 29-mal und das UGS 14-mal vor. Das UGLS prägt jede Unterrichtstunde, in zwei Stunden häufen sich die Gespräche. Von den 27 % Gesprächszeit nimmt das Pingpong-Gespräch drei Viertel Zeit ein. Frau Ernte agiert hier als eine Lehrperson, die in den Gesprächen stark involviert ist (UGLS). Auch im UGS ist das Gespräch auf die Lehrperson zentriert. Echte Unterrichtsgespräche, in denen die Schüler_innen miteinander sprechen, entstehen gar nicht.

2. Ein erster Blick auf das Vorkommen der Gespräche[9]

Werden insgesamt alle aufgezeichneten 351 Unterrichtsgespräche mit einer Mindestdauer von 15 Sekunden betrachtet, fallen folgende Besonderheiten auf (vgl. Tabelle 1):

Am häufigsten wurde das *Unterrichtsgespräch im Pingpong-Modus* (UGLS) beobachtet. 162 (von 351) Gespräche können dieser Form zugeordnet werden. Es nimmt auch die größte Gesprächszeit für sich ein. Bei jeder Lehrkraft konnte dieser Gesprächstyp nachgewiesen werden. Bei fünf von acht Lehrkräften überwiegt dieser Typ, d. h. sie wenden ihn häufig an. Drei Lehrkräfte dagegen greifen nur vereinzelt auf diesen Gesprächstyp zurück. Bei Frau Kösel überwiegt dieser deutlich, obwohl sie im Vergleich zu den anderen Lerngruppen den geringsten Gesprächsanteil in ihrem Unterricht hat.

Das *Gespräch als Reihung von Beiträge der Schüler_innen* (UGS) umfasst 101 (von 351) Gespräche und findet sich in allen Lerngruppen. In vier Lerngruppen tritt es verstärkt auf, in den Klassen von Frau Mantel und von Frau Bornemann ist es die dominante Gesprächsform.

Das *echte Unterrichtsgespräch* (UG) konnte 52-mal identifiziert werden, allerdings taucht es in drei Lerngruppen gar nicht auf. In zwei Lerngruppen hat es einen deutlichen Anteil sowohl zeitlich als auch vom Vorkommen. In der Lerngruppe von Frau Blume dominiert das echte UG, tritt am häufigsten auf und nimmt 42 % der Gesprächszeit ein. Auch bei Frau Mantel ist das UG deutlich vertreten, umfasst ein Drittel (29,0 %) der Gesprächszeit in ihrem Unterricht.

9 Im hoch-inferenten Rating und in der statistischen Auswertung erfolgt eine vertiefte Auswertung der Charakteristika der Unterrichtsgesprächstypen, vgl. entsprechende Kapitel.

Der *Lehrervortrag in verteilten Rollen* (UGLV) fand sich am seltensten mit 36 (von 351) Gesprächen. In einer Lerngruppe (Ernte 10. Jg.) kommt dieser gar nicht vor. In zwei Lerngruppen (Mantel, Ernte (8. Jg.) taucht dieser etwas stärker auf.

Bei genauer Betrachtung fallen weitere Besonderheiten auf: Auffällig ist, dass in beiden Lerngruppen von Frau Ernte (8. und 10 Jg.) keine echten Unterrichtsgespräche vorkommen, aber gleichzeitig das UGLS der dominante Gesprächstyp ist. Einzig das Vorkommen von UGLV in der 8. Klasse unterscheidet sich von den Werten in der 10. Klasse. Ansonsten ähneln sich die beobachteten Gesprächsmuster. Ein entsprechendes Gesprächsmuster weisen die Lerngruppen von Frau Kösel und von Herrn Schön auf, bei letzterem dominiert das UGLS deutlich, allerdings finden auch echte UG statt.

Bei der Lerngruppe mit Frau Bornemann überwiegt ebenfalls das UGLS, doch hier sind auch Gespräche als Hintereinanderschaltung von Beiträge der Schüler_innen und eine Reihe von echten Unterrichtsgesprächen zu finden.

Die kommunikativen Interaktionsmuster in den Lerngruppen von Frau Mantel und von Frau Blume ähneln sich auch. Es dominieren schüleraktive Gesprächstypen: das echte Unterrichtsgespräch (UG) und das Gespräch als Reihung von Beiträge der Schüler_innen (UGS), also das Gespräch bei denen die Lehrperson eher eine zurückhaltende, hörende Rolle einnimmt.

Die Besonderheit bei der Unterrichtsreihe der Lerngruppe mit Herrn Holle und Frau Tinda besteht darin, dass hier zwei unterschiedliche Lehrkräfte in derselben Lerngruppe beobachtet werden konnten, die erste Doppelstunde leitete die Referendarin Frau Tinda, die übrigen Herr Holle. Die Stunden der Referendarin hatten Anteile beim UGS und UG, also erneut Unterrichtsgesprächstypen mit hoher Schülerbeteiligung. Die Stunden bei Herrn Holle wiesen dagegen stärker die Gesprächstypen UGLS und UGLV auf, also Unterrichtsgesprächstypen, in denen die Lehrkraft eher leitend involviert ist.

Abschließend kann die Annahme formuliert werden, dass das Vorkommen von Gesprächen von der Lehrperson abhängig ist. Die Gesprächsmuster in den beiden Klassen von Frau Ernte (8. und 10. Jg.) entsprechen sich. In der Lerngruppe mit zwei Lehrkräften konnten unterschiedliche Gesprächsmuster bei Frau Tinda und Herrn Holle nachgewiesen werden.

3. Ein Blick auf Gesprächszeit und Dauer der Gespräche

Betrachtet man die Gesprächszeit (vgl. Tabelle 3), die die kommunikativen Interaktionen im Klassenplenum im Unterricht einnehmen, kann konstatiert werden, dass in den hier aufgezeichneten Stunden Unterrichtsgespräche eine deutliche Rolle spielen. Im Durchschnitt wird ein Drittel (33 %) der tatsächlichen Unterrichtszeit[10] mit Gesprächen gefüllt. Bei manchen Lehrkräften haben kommunikative Phasen im Plenum sogar eine höhere Dauer, etwa bei Frau Mantel 41 %, bei Herrn Holle und Herrn Schön je 38 %. Am geringsten ist die Gesprächszeit in der Lerngruppe von Frau Bornemann mit einem guten Fünftel (22 %) der Unterrichtszeit.

Tabelle 3: Gesprächszeit nach Gesprächstypen und Lerngruppen

Lehrperson/ Lerngruppe	UG	UGS	UGLS	UGLV	Gesprächs-zeit	Unterrichtsstunden U.zeit in h:min:s
Mantel	00:38:40	00:48:54	00:08:40	00:21:04	01:57:18	8 Std.: 4:49:05
6. Klasse	13%	17%	3%	7%	41%	
Ernte	00:00:00	00:16:26	00:52:56	00:22:45	01:32:07	6 Std.: 4:21:06
8. Klasse	0%	6%	20%	9%	35%	
Blume	01:00:05	00:54:18	00:16:36	00:12:12	02:23:11	10 Std.: 6:59:59
9. Klasse	14%	13%	4%	3%	34%	
Kösel	00:00:00	00:03:43	00:57:33	00:11:48	01:13:07	6 Std.: 4:27:14
9. Klasse	0%	1%	22%	4%	27%	
Holle	00:06:55	00:34:26	01:00:02	00:17:37	01:59:00	10 Std.: 5:11:08
9. Klasse	2%	11%	19%	6%	38%	
Schön	00:16:55	00:14:35	01:23:17	00:10:09	02:04:56	10 Std.: 5:30:30
9. Klasse	5%	4%	25%	3%	38%	
Bornemann	00:10:48	00:26:21	00:15:06	00:02:04	00:54:19	6 Std.: 4:6:13
10. Klasse	4%	10%	6%	1%	21%	
Ernte	00:00:00	00:21:04	01:01:05	00:00:00	01:22:09	7 Std.: 5:03:16
10. Klasse	0%	7%	20%	0%	27%	
	02:13:23	03:39:47	05:55:15	01:37:39	13:26:07	63 Std.: 40:08:31
Gesamt	5%[11]	9%	15%	4%	33%	
	17%[12]	27%	44%	12%	100%	

Welche Gesprächszeit nehmen die einzelnen *Gesprächstypen ein?*
Es ist die gleiche Rangfolge wie bei den absoluten Zahlen zum Vorkommen der Unterrichtsgesprächstypen zu erkennen. Das Pingpong-Gespräch (UGLS) hat mit 44 % den größten Anteil an der Gesprächszeit, danach folgt das UGS mit 27 % der Gesprächszeit. An dritter Stelle ist das echte Unterrichtsgespräch mit 17 % der Gesprächszeit und an letzter Stelle das UGLV mit 12 % der Gesprächszeit zu nennen.

Es interessiert auch die *Dauer der einzelnen Gespräche.* Wie lange dauert ein Unterrichtsgespräch? Gibt es bei den verschiedenen Gesprächstypen Unter-

10 Bei der tatsächlichen „echten" Unterrichtszeit wurde nur die Zeit betrachtet, in denen Unterricht stattfand. Vgl. auch Fußnote 1.

11 Durchschnittlicher Anteil der Unterrichtsgesprächstypen an der Gesamtunterrichtszeit.

12 Durchschnittlicher Anteil der einzelnen Unterrichtsgesprächstypen an der Gesprächszeit.

schiede? Welcher Gesprächstyp ist etwa für langanhaltende Gespräche charakteristisch?

Ein Pingpong-Gespräch (UGLS) füllt gut ein Drittel einer Unterrichtsstunde und ist mit einer Dauer von 16:10 Minuten das Längste aller aufgezeichneten Gespräche. Allerdings liegt die durchschnittliche Dauer von UGLS bei nur 02:12 Minuten. Auch das kürzestes aufgezeichnete Gespräch mit lediglich 18 Sekunden ist ein UGLS. Das längste echte Unterrichtsgespräch hält 12:14 Minuten. Beim UGLV werden Gespräche in der Zeitspanne von 0:35 bis 08:29 Minuten identifiziert. 07:20 Minuten dauert das längste Gespräch als Reihung von Beiträge der Schüler_innen. Alle vier Gesprächstypen haben eine große Spannweite hinsichtlich ihrer Dauer.

Ein Blick auf die *durchschnittliche Dauer der einzelnen Gespräche* lässt erkennen, dass alle vier Formen im arithmetischen Mittel eng beieinander liegen: Mit 02:43 Minuten dauert das UGLV im Durchschnitt am längsten, dicht gefolgt vom echten UG mit dem Mittelwert von 02:34 Minuten. UGLS dauern 02:12 Minuten und UGS 02:11 Minuten.

4. Erste Annahmen und Erkenntnisse

1. Gespräche im Plenum nehmen im Religionsunterricht etwa ein Drittel der Lernzeit (33 %) ein – und zwar bei fast allen untersuchten Lerngruppen (21 % bis 41 %). Offensichtlich hat das (Unterrichts-)Gespräch im Religionsunterricht eine relevante Rolle.[13]
2. Fast die Hälfte der beobachteten Gespräche sind *Pingpong-Gespräche* (UGLS), ein Gesprächstyp, bei dem die Lehrperson lenkend, kommentierend und moderierend in das Gespräch involviert ist. Damit wird deutlich, dass Unterrichtsgespräche stark an der Lehrperson ausgerichtet sind und die Beiträge der Schüler_innen meist die Lehrperson adressieren.
3. Nur knapp ein Sechstel der Gespräche sind *echte Unterrichtsgespräche* (UG), bei denen die Schüler_innen sich aufeinander beziehen und miteinander sprechen. Die Varianz des Vorkommens dieses Gesprächstyps ist am höchsten, d. h. es gibt Lerngruppen mit Lehrpersonen, in denen das echte Unterrichtsgespräch fester und deutlicher Bestandteil der Gesprächskultur ist. Gleichzeitig konnten auch Lerngruppen mit Lehrpersonen identifiziert werden, in denen keine echten Unterrichtsgespräche vorkamen.
4. Das *Unterrichtsgespräch als Reihung von Beiträge der Schüler_innen* (UGS) nimmt ein Drittel der Gesprächszeit ein und ist offensichtlich bei allen

13 Rudolf Englert u. a. haben bereits in ihrer Studie aufgezeigt, dass Unterrichtsgespräche im Religionsunterricht, bezogen auf die Grundschule, im Durchschnitt 27 % der Unterrichtszeit ausmachen (vgl. Englert u. a. 2014, 120).

Lehrkräften ein fester Bestandteil ihres Unterrichts. Bei der Hälfte der Lehrkräfte ist es deutlich im Unterricht verankert, bei einer Lehrkraft sogar der dominierende Gesprächstyp. Es eignet sich etwa zum Zusammentragen unterschiedlicher Erfahrungen und bei der Präsentation von Arbeitsergebnissen. Allerdings ist dieser Gesprächstyp zwar schülerorientiert, jedoch auf die Lehrperson bezogen. Die nebeneinander geschalteten Beiträge der Schüler_innen sind in der Regel nach vorne an die Lehrkraft gerichtet.

5. Gut ein Zehntel der Gesprächsphasen im Unterricht sind *Gespräche als getarnte Lehrervorträge* (UGLV), also stark von der Lehrperson vorgegebene und inhaltlich beeinflusste Interaktionen. Diese sind bei fast jeder Lehrperson (außer einer) zu finden, allerdings haben sie bei allen Lehrkräften und Lerngruppen nur einen sehr geringen Anteil am Unterricht.
6. In einem ersten Zugang zu den Daten können hier verschiedene Gesprächstypenmuster unterschieden werden:
   Streng dominierendes Pingpong-Gesprächsmuster: In einer Lerngruppe (Kösel) ist ein Kommunikationsmuster zu identifizieren, das fast ausschließlich durch die wiederkehrenden Kommentare und Beiträge der Lehrperson geprägt ist und in dem fast ausschließlich Pingpong-Gespräche stattfinden.
   Schüleraktives und dominierendes Pingpong-Gesprächsmuster: In drei weiteren Lerngruppen (Ernte 8. Jg., Ernte 10. Jg., Schön) überwiegen im Unterricht deutlich Pingpong-Gespräche, die über die Lehrperson laufen, welche zentrale Ansprechperson und Adressat_in der einzelnen Gesprächsbeiträge ist und auf diese durchgehend verbal kommentierend, bestätigend, korrigierend reagiert. Gleichzeitig ist hier auch Raum für das Gespräch als Reihung von Beiträge der Schüler_innen. Echte Unterrichtsgespräche allerdings finden hier nicht statt (Ernte) oder nur in einem überschaubaren Umfang (Schön).
   Lehrerzentriertes Gesprächsmuster: In der Lerngruppe von Herrn Holle und Frau Tinda kommen die Gesprächstypen UGLS und UGS gehäuft vor und auch das UGLV hat einen nennenswerten Anteil an der Unterrichtskommunikation. Es ist eine Lerngruppe, in der die Schüler_innen auf die Lehrkraft ausgerichtet interagieren und weniger auf Mitschüler_innen Bezug genommen wird. Echte Unterrichtsgespräche kommen nur vereinzelt vor.
   Schüleraktives und aufeinander bezogenes Gesprächsmuster: Daneben gibt es Lerngruppen mit Lehrkräften, bei denen unverkennbar die Schüler_innen im Zentrum stehen und aktiv sind, die Gesprächstypen echte Unterrichtsgespräche (UG) und Gespräche als Reihung von Beiträge der Schüler_innen (UGS) sich abwechseln und diese Gesprächsformen die Unterrichtskommunikation markant prägen (Mantel, Blume).
   Variierendes schüleraktives und lehrerzentriertes Gesprächsmuster: In einer Lerngruppe (Bornemann) konnten alle drei Gesprächstypen (UGS, UGLS, UG) mit einem nennenswerten Anteil in der Unterrichtsreihe identifiziert

werden, allerdings in den einzelnen Doppelstunden in deutlich unterschiedlichen Stärken. Hier variiert offensichtlich das Gesprächsmuster in den einzelnen Unterrichtsstunden und zeigt jeweils unterschiedliche Ausprägungen.

7. In einem Einzelfall, der Lerngruppe von Herrn Holle und Frau Tinda, zeigt sich einerseits, dass sich mit dem Wechsel der Lehrperson auch das Gesprächstypenmuster in der Lerngruppe ändert. Andererseits zeigen die beiden Lerngruppen von Frau Ernte (Klasse 8 und Klasse 10) ähnliche Gesprächstypenmuster. An dieser Stelle kann, aufgrund der geringen Fallzahl, nur vorsichtig die Vermutung geäußert werden, dass die Gesprächstypenmuster einer Lerngruppe vorwiegend von der Lehrperson geprägt werden, wenn auch nicht ausschließlich.
8. Eine weitere Auffälligkeit ist, dass in Doppelstunden offensichtlich mehr echte Unterrichtsgespräche geführt werden als in Einzelstunden. Die Länge der Unterrichtsstunde wirkt sich offenbar auf das Vorkommen von echten Unterrichtsgesprächen aus.
9. Als Einzelbeobachtung mit Beachtung der überschaubaren Stichprobe ist zu nennen, dass bei den untersuchten Lehrkräften beide männlichen Lehrer (Herr Holle, Herr Schön) eher dazu neigen, Gesprächstypen zu wählen, die durch eine stärkere Lenkung, Moderation und Kommentierung gekennzeichnet sind.

Was zeichnet Unterrichtsgespräche aus? Merkmale und Charakteristika

Auswertung und Interpretation der Häufigkeiten und Korrelationen

Annegret Reese-Schnitker / Daniel Bertram / Dominic Fröhle / Marcel Franzmann

Nach der Auswertung des niedrig-inferenten Ratings, in dem 351 identifizierte Unterrichtsgespräche in den aufgenommenen 63 Religionsunterrichtsstunden (19 Einzel- und 22 Doppelstunden) eingeschätzt wurden, erfolgt nun eine thematisch tiefere Analyse. Für das hoch-inferente Rating wurden alle Unterrichtsgespräche berücksichtigt, die eine Mindestdauer von zwei Minuten haben. Um die verschiedenen inhaltlichen Kategorien, die auch den Prozess und die Dynamik von Unterrichtsgesprächen untersuchen, seriös anwenden zu können, wurde diese Mindestdauer von zwei Minuten gewählt. Insgesamt reduziert sich damit die Zahl der hier ausgewerteten Unterrichtsgespräche von 351 auf 145 und konzentriert sich damit auch auf einen realistischen Analysekorpus. Diese 145 Unterrichtsgespräche wurden nach 33 inhaltlichen Kriterien mittels einer vierstufigen Skala von zwei geübten Rater_innen in Bezug auf die jeweilige Ausprägung des inhaltlichen Kriteriums bewertet. Die Ergebnisse sollen hier thematisch strukturiert präsentiert werden.[1]

Die Auswertung konzentriert sich zunächst auf die einfachen Häufigkeiten, die auch jeweils lehrpersonen- und lerngruppenspezifisch präsentiert werden. Daran anschließend werden signifikante Zusammenhänge zwischen den einzelnen Variablen, also die positiven oder negativen linearen Zusammenhänge zwischen zwei gerateten Kategorien untersucht. Jeweils nach der Präsentation der Daten erfolgt eine beschreibende, eng an den Daten orientierte Interpretation der Resultate aus religionspädagogischer Perspektive, die die Ergebnisse auch in ihren Zusammenhängen in den Blick nimmt.

Zunächst geraten die Rahmenbedingungen der Unterrichtsgespräche (Unterrichtsatmosphäre, Transparenz der Zielsetzung und Einfluss von Medien) in den Fokus, dann werden Kategorien untersucht, die dem Einflussbereich der Schüler_innen bzw. der Lehrpersonen zugerechnet werden. Kategorien, die die Inhalte der Unterrichtsgespräche und die Dynamik erfassen, folgen zum Abschluss.

1 Vgl. detailliert dazu im Beitrag *Das methodische Vorgehen in der Unterrichtsstudie.*

1. Rahmenbedingungen der Unterrichtsgespräche

Bestimmte bewertete Kategorien erheben die Rahmenbedingungen der Unterrichtsgespräche. Ein zentraler Aspekt ist die Unterrichtsatmosphäre, aber auch die Transparenz der Zielperspektive und der Einfluss von Medien werden den Rahmenbedingungen der Unterrichtsgespräche zugerechnet.

1.1 *Zur Atmosphäre in Unterrichtsgesprächen*

In einer Lerngruppe spielt eine Unterrichtsatmosphäre, die durch gegenseitigen Respekt gekennzeichnet ist, als Grundvoraussetzung für vertrauensvolle, konstruktive und ertragreiche Unterrichtsgespräche sicher eine entscheidende Rolle. Die Atmosphäre beschreibt eine Stimmung im Klassenraum, ein soziales Klima, das Auswirkungen auf das Gesprächsgeschehen hat. Diese Atmosphäre kann die Entstehung und den Fortgang eines Unterrichtsgesprächs begünstigen oder beeinträchtigen. Sie kann durch die räumlichen und institutionellen Bedingungen (Größe des Raums, Form des Raums, Lichtverhältnisse, Sitzordnung, Gestaltung des Raums, Zeitpunkt der Unterrichtsstunde u. a.), die sozialen Beziehungen zwischen den Menschen, den Schüler_innen untereinander, aber auch der Lerngruppe zur Lehrperson, beeinflusst werden. Die äußeren Sichtstrukturen der Unterrichtsatmosphäre wurden bei den Gesprächen nach drei Perspektiven untersucht und bewertet:

1.1.1 zum Einfluss räumlicher und institutioneller Rahmenbedingungen,
1.1.2 zum Einfluss der Schüler_innen als Akteure,
1.1.3 zum Einfluss der Lehrperson.

1.1.1 Einfluss räumlicher und institutioneller Rahmenbedingungen

Als positive Sichtfaktoren wurden folgende Aspekte berücksichtigt:

- der Raum ist für die Lerngruppe angenehm groß,
- die Sitzordnung begünstigt die Gesprächssituation,
- die Schüler_innen können sich gegenseitig ansehen,
- es herrschen gute Lichtverhältnisse,
- es gibt keine Störgeräusche von außen,
- der Raum hat eine ästhetische gesprächsförderliche Qualität.

Das Resultat ist bezeichnend: In keinem Unterrichtsgespräch lagen ideale räumliche Bedingungen vor, die die Gesprächsatmosphäre sehr stark begünstigten. Bei fast einem Viertel der Gespräche (23 %) unterstützte der Raum immerhin das Unterrichtsgespräch stark. Allerdings wird in jedem zehnten Gespräch (10 %) konstatiert, dass die institutionellen, räumlichen Faktoren die Gesprächsatmosphäre nicht begünstigten. In 67 % der Fälle ermöglichten die räumlichen Faktoren eine in geringem Maße gesprächsfördernde Atmosphäre.

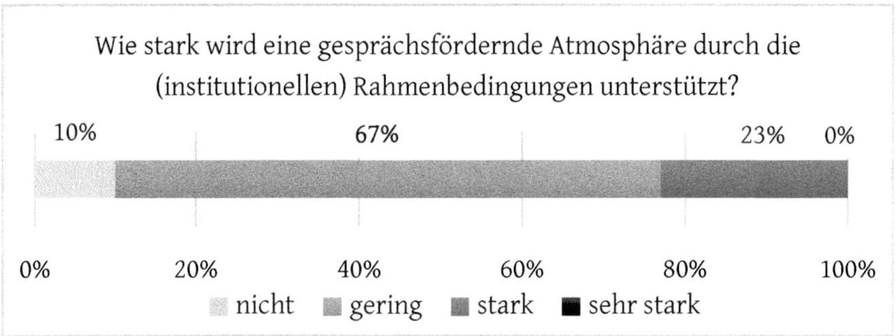

Abbildung 1

Im Vergleich der Lerngruppen ist zu erkennen, dass in der Klasse von Herrn Schön die Gesprächsatmosphäre vom Raum ausgehend am positivsten gewertet wurde (Mittelwert 2,0[2]); sie begünstigte durchweg stark das Gespräch. Hier trifft eine kleine Lerngruppe auf einen großen Raum, der es ermöglicht, dass alle Schüler_innen in Kreisform sitzen und sich anschauen können. Bei allen anderen Klassen sind die Werte deutlich schlechter, besonders in den Lerngruppen von Frau Bornemann (0,8), Frau Ernte 10. Jg. (0,8) und Herrn Holle (0,7), die jeweils durch große Klassengrößen und engen räumlichen Verhältnissen gekennzeichnet sind. Ansonsten sind die Werte bei den Lerngruppen in den aufgezeichneten Unterrichtsreihen weitestgehend konstant, außer bei Frau Kösel (0,9). Dort variieren sie stark, da Geräusche von einer Baustelle in einzelnen Stunden als störend wahrgenommen werden.

Sucht man nach signifikanten Korrelationen mit anderen Items, so findet man vor allem einen erwartbaren mittleren Effekt (0,302**[3]) zu der Kategorie Gesprächsatmosphäre bei den Schüler_innen. Sind die räumlichen Bedingungen gut, dann wirkt sich dies auch positiv auf die Atmosphäre unter den Schüler_innen aus und umgekehrt.

Ein mittlerer Effekt (0,354**) zeigt sich überraschenderweise in der Korrelation zur Kategorie fortschreitender Lernprozess. Gute räumlich-institutionelle Bedingungen hängen offenbar auch mit einem fortschreitenden Gesprächsprozess zusammen.

Jeweils schwache Effekte zeigen sich bei den Kategorien Reflexion unterrichtlicher Prozesse (0,258**), Sicherung des Gesprächsergebnisses (0,214**),

---

2 Im gesamten Dokument wird in Klammern hier der Mittelratingwert bei der Bewertungskategorie genannt.

3 Die doppelten Sternchen ** bedeuten, dass die beschriebene Korrelation (zweiseitig) sehr signifikant ist ($p \leq 0{,}01$).

Gesprächsfluss (0,240**) und Diskussionsgrad (0,215**). Diese Werte sind zwar in Relation gering, ihre Aussagen haben aber doch Potential zur Verwunderung. Augenscheinlich werden Schüler_innen eher zum Nachdenken und Weiterdenken angeregt, wenn Raum und Rahmen ‚stimmen' im Sinne von: gesprächsunterstützend (mit-)wirken. Dieses Item subsumiert etwa die Sitzordnung, den Blickkontakt, die Raumgröße sowie die räumlichen Bedingungen allgemein. Besonders der Sitzordnung scheint hier eine zentrale Bedeutung zuzukommen. Ebenfalls gibt es einen schwachen Zusammenhang (0,248**) zum Einfluss nicht-thematischer Medien auf das Gespräch, deren Präsenz von den räumlichen Bedingungen abhängt (etwa muss Platz für eine Tafel sein).

Ein schwach negativer signifikanter Effekt (-0,262**) kann zur methodischen Lenkung nachgewiesen werden, d. h. wenn die räumlichen Bedingungen gut sind, dann kommt eine methodische Lenkung der Gespräche eher nicht zum Einsatz und umgekehrt.

1.1.2 Einfluss der Lehrperson

Als zweites wurde erfasst, inwiefern die Lehrperson eine gesprächsförderliche Atmosphäre hergestellt, unterstützt, wertgeschätzt hat. Als zentrale Indikatoren wurden eingeschätzt, inwiefern die Lehrperson etwa auf eine klare Melderegel achtete, darauf Wert legte, dass die Schüler_innen ausreden können, ob sie wertschätzend mit den Schüler_innen umging und auch selbst als Vorbild ein kommunikatives und soziales Verhalten pflegte u. a.

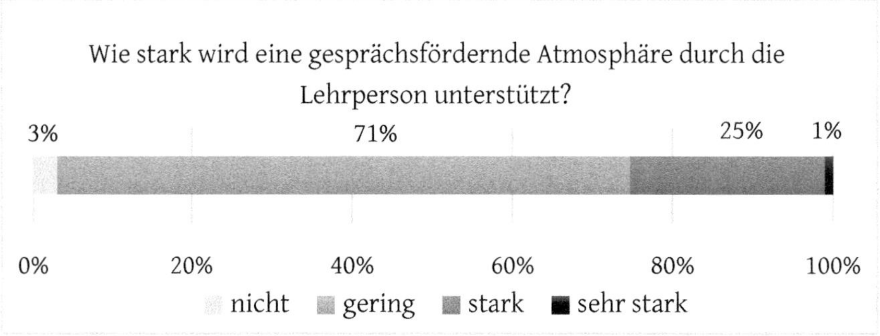

Abbildung 2

Im Ergebnis zeigt sich, dass nur in ganz wenigen Fällen, in vier Gesprächen (3 %), die Unterrichtsatmosphäre durch die Lehrperson nicht unterstützt wurde. Bei 71 % der Fälle war die Mitwirkung der Lehrkraft an der Gesprächsatmosphäre allerdings gering, in etwa jedem vierten Unterrichtsgespräch (26 %) unterstützte die Lehrperson die Atmosphäre stark oder sehr stark. Offensichtlich gelang es, wenn man die vorausgehenden deutlich schlechteren Ergebnisse zu den räumlich-institutionellen Einflüssen berücksichtigt, den Lehrkräften trotz nicht idealer räumlicher Bedingungen, die Gesprächsatmosphäre zu begünstigen.

Bei der Gesprächsatmosphäre durch die Lehrperson sticht Frau Ernte in beiden Klassen positiv heraus (Jg. 8: 1,6 und Jg. 10: 1,5). Bei ihr sind offensichtlich deutliche Bemühungen zur Stärkung der Klassen- und Gesprächsatmosphäre zu erkennen. Frau Kösel dagegen fällt trotz kleiner Lerngruppe markant davon ab (0,9). Alle anderen Lehrpersonen bewegen sich mit den Werten im Mittelfeld (von 1,0 bis 1,5) und unterstützen die Atmosphäre in geringem Maße.

Ein fast mittelstarker korrelativer Effekt (0,276**) zeigt sich mit der Kategorie inhaltliche Strukturierung. Wenn die Lehrperson inhaltlich das Gespräch strukturiert, kann sich dies auf die Atmosphäre auswirken, die von der Lehrkraft beeinflussbar ist und umgekehrt.

1.1.3 Einfluss der Lerngruppe

Im Fokus der Aufmerksamkeit war als drittes die Stimmung und Atmosphäre innerhalb der Lerngruppe. Das soziale Klassenklima kann Gespräche begünstigen oder behindern. Als Indikatoren für eine Gesprächsatmosphäre ausgehend von den Schüler_innen wurde erfasst und bewertet, wie die Lerngruppe miteinander umging. War ein vertrauensvoller Umgang miteinander (wohlwollend und entspannt, kein Auslachen oder Beschämen) zu beobachten? Wurden persönliche Themen angesprochen? War die Atmosphäre locker und fröhlich oder verkrampft und verspannt (Körperhaltung, Augenkontakt)? Wurde eine gegenseitige Wertschätzung in der Kommunikation sichtbar?

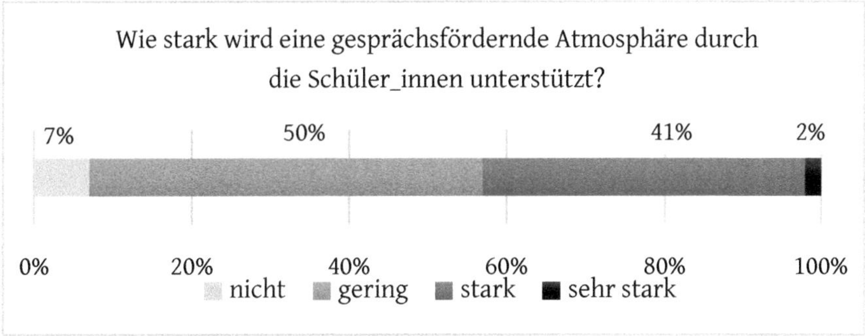

Abbildung 3

In über 40 % der Fälle war das kommunikative und soziale Klima der Schüler_innen positiv und begünstigte stark oder sogar sehr stark die Gesprächsatmosphäre. In der Hälfte aller Fälle war eine gesprächsförderliche Atmosphäre in geringem Maße ausgeprägt, sie hatte einen grundständig stützenden Einfluss auf das Gespräch (50 %). In nur wenigen Fällen (7 %) war keine gesprächsförderliche Atmosphäre unter den Schüler_innen feststellbar.

Betrachtet man die Gesprächsatmosphäre in den verschiedenen Lerngruppen, sind große Unterschiede zu sehen. In der Klasse von Frau Mantel im 6. Jahrgang sind die höchsten Werte zu identifizieren (1,7), in der Lerngruppe von Frau Kösel die geringsten (0,3). Auffallend ist, dass die Atmosphäre in den beiden Lerngruppen, die von der gleichen Lehrkraft Frau Ernte geführt wurden, deutlich unterschiedlich ist (1,6 beim 8. Jg. und 0,7 beim 10. Jg.).

Schaut man auf die Ergebnisse der Korrelationen, fallen einige deutliche Zusammenhänge ins Auge. Am stärksten ist ein Zusammenhang mit der Kategorie fortschreitender Erkenntnisprozess zu finden (0,401**). Wenn die Gesprächsatmosphäre unter den Schüler_innen stimmig ist, dann gelingen fortschreitende Unterrichtsgespräche eher und umgekehrt. Ebenfalls ist ein mittelstarker positiver Zusammenhang zu der Kategorie Gesprächsfluss (0,436**) erkennbar. Wenn die Atmosphäre unter den Kindern positiv ist, kommt es seltener zu Unterbrechung und Stagnation im Gespräch. Das Gespräch fließt, weil die Schüler_innen sich in der Lerngruppe wohlfühlen und sich trauen, sich zu beteiligen.

Ebenfalls deutliche Effekte zeigen sich zu der Vertiefung der Beiträge der Schüler_innen durch Schüler_innen (0,368**) und zum Partizipationsgrad qualitativ (0,357**). Qualitativ gute Gespräche gelingen offensichtlich eher, wenn auch die Gesprächsatmosphäre in der Lerngruppe gesprächsförderlich ist und umgekehrt. Weitere Zusammenhänge sind bei der Gesprächsatmosphäre durch Rahmenbedingungen (0,302**) und der Körpersprache der Lehrperson (0,248**) zu erkennen. Offensichtlich hängen die verschiedenen Kategorien zur Gesprächsatmosphäre zusammen bzw. beeinflussen sich gegenseitig positiv bzw. negativ. Weitere geringe Effekte sind zum Vertiefungsgrad theologischer Themen durch die Schüler_innen (0,269**) und zur Kategorie Bezug zu theologischen Themen (0,216**) zu identifizieren, d. h. in Lerngruppen mit guter Unterrichtsatmosphäre werden mehr theologische Themen in den Gesprächen vertieft und verhandelt und umgekehrt: Das Sprechen über theologische Themen bewirkt bzw. zeigt eine gute Unterrichtsatmosphäre unter den Schüler_innen.

1.1.4 Zwischenfazit

Insgesamt ist zu unterstreichen, dass in der Hälfte der Gespräche die Atmosphäre durch räumliche, lerngruppenspezifische oder von den Lehrenden unterstützende Faktoren positiv für Gespräche ist. Allerdings werden auch Unterrichtsgespräche identifiziert, bei denen diese Grundvoraussetzung für gelungene Gespräche nicht vorliegt. In ihrem Potential, Unterrichtsgespräche sogar zu behindern, fallen die räumlichen Bedingungen auf. In 14 von 145 Fällen wird dies attestiert. Die Atmosphäre unter den Schüler_innen ist in zehn Fällen nicht gesprächsunterstützend. Bei den Lehrpersonen dagegen wird nur in vier Fällen bemerkt, dass sie die Gesprächsatmosphäre nicht fördern und wertschätzen. Bei gut der Hälfte der Unterrichtsgespräche ist es für die Lehrperson ein zentrales Anliegen, die Atmosphäre für Gespräche positiv zu beeinflussen.

Die Ergebnisse zeigen, dass verschiedene Kategorien zur Gesprächsatmosphäre miteinander korrelieren. Die Gesprächsatmosphäre der Schüler_innen hängt mit der Vertiefung der Beiträge der Mitschüler_innen, dem Gesprächsfluss, einem fortschreitenden Lernprozess und dem Partizipationsgrad qualitativ deutlich positiv zusammen. Korrelationen zeigen sich auch zwischen den (räumlichen) Rahmenbedingungen auf Unterrichtsatmosphäre und Kategorien, die die Dynamik der Gespräche erfassen (etwa Diskussionsgrad, Gesprächsfluss, fortschreitender Lernprozess u. a.). Der inhaltliche Strukturierungsgrad durch die Lehrperson hat eine Bedeutung für die Gesprächsatmosphäre durch die Lehrperson.

1.2 *Zur Transparenz der Gesprächsintention*

Die Unterrichtsgespräche wurden auch hinsichtlich ihrer Transparenz bezüglich der Gesprächsintention befragt. Wie stark wurde die Intention des Unterrichtsgesprächs, das Ziel, die Frage, das Problem der gemeinsamen Erörterung für alle Beteiligten transparent gemacht? Wurde die Intention explizit genannt oder sogar erläutert? Gemessen werden sollte die Ausprägung der Zieltransparenz. Die Absicht, das Ziel oder der Zweck des Gesprächs kann bereits im Arbeitsauftrag, der Ausgangsfrage deutlich formuliert sein. Ebenfalls ist es denkbar, dass ein verbaler Beitrag der Lehrperson während des Gesprächs an die Absicht, das Ziel, den Zweck des Gesprächs erinnerte. Möglich wäre auch, dass die Frage, das Problem schriftlich für alle Beteiligten sichtbar an der Tafel fixiert war.

Letztlich wurde in 69 % der Unterrichtsgespräche die Intention zumindest kurz genannt. In 15 % der Fälle wurde gar nicht angesprochen, worum es geht. Immerhin wurde in gleich vielen Fällen (15 %) die Intention des Gesprächs angesprochen und zusätzlich begründet (Level 2). Level 3 kommt bei dieser Kategorie nur bei einem Prozent vor, d. h. nur sehr selten wurde die Intention angesprochen, begründet und darüber hinaus in einen über die Stunde hinausreichenden Relevanz- und Verstehenszusammenhang eingeordnet.

Die Werte bezüglich des Transparenzgrads der Intention der Unterrichtsgespräche liegen bei den Lehrkräften nahe beieinander (zwischen 0,7 und 1,2). Bei Frau Ernte 8. Jg. (0,7) und bei Frau Bornemann (0,7) war den Beteiligten die Zielperspektive der Gespräche unklar. Dagegen legte Frau Mantel (1,1) durchgehend in ihrer Klasse Wert darauf, dass die Intention des Gesprächs mindestens genannt wurde (nur zweimal nicht).

Signifikante Korrelationen konnten hier nicht gefunden werden.

Dass die Intention der Gespräche in zwei Drittel der Fälle nur kurz genannt, aber nicht begründet wird, ist ein bedauerliches Ergebnis, bedenkt man, dass die Transparenz über die Lernintention und der Sinn dafür wichtige Indikatoren für gute Lernbedingungen sind.

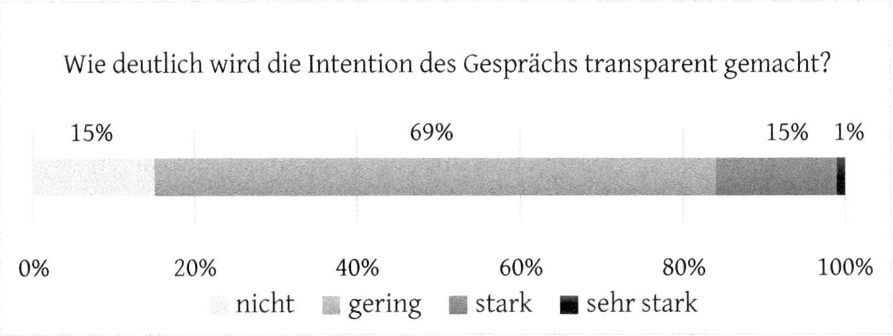

Abbildung 4

1.3 *Zum Einfluss von Medien in Unterrichtsgesprächen*

Hier wurde als eine Rahmenbedingung des Gesprächs erfasst, ob Medien beim Gespräch eingesetzt wurden bzw. Gegenstand des Gesprächs waren. Es wurde unterschieden zwischen thematischen (etwa ein konkretes Bild, christliches Symbol, biblischer Text, Sachtext u. ä.) und nicht-thematischen Medien (Tafel, Overheadprojektor, Erzählstein u. ä.).

1.3.1 Thematische Medien

Zuerst wurde untersucht, ob die Lehrperson oder die Schüler_innen ein thematisch relevantes, fachdidaktisches Medium (etwa ein Text, ein Bild, ein Lied, ein Bibelvers u. a.) einsetzten und wie stark das Medium das Unterrichtsgespräch flankierend unterstützt und begleitet hat. Thematisch relevant sind Medien, die selbst ein Thema bzw. eine Botschaft transportieren. Bewertet wurde, ob etwa die Lehrperson oder die Schüler_innen verbal oder körpersprachlich (z. B. durch Zeigen) Bezug auf das Medium nahmen, inwiefern das eingesetzte Medium über die gesamte Gesprächsdauer sichtbar und präsent war und ob überschaubar oder kontinuierlich im Gespräch explizit Bezug auf das Medium genommen wurde.

In gut der Hälfte der Unterrichtsgespräche (57 %) wurden thematische Medien (etwa biblische Texte, Bilder, Gottesbegriffe auf Karteikarten, Arbeitsblätter, Texte aus dem Religionsbuch, Filme, Radiobeiträge u. a.) eingesetzt. In nur etwa 23 % der Fälle unterstützte das Medium das Gespräch gering. In fast ebenso vielen Fällen (19 %) wurde das Unterrichtsgespräch durch das thematische Medium stark geprägt. In 15 % der Fälle begünstigte das eingesetzte Medium das Unterrichtsgespräch sogar sehr stark.

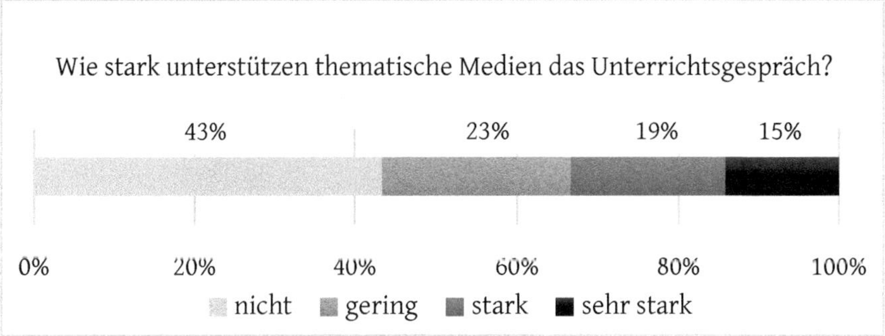

Abbildung 5

Unterscheiden sich die Lehrkräfte bezüglich ihres Einsatzes von Medien? Spitzenreiterin beim Einsatz von thematisch relevanten Medien ist Frau Bornemann (1,9). Sie setzte in allen ihren Gesprächen thematische Medien ein, in jeweils drei Fällen sogar in einem starken und sehr starken Maße. Auch Frau Ernte verwendete in ihrem 10. Jahrgang häufig thematische Medien (1,7). Bei allen anderen Lehrkräften variierte der Einfluss von thematischen Medien. Sie griffen in einzelnen Gesprächen in sehr starkem Maße auf thematische Medien zurück, gleichzeitig gab es bei allen Lehrkräften ebenso Gespräche, in denen kein Bezug zu thematischen Medien stattfand. Erneut fällt auf, dass Frau Ernte in ihren beiden Klassen unterschiedlich medienpädagogisch agierte. Am geringsten benutzte Herr Holle thematische Medien in den Gesprächen (14-mal nicht, zweimal gering und zweimal stark).

Signifikante Korrelationen zu anderen Kategorien zeigten sich in der Auswertung der von uns beobachteten Unterrichtsgespräche nicht.

1.3.2 Nicht-thematische Medien

Ebenso wurde erfasst, ob nicht-thematische Medien im Gespräch zum Einsatz kamen und Einfluss auf das Gespräch haben. Nicht-thematische Medien (Tafel, Overheadprojektor, Plakate, Hintergrundmusik u. a.) können den Verlauf und die Struktur von Gesprächen fördern, indem etwa Redebeiträge gesichert werden, Grafiken zur Struktur gestaltet werden oder durch den Erzählstein die Redereihenfolge markiert wird.

In den überwiegenden Fällen (68 %) wurde kein nicht-thematisches Medium eingesetzt. Bei knapp einem Viertel der Unterrichtsgespräche (23 %) wurden diese Medien eingesetzt, hatten aber einen geringen Einfluss auf das Unterrichtsgespräch. In nur wenigen Einzelfällen (9 %) wurden nicht-thematische Medien eingesetzt (meist die Tafel, aber auch Beamer, Smartboard oder Polylux / OHP), die dann das Unterrichtsgespräch stark begünstigten.

Von den videografierten Lehrkräften sticht hier Herr Schön heraus, mit einem Durchschnittswert von 1,1. Er griff bei 14 von insgesamt 19 Unterrichtsgesprächen in geringem (siebenmal) und starkem Maße (siebenmal) auf nicht-thematische Medien, in aller Regel auf die Tafel, zurück. Bei allen anderen Lehrpersonen tauchten nicht-thematische Medien nur vereinzelt auf.

Bezieht man andere Aspekte in die Untersuchung zur Mediennutzung ein, fällt ein sehr starker positiver Zusammenhang bei dem Einfluss von nicht-thematischen Medien und der Sicherung der Gesprächsergebnisse (0,734**) auf. Offensichtlich dienen diese Medien (vorwiegend die Tafel) dazu, die Gesprächserträge sichtbar zu machen und damit zu sichern, bzw. dort, wo sie nicht zum Einsatz kommen, erfolgt weniger eine Sicherung der Lerngewinne. Weitere mittelstarke Zusammenhänge sind mit dem Vertiefungsgrad theologischer Themen durch die Lehrperson (0,276**), der Reflexion unterrichtlicher Prozesse (0,298**) und der Gesprächsatmosphäre Raum / Rahmen (0,248**) auszumachen. Offensichtlich dienen nicht-thematische Medien dazu, den Gesprächsgegenstand zu vertiefen, die Lernprozesse zu reflektieren und auch die Atmosphäre zu stützen und umgekehrt.

1.3.3 Zwischenfazit

Thematische Medien haben offensichtlich in Gesprächen des Religionsunterrichts einen deutlicheren Platz (57 %) als nicht-thematische Medien (32 %), sie kommen fast doppelt so häufig zum Einsatz und stehen dabei bei gut der Hälfte dieser Gespräche auch im Zentrum der Kommunikation bzw. stützen diese nachhaltig. Nicht-thematische Medien dagegen haben bei Unterrichtsgesprächen eine eher geringe, nur bei jedem zehnten Gespräch eine bedeutsame Rolle.

2. Schüler_innen als Akteure im Unterrichtsgespräch

Die Partizipation der Schüler_innen am Unterricht ist für Lehrer_innen oft ein wichtiges Indiz für guten Unterricht. Sicherlich ist es ein Hinweis darauf, ob Schüler_innen dem Unterricht aktiv folgen. Aktivität und Aufmerksamkeit sind zudem Grundbedingungen gelingenden Lernens.

Die Teilnahme der Schüler_innen an Unterrichtsgesprächen wurde in vierfacher Hinsicht untersucht, hinsichtlich:

2.1 der Gesprächsintensität, des äußerlich sichtbaren Interesses, Engagements und der Aufmerksamkeit der Gesprächsteilnehmenden,
2.2 des qualitativen Partizipationsgrads der Schüler_innen bzw. der Qualität der einzelnen Gesprächsbeiträge,
2.3 des quantitativen Partizipationsgrads der Schüler_innen bzw. der Zahl der teilnehmenden Schüler_innen und
2.4 der Gesprächsbeteiligung der Geschlechter.

2.1 *Zur Gesprächsintensität*

In der Alltagssprache, etwa im Gespräch zwischen Lehrpersonen, werden Unterrichtsgespräche auch nach ihrer Intensität beschrieben und bewertet: ‚Heute hatten wir ein sehr intensives Gespräch in der Stunde!', so ein denkbares Zitat einer Lehrperson im Lehrerzimmer. Mit dieser Kategorie sollte diese Intensität von Unterrichtsgesprächen erfasst werden, wobei der Fokus auf den am Gespräch beteiligten Schüler_innen lag, d. h. den Redner_innen, aktiven Zuhörer_innen und etwa aufzeigenden Schüler_innen. Es wurde erhoben, wie stark das äußerlich sichtbare Interesse, Engagement und die Aufmerksamkeit der am Gespräch teilnehmenden Schüler_innen war. Als positive Sichtindikatoren wurden etwa ein lautes engagiertes Sprechen, ein intensives Meldeverhalten oder ein hohes Tempo der Gesprächsbeiträge berücksichtigt.

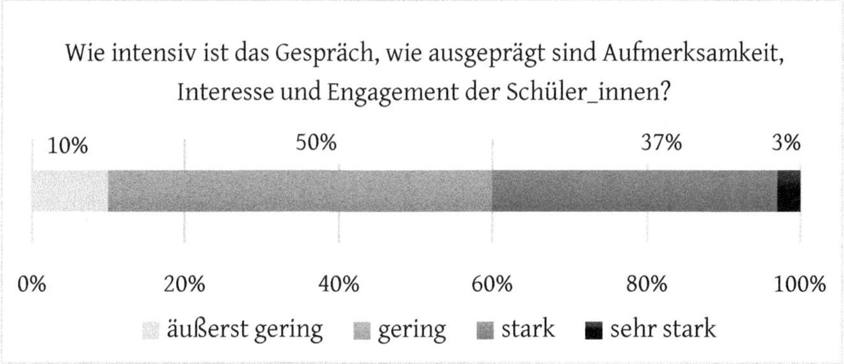

Abbildung 6

Das Ergebnis ist geteilt: Bei 60 % der Unterrichtsgespräche ist die Intensität desselben gering oder sehr gering. Jedes zehnte Unterrichtsgespräch (10 %) weist sogar eine äußerst geringe Intensität auf, d. h. hier sprechen die Schüler_innen zwar, sind aber emotional kaum in den Sprechakt involviert. Dem gegenüber steht, dass in 40 % der Gespräche eine starke und sehr starke Beteiligung beobachtet werden konnte. Der Spitzenwert einer sehr hohen Intensität findet sich in fünf Fällen der Gespräche (3 %), in denen die Schüler_innen sehr aufmerksam den Gesprächsverlauf beobachteten und eigene Beiträge zur Intensivierung des Gesprächs einbrachten.

Es kann gefragt werden, ob Abweichungen bezüglich der Gesprächsintensität bei den einzelnen Lehrkräften zu finden sind. Besonders intensiv werden die Gespräche bei Frau Mantel in dem 6. Jahrgang gewertet (nur siebenmal geringe, 14-mal starke, viermal sehr starke Intensität (1,9)). Ebenfalls mit hohen Werten schneidet die Lerngruppe mit Herrn Holle ab (Durchschnitt 1,5). Gute Werte werden auch bei Herrn Schön (1,4), Frau Ernte im 8. Jahrgang (1,4), Frau Blume (1,3) und Frau Bornemann (1,3) ermittelt. Deutlich von den anderen Lehrkräften fällt wiederholt die Lerngruppe von Frau Kösel ab (0,4), in der alle Gespräche mit einer äußerst geringen (fünfmal) oder geringen Intensität (viermal) gewertet werden. Eine geringe Intensität der Gespräche wird in der Regel in der Lerngruppe von Frau Ernte im 10. Jahrgang erlebt (0,8).

In der vergleichenden Sichtung verschiedener Aspekte im Verhältnis zur Gesprächsintensität fallen viele positive Zusammenhänge auf. Am stärksten ist ein signifikant positiver starker Zusammenhang zum Gesprächsfluss (0,601**) zu erkennen. Wenn das Gespräch einen Fluss, eine Kontinuität, eine Selbstläufigkeit ausbildet, ist es besonders intensiv. Ein mittelstarker positiver Zusammenhang liegt zur Gesprächsatmosphäre ausgehend von den Schüler_innen (0,537**) vor. Ebenfalls eine mittelstarke positive Beziehung ist zu den Kategorien Diskussionsgrad (0,467**), Vertiefungsgrad der Beiträge der Schüler_innen ausgehend von den Schüler_innen (0,452**) und qualitativer Partizipationsgrad der Schüler_innen (0,411**) zu identifizieren. Ein etwas geringerer linearer Zusammenhang der Gesprächsintensität besteht zu den Kategorien quantitativer Partizipationsgrad der Schüler_innen (0,369**), fortschreitender Gesprächsprozess (0,335**) und Umgang mit Kontroversen (0,292**). Ein schwacher Zusammenhang zeigt sich zu den korrelativen Momenten (0,283**).

Alle diese Werte überraschen nicht und sind gut zu erklären. Je mehr Schüler_innen sich beteiligen bzw. je höher die Qualität der Beiträge der Schüler_innen ist, desto mehr wird das Gespräch als intensiv wahrgenommen. Die äußerlich sichtbare quantitative und qualitative Beteiligung der Schüler_innen erhöht die Intensität von Unterrichtsgesprächen. Ein intensives Gespräch steht zudem in einem linearen Zusammenhang zu der Qualität der Gesprächsatmosphäre unter den Schüler_innen. Es gilt damit als eine wichtige Grundvoraussetzung für gelingende Gespräche. Auch der Diskussionsgrad von Gesprächen korreliert mit deren Intensität. Diskussionen scheinen für die Gesprächsintensität förderlich zu sein, sie zu begünstigen. Es kann vermutet werden, dass eine stärkere eigene Involviertheit dadurch gegeben ist, dass man eigene Auffassungen und Positionen in das Gespräch einbringt. Außerdem ist es in einem intensiven Gespräch wahrscheinlicher, dass Schüler_innen nicht aneinander vorbeireden, bzw. jeder seine Antwort gibt, sondern dass sie gegenseitig auf ihre Beiträge eingehen und diese vertiefen. Eine Vertiefung führt also auch zu einer Intensivierung.

Erstaunlich ist, dass die Lehrperson mit fast keinem Merkmal einen linearen Einfluss auf die Gesprächsintensität hat. Auszumachen ist lediglich ein schwacher Zusammenhang zu der Körpersprache der Lehrperson (0,299**). Pointiert könnte man die Hypothese aufstellen: Je weniger sich eine Lehrkraft beteiligt, je stärker sie sich mit Instruktionen und Beiträgen lenkend oder strukturierend zurücknimmt, desto größer ist die Gesprächsintensität. Oder andersherum: Je mehr sich eine Lehrerkraft einmischt, desto weniger intensiv ist das Gespräch. Ebenfalls überraschend ist, dass kein Zusammenhang zwischen der Gesprächsatmosphäre und der Gesprächsintensität festgestellt werden konnte – und zwar unabhängig davon, ob diese vom Raum oder von der Lehrperson ausgeht.

2.2 *Zum qualitativen Partizipationsgrad der Schüler_innen in Unterrichtsgesprächen*

In der zweiten Perspektive wurde die inhaltliche Qualität der Partizipation der Schüler_innen in Unterrichtsgesprächen betrachtet, also die Einschätzung der inhaltlichen Qualität der Schülerbeteiligung. Als Indikatoren für einen qualitätsvollen Beitrag zählen etwa, wenn Schüler_innen ihre Sichtweise im Wortbeitrag begründen, wenn sie ihren Gedankengang transparent gestalten oder wenn deutlich wird, dass der Inhalt verstanden und auf andere Bereiche transferiert wurde. Als negative Indikatoren zählen kurze knappe Antworten der Schüler_innen, Behauptungen und unsachliche, fahrige, falsche Beiträge.

In 40 % der Unterrichtsgespräche waren die Beiträge von hoher, in 6 % sogar von sehr hoher Qualität. Nur in 7 % der Unterrichtsgespräche hatten die Beiträge der Schüler_innen eine äußerst geringe inhaltliche Qualität. In 47 % der Fälle zeichneten sich Beiträge der Schüler_innen durch eine geringe inhaltliche Qualität aus.

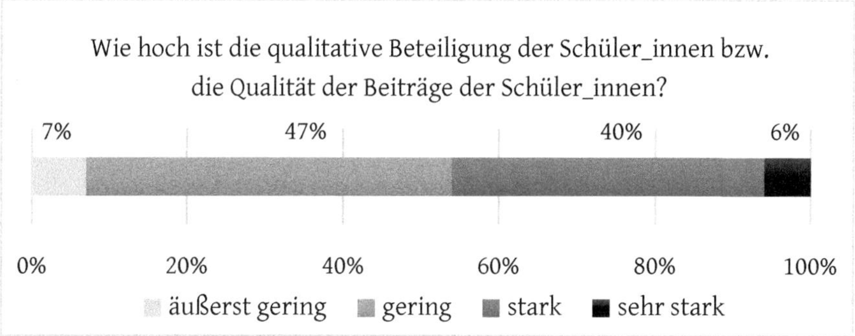

Abbildung 7

Weiter stellt sich die Frage, ob die Klassengröße hier ein entscheidender Erklärungsfaktor ist. Können qualitätsvollere Gespräche eher mit kleinen Gruppen gelingen? Und welche Rolle spielt die Lehrperson als Moderator_in? Die Ergebnisse zeigen, dass der qualitative Partizipationsgrad der Schüler_innen in den einzelnen Lerngruppen sehr ähnlich war. Ausreißerin ist hier erneut die kleine Lerngruppe von Frau Kösel (8 Schüler_innen), die eher eine geringe Qualität aufwies (0,7). Bei Herrn Holle mit einer zahlenstarken Gruppe (21 Schüler_innen) waren vereinzelt Gespräche mit sehr geringer qualitativer Partizipation zu identifizieren. Offensichtlich kann man auf der Grundlage dieser Daten sagen, dass die Qualität der Teilhabe an Unterrichtsgesprächen nicht streng von der Größe der Lerngruppe abhängt. Die später erstellten Lehrerfallprofile zeigen, dass selbstverständlich auch die Lehrpersonen Einfluss auf die Qualität der Partizipation der Schüler_innen haben.

Mittelstark signifikante Zusammenhänge sind bei Qualität der Partizipation der Schüler_innen zu folgenden Kategorien zu finden: Vertiefung theologischer Themen durch Schüler_innen (0,487**), Vertiefung der Beiträge der Schüler_innen durch Schüler_innen (0,394**) und Gesprächsfluss (0,379**); alles Aspekte, die eine selbstläufige Auseinandersetzung unter den Schüler_innen betrachten. Ebenfalls finden sich Korrelationen bei den Kategorien der Gesprächsatmosphäre unter den Schüler_innen (0,357**), des Umgangs mit Kontroversen (0,368**) und des Bezugs zu theologischen Themen (0,309**). Die qualitative Partizipation der Schüler_innen am Gespräch ist also dann ausgeprägt, wenn es um theologische Themen geht und diese kontrovers verhandelt werden bzw. andersherum: Wenn die Lehrkraft nicht zu Kontroversen einlädt und die Schüler_innen sich nicht gegenseitig bzw. miteinander vertiefen, sinkt die Qualität. Hier hat die Lehrperson Einfluss darauf, wenn sie Kontroversen im Gespräch initiiert und fördert. Ausdrücklich zu betonen ist, dass besonders theologische Themen eine deutlich höhere qualitative Partizipation hervorrufen und umgekehrt.

2.3 Zum quantitativen Partizipationsgrad der Schüler_innen in Unterrichtsgesprächen

Im Weiteren wurde sich auf die sichtbare quantitative Schülerbeteiligung fokussiert, die sowohl die aktiven Beiträge der Schüler_innen als auch das aufmerksame Zuhören und Verfolgen des Gesprächsverlaufs umfasst. Level 0 identifiziert die Gespräche, bei denen sich weniger als ein Viertel der Klasse beteiligen. Bei Level 1 sind zwischen ein Viertel und die Hälfte der Kinder und Jugendlichen aktiv. Ein großer Teil der Klasse beteiligt sich beim Level 2, wenn mehr als die Hälfte bis drei Viertel der Schüler_innen am Unterrichtsgeschehen aufmerksam teilnehmen. Von einem sehr großen Teil wird gesprochen

(Level 3), wenn mehr als 75 % der Kinder und Jugendlichen in die Unterrichtskommunikation involviert sind.

In 16 % der Unterrichtsgespräche war die Beteiligung von Schüler_innen sehr gering (Level 0), d. h. weniger als ein Viertel der Schüler_innen waren einbezogen. Dagegen war bei einem Fünftel der Gespräche (19 %) fast die gesamte Klasse in das Gespräch involviert (Level 3). Level 1 wurde bei 37 % der Gespräche geratet; ein Viertel bis die Hälfte der Schüler_innen waren hier aktiv und aufmerksam. Bei 28 % der Gespräche beteiligten sich mehr als die Hälfte der Schüler_innen (Level 2). Ein insgesamt erstaunlich hohes Ergebnis ist, dass bei fast der Hälfte der Gespräche mehr als die Hälfte der Schüler_innen aktiv am Gespräch teilnahmen.

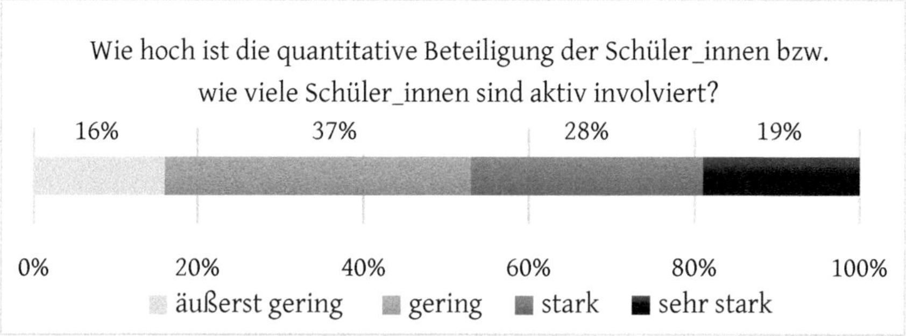

Abbildung 8

Auch der quantitative Partizipationsgrad der Schüler_innen war bei den einzelnen Lehrkräften sehr different. In der Lerngruppe von Herrn Holle war die höchste Beteiligung von Schüler_innen (2,6) zu finden, dies bei einer zahlenmäßig starken Lerngruppe (21 Schüler_innen). Bei elf Unterrichtsgesprächen waren mehr als drei Viertel der Jugendlichen, also mehr als 15 Schüler_innen, einbezogen. Bei Herrn Schön (10 Schüler_innen, 2,1) und bei Frau Mantel (20 Schüler_innen, 2,1) war die Beteiligung groß; es brachten sich jeweils mehr als die Hälfte der Schüler_innen im Durchschnitt im Gespräch ein. Bei Frau Bornemann war der Mittelwert hier 1,2. Am geringsten war die quantitative Beteiligung in der Klasse von Frau Blume: An 15 Gesprächen nahm nur ein Viertel der Kinder und Jugendlichen, an 17 Gesprächen nur weniger als die Hälfte der Schüler_innen aktiv teil (0,7). Allerdings muss hier berücksichtigt werden, dass es sich um die zahlenmäßig stärkste Klasse mit 26 Schüler_innen handelt, d. h., wenn die Hälfte der Klasse sich beteiligt hat, waren dies immerhin ungefähr zwölf Schüler_innen. In den beiden Lerngruppen von Frau Ernte unterschied sich die quantitative Beteiligung deutlich: Während sich in der 8. Klasse (22 Schüler_innen) immerhin meist die Hälfte der Schüler_innen an den Gesprächen beteiligten (1,5), war es in der 10. Klasse (24 Schüler_innen) nur eine kleine Gruppe (1,1), die sich im Gespräch einbrachte. Die kleinste Lerngruppe mit acht Schüler_innen von Frau Kösel liegt mit ihren Werten im Mittelfeld (1,3). Es gelang hier in der kleinen Lerngruppe nicht, alle Schüler_innen in die Klassenkommunikation einzubeziehen. Offensichtlich gab es in den verschiedenen Lerngruppen bezüglich der mündlichen Teilhabe an Gesprächen unterschiedliche Unterrichtskulturen, allerdings ist diese nach diesen Ergebnissen weitestgehend unabhängig von der Klassengröße.

Tabelle 1: Die Lerngruppen und der Mittelwert der Kategorie „Partizipation der Schüler_innen quantitativ"

Lehrperson	Jahrgang Schulform	Schüler_innen Geschlechter-verteilung	Mittelwert der Kategorie "Partizipation der Schüler_innen quantitativ"
Frau Mantel	6. Klasse Realschule	20 Schüler_innen 14 J., 6 M.	2,1
Frau Ernte	8. Klasse Realschule	22 Schüler_innen 11 J., 11 M.	1,5
Frau Blume	9. Klasse Gymnasium	26 Schüler_innen 6 J., 20 M.	0,7
Frau Kösel	9. Klasse Realschule	8 Schüler_innen 6 J., 2 M.	1,3
Herr Holle, Frau Tinda[4]	9. Klasse Realschule	21 Schüler_innen 9 J., 12 M.	2,6
Herr Schön	9. Klasse Gesamtschule	10 Schüler_innen 5 J., 5 M.	2,1
Frau Bornemann	10. Klasse Gymnasium	22 Schüler_innen 10 J., 12 M.	1,2
Frau Ernte	10. Klasse Realschule	24 Schüler_innen 11 J., 13 M.	1,1

Ein mittelstarker Zusammenhang der quantitativen Partizipation ist zu finden mit der Kategorie der Gesprächsbeteiligung Jungen (0,334**). Wenn sich viele Schüler_innen am Gespräch beteiligen, sind dies besonders viele Jungen, bzw. wenn sich wenige Schüler_innen beteiligen, sind dies eher weniger Jungen.

4 Frau Tinda ist Referendarin und hat die erste Doppelstunde unterrichtet.

2.4 Beteiligung der Geschlechter in Unterrichtsgesprächen

Als weitere Perspektive auf die Partizipation der Schüler_innen wurden die Gespräche bezüglich ihrer geschlechtsspezifischen Beteiligung untersucht.[5] Es wurde zunächst der jeweilige zeitliche Anteil der Mädchen bzw. Jungen am Gespräch bewertet: Wer redete, wie lange und wie oft? Danach geriet die absolute Beteiligung der Geschlechter an den Gesprächen in den Blick.

2.4.1 Gesprächsbeteiligung der Mädchen und Jungen

Level 0 fasst die Gespräche zusammen, die nur von einem Geschlecht bestritten werden. Level 1 identifiziert eine geringe Beteiligung von Mädchen bzw. von Jungen, bis zu einem Drittel der Unterrichtsgesprächszeit. Bei Level 2 ist die Beteiligung eines Geschlechts von einem Drittel bis zwei Drittel der Unterrichtsgesprächszeit, d. h. die Verteilung ist weitestgehend ausgeglichen. Eine sehr hohe Beteiligung von Mädchen bzw. Jungen (Level 3) wird erfasst, wenn ein Geschlecht mehr als zwei Drittel der Gesprächszeit mit eigenen Beiträgen bestreitet.

Geschlechterhomogene Gespräche fanden in den erhobenen Unterrichtsstunden nur sehr selten statt. In 8 von 145 aufgezeichneten Gesprächen wurden diese nur von Mädchen geführt (5,5 %), 6 Gespräche waren Gespräche unter Jungen (4 %).

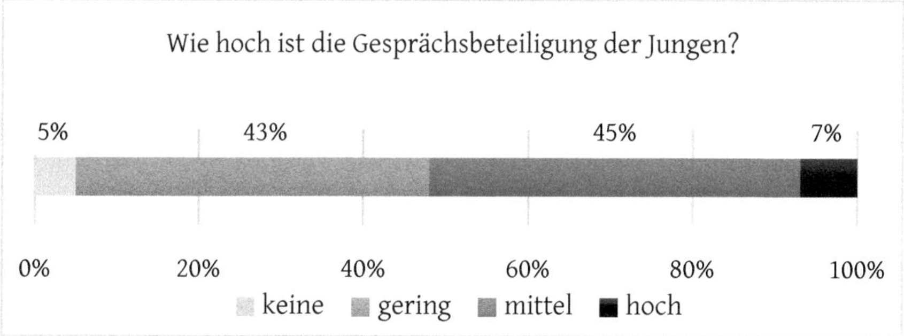

Abbildung 9

5 An dieser Stelle sei auf die Dissertationsschrift von Marcel Franzmann hingewiesen (voraussichtliches Erscheinen 2022), der einen Teildatensatz dieser Erhebung für eine vertiefte Analyse der Bedeutung von Geschlechterverhältnissen im Religionsunterricht nutzt. Das Forschungsvorhaben wurde bereits in den Religionspädagogischen Beiträgen skizziert: Franzmann, Marcel (2019), „Frauen spielten damals eine untergeordnete Rolle". Eine empirisch-religionspädagogische Studie zu Geschlechterverhältnissen in Interaktionen von Schülerinnen und Schülern im Religionsunterricht, in: Religionspädagogische Beiträge, H. 81 (2019), 70-73. Siehe ebenso seinen Beitrag *„Spielt das Geschlecht in Unterrichtsgesprächen eine Rolle?"* in diesem Sammelwerk.

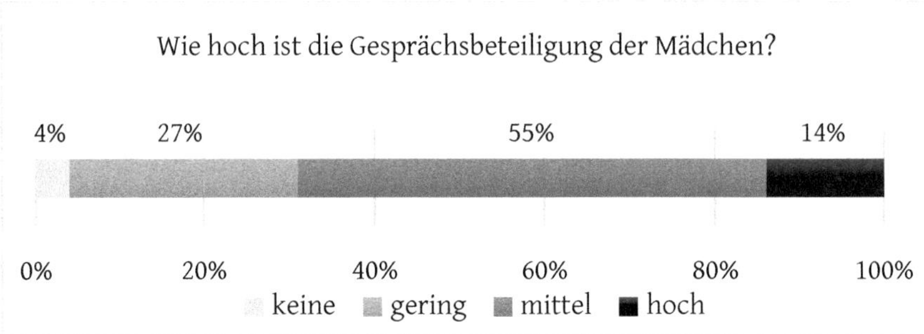

Abbildung 10

In 20 von 145 Gesprächen (14 %) beteiligten sich vorwiegend Mädchen, wogegen bei 10 Gesprächen (7 %) vorwiegend Jungen sprachen. Die gleiche Tendenz einer geringeren Beteiligung von Jungen bei Unterrichtsgesprächen konnte erfasst werden, da sich in 40 % der Gespräche Jungen nur im geringen Maße beteiligten, wogegen sich nur in 27 % der Gespräche Mädchen gering einbrachten. In knapp der Hälfte der Gespräche war die Beteiligung von Jungen und Mädchen jeweils auf Level 2 und damit annähernd ausgeglichen (45 % bei Jungen, 55 % bei Mädchen).

Was zeigt der Blick in die verschiedenen Lerngruppen (vgl. die Tabelle in Abbildung 9)? Ungefähr ausgeglichen war die Geschlechterverteilung in den Lerngruppen von Frau Ernte im 8. Jahrgang (11 Jungen, 11 Mädchen), in ihrem 10. Jahrgang (11 Jungen, 13 Mädchen), Herrn Schön (5 Jungen, 5 Mädchen) und Frau Bornemann (10 Jungen, 12 Mädchen). Deutlich mehr Mädchen waren in den Lerngruppen von Frau Blume (6 Jungen, 20 Mädchen) und Frau Kösel (2 Jungen, 6 Mädchen). Stärker von Jungen geprägt waren die Lerngruppen von Frau Mantel (14 Jungen, 6 Mädchen) und Herrn Holle (9 Jungen, 12 Mädchen). Zählt man die Kinder aller Lerngruppen zusammen, wurden in 8 Lerngruppen 68 Jungen und 85 Mädchen im Unterricht aufgezeichnet.[6] Jungen waren somit zahlenmäßig geringer in den Lerngruppen vertreten.

Tabelle 2: Gesprächsbeteiligung der Jungen am Unterrichtsgespräch

Level	Was wurde gemessen?	Absolute Häufigkeit	Relative Häufigkeit
0	nur Mädchen	8	5%
1	nur bis 1/3 Jungen	62	43%
2	etwa ausgeglichen	65	45%
3	mehr als 2/3 Jungen	10	7%
Gesamt		145	100%

6 Gleichwohl an dieser Stelle anzuführen ist, dass durch Fehlzeiten (Krankheit, Beurlaubung etc.) die Anzahl der anwesenden Schüler_innen variieren.

Tabelle 3: Gesprächsbeteiligung der Mädchen am Unterrichtsgespräch

Level	Was wurde gemessen?	Absolute Häufigkeit	Relative Häufigkeit
0	nur Jungen	6	4%
1	nur bis 1/3 Mädchen	39	27%
2	etwa ausgeglichen	80	55%
3	mehr als 2/3 Mädchen	20	14%
Gesamt		145	100%

Geschlechtshomogene Gespräche unter Mädchen waren sechsmal in der Lerngruppe von Frau Blume und jeweils einmal bei Herrn Schön und dem 8. Jahrgang von Frau Ernte zu finden. Da die Lerngruppe von Frau Blume einen starken Anteil an Mädchen aufweist, ist dieses Ergebnis nicht so erstaunlich. In den beiden anderen Lerngruppen war das Verhältnis der Geschlechter allerdings recht ausgeglichen. Geschlechtshomogene Gespräche von Jungen fanden in den Klassen von Frau Mantel viermal, bei Frau Blume und Frau Bornemann jeweils einmal statt. Zumindest bei Frau Blume ist dies hinsichtlich der Geschlechterverteilung als ungewöhnlich zu bezeichnen. Wird nun rückblickend die Beteiligung im Gesamten betrachtet, kann festgestellt werden, dass die Beteiligung der Mädchen an Unterrichtsgesprächen etwas stärker ist als die der Jungen.

Signifikante Korrelationen zeigen sich bei der Beteiligung der Jungen zu der Kategorie Partizipation der Schüler_innen quantitativ (0,334**). Also wenn sich viele Jungen am Gespräch beteiligen, ist die zahlenmäßige Beteiligung der Schüler_innen hoch. Bei der Beteiligung der Mädchen zeigt sich ein schwacher negativ signifikanter Zusammenhang (-0,247**) zur Kategorie Vertiefungsgrad der Beiträge der Schüler_innen durch die Schüler_innen. Wenn sich wenige Mädchen beteiligen, steigt der Vertiefungsgrad der Beiträge der Schüler_innen durch die Schüler_innen, bzw. wenn sich viele Mädchen beteiligen, ist der Vertiefungsgrad geringer.

2.4.2 Absoluter Anteil der Gesprächsbeiträge der Mädchen und Jungen

Es wurden auch die absoluten Zahlen der am Gespräch beteiligten Mädchen und Jungen ausgewertet: Aus wie vielen Mädchen- bzw. Jungenbeiträgen bestand das jeweilige Unterrichtsgespräch?

Tabelle 4: Gesprächsbeiträge der Jungen absolut

Anzahl der Gesprächs-beiträge der Jungen	Absolute Häufigkeit	Relative Häufigkeit
0 Beiträge	8	5%
1 Beitrag	18	14%
2 Beiträge	17	13%
3 Beiträge	21	16%
4 Beiträge	14	11%
5 bis 6 Beiträge	21	16%
7 bis 8 Beiträge	11	8%
9 bis 10 Beiträge	8	6%
mehr als 10 Beiträge	14	11%
Gesamt	132*	100%

Tabelle 5: Gesprächsbeiträge der Mädchen absolut

Anzahl der Gesprächs-beiträge der Mädchen	Absolute Häufigkeit	Relative Häufigkeit
0 Beiträge	6	4%
1 Beitrag	10	8%
2 Beiträge	16	12%
3 Beiträge	25	19%
4 Beiträge	16	12%
5 bis 6 Beiträge	27	21%
7 bis 8 Beiträge	10	8%
9 bis 10 Beiträge	10	8%
mehr als 10 Beiträge	12	9%
Gesamt	132*	100%

* Bei der absoluten Häufigkeit konnten aus forschungspraktischen Gründen nur 132 von 145 Unterrichtsgespräche ausgewertet werden.

Es bestätigen sich hier wieder die Ergebnisse zu den geschlechtshomogenen Gesprächen: Es wurden acht reine Mädchengespräche und sechs reine Jungengespräche identifiziert. In zehn Gesprächen kam nur ein Mädchenbeitrag vor, wobei in 18 Gesprächen nur ein Beitrag von einem Jungen eingebracht wurde. Zwei Beiträge von Mädchen gab es in 16 Unterrichtsgesprächen, drei Beiträge von Mädchen in 25 Unterrichtsgesprächen. Zwei Beiträge von Jungen gab es in 17 Gesprächen und drei Beiträge von Jungen in 21 Unterrichtsgesprächen.

Bei der Auswertung der absoluten Beteiligung der Mädchen und Jungen fällt hinsichtlich der einzelnen Lerngruppen und Lehrpersonen auf, dass es Herrn Holle und Frau Mantel besonders gut gelingt, viele Jungen- und Mädchenbeiträge an den Gesprächen zu beteiligen. In der Lerngruppe von Herrn Holle beteiligen sich etwa in jeweils einem Gespräch 17, 15, 12 und 11 Jungenbeiträge aktiv.

2.5 *Zwischenfazit*

Insgesamt kann zur Partizipation der Schüler_innen bei Unterrichtsgesprächen festgehalten werden, dass 40 % der Gespräche intensiv geführt wurden, dass etwa jedes zweite Unterrichtsgespräch sich durch eine hohe oder gar sehr hohe Qualität von Beiträge der Schüler_innen auszeichnete. Auch quantitativ waren bei der Hälfte aller Gespräche mehr als die Hälfte der Schüler_innen aufmerksam und aktiv am Unterrichtsgeschehen beteiligt. Bezüglich der Partizipation ist dies, aus unserer Sicht, ein wirklich gutes Ergebnis!

Sowohl die quantitative als auch die qualitative Beteiligung am Gespräch war bei den aufgezeichneten Gesprächen unabhängig von der Größe der Lerngruppe.

Zu beobachten war allerdings, dass die Gespräche, an denen sich viele Schüler_innen beteiligten, nicht unbedingt die Gespräche waren, die eine hohe qualitative Partizipation auswiesen (0,019). Zu fragen wäre, ob das Bemühen, viele Schüler_innen am Gespräch zu beteiligen, auf Kosten der Qualität des Gesprächs gehen könnte.

Deutliche Zusammenhänge sind sowohl bei der Gesprächsintensität als auch bei der Partizipation qualitativ mit Kategorien zu finden, die die Dynamik des Gesprächs erfassen (Gesprächsatmosphäre bei Schüler_innen, Gesprächsfluss, Vertiefung der Beiträge der Schüler_innen durch Schüler_innen, Vertiefung theologischer Themen durch Schüler_innen, Umgang mit Kontroversen u. a.).

Jedes zehnte Gespräch (14 von 145 Gesprächen) war ein Gespräch nur unter Jungen bzw. nur unter Mädchen. Geschlechtshomogene Gespräche unter Jungen und insgesamt die Beiträge von Jungen waren in der Regel etwas seltener. Beachtenswert ist, dass in jedem zweiten Unterrichtsgespräch der Anteil der am Gespräch beteiligten Mädchen- und Jungenbeiträge ungefähr ausgeglichen war.

3. Die Lehrperson als Akteurin im Unterrichtsgespräch

Der Lehrperson kommt sicherlich als Initiatorin, Moderatorin und Gestalterin eine wichtige Rolle in Unterrichtsgesprächen zu. Verschiedene Sichtfaktoren wurden untersucht. Neben der Körpersprache, dem Gesprächsanteil und der sichtbaren fachlichen Auskunftsfähigkeit der Lehrperson wurden Merkmale betrachtet, deren Vorkommen und Gelingen der Aufgabe und Verantwortung der Lehrperson als Unterrichtsgestalterin zuzuordnen sind. Obwohl einige Impulse durchaus von Schüler_innen initiiert werden können, gehört es zur Verantwortung der Lehrperson, darauf zu achten, dass diese Faktoren, die das Unterrichtsgespräch methodisch-didaktisch und kommunikativ stützen, Berücksichtigung finden. Die Sicherung etwa der Gesprächsergebnisse kann durch einen Beitrag einer Schülerin erfolgen, gleichzeitig ist es die Aufgabe der Lehrerperson, darauf zu achten, dass die Erträge des Gesprächs für alle Schüler_innen deutlich werden. Die Ergebnisse der folgenden Kategorien werden im Anschluss vorgestellt:

3.1 Körpersprache der Lehrperson
3.2 Gesprächsanteil der Lehrperson
3.3 Methodische Lenkung
3.4 Inhaltliche Strukturierung
3.5 Fachliche Auskünfte der Lehrperson
3.6 Förderung von Metakognition
3.7 Reflexion der unterrichtlichen Prozesse
3.8 Sicherung der Gesprächsergebnisse
3.9 Herstellung übergreifender thematischer Bezüge

3.1 Zur Körpersprache der Lehrperson

Die Körpersprache der Lehrperson (Proxemik, Körperhaltung, Körperkontakt, Gestik, Blickkontakt, Blickverhalten, Mimik) beeinflusst die Kommunikationssituation und kann als eine wichtige Voraussetzung für gelungene Gespräche gelten. Erfasst wird, inwiefern diese das Gespräch begünstigt, unterstützt und anregt. Zudem interessiert, ob Körpersprache auch gezielt zur Unterstützung der kommunikativen Situation eingesetzt und inwiefern durch sie eine zugewandte offene Gesprächssituation stimuliert wird. Als positive Indikatoren werden hier berücksichtigt etwa ein aufmerksamer, den Schüler_innen zugewandter Blick, eine den Schüler_innen zugewandte Körperhaltung, mit Mimik, Gestik und Körperhaltung signalisiertes Interesse an den Beiträgen der Schüler_innen, aber auch eine zurückhaltende, aktiv zuhörende Körperhaltung, aufmunternde, wertschätzende oder auffordernde Gesten. Negative Indikatoren für dieses Item sind ein müder oder gelangweilter Blick, eine abgewandte Körperhaltung, eine entgleisende Mimik, eine Körperhaltung, die Nervosität, Stress, Zeitdruck ausstrahlt (Zittern, von einem auf das andere Bein treten u. a.).

In der Gesamtsicht lässt sich sagen, dass in jedem fünften Unterrichtsgespräch (19 %) die Körpersprache die kommunikative Situation in der Lerngruppe stark oder sogar sehr stark unterstützt. Bei 71 % der Unterrichtsgespräche begünstigt die Körpersprache der Lehrperson die Gesprächsatmosphäre in geringem Maße. Nur in jedem zehnten Gespräch begünstigt die Körpersprache der Lehrperson die Gesprächsatmosphäre nicht oder beeinflusst sie sogar negativ.

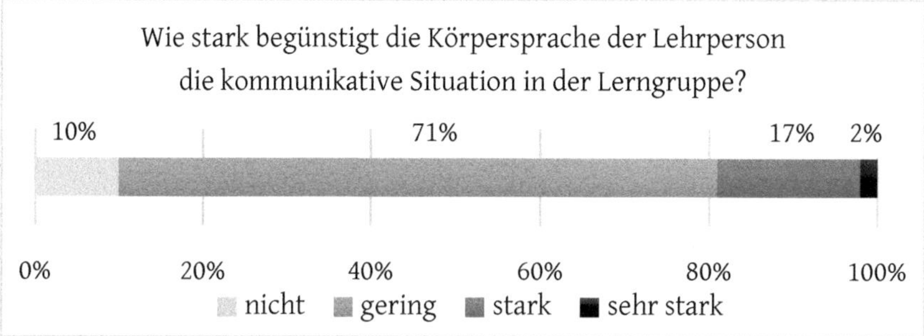

Abbildung 11

Ein Blick in die Lerngruppen: Auffällig hier ist ein besonders niedriger Wert bei Frau Kösel (0,7). Die übrigen Lehrpersonen liegen alle bei geringen Werten (zwischen 1,0 und 1,5) bei der unterstützenden Qualität der Körpersprache für die Unterrichtsgespräche. Einzig auffällig ist, dass bei Herrn Holle fünfmal Level 0 gewertet wurde. Vereinzelt wird seine Körpersprache als das Gespräch nicht begünstigend angesehen (0,9).

Zudem konnte festgestellt werden, dass einige Variablen einen signifikanten Zusammenhang zu der Körpersprache der Lehrperson aufweisen. Ein positiver, d. h. ein gesprächsförderlicher Zusammenhang ist zwischen der Körpersprache der Lehrperson und der Gesprächsintention (0,299**) festzustellen. Dass die Gesprächsatmosphäre durch die Lehrperson ausgehend (0,319**) mit der Körpersprache der Lehrperson in einem Zusammenhang steht, entspricht der Erwartung. Etwas überraschender ist die Erkenntnis, dass die Körpersprache der Lehrkraft einen schwachen Zusammenhang zum Gesprächsfluss (0,259**) hat, d. h. allerdings, dass die Lehrkraft nonverbal Einfluss (positiv oder negativ) auf den Gesprächsfluss haben kann.

3.2 *Zum Gesprächsanteil der Lehrperson*

Im Auswertungsverfahren wird auch erfasst, wie hoch der zeitliche Anteil der Lehrperson am Unterrichtsgespräch ist. Hört die Lehrperson in Gesprächen aufmerksam zu und hält sie sich eher aus dem Gespräch heraus? Oder bringt sie sich mit eigenen Beiträgen in Form von weiterführenden Fragen ein, gibt ein Feedback oder kommentiert die Beiträge der Schüler_innen? Wie groß ist bei der Lehrkraft der zeitliche Anteil am Gespräch?

Die Forschungsergebnisse zum Gesprächsanteil der Lehrperson erinnern – graphisch dargestellt – an die Gaußsche Glockenkurve. In 9 % der Gespräche beteiligten sich die Lehrpersonen demnach gar nicht am Unterrichtsgespräch (Level 0), d. h. in beinahe jedem zehnten Gespräch redeten Schüler innen für sich. Bei fast ebenso vielen Gesprächen (11 %) hatten die Lehrenden einen sehr hohen Anteil an der Gesprächszeit, mehr als zwei Drittel (Level 3). Die verbleibenden Prozente verteilen sich wie folgt: 39 % beteiligten sich in geringem Maße, d. h. sie nahmen höchstens ein Drittel der Gesprächszeit ein (Level 1). 41 % nahmen in hohem Maße am jeweiligen Unterrichtsgespräch teil, d. h. sie bestritten über ein Drittel bis hin zu zwei Drittel des Gesprächs (Level 2). Fasst man die naheliegenden Ratinglevel „gar nicht" und „in geringem Maße" (gemeinsam: 48 %) sowie „hoch" und „sehr hoch" (gemeinsam: 52 %) zusammen, erscheint die Verteilung ungefähr hälftig. In der Hälfte der Unterrichtsgespräche reden die Lehrpersonen also mehr oder deutlich mehr als ein Drittel der Gesprächszeit; das ist in der Tat eine starke Beteiligung!

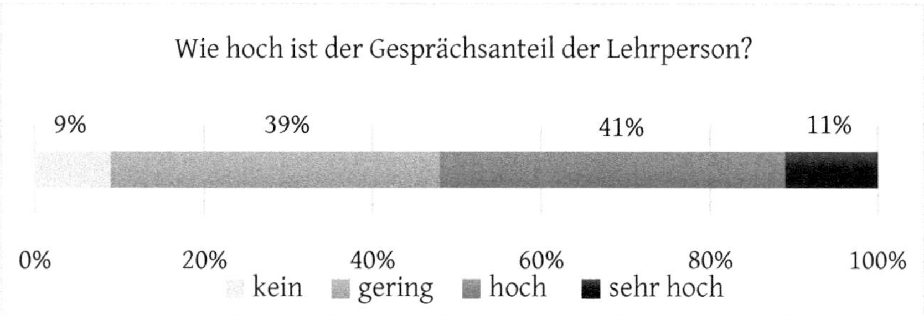

Abbildung 12

Erwartbar wäre, dass sich Unterschiede beim Gesprächsanteil bei den verschiedenen Lehrpersonen zeigen. Dies ist auch der Fall. Frau Kösel hatte einen im Vergleich zu den anderen sehr hohen Gesprächsanteil (2,3). Danach folgt Herr Schön, der sich mit einem Mittelwert von 1,8 in allen (!) Gesprächen selbst einbrachte. Alle anderen Lehrpersonen bewegen sich im Mittelfeld mit Werten zwischen 0,8 bis 1,6. Frau Bornemann (0,8) und Frau Mantel (1,2) hielten sich eher in den Gesprächen zurück. Aussagekräftig ist es, dass der Gesprächsanteil bei Frau Ernte in beiden insgesamt sehr unterschiedlichen Klassen gleich war.

Deutet dies darauf hin, dass diese Kategorie Gesprächsanteil eine stark lehrkraftabhängige Größe ist? Ebenso fällt auf, dass Frau Blume sehr unterschiedlich in Gesprächen agierte, d. h. sie hielt sich bei vier Gesprächen ganz zurück, wobei sie sich in einigen Gesprächen auch stark einbrachte. Eine ähnlich weite Spanne ist bei den Gesprächen mit Herrn Holle zu beobachten.

Eine interessante Anschlussfrage ist nun, ob die Art des jeweiligen Unterrichtsgesprächs den Gesprächsanteil signifikant beeinflusst, ob es sich, um es konkret zu sagen, bei den Gesprächen ohne Beteiligung der Lehrperson eher oder sogar ausschließlich um echte Unterrichtsgespräche (UG) handelte. In der Tat zeigt die Auswertung der Häufigkeitsverteilungen, dass der Gesprächsanteil der Lehrperson bei echten Unterrichtsgesprächen (UG) am geringsten ausgeprägt ist; bei fast zwei Drittel der echten Unterrichtsgespräche (UG) beteiligt sie sich gar nicht oder nur gering, d. h. weniger als ein Drittel der Unterrichtszeit (62 %). Allerdings bringt sich die Lehrkraft bei fast einem Viertel aller echten Unterrichtsgespräche (UG) auch stark ein (24 %). Eine noch stärkere Zurückhaltung der eigenen Redebeiträge ist beim Gespräch als Reihung von Beiträge der Schüler_innen (UGS) zu konstatieren, in gut drei Viertel dieser Gesprächsform hält sich die Lehrkraft völlig heraus oder bringt sich nur äußerst gering ein (78 %). Dagegen ist, wie zu erwarten, ein hoher bzw. sehr hoher Gesprächsanteil der Lehrkraft beim Pingpong-Gespräch (UGLS) (75 %) und beim Gespräch als getarnter Lehrervortrag (UGLV) (84 %) zu konstatieren.

Hohe Werte zeigen sich in der korrelativen Betrachtung verschiedener Items in Abhängigkeit zum Gesprächsanteil der Lehrperson. Signifikant, aber erwartbar, ist der starke und mittelstarke Zusammenhang zwischen dem Gesprächsanteil der Lehrperson und der Vertiefung von Beiträge der Schüler_innen (0,603**) sowie der Vertiefung theologischer Themen jeweils durch die Lehrkraft (0,417**). Wenn die Lehrperson viel Gesprächsraum einnimmt, dann werden theologische Themen vertieft, aber auch die Beiträge der Schüler_innen und umgekehrt.

Überraschend dagegen sind signifikant negative Zusammenhänge: Der Gesprächsanteil der Lehrperson hängt schwach negativ zusammen mit der Partizipation der Schüler_innen, und zwar hinsichtlich der Qualität der Beiträge (-0,294**). Daraus kann geschlossen werden, dass die Lehrperson durch einen größeren Gesprächsanteil nicht, wie zu erwarten wäre, die Qualität der Beiträge der Schüler_innen steigert, sondern eher reduziert. Das ist bezeichnend! Ein mittelstarker negativer Zusammenhang zeigt sich zudem zum Gesprächsfluss (- 0,364**), d. h. ein hoher Gesprächsanteil der Lehrkraft kann den Gesprächsfluss behindern. Und andersherum, wenn sich die Lehrperson stärker mit eigenen Gesprächsanteilen zurückhält, ist der Gesprächsfluss fließender. Ebenfalls ein schwacher negativer Zusammenhang ist mit der Kategorie des Erfahrungsbezugs des Gesprächsinhalts zu finden (-0,271**). Wenn die Lehrperson viel Gesprächszeit einnimmt, dann ist der Erfahrungsbezug eher gering, es ist weniger Raum für den Erfahrungsbezug der Schüler_innen.

Tabelle 6: Kreuztabelle: Gesprächsanteil der Lehrperson und Unterrichtsgesprächstyp

Gesprächstyp	Level	Absolute Häufigkeit	Relative Häufigkeit
Echtes Unterrichts-gespräch (UG)	0	5	24%
	1	8	38%
	2	3	14%
	3	5	24%
	gesamt	21	100%
Gespräch als Reihung von Beiträgen der Schüler_innen (UGS)	0	6	12%
	1	33	66%
	2	11	22%
	3	0	0%
	gesamt	50	100%
Gespräch als getarnter Lehrervortrag (UGLV)	0	1	5%
	1	2	11%
	2	10	56%
	3	5	28%
	gesamt	18	100%
Pingpong-Gespräch (UGLS)	0	1	2%
	1	13	23%
	2	36	64%
	3	6	11%
	gesamt	56	100%

Versucht man, diese Ergebnisse nun zu interpretieren, kann gesagt werden: Tritt die Lehrperson beim Unterrichtsgespräch aus einer eher passiven Rolle des / der Zuhörenden heraus und übernimmt größere Redeanteile, ist dies einer größeren Beteiligung der Schüler_innen eher hinderlich, die Redebeiträge derselben sind dann eher von geringerer Qualität, weisen weniger Erfahrungsbezug auf und das Gespräch fließt nicht. Die Lehrperson scheint hier moderierend bzw. motivierend einen hemmenden Einfluss auf den Gesprächsverlauf zu nehmen. Der erhöhte Wert hinsichtlich des Bezugs zu theologischen Themen kann in dieser Hinsicht den Schluss nahelegen, dass diese durch die Lehrperson fokussiert werden, die Lehrperson das Gesagte an theologische Themen rückbindet oder auch theologische Fachbegriffe einbringt. Allerdings konnten nur sehr schwache und nicht signifikante Zusammenhänge (0,103) zu den fachlichen Auskünften der Lehrperson gefunden werden, was die vorausgehende Hypothese stützen würde, dass ein hoher Gesprächsanteil kommunikative Lernprozesse der Schüler_innen eher behindert statt fördert.

Abschließend ist festzuhalten: Der hohe und sehr hohe Gesprächsanteil der Lehrperson in Unterrichtsgesprächen (mehr bzw. deutlich mehr als ein Drittel der Gesprächszeit) ist bemerkenswert, handelt es sich doch um eine unterrichtliche Methode, in der es sich um ein Klassengespräch handelt, in dem vorwiegend Schüler_innen sprechen sollten.

3.3 *Zur methodischen Lenkung*

Ein weiterer Untersuchungsaspekt war die methodische Lenkung des Unterrichtsgesprächs. Als Indikatoren wurden berücksichtigt, ob die Reihenfolge der Beiträge geregelt war (Meldekette der Schüler_innen, Erzählstein oder Moderation durch die Lehrperson) oder ob das Gespräch auf andere Weise methodisch gelenkt wurde (durch Nachfragen, Impulse o. a.). Methodische Lenkung kann Unterrichtsgespräche unterstützen, sie kann aber auch die Selbstläufigkeit von Gesprächen hemmen. Eine qualitative Bewertung kann hier nur am konkreten Unterrichtsbeispiel, etwa in den ausführlichen Gesprächsfeinanalysen erfolgen.[7]

Hinsichtlich der methodischen Lenkung durch die Lehrperson zeigen die Forschungsergebnisse als gewissermaßen erste Erkenntnis, dass 43 % aller aufgezeichneten und ausgewerteten Unterrichtsgespräche gar nicht methodisch gelenkt wurden. Bei weiteren 30 % war eine lediglich geringe methodische Lenkung auszumachen. Bei 19 % kann von einer hohen methodischen Lenkung gesprochen werden. Den geringsten Anteil mit 8 % weist die Kategorie „sehr hohe methodische Lenkung" auf.

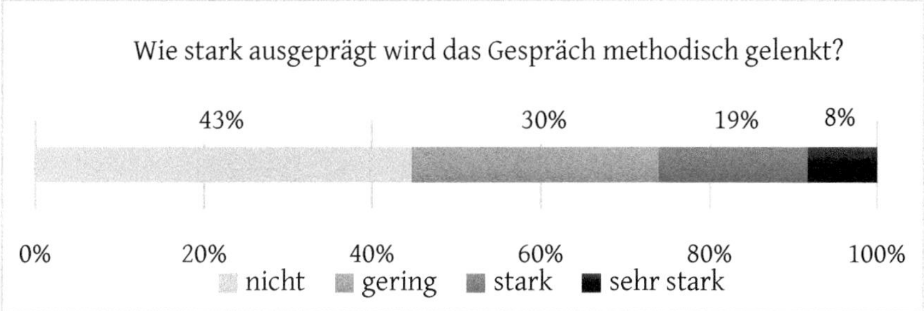

Abbildung 13

Die Vermutung der Forschergruppe, hierbei handele es sich nicht um echte Unterrichtsgespräche, hat sich nach wiederholter Überprüfung nicht bestätigt. Auch wenn von diesen knapp die Hälfte keine methodische Lenkung aufwiesen, waren auch echte Unterrichtsgespräche zu finden, die sich durch eine hohe methodische Lenkung auszeichneten. Die stärkste methodische Lenkung konnte bei Unterrichtsgesprächen identifiziert werden, die letztlich getarnte Lehrervorträge (UGLV) waren. Bei einem Drittel dieser Gespräche war die methodische Lenkung stark oder gar sehr stark (33 %).

7 Vgl. die vier Gesprächsfeinanalysen in diesem Buch.

Tabelle 7: Kreuztabelle zu methodischer Lenkung und Unterrichtsgesprächstypen

Gesprächstyp	Level	Absolute Häufigkeit	Relative Häufigkeit
Echtes Unterrichtsgespräch (UG)	0	10	48%
	1	5	24%
	2	4	19%
	3	2	9%
	gesamt	21	100%
Gespräch als Reihung von Beiträgen der Schüler_innen (UGS)	0	22	44%
	1	14	28%
	2	10	20%
	3	4	8%
	gesamt	50	100%
Gespräch als getarnter Lehrervortrag (UGLV)	0	5	28%
	1	7	39%
	2	3	17%
	3	3	16%
	gesamt	18	100%
Pingpong-Gespräch (UGLS)	0	26	47%
	1	17	30%
	2	10	18%
	3	3	5%
	gesamt	56	100%

Hinsichtlich der methodischen Lenkung sind deutliche Schwankungen bei den unterschiedlichen Lehrkräften zu identifizieren. Herr Holle (1,6), Frau Blume (1,5) und Frau Bornemann (1,3) lenkten in der Regel die Gespräche methodisch in einem geringen Maße. Herr Schön (0,0) dagegen griff in keiner Weise methodisch ein. Auch Frau Mantel lenkte bei zwei Drittel der Gespräche nicht (0,4), sondern ließ die Gespräche selbstbestimmt laufen. Frau Kösel variiert, siebenmal lenkte sie nicht, aber zweimal außerordentlich stark (0,7). Während Frau Ernte in der 8. Klasse in der Regel leicht methodisch lenkte (1,0), hielt sie sich in der 10. Klasse eher zurück (0,6). Offensichtlich sind bei der methodischen Lenkung unterscheidbare Klassenkulturen bzw. Lehrerprofile zu identifizieren.

Die Ergebnisse der Korrelationen zeigen einen positiven signifikanten Zusammenhang zur inhaltlichen Strukturierung (0,332**). Methodische und inhaltliche Leitungen der Lehrperson scheinen dabei Hand in Hand zu gehen, miteinander zusammenzuhängen. Unerwartet ist, dass die methodische Lenkung negativ mit der Gesprächsatmosphäre Raum / Rahmen zusammenhängt (- 0,262**), d. h. wenn die Rahmenbedingungen ungünstig sind, wird die methodische Lenkung relevant und umgekehrt.

Überraschend ist überdies ein schwacher negativer Zusammenhang zum Vertiefungsgrad theologischer Themen durch die Lehrperson (-0,248**). Lenkt eine verstärkte methodische Lenkung die Lehrperson vom Inhalt ab? Oder anders formuliert: Bringt die Lehrperson sich in dieser Unterrichtsphase bewusst oder unbewusst selbst eher moderierend ein und nicht inhaltlich? Wenn sie sich auf die Lenkung des Gesprächs konzentriert, bringt sie weniger eigene inhaltliche Impulse ein.

3.4 *Zur inhaltlichen Strukturierung*

Geprüft wurde auch der inhaltliche Strukturierungsgrad der Unterrichtsgespräche. Die inhaltliche Klarheit ist ein wichtiges Kriterium für gelungenen Unterricht, denn eine klare Strukturierung hat großen Einfluss auf den Lernerfolg. In welchem Ausmaß wurden Gespräche inhaltlich strukturiert, fand eine inhaltliche Klärung, eine Differenzierung verschiedener Aspekte oder eine Profilierung des Themas statt? Wurden verschiedene Facetten des Inhalts deutlich?

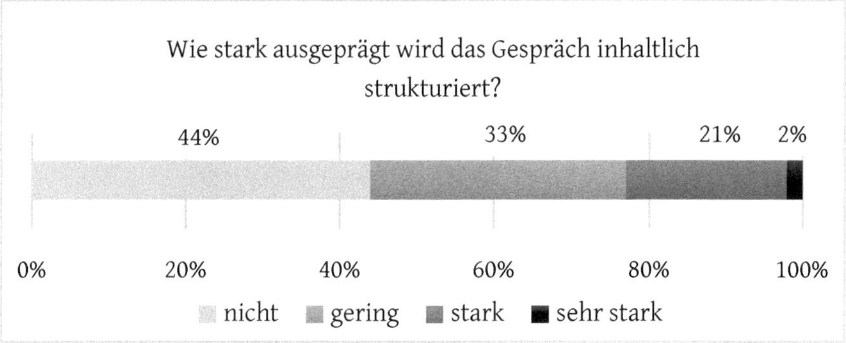

Abbildung 14

Fast die Hälfte der Gespräche (44 %) wiesen keine inhaltliche Strukturierung auf. Bei weiteren 33 % der Gespräche wurde diese als ‚gering' eingeschätzt. Also bei gut drei Viertel aller Gespräche (77 %) verliefen diese spontan, im besten Fall selbstläufig, im schlechtesten Fall wildwüchsig chaotisch, ohne eine erkennbare inhaltliche Struktur und Klarheit. Allerdings fand bei gut einem Fünftel der Gespräche (21 %) eine inhaltliche Strukturierung in hohem Maße statt, wobei beachtenswert ist, dass diese Wertung sich über alle Unterrichtsgesprächstypen verteilt. Sie kommt also nicht nur bei den stark von der Lehrperson gelenkten Pingpong-Gesprächen (UGLS) (14-mal) und getarnten Lehrervorträgen (UGLV) (viermal) vor, sondern ebenso bei den Gesprächen als Reihung von Beiträge der Schüler_innen (UGS) (neunmal) und sogar bei den echten Unterrichtsgesprächen (UG) (viermal). Nur in zwei Pingpong-Gesprächen (UGLS) wurde die Kategorie inhaltliche Strukturierung zweimal auf dem Level 3 (sehr hoch) geratet.

Was zeigt ein Blick auf die einzelnen Lehrer_innen in ihren Lerngruppen? Frau Blume und Herr Holle (jeweils 1,1) strukturierten die Gespräche in der Regel inhaltlich in einem geringen Maße. Frau Mantel und Herr Schön (jeweils 0,4) hielten sich dagegen bei der inhaltlichen Strukturierung stark zurück. Auch bei den anderen Lehrkräften war eher eine deutliche Zurückhaltung bezüglich der inhaltlichen Strukturierung zu erkennen.

Erneut kann hier auf die bereits angesprochenen Zusammenhänge zwischen dem inhaltlichen Strukturierungsgrad und den Kategorien methodische Lenkung (0,332**) und Gesprächsatmosphäre bei den Schüler_innen (0,276**) verwiesen werden.

3.5 *Zu den fachlichen Auskünften der Lehrperson*

Eine weitere Kategorie, die an die Unterrichtsgespräche angelegt wird, ist, inwiefern die Lehrperson Unterrichtsgespräche nutzte, um selbst fachliche Auskünfte zu geben. Der hohe Gesprächsanteil lässt vermuten, dass Lehrkräfte Unterrichtsgespräche nutzen, um den Schüler_innen Sachinhalte zu vermitteln bzw. aufkommende Missverständnisse oder Fragen fachlich zu klären. Ermittelt wurde also, ob die Lehrperson in Unterrichtsgesprächen als theologische Expertin fungierte und etwa mit stimulierenden Fragen oder mit kurzen fachwissenschaftlichen Beiträgen den Fortgang des Gesprächs inhaltlich bereicherte. Die fachlichen Auskünfte können sich im Gespräch sowohl in einem inhaltlichen Aussagesatz, in einer Stellungnahme, als auch in einer provozierenden oder stimulierenden Frage zeigen. Beteiligte sich die Lehrperson am Unterrichtsgespräch als theologische Expertin?

Dahingehend kann festgestellt werden, dass in 77 % der Unterrichtsgespräche keine fachlichen Auskünfte von Seiten der Lehrperson zu erkennen waren. Während in jedem zehnten Unterrichtsgespräch (10 %) die fachlichen Auskünfte der Lehrperson stark oder sehr stark ausgeprägt waren, war diese in 13 % der Gespräche nur gering.

Offensichtlich begreifen die Lehrpersonen das Unterrichtsgespräch nicht als einen Ort, um als theologische Expert_innen zu fungieren. Nur knapp in jedem zehnten Unterrichtsgespräch nutzte die Lehrkraft eigene Beiträge im Gespräch dazu, theologische Expertise einzubringen.

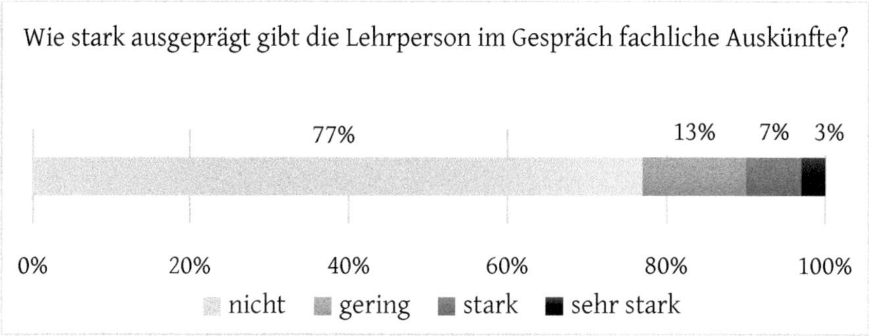

Abbildung 15

Unterschieden sich die einzelnen Lehrkräfte hinsichtlich der in Unterrichtsgesprächen sichtbar werdenden fachlichen Auskünfte? Der höchste Mittelwert liegt bei Frau Ernte in der 8. Klasse (1,4). Bei ihr kann gesagt werden, dass sie bei einem Drittel der Gespräche ihre fachliche Kompetenz einbrachte (einmal sogar stark). Dagegen tauchte ihre fachliche Expertise in der 10. Klasse in den beobachteten Unterrichtsgesprächen gar nicht auf (0,0). Bei zwei Drittel aller Gespräche spielte die Fachlichkeit bei Frau Blume keine Rolle (insgesamt nur 0,6). Bei Frau Bornemann variierte die Sichtbarkeit ihrer fachlichen Auskunftsfähigkeit: Entweder hielt sie sich ganz zurück oder sie brachte sich mit ihrer fachlichen Expertise deutlich ein (insgesamt 0,6). Trotz eines geringen Durchschnittwertes (0,4) ist bei Frau Mantel zu betonen, dass sie in vier Gesprächen eine deutliche fachliche Auskunft gab. Herr Holle brachte seine fachliche Expertise kaum in die Unterrichtsgespräche ein (0,2). Herr Schön nutzte die Unterrichtsgespräche nicht (0,0), um fachlich Auskunft zu geben.

Immerhin zeigt sich, dass fast alle videografierten Lehrer_innen (ausgenommen bei Herrn Schön) in Unterrichtsgesprächen fachlich Auskunft gaben, dies auch in dieser Unterrichtsphase taten, wenn auch teilweise nur sehr vereinzelt. Zu fragen ist, ob das Unterrichtsgespräch überhaupt der Ort ist, an dem die Lehrkraft fachlich Auskunft gibt oder ob sie dafür eher einen Lehrervortrag wählt, der etwa im Anschluss an ein Unterrichtsgespräch folgt.

Ein fast mittlerer Effekt (0,272**) bezüglich eines signifikanten Zusammenhangs ist mit der Kategorie Gesprächsatmosphäre unter den Schüler_innen zu erkennen, was überraschend ist. Die Gesprächsatmosphäre ist besser, je stärker die Lehrperson fachlich auskunftsfähig ist, und umgekehrt. Offenbar gibt die eingebrachte fachliche Kompetenz den Schüler_innen eine gewisse Sicherheit für die Gespräche. Weniger erstaunlich ist der mittlere Zusammenhang (0,304**) zu der Kategorie Förderung der Metakognition. Der Grad der fachlichen Auskünfte beeinflusst auch die Stärke der metakognitiven Anteile im Unterrichtsgespräch und umgekehrt.

3.6 *Zur Förderung von Metakognition in Unterrichtsgesprächen*

Eine weitere Forschungsfrage war, inwieweit die Lehrperson Metakognition innerhalb von Unterrichtsgesprächen förderte. Gemeint ist hierbei, ob die Lehrperson den Schüler_innen die Möglichkeit einräumte, über ihr eigenes Denken und ihr Lernen nachzudenken und dies auch zu verbalisieren. Dadurch können Kompetenzen der Schüler_innen in Bezug auf Strategien, Argumentationsweisen, Lernprozesse o. a. erweitert werden. Außerdem kann dies ebenfalls zu einer inhaltlichen Klarheit des Unterrichts beitragen. Positive Indikatoren dafür wären etwa, wenn die Lehrperson Fragen nach der Denkweise, die einer Aussage zugrunde liegt oder der Vorgehensweise, die einem Ergebnis zugrunde liegt, stellt, sie also die Schüler_innen auffordert, über das Wie und Warum eines Denkprozesses oder eines Argumentationsgangs nachzudenken.

Die Ergebnisse zu diesem Item sind drastisch: Von 145 Unterrichtsgesprächen regten nur in fünf Fällen (3 %) die Lehrpersonen einen metakognitiven Lernprozess stark an, und dies dreimal in echten Unterrichtsgesprächen (UG) und zweimal in Unterrichtsgesprächen als Reihung von Beiträge der Schüler_innen (UGS). In 123 der aufgezeichneten und ausgewerteten Unterrichtsgespräche (85 %) fand gar keine von der Lehrperson initiierte Metakognition statt. In 17 Fällen (12 %) wurden metakognitive Prozesse in geringem Maße gefördert.

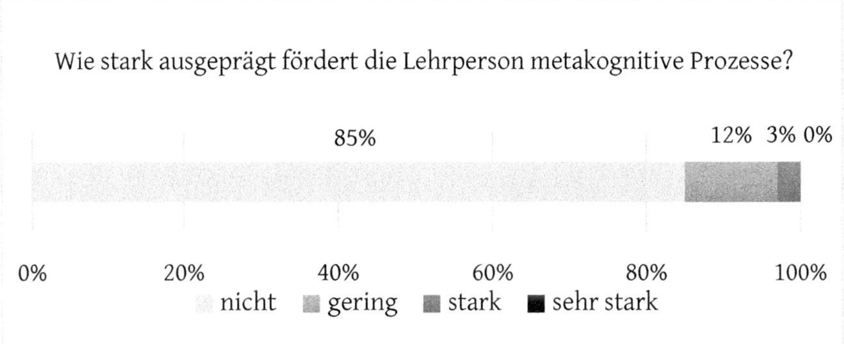

Abbildung 16

Außer in den Lerngruppen von Herrn Holle und Frau Kösel fanden in allen Klassen metakognitive Überlegungen statt, wenn auch in der Regel in geringem Maße. Bei dieser Kategorie stechen die Lerngruppen von Frau Blume (31 %) und Frau Bornemann (30 %) positiv heraus; hier kamen in gut jedem vierten Unterrichtsgespräch Metakognitionen vor.

Mittelstark ist ein signifikanter Zusammenhang zum Diskussionsgrad (0,314**) zu finden. Wenn also Diskussionen auftreten, dann erhöht sich die Wahrscheinlichkeit, dass auch metakognitive Überlegungen eingebracht werden. Ebenfalls kann auf einen Zusammenhang zu fachlichen Auskünften der Lehrperson (0,304**) verwiesen werden. Es treten dann metakognitive Operationen auf, wenn die Lehrkraft diese durch eigene fachliche Beiträge stimuliert und umgekehrt.

3.7 *Zur Reflexion der unterrichtlichen Prozesse*

Ein ähnliches Ergebnis konstatierte die Forschergruppe hinsichtlich der Reflexion der unterrichtlichen Prozesse. Hier wurde untersucht, inwiefern die Lernprozesse bzw. die Inhalte und Ergebnisse des Gesprächs reflektiert wurden. Hatten die Schüler_innen etwa Gelegenheit, ihre Einschätzung des Unterrichtsgesprächsprozesses bzw. des im Unterricht erzielten Lerngewinns eigenständig zu artikulieren? Oder erfolgte beispielsweise eine Evaluation des im Unterrichtsgespräch erzielten Ertrags etwa durch Abfragen bzw. standardisierte Erfolgskontrollen von Seiten der Lehrperson? Sicher können auch Formen metareflexiven Unterrichts dazu zählen.

Erneut ist das Ergebnis eindringlich: Bei 80 % der untersuchten Unterrichtsgespräche fand keinerlei Reflexion des kommunikativen Lernprozesses statt. Eine Reflexion des Lernprozesses bzw. des Lerngewinns erfolgte in geringem Maße bei 17 % der Gespräche. Eine Reflexion des Lernprozesses bzw. des Lerngewinns erfolgte in starkem und sehr starkem Maße letztendlich in nur drei Unterrichtsgesprächen.

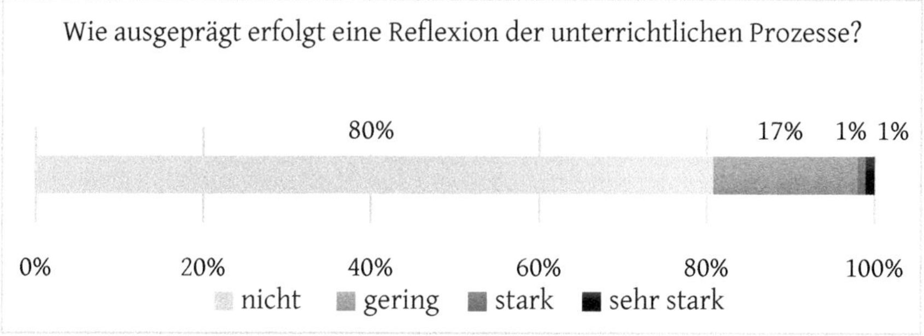

Abbildung 17

Der Blick auf die Lehrkräfte zeigt: Nur bei Frau Bornemann fand eine Reflexion des Unterrichts durchgehend in geringem Maße statt (0,9). Bei Herrn Schön wurde immerhin in der Hälfte seiner Gespräche der Lernprozess in einem geringen Maße reflektiert (0,6). Bei allen anderen Lehrpersonen suchte man reflexive Prozesse meist vergebens.

Signifikante Zusammenhänge sind mit dem fortschreitenden Erkenntnisprozess (0,307**), der Sicherung der Gesprächsergebnisse (0,285**) und mit der Gesprächsatmosphäre Raum / Rahmen (0,258**) zu finden. Wenn der Lernprozess im Gespräch reflektiert wird, werden der Fortschritt und die Ergebnisse im Gespräch für alle verbalisiert und damit deutlich und umgekehrt. Offenbar stärkt dies auch die Unterrichtsatmosphäre bzw. eine gute Atmosphäre ermöglicht es eher, den Lernprozess wahrzunehmen und zu reflektieren.

Außerdem ist ein fast mittlerer Zusammenhang zur Kategorie Einfluss von nicht-thematischen Medien (0,298**) zu finden, auf den oben bereits verwiesen wurde. Offensichtlich hängt der Einfluss von nicht-thematischen Medien (vor allem der Tafel) mit der Reflexion von Lernprozessen zusammen, begleitet und unterstützt diese.

3.8 *Zur Sicherung der Gesprächsergebnisse*

Mit der gering ausgeprägten Reflexion der kommunikativen Lernprozesse im Gespräch korrespondieren auch die Ergebnisse hinsichtlich der Sicherung der Gesprächsergebnisse innerhalb des Gesprächs. Erfasst werden sollte, ob die im Unterrichtsgespräch erarbeiteten Erkenntnisse durch mündliche oder schriftliche Wiederholung oder Zusammenfassung von der Lehrkraft oder den Schüler_innen gesichert wurden. Sowohl Sicherungsprozesse, die schriftlich während des Gesprächs von der Lehrperson festgehalten wurden (etwa an der Tafel), als auch verbale Zusammenfassungen wurden hier beachtet. Bei der Interpretation dieses Ergebnis ist zu bedenken, dass bei dieser Kategorie nicht die Reflexion im Anschluss an die Gespräche, etwa in einem Lehrervortrag oder einem langen Beitrag der Schüler_innen, berücksichtigt wurde, weil der Analysekorpus dieser Studie sich ausschließlich auf die Unterrichtsgespräche beschränkte.

Bei 72 % der ausgewerteten Unterrichtsgespräche fand entweder keine Sicherung statt oder es gab schlicht kein Ergebnis, welches hätte gesichert werden können. In 7 % der Unterrichtsgespräche fand eine Ergebnissicherung in geringem Maße statt. Immerhin wurden in jedem fünften Unterrichtsgespräch die Erträge genannt und (schriftlich, bildlich) fixiert bzw. vertieft (21 %).

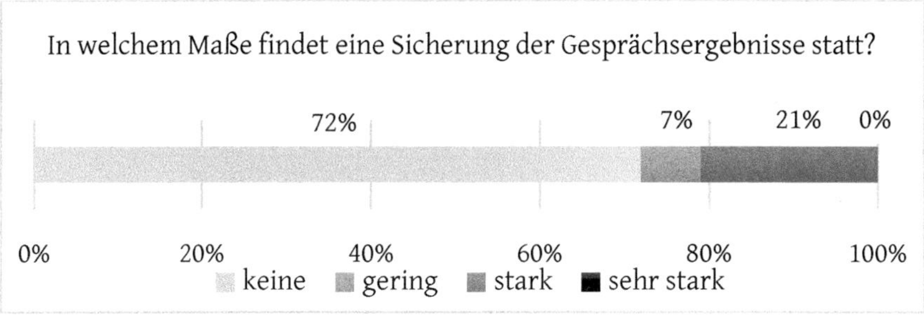

Abbildung 18

Die Gesprächsergebnisse wurden von allen Lehrkräften (außer bei Frau Kösel (0,0)) nur in einzelnen Fällen gesichert. Heraus sticht Herr Schön, der die Tafel durchgehend nutzte und bei dem eine Sicherung der Gesprächsergebnisse in gut zwei Drittel der Unterrichtsgespräche stattfand (1,3). Auch bei Frau Ernte in der 8. Klasse war eine Sicherung der Ergebnisse bei der Hälfte ihrer Gespräche in geringem Maße zu beobachten (0,9). Diese beiden unterscheiden sich damit von den anderen Lehrpersonen, deren Werte gering oder sehr gering sind (zwischen 0,0 und 0,6).

Besonders bei dem als Unterrichtsgespräch getarnten Lehrervortrag (UGLV) (28 %) und dem Pingpong-Gespräch (UGLS) (36 %) fand eine Sicherung in ungefähr einem Drittel der Gespräche in erhöhtem Maße statt. Offensichtlich ist die Lehrperson stärker um eine Sicherung bemüht bei Gesprächen, bei denen sie selbst stärker involviert ist.

Eine starke, allerdings nicht signifikante Korrelation zeigt sich erneut zu den nicht-thematischen Medien (0,734); weitere nennenswerte Zusammenhänge zu anderen Kategorien sind nicht zu beobachten.

3.9 *Zur Herstellung übergreifender thematischer Bezüge*

Ebenfalls bedeutsam zur Förderung vernetzten Denkens kann die Kategorie verortet werden, in der einzelne Unterrichtsgespräche danach untersucht wurden, ob in ihnen übergreifende thematische Bezüge hergestellt wurden. Diese Aufgabe ist vor allem der Lehrperson zuzuordnen, allerdings können Zusammenhänge auch von Schüler_innen entdeckt und genannt werden. Ist erkennbar, dass Bezüge zwischen aktuellem Unterrichtsgegenstand und früheren bzw. bevorstehenden Lernprozessen in den Gesprächen bewusst gemacht und diese zur Vertiefung des aktuellen Lernprozesses gezielt genutzt wurden?

Das Resultat ist abermals ernüchternd: In der Hälfte der Gespräche (51 %) wurden thematische Bezüge, die über das Gespräch hinausweisen, nicht genannt. Nur in einem geringen Maße war dieses bei einem knappen Drittel ausgeprägt (31 %). In 17 % der Gespräche wurden übergreifende thematische Zusammenhänge stark (17 %) und sehr stark (1 %) aufgebaut. Zu fragen ist, ob hiermit eine didaktische Leerstelle einer zentralen Operation für vernetztes Lernen zu markieren ist oder ob das vernetzte Denken eher in einer anderen unterrichtlichen Phase, aber nicht in Unterrichtsgesprächen erfolgt.

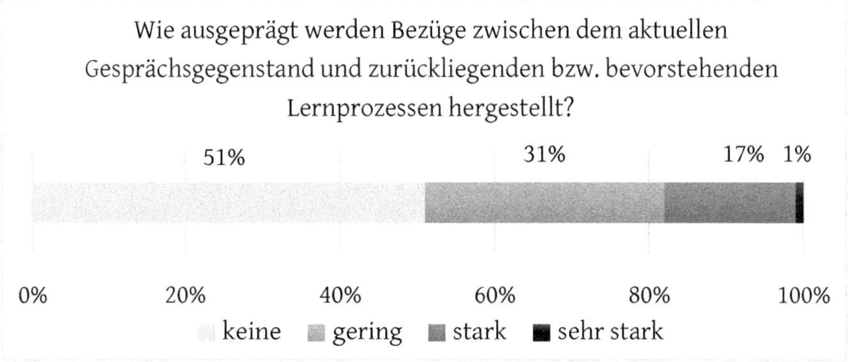

Abbildung 19

Auch hier sind geringe Werte und wenige Differenzen zu finden, betrachtet man die einzelnen Lehrkräfte (zwischen 0,1 und 0,5). Nur Frau Blume (1,2) und Herr Schön (1,2) stellten in der Regel einen inhaltlichen Bezug mit vorausgehenden oder folgenden Lernprozessen her. Bei Frau Blume wurde dieser Bezug bei knapp der Hälfte ihrer Gespräche sogar stark oder sehr stark deutlich gemacht.

Signifikante Korrelationen zu anderen Kategorien zeigen sich in der Auswertung der beobachteten Unterrichtsgesprächen nicht.

3.10 *Zwischenfazit*

Die Ergebnisse zu den hier präsentierten Kategorien, die weitestgehend Indikatoren für vernetztes kognitives Lernen sind (methodische Lenkung, inhaltliche Strukturierung, Förderung von Metakognition, Reflexion des unterrichtlichen Prozesses, Sicherung der Gesprächsergebnisse, übergreifende thematische Bezüge), ernüchtern durchweg. Sowohl die methodische Lenkung als auch die inhaltliche Strukturierung sind gering bis gar nicht ausgeprägt. In gut drei Viertel der Gespräche (77 %) kam die fachliche Expertise der Lehrkraft nicht zum Tragen. In nur fünf Fällen tauchten metakognitive Überlegungen in einem starken oder sehr starken Maße auf. Den Lernprozess reflektierende Beiträge tauchten nur in einem Fünftel der Gespräche auf. Immerhin erfolgte, wiederum in einem Fünftel aller Fälle, eine geringfügige Sicherung der Lernergebnisse. Nur in einem Fünftel der Unterrichtsgespräche wurden übergreifende Bezüge dargestellt.

Positiv dagegen fallen die Ergebnisse zur körperlichen Präsenz der Lehrpersonen aus: Die nonverbale Kommunikation unterstützte die Gespräche in den meisten der Fälle (90 %), wenn auch nur gering. Die körperliche Präsenz der Lehrperson hängt dabei positiv mit der Gesprächsatmosphäre bei den Schüler_innen und dem Gesprächsfluss zusammen.

Der zeitliche Anteil der Lehrkraft am Gespräch war sehr hoch, in der Hälfte der Gespräche nahm die Lehrkraft mehr bzw. deutlich mehr als ein Drittel der Gesprächszeit in Anspruch. Bei den echten Unterrichtsgesprächen (UG) ist es immerhin nur ein gutes Drittel der Gespräche (38 %), bei denen die Lehrkraft deutlich mehr als ein Drittel des Rederaums für sich beansprucht. Die korrelativen Zusammenhänge zeigen, dass der hohe Gesprächsanteil für den Lernertrag bei den Schüler_innen auch negativ sein kann (vgl. die negativen Zusammenhänge zum qualitativen Partizipationsgrad, Gesprächsfluss und Erfahrungsbezug der Inhalte).

Überraschend sind die Erkenntnisse, dass eine Reflexion des Lernprozesses und die fachlichen Auskünfte der Lehrperson den Erkenntnisprozess im Gespräch positiv beeinflussen und auch die Gesprächsatmosphäre bei den Schüler_innen stärken können und umgekehrt. Aufschlussreich ist zudem der Zusammenhang, dass diskursive Gespräche der Vertiefung des Gesprächsgegenstandes dienen und häufig auch mit metakognitiven Überlegungen verbunden sind. Weniger verwunderlich ist die Erkenntnis, dass die fachlichen Auskünfte der Lehrperson mit metakognitiven Lernprozessen zusammenhängen. Erwartbar sind auch die Zusammenhänge zwischen dem inhaltlichen Strukturierungsgrad und der methodischen Lenkung, wobei das Ergebnis, dass diese beiden Kategorien auch mit der Gesprächsatmosphäre bei den Schüler_innen deutlich zusammenhängen, aufschlussreich ist. Allerdings kann eine starke methodische Lenkung auch dazu führen, dass die Vertiefung der theologischen Themen durch die Lehrperson leidet.

Der Einfluss von nicht-thematischen Medien hängt deutlich mit der Reflexion des Lernprozesses und der Sicherung des Gesprächsergebnisses zusammen und erfüllt offensichtlich hier eine wichtige Funktion, die weitestgehend ausbleibt, kommen sie nicht zum Einsatz.

4. Die Inhalte der Unterrichtsgespräche

Selbstverständlich interessierte die Forschungsgruppe auch, welche Themen und Inhalte in den Unterrichtsgesprächen verhandelt wurden. Folgende Perspektiven wurden hier untersucht:

4.1 Theologiebezug der Gesprächsinhalte,
4.2 Vertiefungsgrad theologischer Inhalte durch die Lehrkraft und durch Schüler_innen,
4.3 Erfahrungsbezug der Gesprächsinhalte,
4.4 Vertiefungsgrad der Beiträge der Schüler_innen durch die Lehrperson und Mitschüler_innen,
4.5 Korrelative Lernprozesse.

4.1 *Zum Theologiebezug der Gesprächsinhalte*

Es wurde einerseits erfasst, inwiefern sich das Gespräch um theologische Themen drehte, wobei von einem expliziten Theologie- bzw. Religionsbegriff ausgegangen wurde (etwa Schöpfung, Gott, biblische Schriften u. a.). Ein Spitzenwert wäre hier, wenn das aus der religiösen Tradition eingebrachte Element oder Thema in einen umfassenderen Bezugs- und Verweiszusammenhang gestellt und in seinem spezifischen Eigen-Anspruch zur Geltung gebracht wurde, sodass es deutlich erkennbar war, an passender Stelle hervorgehoben wurde und anhaltend präsent war.

Hier muss deutlich gemacht werden, dass die Lehrpersonen für die Aufzeichnungen gebeten wurden, eine Unterrichtsreihe entweder zu der Gottesthematik oder zu eschatologischen Themen[8] zu zeigen, also beides deutlich theologiegeprägte Themen. Von den acht aufgezeichneten Unterrichtsreihen lassen sich sechs der Gottesthematik und zwei eschatologischen Themen zurechnen. Es wird hier also untersucht, wie stark in Unterrichtsgesprächen innerhalb einer Unterrichtsreihe mit theologischer Thematik der Bezug zu religiösen und theologischen Themen ausgeprägt ist.

Im Ergebnis lässt sich festhalten: Knapp jedes fünfte Unterrichtsgespräch (18 %) im Religionsunterricht wies keinen Bezug zu religiösen bzw. theologischen Themen auf. Bei 15 % der Gespräche war ein Bezug zu theologischen Themen nur gering vorhanden. Immerhin in knapp zwei Drittel der Gespräche war der Theologiebezug stark (37 %) bis sehr stark (30 %).

8 Themenreihen der aufgezeichneten Unterrichtsreihen: Frau Mantel: Gottesbilder, biblische Gotteserfahrungen, Gottes Spuren im eigenen Leben. Herr Holle: Fragen rund um Sterben, Tod und Leben. Frau Bornemann: Die Bergpredigt, Frau Blume: Gottesrede, Gottesbeweise, Gottesglaube, Gotteszweifel (Hiob), Herr Schön: Was verbindest du mit Gott und was sagt die Bibel? (Opferung Isaaks, Gott Abrahams, Jesus), Frau König: Eigene und biblische Gottesvorstellungen (Hiob), Frau Ernte 8. Jg.: Gott in der Bibel und Gott für uns, Frau Ernte 10 Jg.: Gottesvorstellungen und Gottesglaube heute.

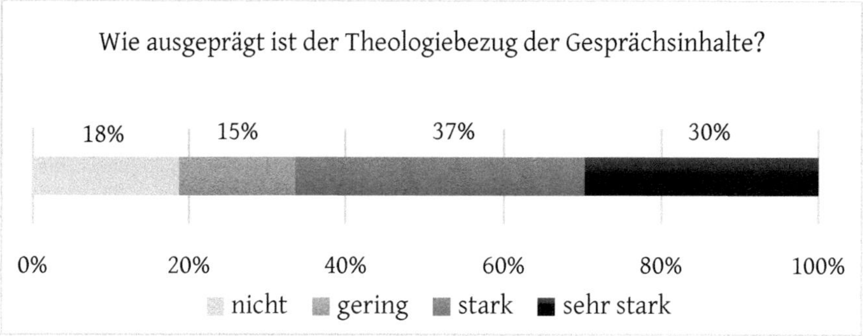

Abbildung 20

Zeigten sich Auffälligkeiten beim Theologiebezug der Gespräche, wenn man die verschiedenen Lerngruppen betrachtet? Sechs von acht Lehrkräften erzielten beim Theologiebezug der Gesprächsinhalte hohe Werte. Herr Schön (2,2), Frau Ernte 8. Jg. (2,2), Frau Ernte Jg.10. (2,0), Frau Mantel (2,0) und knapp Frau Blume (1,9) und Frau Bornemann (1,8). Bei Frau Kösel ist ein geringer Theologiebezug zu identifizieren (1,3). Deutlicher Ausreißer ist Herr Holle, bei dem kaum theologische Themen in den Gesprächen seiner Lerngruppe eine Rolle spielten (0,3). Offensichtlich wurden hier andere Inhalte verhandelt. Er präsentierte eine Unterrichtsreihe zu einer eschatologischen Thematik und nicht zur Gottesthematik.

Signifikante Korrelationen zum Grad des Theologiebezugs des Inhalts zeigen sich mit den Kategorien Gesprächsfluss (0,279**) und Partizipationsgrad der Schüler_innen qualitativ (0,309**). Wenn das Gespräch in besonderem Maße von einem theologischen Thema geprägt ist, dann ist der Gesprächsfluss stark ausgeprägt und die Qualität der Beiträge der Schüler_innen hoch und umgekehrt.

4.2 *Zum Vertiefungsgrad theologischer Themen durch die Lehrperson und Schüler_innen*

Eine durchaus komplexere Fragestellung ist, inwieweit theologische Inhalte von Seiten der Lehrperson und der Schüler_innen vertieft wurden bzw. in welchem Maße. Im Fokus der Betrachtung steht also die Intensität des Eingehens auf theologische Inhalte einerseits von der Lehrperson und andererseits von den Schüler_innen.

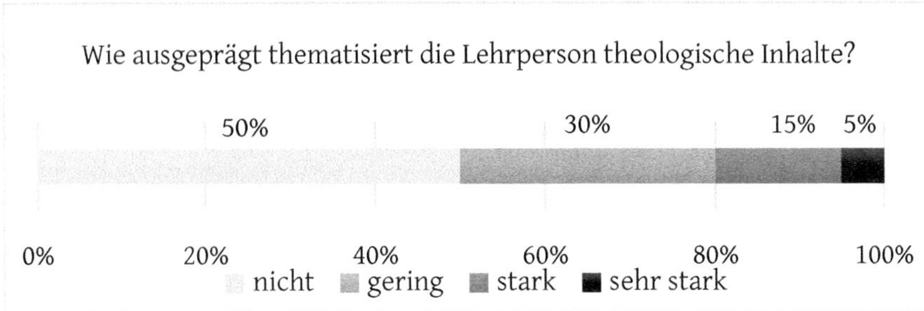

Abbildung 21

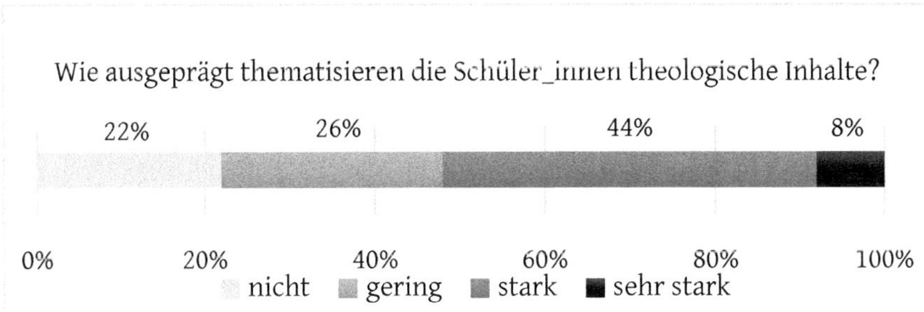

Abbildung 22

Die Lehrperson vertiefte theologische Inhalte in der Hälfte aller aufgezeichneten und ausgewerteten Unterrichtsgespräche (50 %) nicht. In 30 % der Fälle tat sie dies sehr wohl, aber in überschaubarem Umfang und in einem Fünftel der Fälle tat sie es ausführlich (15 %) oder sogar sehr ausführlich (5 %). Dementgegen vertieften, im direkten Vergleich, nur 22 % der Lernenden theologische Inhalte nicht. In weiteren 26 % der Gespräche taten sie dies in geringem Maße. Damit ist auch gesagt, dass einerseits die Lernenden in über der Hälfte aller ausgewerteten Gespräche theologische Inhalte vertieften (44 % stark; 8 % sehr stark) und andererseits, dass die Schüler_innen eher zum Vertiefungsgrad theologischer Inhalte beitrugen als die Lehrenden. Das ist ein überraschendes Ergebnis, dass hier weniger die Lehrenden als theologische Expert_innen die Gesprächsinhalte theologisch vertieften, sondern vielmehr die Schüler_innen.

Betrachtet wurden schließlich die einzelnen Lerngruppen mit ihren Lehrer_innen, um herauszufinden, inwiefern die Zurückhaltung bezüglich der Vertiefung theologischer Inhalte von der Lehrperson oder der Lerngruppe abhängig ist.

Bei drei Lehrpersonen wurden die theologischen Themen von der Lehrkraft vertieft, wenn auch in der Regel eher in geringem Maße: Herr Schön (1,3), Frau Kösel (1,0) und Frau Ernte 8. Jg. (1,4). Frau Bornemann vertiefte nur einmal den theologischen Bezug zum Thema. Bei allen anderen gingen offensichtlich selten vertiefende Initiativen von der Lehrkraft aus (Blume 0,5; Bornemann 0,1; Holle, 0,3; Mantel 0,6; Ernte 10. Jg. 0,8). Zu betonen ist, dass Frau

Ernte offensichtlich in ihren beiden Klassen unterschiedlich bezüglich der Vertiefung theologischer Themen agierte.

Theologische Themen wurden von den Schüler_innen augenscheinlich bei fast allen Lehrkräften unverkennbar stärker und häufiger vertieft. Deutlich wurde dies bei den Lerngruppen von Frau Ernte 8. Jg. (1,7), Frau Blume (1,6), Herrn Schön (1,6), Frau Bornemann (1,5) und Frau Mantel (1,5) sowie Frau Ernte 10. Jg. (1,5). Bei Herrn Holle, bei dem kaum theologische Inhalte thematisiert wurden und damit diese auch nicht von den Schüler_innen vertieft wurden, ist der Mittelwert äußerst gering (0,2), ebenfalls bei Frau Kösel (0,6).

Nun sollen Korrelationen aufgespürt werden bezüglich anderer Items, die mit den vorausgehenden Kategorien in Beziehung stehen. Dabei zeigt sich, dass sich der höchste Einzelwert in der Korrelation des Vertiefungsgrades theologischer Themen von Seiten der Schüler_innen einerseits und des Bezugs zu theologischen Themen andererseits (0,778**) zeigt. Nun kann auch hier eingewandt werden, dass es doch auf der Hand liegt, dass theologische Themen von Schüler_innen (vor allem) dann vertieft werden, wenn theologische Themen auch den Gesprächsinhalt bilden. Allerdings ist hier die zusätzliche Betrachtung eines dritten Wertes bemerkenswert: Die Korrelation zwischen dem Bezug zu theologischen Themen einerseits und dem Vertiefungsgrad theologischer Themen durch die Lehrperson andererseits beträgt hinsichtlich des eben genannten hohen Wertes „nur" 0,608**. Sind theologische Themen also Gesprächsgegenstand, werden sie in Unterrichtsgesprächen häufiger von Schüler_innen vertieft denn von der Lehrperson.

Mittlere erwartbare Zusammenhänge zum Vertiefungsgrad theologischer Themen durch die Lehrperson sind überdies mit den Kategorien Vertiefungsgrad theologischer Themen durch die Schüler_innen (0,449**), Vertiefungsgrad der Beiträge der Schüler_innen durch die Lehrperson (0,395**), Gesprächsanteil der Lehrperson (0,417**) und Sicherung der Gesprächsergebnisse (0,333**) zu finden. Wenn die Lehrperson theologische Themen vertieft, dann nimmt sie Gesprächsraum ein und kann dies durch die Vertiefung dessen machen, was die Schüler_innen sagen, wenn deren Beiträge sich auf theologische Inhalte beziehen und umgekehrt. Einen geringen Zusammenhang (0,276**) findet man mit dem Einfluss von nicht-thematischen Medien, die dann etwa ein Mittel darstellen, um das theologische Thema zu vertiefen.

Starke bis mittelstarke Zusammenhänge zum Vertiefungsgrad theologischer Themen durch die Schüler_innen sind mit den Kategorien Diskussionsgrad (0,694**), Gesprächsfluss (0,454**) und Partizipationsgrad qualitativ (0,394**) zu finden. In Diskussionen können Schüler_innen das Thema vertiefen. Wenn Schüler_innen sich gegenseitig vertiefen, dann fließt das Gespräch. Gespräche mit einem diskursiven Charakter werden als qualitativ hochwertig wahrgenommen.

4.3 *Zum Erfahrungsbezug der Gesprächsinhalte*

Neben dem Bezug zur Theologie wurde auch der Bezug zu den Erfahrungen und der Lebenswelt der Kinder und Jugendlichen in den Unterrichtsgesprächen untersucht. Es wurde gefragt, ob zwischen dem Inhalt des Gesprächs und der Lebens- und Erfahrungswelt der Schüler_innen ein Zusammenhang besteht. Oder anders: Hat der Gesprächsinhalt einen Bezug zur Lebenswelt der Kinder und Jugendlichen? Möglich ist, dass die Schüler_innen selbst zum Thema passende eigene Erfahrungen einbringen oder die Lehrperson gezielt nach solchen Erfahrungen der jungen Menschen mit Bezug auf das Thema fragt. Außerdem kann das Thema selbst genuin in der Lebenswelt der Schüler_innen verhaftet sein.

Bei 39 % aller ausgewerteten Unterrichtsgespräche lag ein Inhalt zugrunde, der keinen Erfahrungsbezug für die Schüler_innen zuließ. Nachfolgend wurden daher nur die verbleibenden 61 % der Gespräche gesichtet. Von diesen weist etwa die Hälfte einen geringen Zusammenhang (30 %) und die andere Hälfte einen starken (16 %) bzw. sehr starken (15 %) Bezug zu selbst gemachten Erfahrungen auf. Insgesamt kann man grob sagen, dass je ein Drittel der Unterrichtsgespräche keinen Erfahrungsbezug, geringen Erfahrungsbezug und starken bis sehr starken Erfahrungsbezug hatte. Das, was in Unterrichtsgesprächen verhandelt wird, betraf in zwei Drittel der Gespräche die Lebenswelt der Schüler_innen gering oder gar nicht. Dies ist ein potenziell enttäuschendes Ergebnis angesichts der Relevanz lebensweltbezogener Themen im Religionsunterricht und der Tatsache, dass gerade eschatologische Themen bzw. Inhalte zum Thema Gott einen solchen Bezug doch eigentlich nahelegen.

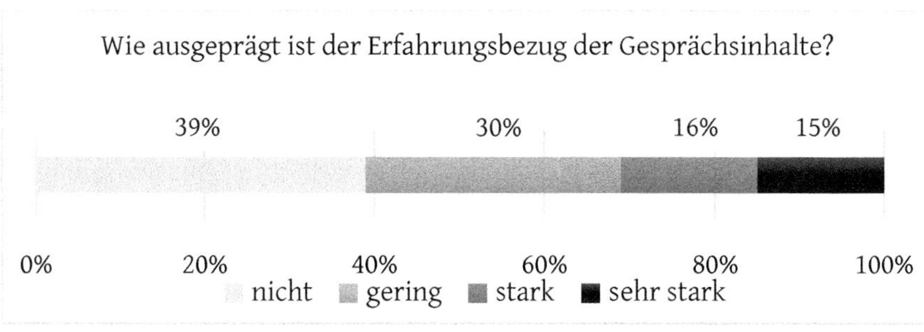

Abbildung 23

Gab es hier markante Unterschiede bei der Betrachtung der verschiedenen Lehrpersonen? Eine besondere Auffälligkeit ist zu unterstreichen: Bei Herrn Holle, bei dem die Gespräche in der Klasse nur einen geringen theologischen Bezug hatten, erwartete man, dass diese im Gegenzug einen hohen Erfahrungsbezug aufweisen. Dies ist allerdings nicht der Fall! Auch hier schneidet die Klasse von Herrn Holle mit einem Skalenmittelwert von 0,4 am schlechtesten ab. Dieses Ergebnis ist erklärungsbedürftig. Wenn die Gespräche weder einen Theologie- noch einen Erfahrungsbezug hatten, fragt man sich, worum es dabei ging. Waren diese eventuell allein wissensbezogen? Ebenfalls spielte in der Klasse von Herrn Schön (0,6) der Erfahrungsbezug in den Gesprächen bei der Hälfte der Gespräche keine Rolle. Der höchste Erfahrungsbezug ist bei den jüngeren Kindern in der 6. Klasse bei Frau Mantel zu finden (2,1), in 14 Unterrichtsgesprächen ist dieser Bezug sogar sehr stark erkennbar. Bei Frau Bornemann variiert der Bezug zu den Schülererfahrungen, in einzelnen Gesprächen ist er gering, in anderen dagegen stark. (1,5). Der geringe Mittelwert (1,1) bei Frau Blume kann täuschen, denn bei ihr ist bei gut einem Drittel (14 Fällen) ein starker oder sogar sehr starker Erfahrungsbezug zu finden, bei einem Drittel (12 Fällen) allerdings kein Erfahrungsbezug und bei knapp einem Drittel (9 Fällen) ein geringer Erfahrungsbezug. Die weiteren Lehrkräfte lassen eher einen geringeren Bezug zu den Erfahrungen erkennen.

Auf die Lebenswelt der Schüler_innen wird in den Gesprächen besonders eingegangen, wenn der Diskussionsgrad (0,307**) hoch ist, d. h. auch umgekehrt: Wenn es um eigene Erfahrungen geht, dann kann und wird auch diskutiert werden. Ein geringer Zusammenhang zeigt sich bei dem Vertiefungsgrad der Beiträge der Schüler_innen durch die Schüler_innen (0,270**), bei der Partizipation qualitativ (0,270**) und dem Gesprächsfluss (0,256**). Ein fast mittelstarker negativer Zusammenhang (–0,271**) ist zur Kategorie Gesprächsanteil Lehrperson zu finden. Wenn es um den Erfahrungsbezug im Gespräch geht, hält sich die Lehrperson eher zurück, spricht weniger, lässt den Schüler_innen Rederaum. Wenn die Lehrperson dagegen viel Rederaum einnimmt (was nach den Ergebnissen häufig der Fall ist), dann ist wenig Platz für die Erfahrungen der Schüler_innen.

4.4 Zum Vertiefungsgrad der Beiträge der Schüler_innen durch die Lehrperson und die Mitschüler_innen

In zweierlei Hinsicht wurde der Vertiefungsgrad der Beiträge der Schüler_innen untersucht: von der Lehrperson und von den Schüler_innen ausgehend.

Die Lehrperson als Hauptverantwortliche und Moderatorin des Unterrichts kann in unterschiedlicher Weise inhaltlich auf Beiträge der Schüler_innen eingehen. Beiträge der Schüler_innen können von ihr kurz bestärkt, bestätigt oder wiederholt werden. Sie können inhaltlich aufgegriffen, kontextualisiert oder auch vertieft und reflektiert werden. Es interessiert hier der inhaltliche Vertiefungsgrad der Beiträge der Schüler_innen durch die Lehrkraft.

In 13 % der Gespräche vertiefte die Lehrperson das Gesagte nicht. Es fällt auf, dass eine Vertiefung meistens bei den Unterrichtsgesprächen als Aneinanderreihung von Beiträge der Schüler_innen (UGS) unterlassen wurde, aber auch fünfmal in echten Unterrichtsgesprächen (UG) und je einmal beim Pingpong-Gespräch (UGLS) und dem Gespräch als getarnter Lehrervortrag (UGLV). Bei 62 % der Gespräche wurde auf Beiträge der Schüler_innen nur in geringem Maße eingegangen. Bei etwa einem Viertel der Fälle war eine starke (24 %) und sehr starke (1 %) Vertiefung auszumachen.

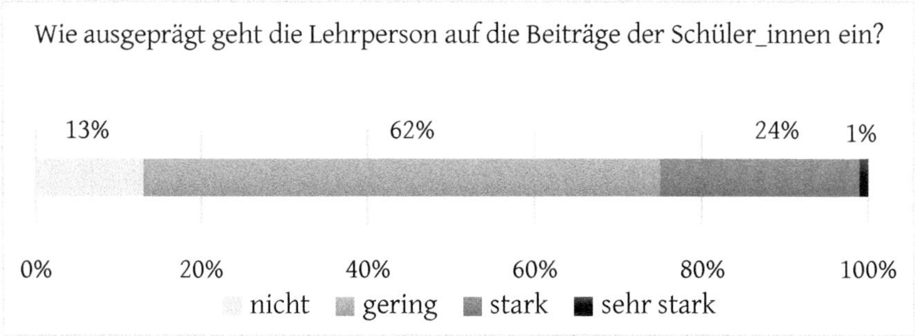

Abbildung 24

Die Gründe für eine Zurückhaltung der Lehrkräfte können unterschiedlich sein. Entweder ist der Erfahrungsbezug im Gespräch bereits gegeben, sodass dieser nicht vertieft werden muss, oder die Inhalte des Gesprächs bieten einen Erfahrungsbezug nicht an oder der Erfahrungsbezug wird bereits von den Schüler_innen vertieft oder die Lehrkraft beabsichtigt eher eine Vertiefung des Theologiebezugs statt des Erfahrungsbezugs.

Eine Erklärung für die geringen Werte bei dieser Kategorie könnte auch sein, dass die Lehrer_innen die Kinder bei ihren Beiträge der Schüler_innen ausreden lassen, das Unterrichtsgespräch nicht durch vertiefendes Nachfragen stören wollen, sondern eine Selbstläufigkeit zulassen und sich deswegen in den Unterrichtsgesprächen zurücknehmen.

Was erkennt man, wenn man auf die verschiedenen Lehrkräfte blickt? Besonders Frau Mantel (0,8) und Frau Bornemann (0,6) hielten sich bei vielen Gesprächen zurück oder vertieften nur gering. Frau Kösel hat den höchsten Wert (1,6) und legt offensichtlich am stärksten Wert darauf, den Erfahrungsbezug der Schüler_innen zu stärken.

Ein mittelstarker, aber erwartbarer Zusammenhang (0,395**) ist zu finden: Wenn die Lehrperson Beiträge der Schüler_innen vertieft, dann vertieft sie auch theologische Themen, d. h. allerdings, dass die theologischen Themen bereits von den Schüler_innen eingebracht und angesprochen werden, sodass die Lehrer_innen daran anknüpfen und diese vertiefen können.

Wie sieht es bei den Schüler_innen aus; inwiefern wurden die Beiträge der Mitschüler_innen beachtet, vertieft, angefragt?

Betrachtet man die Schüler_innen, ist festzustellen, dass in knapp zwei Drittel der Unterrichtsgespräche (64 %) die Beiträge der Mitschüler_innen nicht von Schüler_innen vertieft wurden. In 23 % der Fälle geschah dies in geringem Maße. In 12 % der Gespräche gehen Schüler_innen intensiv auf die Redebeiträge ihrer Mitschüler_innen ein. Eine Vertiefung in starkem Maße (8 %, achtmal in UG, zweimal in UGS und zweimal bei UGLS) oder sogar in sehr starkem Maße (4 %, je dreimal in UG und in UGS) wurde nur vereinzelt praktiziert. Sehr deutlich wird hier, dass die echten Unterrichtsgespräche (UG) hohe Daten erringen und in diesen auch die Beiträge der Schüler_innen vertieft werden. Allerdings ist das Gesamtergebnis überschaubar. Nur in gut jedem zehnten Unterrichtsgespräch wurde auf die Beiträge der Schüler_innen von ihren Mitlernenden vertiefend eingegangen. Offensichtlich fehlt eine Kultur des echten Dialogs, in dem man den Beiträgen der Mitschüler_innen zuhört (und nicht nur den Beiträgen der Lehrperson), auf diese Bezug nimmt, sie anfragt, bestärkt oder sich verstärkt damit auseinandersetzt.

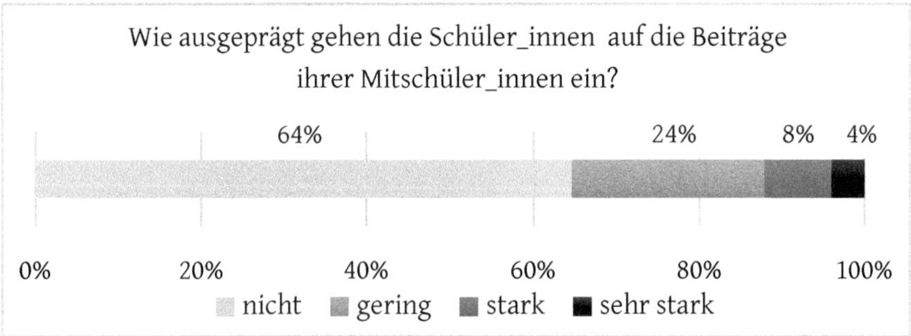

Abbildung 25

Die Werte bei den einzelnen Lerngruppen differieren kaum, sie sind durchweg sehr gering (zwischen 0,1 bis 0,4). Einzig bei Frau Blume (1,1) wurden die Beiträge der Schüler_innen von ihren Mitschüler_innen in der Regel gering und in sieben Fällen sogar stark vertieft. Bei Frau Mantel (0,9) und Herrn Schön (0,6) waren trotz des geringen Durchschnittwertes je drei Gespräche zu finden, in denen dies sogar in starkem Maße geschah. Anders gesagt: Wenn Beiträge der Schüler_innen hier vertieft wurden, dann in starkem bzw. sogar sehr starkem Maße. Anders bei Herrn Holle: Wenn bei ihm im Unterricht Beiträge der Schüler_innen vertieft wurden, dann in 16 Fällen durch ihn und nur in zwei Fällen durch die Schüler_innen. Bei Frau Kösel ist ein ähnliches Bild zu erkennen: in neun Fällen vertiefte sie, in einem Fall ein_e Schüler_in.

Welche Zusammenhänge mit anderen Kategorien zeigen sich? Mittelstarke Zusammenhänge sind zum Gesprächsfluss (0,454**), zur Gesprächsintensität (0,452**), zum qualitativen Partizipationsgrad (0,394**), zur Gesprächsatmosphäre (Raum / Rahmen) (0,368**) und zum Vertiefungsgrad theologischer Themen durch Schüler_innen (0,314**) zu erkennen. Ein schwacher Zusammenhang ist zu den echten Unterrichtsgesprächen (UG) (1,6) gegeben. Wenn Mitschüler_innen sich gegenseitig vertiefen, dann stärkt dies die Intensität, die Qualität und den Fluss und ist offenbar eher in gesprächsförderlichen

Rahmenbedingungen möglich und umgekehrt – erfreuliche, obgleich erwartbare Erkenntnisse.

Es gibt auch einen Zusammenhang (0,338**) zur Kategorie Umgang mit Kontroversen: Offenbar hängt die Vertiefung mit dem Austragen und Benennen von Kontroversen zusammen. Wenn Gegenpositionen erarbeitet und dargestellt werden, dann wird ein Thema vertieft und umgekehrt.

4.5 *Zu korrelativen Lernprozessen*

Eine weitere zentrale Frage ist, inwiefern in Gesprächen *korrelative Lernprozesse* angestoßen wurden, inwiefern die grundlegende Wechselbeziehung der Korrelationsdidaktik zwischen den Erfahrungen und den religiösen Traditionen hier greifbar war. In der religionsdidaktischen Theorie wird den Gesprächen hierbei viel zugetraut bzw. zugemutet; hier soll es darum gehen, dass Korrelation als lebendiges Geschehen, als Gespräch zwischen Erfahrung und Tradition im Unterricht formulierbar, reflektierbar und für alle Schüler_innen sichtbar wird.

Die Frage, ob korrelative Lernprozesse in Unterrichtsgesprächen des Religionsunterrichts zu identifizieren sind, ist für die Religionspädagogik zentral. Gerade deshalb muss das Ergebnis als ernüchternd beschrieben werden: In 70 % der Unterrichtsgespräche fanden keine korrelativen Prozesse statt. In 17 % der Fälle fanden sie in geringem Maße, in nur 13 % in hohem Maße statt. In sehr hohem Maße konnten korrelative Lernprozesse in den Unterrichtsgesprächen gar nicht identifiziert werden.

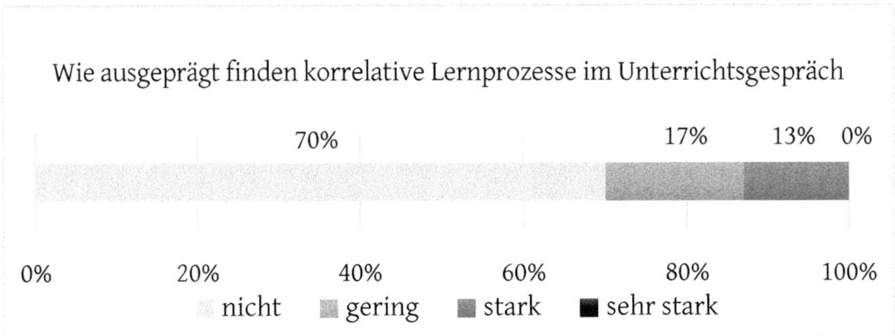

Abbildung 26

Zeigen sich aufschlussreiche Erkenntnisse beim Blick auf die verschiedenen Lehrkräfte? Immerhin gelang es einzelnen Lehrkräften, in circa der Hälfte ihrer Gespräche korrelative Lernprozesse zu initiieren (bei Frau Mantel fünfmal stark, viermal gering und bei Frau Blume neunmal stark, sechsmal gering). Bei anderen Lehrkräften waren dies eher seltene und besondere ‚Sternstunden'. Bei Herrn Holle und Herrn Schön gab es keine Gespräche, in denen korrelative Lernprozesse in einem starken Maße stattfanden. Bei Herrn Schön ist bemerkenswert, dass bei ihm oft theologische Themen angesprochen und vertieft wurden, sowohl von der Lehrperson als auch von den Schüler_innen ausgehend (ungefähr auf dem gleichen hohen Niveau), aber korrelative Lernprozesse darin nicht stattfanden.

Aufschlussreich ist allerdings, mit welchen anderen Unterrichtsmerkmalen korrelative Lernprozesse in Gesprächsphasen in einem Zusammenhang stehen: Mittelstarke positive, aber erwartbare Beziehungen sind zu dem Erfahrungsbezug der Inhalte (0,434**) und zu dem Bezug zu theologischen Themen (0,327**) zu identifizieren. Außerdem ist eine Beziehung zu dem Vertiefungsgrad theologischer Themen ausgehend von den Schüler_innen (0,440**) zu erkennen. Auch der Partizipationsgrad der Beiträge der Schüler_innen (qualitativ) (0,457**) weist eine mittelstarke positive Beziehung auf. Wenn qualitätsvolle Beiträge von Schüler_innen eingebracht werden, steigt die Wahrscheinlichkeit, dass auch korrelative Lernprozesse angestoßen werden und umgekehrt. Ebenso zeigt sich eine mittelstark positiver Bezug zum Vertiefungsgrad theologischer Themen durch Schüler_innen (0,440**) und zum Umgang mit Kontroversen (0,338**). Eher schwache Zusammenhänge sind bei der Gesprächsintensität (0,283**), dem Gesprächsfluss (0,275**) und der Gesprächsatmosphäre bei den Schüler_innen zu finden. Erneut zeigt sich hier der inhaltliche Zusammenhang von Vertiefung von Inhalten und der Erarbeitung von thematischen Kontroversen. Gegenpositionen darzustellen, dient auch dem Verständnis des Unterrichtsgegenstandes. Ein schwacher Zusammenhang ist mit der Stärke des Erfahrungsbezugs zu finden, d. h. wenn es um Erfahrungen geht, dann wird es leichter für die Schüler_innen, sich einzubringen und korrelative Lernprozesse zu durchlaufen und umgekehrt.

Erfreulich ist, dass korrelative Lernprozesse signifikant häufiger von Schüler_innen eingebracht wurden als durch die Lehrerbeiträge (fehlende Zusammenhänge zu Kategorien aus dem Einflussbereich der Lehrperson). Die Lehrkraft scheint korrelative Lernprozesse weniger anzustoßen. Ein wichtiger Faktor für korrelative Lernprozesse ist offensichtlich die qualitätsvolle Aktivität der Schüler_innen.

4.6 *Zwischenfazit*

Zur Relevanz des Inhalts kann zusammenfassend gesagt werden, dass in den meisten Gesprächen (67 %) theologische Themen stark oder sehr stark verhandelt wurden, nur in 17 % der Fälle hatten die Gespräche keinen theologischen Bezug. Allerdings wurde der Theologiebezug stärker von den Schüler_innen (bei 53 % ausführlich und sehr ausführlich) als von den Lehrpersonen (nur bei 15 % ausführlich und sehr ausführlich) vertieft. Lebensweltlich relevante Inhalte wurden dagegen nur in knapp 60 % der Unterrichtsgespräche besprochen, d. h. umgekehrt hatte bei fast jedem zweiten Gespräch (40 %) das Thema keinen

Bezug zu der Lebenswelt der Kinder und Jugendlichen. Eine Vertiefung der eingebrachten Erfahrungen der Schüler_innen erfolgte sowohl von der Lehrperson (nur bei einem Viertel aller Gespräche) als auch von den Mitschüler_innen (zumindest bei einem Drittel aller Gespräche) eher selten. Korrelative Lernprozesse, also eine Verknüpfung von religiöser Thematik mit konkreten Erfahrungen, waren in Gesprächen kaum zu identifizieren (13 %).

Gespräche, die einen theologischen Bezug haben, kennzeichnen sich durch einen positiven Gesprächsfluss und eine qualitative Partizipation der Gesprächsbeiträge der Schüler_innen. Theologische Themen als Gesprächsgegenstand werden in Unterrichtsgesprächen häufiger von Schüler_innen vertieft denn von den Lehrpersonen.

Negativ hängt der Erfahrungsbezug im Gespräch mit dem Gesprächsanteil der Lehrperson zusammen, das heißt auch, wenn die Lehrperson viel Rederaum einnimmt (was nach den Ergebnissen häufig der Fall ist), dann ist wenig Platz für die Erfahrungen der Schüler_innen.

Der Erfahrungsbezug taucht häufig in kontroversen Gesprächen auf, d. h. auch Diskussionen führen zu einem vermehrten Einbezug der Lebenswelt der Schüler_innen.

Korrelative Lernprozesse finden bei dem Großteil der Gespräche nicht statt (70 %), nur bei knapp einem Drittel der Gespräche. Zusammenhänge mit korrelativen Lernprozessen sind bei vielen Kategorien zu beobachten, besonders stark bei Erfahrungs- und Theologiebezug als auch bei qualitativem Partizipationsgrad der Schüler_innen. Auch das Vorkommen von Kontroversen hängt mit korrelativen Lernprozessen zusammen. Bedeutsam ist, dass korrelative Beiträge stärker von Schüler_innen, als von Lehrpersonen eingebracht werden.

5. Die Dynamik der Unterrichtsgespräche

Die folgenden untersuchten Merkmale versuchen, Aufschlüsse über die Dynamik und die Entwicklung der Themen der Unterrichtsgespräche zu erfassen. Diese Prozessmerkmale wurden untersucht:

5.1 Gesprächsfluss,
5.2 Diskussionsgrad,
5.3 Raum für abweichende Auffassungen,
5.4 Erkenntniserweiternder Gesprächsprozess,
5.5 Zeitliche Position der Gesprächstypen in der Unterrichtsstunde.

5.1 *Zum Gesprächsfluss*

Um den Prozess und die Dynamik der Gespräche adäquat erschließen zu können, wurde der Gesprächsfluss der Klassenkommunikation erfasst. Es wurde untersucht, in welchem Tempo die einzelnen Beiträge aufeinander folgten, ob Unterbrechungen, Pausen, Stagnation oder sogar Gesprächsabbrüche die Kommunikation kennzeichneten. Ein Spitzenwert diesbezüglich wäre gewesen, wenn das Unterrichtsgespräch in einem deutlichen Fluss war, dynamisch und selbstläufig, durchgehend durch die Teilnehmenden mit neuen, ergänzenden Gedanken und Beiträgen vorangetrieben und im Fluss gehalten wurde.

Bei etwa einem Fünftel der Gespräche (18 %) war kein Fluss erkennbar, sie stagnierten weitestgehend. Bei knapp der Hälfte der Gespräche (44 %) ‚floss' das Gespräch nur bedingt, es stockte zuweilen. Nimmt man beide Werte zusammen, so muss festgestellt werden, dass in knapp zwei Drittel der Unterrichtsgespräche (62 %) kein oder nur ein sehr geringer Gesprächsfluss zu beobachten war. Die Gespräche waren nicht selbstläufig, wirkten gezwungen und träge. In starkem Maße war dahingegen bei knapp einem Drittel der Gespräche (32 %) ein Gesprächsfluss deutlich erkennbar. Der Spitzenwert des sehr starken Gesprächsflusses wurde in 6 % der Gespräche erreicht.

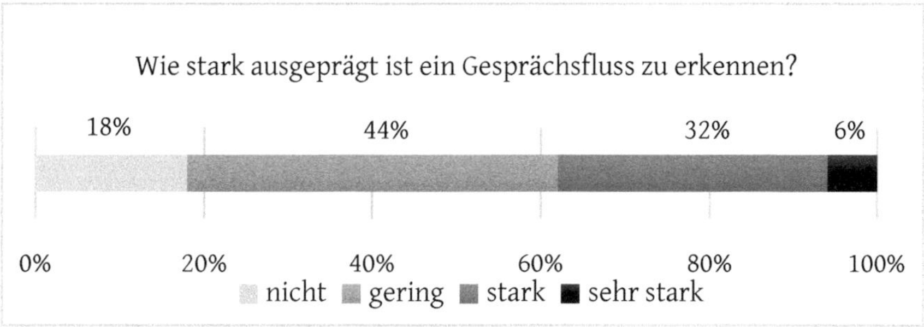

Abbildung 27

Gibt es Unterschiede beim beobachtbaren Gesprächsfluss der einzelnen Lerngruppen? In den beiden Klassen von Frau Ernte ist ein deutlicher Unterschied zu identifizieren. Im 8. Jg. bei Frau Ernte ist bei einem Drittel ein geringer, ansonsten ein starker Gesprächsfluss zu finden (insgesamt 1,6). Im 10. Jg. dagegen, mit Ausnahme zweier Gespräche, ist ein geringer Gesprächsfluss festzustellen. In drei Gesprächen stagnierte das Gespräch sogar. Der Gesamtwert in dieser Lerngruppe ist deutlich niedriger (0,9). Den höchsten Wert hat die Lerngruppe von Frau Mantel mit 1,8; dies ist die Lerngruppe der Sechstklässler_innen. Hier zeigt sich in gut zwei Drittel der Gespräche ein starker oder sogar sehr starker Gesprächsfluss. Zu fragen ist, ob lebendigere, fließende Gespräche eher in jüngeren Jahrgängen zu beobachten sind. Zudem ist kein Gespräch zu finden, in dem der Fluss stagnierte. Als in der Summe sehr gering kann der

Gesprächsfluss in der Lerngruppe von Frau Kösel bezeichnet werden (0,3); in zwei Drittel der Gespräche stagnierte der Gesprächsfluss, in den übrigen ist er nur gering ausgebildet. Auch in der Lerngruppe von Herrn Holle ist der Gesprächsfluss eher gering (0,7), in der Hälfte der Gespräche stagnierte er.

Der Gesprächsfluss korreliert mittelstark mit dem Diskussionsgrad (0,448**), dem Vertiefungsgrad der Beiträge der Schüler_innen durch Schüler_innen (0,454**), dem Partizipationsgrad qualitativ (0,379**), dem fortschreitenden Erkenntnisprozess (0,335**) und dem Vertiefungsgrad theologischer Themen durch die Schüler_innen (0,355**). All dies sind Kategorien, die die Dynamik des Gesprächs betreffen und die offensichtlich eng miteinander zusammenhängen. Ein Fluss ist auch dann erkennbar, wenn das Gespräch nicht auf die Lehrperson nach vorne, sondern auf die Beiträge der Schüler_innen gerichtet ist, d. h. ein Miteinander im Gespräch deutlich wird (Vertiefung der Beiträge der Schüler_innen). Diskussionen führen zu einer Dynamik, die das Gespräch fließend gestaltet und ihm ein bestimmtes Tempo gibt. Die beobachteten Diskussionen werden dabei eher als zielgerichtet, voranschreitend, gemeinsam etwas entwickelnd wahrgenommen als sich im Kreis drehend. Sie dienen u. a. der Vertiefung des theologischen Gesprächsgegenstandes. Das ist ein erfreuliches Ergebnis, das für die Qualität von diskursiven Gesprächen im Religionsunterricht steht.

Eine mittelstark negative Beziehung (-0,364**) ist mit dem Gesprächsanteil der Lehrperson zu erkennen, d. h. in selbstläufigen Gesprächen hält sich die Lehrperson eher zurück bzw. wenn die Lehrperson sich zurücknimmt, hat das Gespräch eine stärkere Eigendynamik.

5.2 *Zum Diskussionsgrad*

Es wurde außerdem der Diskussionsgrad der Gespräche untersucht. Diskussionen sind das Darstellen, Vertreten und Besprechen von gegensätzlichen Meinungen, Ansichten und Überzeugungen mittels Argumenten. Diskussionen eröffnen einen Rahmen, in dem alle Beteiligten sich gleichberechtigt einbringen (können). Erfasst werden sollte hier, ob in Unterrichtsgesprächen Diskussionen vorkamen und wie intensiv sie geführt wurden, d. h. ob und in welcher Intensität gegensätzlich geäußerte Ansichten auftauchten.

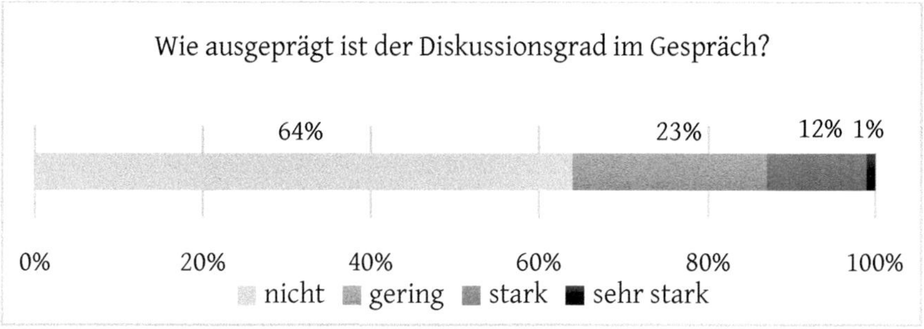

Abbildung 28

Das Ergebnis ist deutlich: In 64 %, also etwa zwei Drittel aller Unterrichtsgespräche kamen keine Diskussionen vor. In weiteren 23 % der Gespräche kamen Diskussionen in genanntem Sinne nur ansatzweise vor. Stark und sehr stark waren Diskussionen mit gegensätzlichen Meinungen in nur 13 % der Fälle ausgeprägt, d. h. bei etwa jedem zehnten Unterrichtsgespräch. Sehr stark debattiert wurde in einem echten Unterrichtsgespräch (UG) und einem Pingpong-Gespräch (UGLS), stark diskutiert wurde in zwölf echten Unterrichtsgesprächen (UG), dreimal in Gesprächen mit einer Reihung von Beiträge der Schüler_innen (UGS) und zweimal in einem Pingpong-Gespräch (UGLS).

Welche Erkenntnisse zeigt ein Blick auf die einzelnen Lehrkräfte? Bei Frau Kösel und Frau Ernte 8. Jg. kann bei einem Wert von jeweils 0,1 von einem Diskussionscharakter in Unterrichtsgesprächen nicht gesprochen werden. Erneut ragt der Wert von Frau Blume hier heraus; bei ihr waren immerhin zehn Gespräche in einem starken Maße diskursiv, allerdings auch 17 Gespräche gar nicht diskursiv. Bei den anderen Lehrkräften sind nur sehr vereinzelt Diskussionen auch in einem starken und sogar sehr starken Maße vorzufinden.

Bei welchen Variablen, so soll nun geschaut werden, sind Zusammenhänge zum Diskussionsgrad feststellbar? Eine mittelstarke Beziehung besteht zu der Gesprächsatmosphäre von den Schüler_innen ausgehend (0,381**). Das Klima innerhalb der Lerngruppe wird dann als positiv wahrgenommen, wenn die Schüler_innen miteinander diskutieren können. Ermöglicht die gute Lerngruppenatmosphäre das Diskutieren oder fördert eine Diskussion auch das soziale Klima der Klasse?

Ein starker, aber erwartbarer Zusammenhang ist zwischen den Variablen Diskussionsgrad und Vertiefungsgrad der Beiträge der Schüler_innen durch die Mitschüler_innen (0,694**) auszumachen. In Diskussionen gehen die Schüler_innen per Definition auf die Beträge ihrer Mitschüler_innen ein und vertiefen diese damit auch. Ein mittlerer positiver Zusammenhang ist mit dem qualitativen Partizipationsgrad der Schüler_innen (0,461**) zu erkennen. Ein hoher Diskussionsgrad basiert offensichtlich auf qualitätsvollen Beiträge der Schüler_innen und umgekehrt.

Ebenfalls ein mittlerer positiver Zusammenhang ist zu identifizieren zum Umgang mit Kontroversen (0,379**). Dieser eher mittlere Zusammenhang überrascht, da ein stärkerer zu erwarten war. Immerhin: Wenn die Möglichkeiten zu Kontroversen genannt werden, geht man davon aus, dass hier Diskussionen aufkommen. Offensichtlich ist dies nicht immer der Fall. Also besteht die Möglichkeit, kontroverse Ansichten zu äußern und diese werden auch getätigt, aber führen nicht zwangsläufig zu einer diskursiven Klärung, sondern bleiben manchmal auch im Raum stehen, ohne vertieft oder anderweitig aufgegriffen zu werden.

Auch ein mittlerer Zusammenhang zeigt sich zum fortschreitenden Erkenntnisprozess (0,325**), zur Metakognition (0,314**) und zum Erfahrungsbezug der Inhalte (0,307**). Es wird diskutiert, wenn es um Erfahrungen geht und umgekehrt; und auch, hier wieder erfreulich, wenn ein Fortschritt im Gedankengang zu beobachten ist und metakognitive Überlegungen eingebracht werden, über das Denken nachgedacht wird. Die hier beobachteten und bewerteten Diskussionen haben offensichtlich eine bestimmte Qualität.

5.3 *Zum Raum für abweichende Auffassungen*

Welchen Einfluss hat die Lehrperson auf das Vorkommen von Diskussionen? Wie geht diese mit von Schüler_innen geäußerten, inhaltlich kontroversen Einschätzungen um? Es wurde erfasst, inwiefern durch die Unterrichtsgestaltung oder die Lehrperson Raum für inhaltlich kontroverse Einschätzungen der Schüler_innen eröffnet wurde. Inwiefern hatten Schüler_innen die Möglichkeit zur Äußerung abweichender Auffassungen? Dies kann aus dem unterrichtlichen Geschehen heraus erwachsen, wenn etwa explizit Raum für Unklarheiten, Fragen oder sonstige Anmerkungen für Schüler_innen eröffnet wird. Oder es kann sein, dass die von der Lehrperson eingespielten Unterrichtsinhalte bewusst oder unbewusst provozieren, durch eine These, ein Bild, eine Frage und eine zustimmende oder ablehnende Einschätzung die Schüler_innen herausfordern. Bewertet wurde, ob etwa die Lehrkraft explizit nach anderen Meinungen fragte, auf kontroverse Einschätzungen Bezug nahm oder an kontrovers geäußerte Ansichten erinnerte und anknüpfte oder ob sie den Schüler_innen signalisierte, dass hier und heute kein Platz für kontroverse Einschätzungen ist.

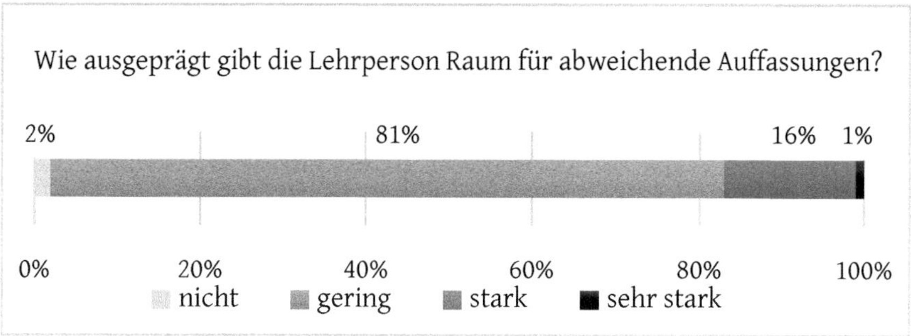

Abbildung 29

Dreimal wurde explizit festgestellt, dass es keinen Raum gibt, kontroverse Einschätzungen zu äußern. In 81 % der Unterrichtsgespräche hatten die Schüler_innen in geringem Maße die Möglichkeit, kontroverse Einschätzungen einzubringen. Bei nur knapp einem Fünftel (17 %) war das Einbringen abweichender Auffassungen in starkem und sehr starkem Maße möglich.

Alle Lehrkräfte gaben, wenn auch in der Regel nur gering, Raum für Kontroversen (Werte zwischen 1,0 und 1,3). Gering von den anderen weicht die Lerngruppe von Herrn Schön ab, der immerhin in drei Gesprächen stark und in einem Gespräch sogar sehr stark seine Schüler_innen zum Einbringen kontroverser Beiträge ermutigte (1,3).

Auf signifikante Zusammenhänge zu anderen Items wurde bereits verwiesen.

5.4 *Zum erkenntniserweiternden Gesprächsprozess*

Gesprächen wird in der religionspädagogischen Forschung viel zugetraut. Es wurde der in den Gesprächen wahrnehmbare fortschreitende Lernprozess untersucht. Es interessierte, ob eine fortschreitende Dynamik zu beobachten war, die der Gruppe einen gemeinsamen Erkenntnisfortschritt ermöglichte. Drehte sich das Gespräch im Kreis, ohne dass es zu einem Erkenntnisgewinn kam? Oder wurde ein Problem geklärt, beleuchtet, vertieft und auch beantwortet? Wurden für den gemeinsamen Erkenntnisprozess nur einzelne Grundlagen genannt oder trieben bereits mehrere Beiträge den gemeinsamen Erkenntnisprozess voran? Wurden verschiedene Positionen nicht nur genannt, sondern auch gegeneinander abgewogen? Gab es einen „Aha-Effekt“? Erfasst werden sollte, ob und wie es um den inhaltlichen Erkenntnisfortschritt im Unterrichtsgespräch stand.

Erneut waren vergleichsweise niedrige Ergebnisse zu konstatieren: Bei einem Viertel (25 %) der Gespräche war kein Lernprozess, keine neue Erkenntnis feststellbar. Bei fast der Hälfte der Gespräche war dieser gering (54 %). Bei jedem fünften Gespräch (21 %) war ein deutlicher Lernprozess, ein hoher erkenntniserweiternder Prozess zu beobachten.

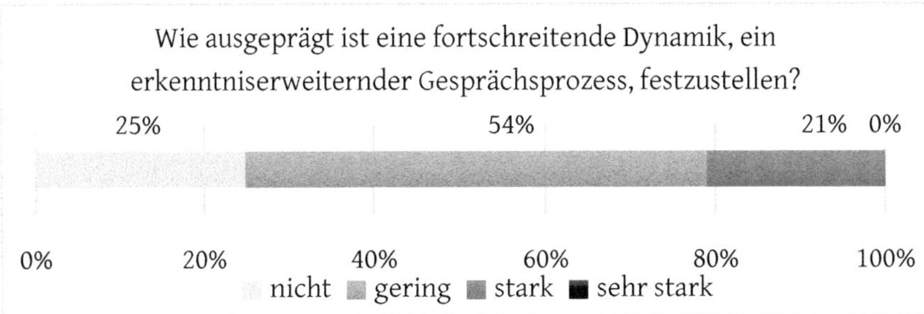

Abbildung 30

Ein differenzierter Blick auf die einzelnen Lerngruppen mit ihren Lehrpersonen veranschaulicht deutliche Unterschiede: Die Hälfte der Gespräche bei Herrn Schön lassen einen geringen, die andere Hälfte sogar einen starken erkenntniserweiternden Lernfortschritt erkennen. Bei Frau Bornemann hatten ebenfalls alle Gespräche einen deutlichen Erkenntnisfortschritt, bei vier Gesprächen war dieser sogar in einem starken Maße ein fortschreitender, erkenntniserweiternder Prozess. Bei Frau Blume variiert es.

Die hier erreichten Ergebnisse sind gering. Offensichtlich fanden bei einigen Lehrkräften Gespräche statt, denen kein Lerngewinn bescheinigt werden kann, bei denen kein Fortschritt im Austausch verschiedener Beiträge erkannt wird, bei denen geredet wurde, ohne dass die Kommunikation Neues zu Tage brachte. Religionsdidaktisch ist zu überlegen, ob mit diesem Anspruch das Gespräch nicht überfordert ist. Zu bedenken wäre, ob der Erkenntnisfortschritt nicht vielleicht eher in Phasen der Einzelarbeit oder während Lehrervorträgen erfolgt und deshalb durch den Zugriff auf die Unterrichtsprozesse nicht abgebildet wird.

Mittelstarke Zusammenhänge zeigen sich zur Gesprächsatmosphäre bei den Schüler_innen (0,401**), zum Gesprächsfluss (0,335**), zum Diskussionsgrad (0,325**) und zur Reflexion des Lernprozesses (0,307**). Die Gesprächsatmosphäre kann als eine Grundbedingung für einen guten Erkenntnisprozess verstanden werden. Die anderen Kategorien legen die Aufmerksamkeit auf den Prozesscharakter und verbalisieren diesen im Gespräch selbst.

5.5 *Zur zeitlichen Position der Unterrichtsgesprächstypen in der Unterrichtsstunde*

Auch die zeitliche Platzierung der Unterrichtsgesprächstypen in der Unterrichtsstunde wurde betrachtet, also: Wann kamen Gespräche im Verlauf des

Unterrichts vor: Zu Beginn der Stunde, in der Mitte oder am Ende der Stunde? Es wurde geschaut, wieviel Unterrichtszeit bereits vor den Gesprächen verstrichen war, und untersucht, ob aufschlussreiche Muster zu erkennen sind.

In den ersten neun Minuten, in denen in der Regel Begrüßung und Einführung ins Thema verortet sind, fanden 13 % der Unterrichtsgespräche statt. In der daran anschließenden Unterrichtsphase von Minute zehn bis 19, in der Regel die Präsentations- und Erarbeitungsphase, fanden 17 % der Gespräche statt. Dies sind überdurchschnittlich viele. In der nächsten Zeitspanne von Minute 20–29 fanden wenige, nämlich nur 10 % der Gespräche statt. Bis zum Ende der ersten Stunde (Minute 30–45) häuften sich wieder die Gespräche (27 %). Viele Unterrichtsgespräche fanden damit in der Abschluss- und Sicherungsphase am Ende der ersten Stunde statt.

Bei der Auswertung der Unterrichtszeit, die bei den 22 aufgezeichneten Doppelstunden untersucht wurde, muss bedacht werden, dass diese Doppelstunden verschieden gestaltet waren. Bei einigen Stunden fand genau in der Mitte eine kurze Fünfminutenpause statt, bei anderen war die Lernzeit von 90 Minuten gar nicht oder zu einem späteren Zeitpunkt durch eine Pause unterbrochen.

Zu Beginn der zweiten Stunde (Minute 45–55) der videografierten Doppelstunden fanden durchschnittlich viele Unterrichtsgespräche statt (10 %). Gleiches gilt für den folgenden Zeitkorridor (Minute 55–64). Die letzten beiden Zeitkorridore waren ebenfalls nur gering durch Unterrichtsgespräche markiert: Von der 65. Minute bis zur 75. Minute (6 %) und ab der 75. Minute bis zum Ende der Unterrichtsstunde (7 %). Berücksichtigt werden muss, dass durch verspätete Unterrichtseinstiege oder durch frühzeitige Beendigung einige Doppelstunden nicht die vollen 45 bzw. 90 Minuten Lernzeit umfassten.

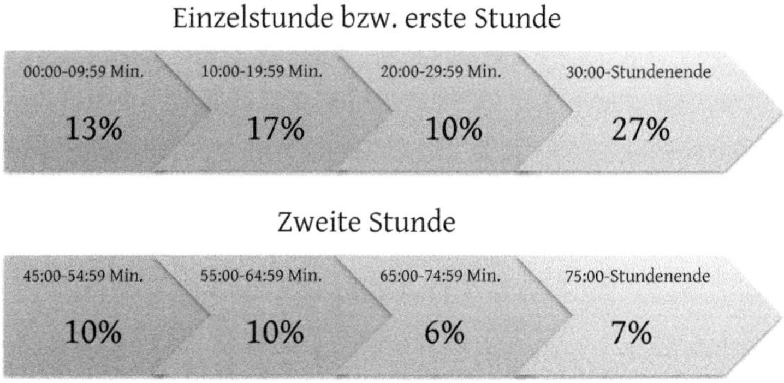

Abbildung 31

Zu unterstreichen ist, dass zum Ende von Doppelstunden unterdurchschnittlich wenige Unterrichtsgespräche stattfanden, was eher überraschend ist. Resümierende, reflektierende und das Gesprächsergebnis sichernde Unterrichtsgespräche finden offenbar in Doppelstunden weniger zum Ende statt. Was ist hierfür der Grund? Ist ‚die Luft raus'? Oder ist in der Tat ein Mangel an reflektierender, sichernder Unterrichtsgestaltung durch die Lehrperson zu markieren?

Sind solche Auffälligkeiten bei der zeitlichen Platzierung der Gespräche bei den einzelnen Lerngruppen und Lehrpersonen identifizierbar?

Besonders viele Gespräche fanden zu Beginn der Stunde, also in den ersten zehn Minuten, in den beiden Lerngruppen von Frau Ernte (8. Jg., 44 %; 10. Jg., 39 % ihrer Gespräche) statt. In diesen Lerngruppen wurden nur Einzelstunden aufgezeichnet. Bei den anderen Lehrkräften ist dies eher die Ausnahme. Es ist auf der vorliegenden Datenlage nicht zu klären, ob dieses überraschende Ergebnis auf Einzelstunden zurückzuführen ist, also dass in 45-Minuten-Stunden tendenziell Unterrichtsgespräche häufiger zu Beginn der Stunde stattfinden, oder ob dies eine Spezifik der Lehrperson Frau Ernte ist.

Frau Blume (26 %), Herr Holle (22 %) und Frau Mantel (20 %) platzierten ihre Gespräche in der Regel in der zweiten Unterrichtsphase, also von 10–19 Minuten. Einzig bei Frau Bornemann fanden in den ersten 20 Minuten keine Unterrichtsgespräche statt. Bei ihr fällt deutlich auf, dass erst zum Abschluss der Doppelstunden die meisten Unterrichtsgespräche stattfanden (40 %), wogegen die übrigen Gespräche sich gleichmäßig zum Ende der ersten Stunde auf die Zeitkorridore Minute 20–29 und Minute 30–45 verteilten. Auch in der Lerngruppe von Herrn Schön fanden zu Beginn in den ersten beiden Unterrichtsphasen eher wenige Gespräche statt. In der *dritten Unterrichtsphase*, also von Minute 20–29, lassen sich keine großen Unterschiede zwischen den Lehrkräften finden; hier finden unterdurchschnittlich viele Gespräche statt. Auch im vierten Zeitkorridor, von Minute 30–45, bei den Einzelstunden die letzten Unterrichtsminuten, gab es keine großen Ausreißer; hier wurden bei allen Lehrpersonen überdurchschnittlich viele Gespräche platziert (bei Frau Mantel 28 %, bei Herrn Holle 28 %, bei Frau Blume 20 % der Gespräche). Alle anderen Gespräche verteilen sich erstaunlich gleichmäßig auf die Unterrichtszeit.

Auf der Grundlage dieser Daten können keine allgemeingültigen Aussagen gemacht werden. Es ist zu vermuten, dass es Lerngruppen- bzw. Lehrkräftetypen bei der Gestaltung und zeitlichen Platzierung von Unterrichtsgesprächen gibt.

Signifikante Zusammenhänge mit anderen Kategorien sind nicht zu finden.

5.6 *Zwischenfazit*

Zur Relevanz der Gesprächsdynamik kann resümiert werden, dass 20 % der Gespräche einen kontinuierlichen Gesprächsfluss ausweisen. Diskussionen allerdings kamen selten bis gar nicht vor (63 %). Nur ein kleiner Teil der Gespräche (12 %) weist hier eine hohe Ausprägung auf. So erstaunt es nicht, dass auch das Einbringen von kontroversen Einschätzungen in nur 17 % der Gespräche stark oder sehr stark ermöglicht wurde. Ein fortschreitender Lernprozess ist zumindest bei 21 % der Gespräche festzustellen, allerdings kann bei jedem vierten Unterrichtsgespräch keinerlei Lernfortschritt beobachtet werden.

Die meisten Unterrichtsgespräche, dies gilt auch für die Doppelstunden, wurden zum Ende der ersten Unterrichtsstunde geführt, also in dem Zeitkorridor zwischen den Minuten 30 und 45. Eine weitere Häufung ist in der zweiten Unterrichtsphase zu erkennen, also in den Minuten zehn bis 19. Eine sicher überraschende Erkenntnis ist, dass in der jeweils zweiten Stunde von Doppelstunden unterdurchschnittlich viele Gespräche stattfanden.

Der Gesprächsanteil der Lehrperson korreliert negativ zum Gesprächsfluss, d. h. in selbstläufigen Gesprächen hält sich die Lehrperson eher zurück bzw. wenn die Lehrperson sich zurücknimmt, kann das Gespräch eine stärkere Eigendynamik entwickeln. Die hier beobachteten seltenen Diskussionen haben offensichtlich eine besondere Qualität, da hier Zusammenhänge zum fortschreitenden Erkenntnisprozess, zum Erfahrungsbezug der Inhalte, zur Metakognition und zum Partizipationsgrad qualitativ zu finden sind. Ein fortschreitender Erkenntnisprozess hängt in den Gesprächen offenbar positiv mit seinem diskursiven Charakter, einer guten Gesprächsatmosphäre bei den Schüler_innen, einem fließenden Gesprächsprozess und mit der Reflexion des Lernprozesses zusammen.

Typen von Unterrichtsgesprächen und ihre Merkmale
Auswertung und Interpretation des hoch-inferenten Ratings

Dominic Fröhle / Annegret Reese-Schnitker / Daniel Bertram

Unterrichtsgespräch ist nicht gleich Unterrichtsgespräch – das versteht sich von selbst. Und doch gibt es Gespräche, die einander in Bezug auf bestimmte Aspekte ähnlich sind. Diese Ähnlichkeiten bilden wir durch einer Typisierung ab, welche vier Gesprächstypen unterscheidet.[1] Durch welche Merkmale sich die verschiedenen Typen auszeichnen, soll in diesem Beitrag dargestellt werden. Fragen der Forschungsperspektive sind das Vorkommen dieser Unterrichtsgesprächstypen, ihre besondere Gestalt und ihre spezifischen Charakteristika.

Tabelle 1: Vorkommen der Gesprächstypen

Gesprächstyp	Vorkommen im niedrig-inferenten Auswertungsverfahren		Vorkommen im hoch-inferenten Auswertungsverfahren	
	Absolute Häufigkeit	Relative Häufigkeit	Absolute Häufigkeit	Relative Häufigkeit
UG	52	15%	21	15%
UGLS	162	46%	56	39%
UGS	101	29%	50	34%
UGLV	36	10%	18	12%
Gesamt	351	100%	145	100%

Legende: UG = echtes Unterrichtsgespräch; UGS = aufeinanderfolgende Beiträge der Schüler_innen; UGLV = Gespräch in verteilten Rollen als getarnter Lehrervortrag; UGLS = Gespräch im Pingpong-Modus.

Bereits im niedrig-inferenten Auswertungsverfahren[2] wurde das Vorkommen dieser Typen in Unterrichtsgesprächen erhoben. In insgesamt 63 Unterrichtsstunden in acht verschiedenen Lerngruppen wurden 351 Unterrichtsgespräche

1 Vgl. die ausführliche Beschreibung dieser vier Unterrichtsgesprächstypen im Kapitel *Das methodische Vorgehen in der Unterrichtsstudie*, 194.

2 Vgl. zur methodischen Anlage der Arbeit in Kapitel *Das methodische Vorgehen in der Unterrichtsstudie.*

identifiziert, wobei das Unterrichtsgespräch im Pingpong-Modus (UGLS) mit 162 Gesprächen (46 %) am häufigsten, das Unterrichtsgespräch in Form einer Aneinanderreihung von Beiträge der Schüler_innen (UGS) mit 101 Gesprächen (29 %) am zweithäufigsten beobachtet wurde. An dritter Stelle konnte das echte Unterrichtsgespräch (UG) mit 52 Gesprächen (15 %) und an letzter Stelle der Lehrervortrag in verteilten Rollen (UGLV) mit 36 Gesprächen (10 %) erfasst werden.

Beim *hoch-inferenten Auswertungsverfahren* wurden dagegen nur Gespräche mit einer Mindestdauer von zwei Minuten untersucht; davon konnten 145 Gespräche identifiziert werden. Am häufigsten vorzufinden (56-mal) ist mit 39 % aller Gespräche abermals der ‚Pingpong-Typ' (UGLS). Danach folgt das 50-mal vorkommende Gespräch als Aneinanderreihung von Beiträge der Schüler_innen (UGS) (35 %). Echte Unterrichtsgespräche nehmen wieder den dritten Platz ein und sind bei 21 Gesprächen (15 %) aufzufinden, stellen also etwa ein Achtel aller 145 Unterrichtsgespräche dar. Unterrichtsgespräche in „vertauschten Rollen", auch als „getarnte Lehrervorträge" (UGLV) bezeichnet, können 18-mal, also in 12 % der aufgezeichneten Fälle identifiziert werden.

Die Reihenfolge des Vorkommens der Unterrichtsgespräche bleibt trotz der Konzentration auf längere Gespräche beim hoch-inferenten Rating identisch. Gering vermehrt treten bei längeren Gesprächszeiten das Gespräch als miteinander verkettete Beiträge der Schüler_innen und der getarnte Lehrervortrag in verteilten Rollen, weniger hingegen das Pingpong-Gespräch auf.

Welche besonderen Merkmale kennzeichnen die verschiedenen Unterrichtsgesprächstypen? Im Folgenden werden die Ergebnisse des hoch-inferenten Ratings genutzt, um spezifische Profile für die verschiedenen Unterrichtsgesprächstypen zu erstellen. Dazu werden die Besonderheiten und Auffälligkeiten in Bezug auf die untersuchten Gesprächsmerkmale herausgestellt.

1. Gespräche im Pingpong-Modus (UGLS)

Die Gespräche im Pingpong-Modus haben mit 56 den größten Anteil an den ausgewerteten 145 Unterrichtsgesprächen. Was zeichnet diese offensichtlich häufig praktizierte Gesprächsform aus? Zur Beantwortung dieser Frage wird das Lehrer- sowie das Schülerverhalten in den Blick genommen, weiter die Inhalte und die Dynamik der Gespräche.

1.1 Wie verhält sich die Lehrperson bei dieser Gesprächsform?

Der *Gesprächsanteil der Lehrperson* ist hier erwartungsgemäß hoch (1,8)[3]. Die Lehrperson bestreitet bei mehr als drei Viertel der Gespräche deutlich mehr als die Hälfte der Gesprächszeit. Die *Körpersprache der Lehrperson* unterstützt, trotz des stark aktiven Anteils am Gespräch, hingegen die Kommunikation nur gering (1,1). Immerhin in knapp einem Drittel der Gespräche (29 %) bemüht sich die Lehrperson, die *Gesprächsatmosphäre* stark zu begünstigen (1,3), in 70 % der Fälle allerdings nur in einem geringen Maße.

Die Werte der *Vertiefung der Beiträge der Schüler_innen* (1,3) und der *theologischen Inhalte* (1,0) durch die Lehrperson sind insgesamt moderat, aber im Vergleich zu den anderen Gesprächstypen am höchsten. Dreimal ist hier eine besonders starke Vertiefung der theologischen Inhalte zu finden. Ferner sind trotz des aktiven Parts der Lehrperson die Werte zur *fachlichen Auskunftsfähigkeit* der Lehrperson im Vergleich zu den anderen Gesprächstypen am geringsten (0,2) (die anderen Unterrichtstypen liegen bei 0,3 und 0,8). Bei 86 % der Gespräche gibt die Lehrperson keine fachlichen Auskünfte. Bei 11 % sind diese gering und nur bei 4 % stark. Die Lehrperson nutzt offensichtlich ihren hohen Gesprächsanteil nicht, um ihre fachliche Expertise einzubringen. Ebenso gelingt es ihr nur sehr begrenzt (in sechs von 56 Fällen), auf *übergreifende Zusammenhänge* aufmerksam zu machen (0,6), *den Lernprozess zu reflektieren* (0,2) und *metakognitive Überlegungen* anzustellen (0,1). Was aber tut die Lehrperson dann angesichts des gemessenen hohen Gesprächsanteils? Sie könnte Rückmeldung zu dem, was die Schüler_innen sagen, geben und damit in die Rolle der Feedback-Geber_in oder Vermittler_in von neuen Inhalten wechseln.

Das Ergebnis zur *inhaltlichen Strukturierung* ist geteilt. Bei knapp der Hälfte (39 %) der Pingpong-Gespräche findet keine Strukturierung statt. Gleichzeitig wird in 29 % der Gespräche stark oder sogar sehr stark strukturiert, bei 32 % nur in geringem Maße. Offenbar nutzt die Lehrperson ihre Wortbeiträge teilweise, um den Inhalt des Gesprächs zu sortieren und zu strukturieren. Ebenso geteilt ist das Resultat bei der Kategorie *Ergebnissicherung*. In knapp der Hälfte der Gespräche bemüht sich die Lehrperson, die Gesprächsergebnisse zu sichern, bei 36 % der Gespräche findet eine Sicherung der Gesprächsergebnisse sogar in starkem Maße statt.

Die *methodische Lenkung* ist, trotz des großen Gesprächsanteils der Lehrperson beim Pingpong-Gespräch, erneut wieder mit 0,8 sehr gering. Knapp ein Viertel der Gespräche (23 %) werden methodisch stark oder sehr stark gelenkt, knapp die Hälfte (46 %) lassen keine methodische Lenkung erkennen. Dieses negative Ergebnis überrascht aufgrund der starken Aktivität der Lehrperson

---

3 Zur Methodik des hoch-inferenten Ratings siehe das Kapitel *Das methodische Vorgehen in der Unterrichtsstudie.*, 203ff. Der Wert in Klammern ist der Mittelratingwert dieser Bewertungskategorie.

bei diesem Gesprächstyp. Ebenfalls schwache Werte sind beim *Umgang der Lehrperson mit inhaltlich kontroversen Einschätzungen* zu finden (1,1): in den meisten Gesprächen (88 %) ist die Äußerung abweichender Auffassungen nur in geringem Maße möglich.

Ein geteiltes Ergebnis ist beim *Einfluss fachdidaktischer Medien* zu sehen. Bei gut der Hälfte (55 %) der Gespräche unterstützen diese die Kommunikation, bei 11 % stark und bei 21 % sogar sehr stark. Allerdings tauchen bei 45 % der Gespräche keine fachdidaktischen Medien auf. Auch *nicht-thematische Medien* werden hier und im Gespräch in Form geteilter Rollen stärker als in den anderen Gesprächstypen eingesetzt, wenn auch auf einem niedrigen Niveau (0,6). In neun Fällen (16 %) unterstützen diese das Unterrichtsgeschehen stark.

1.2 Wie verhalten sich die Schüler_innen?

Knapp hinter dem Gespräch als Reihung von Beiträge der Schüler_innen (mit 1,6) weist das Pingpong-Gespräch mit 1,5 den zweithöchsten Mittelwert beim *quantitativen Partizipationsgrad* auf. Bei 43 % der Gespräche beteiligen sich mehr als die Hälfte der Klasse. In elf Gesprächen ist sogar annähernd die gesamte Lerngruppe aktiv beteiligt. Nur bei knapp einem Zehntel dieser Gespräche ist dies ein Austausch unter weniger als ein Drittel der Klasse. Das ist ein hohes Ergebnis. Die Form des Pingpong-Gesprächs fördert offenbar eine hohe Beteiligung in der Klasse, dient eventuell der Lehrkraft auch dazu, zurückhaltende Schüler_innen in das Gespräch einzubinden. Die *Qualität der Partizipation* im Gespräch (1,4), also die Qualität der Beiträge der Schüler_innen, ist allerdings bei gut der Hälfte der Beiträge (57 %) eher gering. Immerhin zeichnen sich die Beiträge der Schüler_innen in 43 % der Gespräche durch eine hohe Qualität aus. Knapp die Hälfte dieser Gespräche sind also qualitätsvoll. Eine ähnliche Zweiteilung ist bei der Kategorie *Vertiefungsgrad theologischer Themen durch die Schüler_innen* zu entdecken. Die Kinder und Jugendlichen vertiefen die theologischen Themen bei genau der Hälfte der Gespräche in einem hohen Maße (50 %). Dagegen ist der *Vertiefungsgrad der Beiträge der Schüler_innen* mit 0,3 einschneidend gering. Bei gut drei Viertel der Gespräche (79 %) werden die Gesprächsbeiträge der Mitschüler_innen weitestgehend nicht aufgegriffen. Bei 18 % der Gespräche wird nur in einem geringen Maße auf diese Vorreden eingegangen. Das regelmäßige Eingreifen der Lehrperson bei diesem Gesprächstyp führt offensichtlich dazu, dass die Beiträge der Schüler_innen sich vorwiegend auf die theologischen Themen fokussieren und weniger die vorausgehenden Beiträge der Mitschüler_innen bedenken.

Die Ergebnisse bezüglich der *Gesprächsatmosphäre von den Schüler_innen ausgehend* sind geteilt. Bei einem Drittel (32 %) ist eine stark gesprächsförderliche Atmosphäre zu erkennen, bei den anderen zwei Dritteln ist diese gering (55 %) oder sogar nicht gesprächsunterstützend (13 %).

1.3 Welche Inhalte werden bei diesem Gesprächstyp verhandelt?

Pingpong-Gespräche haben in einem hohen Maße *theologische Inhalte* (1,8). Nur knapp ein Fünftel der Gespräche (18 %) haben keinen theologischen Bezug. Fast ein Viertel der Gespräche zeichnen sich sogar durch einen sehr hohen theologischen Gehalt aus (23 %). Der *Erfahrungsbezug* der Gespräche ist geringer, bei knapp zwei Drittel (63 %) der Pingpong-Gespräche ist dieser vorhanden, d. h. umgekehrt auch bei einem Drittel hat der Inhalt des Gesprächs keine Verbindung zu der Erfahrungswelt der Schüler_innen. Insgesamt kann nur bei 18 % der Pingpong-Gespräche ein hoher oder sehr hoher Erfahrungsbezug wahrgenommen werden. Es wird deutlich: Hier werden weniger den Schüler_innen vertraute Themen verhandelt als vielmehr von der Lehrperson fokussierte. Auf dieser Grundlage ist es nicht verwunderlich, dass die Pingpong-Gespräche auch bei der Kategorie *korrelative Lernprozesse* eine niedrige Ausprägung zeigen (0,3). In drei von 56 Gesprächen sind korrelative Momente in einem starken Maße zu erkennen. In 44 Fällen (79 %) finden keine korrelativen Lernprozesse statt.

1.4 Welche Dynamik kann bei diesen Gesprächen beobachtet werden?

Das, worum es im Gespräch geht, die *Intention*, wird hier in der Regel kurz genannt (89 %). In 11 % der Fälle ist nicht klar, worum es geht, allerdings wird auch bei 16 % der Fälle deutlich die Zielperspektive und Absicht des Gesprächs erläutert. Die *Gesprächsintensität* der Pingpong-Gespräche ist im Vergleich zu dem echten Unterrichtsgespräch (1,9) und dem Gespräch als Reihung von Beiträge der Schüler_innen (1,5) eher gering (1,1). Nur in einem Fünftel der Gespräche kann von einer starken Beteiligung und Aufmerksamkeit der Schüler_innen gesprochen werden. Obwohl also rein zahlenmäßig viele Schüler_innen beteiligt sind, ist offensichtlich die Intensität der Beteiligung und Aufmerksamkeit schwach ausgeprägt.

In Pingpong-Gesprächen finden in der Regel keine Diskussionen statt, bei drei Viertel der Gespräche wird hier nicht diskutiert (77 %), d. h. das Hin und Her zwischen Schüler_in und Lehrperson hat meist keinen diskursiven Charakter. Der *Diskussionsgrad* ist hier insgesamt äußerst gering (0,3). Nur in drei von 56 Gesprächen kann von einem hohen oder sehr hohen Diskussionspotential gesprochen werden. Gleichermaßen ist auch der *Gesprächsfluss* im Vergleich zu dem echten Unterrichtsgespräch (2,0) und zum Gespräch als Reihung von Beiträge der Schüler_innen (1,5) gering (0,9). Bei knapp einem Drittel (29 %) kann gesagt werden, dass das Gespräch stagniert und vermutlich die Lehrperson hier durch ihr aktives Einbringen der Stagnation entgegenwirken möchte. Nur bei einem knappen Fünftel (18 %) kann von einem deutlichen Gesprächsfluss gesprochen werden.

Pingpong-Gespräche weisen in der Kategorie des *fortschreitenden Erkenntnisprozesses* nur schwache Werte (0,9) auf, bei einem Drittel (29 %) wird kein Erkenntnisfortschritt im Gespräch erzielt, bei gut der Hälfte (57 %) ist dieser gering. In acht Pingpong-Gesprächen (14 %) wird ein fortschreitender, erkenntniserweiternder Gesprächsprozess erkennbar.

Bei der *zeitlichen Verteilung* fällt auf, dass das Pingpong-Gespräch überdurchschnittlich häufig zu Beginn, in den ersten zehn Minuten, bzw. zum Ende der ersten Stunde auftritt. Es kann vermutet werden, dass mit diesem Gesprächsmodus vor allem die Wiederholung und Reaktivierung zu Beginn des Unterrichts beabsichtigt wird. Auch zum Ende der Stunde übernimmt die Lehrkraft wieder eine stärkere Kontrolle über den Gesprächsverlauf.

2. Gespräche als Reihung von Beiträgen der Schüler_innen (UGS)

Von den 145 untersuchten Unterrichtsgesprächen konnten 50 Gespräche als eine Aneinanderreihung von Beiträge der Schüler_innen identifiziert werden. Sie bilden damit den Unterrichtsgesprächstyp mit dem zweitgrößten Vorkommen. Welche Merkmale zeichnen diese Form des Unterrichtsgesprächs aus?

2.1 Wie verhält sich die Lehrperson bei dieser Gesprächsform?

Der *Gesprächsanteil der Lehrperson* ist bei diesem Typ bei drei Viertel der Gespräche gering – sie hält sich meist aus der Kommunikation heraus. Dies ist im Vergleich der Gesprächstypen der geringste Wert. Trotz alledem ist es erstaunlich, dass es auch hier Gespräche gibt, etwa ein Fünftel (22 %), bei denen der Gesprächsanteil der Lehrkraft hoch ist (1,1). Mit ihrer *Körpersprache* unterstützt die Lehrkraft das Gespräch entweder vermehrt (26 %), gering (58 %) oder gar nicht (16 %). Durchweg äußerst geringe Werte werden in Bezug auf die Lehrkraft bei der *fachlichen Auskunftsfähigkeit* (0,3) erzielt; in nur jeweils drei Fällen ist diese hoch oder sogar sehr hoch ausgeprägt. Ebenfalls geringe Werte wurden bei der *Herstellung übergreifender Zusammenhänge* (0,7; nur zwei sehr hoch), bei der *Sicherung der Gesprächsergebnisse* (0,2), der *Reflexion unterrichtlicher Prozesse* (0,2) und der *inhaltlichen Strukturierung* (0,7; ein Fünftel der Gespräche sind stark inhaltlich strukturiert) gemessen. Es gibt nur vereinzelt Unterrichtsgespräche, in denen *Metakognition* eine Rolle spielt (0,2) (in zwei Gesprächen stark und in sechs Gesprächen gering). Auf eher niedrigem Niveau ist festzustellen, dass die Lehrperson in dieser Gesprächsform die Äußerung abweichender Auffassungen begünstigt (1,1). In immerhin sieben Fällen kommen kontroverse Äußerungen in starkem Maße vor. Die Gespräche zeichnen sich allerdings durch eine *methodische Lenkung* aus, zehn Gespräche werden sogar stark und vier sehr stark methodisch gelenkt. 45 % der echten Unterrichtsgespräche werden nicht methodisch gelenkt. Bei dieser Art des Gesprächs bringt die Lehrperson offensichtlich kaum ihre fachliche noch gesprächsstrukturierende Kompetenz ein.

Bei gut der Hälfte der Gespräche (54 %) werden fachdidaktische Medien von der Lehrkraft eingesetzt, davon haben sogar 22 % eine starke und 12 % eine sehr starke Bedeutung für das Gespräch. Dagegen spielen nicht-thematische Medien hier kaum eine Rolle, nur bei einem Fünftel kommen sie mit geringer Bedeutung für das Gespräch vor.

2.2 Wie verhalten sich die Schüler_innen?

In diesem Gesprächstyp, der Aneinanderreihung von Beiträge der Schüler_innen, gelingt es am besten, viele Schüler_innen zu beteiligen. Der *quantitative Partizipationsgrad* ist hier im Vergleich zu den anderen Gesprächen mit 1,6 am höchsten. Bei gut der Hälfte der Gespräche (54 %) sind mehr als die Hälfte der Schüler_innen beteiligt, bei einem Viertel (24 %) sogar mehr als drei Viertel der Klasse. Allerdings ist der *Vertiefungsgrad der Beiträge der Schüler_innen* von den Schüler_innen äußerst gering. Offensichtlich nehmen die Schüler_innen bei ihren Beiträgen kaum bis gar nicht Bezug auf ihre Vorredner_innen. Beim *Partizipationsgrad qualitativ* (1,5) ist das Ergebnis geteilt, bei knapp der Hälfte der Gespräche (48 %) ist dieser hoch oder sehr hoch, ansonsten gering oder äußerst gering (52 %). Im Vergleich zu dem echten Unterrichtsgespräch (2,0) ist dies ein deutlich geringeres Ergebnis, allerdings etwas höher als bei den anderen Gesprächstypen (UGLS 1,4; UGLV 0,8).

In dieser Gesprächsform finden sich überdurchschnittlich viele *reine Mädchengespräche* (drei) und reine Jungengespräche (vier), bei der Hälfte der Gespräche ist die Beteiligung der Geschlechter hingegen ausgeglichen (48 %).

2.3 Welche Inhalte werden bei diesem Gesprächstyp verhandelt?

Die Reihung von Beiträge der Schüler_innen ist eine Form des Unterrichtsgesprächs, in der die *Erfahrungen der Schüler_innen* bei zwei Drittel der Gespräche eine deutliche Rolle spielen, bei 14 % ist der Erfahrungsbezug stark und bei

28 % sogar sehr stark. Vertieft wird dieser Erfahrungsbezug allerdings nur in geringem Maße, sowohl von der Lehrkraft (0,8) als auch von den Mitschüler_innen (0,5). 20 % der Gespräche haben keinen *theologischen Bezug*, wobei bei 26 % dieser hoch und bei 32 % sogar sehr hoch ist. Der Vertiefungsgrad durch die Lehrkraft ist erneut nur gering (0,4). Erstaunlich ist, dass die Schüler_innen offensichtlich die theologischen Themen hier durchaus vertiefen (1,2), in 44 % der Fälle sogar in starkem und sehr starkem Maße. Die Gespräche zeichnen sich also etwas stärker durch theologische als durch schülerorientierte Themen aus. *Korrelative Lernprozesse* finden allerdings in diesen Gesprächen in 72 % der Fälle nicht statt, bei den restlichen nur in geringem Ausmaß (16 %) und in 12 % der Fälle stark.

2.4 Welche Dynamik kann bei diesen Gesprächen beobachtet werden?

Bei vier Fünftel der Gespräche wird die *Intention des Gesprächs* knapp genannt, nur in 10 Fällen ist nicht klar, worum es geht. Auch die *Gesprächsintensität* wurde bei der Hälfte dieser Gespräche hoch oder sehr hoch gewertet, nur in vier Fällen gering (1,5). Einen guten Wert (1,5) erringt auch die *Gesprächsatmosphäre von den Schüler_innen ausgehend*. Wenn die Schüler_innen einen hohen Anteil am Gespräch haben und nur selten von der Lehrkraft unterbrochen werden, ist die Atmosphäre offenbar kommunikationsförderlich. Ebenfalls einen hohen Wert hat die Reihung von Beiträge der Schüler_innen beim *Gesprächsfluss*, bei mehr als der Hälfte der Gespräche (52 %) ist dieser stark oder sehr stark. Nur in vier Fällen ist kein Gesprächsfluss erkennbar. Fließt das Gespräch, so ist dies hier nicht durch eine diskursive Dynamik motiviert. Die hintereinander gereihten Beiträge der Schüler_innen zeichnen sich in den meisten Fällen nicht durch eine Diskursivität aus, d. h. es handelt sich hier nicht um Diskussionen, sie kommen gar nicht (64 %) oder nur in Ansätzen (30 %) vor. Nur in drei Gesprächen ist der *Diskussionsgrad* hoch.

Immerhin lässt sich bei einem Fünftel der Gespräche konstatieren, dass ein Erkenntnisfortschritt in starkem Maße erzielt wird. Bei knapp der Hälfte der Gespräche (52 %) ist dieser nur gering.

Bei der *zeitlichen Verteilung* fällt auf, dass diese Gesprächsform vor allem im zweiten (20 %), dritten (16 %) und vierten (18 %) Zeitabschnitt stattfindet, in welche die Stunden im Rahmen der Analyse unterteilt wurden.

Gespräche als Reihung von Beiträge der Schüler_innen werden bevorzugt von Herrn Holle (40 %) und Frau Mantel (30 %) eingesetzt[4].

4 Die Werte geben den Anteil des Gesprächstyps an den Gesprächen der Lehrperson an.

3. Echte Unterrichtsgespräche (UG)

Unter den 145 Unterrichtsgesprächen finden sich 21 echte Unterrichtsgespräche. Es sind Gespräche, in denen die Schüler_innen sich aufeinander beziehen und miteinander sprechen. Nachfolgend sollen sie genauer charakterisiert werden.

3.1 *Wie verhält sich die Lehrperson bei dieser Gesprächsform?*

Bei einem Viertel der Gespräche (24 %) hält sich die Lehrperson mit eigenen Beiträgen komplett zurück, in 38 % der Fälle ist ihr *Gesprächsanteil* gering. Allerdings beteiligt sich die Lehrperson auch in 24 % der Gespräche sehr stark (d. h. sie hat mehr als zwei Drittel des Gesprächsanteils) und in 14 % der Gespräche stark (d. h. ihr Anteil am Gespräch macht ungefähr die Hälfte der Zeit aus). In drei Viertel (76 %) der Gespräche vertieft die Lehrperson durch ihren Beitrag die Beiträge der Schüler_innen, bei einem Drittel sogar in starkem Maße (33 %). Bei gut der Hälfte der Gespräche (52 %) geht es ihr darum, den theologischen Bezug zu intensivieren, bei einem Fünftel sogar in starkem oder sehr starkem Maße (19 %). Allerdings ist auch festzustellen, dass in knapp der Hälfte der Gespräche der Lehrer bzw. die Lehrerin die theologischen Inhalte nicht thematisiert (48 %; Mittelwert 0,8).

Die *Körpersprache der Lehrperson* unterstützt bei echten Unterrichtsgesprächen deutlich stärker das Unterrichtsgespräch (1,4) als bei den anderen Typen (1 und 1,1). In allen 21 Gesprächen ist es der Lehrperson ferner wichtig, die *Gesprächsatmosphäre* zu pflegen, in fünf Fällen sogar in starkem Ausmaß. Bei den sehr geringen Werten bezüglich der *fachlichen Auskunftsfähigkeit* der Lehrperson sticht das echte Unterrichtsgespräch hier mit einem Durchschnittswert von 0,8 heraus (die anderen Typen liegen zwischen 0,2 und 0,4); in der Hälfte der Gespräche bringt sich die Lehrperson fachlich ein, davon einmal sehr stark, viermal stark und fünfmal gering. Gleichermaßen sind signifikante Verschiebungen zu Gunsten des echten Unterrichtsgesprächs bei der Kategorie *Umgang der Lehrperson mit inhaltlichen Kontroversen* zu erkennen; es weist einen Durchschnittswert von 1,5 auf (die anderen liegen zwischen 1,1 und 0,9). Knapp die Hälfte zeichnet sich deutlich durch Kontroversen aus (Level 2 und 3). Eine *inhaltliche Strukturierung* des Gesprächs wird in neun Fällen gering, in vier Fällen stark von der Lehrperson fokussiert. In der Hälfte der Gespräche werden *übergreifende inhaltliche Zusammenhänge* genannt, sechsmal werden sie sogar stark eingebracht. Auf geringerem Niveau liegen die Ergebnisse, wenn wir auf die Kategorie *Sicherung der Gesprächsergebnisse* blicken. Nur in zwei Gesprächen findet überhaupt, wenn auch deutlich, eine Sicherung der Ergebnisse statt. Insgesamt nur dreimal wird der Lernprozess in geringem Maße reflektiert, in allen anderen Gesprächen findet dies gar nicht statt. Immerhin finden sich in acht Fällen *metakognitive Überlegungen* - dies ragt im Vergleich zu den anderen Gesprächstypen (diese liegen zwischen 0 und 0,2) hervor. Sehr disparate Ergebnisse können bei der *methodischen Lenkung* durch die Lehrperson gemessen werden. Bei knapp der Hälfte der Gespräche wird nicht gelenkt, aber auch viermal stark und zweimal sehr stark (Mittelwert 0,9).

Fachdidaktische Medien werden offensichtlich bei gut zwei Drittel (71 %) der echten Unterrichtsgespräche von der Lehrperson eingesetzt (1,3). Bei knapp der Hälfte prägt das Medium das Gespräch sogar stark oder sehr stark. Im Vergleich zu den anderen Typen (zwischen 0,8 und 1,1) kann man sagen, dass thematische Medien hier eine grundständige Bedeutung haben. Nicht-thematische Medien kommen dagegen nur selten, in einem Fünftel der Gespräche (19 %), vor (0,2).

Echte Unterrichtsgespräche finden nur bei fünf Lehrpersonen, bei Frau Blume (11x), Frau Mantel (3x), Herr Schön (3x), Frau Bornemann (3x) und Herr Holle (1x), statt. Auffällig ist hier der Wert bei Frau Blume; offensichtlich gelingt es ihr und ihrer Lerngruppe überdurchschnittlich häufig, reine Unterrichtsgespräche zu führen.

3.2 Wie verhalten sich die Schüler_innen?

Bei der *Gesprächsatmosphäre von den Schüler_innen ausgehend* weist das echte Unterrichtsgespräch erneut den höchsten Wert mit 1,8 auf. In einem Fall wird eine *gesprächsförderliche Atmosphäre in der Lerngruppe* sogar in sehr starkem Maße festgestellt. Dagegen sind die Unterschiede zwischen den Gesprächstypen bei der Kategorie *Gesprächsatmosphäre Raum / Rahmen bzw. durch die Lehrperson ausgehend* eher geringer und kaum different (sie liegen zwischen 1,4 (UGLS); 1,3 (UG); 1,1 (UGS und UGLV)).

Die Ergebnisse bei der Messung des *Partizipationsgrads quantitativ* sind bei den echten Unterrichtsgesprächen sehr disparat - nur in drei Gesprächen ist eine sehr geringe Beteiligung (unter ein Viertel der Schüler_innen) zu beobachten. Bei knapp der Hälfte der Gespräche (48 %) ist mehr als ein Viertel bis die Hälfte der Klasse in das Gespräch involviert. Bei 39 % der Gespräche beteiligt sich mehr als die Hälfte der Schüler_innen. Im Vergleich zu den anderen Gesprächstypen ist diese Beteiligung allerdings eher durchschnittlich.

Beim *Partizipationsgrad qualitativ* zeigt sich eine deutlichere Differenz zu den anderen Gesprächstypen. Das echte Unterrichtsgespräch hat einen Mittelwert von 2,0. In 86 % der Gespräche ist die Qualität der Gespräche hoch oder sogar sehr hoch. Eine äußerst geringe Qualität (Level 0) wird nie beobachtet.

Deutlich gute Ergebnisse sind auch beim *Vertiefungsgrad der Beiträge der Schüler_innen von den Schüler_innen* zu erkennen; das echte Unterrichtsgespräch hat hier den Wert von 1,6, wogegen die anderen zwischen 0,5 und 0,2 liegen.

Nur bei zwei Gesprächen vertiefen die Schüler_innen die Gesprächsbeiträge ihrer Mitschüler_innen nicht.

3.3 *Welche Inhalte werden bei diesem Gesprächstyp verhandelt?*

In 86 % der Gespräche ist ein *Erfahrungsbezug der Inhalte*, bei 95 % ein *Theologiebezug* vorhanden. *Korrelative Lernprozesse* wurden bei 71 % der echten Unterrichtsgespräche beobachtet, wovon in der Hälfte dieser Gespräche korrelative Lernprozesse sogar in hohem Maße gelingen. Die theologischen Inhalte werden im Durchschnitt in starkem Maße von den Schüler_innen selbst vertieft (2,0; in 81 % der Fälle stark oder sehr stark), nur in einem Gespräch nicht. Dies ist ein sehr deutlicher Unterschied zu den anderen Gesprächstypen.

3.4 *Welche Dynamik kann bei diesen Gesprächen beobachtet werden?*

In echten Unterrichtsgesprächen wird die *Intention des Gesprächs* in der Regel transparent gemacht (nur in drei Fällen nicht). In einem Fall wird hier sogar Level 3 gewertet, d. h. die Intention wird sehr deutlich genannt und begründet. Ein *Gesprächsfluss* ist im Durchschnitt in einem starken Maße erkennbar (2,0), bei den anderen Gesprächstypen liegt dieser zwischen 1,5 (UGS) und 0,9 (UGLV und UGLS). Auch bei der *Gesprächsintensität* schneidet das echte Unterrichtsgespräch mit einem Wert von 1,9 am besten ab. Level 0 wird hier nie geratet, d. h. es gibt kein echtes Unterrichtsgespräch, das eine äußerst geringe Intensität aufweist. Gute Werte erreicht das echte Unterrichtsgespräch überdies beim *Diskussionscharakter* (1,6) und hängt die anderen Gesprächstypen hier sehr klar ab (diese liegen bei 0,4; 0,1 und 0,3). Das echte Unterrichtsgespräch bietet sich offensichtlich besonders gut an, wenn diskursive Beiträge ausgetauscht werden sollen bzw. es wird durch diskursive Beiträge zu einem echten Unterrichtsgespräch. Echte Unterrichtsgespräche schneiden auch besonders gut beim *fortschreitenden Erkenntnisprozess* ab und damit beim Lerngewinn. Bei 90 % kann ein solcher wahrgenommen werden, in mehr als der Hälfte der Fälle (52 %) ist der fortschreitende, erkenntniserweiternde Gesprächsprozess sogar stark erkennbar.

Bezüglich des Zeitpunkts in der Unterrichtsstunde lässt sich feststellen, dass ein Drittel der echten Unterrichtsgespräche findet in den ersten zehn Minuten stattfindet, ebenso ein Drittel in der dritten Unterrichtsphase, also in den Minuten 20 bis 30. In der zweiten Unterrichtsphase sind keine echten

Unterrichtsgespräche zu beobachten. Alle anderen Werte sind unauffällig und verteilen sich recht gleichmäßig.

4. Gespräche als getarnte Lehrervorträge in verteilten Rollen (UGLV)

Der zahlenmäßig kleinste Unterrichtsgesprächstyp ist das Gespräch in verteilten Rollen, das sogenannte Gespräch als getarnter Lehrervortrag. 18 von den 145 Unterrichtsgesprächen (12 %) können als solches identifiziert werden. Hier beabsichtigt die Lehrkraft mit gezielten, engen Fragen, die Schüler_innen dazu zu bringen, einen bestimmten, von ihr vorher angedachten Inhalt durch eine kommunikativ eng gestaltete Unterrichtsform selbst wiederzugeben, zu erinnern bzw. (schlechtestenfalls) zu erraten.

4.1 *Wie verhält sich die Lehrperson bei dieser Gesprächsform?*

Der *Gesprächsanteil der Lehrkraft* ist hier im Vergleich zu den anderen Gesprächstypen mit einem Mittelwert von 2,0 am höchsten, d. h. im Durchschnitt nimmt die Lehrperson gut die Hälfte der Gesprächszeit ein. In fünf Gesprächen, d. h. bei knapp einem Drittel dieser Gespräche (28 %), ist der Gesprächsanteil sogar höher als zwei Drittel der Gesprächszeit. Die *Körpersprache der Lehrperson* begünstigt in 16 der Fälle die kommunikative Situation in der Lerngruppe, allerdings nur gering (1,0). Bei der Kategorie *Unterrichtsatmosphäre von der Lehrperson ausgehend* wurde im Vergleich zu den anderen Gesprächstypen hier der niedrigste Wert mit 1,0 gemessen, d. h. eine gesprächsförderliche Atmosphäre wird durch die Lehrperson bei dieser sehr instruktiven Lehrerlenkung nur in einem geringen Maße unterstützt.

Was genau tut die Lehrperson mit ihrem hohen Gesprächsanteil? In fast allen Fällen bemüht sie sich, die *Beiträge der Schüler_innen zu vertiefen* (in 17 von 18 Fällen, 1,3), in sieben Fällen (39 %) tut sie dies sogar in starkem Maße. Ihr Eingreifen hat in genau der Hälfte der Fälle (50 %, 0,8) die Absicht, den *theologischen Bezug des Gesprächs zu intensivieren*, wobei in je zwei Gesprächen dies sogar in starkem oder sehr starkem Maße erfolgt.

Nicht überraschend ist, dass hier der Wert der *methodischen Lenkung* durch die Lehrkraft mit 1,2 (die anderen Gesprächstypen liegen zwischen 0,8 und 0,9) am höchsten ist, allerdings wäre ein höherer Wert erwartbar gewesen. In 28 % der Gespräche findet keine methodische Lenkung statt. Das ist bemerkenswert! Warum ist das so? Ist diese Gesprächsform bei den Schüler_innen bereits hinreichend eingeübt oder zeigt sich hier eine Inkompetenz auf Lehrerseite? In

39 % der Gespräche wird in geringem Maße methodisch gelenkt, in jeweils 17 % der Gespräche stark oder sogar sehr stark.

Ebenfalls ein geringer Wert ist bei der *inhaltlichen Strukturierung* (0,7) zu sehen; in knapp der Hälfte der Gespräche erfolgt eine Strukturierung durch die Lehrperson gar nicht (44 %), bei einem Drittel (33 %) nur gering und nur bei gut einem Fünftel (22 %) stark. Diese schwachen Werte überraschen bei diesem Gesprächstyp, bei dem die Lehrperson ja eine klare inhaltliche Vorstellung zu dem Gesprächsthema besitzen sollte.

Die *fachliche Auskunftsfähigkeit der Lehrkraft* kommt bei diesem Gesprächstyp trotz hohem Gesprächsanteil eher gering zur Geltung (0,4), nur in einem Gespräch wird diese als stark ausgeprägt wahrgenommen. Positiv überraschend ist der Wert von 1,0 bei der Kategorie *Herstellung von übergreifenden inhaltlichen Zusammenhängen*, der im Vergleich mit den anderen der höchste Wert ist (die anderen Gesprächstypen erringen hier Werte zwischen 0,6 und 0,8). In knapp einem Drittel der Gespräche (28 %) werden in einem hohen Maße Zusammenhänge zwischen aktuellem Unterrichtsgegenstand und früheren bzw. bevorstehenden Lernprozessen hergestellt. In 44 % der Gespräche ist dies in geringem Maße der Fall und in 28 % werden keine „roten Fäden" zu vorausgehenden oder zukünftigen Lernprozessen geknüpft. Diese Gesprächsform wird offensichtlich fast bei der Hälfte der Gespräche dazu genutzt, *Gesprächsergebnisse zu sichern* (0,7), und zwar in 39 % der Fälle. Dabei treten fünf Gespräche hervor, in denen dies sogar in einem starken Maße erfolgt. In der Regel findet allerdings keine Sicherung der Gesprächsergebnisse statt (61 %). Bei diesem Gesprächstyp findet nahezu keine *Reflexion des unterrichtlichen Gesprächsprozesses* statt (0,2) und *metakognitive Überlegungen* sind ein Totalausfall (0,0).

Die Lehrkraft eröffnet bzw. ermutigt kaum Schüler_innen dazu, *inhaltliche Kontroversen* einzubringen – hier wird im Vergleich zu den anderen Typen der schlechteste Wert gemessen (0,9). In zwei Gesprächen ist das Einbringen abweichender Ansichten gar nicht möglich. In der Regel (in 15 von 18 Gesprächen) haben die Schüler_innen hier allerdings in geringem Maße die Möglichkeit zur Äußerung abweichender Auffassungen.

Bei dem Lehrervortrag in verteilten Rollen haben *fachdidaktische Medien* die geringste Bedeutung für das Gespräch (0,8). Bei nur der Hälfte der Gespräche kommen solche zum Einfluss und unterstützten allerdings in nur gut einem Fünftel der Gespräche, in vier von 18 Fällen, den kommunikativen Austausch stark oder sehr stark.

4.2 Wie verhalten sich die Schüler_innen?

Bei dem *quantitativen Partizipationsgrad* ist das Ergebnis geteilt; bei der Hälfte der Gespräche (50 %) nimmt gut mehr als die Hälfte der Klasse teil, in zwei Gesprächen sogar mehr als zwei Drittel. In fünf Gesprächen (28 %) beteiligen sich nur sehr wenige Schüler_innen, deutlich weniger als ein Drittel. In vier Gesprächen (22 %) sind ein Drittel bis die Hälfte der Schüler_innen involviert. Insgesamt ist der quantitative Partizipationsgrad gering (1,3), gleich niedrig wie beim echten Unterrichtsgespräch. Deutlich gering – auch im Vergleich zu den anderen Gesprächstypen (zwischen 1,4 und 2) – ist der Wert des *qualitativen Partizipationsgrads* (0,8). Offensichtlich haben die Beiträge in diesen Gesprächen eine geringe inhaltliche Qualität.

Überraschend ist das Ergebnis, dass die Schüler_innen die theologischen Themen hier in zwei Drittel (67 %) der Gespräche, in acht Fällen (44 %) sogar stark vertiefen. Dagegen ist der Vertiefungsgrad der Beiträge der Schüler_innen durch ihre Mitschüler_innen äußerst gering (0,2). Dies kommt nur vereinzelt in drei Fällen und hier nur in geringem Maße vor. Eine gesprächsförderliche Atmosphäre ist ebenfalls in den meisten Fällen (56 %) nur in geringem Maße in der Lerngruppe feststellbar. Bei einem Drittel der Gespräche ist die Atmosphäre in der Klasse in einem starken Maße gesprächsförderlich. In drei Gesprächen ist keine gesprächsförderliche Atmosphäre festzustellen.

Bei der Verteilung der Redebeiträge auf die beiden Geschlechter fällt auf, dass bei gut zwei Drittel der Gespräche die Beteiligung von Jungen und Mädchen nahezu ausgeglichen ist. Allerdings sticht im Vergleich zu den anderen Gesprächstypen ins Auge, dass die Mädchen hier einen gering höheren Gesprächsanteil (2,0) im Vergleich zu den anderen (1,6 – 1,9) haben. Bemerkenswert ist auch, dass es kein Gespräch gibt, bei dem kein Mädchen beteiligt ist (Level 0 kommt nicht vor).

4.3 Welche Inhalte werden bei diesem Gesprächstyp verhandelt?

Gespräche in verteilten Rollen haben den geringsten *Bezug zu theologischen Themen* (1,5). Bei einem Drittel dieser Gespräche (33 %) ist kein theologischer Bezug feststellbar. Immerhin ist bei zehn Gesprächen (55 %) ein starker und sehr starker Theologiebezug beim Inhalt des Gesprächs zu finden. Auch der *Erfahrungsbezug des Gesprächsinhalts* ist sehr gering (0,5). Knapp zwei Drittel (61 %) der Gespräche lassen jeglichen Erfahrungsbezug bei den Inhalten vermissen. Fünf Gespräche haben einen Erfahrungsbezug in einem geringen Maße (28 %) und nur zwei Gespräche in einem starken Maße (11 %).

Auf dieser Grundlage ist zu erwarten, dass *korrelative Lernprozesse* hier keinen Ort haben (0,1) und bei 16 Gesprächen auch ansatzweise nicht zu finden sind (89 %). Zwei Gespräche bilden hier eine Ausnahme, hier sind korrelative Lernprozesse sogar in einem starken Maße zu erkennen.

4.4 *Welche Dynamik kann bei diesen Gesprächen beobachtet werden?*

In den meisten Fällen (bei zwölf von 18 Gesprächen) wird die *Gesprächsintention* kurz genannt. In drei Gesprächen ist nicht klar, worum es geht, in drei Gesprächen (17 %) wird die Intention sogar deutlich transparent gemacht. Die *Intensität der Gespräche* wurde bei diesem Gesprächstyp ebenso wie beim Pingpong-Gespräch als niedrig beurteilt (1,1); eine geringe Aufmerksamkeit und Beteiligung der Schüler_innen ist zu beobachten, deutlich unterhalb der Werte beim echten Unterrichtsgespräch (1,9) und dem Gespräch als Reihung von Beiträge der Schüler_innen (1,5). Immerhin bei knapp einem Drittel der Gespräche (28 %) ist eine starke Beteiligung sowie Aufmerksamkeit der Schüler_innen feststellbar.

Der *Diskussionsgrad* ist fast gleich null (0,1). Nur in zwei Gesprächen sind ansatzweise Diskussionen zu erkennen. Deutlicher, aber immer noch gering ausgebildet ist der *Gesprächsfluss* bei Gesprächen dieses Typs (0,9). Bei knapp der Hälfte der Gespräche ist ein solcher in einem geringen Maße zu erkennen (44 %), bei einem Drittel (33 %) stagniert das Gespräch und ein Gesprächsfluss steht aus. Bei nur gut einem Fünftel der Gespräche (22 %) ist ein deutlicher Gesprächsfluss zu beobachten.

Den schlechtesten Wert im Vergleich mit den anderen Gesprächstypen weist das Gespräch in verteilten Rollen bei dem *fortschreitenden Erkenntnisgewinn* (0,8) auf. Bei einem guten Fünftel (22 %) ist kein Lernfortschritt wahrzunehmen. Bei fast drei Viertel (72 %) dieser Gespräche ist ein fortschreitender, erkenntniserweiternder Gesprächsprozess nur in geringem Maße zu erkennen. Nur in einem Gespräch kann ein starker Lerngewinn beobachtet werden.

Wie kann diese Beobachtung vorsichtig bewertet werden? Sicherlich ist zu beachten, dass hier nur der für eine_n äußere_n Beobachter_in sichtbare Lernfortschritt geratet wurde. Diese Begrenzung des Zugangs durch die Fokussierung auf äußerlich beobachtbare Prozesse im Unterrichtsgeschehen, bei dem innere Lernprozesse bei Schüler_innen nicht erkannt werden, ist zu berücksichtigen. Außerdem ist zu bedenken, dass eine Wiederholung von Fakten bzw. ein im Kreis Drehen durchaus bei einzelnen Schüler_innen lernförderlich sein kann.

Bei der *zeitlichen Verteilung* fällt auf, dass dieser Gesprächstyp in den ersten zehn Minuten und zum Ende der ersten Stunde (30. bis 45. Minute) etwas häufiger auftritt.

Gespräche als getarnte Lehrervorträge in verteilten Rollen lassen sich immerhin bei sechs von acht *Lehrpersonen* finden (nicht bei Frau Blömer und Frau Ernst, 10. Jg.). Ein Drittel dieser Gespräche (33 %) sind in der Lerngruppe von Frau Mantel in der sechsten Jahrgangsstufe zu finden. Ansonsten ist die Verteilung auf die anderen Lehrer_innen ausgeglichen.

5. Die vier Gesprächstypen im Vergleich

Nachdem eine detaillierte Beschreibung der vier Typen anhand der Ratingergebnisse erfolgt ist, sind hier einige Merkmale, in denen sich die vier Gesprächstypen deutlich voneinander unterscheiden, tabellarisch aufgeführt. Dabei wird die Ausprägung des Merkmals im Vergleich zu den anderen Gesprächstypen verdeutlicht.[5]

Tabelle 2: Vergleich der Unterrichtsgesprächstypen bezüglich ihrer Ausprägung bei den verschiedenen Bewertungskategorien

Bewertungskategorien	UG	UGS	UGLV	UGLS
Körpersprache der Lehrperson	+	-	-	-
Gesprächsintensität	++	+	-	-
Diskussionscharakter	++	-	-	-
Gesprächsfluss	++	+	-	-
Erfahrungsbezug	++	+	-	-
Vertiefungsgrad der Beiträge der Schüler_innen durch die Lehrperson	+	-	+	+
Vertiefungsgrad der Beiträge der Schüler_innen durch die Schüler_innen	++	+	-	-
Partizipationsgrad der Schüler_innen quantitativ	-	+	-	-
Methodische Lenkung	-	-	+	-
Inhaltliche Strukturierung	-	-	-	+
Gesprächsanteil der Lehrperson	+	-	++	++
Korrelative Momente	++	-	-	-

Das *echte Unterrichtsgespräch (UG)* sticht dabei heraus, da es bei vielen der von uns betrachteten Merkmale die höchsten Werte aufweist. Weil die Merkmale

5 Es wurde ein + gesetzt, wenn der Mittelwert der Merkmalsausprägung bei einem Gesprächstyp mindestens um 0,25 höher lag als bei den mit einem Minus gekennzeichneten. Es wird hier also keine Aussage über die absolute Höhe der Ausprägung gemacht, sondern nur der Vergleich der vier Gesprächstypen ermöglicht. Es wurde ++ gesetzt, wenn der Mittelwert mindestens 0,5 über den Mittelwerten der mit – gekennzeichneten Gesprächstypen lag.

oft miteinander in Verbindung stehen, ist das wenig erstaunlich. Es handelt sich um intensive und dynamische Gespräche, die oft in die Tiefe gehen und bei denen oft die Erfahrungen der Schüler_innen zur Sprache kommen, was sich auch bei der Bewertung der korrelativen Momente niederschlägt. Die *Unterrichtsgespräche als Aneinanderreihung von Beiträge der Schüler_innen (UGS)* sind hier als vergleichsweise intensive und dynamische Gespräche gekennzeichnet, wenngleich weniger ausgeprägt als beim echten Unterrichtsgespräch. Bedeutsame Unterschiede zu letzterem sind darüber hinaus der deutlich weniger ausgeprägte Diskussionscharakter und die Rollen der Akteure. Die Schüler_innen sprechen hier mehr, die Lehrperson weniger als im echten Unterrichtsgespräch. In Bezug auf die beiden verbleibenden Gesprächstypen wird eine Ähnlichkeit des *Gesprächs als Lehrervortrag in verteilten Rollen* und des *Pingpong-Gesprächs* deutlich, bei denen sich die Ratingergebnisse weniger deutlich voneinander unterscheiden als zwischen den anderen Typen. Beide zeichnen sich etwa durch weniger Dynamik, Erfahrungsbezug und Gesprächsintensität als die beiden zuerst genannten Typen und durch einen hohen Gesprächsanteil der Lehrperson aus.

Ein Unterschied deutet sich auf der Grundlage der Ratingergebnisse in Bezug auf die Rolle der Lehrperson an. Während beim Unterrichtsgespräch als *Lehrervortrag in verteilten Rollen* die Lehrperson mit ihren Gesprächsanteilen eher auf methodischer Ebene eine Lenkung vornimmt, ist sie beim *Unterrichtsgespräch im Pingpong-Modus* stärker auf der inhaltlichen Ebene präsent und greift dort immer wieder strukturierend das von den Schüler_innen Gesagte auf. Im *Gespräch als Lehrervortrag in verteilten Rollen* erscheint es als Anliegen der Lehrperson, den Inhalt durch die Schüler_innen präsentieren zu lassen und sich demzufolge inhaltlich selbst eher zurückzuhalten; insofern erscheint dieser Unterschied plausibel. Neben den jeweils besonderen Ausprägungen wird hier auch die Ähnlichkeit des *Gesprächs als Lehrervortrag in verteilten Rollen* und des *Pingpong-Gesprächs* deutlich, bei denen sich die Ratingergebnisse weniger deutlich voneinander unterscheiden als zwischen den anderen Typen.

6. Gesprächstypen – bewusst didaktisch eingesetzt oder Ausdruck der Lehrerpersönlichkeit?

Im Religionsunterricht – so wurde gezeigt – finden Gespräche mit ganz unterschiedlicher Charakteristik statt. Als eine Möglichkeit, die Vielfalt von Gesprächen greifbar zu machen, wurde eine Typisierung mit Blick auf die Dynamik des Gesprächs bzw. die Rollenverteilung zwischen Lehrkraft und Schüler_innen vorgenommen. Es handelt sich um eine relativ einfach vorzunehmende Unterscheidung, welche zunächst ohne große Analysetiefe auskommt. Die gewonnenen und hier präsentierten Daten erlauben jedoch eine genaue Charakterisierung der verschiedenen Gesprächstypen und können helfen, eine didaktische Bewertung vorzunehmen.

Sicherlich hängt die Dynamik eines Unterrichtsgesprächs von der Persönlichkeit der Lehrperson und von ihren didaktischen Grundprinzipien ab. So zeigen sich bei den videografierten Lehrer_innen z. T. enorme Unterschiede, was das jeweilige Vorkommen der verschiedenen Gesprächstypen in ihrem Unterricht anbelangt. Während beispielsweise bei Frau Mantel 80 % der Gespräche als UGS kategorisiert wurden, sind es bei Herrn Schön nur 11 %; während bei Frau Blume zu 31 % reine Unterrichtsgespräche vorkommen, beträgt ihr Anteil bei Herrn Holle nur 6 %. Wenn man sich die implizierten Unterschiede etwa in Bezug auf die Gesprächsanteile und Dynamiken sowie die Rollen der Teilnehmenden vergegenwärtigt, dann kann die Frage nach den favorisierten Gesprächstypen durchaus Indizien zur Suche nach unterschiedlichen Lehrertypen liefern. Die großen Unterschiede lassen eher fraglich erscheinen, ob die Ausgestaltung eines Gesprächs in einer konkreten Unterrichtssituation auf die didaktischen Notwendigkeiten ebenjener Situation zurückgeführt wird. Vielmehr scheint in den analysierten Gesprächen auf allgemein präferierte Grundmuster zurückgegriffen zu werden.

Auch wenn sich die beobachteten Lehrkräfte stark unterscheiden, so zeigen sich doch bei allen die vier verschiedenen Gesprächstypen. Denn sie können freilich mit unterschiedlichen Funktionen in der jeweiligen Unterrichtssituation verbunden werden und erscheinen damit an unterschiedlichen Stellen im Unterricht sinnvoll einsetzbar. Neben einer allgemeinen Vorliebe ist der Gesprächstyp auch von didaktischen Entscheidungen in der einzelnen Unterrichtsstunde abhängig. Im Folgenden sollen jenseits von der Frage nach der Lehrerpersönlichkeit Hypothesen aufgestellt werden, warum Gespräche im Religionsunterricht im Hinblick auf die jeweilige Unterrichtssituation einem bestimmten Typus folgen. Dies wird jeweils an einem Beispiel illustriert, welches nicht intendiert, die Gesamtheit der Gespräche eines Typs zusammenzufassen, sondern ein Gespür für ein mögliches Vorkommen im Unterricht zu vermitteln.

7. Exemplarische Unterrichtssituationen

Beim *Gespräch im Pingpong-Modus* handelt es sich um den am häufigsten vorkommenden Typus, bei dem die Schüler_innen weniger im Dialog miteinander als mit der Lehrkraft sind. Es kann sich z. B. um Gespräche handeln, in denen zu Beginn der Unterrichtsstunde inhaltlich an den vorangegangenen Unterricht angeknüpft wird. Dabei nimmt die Lehrkraft eine aktive Rolle ein, indem sie etwa kommentiert, einordnet, richtigstellt. Der Fokus liegt an dieser Stelle darauf, das bisher Erarbeitete sachlich richtig wiederzugeben.

Die Lehrkraft ist im *Gespräch als Reihung von Beiträge der Schüler_innen* deutlich weniger präsent. Man kann hier etwa an die Vorstellung der Ergebnisse aus einer Gruppenarbeit denken. Die Darstellungen der verschiedenen Gruppen werden nicht durch Gesprächsbeiträge der Lehrkraft unterbrochen. Es ist z. B. oft nicht sinnvoll, dass die Lehrkraft hier Ergänzungen vornimmt, weil noch weitere Gruppen von Schüler_innen ihre Ergebnisse vorstellen und sie sich so gegenseitig ergänzen und voneinander profitieren können. Wenn im Nachgang zu allen Präsentationen noch Diskussionen, Korrekturen o. a. folgen, so handelt es sich (aufgrund der zeitlichen Dimension des vorangegangenen Gesprächs und des nun wechselnden Charakters) etwa um ein neues Gespräch anderen Typs.

Für das *echte Unterrichtsgespräch* könnte z. B. daran gedacht werden, dass die Lehrkraft durch einen Impuls, ein diskussionswürdiges fachdidaktisches Medium die Motivation erzeugt, dass sich die Schüler_innen untereinander dazu austauschen. Die Lehrkraft hat sich steuernd v. a. durch die Auswahl des Mediums eingebracht, nachfolgend gibt sie den Schüler_innen Raum. Die Lehrkraft erhält in dem Gespräch Eindrücke z. B. von Vorstellungen und Interpretationen der Schüler_innen. Die Fragestellung, die unterrichtlich thematisiert werden soll, kann hier in ihrer Strittigkeit präsentiert werden. Weiter ist hier Gelegenheit, gegenseitige Bezugnahme und Argumentation zu üben. Das echte Unterrichtsgespräch tritt leicht gehäuft zu Beginn des Unterrichts auf, in der Phase des Einstiegs. Oftmals werden Phasen folgen, in denen das Thema dann geschlossener fortgeführt wird.

Beim *Unterrichtsgespräch als getarntem Lehrervortrag* ist in der Benennung bereits implizit eine Idee enthalten, was der Zweck des Gesprächs ist. Es geht um die von der Lehrkraft intendierte Präsentation von Wissen, an der die Schüler_innen teilhaben. Damit wird eine methodische Alternative zum rein frontalen Lehrervortrag angewandt, die aber dem gleichen Zweck dient. Ähnlich wie beim Pingpong-Gespräch kann hier daran gedacht werden, dass etwa zu Beginn der Stunde auf diese Weise bereits Erarbeitetes wiederholt wird oder grundlegendes Wissen reaktiviert wird.

Insgesamt muss betont werden, dass die Inszenierungsmuster, die sich in den vier hier vorgestellten Kategorien zeigen und im realen Religionsunterricht zu identifizieren sind, jeweils nicht auf einen bestimmten unterrichtlichen Zweck oder auf eine Position im Unterricht festzulegen sind. Gleichzeitig können die Typen das Nachdenken darüber unterstützen, wie Unterrichtsgespräche gestaltet werden sollten, wenn sie bestimmte Ziele verfolgen sollen, indem sie Unterschiede in der Interaktion klassifizierbar machen.

Für die einzelne Lehrkraft bietet die Einteilung der Gesprächstypen Reflexionsmöglichkeiten in zwei verschiedenen Bereichen. Zum einen kann das Nachdenken über die gewünschte bzw. tatsächlich realisierte Lehrerrolle unterstützt werden, da sich diese grundsätzliche Rolle besonders im Gespräch zeigt und der präferierte Gesprächstyp dazu eine Aussage impliziert. Zum anderen kann die Unterscheidung mit Blick auf einzelne didaktische Situationen hilfreich sein, etwa bei der Planung eines Unterrichtsgesprächs oder der Reflexion einer konkreten Unterrichtsstunde.

Was kennzeichnet die verschiedenen Lerngruppen und ihre Lehrpersonen? Darstellung in Fallprofilen

Daniel Bertram / Annegret Reese-Schnitker / Dominic Fröhle

In diesem Abschnitt werden die verschiedenen Lerngruppen und Lehrpersonen charakterisiert und es wird danach gefragt, welche Besonderheiten in den einzelnen Lerngruppen zu beobachten sind. Im vorausgehenden Kapitel (vgl. den *Beitrag Was zeichnet Unterrichtsgespräche aus? Merkmale und Charakteristika*) wurden bereits erste Erkenntnisse präsentiert, die hier nun zu Fallprofilen zusammengefasst und interpretiert werden. Grundlage der vertiefenden Analyse sind die Daten des hoch-inferenten Ratings, bei dem alle Gespräche, die über 2 Minuten dauern, berücksichtigt werden. Die einzelnen Fallprofile der Lehrpersonen und ihrer Lerngruppen gründen also auf den 145 analysierten Gesprächen. Zunächst wird die Lerngruppe charakterisiert, danach das Handeln der Lehrperson beschrieben und anschließend die Gestalt und Dynamik der vorgefundenen Gespräche interpretiert. Alle Fallprofile schließen mit einer prägnanten Zusammenfassung.

In den acht aufgezeichneten Lerngruppen unterrichteten zwei Lehrer, fünf Lehrerinnen und eine Referendarin. Bei einer Lehrerin (Frau Ernte) wurden Aufzeichnungen in zwei verschiedenen Klassen durchgeführt. In einer Klasse wurden zwei verschiedene Lehrpersonen, der Klassenlehrer Herr Holle und die Referendarin Frau Tinda, aufgenommen. Eine Lerngruppe war aus dem sechsten Jahrgang, die anderen Lerngruppen verteilten sich auf die Jahrgänge acht, neun und zehn (siehe folgende Tabelle 1). Dieser können weitere Informationen, etwa auch die aufgezeichnete Unterrichtszeit, entnommen werden (vgl. auch die ausführliche Tabelle zur Vorstellung der verschiedenen Lerngruppen auf S. 195).

Die meisten Unterrichtsgespräche wurden bei Frau Blume (35) und Frau Mantel (25) gefunden. Es folgen die Lerngruppen von Herrn Schön (19), Herrn Holle / Frau Tinda (18), Frau Ernte achter Jahrgang (16) und Frau Ernte zehnter Jahrgang (13). Die wenigsten Unterrichtsgespräche konnten bei Frau Bornemann (10) und Frau Kösel (9) identifiziert werden.[1]

1 Aufgrund von Krankheiten oder sonstigen Fehlzeiten war die Anzahl der Schüler_innen in den beobachteten Unterrichtsstunden nicht durchweg konstant. Die angegebenen Zahlen entsprechen der maximalen Anzahl von Schüler_innen in den Lerngruppen.

Tabelle 1: Überblick zu den Lerngruppen mit ihren Lehrpersonen

Lehrperson	Jahrgang, Schulform	SuS und Geschlechter	Anzahl Gespräche[2]	Anzahl Stunden
Frau Mantel	6. Jg., Realschule	20 SuS, 14 J./6 M.	25	4 Doppelstd.
Frau Ernte	8. Jg., Realschule	22 SuS, 11 J./11 M.	16	6 Einzelstd.
Frau Blume	9. Jg., Gymnasium	26 SuS, 6 J./20 M.	35	5 Doppelstd.
Frau Kösel	9. Jg., Realschule	8 SuS, 6 J./2 M.	9	4 Einzelstd., 1 Doppelstd.
Herr Holle (Frau Tinda)[3]	9. Jg., Realschule	21 SuS, 9 J./12 M.	18	5 Doppelstd.
Herr Schön	9. Jg., Gesamtschule	10 SuS, 5 J./5 M.	19	5 Doppelstd.
Frau Bornemann	10. Jg., Gymnasium	22 SuS, 10 J./12 M.	10	3 Doppelstd.
Frau Ernte	10. Jg., Realschule	24 SuS, 11 J./13 M.	13	7 Einzelstd.

1. Frau Mantel, 6. Klasse einer Realschule

Insgesamt konnten in der Lerngruppe vier Doppelstunden aufgenommen werden.

1.1 Was charakterisiert die Lerngruppe?

Die Lerngruppe des sechsten Jahrgangs mit der Klassenlehrerin Frau Mantel an einer Realschule umfasst 20 Schüler_innen, davon sind sechs Mädchen und 14 Jungen.

2 Es wurden nur Gespräche berücksichtigt, die eine Mindestdauer von zwei Minuten haben.

3 Vier Doppelstunden wurden von Herrn Holle verantwortet, eine Doppelstunde von Frau Tinda (Referendarin).

In dieser Lerngruppe herrschte eine sehr gute *Gruppenatmosphäre* (mit 1,7[4] der höchste Wert von allen Lerngruppen), obwohl die räumlichen Bedingungen als eher mäßig bewertet wurden. Eine hohe Aufmerksamkeit und Beteiligung der Schüler_innen war in den Gesprächen festzustellen, wobei sich deutlich mehr Jungen als Mädchen an den Gesprächen beteiligten, wobei das stark ungleiche Geschlechterverhältnis der Klasse (14:6) hier sicherlich ein Erklärungsansatz ist. Es sind vier geschlechtshomogene Gespräche von Jungen zu finden. Bei der Auswertung der absoluten Beteiligung der Kinder fällt auf, dass es Frau Mantel (ähnlich wie Herrn Holle) besonders gut gelang, viele Schüler_innen an dem Gespräch zu beteiligen. Dies wird durch das Ergebnis der quantitativen Partizipation bestätigt: In einem guten Drittel der Gespräche (neun von 25) beteiligten sich fast alle Schüler_innen, in einem weiteren guten Drittel (neun Gesprächen) gut zwei Drittel der Klasse. Dies sind sehr hohe Werte. Die qualitative Partizipation der Schüler_innen war gut (1,6) und liegt im Vergleich mit den anderen Lehrer_innen im Durchschnitt.

1.2 *Wie agiert die Lehrperson?*

Frau Mantel hielt sich als *Lehrperson* in den Gesprächen eher zurück, ihr Gesprächsanteil war in drei Viertel der Gespräche gering. Gleichzeitig wurde ihre körperliche Präsenz als stützend für die Gespräche wahrgenommen, in fünf von 25 Gesprächen sogar stark. Sie förderte die Gesprächsatmosphäre. Obwohl ihr Gesprächsanteil gering war, war sie als Person präsent und leitend. Sie agierte in den Gesprächen nur sehr selten als fachliche Expertin, wobei sie zeigte, dass sie dies durchaus kann, denn in vier von 25 Gesprächen kam ihre fachliche Expertise stark oder sogar sehr stark zur Geltung.

Die Gespräche lenkte Frau Mantel methodisch nur gering (0,4), zwei Drittel der Gespräche wurden gar nicht gelenkt. Sie hielt sich bei vielen Gesprächen heraus oder vertiefte nur mäßig (Vertiefungsgrad der Beiträge der Schüler_innen 0,8 bzw. der theologischen Themen 0,6 durch die Lehrperson). Entsprechend niedrig ausgeprägt ist damit auch die inhaltliche Strukturierung der Gespräche (0,4), eine starke inhaltliche Strukturierung war nur in vier Fällen zu beobachten. Eine Sicherung der Gesprächsergebnisse (0,2), eine Reflexion des Lerngewinns (0,2) und metakognitive Lernprozesse (0,1) fanden nur sehr vereinzelt statt (in einem Gespräch stark und in zwei Gesprächen sehr stark). Nur

4 Dieser Wert bildet das Mittelratinglevel ab: Im Zuge des hoch-inferenten Ratings wurde mit Intervallen innerhalb einer metrischen Skala (0-1-2-3) gearbeitet. Damit wurde die Ausprägung einer Kategorie in einer vorher festgelegten Art beschrieben. Das Mittelratinglevel meint den Durchschnittswert und liegt somit immer zwischen 0 und 3. Vgl. dazu auch die Ausführungen im Kapitel *Das methodische Vorgehen in der Unterrichtsstudie*.

in zwei Gesprächen wurden übergreifende Zusammenhänge stark oder sehr stark herausgestellt.

Es fällt hier auf, dass bei diesen Kategorien jeweils in drei bis vier Fällen hohe Werte zu finden sind.

Frau Mantel griff bei knapp zwei Drittel aller Gespräche auf thematische Medien zurück, in fünf Gesprächen sogar in einem sehr starken Maße. Nichtthematische Medien kamen dagegen bei zwei Drittel gar nicht oder bei einem Drittel nur in sehr geringem Maße zum Einsatz.

1.3 *Wie sehen die Gespräche aus, die entstehen?*

Insgesamt konnten in der Lerngruppe in den vier aufgenommenen Doppel stunden (acht Unterrichtsstunden) 25 Gespräche identifiziert und untersucht werden. Es überwiegt mit einer Zahl von 20 deutlich das Gespräch als eine Reihung von Beiträge der Schüler_innen (UGS) (80 %). Offensichtlich ist dies ein spezifisches Kommunikationsmerkmal dieser Lerngruppe. Drei echte Unterrichtsgespräche (UG) und jeweils ein Pingpong-Gespräch (UGLS) und ein getarnter Lehrervortrag (UGLV) kommen zudem vor.

Betrachtet man die Dynamik der Gespräche, erkennt man, dass die Intention der Gespräche in aller Regel (außer in zwei Gesprächen) kurz genannt wurde. Worum es geht, wurde allerdings sehr selten (in zwei Gesprächen) deutlich oder sehr deutlich angesprochen. Ein hervorstechendes Merkmal der Gespräche in dieser Lerngruppe ist allerdings die Intensität, mit der diese geführt wurden (1,9) (nur sieben mit geringer, 14 mit starker und vier mit sehr starker Intensität). Ebenfalls einen hohen Wert errangen die Gespräche bezüglich ihres Flusses (1,8). Bei der Hälfte der Gespräche war dieser stark ausgeprägt, bei vier Gesprächen sogar sehr stark. Es gab kein Gespräch, in dem der Gesprächsfluss stagnierte. Allerdings vertieften in der Hälfte der Gespräche in der Regel Schüler_innen die Beiträge ihrer Mitschüler_innen in einem geringen Maße (außer in sechs Fällen, dort stark oder sehr stark). Hier bestätigt sich, dass eben die meisten Gespräche keine echten Unterrichtsgespräche (UG) waren, bei denen die Schüler_innen miteinander redeten und sich aufeinander bezogen, sondern eine Reihung von engagiert geäußerten Beiträge der Schüler_innen (UGS). Positiv zu erwähnen ist, dass in allen Gesprächen die Äußerung von kontroversen Auffassungen möglich war, in zwei Gesprächen sogar in einem starken Maße. Die Hälfte der Gespräche hatten darüber hinaus einen diskursiven Charakter, drei Gespräche sogar in einem starken Maße.

Ein besonderes Kennzeichen der Gespräche in dieser Lerngruppe der sechsten Klasse bei Frau Mantel war der hohe Erfahrungsbezug der verhandelten Inhalte (2,1) (der höchste Wert im Vergleich zu den anderen Lerngruppen). In 14 Unterrichtsgesprächen war dieser Bezug sehr stark, in vier Gesprächen war kein Erfahrungsbezug zu erkennen. Gleichermaßen auffällig war (wie in der Lerngruppe von Frau Blume) der starke theologische Bezug der Gespräche (2,0). Bei knapp der Hälfte der Gespräche war dieser sehr stark ausgeprägt, bei einem Fünftel stark, und dies, obwohl Frau Mantel als Lehrkraft theologische Themen im Gespräch kaum vertiefte (0,6). Erneut erfreulich und hoch ist der Wert bei den korrelativen Lernprozessen. Es gelang Frau Mantel in ca. der Hälfte ihrer Gespräche, korrelative Lernprozesse zu initiieren (5-mal stark, 4-mal gering). Die Werte beim erkenntniserweiternden, fortschreitenden Lernprozess sind dagegen eher gering. Bei zwei Drittel der Gespräche konnte in geringem Maße ein solcher beobachtet werden, in vier Gesprächen ist kein Erkenntnisfortschritt zu erkennen. Bei fünf Gesprächen war ein Erkenntnisfortschritt stark wahrzunehmen. Offensichtlich werden nicht alle korrelativen Lernprozesse als ein fortschreitender Lernprozess im Gespräch identifiziert.

In der Lerngruppe von Frau Mantel, in der überwiegend Doppelstunden aufgezeichnet wurden, fanden Gespräche vor allem in der zweiten Unterrichtsphase, also von Minute zehn bis 19 mit 20 %, und in der vierten (Minute 30–45) mit 28 % sowie in der fünften Unterrichtsphase (Minute 45–55) mit 20 % statt.

1.4 *Fazit: Eine Lehrperson, die zuhören, und eine Klasse, die miteinander ins Gespräch kommen kann*

In dieser Lerngruppe des sechsten Jahrgangs wurden Gespräche in einer förderlichen Atmosphäre in der Regel intensiv, fließend und mit einer sehr hohen quantitativen Beteiligung der gesamten Lerngruppe geführt, wobei die Inhalte der Gespräche sowohl durch einen deutlichen Erfahrungs- als auch Theologiebezug gekennzeichnet waren. In der Hälfte der Gespräche wurden dadurch korrelative Lernprozesse sichtbar. In der Regel waren dies Gespräche, die durch eine Aneinanderreihung von Beiträge der Schüler_innen (UGS) gekennzeichnet sind. Die Lehrerin Frau Mantel unterstützte diese Form durch eine hohe Aufmerksamkeit für die Beiträge der Schüler_innen, wenn auch weitestgehend nonverbal. Sie war präsent und leitend, in einer aktiven Zuhörer- und nonverbalen Moderationsrolle. Dirigierend und als (inhaltliche) Impulsgeberin hielt sie sich meistens zurück. Irritierend sind die schwachen Werte bei der Kategorie fortschreitender Lernprozess, denn ein fortschreitender Prozess im zu verhandelnden Gesprächsgegenstand war kaum zu beobachten. Nur in einzelnen Gesprächen (knapp einem Fünftel) wurde Frau Mantel auch als Expertin und inhaltliche Gestalterin tätig, indem sie inhaltlich strukturierte, zu Reflexion aufforderte oder Ergebnisse sicherte.

2. Frau Blume, 9. Klasse eines Gymnasiums

Fünf Doppelstunden konnten in dieser Lerngruppe aufgezeichnet werden.

2.1 *Was charakterisiert die Lerngruppe?*

Die gymnasiale Lerngruppe des neunten Jahrgangs ist mit 26 Schüler_innen (wobei die Anzahl bei den einzelnen Stunden variiert zwischen 24 und 26 Schüler_innen) die größte aufgezeichnete Lerngruppe und mit 20 Mädchen und sechs Jungen sehr ungleich bezüglich der Geschlechterverteilung besetzt.

Die Gesprächsatmosphäre innerhalb der großen Lerngruppe war zweigeteilt. Bei knapp der Hälfte der Gespräche (46 %) war in einem starken oder sogar sehr starken Maße eine gesprächsförderliche Atmosphäre zu finden, bei der anderen Hälfte der Gespräche (54 %) war diese nur gering kommunikationsunterstützend. Auch die räumlichen und institutionellen Bedingungen begünstigten Gespräche nur gering (1,3).

In der großen Lerngruppe mit 26 Schüler_innen war festzustellen, dass die rein quantitative Beteiligung eher gering war, am niedrigsten im Vergleich zu den anderen Lerngruppen (0,7). In 15 von den 35 Gesprächen beteiligten sich nur wenige Schüler_innen. Bei 17 Gesprächen waren immerhin ungefähr ein Drittel, also um die acht Schüler_innen involviert. Nur in drei Gesprächen gelang es, dass sich mehr als die Hälfte der Schüler_innen an der Plenumskommunikation beteiligten. Allerdings errang die Lerngruppe bei der Qualität der Gespräche einen positiven Wert (1,6). 21 Gespräche zeichneten sich sogar durch eine hohe fachliche Qualität aus. Bei dem ungleichen Geschlechterverhältnis in dieser Lerngruppe (sieben Jungen, 20 Mädchen) erstaunt es nicht, dass sich die Jungen bei 83 % der Gespräche weniger als die Mädchen beteiligten. In dieser Klasse sind sechs reine Mädchengespräche zu finden. In einem Gespräch beteiligten sich besonders viele Jungen.

Schüler_innen vertieften Beiträge der Schüler_innen ungefähr in der Hälfte der Gespräche (51 %), wobei dies meist in geringer Form erfolgte. Bei einem Fünftel der Gespräche (20 %) wurden die Beiträge der Mitschüler_innen sogar stark vertieft. Besonders ist, dass die Schüler_innen in ihren Beiträgen auch theologische Themen in aller Regel vertieften (außer bei drei Gesprächen) und dies sogar bei 69 % der Gespräche in einem starken oder sogar sehr starken Maße. Dies ist ein beeindruckender Wert und verweist eventuell auch auf das hohe Vorkommen von echten Unterrichtsgesprächen (UG) (siehe dazu unten) in dieser Lerngruppe.

2.2 *Wie agiert die Lehrperson?*

Der Anteil von eigenen Gesprächsbeiträgen ist bei Frau Blume in den Unterrichtsgesprächen variabel (1,5). In der Hälfte der Gespräche war er gering oder gar nicht vorhanden (bei vier Gesprächen), bei der anderen Hälfte brachte sich Frau Blume stark oder sogar sehr stark (bei sechs Gesprächen) ein. Methodisch wurden fast alle Gespräche (83 %) von ihr gelenkt, in 43 % sogar stark und sehr stark, bei 40 % nur gering. Jedes dritte Gespräch wies zudem eine deutliche inhaltliche Strukturierung auf, dies ist im Vergleich mit den anderen Lerngruppen ein hohes Ergebnis (gleich hoch ist der Wert bei Herrn Holle: 1,2). Nur sechs Gespräche wurden gar nicht inhaltlich strukturiert. Frau Blume vertiefte in Gesprächen in der Regel (86 %) Beiträge der Schüler_innen, bei 31 % der Gespräche sogar in einem starken Maße. In jedem dritten Gespräch (33 %) bemühte sie sich, theologische Themen zu vertiefen, in fünf Gesprächen sogar stark oder sehr stark. Frau Blume ist offensichtlich stärker als ihre Kolleg_innen eine methodische und inhaltliche Gestalterin der Unterrichtsgespräche, wobei sie offensichtlich unterschiedlich und flexibel agierte (Bezug auf die Beiträge der Schüler_innen und auf theologische Inhalte) und sich auch zurücknahm.

Bei allen Gesprächen wurde deutlich, dass Frau Blume die Gesprächsatmosphäre mindestens geringfügig unterstützte und wertschätzte (1,3). Ihre Körpersprache unterstützte in der Regel geringfügig die Kommunikationssituation, in sieben Gesprächen auch stark oder sehr stark. Ebenfalls errang Frau Blume bei den fachlichen Auskünften der Lehrperson im Vergleich zu ihren Kolleg_innen bessere Werte (0,6), wenn diese auch nur bei knapp der Hälfte der Gespräche sichtbar wurden. In fünf Gesprächen war die fachliche Expertise, die Frau Blume einbrachte, stark oder sogar sehr stark ausgeprägt[5].

Nur sehr vereinzelt nutzte Frau Blume die Möglichkeit, die Gesprächsergebnisse zu sichern (in sieben Fällen) oder den Lernprozess zu reflektieren (in zwei Fällen). Immerhin in knapp jedem dritten Gespräch wurden metakognitive Prozesse angestoßen, in zwei Gesprächen sogar in einem starken Maße, was im Vergleich zu den anderen Lehrpersonen der beste Wert ist.

Im Vergleich zu ihren Kolleg_innen stellte Frau Blume auch in einem deutlich stärkeren Maße übergreifende inhaltliche Zusammenhänge her, in 15 Gesprächen waren diese stark oder sogar sehr stark ausgeprägt. In nur neun Gesprächen waren keine Verweise zu finden.

Thematische Medien setzte Frau Blume in gut der Hälfte der Gespräche unterstützend ein, wobei bei 37 % der Gespräche dies sogar in einem starken oder sehr starken Maße der Fall war. Nicht-thematische Medien spielen in dieser

---

5 In der Gesprächsfeinanalyse *„Wo ist das Problem? Wieso passt für euch Leid und Gott nicht zusammen?“ (Die) Theodizeefrage nicht simplifizieren!* eines stark gelenkten Unterrichtsgesprächs in diesem Buch wird das Agieren der Lehrperson als fachliche Expertin und ihr Einfluss auf das Gespräch besonders deutlich.

Lerngruppe eine sehr geringe Rolle und kamen nur in jedem siebten Gespräch zum Einsatz.

2.3 *Wie sehen die Gespräche aus, die entstehen?*

Bei Frau Blume wurden fünf Doppelstunden aufgezeichnet, in denen insgesamt 35 Gespräche über zwei Minuten identifiziert und ausgewertet wurden. Es fällt auf, dass vor allem die stark schülerzentrierten Gesprächsformen deutlich überwiegen mit elf echten Unterrichtsgesprächen (UG) und 15 Gesprächen als eine kontinuierliche Folge von Beiträge der Schüler_innen (UGS). Außerdem finden sich drei Pingpong-Gespräche (UGLS) und sechs als Gespräche als getarnte Lehrervorträge (UGLV). Offensichtlich zeichnet sich diese Lerngruppe durch viele und vielfältig gestaltete Gespräche aus.

Die Gespräche in dieser Lerngruppe sind durch eine hohe Transparenz hinsichtlich ihrer Intention gekennzeichnet, d. h. außer in drei Gesprächen war immer ersichtlich, worum es geht. In neun Gesprächen wurde die Intention sogar deutlich angesprochen. Hälftig ist das Ergebnis zum Gesprächsfluss, bei der Hälfte der Gespräche war dieser gering und bei der anderen Hälfte stark ausgeprägt. Bei 40 % der Gespräche war eine starke Aufmerksamkeit und Beteiligung festzustellen, bei etwas mehr als 48 % der Gespräche wurde die Intensität eher gering und in vier Gesprächen äußerst gering gewertet. Erneut knapp die Hälfte der Gespräche (49 %) hatten keinen diskursiven Charakter, allerdings hatten fast ein Drittel der Gespräche eine starke und ein gutes Fünftel der Gespräche eine geringe Diskursivität. In fast allen Gesprächen (außer zwei) bestand die Möglichkeit, kontroverse Äußerungen einzubringen, bei einem Viertel der Gespräche wurden die Schüler_innen sogar deutlich dazu aufgefordert. Bei einem Fünftel der Gespräche war deutlich ein fortschreitender Erkenntnisprozess zu identifizieren, dagegen war bei der Hälfte (51 %) nur ein geringer und bei 29 % der Gespräche kein erkenntniserweiternder Lernprozess zu finden.

Ein theologischer Bezug war bei den allermeisten Gesprächen deutlich gegeben (außer bei drei Gesprächen), bei 37 % in einem starken und bei einem Drittel (34 %) sogar in sehr starkem Maße. Das sind hohe Werte. Zwei Drittel der Gespräche, d. h. 23 wiesen zudem einen Erfahrungsbezug auf, wobei dieser bei 14 Gesprächen sogar stark bzw. sehr stark ausgeprägt war. Korrelative Lernprozesse wurden in der Lerngruppe von Frau Blume bei 15 Gesprächen sichtbar (43 %), bei neun Gesprächen sogar in einem starken Maße. Auch dies ist ein im Vergleich mit den anderen Lerngruppen hoher Wert.

Die 35 Gespräche verteilen sich erstaunlich gleichmäßig auf die Doppelstunden. Alle Zeitfenster wurden für Gespräche genutzt, auch die ersten zehn Minuten (mit drei Gesprächen). Einen Peak haben der Zeitkorridor von Minute neun bis 20 mit neun Gesprächen und der Zeitkorridor von Minute 45–55 mit sieben Gesprächen.

2.4 *Fazit: Eine Lehrkraft, die sich auf die aktuelle Gesprächssituation einlässt und flexibel agiert*

In der großen und mädchenstarken Lerngruppe (20 Mädchen und sieben Jungen) konnten viele (35) und intensive Gespräche identifiziert werden, unter ihnen auch elf echte Unterrichtsgespräche (UG). Die Schüler_innen bezogen sich hier deutlich häufiger als in den anderen Lerngruppen aufeinander und vertieften die Beiträge ihrer Mitschüler_innen[6]. Die Lehrerin handelte als methodische und inhaltliche Leiterin, wobei sie in den Gesprächen offensichtlich variabel agierte, sich ganz zurücknahm oder sich als Anwältin der theologischen Themen oder der Beiträge der Schuler_innen einbrachte. In einzelnen Gesprächen wurde sie auch als fachliche Expertin sichtbar und für die Schüler_innen Gesprächspartnerin. In diesen Gesprächen sind hohe Werte bei dem Nachweis korrelativer und erkenntnisfortschreitender Lernprozesse zu finden, 21 Gespräche zeichnen sich durch eine hohe fachliche Qualität aus. Zu bemerken ist, dass die rein quantitative Beteiligung innerhalb dieser Lerngruppe eher gering war, sodass offensichtlich nur ein Teil der Klasse diese qualitätsvollen Gespräche trägt (allerdings ist die Größe der Lerngruppe hier zu bedenken). Einige Kriterien haben hälftige Ergebnisse, etwa sind die Gesprächsatmosphäre, die Intensität der Gespräche, der Gesprächsfluss, der diskursive Charakter, der Einfluss von thematischen Medien jeweils zur Hälfte stark ausgeprägt. Unser Zugang war wohl recht grob, um differenzierende Ergebnisse zu erhalten. Offenbar zeigen die Gespräche eine große Vielfalt in ihrer Gestalt.

3. Frau Kösel, 9. Klasse einer Realschule

Es konnten vier Einzelstunden und eine Doppelstunde aufgezeichnet werden.

3.1 *Was charakterisiert die Lerngruppe?*

Die neunte Realschulklasse ist mit acht Schüler_innen (sechs Mädchen und zwei Jungen) eine sehr kleine Lerngruppe, in der Kinder aus drei verschiedenen Parallelklassen für den konfessionell gebundenen Religionsunterricht zusammenkommen.

6 Die Wirkung der Schüler_innen zugewandten, kommunikationsförderlichen Unterrichtsatmosphäre in dieser Lerngruppe wird auch in der Fallanalyse „*Was ist so schlimm an einer neuen Welt ohne Gott?“ Ein echtes Unterrichtsgespräch über die Konsequenzen einer Welt ohne Gott, das zu einem Zwiegespräch wird...*“ dieses Buches deutlich abgebildet.

Die Atmosphäre unter den Schüler_innen war in dieser Lerngruppe dem Gespräch nicht förderlich, sie errang im Vergleich mit den anderen Lerngruppen den niedrigsten Wert (0,3). Die räumliche und institutionelle Gesprächsatmosphäre variierte zwischen stark, gering und nicht gesprächsförderlich. Diese Abweichungen in einer kleinen Lerngruppe, die sich in einem großen Klassenraum trifft und damit gute räumliche Bedingungen vorfindet, kann dadurch erklärt werden, dass in den aufgezeichneten Unterrichtsstunden zeitweise aufgrund naher Bauarbeiten eine deutliche Lärmbelästigung vorhanden war.

In den neun vorgefundenen Gesprächen beteiligten sich die Schüler_innen sehr unterschiedlich: In zwei Gesprächen war die Beteiligung äußerst gering (weniger als ein Drittel, also zwei oder weniger Schüler_innen), in drei Gesprächen beteiligten sich ungefähr ein Drittel der Kinder (also nur zwei bis drei Schüler_innen), erneut in drei Gesprächen sind mehr als die Hälfte der Kinder (mehr als vier) aktiv und in einem Gespräch sogar mehr als zwei Drittel der Kinder, also mehr als sechs Schüler_innen. Auf der Grundlage, dass das Geschlechterverhältnis mit sechs Mädchen zu zwei Jungen ungleich verteilt war, waren die Redebeiträge von Jungen und Mädchen erstaunlich ausgeglichen. Offenbar beteiligten sich die beiden Jungen überdurchschnittlich häufig an den Gesprächen. Die Qualität der Partizipation war allerdings bei einem Drittel der Gespräche äußerst gering und in den restlichen Gesprächen gering. Diese Werte (0,7) sind im Vergleich mit den anderen Lerngruppen (außer Frau Ernte 8. Jg. mit 0,8) deutlich am niedrigsten.

Die Schüler_innen vertieften nur in einem Gespräch und hier auch nur in geringem Maße die Beiträge ihrer Mitschüler_innen. In vier Gesprächen konnte gezeigt werden, dass Schüler_innen theologische Themen vertiefen, in zwei Fällen sogar stark. Offensichtlich war das kommunikative Miteinander in dieser Lerngruppe nur sehr mäßig ausgeprägt, obwohl durch die geringe Zahl der Kinder gute kommunikative Bedingungen gegeben gewesen wären.

3.2 *Wie agiert die Lehrperson?*

Die Körpersprache von Frau Kösel unterstützte in zwei Drittel der Fälle das Gespräch gering. Dieser Wert ist sehr niedrig (0,7). Gleichzeitig hatte Frau Kösel einen sehr hohen Gesprächsanteil (2,4): In einem Gespräch niedrig, in drei Gesprächen hoch und in fünf Gesprächen sogar sehr hoch. Dies ist im Vergleich zu den anderen Lerngruppen ein deutlich starker Wert. Wie agierte sie mit diesem hohen zeitlichen Raum in den Gesprächen?

Frau Kösel lenkte die Gespräche methodisch entweder sehr stark (zwei von neun) oder aber meist gar nicht (sieben von neun). Eine inhaltliche Strukturierung erfolgte in der Hälfte der Gespräche nicht oder nur in einem geringen Maße. Zusammenhänge zu vorausgehenden oder kommenden Lernprozessen wurden nicht hergestellt. Gesprächsergebnisse wurden nirgends gesichert, unterrichtliche Prozesse nicht reflektiert, metakognitive Überlegungen nicht aufgeworfen. Bei jedem dritten Gespräch gab Frau Kösel fachlich Auskunft, in einem Gespräch sogar in einem starken Maße. Maßnahmen zur Unterstützung der Gesprächsatmosphäre wendete sie nur in einem geringen Maße an.

Frau Kösel vertiefte in gut der Hälfte der Gespräche die theologische Thematik, in zwei Fällen sogar in einem sehr starken Maße und in einem Gespräch in einem starken Maße. Allerdings sind auch vier Gespräche zu finden, in der theologische Themen nicht vertieft wurden. Frau Kösel war durchgehend bestrebt, die Beiträge der Schüler_innen zu vertiefen, bei gut der Hälfte der Gespräche in starkem Maße. Sie hat bei diesem Kriterium den höchsten Wert (1,6) und legt offensichtlich am stärksten Wert darauf, den Erfahrungsbezug der Schüler_innen zu stärken. Insgesamt zeigte sich, dass sie vor allem methodisch lenkte, bei einem guten Drittel der Gespräche wurden hohe Werte auch in inhaltlichen Aktivitäten (inhaltliche Strukturierung, fachliche Auskunftsfähigkeit, Vertiefung theologischer Themen und Beiträge der Schüler_innen) erreicht, allerdings war bei mehr als der Hälfte der Kriterien (Metakognition, Sicherung der Gesprächsergebnisse, Zusammenhänge aufzeigen u. a.) ein Totalausfall zu markieren.

Frau Kösel brachte in gut der Hälfte der Gespräche (fünf von neun) thematische Medien ein, bei einem Drittel sogar in starkem oder sehr starkem Maße. Nicht-thematische Medien kamen nicht zum Einsatz.

3.3 *Wie sehen die Gespräche aus, die entstehen?*

Es konnten vier Einzelstunden und eine Doppelstunde aufgezeichnet werden, in denen insgesamt neun Gespräche identifiziert wurden. Mit sechs Gesprächen überwog hier das Pingpong-Gespräch (UGLS), zudem waren drei getarnte Lehrervorträge (UGLV) und zwei Gespräche als Reihung von Beiträge der Schüler_innen (UGS) zu identifizieren. Echte Unterrichtsgespräche (UG) konnten hier nicht gefunden werden.

Im Rahmen des niedrig-inferenten Ratings wurde dieser Lerngruppe ein „streng dominierendes Ping-Pong-Gesprächsmuster" bescheinigt[7]. Diese Einschätzung kann man bestätigt sehen. In der Regel wurde die Intention der Gespräche kurz genannt, in drei Gesprächen wurde diese sogar deutlich herausgestellt. Die Gespräche hatten meist keinen Gesprächsfluss (sechs von neun) oder nur einen geringen (drei von neun), dies ist im Vergleich zu den anderen Lerngruppen ein deutlich abfallender Wert. Diskussionen fanden hier fast nicht statt (eins von neun, nur gering). Frau Kösel ermöglichte jedoch das Einbringen von Kontroversen durchgehend gering. Deutlich von den anderen Klassen fällt

7 Vgl. in Kapitel *Vorkommen und Dauer von Gesprächen unterschiedlichen Typs. Ergebnisse des niedrig-inferenten Ratings.*

die Lerngruppe von Frau Kösel hinsichtlich der Intensität der Gespräche ab (0,4). In mehr als der Hälfte der Gespräche (fünf von neun) war eine äußerst geringe Beteiligung und Aufmerksamkeit der Schüler_innen zu erkennen, in den anderen Gesprächen war die Intensität nur gering.

Die Gespräche hatten in der Regel (sechs von neun) einen Erfahrungsbezug, zwei Gespräche sogar einen starken. Knapp die Hälfte der Gespräche hatten keinen Theologiebezug, wobei allerdings drei einen sehr hohen und ein Gespräch einen hohen Theologiebezug aufwiesen. In zwei Drittel der Gespräche waren keine korrelativen Lernprozesse zu finden, in zwei Gesprächen in geringem und in einem Gespräch in einem starken Maße.

Bei Frau Kösel wurden vier Einzel- und eine Doppelstunden aufgezeichnet. Vor allem zum Ende der ersten Einzelstunde sind Gespräche platziert, also in den Minuten 0–45 (33,3 %) und 45–55 (22,2 %).

3.4 *Fazit: Eine Lehrperson mit kleiner, aus verschiedenen Stammklassen gemischter Lerngruppe, in der die Gespräche nicht ins Laufen kommen*

Die Ergebnisse dieser Lerngruppe zeigen, dass offensichtlich bei dem Ausfall grundlegender Bedingungen für Gespräche diese in der Regel nicht gelingen können. Trotz der überschaubaren Klassengröße und sehr guten räumlichen Bedingungen, die in manchen Stunden durch sehr laute Bauarbeiten gestört wurden, sind deutliche Mängel in der Konstitution der Lerngruppe (aus drei Parallelklassen „zusammengewürfelt", keine gesprächsförderliche Atmosphäre unter den Schüler_innen) zu finden. Der Gesprächsfluss war schleppend, die Intensität, in der die Gespräche geführt wurden, schwach, die Qualität der Beiträge der Schüler_innen gering, korrelative Lernprozesse kamen kaum vor. Die Lehrkraft reagierte mit einem voluminösen Gesprächsanteil, in dem sie vor allem methodisch lenkte, die Beiträge der Schüler_innen vertiefte bzw. vermutlich bemüht war, den Schüler_innen weitere Redebeiträge zu entlocken. Sie zeigte auch vereinzelt theologische Themen und Zusammenhänge auf und fungierte als fachliche Expertin. Das Resultat waren Gespräche im Pingpong-Modus (UGLS), zwei getarnte Lehrervorträge (UGLV) und immerhin zwei Gespräche als Reihung von Beiträge der Schüler_innen (UGS). Der Lerngruppe gelang es nicht, miteinander zu sprechen, zu diskutieren und sich auszutauschen. An dieser Stelle kann nicht erkannt werden, ob das zurückhaltende, wenig involvierte Gesprächsverhalten der Klasse das gesprächsdominante Lehrerverhalten unterstützt und forciert (weil niemand sich einbringen, redet die Lehrperson weiter) oder ob andersherum der hohe und stark lenkende Gesprächsanteil der Lehrperson das distanzierte und passive Verhalten der Klasse mitbeeinflusste.

4. Herr Holle und Frau Tinda (Referendarin), 9. Klasse einer Realschule

Vier Doppelstunden wurden hier aufgezeichnet, wobei die erste Doppelstunde von der Referendarin geleitet wurde.

4.1 *Was charakterisiert die Lerngruppe?*

Die neunte Klasse der Realschule mit Herrn Holle als Lehrer und Frau Tinda als Referendarin besteht aus insgesamt 21 Kindern, wovon 9 Jungen und 12 Mädchen sind.

Unter den Schüler_innen war meistens eine geringe gesprächsförderliche Atmosphäre zu beobachten, bei jedem dritten Gespräch war eine starke gesprächsunterstützende Atmosphäre zu erkennen. Die räumlichen und institutionellen Bedingungen unterstützten die Gesprächsatmosphäre nur in geringem Maße (0,7).

Die Lerngruppe mit Herrn Holle errang bezüglich der quantitativen Partizipation einen Spitzenwert (2,6) im Vergleich mit den anderen Lerngruppen (zwischen 2,1 bis 0,7). Bei elf von 18 Gesprächen beteiligten sich mehr als zwei Drittel der Schüler_innen, in der großen Lerngruppe sind dies also 13 Schüler_innen. Das ist ungewöhnlich viel. In sechs Gesprächen beteiligte sich ungefähr die Hälfte der Klasse, also zehn Schüler_innen. Nur in einem Gespräch war ein Drittel der Klasse aktiv und damit immerhin auch noch sechs bis sieben Schüler_innen. Die Auswertung der absoluten Beteiligung der Mädchen und Jungen bestätigt dieses Ergebnis. Herrn Holle bzw. Frau Tinda gelang es besonders gut, viele Schüler_innen am Unterrichtsgespräch zu beteiligen. Die Qualität der Partizipation war bei fast der Hälfte der Gespräche (sieben von 18) gering, in drei Gesprächen sogar äußerst gering. Allerdings wurde die Qualität der Beiträge in acht Gesprächen auch als hoch eingeschätzt.

Der Gesprächsanteil der Jungen war deutlich höher, was für die Geschlechterverteilung in dieser Klasse (9 Jungen, 12 Mädchen) überraschend ist. Reine Jungengespräche fanden allerdings nicht statt. In vier Gesprächen war die Beteiligung der Mädchen sehr hoch.

Nur sehr selten (zwei von 18) kam es vor, dass Schüler_innen die Beiträge ihrer Mitschüler_innen vertieften und dies nur in einem geringen Maße. Dies korrespondiert mit dem Ergebnis, dass nur ein echtes Unterrichtsgespräch (UG) identifiziert wurde neben neun Pingpong-Gesprächen (UGLS) und fünf Gesprächen als Reihung von Beiträge der Schüler_innen (UGS) (siehe unten). Offensichtlich gelang es in dieser Lerngruppe kaum, die Schüler_innen miteinander in ein Gespräch zu bringen.

4.2 *Wie agieren die Lehrpersonen?*

Bei Frau Tinda wurden drei, bei Herrn Holle 15 Gespräche identifiziert. Der zeitliche Anteil an den Gesprächen in der von Frau Tinda geleiteten Doppelstunde variierte (jeweils in einem war er hoch, niedrig oder sie hielt sich ganz raus) ähnlich wie bei Herrn Holle: In einem Gespräch hielt er sich ganz raus, in vier Gesprächen war er gering involviert, in neun Gesprächen war sein Gesprächsanteil hoch und in einem Gesprächen sogar sehr hoch. Sowohl Frau Tinda als auch Herr Holle förderten die Atmosphäre in der Regel gering, Ausnahmen waren zwei Gespräche bei Herrn Holle und ein Gespräch bei Frau Tinda mit einer starken Förderung.

Die Werte bezüglich der Körpersprache sind sowohl bei Herrn Holle (0,8) als auch bei Frau Tinda (1,0) gering. Bei der Hälfte der Gespräche begünstigten diese das Gespräch geringfügig, in zwei Gesprächen deutlich. Auffällig ist, dass in fünf Gesprächen (einmal bei Frau Tinda) null geratet wurde, d. h. hier begünstigte die Körpersprache das Gespräch nicht oder sogar negativ.

Es fällt deutlich ins Auge, dass zumindest Herr Holle die Gespräche methodisch stark oder sehr stark lenkte (zwölf von 15). Bei Frau Tinda war in zwei von drei Gesprächen, die in der einen Doppelstunde der Referendarin aufgezeichnet wurden, die methodische Lenkung gering. In der Hälfte der Gespräche brachte sich Herr Holle mit inhaltlich strukturierenden Beiträgen ein (sieben von 15), bei drei Gesprächen nur in geringem Maße. Frau Tinda brauchte sich ein gar nicht und zweimal in geringem Maße in die Gespräche ein. Hinweise auf übergreifende inhaltliche Zusammenhänge gab Herr Holle bei jedem dritten Gespräch (sechs von 15) und dann auch nur in geringem Maße. Bei der Doppelstunde der Referendarin waren diese gar nicht feststellbar. Die Gesprächsergebnisse wurden in 28 % der Gespräche, also knapp einem Drittel, in starkem Maße gesichert. Dies geschah ausschließlich in den Stunden von Herrn Holle. In den anderen Gesprächen erfolgte keine Sicherung des Lerngewinns. In den Gesprächen wurden weder unterrichtliche Prozesse reflektiert (0,1) noch metakognitive Überlegungen angestellt (0,0). Herr Holle brachte sich in nur zwei Gesprächen als fachlicher Experte ein, in der Regel (13 von 15) hält er sich heraus, auch Frau Tinda agiert nie als Expertin. In ihren Gesprächsbeiträgen vertieften Herr Holle und Frau Tinda größtenteils die Beiträge der Schüler_innen (außer in zwei Gesprächen). In fünf Gesprächen wurden sogar in einem starken Maße die Äußerungen der Schüler_innen von der Lehrkraft vertieft, zweimal bei der Referendarin und dreimal bei Herrn Holle. Frau Tinda vertiefte theologische Themen kaum, Herr Holle immerhin in zwei Gesprächen; in einem von diesen wird das theologische Thema in sehr starkem Maße vertieft. Von den Schüler_innen wurden theologische Themen zweimal und nur bei Herrn Holle vertieft. Thematische oder nicht-thematische Medien nutzte Herr Holle vereinzelt (vier bzw. fünf von 15) und Frau Tinda gar nicht.

4.3 *Wie sehen die Gespräche aus, die entstehen?*

Vier Doppelstunden wurden hier aufgezeichnet, in denen insgesamt 18 Unterrichtsgespräche zu finden waren. Die Hälfte der Gespräche (neun) waren Pingpong-Gespräche (UGLS), fünf Gespräche eine Reihung von Beiträge der Schüler_innen (UGS), drei waren getarnte Lehrervorträge (UGLV) und ein echtes Unterrichtsgespräch (UG) bei der von Frau Tinda geleiteten Stunde kam vor.

Meistens war klar, worum es in den Gesprächen ging, in zwei Gesprächen wurde die Gesprächsintention sogar deutlich herausgestellt. Hohe Werte zeigt die Lerngruppe bezüglich der Intensität der Gespräche (1,5), in mehr als der Hälfte der Gespräche (zehn) war eine starke Aufmerksamkeit und Beteiligung der Schüler_innen festzustellen, und zwar unabhängig von der Lehrperson. Die Hälfte der Gespräche (neun von 18) hatten einen Gesprächsfluss, drei davon sogar in starkem Maße. Insbesondere bei der Referendarin Frau Tinda waren überdurchschnittlich hohe Werte zu verzeichnen. Ebenfalls bei neun Gesprächen wurde ein fortschreitender Lernprozess im Gespräch beobachtet, bei zwei Gesprächen sogar in einem starken Maße. Die Gespräche hatten meist keinen diskursiven Charakter (14 von 18). Die Lehrkraft forderte zu der Äußerung abweichender Beiträge nur gering auf.

Ungewöhnliche Ergebnisse sind bei den Inhalten der Gespräche zu finden. Zwei Drittel der Gespräche hatten keinen Erfahrungsbezug, vier Gespräche in geringem Maße und ein Gespräch in einem starken Maße (0,3). Hier schneidet die Klasse von Herrn Holle im Vergleich mit den anderen Lerngruppen mit 0,4 am schlechtesten ab. Auch der theologische Bezug der Gespräche war gering. Wurde dieser bei Frau Tinda gar nicht festgestellt, zeigten immerhin fünf von 18 Gesprächen bei Herrn Holle einen solchen, immerhin drei in einem starken Maße.

Dieses Ergebnis ist erklärungsbedürftig. Wenn die Gespräche weder einen Theologie- noch einen Erfahrungsbezug hatten, fragt man sich, worin es darum ging. Sind die verhandelten Inhalte vor allem religionskundliche Themen? Korrelative Lernprozesse fanden, das wäre ja zu erwarten, in der Lerngruppe von Herrn Holle so gut wie nicht statt (in zwei Gesprächen in geringem Maße).

Bei Herrn Holle und Frau Tinda fanden zum einen in der zweiten Unterrichtsphase, also in den Minuten 10–19, 22,2 % der Gespräche und zum anderen im Zeitkorridor zum Ende der ersten Einzelstunde (in den Minuten 30 bis 45) 27,8 % der Gespräche statt. Die restlichen Gespräche sind recht gleichmäßig verteilt.

4.4 *Fazit: Eine Lehrperson agiert als starke Motivatorin, sodass viele viel reden, wobei manchmal die Substanz auf der Strecke bleibt*

Markantes Merkmal der Gespräche in dieser Lerngruppe von Herrn Holle und Frau Tinda ist die extrem hohe Beteiligung der Schüler_innen, es gelang ihnen in elf von 18 Gesprächen mehr als ein Drittel der Schüler_innen aktiv in die Unterrichtskommunikation einzubeziehen. Insbesondere Frau Tinda war stets um eine Einbindung der Schüler_innen bemüht, was sich auch in hohen Zahlen zur Partizipation niederschlägt. Jedes zweite Gespräch zeichnete sich zudem durch eine hohe Qualität der Beiträge der Schüler_innen, eine große Intensität, einen starken Gesprächsfluss und durch einen deutlichen fortschreitenden Lernprozess aus. Ebenfalls anders als in den anderen Lerngruppen war der verhandelte Inhalt der Gespräche, die sowohl einen geringen Erfahrungsbezug als auch einen geringen Theologiebezug hatten.

Herr Holle selbst agierte unterschiedlich. Er lenkte methodisch meist sehr stark und versuchte vorwiegend, die Beiträge der Schüler_innen zu vertiefen. Bei jedem dritten Gespräch strukturierte er inhaltlich, zeigte Zusammenhänge auf und sicherte Lernergebnisse. Allerdings fanden metakognitive Überlegungen und Lernreflexionen nicht statt.

Frau Tindas Leitungsstil in der einen aufgenommenen Doppelstunde zeichnete sich dagegen vor allem durch das Bemühen um eine große (quantitative) Schülerbeteiligung aus. Sie nahm diese Beiträge auf, ging darauf ein oder nutzte sie, um wiederum mehr Schüler_innen zu motivieren. Dadurch waren sehr hohe Werte beim Gesprächsfluss zu verzeichnen. Gleichwohl fehlte es fast durchgehend an fachlicher Tiefe: Weder wurden von der Referendarin fachliche Impulse beigesteuert noch wurden die Beiträge der Schüler_innen in der Sache vertieft.

Es überwogen in dieser Lerngruppe die eher lehrergelenkten Gesprächsformen, das Gespräch als getarnter Lehrervortrag (UGLV) (drei von 18), das Pingpong-Gespräch (UGLS) (neun von 18) und Gespräche in Form einer Reihung von Beiträge der Schüler_innen (UGS) (fünf von 18). Die meisten Gespräche hatten keinen diskursiven Charakter, die Schüler_innen redeten nicht miteinander, sondern nacheinander und auf die Lehrkraft gerichtet.

5. Herr Schön, 9. Klasse einer Gesamtschule

In dieser Lerngruppe wurden fünf Doppelstunden aufgezeichnet.

5.1 Was charakterisiert die Lerngruppe?

Die Lerngruppe der neunten Klasse des Realschulzweiges der kooperativen Gesamtschule von Herrn Schön ist mit zehn Schüler _innen (fünf Mädchen und fünf Jungen) eine kleine Lerngruppe.

Die Gesprächsatmosphäre in dieser Lerngruppe, in der Schüler_innen aus zwei verschiedenen Klassen für den konfessionell gebundenen Religionsunterricht zusammenkommen, war bei gut der Hälfte der Gespräche (elf) stark gesprächsbegünstigend. Bei der kleineren Hälfte (acht) unterstützte sie das Gespräch nur gering. Die Gesprächsatmosphäre vom Raum ausgehend wurde durchgehend als sehr positiv gewertet (2,0), sie begünstigte durchweg stark das Gespräch: Eine kleine Lerngruppe, ein großer Raum und alle Schüler_innen saßen in einem Hufeisen in der ersten Reihe.

In der kleinen Lerngruppe war insgesamt eine hohe zahlenmäßige Beteiligung festzustellen, außer in einem Gespräch. Bei zwei Drittel der Gespräche beteiligten sich mehr als die Hälfte der Lerngruppe, also mehr als fünf Schüler_innen. Hier ist sicher die Größe der Klasse bei der Interpretation zu berücksichtigen, etwa im Vergleich mit der großen Lerngruppe von Frau Blume. Mädchen beteiligten sich hier geringfügig etwas stärker. Bei knapp der Hälfte der Gespräche (neun von 19) zeichneten sich die Beiträge der Schüler_innen durch eine hohe inhaltliche Qualität aus, bei der anderen Hälfte hatten sie eine geringe Qualität.

Nur bei jedem fünften Gespräch gingen die Schüler_innen auf die Beiträge ihrer Mitschüler_innen ein, allerdings in drei Gesprächen, die echte Unterrichtsgespräche (UG) sind, in einem starken Maße. Dieses eher niedrige Ergebnis korrespondiert mit der Häufung von Pingpong-Gesprächen (UGLS) in dieser Lerngruppe (elf von 19 Gesprächen).

5.2 Wie agiert die Lehrperson?

Herr Schön war als Gesprächsgestalter dominant (1,8). In 13 Gesprächen war sein Gesprächsanteil hoch oder sogar sehr hoch. Es gab kein Gespräch, in dem er sich heraushielt. Herr Schön nutzte seine Gesprächsanteile offensichtlich nicht, um die Gespräche methodisch zu lenken (0,0). Auch eine inhaltliche Strukturierung der Gesprächsbeiträge erfolgte durch ihn in der Regel (14 von 19 Gesprächen) nicht (in drei Gesprächen gering und in zwei Gesprächen stark). Was genau tat Herr Schön dann? Er vertiefte in fast allen Gesprächen die Beiträge der Schüler_innen, in vier Gesprächen sogar stark. In gleicher Weise verstand sich Herr Schön als Anwalt theologischer Themen und fundierte diese in allen Gesprächen, in sechs Gesprächen in starker Weise. Den höchsten Wert im Vergleich mit den anderen Lehrkräften errang Herr Schön bei der

Herstellung von übergreifenden Zusammenhängen (1,2). In gut einem Drittel der Gespräche stellte er in einem hohen Maße Zusammenhänge zu vorausgehenden oder bevorstehenden Lernschritten her. Nur in drei Gesprächen wurden keine übergreifenden Lernzusammenhänge genannt. Ebenfalls hohe Werte (1,3) sind bei der Sicherung von Gesprächsergebnissen, in der Regel an der Tafel, zu finden, bei zwei Drittel der Gespräche wurden diese sogar meist in einem hohen Maße gesichert. Bei Herrn Schön fand in der Hälfte seiner Gespräche eine Reflexion in geringem Maße statt (0,6); das ist im Vergleich zu den anderen Lehrpersonen, bei denen dies fast gar nicht vorkam (zwischen 0,0 und 0,2), ein guter Wert. Metakognitive Überlegungen erhielten in der Klassenkommunikation nur in einem Gespräch Raum.

Herr Schön unterstützte die Gesprächsatmosphäre geringfügig (1,0). Auch seine Körpersprache wurde als die Unterrichtskommunikation schwach stützend wahrgenommen (1,0).

Ein ausgeprägtes Merkmal dieser Lehrkraft war der häufige Einsatz und Einfluss von nicht-thematischen Medien, vor allem der Tafel. Bei 14 von insgesamt 19 Unterrichtsgesprächen griff Herr Schön in geringem und starkem Maße (jeweils siebenmal) auf sie zurück. In knapp jedem zweiten seiner Gespräche (acht von 19) setzte Herr Schön thematische Medien ein.

5.3 *Wie sehen die Gespräche aus, die entstehen?*

In dieser Lerngruppe wurden fünf Doppelstunden aufgezeichnet, in denen 19 Gespräche identifiziert wurden. Überwiegend waren dies Pingpong-Gespräche (UGLS) (circa 60 %). Aber auch drei echte Unterrichtsgespräche (UG), drei getarnte Lehrervorträge (UGLV) und zwei Gespräche als Reihung von Beiträge der Schüler_innen (UGS) gab es.

In allen Gesprächen wurde die Intention kurz genannt und es war klar, worum es ging (1,0). Die Gespräche zeichneten sich in der Regel (13 von 19) durch eine geringe Aufmerksamkeit und Beteiligung der Schüler_innen aus. In fünf Gesprächen wurde die Intensität des Gesprächs stark und in einem sogar sehr stark gewertet. Alle außer ein Gespräch zeigten einen Gesprächsfluss, wobei dieser bei vier Gesprächen stark ausgeprägt war. Die Diskursivität war in dieser Klasse bei gut einem Drittel der Gespräche (37 %) vorzufinden, bei vier Gesprächen sogar in starkem und sehr starkem Maße. Dies ist im Vergleich zu den anderen Lerngruppen eine hohe Ausprägung. Deutlich fällt auf, dass Herr Schön offensichtlich seine Schüler_innen in allen Gesprächen zum Einbringen kontroverser Beiträge ermutigte, in drei Gesprächen stark und in einem sogar sehr stark. Sehr positive Werte waren bei der Kategorie des fortschreitenden Lernprozesses zu finden. Ein solcher wurde in allen Gesprächen wahrgenommen, bei der Hälfte der Gespräche (zehn) sogar in einem starken Maße.

Ein markantes Merkmal der Gespräche in dieser Lerngruppe war ihr deutlich theologischer Charakter (2,2). Alle Gespräche hatten einen starken (15) oder sogar sehr starken (vier) Bezug zu theologischen Themen. Theologische Themen wurden dabei sowohl von der Lehrperson als auch von den Schüler_innen selbst vertieft. In mehr als der Hälfte der Gespräche setzten sich die Schüler_innen stark (acht) oder sogar sehr stark (zwei) mit theologischen Inhalten auseinander.

Der Erfahrungsbezug der Gesprächsinhalte spielte nur bei der Hälfte der Gespräche eine Rolle und dort nur in geringer Weise (0,6). Korrelative Lernprozesse wurden in den Gesprächen trotz des hohen theologischen Gehalts sehr vereinzelt in zwei Gesprächen identifiziert (0,1).

In der Lerngruppe von Herrn Schön fanden in den ersten 20 Minuten eher wenige Gespräche statt. Alle anderen Gespräche verteilten sich erstaunlich gleichmäßig auf die Unterrichtszeit.

5.4 *Fazit: Eine Lehrperson, die sich selbst als Gesprächsteilnehmerin versteht, und eine Lerngruppe, die es gewohnt ist, sich (auch kontrovers) im Gespräch auszutauschen*

Die Gespräche in dieser kleinen Lerngruppe zeichneten sich durch einen unverkennbar theologischen Gehalt aus. Herr Schön brachte sich deutlich als fachlicher Experte ein, allerdings nicht in der Weise, dass er in eigenen Beiträgen fachlich Auskunft gab, sondern sich durch seine Beiträge bemühte, die Schüler_innen auf eine vielversprechende Fährte zu navigieren, ihnen Zusammenhänge zu verdeutlichen, sodass die Schüler_innen selbst zu den fachlichen Einsichten gelangen konnten. Gleichzeitig forderte er die Schüler_innen zur Äußerung eigener, auch kontroverser Ansichten auf. Ein Drittel der Gespräche hatten einen diskursiven Charakter. Die Schüler_innen miteinander in einen Austausch zu bringen, gelang jedoch nur vereinzelt (drei UG), dagegen schien die kontroverse Auseinandersetzung mit der Lehrkraft im Pingpong-Modus (elf UGLS von 19) zu verlaufen. Die hohe zahlenmäßige Beteiligung der Schüler_innen, die hohe Qualität der Hälfte der Gespräche und der hohe Wert bei der Kategorie fortschreitender Lernprozesse zeigen, dass er offensichtlich hier Lernerfolge errang. Ob diese auch durch seine deutliche Routine, Gesprächsergebnisse an der Tafel zu sichern, begünstigt wurden, ist zu vermuten. Die Erfahrungen der Schüler_innen spielten allerdings in diesen Gesprächen eine nachgeordnete Rolle, sodass auch korrelative Lernprozesse fast nicht angestoßen wurden.

6. Frau Bornemann, 10. Klasse eines Gymnasiums

Drei Doppelstunden konnten hier aufgezeichnet werden.

6.1 *Was charakterisiert die Lerngruppe?*

In der gymnasialen Lerngruppe des Jahrgangs zehn von Frau Bornemann sind 12 Schülerinnen und zehn Schüler, d. h. es ist im Vergleich zu den anderen Lerngruppen eine große Zahl an Schüler_innen.

Bei der Hälfte der Gespräche war eine geringe gesprächsförderliche Atmosphäre unter den Schüler_innen, bei der anderen Hälfte eine starke gesprächsförderliche Atmosphäre zu erkennen, obwohl die räumlichen Bedingungen eine gesprächsförderliche Atmosphäre nur gering stützten.

Die Beteiligung der Schüler_innen war quantitativ eher gering, d. h. in der Regel beteiligte sich nur ein knappes Drittel der Klasse, wobei dies bei dieser großen Lerngruppe immerhin auch bis zu sieben Schüler_innen sind. In einem Gespräch waren weniger beteiligt und dreimal war sogar ungefähr die Hälfte der Klasse aktiv. Die Qualität der Gespräche war dagegen, auch im Vergleich zu den anderen Lerngruppen, gut, bei 60 % der Gespräche hoch und nur bei 30 % der Gespräche gering.

6.2 *Wie agiert die Lehrperson?*

Frau Bornemann hielt sich selbst, ähnlich wie Frau Mantel, in den Gesprächen eher zurück (0,8) und beteiligte sich kaum. In sechs Gesprächen war ihr Gesprächsanteil gering und nur in einem Gespräch ist der Gesprächsanteil stark. In gut der Hälfte der Gespräche (sechs von zehn) vertiefte die Lehrerin die Beiträge der Schüler_innen, aber dies nur in einem geringen Maße. Theologische Inhalte wurden von der Lehrperson nur in einem Gespräch vertieft.

Allerdings war bei der Hälfte der Gespräche eine starke methodische Lenkung von Frau Bornemann zu identifizieren. In drei Gesprächen lenkte sie methodisch nicht (1,3). Die methodische Lenkung war aber keine inhaltliche Strukturierung, die meisten Gespräche wiesen diese nicht auf (0,8). Übergreifende Zusammenhänge wurden nur gering in der Hälfte der Gespräche genannt, eine Sicherung der Gesprächsergebnisse erfolgte in der Regel nicht, die unterrichtlichen Prozesse wurden nicht oder gering reflektiert, metakognitive Lernprozesse wurden sehr vereinzelt angestoßen, in einem Gespräch allerdings in hohem Maße. In der Regel nutzte Frau Bornemann die Gespräche nicht, um ihre fachliche Expertise einzubringen; dies erfolgte in nur zwei Fällen, allerdings dann in sehr starkem Maße. In einem echten Unterrichtsgespräch und einem Unterrichtsgespräch als Reihung von Beiträge der Schüler_innen wurde die fachliche Auskunftsfähigkeit von Frau Bornemann als sehr hoch gewertet.

Als charakteristisches Merkmal der Lehrerpersönlichkeit kann die starke körperliche Präsenz von Frau Bornemann zählen. Bei der Hälfte der Gespräche kann gesagt werden, dass Frau Bornemann diese durch ihre Körpersprache stark oder sogar sehr stark unterstützte. Die Stärkung der Gesprächsatmosphäre war ihr ein wichtiges Anliegen.

Besonders zeichnete sich dieser Unterrichtsstil von Frau Bornemann zudem durch deutlichen Einfluss von thematischen Medien aus, die in allen Gesprächen zum Einsatz kamen, in sechs Fällen sogar in starkem oder sehr starkem Maße. In gut der Hälfte der Gespräche wurden auch nicht-thematische Medien eingesetzt (Tafel, Overhead).

6.3 *Wie sehen die Gespräche aus, die entstehen?*

In den drei aufgezeichneten Doppelstunden konnten zehn Gespräche identifiziert werden, die sich fast gleichmäßig auf drei echte Unterrichtsgespräche (UG), vier Gespräche als eine Reihung von Beiträge der Schüler_innen (UGS) und drei Pingpong-Gespräche (UGLS) verteilten. Ein Gespräch als getarnter Lehrervortrag (UGLV) kam nicht vor. Offensichtlich gibt es hier keinen Unterrichtstyp, der verstärkt vorkommt.

Bei fast der Hälfte der Gespräche wurde die Intention des Gesprächs nicht genannt. In sechs Gesprächen wurde diese kurz angesprochen. In fast jedem zweiten Gespräch war die Intensität der Gespräche hoch. Der Diskussionscharakter war eher gering, wobei den Schüler_innen immer die Möglichkeit zur Äußerung abweichender Auffassungen gegeben wurde, in drei Fällen sogar ausdrücklich. Nur in der Hälfte der Gespräche vertieften Schüler_innen die Beiträge ihrer Mitschüler_innen und dies nur in einem geringen Maße. Gute Werte erringt diese Lerngruppe mit ihrer Lehrerin bei dem fortschreitenden Lernprozess innerhalb der Gespräche, der in vier Gesprächen sogar als stark gewertet wurde.

Theologische Themen spielten in fast allen Gesprächen (neun von zehn) in dieser Lerngruppe eine bedeutende Rolle und wurden stark oder sehr stark verhandelt. Nur in einem Gespräch war kein Theologiebezug zu erkennen. Die Schüler_innen selbst vertieften diese theologischen Themen in sechs Gesprächen stark und in drei Gesprächen gering. Dagegen fällt sehr deutlich auf, dass die Lehrperson sich hier zurückhielt und nur in einem Gespräch das theologische Thema gering vertiefte. Geringer wird der Bezug zur Lebenswirklichkeit der Kinder bei den verhandelten Inhalten gewertet; nur knapp die Hälfte der Gespräche hatten einen starken oder sogar sehr starken Bezug, drei einen schwachen Bezug und drei gar keinen Bezug zu den Erfahrungen der Schüler_innen. Trotz des hohen Theologiebezugs und des immerhin in jedem zweiten Gespräch identifizierten Erfahrungsbezugs waren korrelative Lernprozesse kaum zu beobachten, in drei Gesprächen in einem geringen Maße und bei einem Gespräch in einem starken Maße.

Bei Frau Bornemann fanden in den ersten 20 Minuten gar keine Unterrichtsgespräche statt, sie wählte hier offensichtlich ein anderes Artikulationsschema. Es fiel in den drei aufgezeichneten Doppelstunden auf, dass knapp die Hälfte der Gespräche (40 %) erst zum Abschluss der Doppelstunde stattfanden, die übrigen Gespräche verteilten sich gleichmäßig auf das Ende der ersten Stunde, auf die Zeitkorridore Minute 20–29 und Minute 30–45.

6.4 *Fazit: Eine motivierende Lehrperson, die nur einen Teil der Klasse erreicht*

Die zehn Unterrichtsgespräche in der Lerngruppe mit Frau Bornemann waren sehr unterschiedlich, sowohl was ihre Gestalt (drei verschiedene Gesprächstypen) als auch was die Ausprägung verschiedener Merkmale (Intensität, Atmosphäre, Qualität, Vertiefung, Strukturierung u. a.) betrifft. Häufig fällt eine Zweiteilung auf, d. h. ein Teil der Gespräche zeichnete sich durch eine gute Qualität, hohe Intensität, gesprächsförderliche Atmosphäre, eine methodisch starke Strukturierung u. a. aus.

Die quantitative Beteiligung war in allen zehn Gesprächen eher gering, wobei die Qualität der Beteiligung gut gewertet wurde. Dies zeigt sich besonders bei den positiven Werten, die bei der Kategorie des fortschreitenden und erkenntniserweiternden Lernprozesses erzielt wurden. Alle Gespräche hatten einen deutlichen theologischen Inhalt, wobei der Erfahrungsbezug nur bei der Hälfte der Gespräche zu finden war.

Die Lehrperson brachte ihre Expertise nur vereinzelt in Gesprächen ein, in der Regel hielt sie sich als gestaltende und impulsgebende Größe heraus und ließ die Gespräche der Schüler_innen laufen. Bei der Hälfte der Gespräche lenkte sie methodisch. Besondere Merkmale der Lehrperson sind ihre körperliche, das Gespräch unterstützende Präsenz und der durchgehende und vielseitige Einfluss von thematischen sowie nicht-thematischen Medien.

7. Frau Ernte, 8. Klasse und 10. Klasse einer Realschule

In der Realschule konnten bei Frau Ernte zwei verschiedene Religionsklassen aufgezeichnet werden, was interessante Vergleichsanalysen ermöglicht. Im achten Jahrgang wurden acht Einzelstunden aufgezeichnet, im zehnten Jahrgang konnten sieben Einzelstunden videografiert werden.

7.1 *Was charakterisiert die beiden Lerngruppen?*

Die *achte Realschulklasse* besteht aus insgesamt 22 Schüler_innen. Die Lerngruppe ist aufgeteilt in je elf Mädchen und Jungen. Die Kinder kamen aus zwei Parallelklassen.

In der achten Klasse lag die wahrgenommene gesprächsförderliche Atmosphäre bei den Schüler_innen bei 1,6 (bei zwei Drittel der Gespräche (zehn von 16) sogar stark gesprächsförderlich). Die räumlichen Bedingungen unterstützten die Gesprächsatmosphäre zu schwach.

Die quantitative Beteiligung der Schüler_innen war hier hoch, bei der Hälfte der Gespräche beteiligte sich ein Drittel der Klasse, bei knapp der anderen Hälfte sogar mehr als die Hälfte oder zwei Drittel der Klasse. In dieser Klasse redeten geringfügig weniger Jungen. Die Qualität der Partizipation wurde allerdings meist gering gewertet (1,3), nur in jedem dritten Gespräch war diese hoch. Die Beiträge von Mitschüler_innen wurden bei einem Drittel (vier von zehn) nicht, ansonsten nur in einem geringen Maße vertieft. Hier bestätigt sich, dass keine echten Unterrichtsgespräche (UG) stattfanden (siehe unten), in denen die Schüler_innen miteinander sprechen und sich gegenseitig austauschen konnten.

Die *zehnte Klasse einer Realschule* hat eine Klassenstärke von 24 Schüler_innen und besteht ausgeglichen aus dreizehn Mädchen und elf Jungen. Sie setzt sich aus drei verschiedenen Parallelklassen zusammen.

Die Atmosphäre innerhalb der Lerngruppe war hier deutlich schwächer (0,8), in drei Gesprächen nicht oder sogar negativ gesprächsförderlich, bei zehn Gesprächen gering gesprächsstützend. Eventuell ist dieser schwache Wert auch darauf zurückzuführen, dass hier Schüler_innen sogar aus drei verschiedenen Parallelklassen zusammenkamen. Die räumlichen Bedingungen in dieser recht großen Lerngruppe waren nur gering für das Gespräch förderlich.

In der zehnten Jahrgangsstufe sind drei Gespräche zu finden, bei denen sich nur sehr wenige Schüler_innen einbrachten, in der Regel war ein Drittel der Klasse aktiv im Gespräch, in drei Gesprächen waren deutlich mehr als die Hälfte der Schüler_innen, und damit elf Personen, an der Unterrichtskommunikation beteiligt. Die Teilnahme der Geschlechter war hier nahezu ausgeglichen. Die Qualität der Schülerbeteiligung wurde mit 1,6 gut gewertet. In mehr als der Hälfte der Gespräche war diese hoch oder sogar sehr hoch. Allerdings gingen die Schüler_innen meistens nicht (elf von 13) auf die Beiträge ihrer Mitschüler_innen ein, nur in zwei Gesprächen in geringem Maße.

7.2 *Wie agiert die Lehrperson?*

Die Werte zur gesprächsbegünstigenden Körpersprache der Lehrperson wurden in beiden Klassen nahezu identisch geratet: In der Regel unterstützte diese das Gespräch gering, in fünf Gesprächen (bei Jg. acht) und in zwei Gesprächen (bei Jg. zehn) sogar in einem starken Maße. Von der Lehrkraft ausgehend waren bei Frau Ernte in beiden Klassen deutliche Bemühungen zur Stärkung der Klassen- und Gesprächsatmosphäre zu erkennen.

Frau Ernte liegt mit ihrem zeitlichen Anteil an den Gesprächen in beiden Klassen im Mittelfeld der aufgezeichneten Lehrkräfte (1,6). In der achten Klasse brachte sie sich in zehn von 16 Gesprächen stark ein, in der zehnten Klasse in acht von 13 Gesprächen.

Erstaunlich differente Werte zeigen sich bei dem Vertiefungsgrad der Beiträge der Schüler_innen durch die Lehrperson. Während Frau Ernte in der achten Klasse in der Regel (15 von 16) diese vertiefte, in sieben Gesprächen sogar stark, wurden die Beiträge der Schüler_innen in der zehnten Klasse fast durchweg (elf von 13) nicht hervorgehoben und vertieft, nur bei je einem Gespräch stark und sehr stark. Zu fragen wäre, ob die Lehrkraft hier davon abhängig ist, welche Gesprächsbeiträge von Schüler_innen eingebracht werden, inwiefern sie hier fachdidaktisch agieren kann oder ob sie sich tatsächlich bezüglich ihres Lehrverhaltens unterschiedlich verhält.

Während Frau Ernte in der achten Klasse in der Regel (14 von 16) leicht methodisch lenkte (1,0), hielt sie sich in der zehnten Klasse etwas stärker mit methodischer Lenkung zurück (0,6). Gut die Hälfte der Gespräche (neun von 16) strukturierte Frau Ernte in der achten Klasse inhaltlich, in drei Gesprächen sogar stark, während sie in der zehnten Klasse in zehn von 13 Gesprächen inhaltlich durchaus strukturierte, davon zweimal stark. Sehr unterschiedliche Werte sind bei der fachlichen Auskunftsfähigkeit zu finden. In der achten Klasse war diese in geringem Maße bei einem Drittel der Gespräche zu erkennen, in der Klasse zehn brachte Frau Ernte sich nie als fachliche Expertin in das Gespräch ein.

In der Hälfte der Gespräche verwies sie in der achten Klasse auf inhaltliche Zusammenhänge in geringem Maße, in der zehnten Klasse wurde sehr viel seltener (drei von 13) auf inhaltliche Zusammenhänge Bezug genommen. Gesprächsergebnisse wurden in der achten Klasse in der Hälfte der Gespräche gesichert, in acht Gesprächen sogar in hohem Maße, dagegen spielten Prozesse der Gesprächssicherung in dem zehnten Jahrgang fast keine Rolle (nur in einem von 13 Gesprächen stark). Eine Reflexion der unterrichtlichen Prozesse war in beiden Klassen nicht zu identifizieren. Nur vereinzelt in je zwei Gesprächen waren geringfügige metakognitive Überlegungen zu finden.

7.3 *Wie sehen die Gespräche aus, die entstehen?*

Im achten Jahrgang konnten in den sechs aufgezeichneten Einzelstunden 16 Unterrichtsgespräche identifiziert werden. Davon überwog mit elf Gesprächen das Pingpong-Gespräch, weiterhin konnten zwei Gespräche als Reihung von Beiträge der Schüler_innen und drei getarnte Lehrervorträge erkannt werden. Im zehnten Jahrgang konnten sieben Einzelstunden videografiert werden, in denen 13 Gespräche vorkamen. Zwölf Pingpong-Gespräche (UGLS) dominierten deutlich die Unterrichtskommunikation neben einem Gespräch als Reihung von Beiträge der Schüler_innen (UGS). Echte Unterrichtsgespräche (UG) fanden in beiden Klassen nicht statt.

In der achten Klasse wurde die Intention des Gesprächs bei der Hälfte der Gespräche nicht genannt (acht von 16), in fünf Gesprächen war klar, worum es geht und in drei Gesprächen wurde die Intention deutlich herausgestellt. In der zehnten Klasse dagegen war die Intention der Gespräche in der Regel transparent (elf von 13), in drei Gesprächen sogar deutlich begründet.

Die Gespräche im zehnten Jahrgang wiesen eine geringe Intensität auf (0,8), fast so niedrig wie bei Frau Kösel (0,7). Dagegen ist der Wert der aktiven Beteiligung und Aufmerksamkeit der Schüler_innen in der achten Klasse mit 1,5 gut, in sieben Gesprächen kann hier von einer hohen Intensität gesprochen werden.

Gespräche als Diskussionen kamen in beiden Klassen nicht auf (8. Jg. 0,1; 10. Jg. 0,2). Dabei hatten beide Klassen in allen Gesprächen die Möglichkeit, kontroverse Ansichten einzubringen und wurden vereinzelt dazu auch ermutigt, diese zu äußern. Die Gespräche in der achten Klasse hatten durchweg einen Gesprächsfluss, bei zwei Drittel war dieser sogar deutlich ausgeprägt. In der zehnten Klasse waren drei Viertel der Gespräche fließend und lebendig, in drei Gesprächen war der Gesprächsprozess eher stockend und stagnierend.

Im achten Jahrgang zeigten fast alle Gespräche (15 von 16) einen fortschreitenden Lernprozess, wenn auch nur in einem geringen Maße. Dagegen waren sukzessive Lernprozesse in den Gesprächen des zehnten Jahrgangs nur selten (in drei von 13) zu erkennen und wenn, nur in einem geringen Maße.

Frau Ernte hatte in ihren beiden Klassen einen durchweg starken Bezug zu theologischen Themen (8. Jg. (2,1; in acht von 16 Gesprächen sogar sehr stark), 10. Jg. (2,0; in vier von 13 sehr stark)). Zu betonen ist, dass dies im Vergleich zu den anderen Lerngruppen ein hervorstechendes Merkmal des Unterrichts von Frau Ernte war. Allerdings agierte sie offensichtlich in ihren beiden Klassen unterschiedlich bezüglich der konkreten Vertiefung theologischer Themen im Gespräch. Während sie in der achten Klasse diese deutlich vertiefte (1,4; in sieben von 16 Gesprächen vertieft sie stark oder sehr stark), war eine Vertiefung theologischer Themen in der zehnten Klasse nur sehr vereinzelt zu finden (0,8; in drei von 13 vertieft sie stark, in fünf Gesprächen gar nicht). Erstaunlich sind hier auch die für diese Lerngruppe guten Werte bezüglich der Vertiefung theologischer Themen durch die Schüler_innen. In der achten Klasse wurden in zwölf von 16 Gesprächen theologische Themen stark oder sogar sehr stark vertieft, je zweimal findet in den Gesprächen eine geringe bzw. keine theologische Vertiefung statt. Auch in der zehnten Klasse setzten sich die Schüler_innen durchweg (12 von 13) vertiefend mit theologischen Themen kommunikativ auseinander, in fünf Gesprächen gering, in sechs Gesprächen sogar stark und in einem sehr stark. Dies sind markante und hohe Werte.

Der Erfahrungsbezug der Inhalte der Gespräche war in den beiden Klassen ebenfalls verschieden. In der achten Klasse war bei gut der Hälfte der Gespräche (neun von 16) ein geringer Erfahrungsbezug zu erkennen, in vier Gesprächen war dieser stark oder sehr stark ausgeprägt. Dagegen zeigte sich ein Erfahrungsbezug im zehnten Jahrgang bei der Hälfte der Gespräche nur gering (sieben von 13), in einem Gespräch aber sehr stark.

Korrelative Lernprozesse fanden in beiden Klassen statt, in der achten Klasse bei einem Drittel der Gespräche (fünf von 16), wobei in zwei Pingpong-Gesprächen diese sogar in hohem Maße identifiziert werden konnten, in der zehnten Klasse bei einem Viertel der Gespräche (drei von 13) in einem starken Maße.

Frau Ernte setzte im zehnten Jahrgang fast ausnahmslos (elf von 13) thematische Medien ein, die das Gespräch stark (drei von 11) oder sogar sehr stark (vier von 11) stützten. Im achten Jahrgang wurden thematische Medien nur in der Hälfte der Gespräche eingesetzt und begünstigten hier bei einem Viertel das Gespräch stark. Nicht-thematische Medien setzte Frau Ernte teilweise im achten Jahrgang ein (sieben von 16, in der Regel die Tafel), in der zehnten Klasse kamen diese nur einmal, dann allerdings in einem starken Maße, vor. Erneut fällt auf, dass Frau Ernte in ihren beiden Klassen medienpädagogisch unterschiedlich agierte.

Besonders stark fanden zu Beginn der Stunden, also in den ersten zehn Minuten, Gespräche in der Lerngruppe im achten Jahrgang (sieben von 16) und im zehnten Jahrgang (fünf von 13) statt sowie am Ende der Einzelstunden (Minuten 30–45) beim achten (fünf von 16) und beim zehnten Jahrgang (drei von 13).

7.4 *Fazit: Eine Lehrperson, die in ihren beiden Lerngruppen deutlich unterschiedlich agiert und theologische Themen forciert sowie zwei Lerngruppen, denen es nicht gelingt, miteinander zu sprechen*

Pingpong-Gespräche (UGLS) dominierten in beiden Klassen die Gesprächskultur. Echte Unterrichtsgespräche (UG) waren nirgends zu finden. Den Schüler_innen gelang es in beiden Klassen offenbar nicht, sich mit ihren Beiträgen auf die Äußerungen ihrer Mitschüler_innen zu beziehen. In der Regel verlief die Kommunikation über die Lehrkraft oder die Beiträge der Schüler_innen blieben in Form einer Hintereinanderschaltung unverbunden.

Die beiden Lerngruppen mit Frau Ernte unterscheiden sich teilweise deutlich bzw. das Lehrerverhalten ist deutlich different. In der achten Klasse bestand bei einer durchgehend hohen Beteiligung eine gute Gesprächsatmosphäre unter den Schüler_innen, intensive Gespräche wurden geführt, gewinnbringende Lernprozesse beobachtet. Allerdings wurde die Qualität der Beiträge der Schüler_innen schwach gewertet. Dagegen war die Gesprächsatmosphäre in der zehnten Klasse deutlich weniger gesprächsförderlich (0,8), eine geringe zahlenmäßige Beteiligung und eine geringe Intensität der Gespräche zu identifizieren, doch die Qualität der Beiträge der Schüler_innen wurde als hoch gewertet. Während Frau Ernte in der achten Klasse stärker Beiträge der Schüler_innen vertiefte, auf inhaltliche Zusammenhänge verwies, inhaltlich strukturierte und Gesprächsergebnisse sicherte, sind bei all diesen Kriterien die Werte in der zehnten Klasse signifikant geringer. Allerdings setzte Frau Ernte in der zehnten Klasse verstärkt thematische Medien ein.

In beiden Klassen fällt der starke theologische Inhalt der Gespräche auf, der sowohl von der Lehrkraft als auch von den Schüler_innen intensiviert wurde. Die Themen hatten bei der Hälfte der Gespräche in der achten Klasse auch einen Erfahrungsbezug, allerdings in der Regel nur in einem geringen Maße. In der zehnten Klasse war der Erfahrungsbezug fast durchgehend gegeben, wenn auch nur gering ausgeprägt. Korrelative Lernprozesse waren in beiden Klassen zu einem Drittel bzw. Viertel der Gespräche zu identifizieren.

In beiden Klassen wurde in der Regel ein guter Gesprächsfluss beobachtet, allerdings keine diskursiven Prozesse wahrgenommen.

Gleich wurde das Gesprächsverhalten der Lehrerin in den zwei Klassen bezüglich der geringen gesprächsförderlichen Körpersprache und des hohen Gesprächsanteils gewertet. Zudem fiel auf, dass Gespräche häufig in den ersten oder letzten zehn Minuten platziert waren, d. h. Frau Ernte hat hier offensichtlich eine deutliche Präferenz in ihrer unterrichtlichen Planung.

8. Resümee

In dem vorliegenden Abschnitt sollten Lerngruppen und Lehrpersonen nicht in Schubladen gesteckt und bewertet werden. Ziel war es, die Varianz der von den Lehrpersonen übernommenen Rollen zu zeigen und Verbindungen zu den beobachteten Gesprächen herzustellen. In diesem Sinn kann es auch jetzt nur darum gehen, das Beobachtete zu systematisieren und Signifikanzen zusammenzutragen.

In dem vorausgehenden Kapitel wurden bereits fünf verschiedene Gesprächsmuster[8] unterschieden. Hier geht es nun darum, verschiedene Gesprächsrollen bei den Lehrpersonen zu differenzieren. Beim Zusammenfassen und Auswerten der Ergebnisse konnten drei verschiedene Rollen identifiziert werden, die die Lehrpersonen in den beobachteten Unterrichtsgesprächen einnehmen und zwischen denen sie, mitunter dynamisch, wechseln:

1. Die *Rolle der Auditorin*, der aktiv zuhörenden Lehrperson, die das Gespräch aufmerksam verfolgt und höchstens nonverbal agiert.
2. Die *Rolle der Motivatorin*, der zu Beteiligung und Engagement motivierenden Lehrperson, die das Gespräch hauptsächlich formal lenkt und um eine möglichst hohe quantitative Teilnahme bemüht ist, sich dabei aber mit inhaltlichen Äußerungen und Impulsen zurückhält.
3. Die *Rolle der fachkompetenten Gesprächspartnerin*, die mit inhaltlich vertiefenden, strukturierenden oder kritisch hinterfragenden Beiträgen sich moderierend einbringt und sich als stimulierende Gesprächspartnerin der Schüler_innen versteht (Bertram / Franzmann 2019).

Zu (1): Als Beispiel einer innerhalb eines Gesprächs vornehmlich *zuhörenden Lehrkraft* kann Frau Mantel genannt werden (vgl. hierzu die Gesprächsfeinanalyse *„Aber wir sollten uns da noch weiter auf den Weg machen!" Ein echtes Unterrichtsgespräch zu der Frage, warum es heute keine Geschichten mehr von Gott gibt...*). Sie bringt sich und ihre Expertise nur selten ein und verfolgt das Gespräch in der Klasse stattdessen aufmerksam. Aufgrund der u. a. sehr guten Atmosphäre kommen die Lernenden ins Gespräch miteinander. Die Klasse, auch so kann es gesagt werden, nutzt den Raum, den die Lehrperson ihr gibt, sie nutzt ihn aber nicht *aus*. Trotz vieler auch durchaus fachlich intensiver und persönlich engagierter Gespräche bleibt allerdings oft unklar, worum es geht. Auch ein Erkenntnisfortschritt konnte nur selten festgestellt werden. Hier wird die Exper-

8 Typen von Gesprächsmustern: (1) Streng dominierendes Pingpong-Gesprächsmuster, (2) schüleraktives und dominierendes Pingpong-Gesprächsmuster, (3) lehrerzentriertes Gesprächsmuster, (4) schüleraktives und aufeinander bezogenes Gesprächsmuster und (5) variierendes schüleraktives und lehrerzentriertes Gesprächsmuster. Vgl. das begründete Ergebnis im Beitrag *Vorkommen und Dauer von Gesprächen unterschiedlichen Typs*, S. 226f.

tise der Lehrperson, die ihren Schüler_innen die selbstständige Gesprächsführung zutraut, offensichtlich vermisst. Die entscheidende Frage scheint hier zu sein: Wie kann die Lehrperson und in welchem Umfang sollte sie inhaltliche, thematische Impulse geben, um die Lernenden auf den Unterrichtsgegenstand zu fokussieren bzw. zurückzubinden oder neue Gesprächsinhalte zu provozieren, ohne den Gesprächsfluss negativ zu beeinflussen?

Zu (2): In Gesprächen vornehmlich *motivierende Lehrpersonen* sind Frau Bornemann, Frau Kösel und Herr Holle. Sie sind selbst im Gespräch involviert, verfolgen es aufmerksam und versuchen stets, Impulse zu geben. Allerdings, auch das wurde beobachtet, ist dieses Vorgehen fragil und sehr von der Teilnahme der Schüler_innen abhängig. Es haben sich drei verschiedene Szenarien ergeben:

Wenn sich, wie bei Frau Kösel zu erleben, die Schüler_innen nicht darauf einlassen, weil andere Faktoren, wie die Gesprächsatmosphäre oder der Raum und Rahmen hinderlich sind, investiert die Lehrperson viel Energie ohne Ertrag. Trotz des hohen Gesprächsanteils derselben und einer starken methodischen Lenkung kommen nur wenige Gespräche zustande. Diese lassen allerdings einen diskursiven Charakter vermissen, echte Unterrichtsgespräche (UG) entstehen nicht. Eventuell ist die geringe Beteiligung der Lernenden sogar eine Folge des überproportional großen Redeanteils der Lehrperson.

Wenn sich, zweites Szenario, wie bei Frau Bornemann zu sehen, nur ein kleiner Teil der Schüler_innen beteiligt und dann entsprechend, im Klassenkontext betrachtet, auch nur begrenzt ein Erkenntnisfortschritt erzielt wird, nur begrenzt Erfahrungen eingebracht werden usw., muss man feststellen, dass die Lehrperson einen großen Teil der Klasse offensichtlich nicht erreicht. Im niedrig-inferenten Rating ist diese Lerngruppe bereits durch die Volatilität in den Gesprächsmustern aufgefallen: oft changiert es zwischen Schüleraktivierung und Lehrerzentrierung[9]. Häufig sind besonders die sowieso schon Leistungsbereiten im Gespräch beteiligt.

Wenn sich, drittens, wie bei Herrn Holle zu beobachten, die Klasse darauf einlässt und sich viele daran beteiligen, können viele Gespräche zustande kommen. Allerdings greift die Lehrperson so stark in die Gespräche ein, dass die Lernenden nicht miteinander reden, sondern sich letztlich vor allem Pingpong-Gespräche (UGLS) ergeben, die auf die Lehrperson zentriert sind. Nur selten können die Gespräche als diskursiv charakterisiert werden; die Beiträge der Lernenden sind meist auf die Lehrperson bzw. dessen Motivationen und Impulse gerichtete Reaktionen und Antworten.

Zu (3): Selbst als *kompetente Gesprächspartner_innen* bringen sich schließlich Frau Ernte, Frau Blume und Herr Schön in Gespräche ein. Im Gegensatz zum oben Genannten sind die Beobachtungen bei allen drei Lehrpersonen weitest-

9 Vgl. das Ergebnis im Beitrag: *Vorkommen und Dauer von Gesprächen unterschiedlichen Typs. Ergebnisse des niedrig-inferenten Ratings*, 226f.

gehend ähnlich. Alle drei engagieren sich sehr in den Gesprächen, sei es durch eigene Beiträge oder durch das Einbringen von Quellen über Medien, die dann vor allem fachliche Impulse geben oder eine kritische Perspektive aufwerfen. Letztendlich sind diese Gespräche durch das auch inhaltlich moderierende Wirken der Lehrpersonen sehr vielgestaltig und der Gesprächsfluss ist, insbesondere bei Frau Blume und Herrn Schön bemerkenswert hoch. Frau Ernte setzt zwar auch deutliche inhaltliche Schwerpunkte, ihr Auftreten als Expertin wirkt letztlich allerdings nur teilweise schüleraktivierende gesprächsförderlich. Im Ergebnis ist die Beteiligung der Lernenden vergleichsweise groß und auch der starke theologische Inhalt der Gespräche ist signifikant. Die hohe Beteiligung der Lehrperson ist allerdings dem diskursiven Charakter der Gespräche abträglich. Auch der Erfahrungsbezug sowie die korrelativen Momente sind meist, wenn überhaupt, nur feststellbar, aber nicht stark ausgeprägt.

Strukturen und Muster der Unterrichtsgespräche
Ergebnisse statistischer Auswertungen

Hermann-Josef Wagener / Dominic Fröhle / Annegret Reese-Schnitker

In der vorliegenden Studie wurden 145 Gespräche, die im realen Religionsunterricht stattfanden, mit einer Mindestlänge von 2 Minuten in acht verschiedenen Lerngruppen bei sieben Lehrpersonen anhand von 31 Kategorien von jeweils zwei Rater_innen mittels einer Intervallskala[1] bewertet. Deren Bewertungen stimmten zufriedenstellend überein.[2] Nach der ausführlichen Auswertung der absoluten Häufigkeiten und der signifikanten Korrelationen in den vorausgehenden Abschnitten, erfolgen hier nun weitere anspruchsvollere statistische Auswertungsschritte.

1. *Welche Faktoren prägen die Unterrichtsgespräche?*

Durch die statistische Auswertung der Datenlage soll ein Überblick entstehen, wie die unterschiedlichen 31[3] Gesprächskategorien zusammenwirken. Auf der Basis faktorenanalytisch strukturierter Daten sollen Aufschlüsse zu folgenden Fragen erhalten werden:

- Wie stark üben die Lehrer_innen in ihrem Unterrichtsverhalten Einfluss auf die Gestaltung der Gespräche aus?
- Wie beeinflussen die Schüler_innen das Unterrichtsgespräch?

---

1 Bei dem Rating wird jede Kategorie durch vier verschiedene Antwortmöglichkeiten (0-1-2-3) belegt und jedes Intervall wird durch eine weitere Eigenschaft ergänzt, sodass der Abstand bzw. die Differenz stets den gleichen Qualitätsunterschied (eine weitere Eigenschaft) in der Merkmalsausprägung haben. Die beobachteten Differenzen sind gleich groß. Damit liegt eine Intervallskala vor und ein metrisches Datenniveau. Diese Skala 0-1-2-3 wird für die statistische Auswertung in die Skala 1-3-5-7 transformiert, wobei die metrische Eigenschaft erhalten bleibt, aber die Unterschiede zwischen den Ausprägungen deutlicher hervortreten.

2 Vgl. Kapitel *Das methodische Vorgehen in der Unterrichtsstudie*, 199ff.

3 Eine 32. Bewertungskategorie erfasst den Zeitpunkt des Gesprächs in der Unterrichtsstunde. Hier wurde keine Viererskala verwendet, sondern eine zeitliche Einteilung im Verlauf einer Einzel- bzw. Doppelstunde. Diese Bewertungskategorie findet hier keine Berücksichtigung.

- Lassen sich spezifische Muster der Unterrichtsgespräche finden, die sich an unabhängigen Dimensionen (Faktoren) der Gespräche orientieren?
- Wie akzentuieren diese Faktoren genau die unterschiedlichen Unterrichtsgesprächstypen?

Bei der ersten Faktorenanalyse wurden unabhängige Faktoren entdeckt, die das Religionsunterrichtsgespräch erklären. Von den 31 Kategorien waren 27 zur statistischen Auswertung verwertbar, sodass die folgenden vier Kategorien aussortiert wurden:

- *Einfluss nicht-thematischer Medien* (K12)
- *Partizipationsgrad Schüler_innen quantitativ* (K19)
- *Gesprächsbeteiligung Jungen* (K30)
- *Gesprächsbeteiligung Mädchen* (K31).

Mithilfe einer Faktorenanalyse werden die Gesprächskategorien mit ihren unterschiedlichen Qualitäten (Level) zu Komponenten des Gespräches zusammengefasst. Anhand der Bewertungsmuster werden die Kategorien zu Hauptkomponenten gebündelt – in der Annahme, dass diese als latente Größen die Bewertungsmuster bedingt haben. Dabei werden die Varianzanteile so von den Kategorien auf die Faktoren umgelagert oder umgeschichtet, dass wenige Faktoren möglichst viel Varianz erklären. Die Hauptkomponentenanalyse stellt damit ein dimensionsreduzierendes Verfahren dar. Wichtig dabei ist, dass eine Faktorenanalyse nicht den Qualitätsgrad zu einzelnen Faktoren misst, sondern aus der Bewertungsmenge Muster herausarbeitet, also auf Stichprobenebene ähnlich bewertete Kategorien bündelt. Die Faktoren stellen Dimensionen und keine neuen Kategorien dar. Anstatt einem Gespräch nur eine Kategorie zuzuordnen, können bei ihm mehrere Faktoren in unterschiedlicher Ausprägung vorkommen. Das hat den Vorteil, dass die Faktoren als Dimensionen das Unterrichtsgespräch in seiner Struktur aufklären. Es kann dabei vorkommen, dass die Faktoren im Gespräch unterschiedlich akzentuiert werden.

Zu Beginn der statistischen Auswertung der Bewertungen wurde anhand eines ersten Ergebnisses einer Faktorenanalyse klar, dass ein Religionsunterrichtsgespräch von bestimmten Rahmenbedingungen geprägt ist und das Gespräch sich sowohl von Seiten der Schüler_innen als auch von Seiten der Lehrer_innen, als auch von ihnen gemeinsam gestaltet.

In der folgenden Faktorenanalyse wurden daher Kategorien, die den Rahmenbedingungen zugeordnet werden können,[4] unberücksichtigt gelassen und nur die restlichen Kategorien untersucht, die von den Schüler_innen und / oder Lehrkräften im Gespräch beeinflussbar sind.

---

4 Kategorien, die die Rahmenbedingungen der Gespräche beschreiben, sind: K01 *Transparenz der Gesprächsintention*, K02 *Körpersprache Lehrperson*, K04 *Gesprächsatmosphäre der Schüler_innen*, K05 *Gesprächsatmosphäre Raum / Rahmen*, K06 *Gesprächsatmosphäre durch die Lehrperson*, K11 *Einfluss thematischer Medien*, K25 *Herstellung übergreifender thematische Bezüge*.

Werden die Gesprächskategorien betrachtet, die die Schüler_innen und Lehrer_innen betreffen, so erhält man eine brauchbare und ziemlich gut geeignete Datenlage für eine Faktorenanalyse. Die Faktorenanalyse mit der Hauptkomponentenanalyse ergibt ein plausibles Ergebnis:

Zur Festlegung der Anzahl der zu extrahierenden Faktoren wurde der Screeplot herangezogen. Daraus ergibt sich eine Siebenfaktorlösung, also sieben Faktoren, die das Unterrichtsgespräch ausmachen und zu 70,0 % aufklären. Die Datenlage ist gut geeignet für eine Faktorenanalyse (KMO-Kriterium: 0.715), denn die Gesprächskategorien korrelieren ziemlich gut und hoch signifikant miteinander. Hier wird bereits deutlich, dass die Kategorie *Vertiefungsgrad theologischer Themen durch Lehrperson* (K17) zu den beiden anderen Gesprächskategorien *Theologiebezug der Gesprächsinhalte* (K16) und *Vertiefungsgrad theologischer Themen durch Schüler_innen* (K18) gehört. Aufgrund dieser Erkenntnisse soll eine Generalisierung der sieben Faktoren vorgenommen werden. Dazu wird die Faktorenanalyse mit Alpha-Faktorisierung angewendet.

1.1 *Wie konstituieren sich die grundlegenden Faktoren, die Unterrichtsgespräche prägen?*

Um die sieben im Vorfeld ermittelten Faktoren generalisieren zu können, werden die Gesprächskategorien einer gemeinsamen Faktorenanalyse mit Alpha-Faktorisierung unterzogen. Man erhält ein ziemlich gutes Ergebnis, das die bereits ermittelten sieben Faktoren des Unterrichtsgespräches bestätigt und generalisiert. Drei Faktoren beinhalten Gesprächskategorien aus dem Einflussbereich der Lehrer_innen. Ein Faktor enthält Gesprächskategorien aus dem Einflussbereich der Schüler_innen und drei Faktoren Gesprächskategorien, die sowohl von Lehrer_innen als auch von Schüler_innen gestaltbar sind.

Tabelle 1: Faktorenanalyse mit Alpha-Faktorisierung (Generalisierung)[5]

	Wert	Interpretation
KMO-Kriterium	0.715	Die Daten sind für die Durchführung einer Faktorenanalyse geeignet.
Bartlett-Test auf Sphärizität	Signifikanz: 0.000 Chi-Quadrat: 1.095,071 df = 190	Die Signifikanz besagt, dass die Korrelationen der Gesprächskategorien einer Systematik unterliegen.
Stichproben-eignung		Die 21 Variablen sind für die Faktorenanalyse geeignet.
Rotation: Varimax	55%	Die Faktoren klären zu 55% die Unterrichtsgespräche auf.
Faktoren-extraktion	7 Faktoren	Der Screeplot empfiehlt 7 Faktoren.

Die Alpha-Faktorisierung ist eine Methode der Faktorextraktion, die die Kategorien in der Analyse als eine Stichprobe aus einer Grundgesamtheit aller potenzieller Variablen betrachtet. Dadurch werden die Faktoren in ihrer inneren Konsistenz vergrößert (Alpha-Reliabilität). Gegenüber der Faktorenanalyse nach der Hauptkomponentenanalyse fragt die Alpha-Faktorisierung nicht nach einem Sammelbegriff, sondern nach möglichst hoher Generalisierbarkeit der Faktoren.[6] Als Rotationsmethode wird die gängige Varimax-Rotation gewählt, die die Ladungen pro Faktor maximiert: Ladungen werden also geringer oder stärker und können damit eindeutiger ihrem Faktor zugeordnet werden. Dadurch vereinfacht sich die Interpretation der Faktoren.

5 Die Faktorstruktur beträgt FS = 0.892. Ein Wert von FS ≥ 0.90 kennzeichnet die Annahme einer guten Übereinstimmung der Struktur der Stichprobe mit der Grundgesamtheit. Eine Faktorstruktur mit dem Wert < 0.80 sollte nicht interpretiert werden. In diesem Fall liegt der Faktorstrukturkoeffizient von FS = 0.892 an der Schwelle zu einer guten Übereinstimmung und kann interpretiert werden. Ferner liegt eine gute reproduzierte Korrelationsmatrix vor, sodass die Ergebnisse generalisierend interpretiert werden können. Es ist keine Extraktion eines weiteren Faktors gerechtfertigt, da nur zwei Standardfehler (zu jeweils 0.087) ganz leicht größer als 0.084 sind. Die Formel des Standardfehlers lautet: $sres = 1 / \sqrt{(n-2)} = 1 / \sqrt{(145-2)} = 0.084$.

6 Vgl. Bortz / Schuster 2010, 429-430.

Tabelle 2: Die sieben Faktoren der Unterrichtsgespräche

1. Faktor (3,246)[7] : Gesprächsdynamik bei Schüler_innen		
Kategorie	Bezeichnung	Ladung
K07 (0.681)[8]	Diskussionsgrad	0.766
K03 (0.587)	Gesprächsintensität	0.728
K15 (0.624)	Vertiefungsgrad der Beiträge der Schüler_innen durch Schüler_innen	0.716
K09 (0.538)	Gesprächsfluss	0.656
K20 (0.509)	Partizipationsgrad Schüler_innen qualitativ	0.577
K08 (0.224)	Raum für abweichende Auffassungen	0.434*
K10 (0.343)	Erkenntniserweiternder Gesprächsprozess	0.411*

2. Faktor (2,074): Theologischer Bezug		
Kategorie	Bezeichnung	Ladung
K16 (0.928)	Theologiebezug der Gesprächsinhalte	0.938
K18 (0.801)	Vertiefungsgrad theologischer Themen durch Schüler_innen	0.788
K17 (0.641)	Vertiefungsgrad theologischer Themen durch Lehrperson	0.524

3. Faktor (1,661): Vertiefung durch Lehrperson		
Kategorie	Bezeichnung	Ladung
K24 (0.716)	Gesprächsanteil Lehrperson	0.772
K14 (0.627)	Vertiefungsgrad der Beiträge der Schüler_innen durch die Lehrperson	0.765
K17 (0.641)	Vertiefungsgrad theologischer Themen durch die Lehrperson – entfällt	0.524

4. Faktor (1,078): Fachlich-metakognitive Reflexion		
Kategorie	Bezeichnung	Ladung
K28 (0.702)	Förderung von Metakognition	0.789
K23 (0.259)	Fachliche Auskünfte der Lehrperson	0.436*

5. Faktor (1,034): Erfahrungsbezug		
Kategorie	Bezeichnung	Ladung
K13 (0.682)	Erfahrungsbezug der Gesprächsinhalte	0.771
K29 (0.462)	Korrelative Lernprozesse	0.471*

7 Der in Klammern ( ) angegebene Wert hinter den einzelnen Faktoren ist der Eigenwert, also die Gesamtvarianz der Variablen, die durch einen Faktor aufgeklärt wird.

8 Die Klammern ( ) bei den Kategoriennummern beinhalten die Kommunalitätswerte h^2.

6. Faktor (1,005): Lernprozessreflexion		
Kategorie	Bezeichnung	Ladung
K27 (0.489)	Reflexion der unterrichtlichen Prozesse	0.629
K26 (0.376)	Sicherung der Gesprächsergebnisse	0.521

7. Faktor (0,968 ≈1,000): Strukturierende Lenkung durch Lehrperson		
Kategorie	Bezeichnung	Ladung
K21 (0.538)	Methodische Lenkung	0.699
K22 (0.338)	Inhaltliche Strukturierung	0.542

* = Laut Fürntratt-Kriterium sind diese Variablen trotz geringer Ladung beizubehalten: a2ij / h2i < 0.50. Fürntratt fordert, dass eine Variable nur dann einem Faktor zugeordnet werden soll, wenn der Quotient aus quadrierter Ladung und Kommunalität den Wert 0,5 nicht unterschreitet, das heißt, wenn mindestens 50 % der aufgeklärten Varianz einer Variablen auf den Faktor entfallen.

Für die Interpretation der faktoranalytischen Ergebnisse ist die Information des KMO-Kriteriums wichtig, das einen Wert von 0.715 aufweist. Doch was besagt das KMO-Kriterium mit dem errechneten Wert? Die Faktorenanalyse nimmt an, dass die Korrelationen zwischen den Gesprächskategorien aufgrund der unbeobachteten (latenten) Faktoren entstehen. Dabei sollten die Korrelationen zwischen den Kategorien niedrig sein, wenn der Einfluss eines Faktors herausgerechnet wird. Ist der Einfluss eines latenten Faktors aus den Korrelationen herauspartialisiert, liegen die sogenannten partiellen Korrelationen vor. Mithilfe der beobachteten und partiellen Korrelation lässt sich der KMO-Wert bestimmen. Beispielsweise besitzt die beobachtete Korrelation zwischen dem *Vertiefungsgrad theologischer Themen durch Schüler_innen (K18) und seitens der Lehrperson (K17)* eine Zusammenhangsstärke von r = 0.442. Wird nun der Einfluss des Faktors herausgerechnet, dann reduziert sich die Korrelationsstärke auf r=0.098, was einen guten KMO-Wert von 0.819 ergibt: 0.442 / (0.442 + 0.098)=0.819. Dementsprechend steigt der KMO-Wert, je niedriger die partiellen Korrelationen sind. Der oben faktisch errechnete KMO-Wert von 0.715 besagt also, dass die sieben Faktoren einen befriedigenden bis ziemlich guten Einfluss auf die Korrelationen ausüben. Da die Gesprächskategorien laut Bartlett-Test systematisch bedingt sind, aber sehr unterschiedlich stark miteinander korrelieren, lässt sich kein bedeutend höherer KMO-Wert erwarten. Insgesamt ist die Datenlage für eine Faktorenanalyse akzeptabel und brauchbar. Gegen Erwarten bestehen keine partiellen Korrelationen zwischen den sieben Faktoren (-0.073 bis +0.028). Das heißt: *Die Faktoren sind voneinander unabhängig und eigenständig.*

Nun sollen die identifizierten Faktoren im Einzelnen betrachtet werden. Wie bereits oben dargelegt, überwiegen auf der Seite der Lehrer_innen im Unterrichtsgespräch drei Faktoren 3, 4 und 7 und auf der Schülerseite ein wichtiger Faktor (Faktor 1). Zudem kommen drei Faktoren 2, 5 und 6 hinzu, die beide Personengruppen betreffen (Faktoren 2, 5 und 6).

Der erste Faktor umfasst sieben Kategorien. Er kann dem Einflussbereich der Schüler_innen zugeordnet werden, beschreibt die Dynamik des Gesprächsverlaufs und wird daher als *Gesprächsdynamik bei Schüler_innen* bezeichnet.

Die Faktoren 2, 5 und 6 erfassen Kategorien, die von allen Akteur_innen des Unterrichtsgesprächs beeinflussbar sind. Auch diese lassen sich in vier voneinander unabhängige Faktoren ausdifferenzieren: Faktor 2: *Theologischer Bezug*, Faktor 5 *Erfahrungsbezug* und Faktor 6 *Lernprozessreflexion*.

Die Faktoren 3, 4 und 7 lassen sich dem Einflussbereich der Lehrkraft zuordnen. Sie sammeln ebenfalls sieben Kategorien, die sich in drei voneinander unabhängige Faktoren ausdifferenzieren lassen: Faktor 3: *Vertiefung durch Lehrperson*, Faktor 4 *Fachlich-metakognitive Reflexion* und Faktor 7 *Strukturierende Lenkung durch Lehrperson*.

Anhand der Kommunalitäten, die oben in der Tabelle 2 in Klammern neben den Kategoriennummern stehen, lässt sich die Gesamtvarianz einer Gesprächskategorie angeben, die durch die sieben Faktoren erklärt werden. Der *Theologiebezug der Gesprächsinhalte* (K16), der *Vertiefungsgrad theologischer Themen durch Schüler_innen* (K18) und der *Gesprächsanteil der Lehrperson* (K24) werden durch die sieben Faktoren zu 93 %, 80 % beziehungsweise 72 % am deutlichsten beschrieben. Diese drei Kategorien klären ein Unterrichtsgespräch fast gänzlich auf. Am geringsten lassen sich die Kategorien *Raum für abweichende Auffassungen* (K08) und *fachliche Auskünfte der Lehrperson* (K23) durch die sieben Faktoren erfassen. Sie besitzen eine eigene bzw. weitere Bedeutung und verfügen statistisch gesehen über eine spezifische Varianz. Diese Kategorien sind sogenannte Residualvariablen, deren Varianzen überwiegend nicht durch die erhobenen Faktoren bestimmt werden. Der Varianzanteil, der nicht durch die Faktoren bestimmt wird, repräsentiert nicht nur Messfehler, sondern darüber hinaus auch einen wahren Wert an spezifischer Varianz. Die nicht erklärte Varianz geht also nicht nur auf Messfehler zurück, sondern auch auf spezifische Faktoren, die im vorliegenden Fall nicht identifizierbar sind und bei der Messung nicht erfasst wurden. Beide Gesprächskategorien (K08 und K23) basieren eventuell stärker auf weiteren fachlichen Kompetenzen der Lehrkräfte, die hier nicht erfasst wurden.

1.2 In welchem Verhältnis stehen die Faktoren zueinander, die Unterrichtsgespräche prägen?

Obwohl die Faktoren unabhängig voneinander sind, korrelieren sie leicht. Deshalb wird im Folgenden der Frage nachgegangen, wie die sieben Faktoren miteinander zusammenhängen bzw. sich gegenseitig beeinflussen. Die Durchführung einer multivariaten Varianzanalyse für Messwiederholungen und die Berechnung von Korrelationen können folgende Zusammenhänge finden:

(1) Der *Theologiebezug* (Faktor 2) und die *Gesprächsdynamik bei Schüler_innen* (Faktor 1) korrelieren mittelstark miteinander. Das heißt, je stärker der Theologiebezug ist, desto dynamischer wird das Gespräch – und umgekehrt. Unterrichtsgespräche, die eine besondere Dynamik haben (*Gesprächsintensität, Gesprächsfluss, Partizipation der Schüler_innen qualitativ, Vertiefung der Beiträge der Schüler_innen durch Schüler_innen, Diskussionsgrad, Raum für abweichende Auffassungen, Erkenntniserweiternder Gesprächsprozess*), haben gleichzeitig ein deutlich theologisches Profil, d. h. der Gesprächsinhalt ist ein theologischer. Und anders: Je träger und schleppender die Gesprächsdynamik bei den Schüler_innen ist, desto weniger stark ist der Theologiebezug des Gesprächs.

Tabelle 3: Gesprächsdynamik und Theologiebezug des Gesprächs

Korrelation: r = 0.337, Signifikanz: 0.000

(2) Der Faktor 3 *Vertiefung durch Lehrperson*, konstituiert durch die Bewertungskategorien *Vertiefungsgrad der Beiträge der Schüler_innen durch Lehrperson* (K14) und dem *Gesprächsanteil der Lehrperson* (K24), prägt die *Gesprächsdynamik bei Schüler_innen* (Faktor 1), den *Theologischen Bezug* (Faktor 2), den *Erfahrungsbezug* (Faktor 5) und die *Lernprozessreflexion* (Faktor 6) in einem sehr starken Ausmaß. Die Lehrperson hat also einen deutlichen Einfluss auf wesentliche Elemente der Unterrichtsgespräche, auch und vor allem auf Elemente, die von den Schüler_innen eingebracht werden. Damit wird deutlich, dass die Lehrperson, auch wenn sie sich zurückhält, entscheidende Gestaltinstanz der Unterrichtsgespräche ist.

Tabelle 4: Faktor 3 (UV) und Faktoren 1, 2, 5 und 6 (AV)[9]

Multivariate Varianzanalyse: Box-Test auf Gleichheit der Kovarianzen: Signifikanz: 0.143; Varianzhomogenität; Pillai-Spur: F = 57.254 Signifikanz: 0.004; part. Eta-Quadrat: 0.556 → f = 1.119 = sehr starker Effekt.

(3) Der Faktor 4 *Fachlich-metakognitive Reflexion* wirkt sich stark auf die *Gesprächsdynamik bei Schüler_innen* (Faktor 1), den *Theologiebezug* (Faktor 2) und *Erfahrungsbezug* (Faktor 5) sowie auf die *Lernprozessreflexion* (Faktor 6) aus. Wenn es der Lehrkraft gelingt, die eigene fachliche Expertise ins Gespräch einzubringen bzw. metakognitive Überlegungen im Gespräch zu initiieren, dann wirkt sich dies positiv auch auf die Gesprächsdynamik, den Theologischen- und Erfahrungsbezug und auf den Lernprozess aus. Metakognitive Überlegungen treten dann besonders häufig auf, wenn das Gespräch eine deut-

9 UV = unabhängige Variable; AV = abhängige Variable.

liche Dynamik durch die Schüler_innen aufweist, einen Theologie- und Erfahrungsbezug hat und Reflexionen zu Lernprozessen stattfinden.

Tabelle 5: Faktor 4 (UV) und Faktoren 1, 2, 5 und 6 (AV)

Multivariate Varianzanalyse: Box-Test auf Gleichheit der Kovarianzen: Signifikanz: 0.694; Varianzhomogenität; Pillai-Spur: F = 19.082 Signifikanz: 0.000; part. Eta-Quadrat: 0.295 → f = 0.647 = starker Effekt.

1.3 *Wie plausibel sind die Faktoren, die Unterrichtsgespräche prägen, und welche innere Konsistenz haben diese Faktoren?*

Statistisch zeigen die einzelnen Faktoren in sich eine akzeptable und stabile Konsistenz, das heißt einen gut plausiblen inneren Zusammenhang. Dabei wird hier nicht nur der Reliabilitätskoeffizient Cronbachs α verwendet, sondern auch durchschnittliche Korrelationskoeffizienten r. Cronbachs α ist ein zuverlässiger Schätzer für die Reliabilität einer Messung, wenn die Kategorien äquivalent sind und alle Variablen denselben wahren Wert abbilden. Ist die Voraussetzung verletzt, wie manchmal in diesem Falle, unterschätzt Cronbachs α die Reliabilität und schätzt nur eine untere Schranke der Reliabilität. In Faktor 3 ist beispielsweise diese Voraussetzung stark verletzt. Dieser Faktor ist durch unterschiedliche Bewertungen der Kategorien gekennzeichnet, sodass sich eine geringe Reliabilität nach Cronbachs α ergibt. Um trotzdem eine zuverlässige Reliabilität zu errechnen, wird die Berechnung des durchschnittlichen Korrelationskoeffizienten r über den Cosinus-Winkel angewendet. Dieses Messmodell zeichnet sich dadurch aus, dass die Bewertungen der ähnlichen Kategorien heterogen sind und sich unterscheiden können.

Wie die nachfolgende Tabelle 6 zeigt, bestehen signifikante Differenzen zwischen den Konfidenzintervallen von α und r sowohl in der gesamten Lehrerperspektive als auch in den Faktoren 2 und 3. Die entsprechenden Konfidenzintervalle überschneiden sich nicht, sodass signifikante Unterschiede vorliegen. Hier wird die starke heterogene Bewertung der Kategorien deutlich, was die unterschiedliche Anwendung der Reliabilitätskoeffizienten α und r rechtfertigt.

Tabelle 6: Innere Konsistenz der Faktoren (Reliabilität α oder r)

Einflussbereiche der Schüler_innen		
Faktoren	Wert	95%-Konfidenzintervall
Faktor 1: Gesprächsdynamik bei Schüler_innen	r = 0.879 α = 0.824	0.836 bis 0.911 0.764 bis 0.870
Einflussbereiche der Lehrpersonen		
Faktoren	Wert	95%-Konfidenzintervall
Faktor 3: Vertiefung durch Lehrperson	α = 0.747 r = 0.947	0.665 bis 0.811 0.927 bis 0.962
Faktor 4: Fachlich-metakognitive Reflexion	r = 0.771	0.695 bis 0.830
Faktor 7: Strukturierende Lenkung	r = 0.804	0.738 bis 0.855
Gemeinsame Einflussbereiche der Schüler_innen und Lehrpersonen		
Faktoren	Wert	95%-Konfidenzintervall
Faktor 2: Theologischer Bezug	r = 0.914 α = 0.827	0.882 bis 0.937 0.767 bis 0.872
Faktor 5: Erfahrungsbezug	r = 0.800	0.733 bis 0.852
Faktor 6: Lernprozessreflexion	r = 0.733	0.647 bis 0.800
Einflussbereiche der Schüler_innen	r = 0.879 α = 0.824"	0.836 bis 0.911 0.764 bis 0.870
Einflussbereiche der Lehrpersonen	r = 0.795 α = 0.548 α = 0.824	0.726 bis 0.848 0.453 bis 0.653
Gemeinsame Einflussbereiche der Schüler_innen und Lehrpersonen	r = 0.770 α = 0.644	0.694 bis 0.829 0.537 bis 0.730
Gesamte Faktoren	r = 0.821 α = 0.748	0.760 bis 0.868 0.666 bis 0.812

1.4 *Welchen Einfluss haben die sieben Faktoren auf die Level der Gesprächskategorien?*

In diesem Zusammenhang stellt sich die Frage, inwiefern die sieben Faktoren einen Einfluss auf die Gestalt der Gesprächskategorien ausüben. Wirken die Faktoren überhaupt auf das Unterrichtsgespräch? Das heißt: Lässt sich statistisch nachweisen, dass die sieben Faktoren das Unterrichtsgespräch ausmachen und gestalten? Wie stark ist die Beeinflussung und Veränderungskraft der Faktoren auf das Unterrichtsgespräch? Um dies herauszufinden, werden multivariate Varianzanalysen mit Messwiederholung beziehungsweise für korrelierende Stichproben angewendet.

Die multivariate Varianzanalyse für Messwiederholung eignet sich dazu, das Einflussausmaß der Faktoren auf die Level oder Ausprägungsgrade der Gesprächskategorien festzustellen. Eine Varianzanalyse vergleicht Mittelwerte der Variablen auf der Grundlage von gleichen Varianzen. Sind die Mittelwerte signifikant unterschiedlich, besteht ein Einfluss der unabhängigen Variablen auf die abhängigen Variablen. Wenn dabei aber die Varianzen voneinander abweichen, sich also bedeutsam voneinander unterscheiden, dann wird eine Korrektur an den sogenannten Freiheitsgraden vorgenommen. In diesem Fall muss hier eine Korrektur nach Greenhouse-Geisser vorgenommen werden. Bei der Varianzanalyse mit Messwiederholung liegen korrelierende Stichproben vor. Deshalb liegt der errechnete Haupteffekt innerhalb der jeweiligen Stichproben (Innersubjekteffekt) und nicht zwischen ihnen.[10] Diese Varianzanalyse wirft folgendes sehr zufriedenstellendes Ergebnis aus:

Tabelle 7: Faktoren 1 bis 7 (UV) und Gesprächskategorien (AV)

Innersubjekteffekt: Greenhouse-Geisser:
F = 64.704 Signifikanz: 0.000; part. Eta-Quadrat: 0.310 → f = 0.670 = starker Effekt

Dieses statistische Ergebnis besagt, dass die sieben Faktoren, die anhand der Faktorenanalyse erarbeitet wurden, einen hoch signifikanten und starken Einfluss auf die Kategorien der Unterrichtsgespräche ausüben. Das heißt, die Level und die Ausprägungsgrade der Kategorien werden durch die Faktoren bestimmt.

10 Vgl. Bortz / Schuster 2010, 285–302.

2. Welchen Einfluss haben die verschiedenen Akteure des Unterrichts auf das Unterrichtsgespräch?

2.1 *Welchen Einfluss haben die Lehrpersonen im Unterrichtsgespräch?*

Wenn die Bereiche der Schüler_innen und der der Lehrpersonen im Unterrichtsgespräch separiert werden, dann stellt sich notwendigerweise auch die Frage, wie stark der Einfluss der Lehrer_innen auf das Unterrichtsgespräch ist? Um diese Frage zu beantworten, wird die multivariate Varianzanalyse mit Messwiederholung angewendet. Sie bringt ein interessantes Ergebnis zutage:

Tabelle 8: Faktoren 3,4 und 7 (UV) und Faktor 1 (AV)

Multivariate Tests:
Pillai-Spur: F = 19.922 Signifikanz: 0.000; part. Eta-Quadrat: 0.416 → f = 0.844
= sehr starker Effekt.

Das Verhalten der Lehrpersonen übt einen sehr starken und hoch signifikanten Einfluss auf die Gesprächsgestaltung im Unterricht aus und verändert und beeinflusst dementsprechend das Unterrichtsgespräch.

2.2 *Welchen Einfluss haben die Schüler_innen im Unterrichtsgespräch?*

Um umgekehrt die Beeinflussung der Schüler_innen (Faktor 1) auf das Verhalten der Lehrerperson (Faktoren 3, 4 und 7) im Unterrichtsgespräch zu erfassen, kommt erneut die multivariate Varianzanalyse mit Messwiederholung zum Einsatz. Sie errechnet folgendes Ergebnis:

Tabelle 9: Faktor 1 (UV) und Faktoren 3,4 und 7 (AV)

Multivariate Tests:
Pillai-Spur: F = 62.552 Signifikanz: 0.000; part. Eta-Quadrat: 0.496 → *f* = 0.992
= sehr starker Effekt.

Auch die Schüler_innen beeinflussen das Unterrichtsgesprächsverhalten in starkem Maße. Das Lehrerverhalten im Unterrichtsgespräch hängt dabei systematisch vom Gesprächsverhalten der Schüler_innen ab.

2.3 *Wie konstituieren sich die Rahmenbedingungen der Unterrichtsgespräche und welchen Einfluss haben sie?*

Da die Faktorenanalyse zwanzig Gesprächskategorien verarbeiten konnte, bleiben noch sieben Kategorien übrig. Sie lassen sich problemlos außer der Kategorie *Herstellung übergreifender thematischer Bezüge*[11] als Kategorien, die die Rahmenbedingungen des Unterrichtsgespräches bilden und als solche in unterschiedlichen Unterrichtsgesprächen deutlich hervortreten, verstehen:

- K01 *Transparenz der Gesprächsintention*
- K02 *Körpersprache der Lehrperson*
- K04 *Gesprächsatmosphäre der Schüler_innen*
- K05 *Gesprächsatmosphäre Raum / Rahmen*
- K06 *Gesprächsatmosphäre durch die Lehrperson*
- K11 *Einfluss von thematischen Medien*
- K25 *Herstellung übergreifender thematischer Bezüge*

Werden diese Kategorien mit ihren 145 Fällen der hierarchischen Cluster-Analyse mit der Methode der Verlinkung innerhalb der Gruppen unterzogen, so bilden sich vier Cluster aus. Die Eingruppierung (Clusterbildung) erfolgt auf der Grundlage der Berechnung der Quadrierten euklidischen Distanz. Die Cluster selbst sind voneinander unabhängig. Eine Clusteranalyse ordnet aufgrund der quadrierten euklidischen Distanz die Kategorien Gruppen zu. Dabei sind die Gruppen heterogen, während die Kategorien innerhalb der einzelnen Gruppen Homogenität aufweisen.

Die Tabelle 10 „Cluster-Zugehörigkeit" zeigt, welche hervorstechenden, dominanten Kategorien zu welchem Cluster (Gruppe) gehören. Das Cluster 1 (n = 38) beinhaltet Unterrichtsgespräche, in denen die Gesprächsintention transparent gemacht wird. In Cluster 2 (n = 37) geht es um Unterrichtsgespräche, in denen die Atmosphäre für die Gespräche geschaffen wird. Cluster 3 (n = 37) enthält Gespräche, in denen thematische Medien eingesetzt werden, und Cluster 4 (n = 33) geht es um Unterrichtsgespräche mit der Akzentuierung, die Unterrichtsergebnisse in einen übergreifenden thematischen Bezug zu stellen.

---

11 Wie später unter Punkt (2) zu erkennen ist, bildet die Kategorie (K25) *Herstellung übergreifender thematischer Bezüge* die Rahmenbedingung für die *Fachlich-metakognitive Reflexion* (Faktor 4). Vgl. S. 351.

Tabelle 10: Cluster-Zugehörigkeit

Cluster 1	Cluster 2	Cluster 3	Cluster 4
Ziel und Inhalt des Gespräches	Atmosphäre des Unterrichtsgespräches	Einfluss von Medien	Übergreifende unterrichtliche Zusammenhänge
K01 Transparenz der Gesprächsintention	K02 Körpersprache der Lehrperson	K11 Einfluss von thematischen Medien	K25 Herstellung übergreifender thematischer Bezüge
	K06 Gesprächsatmosphäre durch Lehrperson		
	K04 Gesprächsatmosphäre der Schüler_innen		
	K05 Gesprächsatmosphäre Raum/ Rahmen		

Wird nun die Clusteranalyse mit der Ward-Methode angewendet und die Variablen der Rahmenbedingungen gruppiert („geclustert")[12], so erhält man das gleiche Ergebnis:

Nur Cluster 3 und 4 korrelieren signifikant stark negativ miteinander (r=-0.904, Signifikanz 0.005). Das bedeutet: Je stärker der Einfluss von Medien ist, desto weniger werden übergreifende unterrichtliche Zusammenhänge hergestellt. Je mehr sie hergestellt werden, desto weniger werden die Medien eingesetzt. Alle anderen Cluster korrelieren nur zufällig miteinander, sodass im Großen und Ganzen davon ausgegangen werden kann, dass die Cluster mit ihren unterschiedlichen Akzentuierungen unabhängig voneinander sind.

Offensichtlich bildet die *Atmosphäre des Unterrichtsgesprächs* (Cluster 2) einen zentralen Aspekt der Unterrichtsgespräche und wird von diesen vier erhobenen Gesprächskategorien gut erfasst. Die *Körpersprache der Lehrperson* (K02) hat einen deutlichen Einfluss auf die *Gesprächsatmosphäre.*[13] Cluster 2 zeigt insgesamt einen sehr starken Einfluss auf die *Gesprächsdynamik der Schüler_innen.*[14]

Im Cluster 1 wird wesentlich eine Bedingung des Unterrichtsgesprächs erfasst: die *Transparenz der Gesprächsintention* (K01).

Der *Einfluss von thematischen Medien* (K11) (Cluster 3) dient u. a. dazu, die Intention des Gesprächs zu verdeutlichen und gegebenenfalls den Gegenstand oder die Absicht und das Ziel des Gesprächs zu materialisieren. Die Medien transportieren Ziele, Absichten und Intention des Gespräches, die damit im Gegenstand der Medien präsent sind.

12 Da die Anzahl der Rahmenbedingungen zu gering ist, wird die Clusteranalyse und nicht die Faktorenanalyse angewendet.

13 Eta-Quadrat: 0.150 = starker Zusammenhangseffekt.

14 Eta-Quadrat: 0.275 = starker Zusammenhangseffekt.

Das Cluster 4 mit seinem Item *Herstellung übergreifender thematischer Bezüge* (K25) versucht einen Faktor zu erheben, der das Unterrichtsgespräch mit vorausgehenden oder folgenden Lernprozessen verknüpft und damit den Kontext des Unterrichtsgesprächs und eventuell deren Funktion bzw. Absicht mit Blick auf langfristige Lernprozesse klärt.

Nun gilt es herauszufinden, welchen Einfluss die Rahmenbedingungen auf die Unterrichtsgespräche, die sowohl im Einflussbereich der Schüler_innen und Lehrpersonen als auch im Bereich beider Akteure liegen, ausüben? Die Varianzanalysen ermitteln folgende Resultate:

(1) Die Cluster und damit die Rahmenbedingungen erfassen im Einflussbereich der Lehrkraft signifikant (≤0.006) die *Vertiefung durch die Lehrkraft* (Faktor 3) und die *Fachlich-metakognitive Reflexion* (Faktor 4) zu 31,50 % beziehungsweise 63,80 %. Das heißt, die Rahmenbedingungen hängen mit dem Einflussbereich der Lehrkraft zusammen.

Tabelle 11 Rahmenbedingungen (UV) und Faktoren 3 und 4 (AV):

Multivariate Tests: Box' M: Signifikanz: 0.336, also Kovarianzhomogenität; Zwischensubjekteffekte: Abhängige Variable: Faktor 3: F = 1,839 Signifikanz: 0.006; part. Eta-Quadrat: 0.691 → f = 1.495 = sehr starker Effekt. Abhängige Variable: Faktor 4: F = 4,219 Signifikanz: 0.000; part. Eta-Quadrat: 0.837 → f = 2.266 = sehr starker Effekt. Korr.R-Quadrat: Faktor 3: 0.315; Faktor 4: 0.638.

(2) Wird das Cluster 4 mit seiner Variable *Herstellung übergreifender thematischer Bezüge* (K25) separat betrachtet, dann wirkt es sich mittelstark auf die *Fachlich-metakognitive Reflexion* (Faktor 4) im Einflussbereich der Lehrkraft aus.

Tabelle 12: Cluster 4 (UV) und Variable 23 (AV)

Multivariate Tests: Box' M: Signifikanz: 0.034 > 0.001, also Kovarianzhomogenität; Zwischensubjekteffekte Pillai-Spur: F = 3,818 Signifikanz: 0.011; part. Eta-Quadrat: 0.075 → f = 0.285 = mittlerer Effekt.

(3) Auf die Unterrichtsgespräche wirken sich die Cluster insgesamt sehr stark aus, wobei sich die Cluster 2 (*Atmosphäre des Unterrichtsgesprächs*) allein und in Verbindung mit Cluster 4 (*Übergreifende unterrichtliche Zusammenhänge*) signifikant ausprägen. Das heißt, die Rahmenbedingungen gehören konstitutiv zum Unterrichtsgespräch dazu.

Tabelle 13: Cluster (UV) und Faktor 1 (AV)

Univariate Tests:
F = 2,428 Signifikanz: 0.000; part. Eta-Quadrat: 0.747 → f = 0.949 = sehr starker Effekt.
Cluster 2: Signifikanz: 0.000, part. Eta-Quadrat: 0.349 → f = 0.732 = starker Effekt.
Cluster 2 und 4: Signifikanz: 0.008, part. Eta-Quadrat: 0.262 → f = 0.596 = starker Effekt.

(4) Wird auf die drei Faktoren geblickt, die im Einflussbereich beider Zielgruppen liegen (*Theologischer Bezug, Erfahrungsbezug und Lernprozessreflexion*), so zeigt sich, dass die Rahmenbedingungen insgesamt stark wirken. Dabei üben sowohl Cluster 2 und 3 als auch Cluster 3 und 4 jeweils im Verbund signifikante Einflüsse aus. Die Gesprächsatmosphäre, der Einfluss von Medien und übergreifende unterrichtliche Zusammenhänge beeinflussen Unterrichtsgespräche entscheidend.

Tabelle 14: Cluster (UV) und Faktoren 2, 5 und 6 (AV)

Multivariate Tests: Sphärizität angenommen; Box' M: Signifikanz: 0.763, also Kovarianzhomogenität.
Pillai-Spur: F = 29,209 Signifikanz: 0.000; part. Eta-Quadrat: 0.310 → f = 0.670 = starker Effekt.
Cluster 2 und 3: Signifikanz: 0.000, part. Eta-Quadrat: 0.330 → f = 0.702 = starker Effekt.
Cluster 3 und 4: Signifikanz: 0.038, part. Eta-Quadrat: 0.134 → f = 0.393 = mittlerer Effekt.

3. Welche Strukturen und Muster prägen die vier Gesprächstypen in den acht aufgezeichneten Lerngruppen?

Wie bereits deutlich gemacht, wurden in den aufgenommenen Unterrichtsstunden verschiedene Unterrichtsgesprächstypen identifiziert, die deduktiv gewonnen wurden und an die zu erinnern an dieser Stelle sinnvoll ist[15]:

15 Vgl. die Ausführungen zu den Gesprächstypen im Kapitel *Das methodische Vorgehen in der Unterrichtsstudie* auch Seite 194.

Der erste Typ heißt abgekürzt *UG* und kennzeichnet echte Unterrichtsgespräche, in denen die Schüler_innen sich aufeinander beziehen und miteinander sprechen. Die Lehrperson kann Gesprächsteilnehmer_in sein oder sich ganz zurückhalten.

Der zweite Typ heißt UGS. In dieser Gesprächsform folgen die Beiträge der Schüler_innen sukzessiv hintereinander, die Lehrperson ist nicht oder nur marginal involviert.

Im dritten Gesprächstyp mit dem Namen *UGLV* finden Gespräche in verteilten Rollen als getarnte Lehrervorträge statt. Hier beabsichtigt die Lehrkraft mit gezielten, engen Fragen, die Schüler_innen dazu zu bringen, einen bestimmten, von ihr vorher angedachten Inhalt durch eine kommunikativ eng gestaltete Unterrichtsform selbst wiederzugeben, zu erinnern oder gegebenenfalls zu erraten.

Der vierte Gesprächstyp *UGLS* vollzieht sich im sogenannten Pingpong-Modus der Beiträge der Lehrperson und der Schüler_innen, der in der Untersuchung am häufigsten praktiziert wurde und ein regelmäßigen Dialog oder Austausch von Lehrerperson und Schüler_innen besagt.

3.1 *Inwiefern sind die vier verschiedenen Gesprächstypen empirisch nachweisbar und wie hängen sie miteinander zusammen?*

Theoretisch lassen sich diese vier Gesprächstypen als unterschiedliche Gesprächsformen verstehen. Fraglich bleibt dabei, ob die deduktiv angenommene bedeutungsvolle Verschiedenheit auch praktisch beobachtbar und empirisch nachweisbar ist. Diese Untersuchung gibt dazu Auskunft. Am meisten wird der vierte Gesprächstyp UGLS (N = 56) praktiziert, gefolgt vom Typ UGS (N = 50), UG (N = 21) und UGLV (N = 18). Bei jedem Gesprächstyp wird der jeweilige Level-Mittelwert der 31 Gesprächskategorien festgestellt, sodass die vier Gesprächstypen statistisch vergleichbar werden. Der Gesprächstyp UG unterscheidet sich von den anderen drei Typen UGS, UGLV und UGLS hoch signifikant[16], obwohl alle vier miteinander positiv korrelieren und dementsprechend zusammenhängen:

16 Signifikanzen der Unterscheidungen: 0.000; 0.001 beziehungsweise 0.002.

Tabelle 15: Korrelationen der vier Gesprächstypen

Korrelationen r (p)	UGS	UGLV	UGLS
UG	0.814 (0.000)	0.411 (0.021)	0.552 (0.001)
UGS		0.708 (0.000)	0.799 (0.000)
UGLV			0.912 (0.000)

Legende: UG = echtes Unterrichtsgespräch; UGS = aufeinanderfolgende Beiträge der Schüler_innen; UGLV = Gespräche in verteilten Rollen als getarnte Lehrervorträge; UGLS = Pingpong-Modus

Doch wie ist dies möglich, dass sich das UG von allen anderen Gesprächstypen unterscheidet und gleichzeitig mit ihnen korreliert? Möglich wird dieser scheinbare Widerspruch durch eine sogenannte Dritt-Variable, die die Korrelationen der UG zu den anderen Typen erzeugt und in dem Gesprächstyp UGS lokalisiert ist. Zieht man den Einfluss dieses Typs UGS aus den Korrelationen der anderen drei Gesprächstypen heraus, dann hängen UGLV und UGLS weiterhin stark zusammen (r = 0.711), doch der Typ UG korreliert mit ihnen nur negativ (r=-0.536 und r = -0.342). Das heißt, je stärker die Ausprägungen bei den beiden Gesprächstypen UGLV und UGLS im Unterricht sind, desto geringer ist die Ausprägung im UG und umgekehrt. Sie stehen also in negativer Spannung.

Dass das UG im Zusammenspiel aller Gesprächstypen positiv mit UGLV und UGLS korreliert, wird durch den Gesprächstyp UGS erzeugt. Mit anderen Worten: UGS moderiert und verändert UG und fördert dessen Ausprägung. In diesem „Vierergespann" der Gesprächsformen ist daher der Typ UGS am einflussreichsten.[17] Offensichtlich begünstigen die sukzessiven Beiträge der Schüler_innen (UGS), die Ausprägungen im UG deutlich, einem Gespräch, in dem die Schüler_innen sich aufeinander beziehen und miteinander sprechen und damit auch einander zuhören und aufeinander eingehen. Auch die Gesprächstypen UGLV und UGLS werden durch UGS gefördert.

Partialisiert man des Weiteren den Einfluss des Typs UG aus den vorhandenen Korrelationen heraus, dann treten fast gleichstarke Korrelationen zwischen den anderen drei Gesprächstypen auf:

17 Fällt dieser Typ UGS aus dem Vierergespann, dann fällt deren gesamte Reliabilität auf $\alpha = 0.807$; fällt UG weg, dann steigt die gesamte Reliabilität auf $\alpha = 0.937$. UGS wirkt laut Varianzanalyse hoch signifikant auf die anderen drei Gesprächstypen (Pillai-Spur: 0.001, part. Eta-Quadrat = 0.948 → f = 4.27 = sehr hoher Effekt).

Tabelle 16: Partielle Korrelationen der Gesprächstypen UGS, UGLV und UGLS

Partielle Korrelationen	UGLV	UGLS
UGS	0.807 (0.000)	0.806 (0.000)
UGLV	---	0.883 (0.000)

Legende: UGS = aufeinanderfolgende Beiträge der Schüler_innen; UGLV = Gespräche in verteilten Rollen als getarnte Lehrervorträge; UGLS = Pingpong-Modus

Hier scheint eine gleichstarke wechselseitige Beeinflussung, eine Art „Harmonie" zwischen den drei Gesprächstypen und eine bedingte Unabhängigkeit (Selbstständigkeit) zu existieren. Letzteres wird dadurch untermauert, dass jeder Gesprächstyp mit seinen unterschiedlich bewerteten Kategorien in sich hochgradig konsistent ist, das heißt, die Kategorien sind logisch schlüssig zusammengehörig und homogen.[18] Insofern hat man hier ein empirisches Bild vor Augen, dass die vier Gesprächstypen bei aller relativen Selbständigkeit in unterschiedlich starken Beziehungen zueinanderstehen. Sie existieren somit in einer relativen und bedingten Selbständigkeit, indem sie variabel zusammenhängen.

Wie aus der obigen Tabelle 16 zu ersehen ist, klären sich die Gesprächstypen UGS, UGLV und UGLS zwischen 65 % und 78 % auf.[19] Es kann also davon ausgegangen werden, dass diese Typen redundante Informationen besitzen und ähnlich sind. Gleichzeitig bestimmen sie die Level der Gesprächskategorien. Sie üben dementsprechend einen hoch signifikanten Einfluss auf den Ausprägungsgrad aller Kategorien aus.[20] Umgekehrt heißt das auch, dass die unterschiedlichen Ausprägungsgrade der einzelnen Kategorien mit den verschiedenen Gesprächstypen hoch signifikant zusammenhängen. Durch sie werden die Kategorien unterschiedlich ausgeprägt und qualifiziert. Insgesamt kann damit konstatiert werden, dass sich die 21 Bewertungskategorien mit ihren Level, mit denen die Unterrichtsgespräche untersucht wurden, bewährt haben, um signifikante Unterschiede im Kommunikationsverhalten des Religionsunterrichts zu erheben.

Damit wird die Verbundenheit der Gesprächstypen mit ihren unterschiedlichen Kategorienlevel deutlich. Zudem lassen sich – wie bereits in den ersten beiden Abschnitten dargelegt – diese andersgearteten Kategorien zu unterschiedlichen Faktoren des Gespräches zusammenfassen. Daher stellt sich die Frage, wie stark die Faktoren innerhalb der Gesprächstypen akzentuiert werden.

18 Innere Konsistenz: US: $\alpha = 0.914$; UGS: $\alpha = 0.957$, UGLV: $\alpha = 0.887$ und UGLS: $\alpha = 0.965$. Alle vier Gesprächstypen zusammen weisen eine hohe Reliabilität von $\alpha = 0.903$ auf.

19 Quadriert man den Korrelationswert r und multipliziert diesen Wert mit 100, so erhält man die Aufklärungsrate. Beispiel r = 0.807 → r2 x 100 = 65,12 %.

20 Multivariate Tests: Pillai-Spur: F = 9.374, Signifikanz = 0.000, partielles Eta-Quadrat = 0.501 → f = 1.002 = starker Effekt.

3.2 *Wie gestalten sich die sieben Faktoren bei den vier Gesprächstypen?*

Bisher wurden die sieben Faktoren des Unterrichtsgesprächs anhand der Faktorenanalyse ermittelt und die vier Gesprächstypen dargestellt. Die Faktorenanalyse hat zudem die Faktorwerte berechnet, die die Ausprägung der Faktoren auf Objekte, in diesem Fall auf die Gesprächstypen repräsentieren. Um die Faktorwerte zu erhalten, wurde die Regressionsmethode verwendet. Die unten aufgeführte Tabelle 17 zeigt die Faktorwerte jeden Gesprächstyps.

Tabelle 17: Faktorwerte pro Faktor und Gesprächstyp

Gesprächstyp		UG	UGS	UGLV	UGLS
Faktor 1	MW	1.212	0.339	-0.500	-0.324
Gesprächsdynamik bei	Varianz	0.782	0.771	0.219	0.463
Schüler_innen	Summe	25,444	1,695	-9,006	-18,132
Faktor 2	MW	0.248	-0.100	-0.207	0.063
Theologiebezug	Varianz	0.640	1.070	1.222	0.842
	Summe	5,211	-4,989	-3,731	3,509
Faktor 3	MW	-0.018	-0.533	0.446	0.340
Vertiefung durch die	Varianz	1.405	0.537	0.606	0.493
Lehrperson	Summe	-0,372	-26,672	8,031	19,013
Faktor 4	MW	0.538	0.036	-0.271	-0.147
Fachlich-metakognitive	Varianz	1.658	0.869	0.097	0.338
Reflexion	Summe	11,303	1,817	-4,872	-8,248
Faktor 5	MW	0.226	0.187	-0.337	-0.143
Erfahrungsbezug	Varianz	0.940	0.820	0.353	0.528
	Summe	4,754	9,335	-6,074	-8,016
Faktor 6	MW	-0.277	-0.018	0.058	0.101
Lernprozessreflexion	Varianz	0.343	0.615	0.955	0.663
	Summe	-5,809	-0,912	1,036	5,686
Faktor 7	MW	0.020	-0.093	0.101	0.044
Strukturierende Lenkung	Varianz	0.799	0.446	0.772	0.755
durch die Lehrperson	Summe	0,411	-4,662	1,810	2,441

Legende: UG = echtes Unterrichtsgespräch; UGS = aufeinanderfolgende Beiträge der Schüler_innen; UGLV = Gespräche in verteilten Rollen als getarnte Lehrervorträge; UGLS = Pingpong-Modus

Die aufgeführten Faktorwerte kennzeichnen die Ausprägung der Faktoren auf die Gesprächstypen. Es wird sich hier bei der Interpretation an den berechneten Mittelwerten (MW) orientiert. Die Varianz und die Summe sind als zusätzliche Informationen aufgeführt. Der standardisierte Faktorwert hat den Mittelwert von Null und eine Varianz, die der quadrierten Mehrfachkorrelation zwischen geschätzten und wahren Faktorwerten entspricht.[21] Ein Mittelwert um

21 Die Faktoren mit ihren Faktorwerten korrelieren nicht miteinander und sind unabhängig voneinander.

Null bedeutet eine durchschnittliche Ausprägung. Ein Faktorwert größer als +0,150 besagt, dass der Gesprächstyp überdurchschnittlich ausgeprägt ist. Ein Koeffizient kleiner als -0,150 weist auf eine unterdurchschnittliche Ausprägung hin. Mit Hilfe dieser Zuordnung können die Gesprächstypen anhand der Faktoren beschrieben werden:

Tabelle 18: Interpretation der Faktorwerte pro Faktor und Gesprächstyp

Gesprächstyp	UG	UGS	UGLV	UGLS
Faktor 1 Gesprächsdynamik bei Schüler_innen	↗	↗	↘	↘
Faktor 2 Theologiebezug	↗	∅	↘	∅
Faktor 3 Vertiefung durch die Lehrperson	∅	↘	↗	↗
Faktor 4 Fachlich-metakognitive Reflexion	↗	∅	↘	∅
Faktor 5 Erfahrungsbezug	↗	↗	↘	∅
Faktor 6 Lernprozessreflexion	↘	∅	∅	∅
Faktor 7 Strukturierende Lenkung durch die Lehrperson	∅	∅	∅	∅

Legende: ↘ = unterdurchschnittlich; ∅ = durchschnittlich; ↗ = überdurchschnittlich

Der *Gesprächstyp UG* zeigt in vier Faktoren eine überdurchschnittliche Ausprägung: bei der *Gesprächsdynamik auf Seiten der Schüler_innen*, bei dem *Theologiebezug* und *Erfahrungsbezug* und bei der *fachlich-metakognitiven Reflexion*. Die *Strukturierende Lenkung durch die Lehrperson* und die *Vertiefung durch die Lehrperson* sind durchschnittlich ausgeprägt. Offensichtlich ist dies ein Gesprächstyp, der eine hohe Dynamik und eine besondere Qualität in der Auseinandersetzung mit erfahrungsbezogenen und theologischen Inhalten zeigt. Auch der Grad der fachlich-theologischen Reflexion ist stark ausgeprägt. Allerdings spielt bei diesem Unterrichtsgesprächstyp die *Sicherung des Gesprächsergebnisses* und die *Reflexion über den Lernprozess* kaum eine Rolle.

Im *Gesprächstyp UGS* treten zwei Faktoren überdurchschnittlich stark in Erscheinung: die *Gesprächsdynamik bei den Schüler_innen* und der *Einbezug von Erfahrungen*. Offensichtlich hat dieser Gesprächstyp bei der Konzentration der Beiträge der Schüler_innen und der Schüleraktivität seine besondere Stärke. Vier Faktoren sind durchschnittlich ausgeprägt: der *Theologiebezug*, der *Erfahrungsbezug*, die *Lernprozessreflexion* und die *strukturierende Lenkung durch die Lehrkraft*. Es ist eine Hintereinanderschaltung von Beiträge der Schüler_innen, bei der die Lehrkraft sich mit dem eigenen Redeanteil und auch mit einer Vertiefung der Beiträge der Schüler_innen deutlich zurückhält, und zwar stärker als im UG, bei dem die Lehrkraft durchaus als Gesprächsteilnehmer_in beteiligt ist.

Nur ein Faktor ist im *Gesprächstyp UGLV* überdurchschnittlich stark ausgeprägt: die *Vertiefung durch die Lehrperson*, die sich durch einen hohen *Gesprächsanteil der Lehrperson* und die *Vertiefung der Beiträge der Schüler_innen* zeigt. Während die *strukturierende Lenkung durch die Lehrperson* und die *Lernprozessreflexion* durchschnittlich ausgebildet sind, sind bei diesem Typ immerhin vier Faktoren unterdurchschnittlich: die *Gesprächsdynamik bei den* Schüler_innen, der *Theologie- und Erfahrungsbezug* und die *fachlich-metakognitive Reflexion*. Dieser Gesprächstyp ist stark von der Lehrkraft bestimmt und lässt wenig Raum für theologische sowie erfahrungsbezogene Inhalte. Auch die kommunikative Aktivität der Schüler_innen ist hier gering ausgeprägt.

Der *Gesprächstyp UGLS* ist in je einem Faktor überdurchschnittlich (Vertiefung der Lehrperson: *Gesprächsanteil Lehrperson* und *Vertiefung der Beiträge der Schüler_innen* und unterdurchschnittlich (*Gesprächsdynamik bei SuS*; *Gesprächsfluss, Gesprächsintensität* u. a.) ausgeprägt, ansonsten bewegen sich die Faktoren im durchschnittlichen Bereich. *Theologie- und Erfahrungsbezug, Lernprozessreflexion* sowie die *strukturierende Lenkung* sind durchschnittlich. Dieser Gesprächstyp ist erneut stark lehrerzentriert, die Dynamik unter den Schüler_innen ist gebremst, vermutlich durch die wiederkehrenden kommentierenden und lenkenden Lehrerbeiträge. Es gelingt hier gut, eine Balance verschiedenster Gesprächskategorien zu halten, etwa die *Sicherung des Ergebnisses*, der *Theologie- und Erfahrungsbezug* und die *fachlich-metakognitive Reflexion*.

3.3 Wie unterscheiden sich die vier Gesprächstypen und die Lerngruppen mit ihren jeweiligen Lehrpersonen?

Im Weiteren soll geklärt werden, welche Gesprächskategorien die vier Unterrichtsgesprächstypen und auch die acht Lerngruppen mit ihren Lehrpersonen[22], in denen die 145 Unterrichtsgespräche beobachtet wurden, differenzieren. Um dies herauszufinden, wird die Diskriminanzanalyse angewendet, die mithilfe der Gesprächskategorien die Gesprächstypen und Lerngruppen unterscheidet (trennt, d. h. diskriminiert). Da die Gesprächskategorien jedoch unterschiedlich bewertet werden, liegen Kategorien vor, die durch die Rater_innen einheitlich und differenziert bewertet wurden, sodass hier keine Varianz- und Kovarianzhomogenität erhalten wurden. Da die Diskriminanzanalyse aber Varianz- und Kovarianzhomogenität der Variablen voraussetzt, werden die einheitlich und differenziert bewerteten Kategorien zu zwei Gruppen zusammengefasst. Jede Gruppe beinhaltet damit homogene Gesprächskategorien,

22 Vgl. eine ausführliche Beschreibung der Lerngruppe in Kapitel *Das methodische Vorgehen in der Unterrichtsstudie* auf Seite 195 und auch 218f.

steht aber zur anderen Gruppe in einem inhomogenen Verhältnis. So erhält man in jeder Gruppe eine Varianz- und Kovarianzhomogenität. Zudem werden noch zwei Gesprächskategorien (K28: *Förderung von Metakognition* und K27: *Reflexion der unterrichtlichen Prozesse*) dauerhaft ausgeschlossen, da sie eine sehr kleine Streuung aufweisen. Die beiden Variablen K13 (*Erfahrungsbezug der Gesprächsinhalte*) und K16 (*Theologiebezug der Gesprächsinhalte*) können nur teilweise verwertet werden. Die Gruppenmittelwerte sind (fast) alle signifikant inhomogen, sodass Entscheidungen bezüglich der Diskriminanz getroffen werden können. Insgesamt ermittelt die Diskriminanzanalyse folgende Resultate:

(1) Die Gesprächstypen werden durch fünf Gesprächskategorien getrennt:[23]

- *Diskussionsgrad* (K07): 0.626
- *Gesprächsfluss* (K09): 0.545
- *Vertiefungsgrad der Beiträge der Schüler_innen durch die Lehrperson* (K14): 0.787
- *Partizipationsgrad Schüler_innen qualitativ* (K20): -1.005
- *Gesprächsanteil der Lehrperson* (K24): 0.555

In der jeweiligen verschiedenen Ausprägung dieser fünf Gesprächskategorien unterscheiden sich die Gesprächstypen. Für die Interpretation werden die Diskriminanzkoeffizienten betrachtet. Demnach können die vier Gesprächstypen vor allem mit der Kategorie K20 *Partizipationsgrad Schüler_innen qualitativ* (-1,005) differenziert werden. Die Gesprächstypen unterscheiden sich besonders in der Qualität der Beiträge der Schüler_innen, was für die Frage nach dem didaktischen Potential ein aufschlussreiches Ergebnis ist und die Frage hervorruft, welcher Gesprächstyp hier die höchsten Werte hat. Das echte Unterrichtsgespräch hat die höchste Ausprägung hier. Die Kategorien *Vertiefungsgrad Beiträge der Schüler_innen durch Lehrperson* (K14) und *Gesprächsanteil der Lehrperson* (K24) beschreiben die Lehreraktivitäten hinsichtlich der Vertiefungsfunktion im Gespräch, was sicher ein zentrales Unterscheidungsmerkmal der vier Unterrichtsgesprächstypen ist. Darüber hinaus spielen die Kategorien, die die Dynamik und das Tempo des Gesprächs beschreiben und dem Einflussbereich der Schüler_innen zuzuordnen sind (*Diskussionsgrad* (K07) und *Gesprächsfluss* (K09)) ebenfalls eine differenzierende Rolle. Offensichtlich haben hier die Gesprächstypen eine unterschiedlich starke Ausprägung.

23 Kanonische Korrelation: 0.669 und 0.680; Wilk's Lambda: 0.419 und 0.374, jeweils signifikant zu 0.000. Box'M-Test, der die Kovarianzhomogenität prüft, wirft ein Signifikanzniveau von 0.021 beziehungsweise 0.020 aus, das jeweils größer ist als der gesetzte Grenzwert von 0.001. Damit besteht Kovarianzhomogenität.

(2) Die acht Lerngruppen werden durch neun Gesprächskategorien unterschieden:[24]

- *Gesprächsintensität* (K03): 0.815
- *Gesprächsfluss* (K09): 0.522
- *Erkenntniserweiternder Gesprächsprozess* (K010): 0.843
- *Theologiebezug* (K14): -0.910
- *Vertiefungsgrad theologischer Themen durch die Lehrperson* (K17): 0.874
- *Vertiefungsgrad der Beiträge der Schüler_innen durch Schüler_innen* (K18): 0.801
- *Partizipationsgrad Schüler_innen qualitativ* (K20): -0.969
- *Sicherung der Gesprächsergebnisse* (K26): -0.737
- *Korrelative Lernprozesse* (K29): 0.744

Es existieren mit den neun identifizierten Aspekten als differenzierende Einflussgrößen auf die Lerngruppen eine große Menge an Gesprächskategorien, die in den acht verschiedenen Lerngruppen mit ihren Lehrpersonen unterschiedlich ausgeprägt sind und damit diese auch voneinander unterscheiden. Kategorien, die der Dynamik der Gespräche (*Gesprächsintensität* (K03), *Gesprächsfluss* (K09)) betreffen, spielen ebenso eine Rolle wie Kategorien, die den Gesprächsprozess (*Erkenntniserweiternder Gesprächsprozess* (K10), *Sicherung der Gesprächsergebnisse* K26) beschreiben. Eine dritte Kategorie bezieht sich auf die Gesprächsinhalte (*Theologiebezug* (K16), *Korrelative Lernprozesse* (K29)), was auch von den unterschiedlichen Themen der videografierten Unterrichtsreihen abhängig sein kann und damit eher erwartbar war. Erstaunlich ist, dass nur eine Gesprächskategorie, in der sich die Lerngruppen unterschieden, der Lehreraktivität (*Vertiefungsgrad theologischer Themen durch Lehrperson* (K17)) zuzuordnen ist. Offenbar unterscheiden sich die Lehrpersonen der Lerngruppen hierbei eher gering. Zwei Gesprächskategorien nehmen die Schüleraktivitäten (*Vertiefungsgrad Beiträge der Schüler_innen durch Schüler_innen* (K18), *Partizipationsgrad Schüler_innen qualitativ* (K20)) in den Blick. Besonders hervorzuheben ist, dass die Kategorie *Partizipationsgrad Schüler_innen qualitativ* (K20) offensichtlich als Unterscheidungsmerkmal sowohl bei den Gesprächstypen als auch bei den Lerngruppen mit ihren Lehrpersonen sehr relevant ist.

Abschließend soll in Erfahrung gebracht werden, welche der sieben Faktoren und vier Cluster die Gesprächstypen und Lerngruppen trennt. Wegen der Varianzinhomogenität und fehlenden Normalverteilung der Residuen einiger Gesprächskategorien wird der Unterschiedstest nach Kruskal-Wallis (H-Test) angewendet. Er bringt folgendes Ergebnis:

24 Kanonische Korrelation: 0.597 und 0.625; Wilk's Lambda: 0.274 und 0.239, jeweils signifikant zu 0.000. Box'M-Test, der die Kovarianzhomogenität prüft, wirft ein Signifikanzniveau von 0.104 beziehungsweise 0.006 aus, das größer ist als der Grenzwert von 0.001. Damit besteht auch hier Kovarianzhomogenität.

(1) Die Faktoren 1 (*Gesprächsdynamik bei Schüler_innen*), 3 (*Vertiefung durch die Lehrperson*) und Faktor 5 (*Erfahrungsbezug*) differenzieren die vier Gesprächstypen (0.000), während die Cluster keine Differenzierungsfähigkeit hinsichtlich der Gesprächstypen zeigen.

Die hier erzielten Ergebnisse bestätigen bereits die vorausgegangenen Werte. Die Unterscheidungsmerkmale der Gesprächstypen konzentrieren sich auf die Dynamiken durch die Schüler_innen (*Gesprächsfluss* (K09), *Diskussionsgrad* (K07), *Partizipationsgrad Schüler_innen qualitativ* (K20) u. a.), die Lehreraktivitäten hinsichtlich der Vertiefung und den Erfahrungsbezug, der sich in den *Gesprächsinhalten* (K13) und bei *korrelativen Lernprozessen* (K29) zeigt.

(2) Bis auf Cluster 1 (*Ziel und Inhalt des Gesprächs*) trennen alle Faktoren und Cluster (*Atmosphäre des Unterrichtsgesprächs* (Cluster 2), *Medien* (Cluster 3), *Übergreifende unterrichtliche Zusammenhänge* (Cluster 3)) die acht Lerngruppen sehr und hoch signifikant voneinander (≤0.002).

Interessant allerdings ist dieses Ergebnis: Außer dem Cluster 1, beschrieben durch die Kategorie *Transparenz der Gesprächsintention* (K01), weisen die acht Lerngruppen in der Ausprägung der verschiedenen Faktoren und Cluster deutliche Unterschiede auf und können damit als voneinander unabhängige Fälle (auch bei den zwei Lerngruppen mit der gleichen Lehrperson) verstanden werden. In der Kategorie *Transparenz der Gesprächsintention* (K01) zeigen sich dagegen keine trennenden Ausprägungen.

3.4 *Was prägt und unterscheidet die acht Lerngruppen mit ihren Lehrpersonen?*

Wird im Weiteren die Diskriminanzanalyse angewendet, dann erhält man die Information, dass die vier Gesprächstypen und die acht Lerngruppen[25] stark und hoch signifikant zusammenhängen.[26] Wie unterscheiden sich die Lerngruppen mit ihren Lehrpersonen?

Typisch für die *Lerngruppe mit Frau Mantel (6. Jg.)* ist der zweite Gesprächstyp UGS, d. h. er tritt hier gehäuft auf und Gespräche als Hintereinander-Reihung von Beiträge der Schüler_innen dominieren die Kommunikation in dieser sechsten Klasse.

Die *Lerngruppe mit Frau Blume (9. Jg.)* wird durch den ersten Gesprächstyp UG charakterisiert. Hier finden sich in der Klassenkommunikation viele echte

25 Vgl. die Übersicht über die Lerngruppen in Kapitel *Das methodische Vorgehen in der Unterrichtsstudie* auf S. 195 und S. 218ff.

26 Lambda 0.360, Signifikanz: 0.000. Im Folgenden werden die Kreuztabelle und die Konfigurationsfrequenzanalyse (KFA) angewendet.

Gespräche, in denen die Kinder miteinander sprechen und sich bei ihren Beiträgen aufeinander beziehen.

Die *Lerngruppen mit Herrn Schön (9. Jg.) und Frau Ernte (8. und 10. Jg.)* zeichnen sich durch den vierten Gesprächstyp UGLS aus. In diesen drei Klassen trifft man mehrfach auf den Pingpong-Modus, d. h. die Lehrperson reagiert immer wieder auf jeden einzelnen Beitrag der Schüler_innen kommentierend, bewertend, feedbackgebend oder weiterführend. Dadurch ist eine starke Lehrerlenkung in den Gesprächen gegeben und die Kommunikation ist frontal auf die Lehrperson als entscheidende Gesprächspartnerin gerichtet.

Abschließend werden Ergebnisse präsentiert, die aus der Analyse einer Kreuztabelle hervorgegangen sind, die die acht Lerngruppen mit ihren Lehrpersonen sowie bestimmte Cluster und Gesprächskategorien betreffen:

(1) Cluster 4 (*Übergreifende unterrichtliche Zusammenhänge*) hängt stark von den acht Lerngruppen ab und ist in der *Lerngruppe von Frau Blume* (9.Jg.) deutlich (Level 2) ausgeprägt, ebenso in der von *Herrn Schön* (9. Jg.).[27] Am geringsten ausgeprägt ist *Cluster 4* in der *Lerngruppe von Frau Mantel* (6.Jg.) und *Frau Ernte* (10. Jg.). Bezüge zu vorausgehenden oder folgenden Unterrichtsprozessen, unterrichtliche Zusammenhänge, die besonders durch die Lehrperson gesetzt werden, tauchen offenbar besonders stark bei Frau Blume und Herrn Schön auf, denen es offensichtlich ein durchgehendes didaktisches Anliegen ist, den roten Faden ihres Unterrichts für Schüler_innen transparent zu machen. Bei Frau Mantel im sechsten Jahrgang und Frau Ernte im 10. Jahrgang spielen diese vernetzenden Gesprächsstrategien offenbar eine untergeordnete Rolle.

(2) Die *methodische Lenkung* (K21) hängt stark von den Lerngruppen mit ihrer Lehrperson ab.[28] In der *Lerngruppe mit Frau Blume* (9. Jg.) ist sie sehr stark (Level 3) ausgeprägt, in der *Lerngruppe mit Herrn Holle* (Jg. 8) stark (Level 2) und in der *Lerngruppe von Frau Ernte* (8. Jg.) gering (Level 1). Auch die methodische Lenkung lässt sich vorwiegend dem Einfluss der Lehrkraft zuordnen. Offenbar ist dies ein zentrales Merkmal des kommunikativen Handelns bei Frau Blume. Auch bei der Moderation der Unterrichtsgespräche bei Herrn Holle ist die methodische Lenkung von durchgehender Relevanz. Frau Ernte wendet dagegen eine methodische Lenkung in ihrer Lerngruppe im 9. Jahrgang nur geringfügig an.

(3) In der Lerngruppe mit Herrn Holle (Jg. 8) werden die Inhalte (K22) stark strukturiert (Level 2).[29] Ein wichtiges Merkmal der Unterrichtskommunikation ist die *Strukturierung der Inhalte* (K22), die er meist an der Tafel festhält.

---

27 Eta = 0.519, starker Effekt.

28 Eta = 0.557, starker Effekt.

29 Eta = 0.366, mittelstarker Effekt.

(4) Die *Lerngruppen mit Frau Blume* (9. Jg.) und *Herrn Schön* (9. Jg.) stellen stark *übergreifende inhaltliche Bezüge* (K25) (Level 2) her; am wenigsten wird diese Gesprächskategorie in der *Lerngruppe bei Frau Mantel* (6. Jg.) umgesetzt.[30] Erneut fallen bei der Kategorie der vernetzten Unterrichtskommunikation zu vorausgehenden oder vorausliegenden Lernprozessen Frau Blume und Herr Schön positiv auf. Sie stellen diese Zusammenhänge in ihrer Gesprächsmoderation stark her. Bei Frau Mantel, der Lehrkraft einer 6. Klasse, treten solche Bezüge, die eine Transparenz übergeordneter Lernprozesse geben bzw. inhaltliche Zusammenhänge aufzeigen, deutlich zurück.

4. Ergebnisse und religionspädagogische Interpretationen in Thesen

4.1 Haben sich die deduktiv und induktiv gewonnenen Bewertungskategorien für Unterrichtsgespräche und die Differenzierungen in vier Gesprächstypen empirisch bewährt?

1. Von den 31 teils deduktiv, teils induktiv gewonnenen Bewertungskategorien, die im hoch-inferenten Ratinginstrumentarium zum Einsatz kamen und die die Unterrichtsgespräche nach verschiedenen Merkmalen erfasst und bewertet haben, haben sich 27 Bewertungskategorien in der statistischen Auswertung bewährt. 6 Kategorien werden den Rahmenbedingungen zugerechnet und geben in einer Clusteranalyse besondere Aufschlüsse. Die restlichen 21 Bewertungskategorien haben sich in einer Faktorenanalyse als geeignet erwiesen, sieben stabile Faktoren zu bilden, die das Unterrichtsgespräch gut erfassen, spezifizieren und weitere aufschlussreiche Erkenntnisse zeigen.
2. Die vier Unterrichtsgesprächstypen (UG, UGS, UGLV und UGLS), die in dieser Studie ebenfalls deduktiv zur Anwendung kamen, werden durch diese 21 Bewertungskategorien mit ihren vier Level deutlich unterschieden. Damit kann konstatiert werden: Der empirische Zugang hat sich bewährt, signifikante Unterschiede im Kommunikationsverhalten des Religionsunterrichts können damit beobachtet und bewertet werden.

30 Eta = 0.519, starker Effekt.

4.2 *Wodurch wird ein Unterrichtsgespräch beeinflusst?*

1. Das Unterrichtsgespräch wird durch sieben Faktoren geprägt, die voneinander unabhängig und eigenständig sind: (F1) Gesprächsdynamik bei Schüler_innen, (F2) Theologischer Bezug, (F3) Vertiefung durch Lehrperson, (F4) Fachlich-metakognitive Reflexion, (F5) Erfahrungsbezug, (F6) Lernprozessreflexion und (F7) Strukturierende Lenkung durch Lehrperson. Von diesen ist einer dem Einflussbereich der Schüler_innen (F1), drei dem Einflussbereich der Lehrpersonen (F3, F4, F7) und drei dem beider Akteure (F2, F5, F6) zuzurechnen.

2. Lehrpersonen und Schüler_innen, die Akteure der kommunikativen Interaktionen, sind entscheidende Gestaltinstanzen der Unterrichtsgespräche, weniger institutionelle, räumliche oder mediale Einflussfaktoren. Lehrpersonen haben einen deutlichen Einfluss auf Elemente, die den Schüler_innen zuzuordnen sind. Auch Schüler_innen beeinflussen mit ihrem Verhalten und ihrer Aktivität das Unterrichtsgespräch stark. Dabei hängen Schüler- und Lehrerverhalten systemisch zusammen, sie stehen in einer deutlichen Wechselwirkung zueinander.

3. Der Theologiebezug des Gesprächsinhaltes (K16) beeinflusst positiv die Dynamik des Gesprächsprozesses (F1), d. h. je stärker der Theologiebezug ist, desto dynamischer wird das Gespräch – und umgekehrt: Je träger und schleppender die Gesprächsdynamik bei den Schüler_innen ist, desto weniger stark ist der Theologiebezug des Gesprächs.

4. Betrachtet man, welche Merkmale im Durchschnitt besonders hoch in den beobachteten Gesprächen gewertet wurden, so fallen der Theologiebezug der Gesprächsinhalte (K16), der Vertiefungsgrad theologischer Themen durch Schüler_innen (K18) und der Gesprächsanteil der Lehrperson (K24) auf. Eine hohe Ausprägung dieser Merkmale charakterisiert somit ein typisches Gespräch im Religionsunterricht in den in dieser Studie aufgezeichneten Unterrichtsaufnahmen.[31]

5. Tauchen metakognitive Überlegungen (K28) auf oder gibt die Lehrperson fachliche Auskünfte im Gespräch (K23), d. h. ist der Faktor fachlich-metakognitive Reflexion (F4) stark ausgeprägt, dann wirkt sich dies positiv auf die Gesprächsdynamik bei den Schüler_innen (F1), den Theologie- (F2) und Erfahrungsbezug (F5) und die Lernprozessreflexion (F6) aus und umgekehrt.

---

31 Bei dieser Interpretation muss berücksichtigt werden, dass die Lehrkräfte gebeten wurden, Unterrichtsreihen zu den Themen Gottesrede bzw. Eschatologie durchzuführen, sodass theologische Inhalte der Gespräche zu erwarten waren.

6. Die Rahmenbedingungen der Unterrichtsgespräche sind durch vier verschiedene Cluster gekennzeichnet und werden durch diese gut abgebildet: Cluster 1 (C1): Ziel und Inhalt des Gesprächs, Cluster 2 (C2): Atmosphäre der Unterrichtsgespräche, Cluster 3 (C3): Medieneinfluss und Cluster 4 (C4): übergreifende unterrichtliche Zusammenhänge. Dabei hat das zweite Cluster der Unterrichtsatmosphäre der Gespräche (C2) einen starken Einfluss auf die Gesprächsdynamik bei den Schüler_innen (F1), aber auch der Einfluss von Medien (C3) und die übergreifenden unterrichtlichen Zusammenhänge (C4) beeinflussen Unterrichtsgespräche entscheidend.

4.3 *Wodurch zeichnen sich die vier Gesprächstypen aus?*[32]

1. Der Gesprächstyp *echtes Unterrichtsgespräch* (UG) unterscheidet sich hinsichtlich der Ausprägung (Level) seiner Gesprächskategorien von den anderen drei Typen UGS, UGLV und UGLS hoch signifikant, obwohl alle vier miteinander positiv korrelieren und dementsprechend zusammenhängen. Das heißt, dass das echte Unterrichtsgespräch (UG) eine relative Unabhängigkeit besitzt: Es ist eigenständig, geht aber auch in den anderen Gesprächstypen auf. Es tritt unabhängig von den anderen Gesprächstypen auf, gleichzeitig steht es mit den anderen Gesprächstypen in einer Beziehung.
2. Die Kategorie Partizipationsgrad Schüler_innen qualitativ (K20), d. h. die Qualität der Beiträge der Schüler_innen im Gespräch, differenziert deutlich die vier Gesprächstypen, d. h. dieses Merkmal ist deutlich unterschiedlich ausgeprägt. Diese Erkenntnis ist besonders für weiterführende didaktische Überlegungen hinsichtlich gelingender Gespräche interessant. Das echte Unterrichtsgespräch hat hier den höchsten Wert, was auch auf die Qualität dieses Unterrichtsgesprächstyps hindeutet.
3. Das *echte Unterrichtsgespräch* (UG) ist ein Gesprächstyp, der überdies eine hohe Ausprägung in den Faktoren Gesprächsdynamik bei Schüler_innen (F1), Theologischer Bezug (F2) und Erfahrungsbezug (F5) sowie fachlich-metakognitive Reflexion (F4) hat. Die Strukturierende Lenkung durch Lehrperson (F7) und die Vertiefung durch die Lehrperson (F3) sind dagegen durchschnittlich. Allerdings spielt bei diesem Unterrichtsgesprächstyp die Lernprozessreflexion (F6), die durch die Sicherung des Gesprächser-

32 Eine Charakterisierung der Gesprächstypen auf der Grundlage der durchschnittlichen Merkmalsausprägungen erfolgte bereits im Kapitel *Typen von Unterrichtsgesprächen und ihre Merkmale*. Hier wurde ein erneuter Durchlauf durch die vier Kategorien auf der Grundlage weiterführender statistischer Auswertungsschritte durchgeführt.

gebnisses (K26) und die Reflexion über die unterrichtlichen Prozesse (K27) kaum eine Rolle.

4. Der Typ *Gespräch als Reihung von Beiträge der Schüler_innen* (UGS) ist am wirksamsten, er moderiert die anderen Gesprächstypen, d. h. er beeinflusst diese deutlich in ihrer Ausprägung. Offensichtlich fördern sukzessive Beiträge der Schüler_innen (UGS) auch die Höhe der Werte in den anderen Gesprächstypen.

   Zu prüfen wäre damit die Hypothese, ob in der Praxis dieser statistische Zusammenhang auch bedeutet, dass praktizierte UGS in einer Unterrichtsstunde quasi neben der Ausprägung der Kategorien der anderen Gespräche auch die Entstehung dieser begünstigt und moderiert. Vorstellbar wäre etwa, dass die anderen Gesprächstypen durch die „Brücke" über die Reihung von Beiträge der Schüler_innen belebt werden. Diese Hypothese hätte unmittelbar Einfluss auf didaktische Planungsprozesse. UGS könnten dann als kommunikatives „Warmlaufen" für das echte UG und auch die anderen Gespräche gezielt didaktisch zum Einsatz kommen.

5. Im Gesprächstyp *Gespräch als Reihung von Beiträge der Schüler_innen* (UGS) treten zwei Faktoren überdurchschnittlich stark in Erscheinung: die Gesprächsdynamik bei den Schüler_innen (F1) und der Einbezug von Erfahrungen (F5). Offensichtlich hat dieser Gesprächstyp bei der Konzentration der Beiträge der Schüler_innen und der Schüleraktivität seine besondere Stärke. Vier Faktoren sind durchschnittlich ausgeprägt: der Theologiebezug (F2), die fachlich-metakognitive Reflexion (F4), die Lernprozessreflexion (F6) und die strukturierende Lenkung durch Lehrperson (F7). Die Lehrkraft hält sich hier, bei dem Typ Hintereinanderschaltung von Beiträge der Schüler_innen, mit einem eigenen Redeanteil und auch mit einer Vertiefung der Beiträge der Schüler_innen deutlich zurück, und zwar stärker als im UG, bei dem die Lehrkraft durchaus als Teilnehmer_in mit eigenen Beiträgen aktiv sein kann.

6. Nur ein Faktor ist im Gesprächstyp *Gespräch als getarnter Lehrervortrag* (UGLV) überdurchschnittlich stark ausgeprägt: die Vertiefung durch die Lehrperson (F3), die sich durch einen hohen Gesprächsanteil und die Vertiefung der Beiträge der Schüler_innen zeigt. Während die strukturierende Lenkung durch die Lehrperson (F7) und die Lernprozessreflexion (F6) durchschnittlich ausgebildet sind, sind bei diesem Typ immerhin vier Faktoren unterdurchschnittlich: die Gesprächsdynamik bei den Schüler_innen (F1), der Theologie- (F2) und Erfahrungsbezug (F5) und die fachlich-metakognitive Reflexion (F4). Dieser Gesprächstyp ist stark von der Lehrkraft bestimmt und lässt wenig Raum für theologische sowie erfahrungsbezogene Inhalte. Auch die kommunikative Aktivität der Schüler_innen ist hier eher gering ausgeprägt.

7. Beim *Gespräch im Pingpong-Modus* (UGLS) ist die Vertiefung durch Lehrperson (F3: Gesprächsanteil Lehrperson und Vertiefung der Beiträge der Schüler_innen) überdurchschnittlich hoch und die Gesprächsdynamik bei Schüler_innen (F1: Gesprächsfluss, Gesprächsintensität u. a.) unterdurchschnittlich ausgeprägt, ansonsten bewegen sich die Faktoren im durchschnittlichen Bereich. Theologie- (F2) und Erfahrungsbezug (F5), Lernprozessreflexion (F6), fachlich-metakognitive Reflexion (F4) sowie die strukturierende Lenkung durch Lehrperson (F7) sind durchschnittlich ausgeprägt. Dieser Gesprächstyp ist erneut stark lehrerzentriert, die Dynamik unter den Schüler_innen ist gebremst, vermutlich durch die wiederkehrenden kommentierenden und lenkenden Lehrerbeiträge. Es gelingt hier gut, eine Balance verschiedenster Gesprächskategorien zu halten, etwa die Sicherung des Ergebnisses, der Theologie- und Erfahrungsbezug und die fachlich-metakognitive Reflexion.

4.4 *Wie hängen die Gespräche der verschiedenen Typen zusammen?*

An die Ergebnisse der statistischen Auswertung anknüpfend können folgende Annahmen formuliert werden, die das Zusammenspiel der Gesprächstypen untereinander zu klären versuchen, die allerdings hypothetischen Charakter haben und in fokussierten Forschungsprojekten auf die Unterrichtspraxis hin zu prüfen wären:

1. Welche Beziehung, welchen Einfluss hat das echte Unterrichtgespräch (UG) im Viergespann der Gesprächstypen? Rechnet man statistisch alle echten Unterrichtsgespräche heraus, d. h. würden hypothetisch keine echten UG im Unterricht stattfinden, dann könnten die anderen drei Gesprächstypen UGS, UGLV und UGLS relativ selbständig in einem ausgewogenen Verhältnis stehen, d. h. sie hätten dann eine ähnliche Ausprägung in den einzelnen Kategorien und wären nur wenig differenziert. Offenbar spielt, statistisch gesehen, das UG hier eine besondere Rolle und hat einen entscheidenden Einfluss auf die anderen Gesprächstypen. Das Vorkommen von echten Unterrichtsgesprächen differenziert das kommunikative Unterrichtsgeschehen in den anderen drei Gesprächstypen.

2. Wie kann der Einfluss des UG auf die Gesprächstypen beschrieben werden? Hier erfolgt erneut, basiert auf den Ergebnissen der statistischen Auswertung, ein hypothetischer Gedankengang:

   Rechnet man statistisch alle UGS heraus, also geht man von einem Unterricht aus, in dem keine Gespräche als Reihung von Beiträge der Schüler_innen stattfinden, dann hängen die Unterrichtsgesprächstypen UGLS und UGLV weiterhin stark zusammen, allerdings korreliert dann das echte UG negativ mit ihnen, d. h. je stärker dann die Ausprägungen der Level im

UG sind, desto geringer sind die Ausprägungen der Level bei den Gesprächen UGLV und UGLS.

Das Zusammenspiel der drei Gesprächstypen (UG, UGLV und UGLS) untereinander könnte in einem hypothetischen Unterricht dann etwa so aussehen: Je höher die Ausprägungen der beiden Gesprächstypen UGLV und UGLS im Unterricht sind, desto geringer sind die Ausprägungen im UG, in denen die Schüler_innen miteinander sprechen und sich aufeinander beziehen. Und umgekehrt: Je höher die Ausprägungen der Kategorien bei den echten Unterrichtsgesprächen (UG) sind, desto geringer sind die Ausprägungen bei den Gesprächstypen UGLV und UGLS.

Möglich wäre dann auch die Annahme, dass dieser Zusammenhang auch das Vorkommen der Gesprächstypen beeinflusst in der Hinsicht, dass beim Vorkommen von UG, die Gesprächstypen UGLV und UGLS weniger häufig auftreten und umgekehrt.

3. Woran erkennt man diese Wirkkraft des UGS im Zusammenspiel der Gesprächstypgen? Wie oben bereits gesagt, ist ein negativer Zusammenhang zwischen UG und den beiden UGLV und UGLS zu konstatieren, wenn man alle UGS herausrechnet. Kommt dagegen das UGS hinzu, wandelt sich die negative Korrelation zwischen UG und den beiden UGLV und UGLS in eine positive, d. h. der Gesprächstyp UGS ist für diese Veränderung verantwortlich, erzeugt diese. Das Gespräch als Reihung von Beiträge der Schüler_innen (UGS) ist daher in dem „Vierergespann" der Gesprächsformen am einflussreichsten, es wirkt besonders belebend auf das UG.

   Für die religionsunterrichtliche Praxis kann dies bedeuten: Sobald Beiträge der Schüler_innen sukzessiv hintereinander folgen und die Lehrperson nicht involviert ist (UGS) und die Ausprägungen des UGS besonders stark sind, desto mehr können echte UG belebt und initiiert werden, in denen die Schüler_innen sich aufeinander beziehen und miteinander sprechen, diese Belebung wirkt sich auch auf die Unterrichtsgesprächstypen UGLV und UGLS aus.

Literatur

Backhaus, Klaus / Erichson, Bernd / Plinke, Wulff / Weiber, Rolf ([12]2008), Multivariate Analysemethoden. Eine anwendungsorientierte Einführung, Berlin.

Bortz, Jürgen / Schuster, Christof ([7]2010), Statistik für Human- und Sozialwissenschaftler, Berlin.

Eid, Michael / Gollwitzer, Mario / Schmitt, Manfred ([5]2017), Statistik und Forschungsmethoden, Weinheim.

Pospeschill, Markus (2006), Statistische Methoden. Strukturen, Grundlagen, Anwendungen in Psychologie und Sozialwissenschaften, München.

SPSS-Statistik-Programm, Version 27.

II Gesprächsfeinanalysen

„Ich hab' das nicht verstanden!" Umgang mit Missverständnissen in einem echten Unterrichtsgespräch nach einer bildlichen Präsentation von Schülerinnen zum ontologischen Gottesbeweis in einer 9. Klasse

Marion Hanser / Annegret Reese-Schnitker / Daniel Bertram

In der gymnasialen Lerngruppe des neunten Jahrgangs mit Frau Blume, die aus zwei Klassen zusammengesetzt ist,[1] sind 18 Mädchen und 6 Jungen. In der vorausgehenden Doppelstunde war die Lerngruppe um eine Klasse reduziert. Von den übrigen wurden im letzten Stundendrittel die vier sog. Gottesbeweise (heute auch Gottesargumente genannt) auf einem Textblatt gelesen. Der Auftrag der Lehrerin an sie lautete, in einer Kleingruppe einen der gelesenen Beweise zu wählen und in Form eines Tafelbildes wiederzugeben. Die Aufgabenstellung beinhaltete also einen Rollenwechsel: Die Lehrerin Frau Blume forderte die Schüler_innen auf, selbst in die Rolle der Lehrkraft zu wechseln und didaktisch geschickt den ausgewählten Beweis durch ein anschauliches Tafelbild zu erklären.

Das zu analysierende Unterrichtsgespräch befindet sich in der anschließenden dritten Unterrichtsstunde der Reihe zu der Thematik „Glaube an Gott – Zweifel an Gott". Zu Beginn wird den Schüler_innen, die gefehlt haben, das Textblatt ausgeteilt und eine erste Schülergruppe stellt den teleologischen Gottesbeweis vor. Das zu analysierende Unterrichtsgespräch steht im unmittelbaren Anschluss an die erfolgte zweite Präsentation, in der zwei Schülerinnen nacheinander vom Platz aus freisprechend ihre vorher angefertigte, origi-

1 Die Klasse sitzt in der für diese Lerngruppe gängigen Tischform (U-Aufstellung mit Querstreben) teils mit direktem Blick, teils mit Schulterblick auf die Tafel.

nelle Skizze zum ontologischen Gottesbeweis[2] an der Tafel (vgl. Abbildung) in ihren einzelnen Komponenten erläutern.
Zentral darin und mit Blick auf die Textgrundlage ein überraschender Blickfang ist der Luftballon, ein elastischer Hohlkörper und typischer Gegenstand der Kinder-Lebenswelt, der von außen durch den – ebenfalls neu und innovativ durch die Schülerinnen eingeführten – Begriff des *Vorstellungsvermögens* als dessen Veranschaulichung gekennzeichnet wird. Sein besonderer Inhalt wird durch die Inschrift *Gott* dargestellt.

In ihrer Präsentation benennt die erste Schülerin, Karla, Gott als den *größten Gedanken, den wir haben*. Im anschließenden Vortrag der zweiten Schülerin, Mia, geht es um die Unmöglichkeiten, den Ballon weiter zu füllen. Das Vorstellungsvermögen hat Grenzen – wenn zu viel hineinkommt, platzt es, was durch den Ballon symbolisiert wird. Die Schülerin beendet ihre Erklärungen zum Bild mit einem leisen, kurzen, verlegen anmutenden Lachen. Die im Folgenden analysierte Unterrichtsszene beginnt:

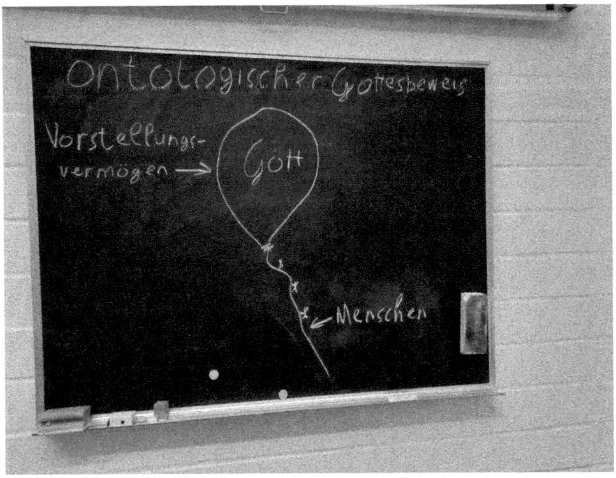

Abbildung 1: Tafelbild zu Beginn des Unterrichtsgesprächs

1. Phase: Was und wer initiiert das Gespräch?

SuS:	(Stimmengemurmel)
Leon:	*Ich hab' das nicht verstanden!*
SuS:	(Stimmengemurmel und Lachen)
Paula:	*Ich hab' das verstanden!*

2 Der bearbeitete Text zum Gottesbeweis, der Gegenstand des folgenden Unterrichtsgespräches ist, lautete folgendermaßen: „3. Der ontologische Gottesbeweis: Anselm von Canterbury schließt von dem Begriff Gottes auf die Existenz Gottes. Ist Gott das, über das hinaus nichts Größeres gedacht werden kann, so muss er notwendig existieren. Wäre Gott nur ein Gedanke, wäre er noch nicht groß genug gedacht."

Direkt im Anschluss an die Präsentation von Mia hebt in der Klasse ein deutlich vernehmbares Gemurmel an, das ohne jegliche Beteiligung der Lehrkraft abläuft. Zweierlei ist mit Blick auf deren Rolle, aber auch die Bewertung des Gemurmels vorstellbar:
(1) Es handelt sich um ein methodisch mit der Lerngruppe bereits fest etabliertes Verfahren und die Schüler_innen sind den direkten Austausch miteinander im Anschluss an eine Darbietung gewohnt. Hier ist offen, ob, wann und wie sich die Lehrkraft in einer derart frei gegebenen Gesprächssituation einklinkt und welche Rolle sie darin übernimmt.
(2) Das sich unmittelbar einstellende Gemurmel ist als eigener Hinweis auf ein irritierendes und so die sonst üblichen Gesprächsregeln ad hoc außer Kraft setzendes Ereignis zu deuten, das nun nach Klärung verlangt und die Reaktion der Lehrkraft notwendig macht.

Auffällig ist, dass trotz des steigenden Geräuschpegels die soziale Atmosphäre entspannt und ein Großteil der daran beteiligten Schüler_innen konzentriert und kognitiv aktiviert wirkt: Das Gemurmel scheint sachbezogen und von etwas Gemeinsamem bewegt.

In diesem Anfangsgemurmel äußert nun ein Schüler, Leon, leise und doch vernehmlich, ohne seinen Wortbeitrag extra anzuzeigen: *Ich hab' das nicht verstanden.* Mit der Voranstellung des Personalpronomens in der 1. Person Singular (*ich*) spricht Leon deutlich markiert für und von sich – und das hörbar vor den anderen. Dass er sich das traut, spricht für eine Vertrautheit in der Lerngruppe und auch mit der Kommunikationssituation, sodass das Gemurmel vermutlich weniger als Hinweis auf eine Ausnahmesituation, sondern eher als bekanntes Ritual gelten kann. Dem Gemurmel kann demnach allein dafür eine positive Relevanz zugesprochen werden, denn es bildet den Kontext, in dem ein Schüler sich traut, sein nicht vorhandenes Verständnis zu äußern.

Was er nicht verstanden hat, ist noch unklar. Die Aussage ist im Perfekt formuliert und nimmt in jedem Fall Bezug auf das gerade Gehörte, das wiederum als Erklärung der Tafelskizze diente, die ihrerseits einen argumentativen Text umsetzen sollte. Dieses *das* ist als Pronomen nicht näher spezifiziert. Es kann sowohl Bezug nehmen auf das Vorgetragene im Ganzen als auch eine konkrete Stelle darin oder den Zusammenhang zwischen Bild und den dazu gerade vorgetragenen Erläuterungen oder auch Bild und Erläuterungen im Verhältnis zum Text betreffen.

Interessant ist die Position, in die sich Leon selbst und die Vortragenden mit seiner Selbstaussage (*Ich hab' das nicht verstanden.*) bringt, die keine Frage, sondern eine Art Geständnis ist. Damit setzt er sich selbst der Nachfrage aus zu präzisieren, was er nicht verstanden hat. Mit der Frage nach dem Grund für die Verständnisschwierigkeiten steht auch die Qualität des Vortrags selbst potentiell zur Diskussion. Hatten die Schüler_innen von der Lehrkraft die Aufgabe erhalten, durch das Tafelbild den zugrundeliegenden Beweis zu erklären, ist ihnen dies zumindest bei diesem Schüler nicht gelungen. Wie ist nach einem solchen Eingeständnis weiter zu verfahren?

Mehrere Schüler_innen lachen nun im direkten Anschluss an die Präsentation und im Kontext von Leons Aussage. Grundsätzlich ist jedes Lachen eine Reaktion, setzt also einen vorangegangenen entsprechenden Impuls voraus und wird durch etwas oder jemanden motiviert. Da der Grund des Lachens darin selbst nicht zum Ausdruck kommt, ist es gerade in pädagogischen Kontexten wichtig, dies zu klären. Warum wird gelacht? Was wurde hier begriffen, das sich dann in der Form des Lachens so eigenen Ausdruck verschafft? Ist es ein entspanntes miteinander Lachen, das eine gewisse Erleichterung ausdrückt, weil jemand sagt, was auch andere gedacht haben? Oder ist es ein Auslachen von einzelnen Personen? Ist Leons Nicht-Verstehen lächerlich?

Eigens relevant ist daher nun der Umgang der Lehrkraft mit diesem offen artikulierten Unverständnis und dem damit verbundenen Lachen, auch gerade im nonverbalen Bereich: Lacht sie mit und gibt damit ihr Einverständnis oder nicht?

Es kommt anders. Als Reaktion auf Leon ruft eine Schülerin, Paula, in die Klasse: *Ich hab' das verstanden!* Diese direkt an das vorangegangene, teils noch anhaltende Lachen erfolgte Äußerung steht inhaltlich-semantisch durch den Wegfall der Negation im Gegensatz zum vorherigen Beitrag. Ansonsten sind die beiden Beiträge identisch formuliert, artikulieren klar betont eine Ich-Botschaft und werden in die Klasse gerufen. Es handelt sich bei dieser zweiten Aussage um eine positive Selbsteinschätzung. Obwohl darin inhaltlich der vorangegangene Schülerkommentar deutlich aufgegriffen wird, wendet sich Paula diesem nicht körperlich zu (er sitzt hinter ihr), sondern fokussiert die Lehrkraft (steht schräg vor ihr) und adressiert ihren Beitrag klar erkennbar (Blickkontakt zu ihr) an sie. Augenscheinlich sucht Paula die Bestätigung und Anerkennung der Lehrerin für ihre Aussage. Sie gibt damit zugleich eine positive Bestätigung der Verständlichkeit der Vortragenden bzw. des Vorgetragenen. Damit wird denkbar, dass der zweite Beitrag sich über den Inhalt hinaus auch zum Lachen sozial positioniert, denn die Sprecherin schließt mit ihrer inhaltlichen Positionierung zugleich aus, dass die Vortragenden selbst hier „Lächerliches" verlauten ließen.

Zwei sich widersprechende und doch kompatible Positionen stehen nun im Raum: Von Leon wurde *das* nicht verstanden, von Paula wurde *das* verstanden. Damit wird aber auch deutlich, dass – bezogen auf die gesamte Lerngruppe – drei Gruppen in dieser Unterrichtssituation eine Rolle spielen: die Schüler_innen, die das verstanden haben, die Schüler_innen, die das nicht verstanden haben und die vortragenden Schülerinnen der Kleingruppe. Eine wichtige Entscheidung hat nun die Lehrerin zu treffen. Soll sie auf das Nichtverstehen eingehen und grundsätzlich um eine wiederholte Erläuterung bitten oder die Verständnisschwierigkeiten konkreter nachfragen? Soll sie der Schülerin, die *das* verstanden hat, das Wort übergeben?

2. Phase: Wie geht die Lehrkraft mit der inhaltlich widersprüchlichen Gesprächssituation um?

Lehrerin: *Also, ich hatte ja, ich hatte ja gedacht, dass niemand von euch diesen Beweis nimmt, weil der eigentlich, find' ich, am schwierigsten ist.*

Syntaktisch fällt zunächst das Beibehalten der 1. Person Singular auf. Die Lehrkraft tätigt zunächst in direkter Fortführung zu den bereits gefallenen Beiträge der Schüler_innen nun ihrerseits eine Selbstaussage. Auch sie positioniert sich zu dem eben Vorgetragenen – das aber unter aufschlussreich anderen Vorzeichen! Beachtenswert ist der Tempuswechsel: Während in den Aussagen der Schüler_innen das Perfekt verwendet wurde und diese damit ihrem auf den konkreten Augenblick bezogenen Eindruck des gerade Geschehenen Ausdruck gaben, verweist das Plusquamperfekt im ersten Satzteil darauf, dass das nun Gesagte von der Lehrerin an einem anderen Zeitpunkt ansetzt. Die Lehrerin bezieht keine Position zum gerade Gehörten, sondern thematisiert den Kontrast zwischen dem, was von ihr gedacht wurde, und dem, was faktisch passiert ist, in der vorausgegangenen Stunde! Zusätzlich ist auffällig, dass das Akkusativobjekt im Nebensatz mittels *dass* expliziert wird und damit der Gottesbeweis selbst bzw. seine Auswahl durch die Schüler_innen thematisiert wird. Sie macht den Schüler_innen ihre eigenen Vorüberlegungen zur Stunde transparent: Mit der Auswahl dieses Gottesbeweises hatte sie nicht gerechnet, weil sie selbst (*find' ich*) diesen *am schwierigsten* findet. Im ausgedrückten Kontrast zwischen dem von ihr Gedachten und dem von der Kleingruppe Gemachten kann ein Erstaunen fassbar werden: Dass der Beweis ausgewählt wurde, hätte sie nicht gedacht, aber die Begründung demonstriert, dass damit verbundene Verständnisschwierigkeiten sie nicht überraschen! Die Tatsache, dass die Lehrerin ihr Denken den Schüler_innen selbst und darüber hinaus noch zum Zeitpunkt der Planung transparent macht, ist alles andere als selbstverständlich! Die Lehrerin beurteilt damit nicht die vorangegangene Schülerleistung der Präsentationsgruppe, nimmt aber indirekt auf die gerade entstandene Differenz in den Positionen der Verstehenden und Nicht-Verstehenden Bezug, indem sie über den Schwierigkeitsgrad des Beweises im Vergleich mit den anderen referiert. Während also der Beitrag von Leon in ihrem Vorverständnis bestätigt wird, steht sowohl der Beitrag von Paula (*Ich hab' das verstanden.*) dazu in Spannung als auch die erfolgte Wahl durch die drei Schülerinnen in der vorangegangenen Stunde. Ist die erfolgte Auswahl des Beweises und das Verstehen von Paula der Hinweis, dass der Beweis leichter ist als von der Lehrerin angenommen oder sind die betreffenden Schüler_innen schlauer als sie gedacht hat?

Die Lehrerin präzisiert im Unterschied zu den vorangegangenen Sprechbeiträgen inhaltlich das bisher unbestimmt gebliebene Akkusativobjekt des Satzes (aus dem *das* vorher wird nun *der Beweis*). Mit dieser Zuschreibung des *das* referiert sie also auf etwas, das im Gegensatz zum Tafelbild und dem gerade gehörten Vortrag den Schüler_innen nicht unmittelbar präsent ist.

Damit wird die Komplexität des hier Verhandelten greifbar: Ein Bild wurde an der Tafel fixiert und im anschließenden Vortrag erläutert, welches aus der Interpretation einer zugrunde liegenden Argumentation durch Schüler_innen entstand und damit zwei Grundlagen hat: (1) Die Aussagen des sog. Gottesbeweises auf dem Textblatt und (2) deren Deutung durch die Schüler_innen. Das Tafelbild als Ergebnis ist damit zwei Verständnisfragen ausgesetzt: Erstens nach dem Abgebildeten (dem Luftballon mit dem Vorstellungsvermögen) – was „sagt" das Bild – und zweitens dem nicht mit Abgebildeten (der Logik des ontologischen Gottesbeweises) – was sagt der dazu als Vorlage aufgegebene Text.

Indem die Lehrerin die bisherige Fokussierung auf das unmittelbar Vorangegangene neu ausrichtet und den Bezug zum Beweis herstellt, diesen durch den eingeführten Superlativ (*am schwierigsten*) in eine Vergleichsreihe einordnet, setzt ihr Urteil die Kenntnis und Einschätzung der anderen Beweise voraus und bestätigt in jedem Fall ihre Rolle als Expertin.

Trotzdem ist zu (hinter)fragen, wenn ihre Grundannahme war, dass niemand diesen Beweis wählt, warum sie ihn dann zur Auswahl gestellt hat. Ist der Schwierigkeitsgrad eines Inhalts tatsächlich ein Grund, diesen nicht zu meiden – sind Schüler_innen nicht gerade durch schwierige Aufgabenstellungen eigens zu provozieren und zu reizen?

Der in der Aussage klar gekennzeichnete Irrtum mit Blick auf die Auswahl und das entsprechende Schülerverhalten kann ebenso, ausgeweitet auf das Urteil über die mit dem Beweis verbundenen Schwierigkeiten, als Kompliment in Richtung der Schüler_innen verstanden werden. Ihre Aussage erfüllt damit zweierlei: Sind ihr Schwierigkeiten verständlich angesichts des Urteils über den Beweis, kann sie dessen Auswahl lobend anerkennen und gleichzeitig den damit verbundenen Schwierigkeiten das Verständnis zusichern. Durch den Fokus auf die Schwere des Beweises können Verständnisschwierigkeiten daran, statt direkt an der Art und Weise des Vortrags, fixiert werden. Leon gibt sie eine positive Rückmeldung, da sie das Nichtverstehen einerseits als erwartbar bestätigt und gleichzeitig von der Person weg am Beweis fest macht: Nicht der Schüler ist zu dumm, nicht der Vortrag unverständlich, sondern der Beweis eben am schwersten. Die Lehrerin wird damit zwei Gruppen gerecht, den Vortragenden und den Nicht-Verstehenden. Was ist mit den Verstehenden? An ihnen kann hier subtil transportiert präsupponierte Kritik herausgelesen werden. Müssten nicht diejenigen, die gerade noch dachten, hier alles verstanden zu haben, ins Zweifeln geraten, ob sie es wirklich verstanden oder einfach nur die Schwierigkeit übersehen haben? Wer der Lehrerin die Rolle der Expertin mit Blick auf die Sache zutraut, kann daher auch im Fall des bisherigen Verstehens erneut ins Nachdenken geraten, denn die Darstellung kann auch Wesentliches übersprungen, die eigenen Schwierigkeiten der Sache (noch) nicht fassbar gemacht haben.

Die Lehrerin rekurriert auf den Schwierigkeitsgrad des Beweises und die eigene Planung, damit wird allerdings eine Distanzierung zum direkt vorangegangenen Beitrag der Schülerin, die das eigene „Verstanden-Haben" mit Blick zur Lehrkraft thematisiert hat, deutlich.

Paula:	(Stimmengewirr, Lachen) *Voll einfach!* (Stimmengemurmel mit konträren Ansichten)

Aus dem Stimmengewirr tritt die Aussage *Voll einfach*!, erneut von Paula, laut hervor. Die Aussage besteht letztlich aus einem Wort (*einfach*), das durch die vorangeschaltete Gradpartikel *voll* eigens hervorgehoben wird, ein typisches Element aus dem Jugendjargon und syntaktisch die Funktion des Superlativs übernehmend allerdings ohne, wie in der von der Lehrerin verwendeten grammatikalisch korrekten Form, hier einen Vergleichshintergrund evozieren zu müssen! Damit lehnt sich die Aussage auf grammatischer Ebene erneut an die gerade von der Lehrerin verwendete Form an (Superlativ), setzt sich inhaltlich wiederum dazu in den Gegensatz und ignoriert damit ein „Expertenwissen" der Lehrerin. Beim Hören fällt der zum Satzbau und Stil passende locker-entspannte Tonfall auf, in dem ein Lachen mitschwingt. Die Schülerin äußert sich laut und vernehmlich, leichter Stolz ist hier deutbar. Nach wie vor ist ihre Aufmerksamkeit auf die Lehrerin bezogen, deren vorangegangene Aussage sie zu motivieren scheint. Von Verunsicherung ist nichts zu bemerken.

Lehrerin:	*Und ihr habt selbst diese Idee gehabt?* (Lehrerin blickt zum Tafelbild.) *Also es ist gar nicht so leicht, habt ihr... Seid ihr jetzt alle mitgekommen?*
SuS:	(Stimmengemurmel) *Ja! Ne! Ja! Nein!*
Lehrerin:	*Also wer ist nicht mitgekommen?* (Lehrerin meldet sich selbst und hebt die Hand.)

Die Lehrerin ignoriert Paulas Beitrag, sie spricht Paula nicht direkt an, sondern wendet sich vom ersten Teilsatz an einer größeren Gruppe von Schüler_innen zu. Klar adressiert an die 2. Person Pl. und im Perfekt gehalten werden zunächst die Schülerinnen angesprochen, die *diese Idee gehabt* haben: Die Kleingruppe der letzten Präsentation. Sie unterstreicht durch das Reflexivpronomen *ihr selbst*, dass die Idee der Darstellung ein eigenes Denkprodukt der Schülerinnen war. Mit *diese Idee* bezieht sich die Lehrerin höchstwahrscheinlich (sie blickt kurz zur Tafel) auf das Tafelbild und die damit verbundenen Erklärungen durch die Vortragenden und würdigt damit deren Ergebnis.

In der darauffolgenden Aussage bezüglich der Schwierigkeit wird erneut inhaltlich, wie in der Satzkonstruktion, Bezug auf die vorangegangene Aussage von Paula genommen. Dem Adjektiv (*leicht*), das inhaltlich den Kern der Aussage ausmacht, wird, wie in der Schüleraussage gerade eben, eine Gradpartikel (*so*) vorangeschaltet: Geht die Schülerin von einem *voll einfach* aus, so die Lehrkraft von einem *gar nicht so leicht*. Die Feststellung steht im Präsens und kann durch das Satzsubjekt – das „Platzhalter-es" in mehrfachen Bezug gesetzt werden. Was ist gar nicht so leicht? Ein möglicher Bezug (1) ist auf das vorher von ihr genannte Satzsubjekt – die *Idee* der Schülerinnen: Ist sie nicht einfach zu verstehen? Gleichzeitig (2) steht die Aussage *gar nicht so leicht* in deutlichem Gegensatz zum gerade gehörten Beitrag *voll einfach* und kann primär auch als Widerspruch dazu gelesen werden und damit als Hinweis, dass die Lehrkraft keinen Grund sieht, ihr Urteil über den Schwierigkeitsgrad zu ändern, wenngleich die Wortwahl nun deutlich abgeschwächt, eher wie dessen Verteidigung als Bekräftigung wirkt. Ebenfalls möglich ist (3), dass sie damit noch einmal auf ihren Planungsgedanken rückverweist, der ja augenscheinlich nicht zutraf: Der „Beweis" wurde gewählt – aber vielleicht, weil seine Schwierigkeiten verkannt wurden? Ist die Lehrkraft nun in der schwierigen Position, das Bild am Maßstab der Textargumentation zu bewerten, kritisieren zu müssen? Gemeint sein kann auch der weitere Verlauf, der Umgang mit der Situation, in der die einen verstehen und die anderen nicht.

In der anschließenden Frage fällt zum ersten die Ausweitung des Satzsubjekts von der 2. Person Singular zur 2. Person Plural auf und damit auf die ganze Lerngruppe. Des Weiteren fällt auf, dass sie das semantische Feld hier austauscht und eine Weg-Metapher einsetzt: Nicht das Verstehen von mehr oder weniger, sondern, ob *alle mitgekommen* sind, wird von ihr nachgefragt, der Begriff des „Mitkommens" löst das „Verstehen" aus den Beiträgen der Schüler_innen ab – beinhaltet das eine Bedeutungsverschiebung? Meint „Mitkommen" nicht umgangssprachlich dasselbe wie „Verstehen"? Während Verstehen auf das Subjekt fokussiert, ja in ihm vonstattengeht, betont das Mitkommen klarer eine soziale Situation. Damit wird auch ein eigenes pädagogisches Anliegen von ihr profiliert, das ein Weitergehen mit nur wenigen oder denen, die verstanden haben, ausschließt. Festzuhalten ist, dass mit der von der Lehrerin gewählten Wegmetapher (*mitgekommen*) das Unterrichtsgeschehen als ein Gruppenprozess verstanden wird, als ein gemeinsamer Weg des Verstehens.

Gleichsam zielt die Frage, ob etwas verstanden wurde, auf ein einfaches Ja oder Nein, während die Frage nach dem Mitkommen präziser nachhaken kann, an welchem Punkt man abgehängt wurde. Die hier verwendete Frage (*Seid ihr alle mitgekommen?)* mit Verberststellung markiert dementgegen eine ans Plenum gerichtete Entscheidungsfrage (Ja / Nein) und ist in dieser Form daher als klassischer „Fragefehler" im Kreis der Lehrerfragen anzeigbar: Denn obwohl bei dieser Form ein klares Ja / Nein angezielt wird, hat diese Frage an eine Gruppe gerichtet das stimmliche Chaos zur Folge und damit wenig Chance, dass die Lehrerin hier schnell ein klares Antwortbild erhält.

Ungeklärt ist weiterhin, wobei die Schüler_innen mitgekommen sind, bei dem Verständnis des Beweises, der Bilddarstellung oder den Erläuterungen der vortragenden Schülerinnen?

Eine große Zahl an Schüler_innen reagiert verbal und nonverbal auf die Aufforderung, verneinen oder bejahen sie. Das Durcheinanderreden der Schüler_innen macht die Inadäquatheit der Fragestellung der Lehrerin offensichtlich, die sich sofort korrigiert: *Also wer ist nicht mitgekommen?*

Die Lehrerin korrigiert hier durch das eingeschobene Fragepronomen *wer* die Frageform zur Ergänzungsfrage. Im Gegensatz zu vorher spezifiziert und reduziert sie damit den Kreis der Angesprochenen und macht die Reaktion entsprechend übersichtlicher. Sie bleibt dem Wortfeld „mitkommen" treu, wählt interessanterweise nun die negative Formulierung und adressiert die Frage an diejenigen, welche nicht mitgekommen sind – aus persönlichen oder didaktischen Gründen? Denn auf nonverbalem Weg fügt sie eine eigene, möglicherweise neue und zusätzliche Information hinzu: Sie meldet sich selbst! Diese Meldung kann wiederum mehrfach gedeutet werden: Will sie damit nur vormachen, was sie nun von den Schüler_innen beim Antworten erwartet, nämlich ein Meldezeichen? Möchte sie durch ihr Verhalten an die Kommunikationsregeln erinnern, dass, wer etwas sagen möchte, sich melden soll? Oder zählt sie sich selbst zu der Gruppe, die nicht mitgekommen ist und meldet sich vor allem deshalb?

Durch den Einsatz der Gestik übernimmt sie mehrere Rollen gleichzeitig, ist Fragenstellende und Antwortgebende in einem, steht den Schüler_innen als Lehrkraft vor und ist doch auch Teil der Gruppe – und erinnert damit subtil an das Einhalten der Gesprächsregeln, was wiederum ihre Rolle als Lehrkraft im Gegenüber zur Lerngruppe verdeutlicht. Mit ihrer Meldungsgeste demonstriert die Lehrerin selbst das korrekte Vorgehen beim Einhalten der Gesprächsregeln im Kontext Schule und bezieht eine eigene Position: Sie gehört zu denen, die nicht mitgekommen sind. Ein derartiges Statement macht wieder durchaus sympathisch den Abstand zur Rolle als „All-Wissende" deutlich. War dieses der Grund, die Frage in negativer Form zu formulieren, kann das eigene Aufzeigen der Lehrerin wiederum hinterfragt nach dem pädagogischen Anliegen auch Zeichen sein, dass sie hier vorbildhaft all diejenigen stärken und motivieren möchte, die in der „schwächeren" Position das „Nicht-Mitkommen" anzeigen sollten.

Die Gruppe der „nicht Mitgekommenen" eigens zur Meldung aufzufordern, bestätigt das Anliegen der Lehrerin, niemanden „zurückzulassen". Indem nun die Gruppe aufzeigt, die nicht mitgekommen ist, können die Schüler_innen auch befragt werden, an welchem Punkt sie „stehen geblieben" sind: Der Raum wirkt also eröffnet für ein konstruktives Miteinander-Reden, für klärende Nachfragen und Benennung der „Stolpersteine", die das „Mitkommen" erschweren. Symbolisch wird mit der Wegmetapher ein Verständnis vom Lernen fassbar, dass dieses als Schrittabfolge und Entwicklung markiert.

(Einige wenige Schüler_innen melden sich mit Handzeichen, auch Marco).
Lehrerin: *Marco!*
Marco: *Es geht eigentlich* (leises Stimmengemurmel).

Entgegen der klaren Struktur, welche durch die Frage und das gewählte Verb „mitkommen" für die Antwort vorgegeben wird (Ja oder nein), wirkt die darauf gegebene Antwort von Marco wie ein Ausweichen in der Positionierung.

Auffallend darin ist, dass die Weg-Metaphorik, leicht verändert, übernommen wird: *Es geht eigentlich*. Im allgemeinen Sprachjargon ist damit ein Mittelweg zwischen den Extremen Ja / Nein ausgedrückt: Es könnte besser gehen und dann „prima laufen", es könnte schlechter gehen und zum Stillstand kommen. Die einschränkende Formulierung *eigentlich* nimmt mitsamt dem erneut eingesetzten unbestimmten Pronomen Bezug auf das gerade von der Lehrkraft verwendete Vokabular und verweist auf eine gewisse Vorsicht und Zurückhaltung. Offen bleibt wieder, um was *es* geht und sich dreht. Steht „*es*" für das Verständnis? Das Mitkommen? Ersetzt *es* das „*das*", was in den ersten Beiträgen der Schüler_innen thematisiert wurde? Nimmt es Bezug auf den Schwierigkeitsgrad? Möglicherweise verweist diese Verweigerung einer klaren Positionierung im Feld des Verstehens oder Nicht-Verstehens darauf, dass es im Kontext des Mitkommens auch noch eine andere, bisher nicht benannte Position gibt: Denkbar ist, dass der Schüler sehr wohl „mitgekommen" ist in dem Sinne, dass er den Vortrag inhaltlich „verstanden" hat – und trotzdem die Bedeutung unverständlich blieb. Deutlich aber verlässt dieser Beitrag die Ich-Perspektive durch den Wechsel auf das Objekt, das nun Subjekt des Satzes ist.

Interessant ist zudem das Verhalten der restlichen Lerngruppe: Einige (wenige!) melden sich tatsächlich mit Handzeichen, andere kommentieren offen mündlich, insgesamt kennzeichnet die Szene wieder leichtes Gemurmel.

Lehrerin: *Okay, könntet ihr es mir nochmal* (Lehrerin blickt ins Plenum.), *mir und ein paar wenigen Anderen nochmal erklären?* (Lehrerin dreht sich zur Tafel und betrachtet die Zeichnung mit den Augen.)

Okay – das signalisiert sowohl Zustimmung als auch die Bereitschaft, die vorangegangenen Fragen abzuschließen und einen Schritt weiter zu gehen. Sie formuliert in Form der Frage eine Bitte an die 2. Pers. Pl., sie hat und hält dabei Blickkontakt mit den Schülerinnen der Präsentationsgruppe. Durch die doppelte Referenz auf sich selbst (*mir*) bekräftigt die Lehrkraft ihre Positionierung im Innenraum der Lerngruppe: Ihr eigenes Handheben war auch eine „Antwort", sie zählt sich zu den Nicht-Mitkommenden. Sie bestätigt damit erneut den vorgenommenen Rollenwechsel im Raum Schule: Die Lehrerin bittet Schüler_innen um eine Erklärung in eigenem Interesse, auch für sich selbst! Sie stimuliert als die interessiert Fragende die folgenden Beiträge der Schüler_innen.

Wichtig ist, dass dieser Rollenwechsel kein didaktischer „Trick", sondern mit Blick auf die Situation berechtigt ist. Die Lehrkraft kann nicht wissen, was sich die Schülerinnen bei der Anfertigung des Tafelbildes gedacht haben, gerade weil der Bezug des Bildes zum Gottesbeweis sich nicht allein durch das Bild erschließt. Wenn sie verstehen und wissen will, was sich die Schüler_innen dabei gedacht haben bzw. die anderen dabei denken, muss sie fragen, (sich) die

Bedeutung erklären lassen – indem sie das tut, schätzt sie nicht nur die Schülerprodukte wert, sondern tut auch ihrem Berufsethos Genüge! In diesem Kontext sind auch die verwendeten Personalpronomen interessant: Eine Gruppe (*ihr* – die verstehen) wird um die Erklärung für die Lehrerin selbst (*mir*) und die von ihr angeführten *einigen wenigen anderen* gebeten: Die gesamte Lerngruppe wirkt hier in zwei Lager aufgeteilt – darin kommt der Präsentationsgruppe auf Seite der „Erklärenden" sicher eine besondere Rolle zu.

Aber was soll nun genau erklärt werden? Es bleibt im mehrfach verwendeten Platzhalter-Es unbestimmt. Körperlich nimmt die Lehrerin eindeutig Bezug auf die Tafel und damit auf die Skizze. Zwischen dem Verständnis des Tafelbildes (Luftballon) und dem des Gottesbeweises (ontologischer Beweise nach Anselm von Canterbury) sollte es einen Zusammenhang geben, der eigens hergestellt bzw. nachgefragt werden muss und nicht selbst offensichtlich ist. Diese Bitte um Erklärung für sich *und ein paar wenigen Anderen* wirkt einfach, ist aber komplex.

Durch diese Bitte der Lehrerin nach Erklärung wird zudem das ganz eigene Problem der Aufgabenstellung sichtbar: Ein Bild ist ein eigenes Medium, immer eine eigene Kreation und kann nicht 1:1 durch Worte erklärt werden oder gar eine argumentative Textstruktur wiedergeben. Das Hinterfragen dessen, was im Bild warum wie gewählt wurde, kann dessen genuinen Eigenwert verkennen lassen, denn ein Bild „spricht" immer auch im Ganzen für sich selbst, es kann gerade nicht darauf reduziert werden, einen linear angeordneten Text wiederzugeben.

3. Phase: Wie kann das Unverständnis geklärt werden?

Mia: *Also, dieser Ballon, das ist unser Vorstellungsvermögen und ähm man kann ihn halt nicht aufknoten und noch mehr reintun, weil der sonst halt die ganze Luft rausgeht... und halt es passt nicht mehr rein.* (Lehrerin gestikuliert begleitend zur Erzählung und Beschreibung der Schülerin.)

Zu Wort meldet sich Mia, eine Schülerin der vortragenden Kleingruppe, die verschiedene Möglichkeiten hat, der Bitte der Lehrerin zu entsprechen: Aufgrund der thematischen Offenheit wird ihr zum Antworten eine komplexe Entscheidungstätigkeit abverlangt:

Heißt *es ... noch mal ... erklären*, das bereits Gesagte nun einfach nochmal zu sagen? Benennt die Schülerin das, was für sie selbst klar verständlich ist und wichtig oder sucht sie ihrerseits bereits nach Stellen, an denen sie Unklarheiten und Missverständnisse vermutet? Versucht sie die einzelnen Bildelemente zu erklären, deren Auswahl zu rechtfertigen? Gerade als Teil der Präsentationsgruppe muss sie immer noch im Unklaren sein, ob die Lehrkraft eventuell das Bild als unpassend empfindet.

Mit der typischen mündlichen Einleitungsfloskel *also* nimmt die Schülerin ihrerseits den Sprachjargon der Lehrerin vorher auf, bleibt mit dem zweimaligen *halt* jedoch auch nah dem Jugendjargon. Sie konzentriert sich auf den größten Teil des Tafelbildes, benennt erneut den Zusammenhang zwischen der Darstellung hier (Luftballon) und dem dadurch Dargestellten aus der so interpretierten Textvorlage (denn der Text selbst bzw. Anselm von Canterbury im 12. Jh. verwendet nicht den Begriff des Vorstellungsvermögens) und führt nun Charakteristika des Dargestellten als Begründungen an, warum eben dieser Luftballon als geeignetes Symbol dafür ausgewählt wurde.

Allerdings thematisiert die Erklärung selbst durch die Fokussierung auf die Darstellung im Satz (*dieser Ballon*) etwas, das als „selbstverständlich bekanntes Wissen" vorausgesetzt werden kann: Wie ein Luftballon „funktioniert" und was ihn auszeichnet, das scheint derart banal, dass es im Grunde nicht erklärt werden muss. Dies mag ein Grund für die Unsicherheit sein, inwiefern das nun „sagenswert" ist, was die doppelte Verwendung der Partikel *halt* nahelegen kann. Auffällig ist, dass sie mit einer Gleichsetzung beginnt (Ballon = Vorstellungsvermögen), mit der sie noch auf den vermeintlichen Text-Hintergrund, Anselms Gottesbeweis, verweist. Dann aber verbleibt sie rein bei der Eigenart des Ballons und der Erklärung, warum dieser die Begrenztheit des Vorstellungsvermögens symbolisiert.

In der Distanz von außen wird erneut klar, dass beim Lesen des Textes ein Missverständnis entstanden ist: Die Schülerinnen gehen mit ihrer Skizze auf die Problematik ein, dass „Gott", über den hinaus nichts Größeres gedacht werden kann – doch mit einem auf jeden Fall begrenzten Vermögen erfasst wird und damit ein grenzenloser Inhalt – der Inhalt des Vorstellungsvermögens – ist. Die Unterscheidung von Anselm zwischen dem, was er-/gedacht ist und dem, was real existiert, kommt hier gar nicht zum Ausdruck.

Ein Grund für die Fixierung auf das Bild kann in der Zuwendung der Lehrerin zur Tafel liegen, die ihrerseits den Blick konzentriert auf das Bild gerichtet hat. Ein anderer Grund könnte die fehlende Präzisierung des zu Erklärenden (*es*) sein. Die eigene Problematik des Bildes wird hier deutlich: Während der Ballon selbst tatsächlich durch das begrenzte Fassungsvermögen ein exzellent gewähltes Beispiel für Begrenzung ist, verleiht er im Bild den Menschen doch „Flügel" bzw. lässt sie abheben – das Bild im Ganzen regt die Vorstellung an und zeigt, wie aktiv sie ist – von dessen Begrenzung auszugehen, fällt demnach von dieser Warte her schwer.

Spannend ist hier in diesem Fall, dass die Lehrerin allein auf das Tafelbild schaut, während die erklärende Schülerin die Lehrperson fixiert. Während die Schülerin erklärt, deutet die Lehrerin gestikulierend einen Ballon mit ihren Händen an. Schaut man genau hin, so wirkt es so, dass die Handlung der Lehrerin der Aussagen der Schülerin vorausgeht. So erfolgt die Aussage der Schülerin, *weil der sonst halt die ganze Luft rausgeht,* erst nach der Bewegung durch die Lehrerin. Dies kann Zufall sein oder aber zeigen, wie die Körpersprache und Gestik der Lehrperson Einfluss auf Schülerantworten haben können.

Festzuhalten ist sicher, dass die Schülerin sich darauf beschränkt, die Bildebene ihrer symbolischen Darstellung zu erläutern und es den Zuhörer_innen überlässt, diese beschriebene Situation auf die Symbolebene zu übertragen, also darauf, was es bedeutet, wenn die Luft im Ballon *unser Vorstellungsvermögen* ist.

Lehrerin:	*Ja ... Ja. Ja! Ja!! Paula* (Lehrerin wendet sich der Klasse zu).

Die Lehrerin antwortet mit vier Jas auf die Erläuterung der Schülerin, in unterschiedlichen Tonlagen und mit unterschiedlichen Funktionen. Die Vielfältigkeit dieser Gesprächspartikel wird deutlich, wie auch deren Steuerungsfunktion im Gesprächsverlauf: Sie motiviert damit sowohl die Schülerin zum Weitersprechen, signalisiert ihr „Mit-Denken", aber auch im letzten langgezogenen, zögerlichen *Ja* das bleibende Unverständnis. Der Körpereinsatz demonstriert hier erneut ein Begreifen mit allen Sinnen und veranschaulicht die Spannung, die darin liegt! Paula, die bereits zu Beginn reingerufen hat, dass sie es verstanden habe und es *voll einfach* sei, meldet sich (bisher erst die zweite regelkonforme Wortmeldung im Gespräch) und wird drangenommen. Es ist daher zu erwarten, dass sie die Dinge jetzt klären kann.

Paula:	*Also es gibt keine Möglichkeit, dass man diesen Luftballon, also dieses Vorstellungsvermögen vergrößert, irgendwie*
Lehrerin/SuS:	*Genau! ....* (Echo von Schüler_innen): *Genau! ... Genau!*
Paula:	*Also vielleicht sollte man sagen, dass es ein vollaufgepumpter Luftballon ist, weil wenn man da noch Luft reinbläst, dann platzt er sofort. (...) Also dann geht's ganz kaputt.*
Lehrerin:	*Ja.*
Paula:	*Es ist nicht möglich, da noch mehr reinzupumpen.*
SuS:	(Gemurmel von Schüler_innen (*Ach so, ja...*).)

Paula verbindet im ersten Ansatz zunächst, ähnlich wie gerade Mia, die Bild- mit der Symbol- und Deutungsebene (Luftballon – Vorstellungsvermögen), erhält dafür auch mehrfach Zuspruch (*Genau!*) und bietet eine leicht geänderte Formulierung an. Sie beschränkt sich dabei auf die Weiterführung des Bildes (*wenn man da noch Luft reinbläst, dann platzt er sofort, dann geht's ganz kaputt*). Es ist der Versuch, das Dargestellte präziser zu beschreiben, allerdings nur auf der Bildebene. Was dies auf der Bedeutungsebene ausdrückt, dass der Ballon platzen könnte, wird hier nicht problematisiert, sondern bleibt offen im Raum stehen (und regt vielleicht die Gedanken der Schüler_innen an). Unklar ist, ob dieses Weiterdenken der Bildebene für das Verständnis der Sache dienlich ist. Die Bildebene hat viele Aspekte, die eventuell für das Verständnis der Sache weniger hilfreich sind.

Nach ihrer Aussage wird die Schülerin wieder von mehreren Mitschüler_innen und der Lehrerin bestätigt und eine Schülerin wiederholt den Gedanken ihrer Mitschülerin nochmal leise und kurz mit eigenen Worten für sich, jedoch hörbar, ohne sich zu melden und drangenommen worden zu sein.

4. Phase: Wie wird dem kritischen Einwand eines Schülers begegnet?

Lehrerin:	*Paul.*
Paul:	*Ähm, was ist, wenn jetzt der oberste Begriff überhaupt nicht Gott ist? Wenn's jetzt zum Beispiel die Natur ist. Das weiß man ja nicht hundertprozentig.*

Paul, nach Leon der zweite Junge, der sich einbringt, meldet sich und wird von der Lehrkraft aufgerufen. Er bezieht sich nicht direkt auf das Vorangesagte, sondern auf einen zentralen Begriff sowohl des Bildes als auch des Textes und regt zu einem Gedankenexperiment an: Dafür bringt er einen neuen Aspekt, einen neuen abstrakten Begriff ins Spiel: *die Natur*. Ein klassischer Gedanke von Spinoza und der Aufklärung wird aufgegriffen: Deus sive natura (Gott oder Natur) – für Spinoza war das nicht entscheidbar: *Wenn's jetzt zum Beispiel die Natur ist*, über das hinaus nichts Größeres gedacht werden kann?, so könnte der Satz von Paul mit Rekurs auf den ontologischen Gottesbeweis beendet werden. Damit nimmt Paul nun als nächster nach der Lehrkraft Bezug auch auf den Beweis, verlässt die reine Bild-Ebene und fordert durch Rückgriff auf das bildgebende Vorstellungsvermögen selbst (*was ist, wenn*) das Denken heraus!

Gleichzeitig ist er aber damit durchaus nah am aktuell mehrfach Gesagten, der wiederholten Gleichsetzung von Ballon und Vorstellungsvermögen und dem Hinweis, dass der Ballon die Grenzen des Letzteren veranschaulichen soll (geht nicht mehr rein): Denn er stellt auch zur Diskussion, ob dieses Betonen der Begrenztheit vielleicht doch am speziellen Inhalt des Vorstellungsvermögens liegt: Wäre die Begrenztheit des Vorstellungsvermögens in gleicher Weise so im Vordergrund, wenn der Begriff „Natur" verwendet würde?

Wird dieser Hinweis von der Lerngruppe verstanden?[3] Pauls Äußerung ist keine Kritik an der vorgestellten Skizze der Schülerinnen, sondern an der Anselm'schen Argumentation und zugleich ein Appell, die aktuell kursierende These von der „Begrenztheit des Vorstellungsvermögens" zu hinterfragen.

Karla:	*Och. Ist doch nur ein Beispiel.*
SuS:	(Gemurmel) *Oooh... Das ist doch nur so ein Beispiel... Ja du... Hat ja keiner einen Beweis..., Paul ist unser...*

Auf den anspruchsvollen und doppelbödigen Einwand von Paul überwiegt wieder ein Stimmengemurmel, das dieses Mal von Kritik und Empörung getragen wird. Die Stimme von Karla übertönt dieses, klingt genervt und bagatellisiert mit *Ist doch nur ein Beispiel!* den Einwand von Paul. Sie und auch die anderen Stimmen – vorwiegend weibliche – nehmen eine rein abwehrende Haltung gegenüber Paul ein. Das Nachdenken über den Beweis wird abgeblockt. Ist der fachlich anspruchsvolle Einwand von Paul, der sich ja auf den dahinterliegen-

3 Paul kritisiert mit Recht die These Anselms schon im ersten Teil der Präsentation, die Annahme, dass Gott das höchste sei (*Das weiß man ja nicht hundertprozentig*).

den Gottesbeweis bezieht, von den Schüler_innen wirklich verstanden worden? Vermutlich eher nicht bzw. nur unzureichend. An dieser Stelle scheint ein Missverständnis bzw. eine Verständnislosigkeit den weiteren Verlauf zu prägen. Die Lehrerin wäre jetzt als Expertin in ihrer Gesprächsführung gefragt.

Lehrerin:	*Ja, ja, das war völlig in Ordnung und jetzt gibt's hier aber Reaktionen darauf.*

Die Lehrerin greift ein und gibt Paul mit dreifacher Bestätigung Rückenstärkung für seinen Einwand. Gleichzeitig markiert sie in der Rolle der Moderatorin, dass zugleich Reaktionen darauf – also Einwände gegen einen Einwand *hier* im Unterricht ebenfalls einen Ort haben. Sie ermutigt beide Positionen, Einwände zu haben und vorzubringen und eröffnet vordergründig einen Raum für ein kontroverses Gespräch. Die Lehrerin agiert jetzt ausschließlich als Moderatorin, indem sie ein Ins-Gespräch-Kommen begünstigt. Mit einer eigenen Positionierung hält sie sich zurück.

Karla:	*Das ist halt so sein Beispiel, weil, hier steht halt, dass man über nichts Größeres nachdenken kann als über Gott, weil, es gibt nichts Größeres. Und wir haben uns jetzt einen Ballon ähm ausgesucht, weil man den nicht vergrößern kann, also das ist einfach nur so ein Beispiel.*
Paul:	*Okay.*

Karla, die ein Mitglied der Kleingruppe dieses Gottesbeweises ist, geht auf den Wunsch der Lehrerin ein und erläutert (*weil*), inwiefern dies nur ein Beispiel ist, sie lässt dabei jedoch die Meinung von Paul und seinen Gedankengang weitgehend unbeachtet. Sie hat den Schülerbeitrag offensichtlich rein als Kritik am Schaubild der Gruppe verstanden. Karlas Körpersprache zeigt Genervtheit und eine gewisse Ungeduld an. Mit Bezug auf das vor ihr liegende Textblatt (*hier steht halt*), formuliert sie den ersten Teil des Beweises mit leicht veränderten eigenen Worten (*dass man über nichts Größeres nachdenken kann als über Gott, weil, es gibt nichts Größeres.*) und begründet dadurch ihre Wahl des Ballons, *weil man den nicht vergrößern kann.* Der Ballon ist also aus ihrer Sicht beliebig ersetzbar durch ein anderes Bild, einen anderen Gegenstand, der nicht größer werden kann. Auf den tiefergründigen Einwand von Paul, dem es um die Bedeutung bzw. die Austauschbarkeit Gottes in dem Sachverhalt des Gottesbeweises ging, geht Karla gar nicht ein. Offensichtlich versteht sie den Schülerbeitrag nur vordergründig als Kritik an ihrer Skizze, der Wahl eines Ballons.

Die Schülerin und der Schüler reden demnach aneinander vorbei, er bezieht sich auf den Inhalt des Beweises, sie sich auf die Darstellung. Paul antwortet mit einer einfachen Zustimmung: *Okay!* Ist die Kürze der Zustimmung ein Hinweis dafür, dass Paul einlenkt und seinen Einwand zurückzieht, weil er resigniert und sich nicht, als Streitsubjekt zur Verfügung stellen möchte? Sein Anliegen, das muss festgehalten werden, wird hier auch von der Lehrerin nicht gehört.

Lehrerin:	*Leni.*
Leni:	*Es geht ja auch ums Vorstellungsvermögen. Wir stellen uns ja vor, dass das Gott ist. Also, ... also nicht so. Aber wir stellen uns das ja in dem Sinne, naja nicht wirklich als Luftballon vor. Aber, dass man, ... dass man sich das vorstellt. Man kann sich auch Natur vorstellen, aber dann wäre der Luftballon kleiner.*
Lehrerin:	*In dem Bild!*
Mira:	*In dem... Hm.* (bestätigend)

Leni, die sich zuvor noch nicht zu Wort gemeldet hat, versucht, beim Vorstellungsvermögen ansetzend eine weitere Erklärung des Schaubildes, in der sie deutlich auf den Symbolgehalt der Darstellung (*nicht wirklich*) und auf den Einwand von Paul Bezug nimmt: *Man kann sich auch Natur vorstellen, aber dann wäre der Luftballon kleiner.* Dabei bleibt sie dem Denken des ontologischen Gottesbeweises treu und begreift den Einwand von Paul nicht als grundlegende Kritik daran: Was wäre, wenn nicht Gott, sondern die Natur das Größte wäre.

Mit ihrem kurzen Einwurf (*In dem Bild!*) kontextualisiert die Lehrerin die Aussage der Schülerin auf die an der Tafel vorliegende Skizze und begrenzt damit den Aussagebereich. Sie konzentriert sich damit ebenfalls auf die Aussage der Bildebene der Schülerin und nimmt keinen Bezug auf die grundsätzliche Kritik von Paul.

Lehrerin:	*Peter.*
Peter:	*Also, für mich sah das am Anfang so aus, als würde Gott begrenzt sein.*
Lehrerin:	*Ja.*
Peter:	*Mit dem Luftballon zumindest, aber wenn man das, wenn man das...*
Leni:	*Ja das ist ja nur, das mit dem Vorstellungsvermögen begrenzt.* (Leniund Peter reden gleichzeitig)
Peter:	*so sieht, passt das wieder.*

Auch Peter setzt sich mit der bildlichen Darstellung auseinander und kritisiert diese zunächst, indem er fragt, auf wen die Begrenztheit, symbolisiert durch die begrenzte Luft im Luftballon, bezogen ist, auf Gott oder die Vorstellungskraft. Dieses Missverständnis wird hier geklärt.

Lehrerin:	*Ja. Der sitzt eigentlich noch hier noch drüber ...*
Paula:	*Der ist der Himmel...*
Peter:	*Ja er ist noch größer, aber...*
Lehrerin:	*Der ist eigentlich noch größer als das und das. Versuche ich auch in dieses Bild hineinzukriegen. Aber ich weiß nicht wie? Also ist es hier über unser, über unser*
Karla:	(murmelt) *Vorstellungsvermögen.*
Lehrerin:	*Ja genau. Vielleicht schreiben wir ihn an den Rand. (Lehrerin schreibt Gott an die Tafel) Also, genau das mit der Begrenztheit, das war auch das, was ich so bisschen* (unverständlich).

Die Lehrerin greift jetzt konkret ein (sie führt die Skizze an der Tafel fort). Sie bestätigt zunächst den Schüler, indem sie seinen Einwand ernst nimmt, dass der Luftballon nicht die Begrenztheit Gottes, sondern vielmehr die des Vorstellungsvermögens veranschaulichen kann. Sie schreibt Gott über die Skizze (*drüber*). Besonders an dieser Unterrichtsszene ist, dass hier die Lehrerin quasi in Teamarbeit die Skizze an der Tafel bearbeitet und dabei Unterstützung von Schüler_innen erhält, die in die Klasse hineinrufen. Bemerkenswert ist auch, dass sie laut denkt und damit die Schüler_innen an ihren Überlegungen teilnehmen lässt. Sie denkt darüber nach, wie man die Größe Gottes, also nicht nur die Vorstellung von Gott, sondern Gott selbst, in das Bild hineinbringen kann. Wo ist der Platz für Gott in diesem Bild?

Die Lehrerin macht selbst einen Vorschlag, wo man Gott im Bild platzieren könnte: Sie schreibt Gott an den Rand. Warum macht sie das? Will sie ein Ergebnis sichern und alle damit zufrieden stellen? Es wird zudem deutlich, dass sie selbst von diesem Ergebnis nicht ganz überzeugt ist (*vielleicht*). Der letzte nicht beendete Halbsatz der Lehrerin ist aufschlussreich: *Also, genau das mit der Begrenztheit, das war auch das, was ich so ein bisschen...* Die Lehrerin offenbart hier ihre Verständnisschwierigkeit mit der Skizze bezüglich Gott. Wie könnte der Satz von der Lehrerin fortgeführt werden: *was ich so ein bisschen* schwierig finde an der Art der Darstellung, *was ich so ein bisschen* vermisst habe, *was ich so ein bisschen* kritisch sehen würde? Mitten im Satz hört sie auf.

Der Lehrerin hat bei diesem Bild offenbar etwas „gefehlt“ bzw. es kam ihr etwas zu kurz. Es kann vermutet werden, dass es um den „gedoppelten Gottesbegriff“ geht, den gedachten und vorgestellten versus den existierenden und wirklichen Gott als das tatsächlich „Größtmöglich-Denkbare“, also eine Differenz, mit der der Beweis ja operiert. Sie hat also nicht die Abbildung (und Erklärung) nicht verstanden, sondern ihr hat etwas für das Verständnis des Beweises Wichtiges gefehlt. Die Schwierigkeit thematisiert sie nun für die Klasse mit der Handlung „Wo schreib ich das hin? Wie mache ich ‚die Spannung‘ deutlich?“ Damit hätte die Lehrerin vermutlich eine Lösung für ihr Unverständnis gefunden.

Anna:	*Vielleicht äh, die haben da ja so kleine Menschen gemalt...*
Lehrerin:	*Ja die Menschen, ja stimmt.*
Anna:	*Und die Menschen, die kommen ja nicht, die rutschen ja einfach wieder ab, von dem Spalt, die kommen ja nicht an dieses ... an den höchsten Punkt vom Luftballon. Vielleicht kann man sich das so erschließen, also die kommen nicht an den Gedanken...*
Lehrerin:	*Kommen nicht dran.*
Anna:	*...so alles zu wissen... Ja so... also*
Lehrerin:	*Ja also sie...ah ja.*

Die Aussage der nächsten Schülerin, die einen Beitrag leistet, greift einen neuen Aspekt auf, der im Bild zu sehen ist, aber bisher noch nicht angesprochen wurde: die Menschen. Diese hängen oder klettern im Bild an einer Schnur unten am Luftballon. Im Hinblick auf die Ausgangsfrage liegt es nahe, dass die Schülerin die Menschen mit der Begrenztheit bzw. Unbegrenztheit assoziiert.

Anna benennt nicht nur die Menschen, sondern sie setzt diese in Beziehung zum „*höchsten Punkt*“ – also den gerade überlegten Ort nach der Frage, wo der „wirkliche“, der existierende Gott platziert werden könnte. Die Lehrerin geht auf ihre Überlegung ein und unterbricht zuerst ihr Tun und ihren Entschluss, „Gott“ irgendwo ein zweites Mal zu platzieren und guckt nun auch auf diese Menschen. Im Video ist zu sehen, dass sich die Lehrerin mit ihr auf die Menschen bezieht, da sie unten im Bild auf die Menschen deutet. Durch ihre Bemerkungen, Gestik und Mimik markiert sie den Hinweis der Schülerin durchaus als bedenkenswert.

Die Schülerin sieht die Reaktion der Lehrerin als eine Bestätigung dafür, sich weiter dem Aspekt der Menschen zu widmen und führt ihren Gedanken aus. Sie versucht in diesem Beitrag zu erklären, dass die Menschen zu Gott hochwollen, aber es nicht schaffen, am Ballon *abrutschen.*

Das Hochklettern ist dabei ihre eigene These, da sie diese Bewegung nicht im Bild an der Tafel festmachen kann. Auch bei dieser Aussage ist die Frage, ob die Schülerin sich auf der Bild- oder Sachebene aufhält. Ihre Vorstellung ist inhaltlich, also sachlich, nicht wirklich falsch, denn der Beweis sagt, dass die Menschen Schwierigkeiten haben Gott im Leben komplett zu erkennen, sie sind also begrenzt. Der Ansatz der Schülerin ist demnach vielleicht das Bestreben, die Begrenztheit der Menschen im Bild zu lesen bzw. zu erkennen. Die Frage ist jedoch, ob das von der Gruppe so angedacht war. Vermutlich ist dieser Gedanke ihre eigene Interpretation des Sachverhalts im Bild. Ein weiteres Indiz für diese Annahme ist, dass sich die Schülerin, während sie ihren Gedanken preisgibt, auffällig in der Klasse umschaut, als suche sie jemanden, der ihr bei der Formulierung hilft, ihr zustimmt oder widerspricht.

Mit einem Wiederholen einer kurzen zentralen Passage „Kommen nicht dran“ der Schülerin bestätigt die Lehrerin hier erneut die Schülerin und vollzieht den Gedankenprozess nach außen gedanklich mit.

Wäre hier nicht die Möglichkeit für die Lehrerin stärker als Expertin zu agieren und dem Gespräch eine deutlichere Struktur zu geben? Es wäre beispielsweise hilfreich, zwischen dem Bildebene und der Sachebene zu unterscheiden, also die gemalten Inhalte von dem, was diese symbolisch bedeuten können.

Ab diesem Zeitpunkt läuft das Gespräch ins Leere. Hier müsste die Diskussion aufgefangen, strukturiert, begrenzt werden. Die Lehrerin lässt diese aber weiterlaufen.

Nina:	*Also es gibt doch eigentlich viel ... über Gottesbild ...*
Lehrerin:	*Hach ja, schwierig ne. Gar nicht so leicht. Nina.*
Nina:	*Also, vielleicht könnte man dann ja, wenn die, sozusagen an die untersten Zipfel oder so rankommen, dass man dann wirklich ganz oben auf den Luftballon dranschreibt, dass man, das Vorstellungsvermögen ist ja ein Luftballon, das ist das begrenzt, aber Gott sitzt dann direkt über dieser Schicht drüber, dahin kommt man dann aber schon gar nicht mehr. Die Menschen,*

die da runter klettern, so wie Klara, kommen dann aber auch nicht mehr dahin...

Lehrerin: *Ich setz' ihn mal hier hin.* (Lehrerin malt menschliche Figuren auf den Ballon und schreibt Gott ganz nach oben).

Paula: *Man kann einen Luftballon auch so malen, dass er so ganz glatt ist.*

Lehrerin: *Ah, jetzt habe ich das Tafelbild zerstört. Jetzt darfst du mich schelten.*

Karla: *Ich?*

Lehrerin: *Ja, das ist ja deins.*

Karla: *Nein. Ich wollt' nur sagen, dass, wenn der Ballon kaputt geht, kann es passieren, dass die Menschen runter fallen...*

Leon: *Ja, das ist auch mit dieser Naht da, weil, eh es ist ja, wenn man jetzt die ganze Zeit so Sachen dazu dichtet, also so über Gott und so weiter, dann irgendwann ist es ja auch ein bisschen komisch, weil dann ist es ja, wenn man jetzt die ganze Zeit hinzudichtet, keine Ahnung, so ähm* (lacht) *keine Ah nung ... weiß nicht ... irgendwie ... sagen wir ähm* (Schülerflüstern: *Es geht nicht so weiter.*). *Weiß' nicht, aber wenn man die ganze Zeit Sachen dazu dichtet, äh ist es irgendwie auch ein bisschen unglaubwürdig und platzt er ja, der Ballon.*

Lehrerin: *Ja, wir sagten ja. Man kann eigentlich nicht mehr Luft reintun.*

Leon: *Ja.*

Lehrerin: *Geht gar nicht.*

Abbildung 2: Tafelbild zum Ende des Gesprächs

Weitere Schüler_innen melden sich und spinnen das Gesagte weiter. Vielfältige Aspekte werden eingebracht, die aber unverbunden nebeneinander stehenbleiben. Die Lehrerin sympathisiert mit den Schüler_innen, indem sie zugibt, dass der Sachverhalt nicht leicht zu verstehen ist: *Schwierig, ne. Gar nicht so leicht.* Die Beiträge der Schüler_innen werden aber von ihr nicht gebündelt oder aufgeklärt. Die Schüler_innen bemühen sich einen Ort für Gott an der Tafel zu finden und greifen damit das Bestreben der Lehrerin auf. Sie wenden sich weiter dem Verhältnis zwischen Gott und den Menschen zu und spekulieren. Die Lehrerin bestärkt die Schüleraussagen erneut nonverbal und entscheidet sich dazu, kleine Figuren oben auf den Luftballon zu malen und schreibt Gott auf die höchste Stelle des Bildes.

Die Aussage von Paula zu der Oberflächenbeschaffenheit von Ballons versteht die Lehrerin (missverständlich) als Beschwerde an ihrer Zeichnung und entschuldigt sich dafür, dass sie das Bild der Urheberin verändert bzw. „zerstört" hat. Erneut ist dies ein Zeichen dafür, dass die Lehrerin das Werk der Jugendlichen wertschätzen möchte und damit ihr Weiterzeichnen vor diesem Hintergrund selbstkritisch bewertet. Dies führt zu einer verwirrten Reaktion, die Lehrerin wendet sich entschuldigend an Karla, die Urheberin des Bildes ist. Karla erklärt einen weiteren Aspekt, wie das Bild bzw. die Bewegung im Bild gemeint sein könnte. Ein Schüler meldet sich und führt Aussagen zur Bildebene an und gibt einen kritischen Kommentar zum „Hinzudichten" und dem spekulativen Charakter des Gesprächs.

In der Tat bewegt sich hier das Gespräch und der Unterrichtsgegenstand im Spekulativen. Geht es noch um den Gottesbeweis oder um das mit dem Bild zum Ausdruck gebrachte Verständnis desselben durch die Schüler_innen oder einfach nur um freie Assoziationen zu Gott und seinem Verhältnis zu uns Menschen, die durch das Bild wie durch die Gesprächsbeiträge stimuliert wurden? Das Gespräch schreitet nicht voran, es läuft ins Leere und es wird sehr schwierig, diesem weiter zu folgen. Das Ergebnis ist unbefriedigend. Viele Schüler_innen sind abgehängt und nicht mehr aufmerksam. Die Zeitspanne der Aufmerksamkeit der Jugendlichen ist überschritten worden.

Die Lehrerin gibt den Schüler_innen die Aufgabe, die Skizze in ihre Hefte zu übertragen und fixiert selbst noch sehr lange das Bild, bevor sie sich ans Pult setzt.

Abschließende Thesen der Gesprächsfeinanalyse

Lachen und Gemurmel: Gute Ausgangspunkte für ein echtes Unterrichtsgespräch?

Das Lachen kann als bedeutsamer Ausgangspunkt des Unterrichtsgesprächs gelten, das sich im Verlauf als echtes Unterrichtsgespräch entwickelt, in dem die Schüler_innen aufeinander eingehen und an dem die Lehrerin teilnimmt. Das Lachen schafft in dieser Lerngruppe gleichsam einen eigenen Raum bzw. eine Atmosphäre eigener Art, deren Effekte im weiteren Verlauf unterschiedlich deutbar sind. Lachen im Unterricht kann für eine Auflockerung der Atmosphäre sorgen, aber auch Ausdruck einer Anspannung sein und von Schüler_innen negativ interpretiert werden. Daher ist aus pädagogischen Gründen zu klären, dass sich nicht einige Schüler_innen dadurch angegriffen oder verletzt fühlen.

Das Gemurmel scheint typisch für den hier beobachteten Unterricht zu sein. Fast jedes Mal nach einem Beitrag kommt es zu einem Austausch zwischen den Schüler_innen und der Lehrperson ohne Meldungen. Trotzdem scheint es nicht als störend oder negativ aufgenommen zu werden: Dass dieses von außen betrachtete Durcheinander keine fassbare Störung des Unterrichtverlaufes bewirkt, ist bemerkenswert. Dies liegt hier auch an der Reaktion der Lehrerin, die die Meinungen der Schüler_innen in dieser Form als selbstverständlich zur Kenntnis nimmt und diese auch nicht negativ ahndet. Das Gemurmel zeigt bei genauerer Betrachtung die aktive Auseinandersetzung mit dem Thema und den Inhalten des Unterrichts. Wie zielführend dieses „Ritual" jedoch ist, ist kritisch anzufragen.

Ein „Schülergeständnis" als Initiator des Gesprächs

Das Gespräch wird durch eine Selbstaussage, ein „Geständnis" eines Schülers im Anschluss an die Präsentation von Schülerinnen initiiert: *Ich hab' das nicht verstanden!* Die Lehrerin nimmt dies ernst und macht es sich selbst zum Anliegen, alle mitzunehmen.

Doch worum geht es genau? Geht es in diesem Gespräch um ein Nicht-Verstehen und um ein Nicht-Mitkommen? Woran „hakt" das Verstehen? Interessant hier die Wortmetaphorik: Verstehen ist ein Prozess, bei dem man „stehen bleiben", „auf der Leitung stehen", „nicht mitkommen", „abgehängt werden" kann – und gleichsam aber auch einmal stehen bleiben muss, um den Standort zu bestimmen.

Das *Seid ihr alle mitgekommen?* ist ein eigenes pädagogisches Anliegen und ein Lehr- und Lernverständnis, das die Lehrkraft auszeichnet: Es geht um alle, Verstehen wird hier als Gemeinschaftsprojekt gekennzeichnet, das kooperatives und soziales Verhalten (die Nicht-Mitgekommenen mitnehmen!) verlangt. Mit dieser formal fehlerhaft gestellten Lehrerfrage wird deutlich, dass ohne diese Nachfrage vor allem diejenigen sich aktiv beteiligen, die „vorangeschritten" sind, die weitergehen können. Die Nicht-Verstehenden, die Nicht-Mitgekommenen, können nicht einfach ihr Tempo erhöhen. Wer nicht mitgekommen ist, nicht verstanden hat, dem fällt es außerdem oft schwer zu benennen, woran es „hakt", was nicht verstanden wurde! Sie beteiligen sich eventuell nicht am weiterführenden Gespräch – hier bedarf es der Hilfestellung, evtl. der Verlangsamung, um das, was schwierig bzw. unverständlich ist, in Worte zu fassen.

Undeutliche Interessen und verschiedene Themen bei Mädchen und Jungen?

Wie sinnvoll ist das, was die Schüler_innen nach der Aussage der Lehrerin, was ihr bei diesem Tafelbild noch problematisch erscheint, thematisieren? Zuerst auf jeden Fall, dass das Tafelbild bisher nicht berücksichtige Elemente enthält (die Menschen an der Leine – die wiederum mit Blick auf den Gottesbeweis gar nicht vorkommen und daher ausgewiesene Produkte des eigenen Denkens der

Schülerinnen sind). Jetzt hätte die weibliche Präsentationsgruppe eigentlich (erneut) (er)klären müssen, was und warum sie das (dazu)gemalt haben. Eine Schülerin unternimmt einen Versuch, der nicht überzeugt, aber deutlich macht: Auf die Essenz des Beweises, auf die strikte Logik kommt es den Schülerinnen nicht an. Die Präsentationsgruppe hat hier skizziert, wie und dass Menschen nichts Größeres über Gott hinausdenken können – der zweite Teil des ontologischen Arguments, der „Beweis" der Existenz Gottes, spielt weder im Bild noch im Gespräch eine Rolle. Das viele Schülerinnen interessierende Thema ist eventuell mehr die Vorstellbarkeit Gottes bzw. die (Trag-)Weite des Gottesgedankens. Die am Gespräch beteiligten männlichen Schüler hinterfragen die von den Schülerinnen verwendeten Begriffe und setzen sich dadurch kritischer mit dem Gesprächsgegenstand auseinander.

Die klug wechselnde Rolle der Lehrerin

Mit Blick auf die Lehrkraft ist aufschlussreich, dass sie, obgleich auf der inhaltlichen Aussagebene sehr zurückhaltend, trotzdem in und für das Gespräch sehr aktiv und dominant agiert. Ihre Rolle ist hier v.a. eine bestätigende, ermunternde für weiteres Mit- und Nachdenken (statt einfach die Gruppe zu fragen – was habt ihr euch dabei gedacht, da die Menschen am Strick hinzumalen und die Relevanz der verwendeten Bildelemente für das Verständnis des Beweises zu hinterfragen).

Durch das „Gewährenlassen" weiterer Überlegungen ist aber die Anfrage der Lehrkraft an das Bild – die rechte Positionierung des Gottesbegriffes darin außerhalb des (begrenzten) Vorstellungsvermögens – am Ende gar nicht mehr das Thema. Dafür aber, was das Tafelbild den Schüler_innen weiter zu denken gibt. Die Gesprächsbeiträge gehen in zwei mögliche Richtungen: Entweder die Überlegung zum Tafelbild orientieren sich an dem zugrundeliegenden Beweis und erfassen, inwiefern das Tafelbild den Beweis zum Ausdruck bringt, oder aber sie zeigen, was das Tafelbild mit Blick auf die eigene Gottesvorstellung zum Thema macht – die Beiträge der Schülerinnen weisen in die letzte Richtung!

Üblicherweise wird angenommen, dass das Wissen im Unterricht zu einem Thema recht deutlich und eher einseitig verteilt ist: Die Lehrkraft als Vorstehende des Unterrichts mag für manche hier den Primat innehaben. Aber auch ihr Wissen hat Grenzen – besonders hinsichtlich dessen, was sich die Schüler_innen denken! Hier muss sie die Rolle wechseln, zuhören, wenn sie wirklich wissen will, was diese denken!

Das hier analysierte Gespräch zeigt durch die deutlich vorgenommene Positionierung der Lehrkraft im Innenraum der Lerngruppe, dass diese gleichwohl die signifikante Zuhörerin bleibt, an die Schüler_innen ihre Beiträge richten, und auch diejenige, von der Zustimmung und Einspruch erwartet wird. Sie entscheidet über die Qualität von Vorlagen und Nachfragen, ihre Unterstützung bzw. „Drannahme" verhilft Einwänden dazu, gehört zu werden. Von

Schüler_innen produzierte Beiträge inhaltlich zu kritisieren, ist keine leichte Aufgabe, die Äußerung und der Umgang mit Kritik ist ein eigenes Übungsfeld. Dies muss im Unterricht bedacht werden, wenn Schüler_innen dazu aufgefordert werden. Eine weitere nicht zu vernachlässigende Problematik ist, dass sich die Schüler_innen offiziell immer in einer Bewertungssituation durch die Lehrperson befinden, was eine zusätzliche Hürde darstellen dürfte, eigenes Nichtverstehen zuzugeben, sich und seinen Wissensstand zu offenbaren.

Die Unbestimmtheit des Gesprächsgegenstandes: Was wird nicht verstanden?

Vor allem in den ersten Beiträgen fällt auf, wie stark diese mit Blick auf Wortwahl und Satzkonstruktion aufeinander bezogen sind – selbst bei inhaltlichem Widerspruch. Ebenso übernommen werden unscharf gehaltene Pronomen, sodass es leicht möglich wird, dass der eigentliche Gesprächsgegenstand lange im Unklaren bleibt.

Hier muss präzisiert, das Thema klar benannt werden, um das es geht. Die Lehrkraft ist hier für das Erinnern an und Einfordern des vorgesehenen Gesprächsthemas zuständig, die Schüler_innen sind es aber für das, was ihnen wichtig und ein Anliegen ist. Beide – geplantes und tatsächliches Thema des Unterrichts – dürfen im gelingenden Fall des Miteinander-Redens durchaus variieren! Wenn es aber unscharf bleibt, worüber gerade gesprochen wird, ist das Aneinander-Vorbeireden naheliegend.

Besondere Herausforderungen beim Gespräch über ein selbstkreiertes Bild

„Könnt ihr‘s mir nochmal erklären?" oder „Was habt ihr Euch dabei gedacht?": Das Tafelbild als originelle Übersetzungsarbeit mit Medienwechsel verweist auf die grundsätzliche Schwierigkeit, mit Produkten der Schüler_innen im Religionsunterricht umzugehen: Verstanden werden muss, was sich die Schüler_innen bei der Produktion gedacht haben, ein Erhellungsprozess, über den nicht einfach Rechenschaft abzulegen ist und der Zeit braucht – Verlangsamung ist hier nötig.

Deutlich wird durch diese Szene: Das Bild – allein betrachtet – weckt völlig andere Assoziationen als die Anselm‘sche Argumentation es nahelegt: Während die Argumentation von Anselm nicht mit der Grenze des Vorstellbaren an sich, sondern mit dem qualitativen „Mehrwert" des real existierenden gegenüber dem „bloß gedachten" Gott operiert, thematisiert das Bild eigenständig sowohl das begrenzte Fassungsvermögen des „Vorstellungsvermögens" als auch die Position der Menschen dazu.

Das Bild galt im Arbeitsauftrag als Mittel zum Zweck, den Beweis darzustellen und es hätte nahegelegen, die Aussagekraft des Bildes daran zu messen, ob es diese Funktion erfüllt: Verdeutlicht und veranschaulicht es die Aussage des „Gottesbeweises"? Realiter steht im Gespräch ein Bild im Zentrum der Aufmerksamkeit, das die Vorstellungen der Schülerinnen wiedergibt, nicht die Begrifflichkeiten, noch die logische Struktur des Beweises. Hier wäre vermutlich eher die Bilddidaktik eigens aufzurufen! Das gestaltete Bild der Schüler_innen hat als solches einen Eigenwert und eine eigene Sprache und wirkt auf das Unterrichtsgespräch auf seine Weise. Daher ist in dieser Szene beobachtbar, was passiert, wenn ein Text in ein Bild umformatiert wird, das Medium im Denkprozess gewechselt wird! Die Gedanken der Schüler_innen können dadurch angeregt, zum Ausdruck und Austausch kommen! Damit wird es zur Aufgabe der Lehrperson, deren Gedanken zu verstehen.

Diskutieren oder spekulieren: Über Bilder lässt sich (nicht) streiten!

Die Würdigung von Produkten der Schüler_innen ist von Lehrkräften einzufordern – welche Leistung dafür erbracht werden muss, das zeigt die hier aktive Lehrerin sehr deutlich und anschaulich: Sie bemüht sich intensiv, das Denken der Schülerinnen zu rekonstruieren. Von außen betrachtet zeigt das Bild der Schülerinnen grandios, was durch ein Bild – in Gegensatz zum Text – möglich ist: Hier werden reale Gegenstände des Alltags einerseits in ihrer Symbolfunktion genutzt, andererseits mit fiktiven Momenten fantastisch weitergedacht: Während durch den Ballon die Grenzen des Vorstellungsvermögens thematisiert sind, verleiht gleichzeitig der darin platzierte Gottesgedanke den daran angehängten Menschen „Flügel" und lässt sie abheben.

Durch die Textgrundlage ist die Möglichkeit gegeben, durch das Bild animiert, über die Bedeutung der verwendeten Begriffe zu diskutieren. Oder aber es ist Anlass, sich darüber auszutauschen, was einem dieses Bild sagt – letzteres erspart die „Anstrengung des Begriffs", gibt aber Schüler_innen die Möglichkeit, an ihren (eigenen) Vorstellungen zu arbeiten!

„Aber wir sollten uns da noch weiter auf den Weg machen"

Ein echtes Unterrichtsgespräch einer 6. Realschulklasse zu der Frage, warum es heute keine Geschichten mehr von Gott gibt

Theresa Michel-Heldt / Annegret Reese-Schnitker / Daniel Bertram

Die vorliegende Fallanalyse bezieht sich auf die Sequenz eines Unterrichtsgesprächs einer 6. Klasse einer Realschule. In dieser Unterrichtsstunde sind 13 Jungen und fünf Mädchen anwesend. Thema der Unterrichtsreihe sind „Gottesbilder und Gottesvorstellungen". In der ersten Stunde beschäftigten sich die Schüler_innen mit ihren eigenen Gottesbildern, die durch thematische Impulse der Lehrerin Frau Mantel angeregt wurden. Ein Austausch über diese persönlichen Gottesbilder im Gespräch erfolgte. Das hier analysierte Unterrichtsgespräch befindet sich in der zweiten Stunde der Unterrichtsreihe, die mit einem medialen Impuls der Lehrerin Frau Mantel beginnt. Sie projiziert ein Bild von Marc Chagall an die Wand, auf dem der brennende Dornbusch dargestellt ist. Anschließend wird die biblische Erzählung von Mose am Dornbusch in der Klasse gelesen. Während eines von Fragen der Lehrerin (*Welche Fragen hat Mose an Gott? Wie erlebt er Gott= Wie fühlt sich Mose? Was bedeutet der Gottesname ,Ich bin für euch da'?)* strukturiertem Gesprächs, in dem die Schüler_innen jeweils mit einer Reihe von Beiträge der Schüler_innen Antwort geben, meldet sich Martin und trägt sein Anliegen der Klasse vor.

Martin: *Ich hab' mal 'ne Frage.*

Martin leitet seinen Wortbeitrag mit einer eher umgangssprachlich und salopp formulierte Redeankündigung ein. Diese sehr selbstbewusste Redeübernahme des Schülers durchbricht das konventionelle Lehrer_innen-Frage-Schüler_innen-Antwort-Gesprächsmuster, das hier gerade praktiziert wird. Die Möglichkeit, dass ein Schüler von sich aus eigene Fragen einbringt, deutet auf eine gute Atmosphäre im Klassenzimmer und auf ein von Vertrauen geprägtes Lehrer_innen-Schüler_innen-Verhältnis hin.

Statt der Ankündigung der Frage hätte Martin auch mit der inhaltlichen Frage selbst einsteigen können. Das Personalpronomen *ich* könnte markieren, dass es sich um ein individuelles Anliegen des Schülers handelt. Ob die Frage auch für alle anwesenden und mithörenden Schüler_innen von Interesse ist, wird sich zeigen. Martin, der die Lehrerin Frau Mantel ansieht, fordert diese dazu auf, ihm etwas erneut oder präziser zu erklären. Seine Frage entwickelte sich höchstwahrscheinlich aus dem bereits laufenden Unterrichtsgespräch, welches als Reihung von Beiträge der Schüler_innen charakterisiert werden kann und durch eine Anfangsfrage der Lehrerin (*Was bedeutet, ich bin der ich bin da?)* in der vorausgehenden Unterrichtssequenz initiiert wurde.

Martin: *Man hört so viele Geschichten damals, wie Gott war, aber ...*

Im Gegensatz zur Redeeinleitung mit einem persönlichen Personalpronomen *ich* wählt Martin nun das unbestimmte Personalpronomen *man*. Er entpersonalisiert sein Anliegen und verallgemeinert es. Dadurch öffnet er den Gesprächsraum und sein Anliegen für die Mithörenden.

Die Tempora im Satz sind nicht stimmig. Das Verb *hört* ist im Präsens dritte Person verfasst, bezieht sich jedoch auf die Zeitangabe *damals,* einen Zeitpunkt in der Vergangenheit. Was meint Martin? *Man hört so viele Geschichten damals* oder *man hört so viele Geschichten* von *damals*?

Mit *so viele Geschichten* – die Partikel *so* wird stark betont und gedehnt – setzt Martin einen deutlichen Akzent. Es handelt sich für ihn um zahlreiche Geschichten, die offenbar aus Kindersicht bereits unüberschaubar und unzählbar geworden sind.

Eher ungewöhnlich aus Kindermund und gleichsam ungenau ist das Wort *damals:* Es kann eine Zeitspanne von zehn, hundert oder tausend Jahren betreffen. Im Denken eines Elfjährigen vielleicht sogar nur einige Jahre.

Welche *Geschichten* meint Martin, die man *damals hört*? Auffällig ist hier seine Wortwahl, die nicht das Sehen, Erleben oder Erfahren dieser Geschichten fokussiert, sondern das Hören. Es handelt sich in seinem Verständnis um etwas, was man hören kann, was vorgetragen oder mündlich (weiter)erzählt wird.

Am Satzende folgt ein Fragepronomen und eine indirekte Frage (*wie Gott war?),* die sich auf eine Zustandsbeschreibung Gottes fokussiert. Diese Frage, die die zu hörenden Geschichten nun konkretisiert, ist hier wiederum in der Vergangenheitsform formuliert.

Die gesamte Formulierung *Geschichten hören..., wie Gott war* ist besonders. Der Schüler hätte auch Begriffe wie Berichte, Erfahrungen, Erzählungen nutzen können. Geschichten haben einen konstruierten, fiktionalen und manchmal auch märchenhaften Charakter. Wie und warum wählt der Schüler hier diesen Begriff? Wie sich herausstellt, hat die Lehrerin diesen Ausdruck bereits vorher in der analysierten Unterrichtsstunde verwendet, als es darum ging, zum Bild des brennenden Dornbuschs den entsprechenden biblischen Text zu lesen: Lehrerin: *Wir lesen dazu mal die passende Geschichte.* Der Schüler greift also einen Begriff der Lehrerin auf. *Geschichten* sind eine Form der Erzählung, die Kindern auch aus anderen Unterrichtsstunden und Unterrichtsfächern vertraut sind. Sie stellen in der Regel eine abgeschlossene Handlung dar. Den Schüler interessiert offenbar nicht, wo Gott war, was Gott war, wer Gott war, sondern *wie Gott war.* Er möchte wissen, wie Gott sich verhalten, gehandelt, gezeigt hat. Die Formulierung deutet wieder auf eine abgeschlossene Handlung in der Vergangenheit hin.

Mit den Geschichten bzw. mit den Zustandsbeschreibungen, *wie Gott war*, scheint es ein Problem zu geben, was durch die folgende Gegensatzkonjunktion *aber* markiert ist. Der Satz bricht hier ab.

Betrachtet man das Wortfeld der Wörter, die Martin in seiner Aussage nutzt, so fällt auf, dass *damals* zu seiner Wortwahl der *Geschichten* passt. Nutze ich Wörter, die sich im Wortfeld „Geschichte“, „Erzählung“, oder „Märchen“ befinden, so ist es üblich „es war einmal“ und „damals vor langer Zeit“ zu nutzen. Der Junge betont zudem das Hören der Geschichten, nicht das Sehen, Erleben oder Erfahren. Es handelt sich in seinem Verständnis um etwas, was man mündlich weitergibt oder erzählt. Eine weitere unbestimmte Angabe ist *so viele*. Diese Mengenangabe bezieht sich auf die Geschichten. Von der Videosequenz ist zu vernehmen, dass er die Partikel *so* stark betont und dehnt. Er setzt also einen deutlichen Akzent. Anscheinend hört man *so viele Geschichten*, dass es schon unüberschaubar geworden ist und sie aus Kindersicht nicht mehr zählbar sind.

Martin: *so in der heutigen Zeit sind da keine Geschichten mehr von ihm vorhanden.*

Auf die erste Aussage folgt eine chiastische Rhetorikstruktur, eine gegensätzliche Aussage, die durch das vorausgehende *aber* eingeleitet wird und damit anzeigt, dass jetzt das Problem, der Widerspruch zur Sprache kommt.

Der chiastische Vergleich (*Man hört ... Geschichten damals... in der heutigen Zeit sind da keine Geschichten mehr von ihm vorhanden.)* verdeutlicht die wahrgenommene Veränderung des Schülers in Bezug auf die geschichtliche Erfahrbarkeit Gottes (Hören, Vorhandensein von Geschichten). Der Schüler verneint für die heutige Zeit das Vorhandensein von Geschichten von Gott. Es ist immer noch offen, was genau mit Geschichten hier gemeint ist. Bezieht er sich auf die biblischen Texte, die die Lehrerin im Voraus als Geschichten bezeichnet hat? Oder hat er ein weiteres Verständnis von Geschichten, etwa als schriftliche und mündliche Erzählungen, die Aufschluss geben, wie Gott war und ist? Für den Schüler ist klar: Heute sind keine Geschichten mehr von ihm vorhanden! Wie sind dieser Verlust und diese Aussage zu werten? Existiert damit auch Gott für ihn nicht mehr? Existieren nur die Geschichten von Gott nicht mehr? Oder gibt es bloß keine neuen Geschichten mehr von ihm? Möglich wäre auch, dass zwar noch Geschichten von damals zu hören sind, wie Gott war, aber diese Geschichten in der heutigen Zeit keine Bedeutung haben, nicht mehr gehört und weitererzählt werden.

Außerdem muss betont werden: Obwohl Martin im vorherigen Satz angekündigt hat, dass er eine Frage stellen wird, folgt hier keine Frage. Es handelt sich vielmehr um eine Feststellung. Seine Frage ist implizit in dieser Feststellung verborgen. Für ihn stellt seine Beobachtung, die er mitteilt, ein Problem dar. Anscheinend liegt eine Spannung in seiner Aussage, mit der er nicht zufrieden ist.

Des Weiteren werfen die Füllwörter und Partikel in seinen Aussagen Rätsel auf. Was meint Martin mit *da*? Meint er einen Ort, an dem sich die Geschichten befinden könnten? Sind sie in der Bibel, in der Kirche oder in den Köpfen der Menschen? Was ist mit *vorhanden* gemeint? Man hat etwas vor oder in den Händen. Der Begriff lässt etwas Greifbares, Verfügbares und Materielles anklingen. Er hätte auch sagen können „Es gibt keine mehr" oder „Man hört keine mehr".

In der für einen elfjährigen Schüler sehr anspruchsvollen Passage verhandelt Martin die Erfahrbarkeit Gottes in und durch sogenannte Geschichten, die erzählen, wie Gott war. Er diagnostiziert für die heutige Zeit nicht nur eine Tradierungskrise, sondern einen Verlust dieser Geschichten von Gott. Das Problem, das implizit in diesen Aussagen mitschwingt, ist die Frage, ob die Wirkmächtigkeit und Existenz Gottes von der Existenz der Geschichten von Gott abhängen oder nicht. Oder anders formuliert: Gibt es in der Gegenwart keine Geschichten mehr von Gott, weil Gott sich nicht mehr zeigt, nicht mehr existent ist oder weil die Menschen ihn nicht mehr hören und wahrnehmen?

Lehrerin:	*Ja, wie ist das denn überhaupt? Das ist ja spannend* (setzt sich mit dem Stuhl in die Mitte und schaut durch die Klasse).

Die Lehrerin bestärkt durch ihr *Ja* den Schüler. Mit einer Gegenfrage möchte sie die angedeutete Frage von Martin aufgreifen, intensivieren (*wie ist das denn überhaupt*) und zugleich das Gespräch für die gesamte Klasse öffnen, insofern sie seinem Anliegen eine universellere Perspektive gibt (*denn überhaupt?*). Indem Frau Mantel sich mit einem Stuhl in den Klassenkreis setzt (die Sitzordnung eines Hufeisens ermöglicht diesen Klassenkreis), signalisiert sie nonverbal, dass sie sich Zeit nehmen möchte, um diese relevante Frage mit der Klasse gemeinsam zu verhandeln. Ihre Aussage (*Das ist ja spannend.*) zeigt ihre eigene Begeisterung für die Fragestellung und soll die Kinder offenbar ermutigen, sich darüber Gedanken zu machen und sich auszutauschen.

SuS:	(Einige Schüler reden durcheinander und melden sich anschließend.)

Die Schüler_innen zeigen eine starke Resonanz auf das zuvor Gehörte. Sie scheinen impulsive Kommentare mit ihren Sitznachbar_innen auszutauschen, die sie offensichtlich wohlgeordnet auch im Plenum einbringen wollen, da über die Hälfte der Kinder sich melden.

Lehrerin:	*Jonas!*
Jonas:	*Vielleicht früher, da haben die Leute meinetwegen den ja äh... gesehen oder so und dann äh... wussten ja, was der gemacht hat.*

Die Lehrerin ruft Jonas auf. Dieser will einen möglichen (*vielleicht*) Lösungsbeitrag präsentieren und knüpft in seiner Redestruktur mit *früher* formal an Martin an, der sich auch zunächst auf die Vergangenheit (*damals*) bezogen hat. Seine relativierende (*vielleicht*) und subjektivierende (*meinetwegen*) Aussage, dass *früher ... die Leute ... den ja ... gesehen* haben, bringt ein neues Unterscheidungsmerkmal ein, das die Qualität der Erfahrbarkeit Gottes durch das Sehen kennzeichnet. Jonas setzt seine Aussage mit *und dann äh* stockend fort und drückt mit dem zeitlichen Adverb (*dann*) eine Folge aus, die unter der Bedingung des Sehens eintritt: *und dann... wussten sie ja, was der gemacht hat.* Der zweite Teil des Satzes bringt nun erstmalig den Begriff des Wissens ein. Das Resultat des Sehens ist für den Jungen offensichtlich ein Wissen über das Tun Gottes, über seine Wirkmächtigkeit. Nimmt Jonas damit auch eine Hierarchisierung vor bei den Zugängen zu Gott, der Wahrnehmbarkeit Gottes? Steht das „Sehen" über dem „Hören" und hat es eine größere Nähe zu Gott? Führt es zu einer (verbindlicheren) (Er-)Kenntnis über das Handeln Gottes?

Worauf bezieht sich der Schüler hier, an welches biblische Gottesbild knüpft er an, an den Gott des Neuen oder Alten Testaments? Vielleicht zögert Jonas auch deshalb bei seiner Aussage, die Leute hätten Gott gesehen, weil er an die vorausgehende Dornbuschszene denkt und dieses besondere „Schauen Gottes" nicht mit dem realen Sehen, das zu einem Wissen über das Tun Gottes führt, zusammenbringt? Im Alten Testament sehen Menschen Gott nur im übertragenen Sinne, in Visionen, im Traum, in der Geschichte.

Jonas ist überzeugt: Die Leute früher waren näher bei Gott, sie haben ihn gesehen, wussten, was er macht, weil sie direkt Geschichten von Gott gehört haben.

Jonas: *Aber heutzutage gibt's den ja nicht mehr oder so.*

Bemerkenswert ist, dass Jonas wie Martin mit einem *aber* einen Widerspruch markiert und die zweiteilige Redestruktur mit *früher ... heutzutage* (Martin: *damals... in der heutigen Zeit*) aufgreift, den Vergleich zwischen der Vergangenheit und der Gegenwart. Er nimmt bezüglich der Wahrnehmbarkeit Gottes auch eine Diskrepanz (*aber*) zwischen früher und heutzutage wahr und führt diese fort. Mit der Behauptung *heutzutage gibt's den ja nicht mehr oder so* verschärft er die Aussage von Martin, der behutsamer formuliert und „nur" den Verlust der Geschichten von Gott beklagt hat. Möchte Jonas sagen, dass es Gott heute so in der Form wie früher nicht mehr gibt, wo er sichtbar war und als unmittelbar Handelnder in Erscheinung trat? Oder bestreitet er die Existenz Gottes heute grundsätzlich?

Jonas: *Weiß ja keiner. Dann weiß man nicht, was man aufschreiben soll.*

Der knappe Halbsatz (*Weiß ja keiner.*) ist entweder relativierend gemeint oder begründet die Nichtexistenz Gottes damit, dass keiner weiß, ob es ihn gibt. Der Junge greift ein zweites Mal den Begriff des Wissens auf. Auf diesem Nicht-Wissen fußend folgt nun mit dem Konditionalpronomen *dann* ein zweites. Weil niemand weiß, ob es Gott heute noch gibt, *weiß man nicht, was man aufschreiben soll.* Das Geschichtenschreiben hängt mit dem Wissen über Gott zusammen und dieses erneut mit der Erfahrbarkeit Gottes (durch Hören oder Sehen). Jonas könnte eventuell mit „Wissen" an dieser Stelle auch auf die fehlende Inspiration anspielen, um Geschichten aufzuschreiben und damit den Wissensbegriff an dieser Stelle neu füllen. Seine Kausallogik zielt allerdings darauf ab, dass Wissen die Voraussetzung dafür ist, etwas aufzuschreiben. Jonas begreift die Existenz Gottes bzw. das Wissen über diese Existenz als eine Grundbedingung für das Schreiben.

Es ist beachtenswert, dass Jonas auf die zweiteilige vergleichende Redestruktur von Martin eingeht und ihm hier eine eigenständige Antwort auf die Frage gibt, warum es heute keine Geschichten mehr von Gott gibt. Jonas entwirft eine einsichtige dreigliedrige Argumentationslinie: Wenn man Gott nicht sieht, weiß man nichts von ihm, wenn man nichts von ihm weiß, kann man keine Geschichten von ihm aufschreiben. Unklar allerdings bleibt, welche Bedeutung das Nicht-Wissen bzw. die fehlende Erfahrbarkeit Gottes heutzutage für die Existenz Gottes bei diesem Gedankenexperiment hat.

Lehrerin:	*Paul!*
Paul:	*Ich hab' zwei Sachen. Vielleicht gibt es auch schon genug Geschichten, deswegen. Oder sie haben keine Lust mehr, Geschichten aufzuschreiben.*

Paul, von der Lehrerin aufgerufen, macht aus der Ich-Perspektive pointiert transparent, dass er zwei Lösungsvorschläge (*zwei Sachen*) für das Problem anbietet.

Wie Jonas beginnt er seine Erklärung zunächst mit einem zögerlichen *vielleicht.* Seine erste Antwort bezieht sich auf die Gegenwart. Er mutmaßt: *Vielleicht gibt es auch schon genug Geschichten.* Im Gegensatz zu seinem behutsamen Redestart unterstreicht er mit einem selbstbewussten und betonten *Deswegen!* seine Entgegnung. Seine These begründet er nicht und stellt sie auf, ohne weitere Erklärungen folgen zu lassen. Hält er sie nicht für begründungsnotwendig oder kann oder mag er sie nicht begründen? Er konstatiert, es *gibt ... genug Geschichten*, alles Wesentliche ist schon offenbart und gesagt worden, so sein theologisches Argument.

Seine zweite Antwort, als gleichwertige Alternative (*oder*) markiert, enthält einen lapidaren Lösungsvorschlag, der jedoch lebensnah für die Schüler_innen ist: *Oder sie haben keine Lust, mehr Geschichten aufzuschreiben.* Wer mit diesem *sie* gemeint ist, bleibt offen, das Personalpronomen in der dritten Person Plural deutet darauf hin, dass mehrere Personen am Geschichtenschreiben beteiligt sind.

Auf die Frage, warum es keine Geschichten mehr von Gott gibt, findet Paul einmal eine theologisch fundierte Begründung in der bereits abgeschlossenen Offenbarung Gottes und eine zweite Antwort in der Unlust der Geschichtenschreiber_innen. Diese zweite Erwiderung greift nicht mehr auf den theologisch relevanten Themenkomplex nach der Erfahrbarkeit und Existenz Gottes der anderen Jungen zurück.

Lehrerin:	*Theresa! (Schüler ruft rein: Oder sie sind zu faul.)*
Theresa:	*Also ich will jetzt auch mal sagen. Die Geschichten, die, die kommen einem gar nicht so viel vor, wenn man so die ganze Bibel jetzt durchliest; ja, da brauchst du Stunden für. Wirklich.*

Die Lehrerin ruft Theresa auf, erstmals beteiligt sich ein Mädchen. Gleichzeitig ruft Carl in die Klasse und kommentiert und bewertet damit die letzte Aussage von Paul: *Oder sie sind zu faul!* Diese Aussage liefert eine (lustige) für die Schüler_innen nahliegende Erklärung, warum die Schreiber_innen keine Lust mehr haben, Geschichten zu schreiben. Offensichtlich ist der Hinweis auf die Unlust für die Kinder lebensnah, einsichtig und auch amüsant. Die Lehrerin und auch Theresa kommentieren diese Aussage nicht.

Theresa klinkt sich mit einer selbstbewussten Redeeinleitung in der ersten Person in die Gesprächsrunde ein. Sie hat wohl ungeduldig gewartet, sich beteiligen zu können (*jetzt auch mal*) und greift die Geschichten auf, die sie als gar *nicht so viel* charakterisiert. Sie stellt damit einen unmittelbaren Bezug zum Redebeitrag ihres Mitschülers her und widerspricht seiner Aussage.

Das Mädchen sucht eine erfahrungsgeerdete Antwort auf die Frage, wie viele Geschichten von Gott existieren, und überlegt, wie lange es braucht, die ganze Bibel durchzulesen. Die *Geschichten* – die Sache, um die hier gerungen wird – ist hier das erste Mal konkret betitelt: als *Bibel*, als Ort der Geschichten von Gott. Irritierend ist allerdings, dass sie zwischen ihrer Beobachtung, dass die Geschichten *einem gar nicht so viel* vorkommen, *wenn man so die ganze Bibel jetzt durchliest* und der Tatsache, *da brauchst du Stunden für. Wirklich!* kein „aber" als Verbindungsglied einbaut, denn dies stellt einen klaren logischen Widerspruch zum vorher Gesagten dar.

Lehrerin:	*Aber wir sollten uns...*
Ramona:	(ruft dazwischen) *Deswegen sollte man sie ja weiterschreiben!*
Lehrerin:	*Aber wir sollten uns da noch weiter auf den Weg machen. Niklas!*
Niklas:	(ruft zwischen) *Aufn Weg?*
Lehrerin:	*Christian!*

Die oben zu lesenden Aussagen sind nicht in der Meldekette enthalten, sondern werden in die Klasse gerufen. Sie unterbrechen den Versuch der Lehrerin, etwas zusagen. Sie beginnt mit *Aber wir sollten uns...* Hat auch sie den Widerspruch in dem Beitrag von Theresa bemerkt und will diesen jetzt ansprechen? Sie wird von Ramona unterbrochen, die mit *Deswegen sollte man sie ja weiterschreiben!* eine Begründung liefert. Wofür ist auf den ersten Blick nicht klar. Auf was bezieht sich *deswegen*? Der Beitrag bezieht sich auf das erste Argument von Theresa, dass es nicht so viele Geschichten gibt und bestärkt dieses mit ihrer Aussage.

Mit der aus der ersten Person Plural formulierten Aussage *Aber wir sollten uns da noch weiter auf den Weg machen!* will die Lehrerin den gemeinsamen Gesprächsprozess fortführen – vermutlich aber in geregelter Struktur: Durch die von ihr verwendete Weg-Metapher gibt sie Einblick in ihr Verständnis des Unterrichtsgesprächs. Sie möchte sich gemeinsam mit den Schüler_innen auf den Weg machen, dass von einem Schüler aufgeworfene Problem zu lösen. Mit ihrer Formulierung *da noch weiter* gibt sie einerseits den Kindern eine Rückmeldung, dass bereits ein gemeinsamer Weg beschritten wurde, andererseits, dass dieser noch weiter beschritten werden kann. Das, worum es in diesem Gespräch geht, ist noch nicht gänzlich geklärt worden, das Anliegen, das Problem kann klarer, tiefer verstanden und gelöst werden. Damit formuliert sie ihr Anliegen, dass sie mit den Schülerantworten bisher noch nicht zufrieden ist, sehr positiv und motivierend. Sie fokussiert das gemeinsam sich auf den Weg machen und ermutigt dazu voranzuschreiten. Sie arbeitet sich nicht an den bisher getätigten Schüleraussagen ab, um diese zu klären oder auf ihre Tragfähigkeit überprüfen. Ihre Aussage hat zudem stark den Charakter eines Angebotes.

Christian, der aufgerufene Schüler reagiert unmittelbar mit Verwunderung (*Aufn Weg?).* Dies könnte ironisch gemeint sein oder der Schüler versteht die von der Lehrerin verwendete Weg-Metapher für das gemeinsame Gespräch nicht, ein Begriff, der im didaktischen Kontext häufig genutzt wird und das gemeinsame Lernen als ein Voranschreiten eines Lernweges beschreibt und begreift.

Christian: (versucht erst Worte zu finden) *Also vielleicht ist es ja auch so. Früher, waren ja erstens die Christen, bevor sein Sohn kam, sowieso sehr wenige. Zweitens, wenn sie da waren, wurden sie verfolgt und jetzt geht es den Christen ja wunderbar. Es sind so viele, das ist ja eigentlich eine der Weltreligion, dass keine die...*

Christian beginnt mit einer in dieser Gesprächsrunde typischen, eher zögerlich und spekulativen Redeeinleitung, allerdings nicht aus der Ich-Perspektive: *Also vielleicht ist es ja auch so!* Er bietet eine mögliche Lösung an. Zunächst macht er zwei Aussagen zu Christen. Diese beginnen analog zu seinen Vorrednern mit dem zeitlichen Vergleich von *früher*, wenig später folgt das *jetzt*. Es folgen zwei Aussagen über Christen: Ihre überschaubare Menge (*waren ... sehr wenige*) und ihren Verfolgungsstatus (*wurden ... verfolgt*). Die Zeitangabe wird hier konkretisiert mit *bevor sein Sohn kam*. Es geht Christian offensichtlich darum, diesen Gegensatz und Unterschied herauszustellen und dies als eine Erklärung für die fehlenden Geschichten zu verstehen.

In seinen Wortbeitrag fällt außerdem auf, dass er fälschlicherweise Gläubige auch vor Jesus bereits als Christen bezeichnet (*Christen, bevor sein Sohn kam*), er in dieser Zeit bereits von einer Christenverfolgung spricht und dass er den Gottesbegriff zunächst nicht verwendet (er hätte auch ‚Gottes Sohn' sagen können). Den wenigen Christen, die verfolgt werden, stehen in dieser Gegenüberstellung nicht viele Christen entgegen, sondern Christen, denen *es wunderbar geht*. Dies scheint für den Jungen das entscheidende Unterscheidungsmerkmal zu sein, auch wenn er im Folgenden noch die Vielzahl der heutigen Christen anfügt: *Es sind so viele, das ist ja eigentlich eine der Weltreligion, dass keiner die...* Er bricht seine Aussage mitten im Satz ab. Man könnte vermuten, dass er ausführen wollte, dass „keiner die nun mehr verfolgt, weil sie so viele sind". Damit würde er eine logische Gegenüberstellung von wenige und verfolgte Christen und viele und nicht verfolgte Christen darbieten. Dass es auch heute viele Christen gibt, unterstreicht und belegt er mit der Ergänzung, dass sie eine *Weltreligion* bilden. Bemerkenswert an dieser Schüleraussagen ist besonders die hier bereits verwendete theologische Fachsprache, etwa die Fachbegriffe *Weltreligion* und *Christen*, die er in seinem Gedankengang zu integrieren versucht.

Eine Antwort auf das verhandelte Problem von Martin, warum es heute keine Geschichten mehr von Gott gibt, steht bislang allerdings noch aus. Christian führt fort:

> Christian: *Und vielleicht hat er einfach keine Lust mehr große Sachen zu machen und vielleicht geht er ja...ohne Scheiß...auch Gott will ja auch Urlaub haben.* (Martin versucht sich in die Diskussion einzubinden.)

In diesem zweiten mit einem *und* als gleichwertig gekennzeichneten Lösungsvorschlag greift Christian nicht das Motiv *Geschichten von Gott* auf, sondern das Tun Gottes: Gott hat *einfach keine Lust mehr, große Sachen zu machen.* Seine Antwort ist: Nicht die Menschen sind zum Schreiben zu faul – wie der Beitrag des Reinrufers lautete –, sondern Gott ist zu faul zum Handeln. Man kann nur Sachen von Gott aufschreiben, wenn er tätig wird, in die Welt handelnd eingreift, *große Sachen macht.* Mit der umgangssprachlichen jugendlichen Formulierung *ohne Scheiß* bekräftigt er seine Aussage gegenüber seinen Mitschüler_innen, von denen er offenbar Gegenwind erwartet. Vielleicht will er bei seinen Mitschüler_innen mit dieser Kloakensprache punkten? Inhaltlich betont er damit die Ernsthaftigkeit seiner Aussage. Danach liefert er eine zweite ironische, lebensweltnahe Begründung für das Raushalten Gottes: *auch Gott will ja auch Urlaub haben*! Dies ist seine Erklärung für die erlebte Abwesenheit Gottes. Er steuert damit ein sehr anthropomorphes Gottesbild an, ein Gott, der wie Menschen, Urlaub braucht, sich erholen mag, keine Lust mehr hat.

Implizit wird hier eine Antwort auf die verhandelte Frage gegeben, warum Gott heute nicht mehr wahrnehmbar und erfahrbar ist und auch auf die Frage, ob Gott heute noch existiert. Wenn Christian die Vermutung anstellt, dass Gott nur Urlaub macht, dann ist er zwar noch existent, aber nicht mehr anwesend, aktiv, handelnd im Hier und Jetzt. Der Junge löst die Frage nach der Existenz Gottes, indem er davon ausgeht, dass er nicht erreichbar ist, weil er sich an einem anderen Ort eine Auszeit nimmt. Dieses theologische und anthropomorphe Gedankenexperiment würde jedoch einschließen, dass Gott irgendwann seinen Urlaub beendet, zu den Menschen zurückkommt und sein Wirken wieder aufnimmt.

An dieser Schüleraussage ist besonders zu betonen, dass Christian der erste Schüler ist, der den Gottesnamen, den Martin eingebracht hat, explizit benutzt, und er der Einzige ist, der direkt aufgreift, was in der ersten existentiellen Frage von Martin enthalten war und mitschwingt: Gibt es Gott noch? Warum hören wir von Gott nichts mehr? Warum gibt es keine Geschichten von Gott in der Jetzt-Zeit? Handelt Gott noch? Ist Gott noch da?

Martin: (fällt Christian ins Wort) *Aber es geht ja nicht drum, dass man Geschichten aufschreibt. Sondern wieso hört man nichts mehr. Man muss es ja nicht unbedingt aufschreiben.* (Christian versucht zu intervenieren.)

Martin, der das Gespräch ins Rollen gebracht hat, fällt Christian ins Wort und scheint einen Widerspruch aufdecken zu wollen, wenn er mit *aber* beginnt. Er erinnert seinen Vorredner daran, dass es nicht darum ginge, Geschichten aufzuschreiben, sondern um die Frage: *wieso hört man nichts mehr?* Verwunderlich ist die Korrektur an dieser Stelle, denn im unmittelbar vorausgegangenen Beitrag wird das Motiv „Aufschreiben von Geschichten" nicht angesprochen. Martin muss sich also auf einen anderen vorausgehenden Wortbeitrag beziehen. Für ihn scheint sich der Verlauf des Gesprächs in eine falsche Richtung zu entwickeln. Das Zentrum seiner Frage und des Problems, das er erörtert wissen will, heißt: Warum *hört man nichts mehr*? Diese Formulierung ist sehr grundsätzlich, weder auf Geschichten fokussiert noch auf Gott. Für Martin ist das, was er vermisst, dass nichts mehr zu hören ist. *Es* muss nicht unbedingt aufgeschrieben werden. Offensichtlich geht es dem Jungen um das Fehlen einer Art Gotteserfahrung oder Gottesbegegnung.

Martin: *Und der hat halt ein ganz anderes Zeitgefühl als wir. Vielleicht 2000 Jahre ist für den wie für uns eine Woche. Hast du mal eine Tat, so die Sachen, die stehen doch bis zum Jahre 1100 und danach, sind es noch ganz wenige Sachen, dann hört es doch auf. Oder hast du....* (Christian versucht weiter Martin zu unterbrechen) *Oder hast du irgendein Wunder von Gott gesehen?*

Martin weist nochmal darauf hin, dass Gott in unseren menschlichen Denkmustern nicht unbedingt zu begreifen ist. Dies zeigt sich schon darin, dass er ein anderes Zeitgefühl haben könnte als wir. Sehr anschaulich illustriert dies der Elfjährige. Er begründet damit die Unmöglichkeit, Gott voll und ganz zu begreifen.

Im Weiteren wendet er sich direkt mit einem persönlichen *du* und teils unverständlichen Halbsätzen an seinen Mitschüler. Er fragt ihn vermutlich, ob dieser bereits eine *Tat* Gottes gehört oder gesehen hat. Diese *Sachen*, die Gott gemacht hat, werden, so die Aussage von Martin, im Laufe der Geschichte weniger und hören dann ganz auf. Der Beitrag endet mit der direkten Frage an Christian: *Oder hast du irgendein Wunder von Gott gesehen?* Diese rhetorische Frage wirkt sehr provokant und will die eigene Aussage, das eigene existentielle Problem, dass Gott für ihn nicht erfahrbar ist, bekräftigen.

Christian: *Ja, ich habe dir doch eben zwei Gründe genannt. Erstens die Christen können jetzt auf sich selbst aufpassen ... und zweitens Gott möchte auch mal Ruhe haben.*

Christian antwortet Martin unmittelbar (*Ja, ich habe dir doch*) und meint seine zwei Argumente nur zu wiederholen. Es ist allerdings zu konstatieren, dass er diese konkretisiert bzw. weiter ausführt: *Erstens, die Christen können jetzt auf sich selbst aufpassen ... und zweitens, Gott möchte auch mal Ruhe haben.* Ohne die zentrale Frage von Martin zu nennen, die implizit mitschwingt, nämlich wieso man nichts von Gott hört, antwortet er auf diese. Hinter beiden Antworten stehen anthropologische Gottesbilder, ein beschützender Gott, der bei verfolgten Menschen tätig wird, und ein erschöpfter, menschlicher Gott, der *auch mal Ruhe haben* will.

In dieser Unterrichtssequenz kann ein Zwiegespräch zwischen Christian und Felix identifiziert werden, in dem die zwei Jungen unmittelbar Bezug aufeinander nehmen und ein engagiertes, kontroverses und selbstläufiges Gespräch (unabhängig von Melderegeln) führen. Die Lehrerin greift hier nicht ein, sondern toleriert diese offensichtlich produktive Dynamik.

Lehrerin: *Konstantin.*
Konstantin: *In der Bibel ist ja viel von der Rede von Leuten, die jetzt gar nicht mehr leben.*

Martin kommt nicht mehr zu Wort, die Lehrerin ruft Konstatin auf. Dieser macht eine Aussage zu der Bibel, und stellt fest, dass die Menschen, von denen die Bibel spricht, nicht mehr leben. An das engagierte Zwiegespräch direkt zuvor knüpft er nicht an, sondern bringt einen eigenen Gedankengang ein. Es könnte eine Reaktion auf die weiter vorausliegende Aussage sein, *wieso hört man denn nichts mehr.* Seine Antwort darauf wäre, dass die Leute nicht mehr leben.

Lehrerin: *Genau. Janina.*
Janina: *Und jetzt zum Beispiel. Das hat alles ja so im Mittelmeerraum stattgefunden und es braucht natürlich erstens eine Zeit erst mal hier rüberzukommen und zweitens ist es ja so, die Leute leben nicht mehr. Jesus lebt nicht mehr und es war ja früher mal alles...*

Die Lehrerin bestätigt Konstantin und ruft eine weitere Schülerin, Janina auf. Diese greift das formale Erklärungsmuster (*erstens... zweitens*) von Christian auf und bestärkt die Antwort von Konstantin, dass die *Leute nicht mehr leben*, von denen die Bibel erzählt. Als ganz wichtige Erkenntnis wird konstatiert, *Jesus lebt nicht mehr und früher sei alles* anders gewesen. Zudem verortet die Entstehung der Geschichten regional im Mittelmeerraum, an einem für sie sehr fernen und fremden Ort. Von dort aus brauche es seine Zeit, bis die Geschichten zu „uns“ kommen. Die Schülerin geht hier möglicherweise auf die Frage von Martin in der vorausgehenden Sequenz ein, der schildert, dass die Problematik für ihn darin bestehe, dass man ja nichts mehr von Gott höre. Hier wird die Erklärung gegeben, dass die Geschichten über das Mittelmeer „zu uns" gelangen müssen und dass es deshalb lange dauert, bis man von ihnen erfährt. Sie benennt hier nochmal ganz konkret eine örtliche Distanz zu den Wundertaten Jesu und nimmt so zum ersten Mal explizit auf Jesus Bezug.

Beide Kinderbeiträge erreichen nicht das theologische Reflexionsniveau der vorausgehenden Jungen.

Lehrerin:	*Jannis.*
Jannis:	*Vielleicht ist es auch so, dass Gott ähm...* (überlegt) *...Vergessen.*
SuS:	(schmunzeln, lachen)
Lehrerin:	*Ja, Christian dazu noch und dann möchte ich dazu noch was sagen.*
Christian:	*Also, es ist ja* (Lehrerin war noch nicht fertig mit ihrer Ansage) *Soll ich jetzt oder soll ich nicht?*
Lehrerin:	*Ja.*

Diese kurze Unterrichtssequenz zwischen der Lehrerin und den Schüler_innen wirkt ungeordnet. Jannis beginnt mit einem Wortbeitrag, bricht dann aber mitten im Satz ab, weil er vergessen hat, was er sagen wollte. Als daraufhin der nächste Schüler aufgerufen wird und die Lehrerin dabei schon die Ankündigung macht, dass sie danach selbst einen längeren Beitrag leisten möchte, ist Christian zunächst verwirrt und reagiert etwas verstimmt mit der Frage, ob er jetzt reden solle oder nicht.

Die Lehrerin markiert mit ihrer Redeankündigung das Ende des Gesprächs. Was sie dazu bewegt, ist schwer einzuschätzen, (1) erkennt sie genau jetzt einen wichtigen Klärungsbedarf, eine Frage, einen Gedankengang, den sie in ihrem Beitrag einbringen will, (2) will sie das Gespräch und seine Inhalte strukturieren und sieht jetzt dafür den passenden Moment, weil es zu einem Abschluss gekommen ist oder (3) steht sie unter zeitlichem Druck und muss deswegen ein Ende finden, um weitere geplante Schritte fortsetzen zu können? Bemerkenswert ist, dass die Lehrerin mit der Art der Redeankündigung ihren Beitrag neben den ihrer Schüler_innen stellt (*dann möchte ich dazu noch was sagen.)*, also als einen Beitrag unter all den anderen Beiträgen. Sie hätte auch sagen können, dann möchte ich die wichtigen Ergebnisse zusammenfassen oder ähnlich.

Christian:	*Also, der, es ist ja auch wirklich so. Ja, ... heutzutage achten wir auf solche Geschichten noch, also bev... hätte dir jemand, dir jemand die Frage gestellt. Ja klar, da achtest du jetzt drauf, aber wenn nicht ... die Tage vorher hast nie nach Geschichten von Jesus gesucht. Geschichtenschreiber. Es gibt so viele Geschichten...arten: Fantasy. Man kann am Computer einfach Bänden von Geschichten schreiben. Und dann vielleicht die Geschichtenschreiber, die ... die heute, die sind schon viel mehr damit beschäftigt überhaupt Geschichten auf den Markt zu bringen und die Bibel ist ja schon sozusagen beendet und heutzutage achten die Menschen noch nicht mal mehr auf sowas. Wenn du jetzt nach Hause gehst, vielleicht hä ... hätte ja schon längst ein Wunder, ein kleines Wunder so passieren können. Kein Mensch hat darauf geachtet. Vielleicht, dass der Zweite Weltkrieg überhaupt aufgehört hat, ist*

vielleicht schon ein Wunder. Oder, dass der 30-jährige Krieg aufgehört hat, ist auch vielleicht was von Gott und nur wir dachten...denken jetzt: Ach, die haben sich zu Ende gestritten und da achten wir jetzt nicht darauf und die ganzen Autoren, die schreiben nicht mehr sowas, weil die einfach, so viele Geschichtenarten es auch gibt und die Bibel ist ja jetzt sozusagen schon fertig geschrieben.

Der lange Redebeitrag von Christian greift verschiedene Aspekte des vorausgehenden Gesprächs auf und versucht diese in sehr origineller Art zu verarbeiten und eine eigene Antwort zu formulieren. Diesen Kinderbeitrag in seinen Bezügen und seiner Komplexität zu verstehen, ist nicht leicht, um so schwerer, so ist zu vermuten, dass die anderen Kindern der Lerngruppe hier Christians Gedanken und Lösungen nachvollziehen und verstehen können.

Christian kündigt mit seiner Redeeinleitung zunächst den Wahrheitsanspruch seiner Aussage an (*der, es ist ja auch wirklich so*). Seine Aussage bezieht sich auf die Gegenwart (*heutzutage*). Es geht ihm darum, welche Aufmerksamkeit man den Geschichten von Gott gibt, nur weil wir nicht darauf achten, finden und sehen wir diese nicht. Für Christian scheinen diese aber existent zu sein. Die zweite Erklärung versucht eine Begründung zu finden, warum es keine neuen Geschichten von Gott gibt. Hier argumentiert er sehr konkret, die *Geschichtenschreiber* sind damit beschäftigt andere Geschichten zu schreiben. Mit seiner Aussage, dass man am Computer Bände von Geschichten schreiben könnte, will er vermutlich der Aussagen, dass die Geschichtenschreiber zu faul sind, widerlegen. Jetzt kommt der kurze Gedanke, dass die *Bibel sozusagen beendet* ist, ein Verständnis eines biblischen Kanons ist vorhanden, der Gedanke wird aber nicht weiter vertieft. In den folgenden Aussagen verschiebt sich die Konzentration auf die Wunder, die von den Menschen heute und die nicht mehr wahrgenommen werden. Dabei wird Wunder nun in Analogie zu den Geschichten über Gott gesetzt. Christian konzentriert sich nun darauf, sein Wunderverständnis zu erläutern, dass Wunder, insbesondere kleine Wunder, durchaus möglich sind, wir diese als solche nicht wahrnehmen, weil wir nicht auf sie achten. Hier argumentiert er in Analogie zu den Geschichten von Gott. Daraufhin zählt er Beispiele für die Wunder Gottes in der Welt auf, so wie er sie versteht. Für ihn ist das Ende des Zweiten Weltkrieges und auch des 30jährigen Krieges ein Wunder. Im letzten Satz fasst er seine ganzen Argumente nochmals wie in einem Fazit zusammen: *die ganzen Autoren, die schreiben nicht mehr sowas, weil die einfach, so viele Geschichtenarten es auch gibt und die Bibel ist ja jetzt sozusagen schon fertig geschrieben.*

Lehrerin: *Lukas.*
Lukas: *Es ging da um eine andere Frage.*

Abschließende Thesen der Gesprächsfeinanalyse

Am Anfang steht eine unscheinbar wirkende Schülerfrage und initiiert eine anspruchsvolle Auseinandersetzung zu einem doch offensichtlichen theologischen Problem

Das Unterrichtsgespräch wird durch einen deutlich engagierten Schülerbeitrag ausgelöst: *Ich hab' mal 'ne Frage. Man hört so viele Geschichten damals, wie Gott war. Aber...so in der heutigen Zeit sind da keine Geschichten mehr von ihm vorhanden!* Obwohl als Frage angekündigt, präsentiert der Schüler eine Aussage, in der sich implizit ein Problem verbirgt. Die Lehrerin gibt dem Dilemma Raum, unterbricht ihren geplanten Unterrichtsverlauf und leitet die Frage an die Kinder weiter.

Martin, der Fragesteller, trägt sein Anliegen mit deutlichem Engagement vor und ist an einer Klärung seines Dilemmas ernsthaft interessiert. Ist das, was er für sich als problematisch begreift, auch für die anderen problematisch, zumindest aber nachvollziehbar?

Die Schüler_innen verhandeln hier letztlich eine theologische Frage mit besonderem Gehalt und eigener Relevanz: Warum gibt es heute keine Geschichten mehr über Gott? Brauchen wir heute noch Geschichten von Gott? Wie können wir Gott wahrnehmen und erfahren? Gibt es Gott auch ohne Geschichten von ihm? Was sind Wunder? Können auch heute Wunder wahrgenommen werden? Gibt es (heute) Wunder?

Die Einladung der Lehrerin, sich gemeinsam auf einen Weg zu machen

Das Gespräch lässt sich als ein echtes Unterrichtsgespräch (UG) kategorisieren, da die Kinder tatsächlich miteinander sprechen, aufeinander Bezug nehmen, einen Gesprächsprozess durchlaufen und gemeinsam um eine Lösung des Problems ringen.

Es gelingt der Lehrperson hervorragend, die Schüler_innen miteinander in einen anregenden und bereichernden Austausch über ein theologisch relevantes Thema zu bringen, indem sie den Aufmerksamkeitsfokus weniger frontal als vielmehr auf die Gruppe und aufeinander lenkt (Sitzordnung, Moderation), den Kinderbeiträgen Wertschätzung schenkt und das Gespräch als gemeinsamen Erkenntnis-„*Weg*" markiert.

Dabei sind eine hohe Aufmerksamkeit und die Partizipation aller Kinder am Unterrichtsgespräch durchgehend zu beobachten. Die Lehrerin hält sich mit eigenen Beiträgen zurück. Die Äußerungen der Schüler_innen stehen im Zentrum. Eine ausgesprochen gute Unterrichtsatmosphäre rahmt das schülerzentrierte Unterrichtsgespräch.

Engagiertes Ringen um Erklärungen und ein Fragensteller, der dranbleibt

Der Inhalt des Gesprächs entwickelt sich. Die Kinder tauschen verschiedene Lösungen aus und kritisieren sich gegenseitig. Zu Beginn steht die explizite Frage nach der Existenz der Geschichten von Gott, in der implizit Fragen nach der Erfahrbarkeit und Existenz Gottes mitschwingen. Verschiedene Schüler_innen bemühen sich, für das Fehlen dieser Geschichten Gründe zu nennen (weil wir Gott heute nicht mehr sehen, werden heute keine Geschichten mehr aufgeschrieben; weil es bereits genügend Geschichten von Gott gibt; weil die Geschichtenschreiber keine Lust mehr haben; weil es heute den Christen wunderbar geht und sie Gott nicht mehr brauchen; weil Gott im Urlaub ist), und bedienen sich dabei des Vergleichs zwischen damals und heute. Damals war Gottes Tun zu sehen, es wurden Geschichten von ihm gehört und aufgeschrieben. Heute ist es anders. Darin sind sich die Kinder einig. Was genau anders ist und wo heute Gott erlebbar und wahrnehmbar wird, bleibt bis zum Schluss offen.

Innerhalb des Gesprächs entsteht ein Zwiegespräch zwischen zwei Jungen, Martin und Christian, die unabhängig von Melderegeln unmittelbar aufeinander Bezug nehmen, sich direkt ansprechen und engagiert miteinander debattieren. Christian sucht nach Entschuldigungen, warum Gott sich nicht mehr zeigt, und bietet dafür am Lebensalltag der Kinder orientierte Lösungen an. Martin, der die Frage aufgeworfen hat, scheinen diese Antworten nicht zufriedenzustellen. Offensichtlich steht bei ihm die Frage im Hintergrund, ob es Gott tatsächlich gibt, ob er sich heute noch zeigt, ob auch heute Wunder erfahrbar sind, die grundsätzliche Frage nach der Existenz Gottes also. Zwei weitere Kinder geben als mögliche Lösung, warum es heutzutage keine Geschichten mehr von Gott gibt, die zeitliche und örtliche Distanz zu den Wundertaten Jesu zu bedenken. In einer langen Abschlussrede reagiert Christian auf verschiedene offene Fragen des Gesprächs und fokussiert sich auf sein originäres Argument, die Unachtsamkeit der Menschen gegenüber Gott, gegenüber seinen Wundertaten heute.

Wie interagieren? Die Lehrerin zwischen gesprächsfördernder Zurückhaltung und hemmender Passivität

Zu einer ernsten Klärung des Problems oder einer Abwägung der genannten Hypothesen kommt es leider nicht, auch nicht in einer anschließenden Positionierung der Lehrerin. Um das theologische Sprach- und Denkvermögen der Schüler_innen zu qualifizieren, wäre hier entweder ein fachliches Feedback der Lehrperson notwendig oder eine Vertiefung und Weiterarbeit an den Beiträgen der Schüler_innen. Leider erfolgt beides nach den bisherigen empirischen Erkenntnissen viel zu selten.

Es ist die Aufgabe der Lehrperson, im Gespräch sowohl Dialogfähigkeit als auch Reflexionsfähigkeit zu fördern. Gelungene Unterrichtsgespräche benötigen daher qualifizierte Lehrpersonen, die neben den Kompetenzen des aktiven Zuhörens und des stimulierenden Nachfragens auch an geeigneter Stelle fundiert inhaltliche Auskunft geben können und gegebenenfalls selbst Profil zeigen und theologisch Position beziehen können.

Gespräche fordern einen Spagat zwischen Eigendynamik und Intervention. Dabei geht es zum einen darum, das theologische Potential der Kinder aufzuspüren, ihm Raum und deutliches Profil im Ausdruck zu geben, zum anderen darum, die theologischen Beiträge der Kinder kritisch anzufragen und weitere theologische Konzepte als Denkherausforderung anzubieten und einzubringen. Wie dies gelingen kann, ist konkretisiert an diesem Beispiel einer offenen Frage.

„Wo ist das Problem? Wieso passt für euch Leid und Gott nicht zusammen?“ Die Theodizeefrage nicht simplifizieren! Gesprächsfeinanalyse eines stark gelenkten Unterrichtsgesprächs in einer 9. Klasse

Dominic Fröhle / Annegret Reese-Schnitker

Die hier betrachtete Unterrichtssequenz stammt aus einer Doppelstunde in einer neunten Klasse zum Thema Theodizee im Nachgang der Besprechung des Hiob-Buches. Die Lerngruppe von Frau Blume setzt sich aus zwei Klassen zusammen und besteht aus 6 Jungen und 18 Mädchen.[1] Die Klasse sitzt in der für diese Lerngruppe gängigen Tischform (U-Aufstellung mit Querstreben) teils mit Blick auf die Tafel, teils mit dem Rücken zur Tafel. Nachdem zu Beginn der Stunde ein kurzer Schulbuchtext vorgelesen wurde, in welchem verschiedene Personen Gott in Bezug auf leidvolle Erfahrungen anfragen (beispielhafte Fragen des Textes: Warum geht es uns so gut und in Afrika verhungern die Menschen? Warum lässt Gott Menschen wie Hitler und Stalin zu? Wo war Gott in Auschwitz?), initiiert die Lehrerin Frau Blume ein Gespräch mit zwei hintereinander geschalteten Fragen.

> Lehrerin: *Ähnlich zu euren Fragen, die ihr aufhattet: Wo ist das Problem? Wieso passt für euch Leid und Gott nicht zusammen? Und für die Leute, die da jetzt die Aussagen gemacht haben, auch nicht?*

Die Lehrerin spricht die Klasse direkt an (*zu euren Fragen, ihr*) und stellt eine Verbindung zu Fragen her (*ähnlich zu*), die die Schüler_innen in einer vorausgehenden Unterrichtssequenz als Hausaufgabe erledigen mussten. Durch die verwendete Begrifflichkeit (*aufhattet*) wird der schulische Kontext des Gesprächs deutlich, die schulische verpflichtende Lernsituation mit ihren üblichen Lernsettings, eben auch den regelmäßigen Hausaufgaben, die Schüler_innen bearbeiten müssen. Die Lehrerin erinnert also an Fragen, die Teil einer Hausaufgaben waren und damit nicht zu freiwilligen oder spontanen, sondern zu verpflichteten Lernaufgaben gehörten. Es bleibt hier unklar, ob diese Fragen von der Lehrkraft vorgegeben wurden oder ein gefordertes Produkt der Hausaufgabe waren. Mit *eure Fragen* verortet die Lehrerin allerdings

1 Aus drei verschiedenen Parallelklassen kommen die Schüler_innen für den katholischen Religionsunterricht zusammen.

diese Fragen bei den Schüler_innen. Somit wird von Beginn an deutlich, dass hier an Vorangegangenes angeknüpft wird. Die Lehrerin agiert als Koordinatorin des Lernprozesses und Verantwortliche für den roten Faden; sie knüpft an offene Fragen des vorausgehenden Unterrichts an und gibt ihnen hier Raum.

In *ähnlicher* Weise nennt sie jetzt zwei weitere Fragen, wobei unspezifisch bleibt, in welcher Art diese Ähnlichkeit besteht. Wiederholt sie die Fragen der Schüler_innen oder formuliert sie diese mit eigener Absicht um? In dieser nun zuerst genannten Frage (*Wo ist das Problem?*) zielt die Lehrerin auf eine Verortung (*wo*), Kontextualisierung und sicherlich auch Klärung eines *Problems* ab. Welcher Art dieses Problem ist, ein soziales, lerngruppenspezifisches, kommunikatives, verständnisbezogenes oder sachliches, bleibt unklar? Die unmittelbar folgende zweite Frage konkretisiert das Problem inhaltlich: *Wieso passt für euch Leid und Gott nicht zusammen?* Erneut fällt hier die direkte Ansprache an die Schüler_innen auf (*für euch*), die diese Frage ein weiteres Mal als Frage der Schüler_innen identifiziert. Knapp und prägnant kommt das in der Theologie als Theodizee-Frage bekannte Dilemma zur Sprache: Wie kann ein liebender und allmächtiger Gott gerechtfertigt werden angesichts des Leidens in der Welt? Damit kann auch gesagt werden, dass die Lehrerin hier zunächst darauf abzielt zu klären, *wo* und *wieso* die Theodizee-Frage überhaupt ein *Problem,* eine Frage ist. Außerdem ist es höchst wahrscheinlich, dass es sich hier nicht um ein intrinsisch motiviertes, von der Schüler_innen initiiertes, sondern aus der theologischen Sache didaktisch inszeniertes Problem handelt. Das Ausweisen der Frage als Frage der Schüler_innen ist vermutlich didaktisch motiviert. An dieser Stelle muss offenbleiben, ob die Theodizee tatsächlich auch für die Schüler_innen relevant ist, ob es ihre eigenen Fragen an das Leben (und einen geglaubten Gott) sind.

Es ist auffällig, dass die Lehrerin dieses Problem auf zwei verschiedene Personengruppen hin konkretisiert. Die Theodizee-Frage wird durch die direkte Anrede durch das Personalpronomen *für euch* an die Schüler_innen der Klasse adressiert und in den darauffolgenden Nachsätzen *für die Leute, die da jetzt die Aussagen gemacht haben*, vermutlich bezogen auf den Schulbuchtext, in dem verschiedene Personen Gott in Bezug auf leidvolle Erfahrungen anfragen. Die Lehrerin geht mit diesem Impuls implizit davon aus, dass die Theodizee-Frage für die anwesenden Schüler_innen stimmig und relevant ist. Es kann allerdings auch sein, dass die Relevanz der Theodizee-Frage für die Schüler_innen bereits im vorausgehenden Unterrichtsprozess deutlich wurde.

Der doppelte Frageimpuls der Lehrerin hat also einerseits zwei Frageperspektiven ((1) Wo ist das Problem? (2) Wieso ist das ein Problem?) und eröffnet den Schüler_innen zwei Möglichkeiten, die Frage zu beantworten: aus persönlicher Perspektive (Wieso passt für mich Leid und Gott nicht zusammen?) und einer eher empathischen Perspektive aus Sicht der Personen des Sachtextes (Wieso passen für die rezipierten *Leute* Gott und Leid nicht zusammen?).

Es melden sich fünf Schüler_innen. Die Lehrerin nimmt daraufhin eine Schülerin dran, die sich gemeldet hat.

Lehrerin:	*Helena.*
Helena:	*Ja, eigentlich haben wir so das Bild von Gott, dass er immer nur was Gutes macht und so und da passt eben Leid nicht rein in das Bild von Gott. Und somit sehen wir, find' ich, Gott auch teilweise nur so als Weihnachtsmann. Also, wirkt Gott für mich* (Lehrerin: *Hm!* (bestätigend)) *eigentlich nur so – ja, dass er immer halt nur Gutes macht. Aber ähm, vielleicht sind die Menschen ja auch daran schuld, dass ihnen Leid und so was passiert.* (Lehrerin: *Hm!* (bestätigend)) *Gott kann ja nicht die Menschen und so alles steuern; also, er hat uns ja nur erschaffen.*

Helena beantwortet die Frage zögerlich, relativierend (*ja, eigentlich*) zunächst aus der Sicht eines *wir*, von dem nicht ganz klar ist, wer gemeint ist. Sie könnte sich auf die Lerngruppe beziehen, wahrscheinlicher aber ist ihre Vorstellung eines im Christentum tradierten Gottesbildes leitend, wobei die Annahme eines einheitlichen Gottesbildes mitschwingen würde.

Die Schülerin setzt dabei an, dass *wir* ein *Bild von Gott haben,* bei dem er nur *was Gutes macht,* bei dem *Leid nicht reinpasst.* Sie greift auf ein Bild des (nur) „lieben" Gottes zurück. Bemerkenswert ist, dass sie den Begriff *Bild* im Singular und nicht im Plural verwendet und einen bestimmten Artikel (*das*) wählt. Ihr Beitrag fußt auf einem bestimmten Bild, dass offensichtlich dominant, prägend und normativ ist bei einer Gruppe, zu der sie sich selbst mit dazugehörig fühlt (*sehen wir, find' ich, ...*). Die Vorstellung, dass es eine Vielfalt von Gottesbildern gibt, bzw. dass sich Menschen individuell unterschiedliche Bilder von Gott machen, wird hier sprachlich nicht eingeholt. Ihre Antwort impliziert zudem, dass ein Konflikt des bestehenden tradierten Gottesbildes, der *immer nur was Gutes macht,* mit dem existierenden Leid das *Problem* darstellt: *eigentlich* gibt es ein bestimmtes Bild von Gott, das angesichts des Leids aber problematisch wird.

Helena konkretisiert die Vorstellung von Gott, der nur *Gutes* tut, indem sie ihn mit dem *Weihnachtsmann* vergleicht, der für Kinder als wohlwollender Geschenkegeber bekannt ist. Sie problematisiert die einseitige Sicht (*teilweise nur so*) auf Gott als Weihnachtsmann. Und – das ist hier interessant: Sie wechselt zwischen der Wir- und Ich-Perspektive hin und her und begreift dieses *Bild von Gott,* das sie beschreibt, wenn auch etwas relativierend (*teilweise, eigentlich*), als eine übliche gängige Vorstellung von Gott, der sie sich selbst auch explizit anschließt (*für mich*). Das Bild von Gott ist (einseitig) von seinem guten Tun geprägt.

Nun, zwei Sätze später, wiederholt sie die bereits vorher geäußerte Vorstellung des „guten Gottes" aus der Ich-Perspektive: *Also wirkt Gott für mich eigentlich nur so – ja, dass er immer halt nur Gutes macht.* Den zweiten Aspekt der Aussage, der das Dilemma verdeutlicht, nämlich dass zu diesem Gottesbild das existierende Leid nicht passt, wiederholt sie nicht. Warum? Kann sie sich mit dieser zweiten Aussage nicht identifizieren oder findet sie hier eine andere Lösung?

Klar wird auf jeden Fall, dass Helena sich in ihrer Antwort nicht auf die vorher gelesenen Positionen der anderen *Leute* aus dem Sachtext bezieht, sondern eine Selbstaussage macht, ihr persönliches Verständnis darlegt. Die Lehrerin macht ihr aktives Zuhören transparent mit zustimmenden Interjektionen (*Hm!*). Sie lässt den Beitrag ansonsten laufen.

Eingeleitet mit einem abgrenzenden *aber* findet Helena dann direkt eine, wenn auch zögerliche (*vielleicht*) Antwort auf die Frage, wie Gott und Leid doch zusammen denkbar wären: *Aber vielleicht sind die Menschen ja auch daran schuld, dass ihnen Leid und so was passiert.* Sie zieht sich damit auf eine deistische Position zurück und macht die Menschen für das Leid verantwortlich. Damit löst sie die implizite Frage, wer für das Leid verantwortlich ist, einseitig auf und gibt, wenn auch vorsichtig (*vielleicht*) die *Schuld* nicht Gott, sondern den Menschen. Gott wird aus der Verantwortung entlassen. Inwiefern sich damit auch das Bild von Gott als Handelnden ändert, wird zunächst nicht problematisiert. In der Antwort der Schülerin ist Gott beim Leid nicht involviert und damit auch nicht schuldig. Doch dann denkt die Schülerin weiter. Sie begrenzt den Handlungsspielraum Gottes: *Gott kann ja nicht die Menschen und so alles steuern.* Und begründet dies, weil sie Gottes Handeln auf den Schöpfungsakt beschränkt (*er hat uns ja nur erschaffen*). Damit korrigiert sie ihr vorausgehendes Bild von Gott, der immer nur gut handelt. Für die Schülerin ist Gott damit schuldlos in Bezug auf das Leid. Es wäre allerdings auch denkbar, dass die Schülerin die beiden Aspekte „Gott handelt gut“ und „Gott greift beim Leid nicht ein“ nicht zu einem konsistenten Gottesbild verbinden kann.

Lehrerin:	*So, jetzt nehmen wir schon mal einen Aspekt auf. Ihr merkt euch bitte mal kurz, was ihr sagen wolltet* (schiebt die Tafel herunter). *Also,* (Lehrerin beginnt, die Tafel zu putzen) *du bist ja schon weiter gegangen, wolltest es ja auch schon erklären. Eure schöne Matheaufgabe! Aber die Blume lasse ich.* (SuS tuscheln) *So. Gut. So, Gott ist gut, sagtest du, Gott ist gütig, ne?* (Lehrerin schreibt „gütig“ an die Tafel) *So. Deswegen sagtest du, passt das nicht mit dem Leid, Helena.*

Die Lehrerin kommentiert ihr weiteres Vorgehen, macht es für die Schüler_innen damit transparent und benutzt, wie Helena, die Wir-Perspektive (*wir*). Sie beabsichtigt eine Zwischensicherung des Schülerbeitrages an der Tafel vorzunehmen. Mit *schon mal einen Aspekt* gibt sie das Signal, dass im Verlauf weitere Aspekte dazukommen werden. Außerdem gibt sie den Schüler_innen, die sich vermutlich melden, eine Anweisung: *Merkt euch bitte mal kurz, was ihr sagen wolltet* und schiebt deren Rederechte auf und verdeutlich damit auch ihre Wertschätzung desselben. Sie erwartet damit aber auch die Kompetenz von Schüler_innen, sich Dinge merken und zurückstellen zu können. Gleichzeitig gelingt es ihr damit, dass alle Schüler_innen sich jetzt zunächst auf diesen einen Aspekt fokussieren und konzentrieren, ohne die Befürchtung zu haben, ihren eigenen Beitrag nicht mehr einbringen zu können. Diese Regieanweisung kann als ein sehr transparentes und Kommunikation förderndes Vorgehen begriffen werden.

Die Lehrerin muss nun erst die Voraussetzungen schaffen, um den Schülerbeitrag an der Tafel zu dokumentieren. Sie putzt die Tafel, entfernt eine Mathe-Aufgabe, lässt eine gemalte Blume stehen. Diese konkreten wertschätzenden und lockeren Kommentare zu ihrem Tun unterstützen die Klassenatmosphäre positiv. Während ihres Tuns kommentiert sie jetzt Helenas Beitrag, dessen Charakter sie als weitergehend und erklärend kennzeichnet, also ein Feedback gibt. In Bezug auf die Ausgangsfrage klärt Helena nicht nur, warum Leid und Gott nicht zusammenpassen, sondern liefert bereits eine Antwort, wie Leid und Gott doch zusammen gedacht werden können. Die Lehrerin bezieht sich mit *weiter gegangen* vermutlich implizit auf diesen Antwortversuch von Helena und stellt damit klar, dass dies hier noch nicht gefragt ist. Sie verdeutlicht damit auch, dass sie sich jetzt verlangsamt den Inhalten dieses Beitrages, dem *Problem* widmen möchte. Es bleibt für Helena offen, ob dies jetzt für sie ein Lob oder ein Tadel ist.

Das Tafelputzen kann die Beteiligten ablenken. Die Lehrerin versucht durch Sprechen im Dialog mit den Schüler_innen zu bleiben. Sicherlich wäre es besser gewesen, die Tafel vor Unterrichtsbeginn zu wischen, ein verbreitetes wiederkehrendes Organisationsproblem im Schulalltag.

Nachdem das Tafelputzen abgeschlossen ist, setzt die Lehrerin neu an: *So. Gut. So, Gott ist gut, sagtest du, Gott ist gütig, ne?* Sie nimmt direkt Bezug auf Helena, spricht sie an, (*sagtest du*) und greift inhaltlich die Attribuierung Gottes als *gut* auf. Dabei verschiebt sie geringfügig, aber deutlich den Gehalt der Aussage. Helena hat über das Tun Gottes gesprochen: *Gott macht Gutes* und *wirkt Gutes.* Die Lehrerin macht daraus eine Identitätsaussage: *Gott ist gut*! und übersetzt diese in einen theologischen Fachbegriff, in *Gott ist gütig.* Sie verwendet *gut* und *gütig* synonym. Was geschieht hier genau? Es handelt sich um eine Übersetzung von (nicht religiöser) Alltagssprache in eine religiöse, theologische (Fach-)Sprache. Mit der Frageinterjektion (*ne?*), sucht sie nach Bestätigung ihrer Übersetzungsleistung. Gleichzeitig schreibt sie ihre Aussage an die Tafel. Sicher erfolgen damit eine Selektion und Lenkung und den Schüler_innen wird signalisiert, was aus Sicht der Lehrerin als wichtig und richtig angesehen wird.

In ihrem letzten Satz stellt die Lehrerin das Dilemma heraus, dass sie in der Aussage von Helena wahrgenommen hat: *So. Deswegen sagtest du, passt das nicht mit dem Leid, Helena.* Dabei fällt auf, dass sie nicht das Fehlen des zweiten Aspekts in der wiederholten Aussage bei Helena berücksichtigt und auch nicht ihre Lösung hier einspielt. Sie fokussiert sich hier ausschließlich auf den ersten Teil der Antwort von Helena und bremst damit in der Tat den Gedankengang der Schülerin.

Die Vergewisserungspartikel „*ne!?*" ist rhetorisch, offenbar keine offene Frage, ob der Begriff *gütig* von der Schülerin als passend empfunden wird und macht Widerspruch unwahrscheinlich. Die Lehrerin schaut dabei nicht in die Lerngruppe, erwartet einen solchen nicht.

Lehrerin:	*Johannes.*
Johannes:	*Also, wir haben ja immer so, unsere Vorstellung war ja immer, wenn wir an Gott glauben und wenn wir auch ihm Vertrauen schenken, dann, also dann behütet er uns, bewahrt uns vor ja schrecklichen Ereignissen. Und wenn man so seinen eigenen Weg geht oder so und dabei an Gott glaubt und an die Kraft, die, sozusagen einen ja, nicht verleiht, aber er so einem gibt, sodass man dadurch ja besser im Leben zurechtkommt.*

Johannes wird aufgerufen. Wie Helena verwendet er die Wir-Perspektive, bezieht sich auf eine gemeinsame Vorstellung von Gott und bezeichnet das Bild von Gott als eine *Vorstellung*, die *wir ja immer so haben*. Wichtig ist es ihm offensichtlich, dass diese Vorstellung, die wir von Gott haben, konstant und dauerhaft ist und unmittelbar auf dem Beziehungsverhältnis zu ihm gründet. Diesem Beziehungsverhältnis liegt das do-ut-des-Prinzip (Wenn-Dann) zu Grunde: *Wenn wir an Gott glauben und wenn wir auch ihm Vertrauen schenken, dann, also dann behütet er uns, bewahrt uns vor ja schrecklichen Ereignissen.* Das von Menschen ausgehende Glaubens- und Vertrauensverhältnis bewirkt in dieser Formulierung ein Schutzverhältnis. Gott ist an sich gut, aber man muss an ihn *glauben*, ihm vertrauen, sonst *behütet* und *bewahrt* er uns nicht vor *schrecklichen Ereignissen*, dem Leid. Diese Aussage fußt auf einem einseitigen Belohnungssystem.

Johannes beschreibt in seinen eigenen Worten, wie er sich dieses Verhältnis zwischen Gott und den Menschen vorstellt: *Wenn man so seinen eigenen Weg geht ... dabei an Gott glaubt und an die Kraft, ... die er so einem gibt, sodass man dadurch ja besser im Leben zurechtkommt.* In der Formulierung fällt auf, dass der Schüler nach Worten sucht (*nicht verleiht, aber er so einem gibt*) und mit sich rang, seine Vorstellung mit seinen eigenen Worten auszudrücken, also die christliche Botschaft in eigene verständliche und erfahrungsgeerdete Sprache zu übersetzen. Dabei fällt sicher der reduzierte Anspruch der Mithilfe auf, dass für den Schüler schon Leid bewahrt wird, wenn man besser im eigenen Leben zurechtkommt. Er ringt mit sich auszudrücken, wie die Kraft von Gott zu den Menschen kommt und sich zeigt. Besonders interessant ist hier die Vorstellung, wie Menschen vor dem Leid bewahrt werden können. Johannes versteht dies so, dass die Menschen selbst besser zurechtkommen, weil Gott ihnen dafür die Kraft schwenkt. Damit fußt diese Schüleraussage auf einer theologisch differenzierten Lösung zur Theodizee: Gott gibt uns Kraft, mit dem Leid umzugehen. Die Kraft ist die konkrete (indirekte) Form, in der uns Gott vor Leid bewahrt.

Auffällig ist zudem die starke religiös konnotierte Sprache (*Vertrauen schenken* statt der Verwendung des Verbs „vertrauen“), die Johannes benutzt, keine Alltagssprache, sondern Sprache aus einem religiösen Kontext, die allerdings hier in einen individuellen Übersetzungsprozess eingebracht wird.

Johannes: *Und nun ist es ja hier so, dass da halt Schicksalsschläge gekommen sind, zum Beispiel, dass man ein Kind verliert, das man geboren hat, halt sehr ins Herz geschlossen hat, dass man solche, ja, keine Ahnung, das passt irgendwie nicht so in das Bild.*

Johannes führt seinen Gedanken zum Gottesbild fort und verknüpft diesen mit dem vorausgehenden Gesprächsgegenstand (*hier*), der Erfahrung von Leid, welches er als *Schicksalsschläge*, die *kommen*, konkretisiert und die er am Verlust eines selbst geborenen Kindes exemplifiziert. Diese gewählte Formulierung der Schicksalsschläge lässt offen, woher diese kommen und wer dafür verantwortlich ist. Unklar ist auch, ob dieses Beispiel den vorausgehenden Textpassagen entnommen ist, der vorausgehenden Thematisierung des Hiob-Buches oder von dem Schüler selbst eingebracht wird. Das Beispiel stellt den Verlust von etwas, das man *sehr ins Herz geschlossen hat*, also ein Beziehungsende als Hauptpunkt des Leids heraus. Es fällt allerdings auf, dass dieses Beispiel nicht unmittelbar aus der Lebenswelt des Schülers genommen wurde. Die Schicksalsschläge stehen dabei im Widerspruch zu einem Gottesbild, nach dem Gott *behütet* und *vor schrecklichen Ereignissen bewahrt*. Als Resümee bekräftigt Johannes nach einem aus dem Jugendjargon verbreiteten relativierenden Einschub (*ja, keine Ahnung*), dass das Erleben dieser Schicksalsschläge *irgendwie nicht so in das Bild passt*. Jetzt wird deutlich, dass Johannes sich direkt auf die Frage der Lehrerin, warum Leid und Gott nicht zusammenpassen, bezieht und dieses Dilemma durch ein konkretes Beispiel veranschaulicht. Die Antwort geht so weit, wie die Lehrerin beabsichtigt, d. h. eine mögliche Lösung für das Dilemma wird nicht präsentiert.

Lehrerin: *Da steckt jetzt so ein bisschen was drin. (Blick zum Tafelbild) So, Gott ist fair eigentlich, ne? Hmhm (zustimmend). Passt auch hier zu diesem gütig, ne?*

Die Lehrerin kommentiert den Schülerbeitrag und weist ihn als inhaltlich dicht und komplex aus (*Da steckt jetzt so ein bisschen was drin.*). Sie blickt zum Tafelbild. Eventuell überlegt sie, wie sie diesen Beitrag auch in ihrem Tafelbild aufnehmen kann. Dann versucht sie sich mit einer Zusammenfassung: *So, Gott ist fair, eigentlich, ne?* Sie führt die vorausgehende Schüleraussage so weiter, dass für sie aus dem Fazit, dass Schicksalsschläge nicht zum Gottesbild passen, folgt, dass Gott fair ist, dass diese Fairness auch zu einem gütigen Gott gehört. Mit der Verwendung des Fairnessbegriffs greift sie auf ein Wortfeld aus dem vorausgehenden do-ut-des-Konzept zurück und nimmt damit implizit Bezug darauf. Die inhaltliche Nähe von *gütig* zu *fair* ist fraglich und übersieht wichtige Differenzen. Ein gütiger Gott kann über alle Maßen und gegen vorgegebene Regeln gütig und gnädig sein, ein fairer Gott dagegen verhält sich den Regeln entsprechend gut, ist gerecht im Sinne des Rechts. Die genaue Analyse lässt erkennen, dass die Lehrerin hier offenbar einen eigenen inneren Plan hat und damit bestimmte Begrifflichkeiten hier favorisiert. Sie geht nicht ganz offen mit dem

Beitrag des Schülers um, fragt etwa nicht nach, verknüpft Begrifflichkeiten, die nicht wirklich zusammenpassen. Offenbar will sie den Begriff des gütigen Gottes hier vertiefen, der ja bereits von ihr eingeführt und für alle Schüler_innen sichtbar an der Tafel steht und für das Dilemma der Theodizee relevant ist.

Lehrerin:	(nickt Karla zu)
Karla:	*Aber wenn nichts schlecht... also, wenn es keine böse Seite gibt, so sag' ich jetzt mal, dann würde auch nichts gut sein. Also, wenn's nichts Schlechtes gibt, dann gibt's auch nichts Gutes.*
Lehrerin:	*Ja, wenn es nichts Schlechtes... Sonst könnte man das ja gar nicht beurteilen.*

Karla, eine weitere Schülerin, bringt sich ein und denkt in eine andere Richtung. Mit einem restriktiven Bindewort (*aber*) widerspricht sie. Wem eigentlich? Sie argumentiert in einer doppelten Weise: Wenn es keine böse Seite, das Schlechte gibt, dann wäre nichts gut, dann gibt es nichts Gutes. Für die Erkenntnis des Guten ist das Böse erforderlich. Oder das Böse muss es geben, um das Gute zu erkennen. Karla geht damit über die von der Lehrerin eingangs gestellte Frage hinaus, die zunächst nur das Problem klären wollte und versucht, eine Antwort auf die Theodizee-Frage zu geben.

Lehrerin:	*Ja klar, ne; aber ich könnte jetzt ja sagen, das Schlechte kann ja nur denen widerfahren, eigentlich..., das könnte doch eigentlich denen nur widerfahren, die sowieso schon böse sind. Wieso muss es auch die Guten treffen?*

Die Lehrerin bestätigt zunächst Karla (*ja klar, ne*) und gibt dann ebenfalls mit einem restriktiven *aber* eine Gegenrede, die in eine Anfrage mündet: *Das Schlechte kann nur denen widerfahren eigentlich ..., die sowieso schon böse sind. Wieso muss es auch die Guten treffen?* Die Lehrerin bemüht sich hier, die Brisanz der Theodizee-Frage herauszustellen, indem sie diese vor allem bei den „guten" Menschen, die leiden, verortet. Selbst wenn es das Böse geben muss – warum muss es den guten Menschen zustoßen? Die Lehrerin markiert sprachlich durch den mehrfach verwendeten Konjunktiv (*könnte sagen*), dass es sich nicht um eine eigene Position handelt, sondern eine Denkoption, die vermutlich didaktisch motiviert ist. Hier erkennt man deutlich die Strukturierungsleistung und Rolle der Lehrerin, die einzelne Gedanken hervorhebt und andere beiseitelegt.

Lena:	*Ja, ähm, ich glaube auch, die Menschen, die das hier geschrieben haben, die schieben sozusagen die Schuld so von sich auf Gott, also: Wieso ist Gott so gefühllos? Und eben, wieso hat Gott das alles gemacht? Also ähm...*

Lena bezieht sich hier explizit auf die Aussagen der Personen, die zuvor gelesen wurden. Sie stimmt, – wem eigentlich? – zu: *Ja, ähm, ich glaube auch...* Der Lehrerin, Karla? Sie wertet die Aussagen der Personen zur Theodizee-Frage als eine Projektion der eigenen *Schuld* auf Gott. Auch hier deutet sich damit ein Antwortversuch auf die Theodizee-Frage an, der die Verantwortung für Leid beim Menschen selbst sucht. Dies würde die Position von Helena, der ersten Schülerin, bestärken. Stimmt sie ihr zu? Sie wiederholt offensichtlich die Aussagen der Personen (*Wieso ist Gott so gefühllos? Wieso hat Gott das alles gemacht?*), die sie als Schuldverschiebung wertet.

Lehrerin: *Wovon gehen die aus, wenn die sagen: Wieso hat Gott das alles gemacht?*
Lena: *Ja, dass er sozusagen alles steuert, also alles gemacht hat, also für alles verantwortlich ist.*

Die Lehrerin tritt in ein Zwiegespräch mit Lena ein und versucht ihren Gedanken zu vertiefen, greift eine Frage heraus und sucht nach den dahinterliegenden Standpunkten und Absichten (*Wovon gehen die aus*). Vermutlich beabsichtigt sie das dahinterstehende Gottesbild dieser Aussagen herauszuarbeiten. Prompt reagiert Lena auch in dieser Weise und präsentiert ein Gottesbild, das Gott als den Lenkenden, Handelnden und Verantwortlichen begreift.

Lehrerin: *Ja! Das ist auch unsere Vorstellung, ne, dass er allmächtig ist.* (schreibt „allmächtig“ an die Tafel) *Das steckt ja genau da drin: Wieso hast Du das gemacht, Gott? Das geht, da gehen wir ja davon aus, dass er hier Einfluss nehmen kann, ne? Dass er* (gestikuliert mit den Händen) *hier auf der Erde steuern kann, dass er Sachen verhindern könnte, ja.*

Die Lehrerin freut sich offensichtlich über diese Aussage (Mimik und Ton) und bestätigt sie deutlich und laut (*Ja!*). Sie ordnet diese zuvor geäußerten Attribute Gottes (alles *steuern*, *machen*, für alles *verantwortlich*) als *unsere Vorstellung* von Gott ein und benennt ihn als *allmächtig*. Mit ihrer Formulierung (*unsere Vorstellung*) vereinnahmt sie die Schüler_innen erneut; vorher war noch die Rede von Positionen aus dem Text. Sie redet offensichtlich aus einer christlichen Position, einer Glaubenstradition, in die sie die Schüler_innen ungefragt einbezieht. Für die Lehrkraft steckt die Vorstellung eines allmächtigen Gottes genau in der Theodizee-Frage: *Wieso hast Du das gemacht, Gott?* An dieser Stelle fällt auf, dass sie hier sogar Gott unmittelbar anspricht. Die Lehrerin bestärkt mit weiteren Aussagen die Vorstellung eines allmächtigen Gottes, der *Einfluss* nimmt, der *auf der Erde steuern kann* und *Sachen verhindern könnte*.

Insgesamt muss herausgestellt werden, dass die Lehrerin hier stark lenkend agiert. Offensichtlich geht es hier nicht darum, die persönliche Auseinandersetzung der Schüler_innen mit der Theodizee-Frage anzuregen, sondern das Konzept der Theodizee zu veranschaulichen und bestimmte dafür relevante theologische Begrifflichkeiten einzuführen und einzusortieren, wie *gütig*, *allmächtig* u. a. Die Schüler_innen werden weniger angeregt, ihre eigenen Gedanken zu äußern, als vielmehr auf eine inhaltliche Struktur fokussiert. Problematisch ist, dass die Lehrerin die Attribuierung Gottes als *allmächtig* als *„unsere Vorstellung“* deklariert. Dabei wird schon innerhalb des hier betrachteten Gesprächs deutlich, dass es sich keineswegs um das Gottesbild aller Schüler_innen handelt. Helena, die erste Schülerin sagt explizit das Gegenteil aus: *Gott kann ja nicht die Menschen und so alles steuern.* Lena, die letzte Schülerin sieht die Schuld bei den Menschen und nicht bei Gott – bei beiden klingt eine deistische Position an. Nun kann die Lehrerin mit *„unsere Vorstellung“* auch allgemein das christlich tradierte Gottesbild gemeint haben, allerdings hätte sie dies, um Vereinnahmungen zu vermeiden, transparent machen müssen, denn die Schüler_innen werden hier sprachlich inkludiert. Ist durch diese starke Fokussierung und Lenkung die Offenheit in dieser unterrichtlichen Situation, auch abweichende Gottesvorstellungen zu nennen, gefährdet?

Phil:	*Ja, vielleicht ist es ja auch so, weil, er sagt ja: Warum hast du mein Baby oder so krank zur Welt gekommen? Nein äh, warum hast du gemacht, dass mein Baby krank ist, als es zur Welt gekommen ist? Vielleicht ist es auch so, dass die irgendwie geraucht hat oder so bei der Geburt, als sie schwanger war, meine ich.*
SuS:	(lachen, Phil legt seine Hand über seine Augen)

Das ist offenbar nicht der Fall. Ein weiterer Schüler ergreift das Wort und bezieht sich hier wieder ausdrücklich auf die vorher gelesenen Positionen. Phil bringt ein Beispiel ein, Anfragen an Gott aus der Sicht eines Vaters, dessen Baby krank geboren wurde. Seine Antwort darauf, erneut zögerlich und relativierend formuliert (*vielleicht, irgendwie*), gibt einen Teil der Verantwortung für die Krankheit des Babys der rauchenden schwangeren Mutter und damit nicht nur Gott, sondern auch dem Menschen. Diese Aussage zeigt, dass die Schüler_innen hier immer noch bei ihren eigenen Antwortversuchen sind und nicht bei einer Vorstellung von Gott als allmächtigen, waltenden Gottes. Der Schuld- und Verantwortungsbereich für das kranke Kind wird auf die Menschen erweitert, sie tragen auch Schuld durch ihr fehlerhaftes und verantwortungsloses Verhalten. Offen bleibt, ob Phil damit Gott von der Verantwortung komplett losspricht.

Die Unterrichtssequenz endet mit einem Lachen, das vermutlich der Aussage geschuldet ist, dass Phil in seinen Ausführungen ein Bild einer rauchenden Mutter bei der Geburt vor Augen geführt hat, was er unmittelbar korrigiert. Das Lachen ist freundlich und verdeutlicht die entspannte Atmosphäre in der Lerngruppe.

Im weiteren Verlauf des Unterrichtsgesprächs merkt die Lehrerin explizit an, dass die Schüler_innen schon weiter seien und versuchen würden, eine Erklärung, eine Lösung für das Problem, die Theodizee-Frage zu finden. Sie wiederholt die beiden bereits angeschriebenen Begriffe „gütig“ und „allmächtig“ und bringt schließlich den Begriff „verstehbar“ selbst ein, den sie dem Tafelbild hinzufügt. Dabei wird deutlich, dass sie auf ein bestimmtes Konzept der Theodizee von Hans Jonas zurückgreift, der in seinem Buch das Dilemma der Theodizee aus jüdischer Perspektive als Abwägungsprozess zwischen diesen drei Attributen (gütig, allmächtig, verstehbar) für Gott bearbeitet. An diesem Konzept scheint sich die Unterrichtsstunde didaktisch aufbereitet zu orientieren.

Abschließende Thesen der Gesprächsfeinanalyse

Eine zweifache Lehrerfrage zur Theodizee initiiert das Unterrichtsgespräch, fragt doppelt nach dem persönlichen Verständnis der Schüler_innen und einer empathisch-reproduktiven Position und eröffnet damit ein breites Feld an Antwortmöglichkeiten.

Das Unterrichtsgespräch wird durch eine deutliche, doppelte Lehrerfrage initiiert: *Wo ist das Problem? Wieso passt für euch Leid und Gott nicht zusammen und für die Leute, die da jetzt die Aussagen gemacht haben, auch nicht?* Die Fragen adressieren die Schüler_innen direkt. Dabei knüpft die Lehrerin an Vorangegangenes an, konkrete Leidsituationen und Positionen von Menschen zur Theodizee, die in einem Text gelesen wurden und deren Fragen in einer Hausaufgabe bearbeitet wurden. Es bleibt unklar, ob diese Fragen die Fragen der Schüler_innen sind und waren oder didaktisch inszenierte Fragen, was wahrscheinlicher ist. Dabei fokussiert sich der Impuls auf zwei verschiedene Antwortweisen: (1) Zuerst wird die Perspektive der Schüler_innen und damit eine persönliche Auseinandersetzung mit der Theodizee angesprochen und (2) danach nachgeordnet und vielleicht auch niederschwelliger die Fremdperspektive von Personen in dem gelesenen Text und damit eine empathische, aber etwas neutralere Antwortmöglichkeit in Identifikation mit diesen Positionen. Bei der Analyse des gesamten Gesprächs bleibt unklar, worauf die Schüler_innen antworten bzw. antworten sollen, ob sie sich mit ihrem eigenen Verständnis zur Theodizee-Frage einbringen oder sich mit einer vorgegebenen Position auseinandersetzen (sollen). Dies hat Auswirkungen auf den Gegenstand und die Dynamik des Gesprächs.

In diesem Pingpong-Gespräch zwischen der Lehrkraft und fünf Schüler_innen dominiert die Lehrerin deutlich sowohl den Gesprächsinhalt als auch den Gesprächsprozess.

Das Gespräch ist ein deutlich von der Lehrerin geprägtes und gelenktes Gespräch und kann als Pingpong-Gespräch identifiziert werden. Alle Beiträge der Schüler_innen laufen über die Lehrperson, die diese kommentiert, einordnet oder ihnen entgegnet. An dem Gespräch beteiligen sich vier Schülerinnen und ein Schüler, deren Beiträge unterschiedliche Qualität haben und sich an keiner Stelle explizit aufeinander beziehen. Sie sind immer an die Lehrerin gerichtet. Außerdem hält die Lehrerin zentrale Ergebnisse, vor allem Begrifflichkeiten, an der Tafel fest. Die Lehrerin bringt sich somit sowohl als Initiatorin, Moderatorin, als auch als Feedbackgeberin, Impulsgeberin und als eine Person ein, die zentrale Inhalte aus dem Gespräch markiert und selektiert und als Lernergebnisse sichert.

Der Gegenstand des Gesprächs ist aufgrund der zweifachen, uneindeutigen Anfangsfragen den gesamten Unterrichtsprozess durch doppelbödig und weit aufgespannt und beeinflusst deutlich den Gesprächsverlauf, sodass sowohl Stärken (breite Antwortmöglichkeiten auf verschiedenen Kompetenzniveaus) als auch Schattenseiten (intransparente Absichten, geringe Fokussierung) dieses didaktischen Vorgehens sichtbar werden.

Die Breite des Anfangsimpulses ermöglicht es den Schüler_innen, sowohl persönliche Positionen und eigene Ideen als auch Wiederholungen, etwa orientiert an den von der Lehrerin eingebrachten Materialien, einzubringen, und eröffnet damit den Schüler_innen – auch auf unterschiedlichem Kompetenzniveau – verschiedene Optionen. Diese besondere Offenheit, worauf man sich beziehen kann, kann didaktisch vorteilhaft sein, weil die Zugänge unterschiedlich anspruchsvoll sind und eine Mitarbeit auf unterschiedlichen Niveaus ermöglichen.

Allerdings bleibt durch die Offenheit des Anfangsimpulses der genaue Gegenstand des Gesprächs in weiten Teilen intransparent. Ist ein Austausch über das eigene persönliche Gottesbild gefragt und der Umgang mit der Theodizee oder eine Auseinandersetzung mit vorgegebenen Positionen? Steht das tradierte Gottesbild der Christenheit im Zentrum oder die individuellen Vorstellungen der einzelnen Schüler_innen? Dadurch verschwimmt, worüber gesprochen wird: das jeweils eigene Gottesbild, das angenommene Gottesbild der Schüler_innen der Lerngruppe, das Gottesbild der bearbeiteten Personen oder das tradierte Gottesbild der christlichen Gemeinschaft? Die positiv herauszustellende Breite der Möglichkeiten für die Schüler_innen, sich einzubringen, zeigt hier eben auch ihre Schattenseiten bezogen auf die Transparenz und Fokussiertheit des Gesprächsgegenstandes.

Doppeldeutige Absichten der Lehrkraft führen zu einem Spannungsgefüge in der Gesprächsdynamik. Zudem sind unterschiedliche Fokussierungen der Lehrkraft und der Schüler_innen zu erkennen. Die Unklarheit betrifft damit sowohl den zu verhandelnden Gesprächsgegenstand (Geht's um die persönlichen Positionen zur Theodizee oder um die Reproduktion der Positionen von anderen?) als auch die Absicht des Gesprächs (Geht's darum, das Problem der Theodizee zu erläutern oder mögliche Lösungen zu erarbeiten?).

Ein deutliches Spannungsgefüge zeigt sich durch das ambivalente Verhalten der Lehrkraft und ihre darin deutlich werdenden widersprüchlichen didaktischen Absichten: Die Fragen der Lehrerin sind einerseits direkt an die Schüler_innen gerichtet und adressieren deren Vorstellungen, wollen also den Positionen der Schüler_innen Raum geben, andererseits ist die Lehrkraft darauf aus, eigene Begrifflichkeiten einzubringen und das Gespräch zu strukturieren und in gewisse Bahnen zu lenken, um das grundsätzliche Problem der Theodizee und die damit verbundenen Gottesvorstellungen zu vertiefen.

Dabei sind die Absichten der Schüler_innen andere. Die Lehrerin will zunächst das Problem der Theodizee grundsätzlich herausarbeiten, veranschaulichen und mit bestimmten Fachbegriffen verdeutlichen. Die meisten Schüler_innen allerdings wollen bereits eine persönliche Antwort und Lösung für die Theodizee finden. Drei Schüler_innen argumentieren damit, dass die Menschen schuld seien am Leid, und vertreten mehr oder weniger explizit deistische Positionen. Eine Schülerin argumentiert, dass das Böse erforderlich sei, um das Gute zu erkennen. Diese Antworten werden von der Lehrerin nicht aufgegriffen, sondern hintangestellt.

Das an sich schülerorientierte (direkte Ansprache) und die Beteiligten wertschätzende und Feedback gebende Kommunikationsverhalten (Einsicht in Planungsüberlegungen, bestätigendes Feedback) der Lehrerin wandelt sich im Verlauf des Gesprächs zu einem zunehmend vereinnahmenden und die Schüleräußerungen nicht wahrnehmenden Moderationsstil, der durch eine instruierende inhaltliche Absicht motiviert ist.

Zu Beginn des Gesprächs präsentiert sich die Lehrerin als interessierte Impulsgeberin und als aktiv Zuhörende. Sie stellt die Frage, warum Gott und Leid nicht zusammenpassen, als persönliche Frage an die Schüler_innen. Es ist positiv herauszustellen, dass die Lehrerin in diesem Gespräch empathisch, schülerbezogen sowie sehr strukturiert handelt. Man könnte auch sagen: Die Lehrerin hat einen klaren Plan für das Gespräch im Kopf, versucht sich daran zu orientieren, ohne die Schüler_innen dabei aus dem Blick zu verlieren. Sie macht ihr konkretes Tun für die Schüler_innen transparent (vgl. Sequenz des Tafelwischens, Fokussierung auf einen Aspekt), etwa indem sie den tatsächlichen mit dem intendierten Gesprächsverlauf in Beziehung setzt (*du bist ja schon weiter gegangen, wolltest es ja auch schon erklären*). Die Lehrkraft moderiert und lenkt den Gesprächsprozess und selektiert wichtige Gesprächsaspekte an der Tafel als zentrale Ergebnisse.

Gleichzeitig neben der Schülerorientierung möchte die Lehrerin jedoch auf ein mit ganz bestimmten Begriffen beschriebenes Gottesbild hinaus, um die Theodizee-Problematik zu verdeutlichen. Damit dies gelingt, vereinnahmt sie zunehmend die Schüler_innen und bezeichnet das Theodizee-Problem als ein eigenes Anliegen der Schüler_innen. Allerdings ist das Gottesbild eines lenkenden, allmächtigen, guten Gottes nicht identisch mit dem Gottesbild der aktiv agierenden Schüler_innen, was jedoch durch die vereinnahmenden Formulierungen verdeckt wird (*Ja, das ist auch unsere Vorstellung, ne!? Dass er allmächtig ist.*) Es geht für die Lehrerin also um die Theodizee-Frage angesichts einer bestimmten sprachlichen Fassung des Gottesbildes, nicht angesichts der Gottesbilder der Schüler_innen.

Die Lehrkraft wählt hier einen didaktisch sinnvollen und gut begründbaren Weg, zunächst auf einer genauen Problemklärung zu beharren, bevor die Schüler_innen eigene Lösungen einbringen. Hier zeigt sich eine wichtige Strukturierungsleistung und Fokussierungsleistung.

Weiterführend ist diese Tendenz der Vereinnahmung bei der inklusiven Rede eines gemeinsamen Standpunktes der Christenheit zu problematisieren.

Es ist stärker dafür zu sensibilisieren, dass auch im konfessionellen Religionsunterricht den Umständen Rechnung getragen werden muss, dass es nicht eine einzige christliche Position gibt und dass Schüler_innen unterschiedliche, auch nicht-christliche Überzeugungen mitbringen, die wertgeschätzt und nicht vereinnahmt werden dürfen.

In dem schülerorientierten und gleichzeitig von der Lehrerin deutlich gelenkten Unterrichtsgespräch, das sich als Pingpong-Gespräch (UGLS) ausweist, werden die Schüler_innen als Gesprächspartner_innen wahr- und ernstgenommen. An ihre Beiträge anknüpfend werden von der Lehrerin weiterführende theologische Fragen entwickelt, dabei auch teils die Gedankengänge der Schüler_innen gebremst und auf die Klärung des grundsätzlichen Problems der Theodizee fokussiert.

Der Fokus des Gesprächs liegt hier eben nicht ausschließlich auf den Überlegungen der Schüler_innen. Es geht nicht um die individuellen Lösungsversuche der Theodizee durch die Schüler_innen; diese werden nicht vertieft und bleiben unbearbeitet im Raum stehen bzw. werden hintangestellt und ein Aufgreifen auf eine spätere Unterrichtszeit geschoben.

Die Lehrerin hat eine andere Absicht und lenkt daher das Gespräch auf die Klärung des grundsätzlichen Verständnisses der Theodizee. Die Fixierung des Unterrichtsplans auf im Voraus zurechtgelegte Begriffe und Konzepte gerät hier allerdings mit den Beiträgen der Schüler_innen in einen Konflikt. Die Kommentare und Übersetzungen der Lehrkraft orientieren sich nicht nur an den Beiträge der Schüler_innen, sondern sind vermutlich von ihren eigenen religionspädagogischen Planungsüberlegungen motiviert. Der Lehrerin ist aus didaktischer Sicht eine Verlangsamung des Lernprozesses und eine Klärung des grundsätzlichen Problems wichtig.

Die Theodizee-Frage ist theologisch komplex und ihre unterrichtliche Behandlung anspruchsvoll. Die Idee der Lehrerin ist es, die Theodizee-Problematik an einem klassischen theologischen Modell zu erläutern. Der Pingpong-Modus des Gesprächs ermöglicht ihr hier eine ausdrückliche Lenkung orientiert an ihrer Absicht, die theologischen Begrifflichkeiten zur Theodizee-Debatte einzuführen. Diese didaktische Fokussierung lässt in dieser Unterrichtssequenz keinen Raum für die Vertiefung aller Schüleräußerungen. Es gelingt der Lehrerin dabei gut, gemäß ihrer didaktischen Intention den eigenen roten Faden in der Unterrichtsplanung zu halten und gleichzeitig an einzelne Beiträge der Schüler_innen anzuknüpfen.

Aus der Sicht einiger Schüler_innen wird das Theodizee-Problem vermutlich verkürzt bzw. zu kleinschrittig verhandelt. Aber – und das ist wichtig – die Schüler_innen sind trotz der Lenkung keineswegs nur Stichwortlieferant_innen im Gespräch, sondern werden als fragende, forschende Lernende in die komplexe theologische Denkfigur der Theodizee ernst- und mitgenommen.

Die Lehrerin agiert in diesem Unterrichtsgespräch als theologische Expertin, die an die Schülerrede anknüpfend theologische Übersetzungsarbeit leistet, d. h. lebensweltliche und erfahrungsbezogene Begrifflichkeiten werden in theologische Begrifflichkeiten übersetzt, um das Konzept der Theodizee einbringen und vertiefen zu können.

Die Übersetzungen der Lehrerin („gütig" für „gut" sowie „allmächtig" für Gott, der „alles steuert, [...] für alles verantwortlich ist") überführen Schüleräußerungen in religiöse Sprache und machen so deutlich, dass es um das Gottesbild der christlichen Sprachgemeinschaft geht. Ihr Ziel ist es, drei vorab geplante Begrifflichkeiten und dahinterstehende theologische Konzepte herauszuarbeiten, die das christliche Gottesbild so beschreiben, dass die Theodizee-Problematik daran verdeutlicht werden kann. Dazu sollen verschiedene Schüler_innen Antworten auf die Ausgangsfrage geben, die sich zu den Begriffen zuordnen lassen. Realisiert wird diese Struktur dadurch, dass die Lehrerin selektiv zentrale Begrifflichkeiten an der Tafel sichert und damit jeweils verdeutlicht, was für sie wichtig ist, worauf sie hinauswill.

Auch hier sollte weiter problematisiert werden, wie eine solche zunehmend wichtige Übersetzungsarbeit geleistet werden kann und wie diese konkret vorgenommen werden soll. Es ist zu klären, wann religiöse Sprache hilfreich ist, um etwa über eigene Erfahrungen zu sprechen und über eigene Vorstellungen auskunftsfähig zu sein. Gleichzeitig muss bedacht werden, wann eigene Vorstellungen mit dem Rückgriff auf religiöse Begrifflichkeiten in Schubladen eingeordnet werden, die nicht ganz passend sind, sondern Vielfalt vereinheitlichen und vereinnahmen.

Das theologische und didaktische Problem der Theodizee und die damit verbundene Debatte widerstreitender Gottesvorstellungen ist für heutige Jugendliche nicht mehr aktuell und lebensrelevant.

Die Essenz dieser Passage ist, dass es sich bei der Theodizee-Frage offenbar für die meisten Schüler_innen nicht um ein subjektiv bedeutsames Problem handelt. Während die Lehrerin beabsichtigt, das grundsätzliche Dilemma herauszustellen, erkennen bzw. erleben die Schüler_innen dieses gar nicht als solches. Es ist für sie kein Problem. Dadurch laufen die interaktiven Prozesse immer wieder aneinander vorbei. Die Lehrerin vereinnahmt mit ihren Formulierungen die Schüler_innen (*Wieso passt für euch Leid und Gott nicht zusammen?*), wobei die Schüler_innen auf ihren eigenen Vorstellungen und Lösungsmöglichkeiten beharren und diese immer wieder einbringen oder auf der Grundlage der für sie fremden Positionen argumentieren, von denen sie sich selbst aber immer wieder eindrücklich distanzieren. Weiterführend ist sicherlich die Frage zu stellen, wie man als Lehrkraft damit umgeht, wenn theologisch kontroverse Debatten und Probleme thematisiert werden sollen, die für die Schüler_innen heute nicht strittig sind bzw. keine Widersprüche hervorrufen.

„Was ist so schlimm an einer neuen Welt ohne Gott?" Ein echtes Unterrichtsgespräch über die Konsequenzen einer Welt ohne Gott in einer 9. Klasse, das zu einem Zwiegespräch wird

Elena Nowatschka / Dominic Fröhle

Die folgende Fallanalyse bezieht sich auf ein Unterrichtsgespräch in einer 9. Gymnasialklasse, die sich aus 6 Jungen und 16 Mädchen zusammensetzt und von Frau Blume geleitet wird. In der videografierten Unterrichtsreihe wird das Thema „Glauben an Gott – Zweifeln an Gott" behandelt. Das hier analysierte Gespräch findet gegen Ende der ersten Doppelstunde der Reihe statt. Bisher haben sich die Schüler_innen im Rahmen der Frage, was sie an Gott glauben bzw. zweifeln lässt, mit einem Teil von Nietzsches Parabel „Der tolle Mensch", sowie seiner Philosophie „Gott ist tot" auseinandergesetzt. Dabei wurde von den Schüler_innen in einer ausführlichen Partnerarbeitsphase nach den Folgen eines Sterbens Gottes gefragt. Nach einer Sammlung von Schülerantworten an der Tafel, während der die Lehrerin Frau Blume sich nach hinten in den Klassenraum stellt, folgt zu den angeschriebenen Punkten ein Unterrichtsgespräch, welches sich als echtes Unterrichtsgespräch (UG[1]) einordnen lässt. Mit verschiedenen Zugängen suchen die Schüler_innen Antworten auf die Frage nach einer Welt ohne Gott, die ein Schüler anregt, indem er eine These äußert. Außer Johanna, die sich mit ihrem Stuhl umgedreht hat, schauen alle Schüler_innen nach vorne bzw. vor sich auf den Tisch. Dennoch wirkt die Situation durch die Tischstellung wie eine Gesprächsrunde.

> Lehrerin: *Ja, Niklas hat 'ne These aufgestellt. Wiederhol' sie nochmal* (deutet mit der Hand auf Niklas).

Während dieses Impulses steht die Lehrerin hinten im Klassenraum. Auch wenn diese Position meist signalisiert, dass die Lehrperson den Schüler_innen die Bühne überlässt, greift sie hier aktiv in das Gespräch ein. Die Lehrerin beginnt ihren Wortbeitrag mit *ja*, einer Aufmerksamkeitspartikel. Aufgrund der Tonlage und der anschließenden kurzen Pause lässt sich vermuten, dass dies eine Gedankenpause darstellt, um die vorherige Aussage zu überdenken.

---

1 Beim echten Unterrichtsgespräch (UG) handelt es sich um ein Gespräch, bei dem die Schüler_innen einen hohen Gesprächsanteil haben und dabei aufeinander Bezug nehmen. Vgl. auch im Kapitel *Das methodische Vorgehen in der Unterrichtsstudie*, S. 194.

Die Lehrerin macht die Lerngruppe auf die Aussage ihres Mitschülers Niklas, der zuletzt gesprochen hat, aufmerksam. Da vorher ein Unterrichtsgespräch stattgefunden hat, in dem die Schüler_innen ohne Einmischung der Lehrkraft nacheinander gesprochen haben, legt die Nennung dieses Schülernamens einen besonderen Fokus auf Niklas' Aussage. Sie wird aus den übrigen Beiträgen hervorgehoben und bekommt dadurch für den weiteren Verlauf des Unterrichts eine besondere Bedeutung.

Offen ist, was es für die Schüler_innen bedeutet, wenn die Lehrerin Niklas' Aussage als These tituliert. Dies kann hier sowohl eine Wertschätzung von Niklas' Aussage anzeigen, sie aber auch als etwas, über das diskutiert werden und an dem man sich abarbeiten muss, qualifizieren. Vermutlich lässt die Lehrerin die These wiederholen, da sie die Schüler_innen gezielt auf sie aufmerksam machen möchte, eventuell weil sie hier ein besonderes Potential erkennt.

Auch wenn die Formulierung im Imperativ ohne *bitte* scharf wirkt, was die Selbstverständlichkeit betont, mit der der Schüler zur Wiederholung seiner Aussage aufgefordert wird, zeigen Körperhaltung und Tonlage der Lehrerin, dass sie dies durchaus freundlich und wertschätzend meint.

Niklas: (schaut L. an) *Was ist daran so schlimm, wenn wir 'ne neue Welt anfangen ohne Gott?*

Niklas reagiert unmittelbar auf die Aufforderung der Lehrperson und scheint die These für sie zu wiederholen. Erst nach einigen Worten macht er eine Gedankenpause. Deutlich wird hier ebenso, dass Niklas eine Frage und keine These formuliert. Entweder hat die Lehrerin aus seiner Frage eine These generiert oder er drückt seine vorherige These nun als Frage aus.

Der umgangssprachliche Begriff *schlimm* wurde bereits verwendet. Jedoch erfolgt dessen erstmalige Nennung ebenfalls in einem Wortbeitrag von Niklas in einem vorherigen Unterrichtsgespräch und wurde anschließend von der Lehrerin und Mitschüler_innen aufgegriffen.

Niklas wählt mit der *neuen Welt ohne Gott* eine religionsphilosophische bzw. metaphorische Ausdrucksweise, da faktisch keine neue Welt angefangen wird. Dies kann entweder eine alte Welt implizieren, in der Gott existiert oder in der der Gottesgedanke wirkmächtig ist. Ob diese Wortwahl bereits verwendet wurde oder von ihm stammt, ist unklar. Das Anfangen der Welt kann durch das Pronomen (*wenn*) sowohl konditional (sie fängt in diesem Moment an) als auch futurisch (sie fängt irgendwann einmal an) gemeint sein. Da Niklas im Konjunktiv spricht, deutet dies eher auf eine futurische und damit aktive Auslegungsweise hin, die ein *Töten* Gottes impliziert. Dem gegenüber steht jedoch, dass für manche Menschen heute schon eine Welt ohne Gott existiert.

Es wird hier nicht klar, wen Niklas mit dem Kollektivschluss *wir* meint. Die gesamte Menschheit, seine Altersgruppe, sich und seine Mitschüler_innen oder eine von der Klasse verschiedene Gruppe wie die Atheisten? Fraglich bleibt ebenso, ob Niklas vom christlichen oder jüdischen Gott spricht oder auch von den Gottheiten anderer Religionen. Da er den Singular verwendet und keinen spezifischen Gott nennt, verweist dies eher auf einen allgemein philosophischen Gottesbegriff.

Durch die verwendete Tonlage und seine eher lässige Attitüde entsteht der Eindruck, dass Niklas seine *These* bzw. Frage nicht besonders engagiert vorbringt. Der provokante Charakter der These entsteht vielmehr durch ihren Inhalt. Sie eröffnet die Möglichkeit einer kritischen Debatte. Die Frage ist weder mit ja noch mit nein beantwortbar, sondern fordert eine Begründung, *warum es schlimm ist*. Spannend ist nun, wie die Lehrerin weiter mit diesem Beitrag umgeht.

> Mareike: (schaut Niklas an bzw. vor sich auf den Tisch) *Ja, also, ich meine, wir haben jetzt nicht so unbedingt gesagt, dass das so schlimm ist.*

Die Lehrerin geht nicht mehr auf Niklas' Frage ein, sondern lässt sie im Raum stehen. Durch eine Handbewegung fordert sie Mareike zum Reden auf. Diese beginnt mit der Gesprächspartikel *ja*. Je nachdem, wo das folgende *also* zugeordnet ist, kann dieses für eine Nachdenklichkeit (*ja, also*), oder für eine Selbstmotivation der Schülerin (*also, ich meine*) stehen. Mareike knüpft mit ihrer folgenden Aussage inhaltlich an Niklas' erste Frage (*was ist daran so schlimm*) an. Dabei greift sie *wir* und *schlimm* von ihm auf. Sie distanziert sich dadurch von den Beiträgen ihrer Mitschüler_innen aus dem vorherigen Gespräch. Bisher findet kein tiefergreifender inhaltlicher Konflikt statt. Die Auseinandersetzung entsteht allein durch das bloße Nennen ihrer Gegenmeinung.

> Mareike: *Also, ich find' das jetzt auch nicht so, ist ja nicht so dramatisch* (stark betont) *oder so, weil, ich kann mir jetzt nicht vorstellen, dass irgendjemand, äh, von uns jetzt so extrem* (letztes Wort stark betont) *mit diesem Glauben lebt. Und, äh, alles so befolgt, was der Glaube uns vorgibt oder so.*

Mareike äußert hier ihre Meinung (*ich find'*) in dreifacher abgrenzender Form (drei negative Aussagen mit *nicht*). Aus dem Kontext bezieht sie sich dabei vermutlich auf die *neue Welt ohne Gott*, in der sie keinen Angriff auf sich selbst bzw. die bestehende Ordnung sieht. Dabei nutzt sie nicht Niklas' Begriff *schlimm*, sondern ersetzt ihn durch ein betont gesprochenes *dramatisch*. Diese Steigerung von *schlimm* macht deutlich, dass sie mit der Bedeutung des *Schlimmen* ringt. Das zweite *so* stellt eine Abtönungspartikel als Steigerung von *dramatisch* dar. Wird im Alltag ein Sachverhalt mit *nicht so dramatisch* kommentiert, wird meist ausgedrückt, dass ihm keine große Bedeutung beigemessen wird. Dies kann als Ausdruck einer Beipflichtung Niklas gegenüber verstanden werden.

Mareike leitet mit *ich kann mir jetzt nicht vorstellen* eine persönliche Begründung ein, die nicht für alle stimmen muss. Durch die Verwendung von *vorstellen* verdeutlicht sie die Begrenztheit der eigenen Vorstellungswelt, der ihre Überlegungen entstammen. Dabei zeigt sich das vorgestellte *jetzt* eher als Füllwort denn als Aussage über den Zeitpunkt.

Mareike beginnt hier eine These aufzustellen. Das *irgendjemand* scheint an dieser Stelle eine generalisierende Bedeutung zu haben – niemand lebt so extrem mit diesem Glauben. Durch das folgende *uns* begrenzt sie diesen globalen Aspekt jedoch vermutlich auf die Lerngruppe. Zusätzlich betont sie das Wort *extrem*, das wie *dramatisch* zuvor ein bedeutungsstarkes Wort ist, und stellt erneut ein *so* vor, wodurch sie auch dieses *extrem* steigert, ohne einen Superlativ zu verwenden. Auf diese Weise wirken die Aussagen *so extrem* und *so dramatisch* eher relativierend, sie scheint damit zu rechnen, dass ihr auf eine solch globale Aussage Kritik entgegnet werden würde, weil sie diejenigen Mitschüler_innen brüskieren könnte, die einen Glauben haben.

Gegenüber Niklas spricht Mareike von einem bestimmten Glauben, den sie jedoch auch nicht näher spezifiziert. Auch wenn die Aussage *diesen Glauben haben* näherliegt, sagt sie *mit diesem Glauben zu leben*. Einerseits kann sie dadurch ausdrücken, dass Glauben und Leben eng verstrickt sind, oder auch, dass jemand mit einem lebensrelevanten Glauben lebt.

Obwohl Mareike vorhergesagt hat, dass man auch ohne den Glauben leben kann, scheint er ihrer Meinung nach dennoch etwas vorzugeben. Sie ringt um das Verständnis von Glauben und um dessen Einfluss auf das Leben. Dabei hat sie offenbar ein Glaubensverständnis, dass besonders durch moralische Aspekte bestimmt ist. Mit dem Glauben leben heißt für Mareike, dessen moralische Regeln zu befolgen. Dabei sagt sie, dass nicht alles Vorgegebene auch umgesetzt wird und fügt erneut *oder so* an. Dieser Satz zeigt eine Unsicherheit, womit sie vielleicht ausdrücken möchte, dass sie trotz dieser Empfindungsäußerung nicht für ihre Wortwahl angegriffen werden möchte oder, weil sie sich als Erste zu Niklas' Frage positioniert und kaum Zeit hatte, sich ihre Antwort zu überlegen und vorzuformulieren und sich ihrer Sache noch nicht sicher ist.

Selbst nach mehrmaligem Lesen und Betrachten des Videos im Auswertungsprozess stellen die Aussagen der Schüler_innen sehr komplexe und facettenreiche Beiträge dar. Hierin zeigt sich die hohe Kompetenzanforderung an die Lehrenden, diese durch einmaliges Hören zu verstehen, einzuordnen und gegebenenfalls mit diesen weiterzuarbeiten.

Mareike: *Aber es ist schon irgendwo anders, weil man hat sich jetzt schon so daran gewöhnt.*

An dieser Stelle entsteht eine echte kontroverse Debatte, was im Unterrichtsalltag eine Besonderheit darstellt. Vor dieser Aussage hat Mareike Niklas in seiner Position, dass *eine neue Welt ohne Gott nicht schlimm wäre*, eher zugestimmt. Nun ist der Ansatz eines Widerspruchs (*aber*) gegenüber Niklas zu erkennen, wobei sie von der Qualifizierung einer *Welt ohne Gott* als *schlimm* ablässt und stattdessen das Anderssein einer solchen betont. Damit verweist Mareike darauf, dass Gewohntes oft ungern aufgegeben wird. Anscheinend empfindet sie *schlimm* jedoch als ein zu starkes Wort. Das *irgendwo* scheint hier synonym zu *irgendwie* gebraucht zu werden. Damit lässt Mareike zunächst offen, was genau anders ist. Das *jetzt* kann hier sowohl eine Gesprächspartikel als auch ein temporäres Moment darstellen – es gab eine Zeit ohne den Glauben, seitdem es ihn jedoch gibt, hat *man* sich *daran gewöhnt.*

Ob dieses Argument zur Verteidigung des Glaubens hilfreich ist oder der Glaube auf eine Gewohnheit reduziert wird, bleibt inhaltlich offen. Wen sie hier mit *man* anspricht, spezifiziert sie nicht näher; offen ist auch, zu welcher Gruppe sie sich selbst rechnet. Hat sie nur Verständnis für die Gläubigen oder hat sie sich selbst *daran gewöhnt*, weswegen eine *neue Welt ohne Gott* auch für sie *anders* wäre?

Mareike: *Es gibt halt diese, es gibt halt so Kirchen oder so und es gibt den Papst und, das weiß man so alles und man hat sich so daran gewöhnt.*

Mareike beginnt nun die oben angesprochene Veränderung (was *irgendwo anders* ist), näher zu präzisieren. Sie geht mit *Kirchen* auf die Institutionen bzw. Gebäude ein, die dabei wegfallen würden. Mit dem verwendeten Plural scheint sie nicht von einem pluralen Christentum (katholisch, evangelisch, orthodox), sondern von den Gebäuden zu sprechen. Hier bringt Mareike mit den *Kirchen* etwas konkret Vorstellbares gegenüber dem zuvor abstrakten Glauben ein, an das sie jedoch erneut ein *oder so* anfügt. Dies kann darauf hindeuten, dass es noch mehr wichtige Dinge dieser Art gibt, die Mareike gerade nicht benennen kann. Als weitere Gegebenheit führt Mareike den Papst an. Anschließend stellt sie die allgemeine Behauptung auf: *das weiß man so alles.* Ihr verwendeter Wissensbegriff scheint stark von der Wahrnehmung des Gegebenen (Kirchen, Papst) abzuhängen. Gegenüber der religionsphilosophischen Aussage von Niklas beruht Mareikes Ansatz eher auf als Fakten wahrgenommenen Phänomenen und orientiert sich an der Gegenwart.

Durch die erneute Verwendung von *so* scheint sie zu verdeutlichen, dass dieses Wissen nicht explizit, sondern eher diffus und nicht eindeutig ist und sie ihre Aussage gerade in diesem Moment produziert. Dabei greift sie ihr Argument aus ihrem vorherigen Satz nahezu wörtlich auf (*man hat sich so daran gewöhnt*), es fehlt lediglich *jetzt.* Wenn sie dieses zuvor als einen Zeitmarker gemeint hat, kann es nun auf die längere Geschichte von Kirche und Papst hinweisen. Ob eine solche Veränderung schlimm wäre, bleibt offen.

Mareike: *Und de- irgendwo ist die Kirche ja auch ein bisschen mit in unser ganzes Leben so eingebunden, dass halt gesagt wird: Ja, jeder darf sich seine Religion aussuchen und so.*

Im Folgenden spricht Mareike von der Kirche, die *in unser Leben eingebunden* ist und konkretisiert so ihre obige Meinung. Gleichzeitig eröffnet sie den Gegensatz zwischen *ein bisschen* und *dem ganzen Leben* und ordnet sich in die Gruppe *uns* ein. Wen genau diese Gruppe umfasst, ist weiterhin unklar. Ebenso verwendet Mareike erneut den Begriff *mit eingebunden.* Das macht einen eher statischen Eindruck, nicht den einer aktiven Verbindung von Kirche und Leben. Wie die Kirche in das Leben eingebunden ist, wird nicht näher beschrieben.

Durch *halt* schwächt sie die folgende Aussage (*jeder darf sich seine Religion aussuchen*) ab, die keinem Sprecher zugeordnet ist. Es scheint sich um eine Aussage zu handeln, die jeder schon einmal gehört oder gesagt hat. Überraschend ist, dass sie mit der Religionsfreiheit kein genuin theologisches Argument aufnimmt, sondern eher ein gesellschaftliches oder säkulares. Es ist zu vermuten, dass Mareike hier auszudrücken möchte, dass trotz der relativierenden Religionsfreiheit für viele Menschen die Kirche in ihr Leben *eingebunden* ist.

Mareike: Und dann würde ja auch Religionsunterricht gar nichts mehr bringen. Und deswegen wäre es dann schon alles sehr anders. Es wäre nur halt eine große Veränderung so. Ob das jetzt so schlimm (stark betont) wäre, wahrscheinlich nicht. Aber es wäre halt sehr, 'ne sehr große Veränderung.

Mareike verwendet hier den Konjunktiv (*würde*) und bezieht sich damit auf die für sie vorstellbaren Konsequenzen einer *neuen Welt.* Dabei schließt sie eher an ihre vorletzte Aussage an. Sie sieht den Religionsunterricht möglicherweise als einen Ort, um eine Welt mit Gott kennenzulernen, der in einer neuen Welt ohne Gott seinen Zweck eingebüßt hätte.

Mareike greift ihr vorheriges Argument erneut auf. Durch dieses Wiederholen signalisiert sie das Ende ihrer Rede. Dabei qualifiziert sie die Veränderung durch eine neue Welt ohne Gott als *sehr groß.* Durch *nur* betont Mareike die für sie wichtige Differenz, die sie darauffolgend ausführt: eine neue Welt ohne Gott lässt sich als *sehr anders,* aber nicht als *schlimm* bezeichnen.

Während ihres Beitrages schaut Niklas Mareike an, Mareike blickt ab und zu ihm, aber auch zu ihren Mitschüler_innen und der Lehrerin. Dies kann erklären, warum sie nicht direkt an ihn anknüpft. Entweder muss sie zunächst nachdenken oder signalisiert auf diese Weise, dass sie seine Frage nicht verstanden hat. Von den übrigen Mitschüler_innen meldet sich ein Schüler bereits zu Beginn von Mareikes Beitrag. Während sie redet, beginnen drei weitere Schüler_innen aufzuzeigen. Es scheint hier eine Diskussionsmöglichkeit zu geben. Auf diese ist jedoch an der Körperhaltung und Mimik der Lehrperson keine Reaktion erkennbar. Offen bleibt, ob sich die Meldungen auf Mareike oder Niklas beziehen.

Lehrerin: *Emma!*
Emma: (schaut Niklas an) *Ja, und, ähm, es wäre auch eigentlich schlimm, irgendwie, denn so das Ganze klingt jetzt so, dass von heut' auf morgen jetzt überhaupt das alles nicht existiert.*

Die Lehrerin ruft die Schülerin auf, die sich als letzte gemeldet hat. Dies kann ein Indiz dafür sein, dass sich die Schülerin auf Mareike beziehen wird und damit ein Grund für die Lehrerin, Emma vorzuziehen. Emma beginnt, wie schon die Lehrerin und Mareike, mit *ja* und knüpft sowohl an Niklas als auch an Mareike an. Letztere unterhält sich jedoch mit ihren Sitznachbar_innen und scheint sich aus dem weiteren Unterrichtsgespräch herauszuhalten. Auch wegen Emmas Blickrichtung zu Niklas scheint daher der Bezug zu ihm zu überwiegen. Dabei benutzt sie den Konjunktiv, um ihm zu widersprechen, dass eine solche neue Welt doch *schlimm wäre*, wobei ihr *und* auch darauf hinweisen kann, dass sie an Mareikes Aussage anknüpft. Es ist nun mit einer Begründung dieser Behauptung zu rechnen.

Das *eigentlich* scheint in Kombination mit *irgendwie* eine relativierende Bedeutung zu haben und eine mögliche Unsicherheit Emmas zu zeigen. Fraglich bleibt, ob mit *das Ganze* und *alles* das von Mareike Gesagte oder etwas aus dem vorherigen Gespräch gemeint ist.

Mit *von heut' auf morgen* nutzt Emma eine Redewendung, die meist für einen plötzlichen Wandel steht, der durch *jetzt* in der Gegenwart verortet wird. Zusätzlich nimmt sie durch die Verwendung der Phrase kritisch Bezug auf Niklas' saloppe Formulierung. Dem gegenüber steht die Verwendung einer gehobeneren Sprache mit dem Wort *existieren.* Zwar wurde an dieser Stelle zunächst eine Begründung erwartet, jedoch fügt Emma zunächst eine Ergänzung, wie sie den Sachverhalt versteht, ein. Dem entsprechend müsste ihre persönliche Ansicht nun folgen.

Emma:	*Aber, wenn das passieren würde, würde das ja sicher Jahre* (letztes Wort lang gezogene Aussprache) *dauern, bis das alles irgendwie plötzlich weg ist und dann, weiß ja nicht, ob man sich daran gewöhnt auch irgendwann.*

Mit *aber* leitet Emma nun, wie erwartet, ihren kritischen Einwand im Konjunktiv ein. Dabei bleibt sie erneut unspezifisch und verwendet ein nicht näher bestimmtes *das*, welches sich kontextuell auf die Abschaffung real erlebbarer Religion beziehen kann. Die Verwendung des gedehnt gesprochenen Wortes *Jahre* steht der zuvor benannten plötzlichen Wendung gegenüber. Sie verdeutlicht, dass eine solche Veränderung ein langer Prozess ist, wohingegen Niklas in Form eines Gedankenexperiments auf einen veränderten Zustand abhebt und den Prozess dorthin ausblendet. Daran anschließend eröffnet sie ihre eigene Meinung, indem sie das Argument der Gewohnheit der Menschen von Mareike aufgreift. Dieses ist wie zuvor nicht subjektgebunden, vielleicht um sich nicht festlegen zu müssen, oder um den Plural für die ganze Menschheit mitzusprechen. Durch *weiß ja nicht* drückt Emma ihren Zweifel daran aus, ob sich die Menschen an eine Welt ohne Gott gewöhnen. Sie scheint zumindest nicht mit einer schnellen Gewöhnung zu rechnen.

Emmas und Mareikes Redebeiträge sind vom Umfang her sehr komplex, auch wenn sich dies nicht unbedingt im Inhalt wiederfindet, da beide kein Argument nennen, warum eine *neue Welt ohne Gott schlimm wäre*. Durch Emmas Syntax scheinen ihre Formulierungen anspruchsvoller.

Isabell:	(schaut Niklas bzw. manchmal auch Lehrerin an) *Ich mein', diese, ähm, dieses Schlimme kommt einem ja nur so vor, wenn man wirklich noch glaubt und wenn man glaubt, dann stirbt Gott ja nicht. Von daher ändert sich dann ja gar nichts. Und wenn man wirklich aufhört, an Gott zu glau-*

ben, dann ist das ja auch nicht so schlimm, wenn, wenn sich dann was ändert. Also.

Als nächstes spricht wieder eine Schülerin, die sich gemeldet hat, während Mareikes Kirchenargument begann, und die von der Lehrerin durch Kopfnicken zum Reden aufgefordert wird. Mit *ich mein'* scheint Isabell ihre eigene Meinung einbringen zu wollen. Die Angleichung des grammatikalischen Geschlechts von *diese* zu *dieses* und *ähm* deuten darauf hin, dass sie nach den richtigen Worten sucht. Durch das Aufgreifen des Begriffs *schlimm* stellt sie primär einen Bezug zu Niklas her.

Mit *kommt einem ja nur so vor* perspektiviert Isabell die diskutierte Frage. Für sie ist die Antwort offenbar unterschiedlich, je nachdem, ob man individuell an Gott glaubt. Sie sagt, dass ein Verschwinden Gottes nur dann schlimm ist, wenn man noch glaubt und dass sich dann nichts ändern würde. Es entsteht hier ein Widerspruch, weil Isabell versucht, unterschiedliche Weisen einzubeziehen, das Verschwinden Gottes zu verstehen. Zum einen scheint sie das im Gespräch bereits angesprochene Verschwinden von Institutionen mitzudenken, zum anderen die Ahnung zu haben, dass dies nicht den Kern bildet, wenn man von einem Verschwinden Gottes spricht – dass eben das Verschwinden eines Glaubens an Gott gemeint sein kann. Isabell spricht damit zum einen an, dass der individuelle Gottesglaube durch gesellschaftliche Veränderungen nicht gefährdet sein muss. Zum anderen ist in ihrer Aussage enthalten, dass Gott (individuell betrachtet) nicht stirbt, wenn der einzelne Mensch weiter glaubt. Die Widersprüchlichkeit ihrer Aussage entsteht dadurch, dass Isabell davon ausgeht, dass es nie eine Welt geben wird, in der es gar keinen Gottesglauben gibt. Weil sie dies auch verdeutlichen möchte, bleibt sie nicht konsequent in dem Gedankenspiel der neuen Welt ohne Gott.

Es handelt sich bei Isabells Aussage um eine Entgegnung zu Mareikes Annahme einer großen *Veränderung.* Weder für die Gläubigen noch für die Nicht-Gläubigen geht Isabell von einer großen Veränderung aus. Denn sie macht den Glauben nicht von äußeren Fakten abhängig, sondern differenziert zwischen der Verfasstheit der Welt und dem Glauben als inneren Prozess. Damit negiert sie, dass eine Welt ohne Gott schlimm sei und widerspricht somit Niklas.

Während Isabell spricht, schaut sie die meiste Zeit zur Lehrerin, zeitweise auch zu Niklas. Dieser hingegen schaut sie, ebenso wie Emma, sehr fokussiert an, was darauf hinweisen kann, dass sie aufmerksam dem Beitrag folgen, sie die Frage sehr beschäftigt und sie Antworten suchen. Insgesamt ist in diesem Unterrichtsgespräch der Blickkontakt zwischen den einzelnen Schüler_innen auffällig. Sie drehen sich so, dass sie sich sehen können, wodurch ein Bezug aufeinander begünstigt wird. Die Schüler_innen wollen miteinander reden.

Mareike hingegen spricht immer noch mit ihrer Sitznachbarin und zeigt offenbar, wie die Schüler_innen rechts von Niklas, keine besonderen Regungen oder großes Interesse am Gespräch. Johanna hingegen meldet sich sehr engagiert. Sie sitzt in guter Blickrichtung zu Niklas und zur Lehrerin.

Johanna: (zur Lerngruppe hinter ihr gewandt, schaut Lehrerin an) *Also, ich glaube, dass, dass eigentlich, eigentlich kann man sowas, sowas gar nicht wirklich, also wenn man jetzt sagen würde, ja, was ist das Schlimme daran, dass, wenn es eine Welt ohne Gott gäbe, dann, ich glaube, das kann man sich gar nicht fragen, weil eigentlich einfach nicht möglich* (letzte beiden Worte stark betont) *ist, weil es eigentlich so ziemlich tota-, also es ist ja total im Mensch, im Wesen des Menschen verankert, dass man immer nach Erklärungen für alles sucht.* (Niklas beginnt sich zu melden, schaut Lehrerin und Johanna an.)

Johanna, die sich schon seit Beginn von Mareikes Beitrag meldet, ist die einzige Schülerin, die noch aufzeigt. Der Schüler, der sich zuerst gemeldet hatte, hat seinen Arm während Isabells Aussage wieder heruntergenommen. Obwohl sich Johanna offensichtlich schon lange ihres Gedankens bewusst ist, formuliert sie ihn stockend und wiederholt sich oft – vielleicht weil sie ihn durch das lange Warten und neue Impulse wieder verloren hat. Ihre Stellungnahme schränkt Johanna durch *eigentlich* und *nicht wirklich* ein. Unklar bleibt, was Johanna mit *sowas* meint. Entsprechend des Kontexts kann sich dieses sowohl auf das *Schlimme* beziehen als auch auf eine vorherige oder kommende Aussage. Mit *wenn man sagen würde* stellt sie einen Bezug auf Niklas' Ausgangsfrage her, die sie mit leicht veränderter Syntax im Konjunktiv wiedergibt. Dadurch wird diese weniger aktiv und verortet das futurische Moment der Ausgangsthese in der Gegenwart. Dennoch zielen beide Fragen auf dieselbe Antwort ab. Durch diesen doppelten Konjunktiv von *sagen würde* und *gäbe* scheint sie ausdrücken zu wollen, dass die Annahme der neuen Welt nicht getroffen werden könne. Johanna stellt hier Niklas' Frage erneut in den Mittelpunkt.

Johanna setzt ihren Gedanken stockend fort. Inhaltlich macht sie deutlich, dass für sie tatsächlich ein Stellen der obigen *Frage ja, was ist das Schlimme daran, dass, wenn es eine Welt ohne Gott gäbe, nicht möglich ist.* Durch *eigentlich* schwächt sie jedoch die Unmöglichkeit wieder ein wenig ab. Das im *Menschen* verankerte *es* wird durch das *Wesen des Menschen* präzisiert. Dieses wird im folgenden Relativsatz nicht auf Gott, sondern auf die Suche nach *Erklärungen für alles* bezogen. Sie setzt den Glauben mit der Suche nach Erklärungen gleich. Offen bleibt jedoch, warum die Frage danach nicht möglich ist. Es bleibt unklar, wie die *Erklärungen* mit der *Welt ohne Gott* zusammenhängen. Entweder geht Johanna davon aus, dass Gott *die Erklärung für alles* ist oder man letztendlich auch Gott braucht, um alle Fragen beantworten zu können. Dabei ist wahrscheinlicher, dass Johanna eine *Welt ohne Gott* als nie ganz erklärbar ansieht. Die Formulierung von *eigentlich, ziemlich, total* erscheint zunächst widersprüchlich, kann aber als Steigerung der einzelnen Begriffe gemeint sein. Vermutlich möchte sie ihre Vorstellung ausdrücken, dass es für sie auf der Sachebene *total im Wesen des Menschen verankert* ist. *Eigentlich* und *ziemlich* ergäbe sich aus der Situation der Kommunikation und Verteidigung in der Klasse, um sich auf der Beziehungsebene nicht angreifbar zu machen.

Niklas scheint in Johannas Aussage eine Kontroverse zu sehen und beginnt sich zu melden, was er bei den bisherigen Beiträgen nicht getan hat. Jedoch kann sich dieses Aufzeigen aufgrund der inneren Verzögerung des Denkens auch auf eine Aussage von vorher beziehen.

Johanna: *Also, wenn jetzt irgendjemand 'nen Autounfall hatte, dann suchen immer alle nach Erklärungen, auch wenn's keine Erklärungen gibt, weil es einfach, ja, Pech* (letztes Wort stark betont) *war oder sowas, und dann gibt es halt für einiges, gibt es eigentlich keine Erklärungen und dann, und, äh, für alles, für das es halt keine Erklärungen gibt, ähm, hat man uns dann als Erklärung so, also Schicksal und Gott* (letzte drei Wörter lang gezogene Aussprache), *und irgendwie sowas und deswegen gibt's ohne sowas, kann ja eigentlich dann* (gar nicht) (letzten beiden Worte schwer verständlich) *existieren.*

Johanna beginnt mit *also,* ein Alltagsbeispiel für die Suche nach Sinn einzuführen. Dieses erfordert anscheinend eine Erklärung durch Gott. Damit zeigt sie gleichzeitig, wie Fragen und Situationen aussehen können, für die *Erklärungen* gesucht werden. Ein *Autounfall* stellt dabei offensichtlich eine Extremsituation dar, in der man nach Erklärungen sucht. Bei einem solchen stellen sich nicht nur Fragen nach Fakten, sondern auch eine Frage nach dem Sinn und dem Warum des Geschehenen auf einer Metaebene. Sie ergänzt zusätzlich, dass sich solche Fragen nicht nur bestimmte Personen, sondern universal *alle* Menschen stellen, was durch *irgendjemand* und *immer* gestützt wird. Dies steht in einer Kontinuität zur Verortung dieser Eigenart im *Wesen des Menschen.* Das verwendete *jetzt* scheint hier keine temporale Bedeutung zu haben, sondern als Gesprächspartikel zu fungieren. Zu den Fragen, auf die eine Antwort gefunden werden kann, eröffnet Johanna nun den Gegensatz der Fragen, für die es *keine Erklärungen gibt.* Dabei stellt etwa *Pech, also ein unglücklicher Zufall,* für Johanna keine Erklärung (vielleicht im Sinne einer Antwort auf die Warum-Frage) dar. Da sie immer den Plural *Erklärungen* benutzt, scheint es jedoch auch nicht die eine richtige zu geben.

Bisher fehlt der Begründungszusammenhang zwischen dieser Aussage und ihrer Frage. Inwiefern bedingen unerklärbare Geschehnisse, dass die Frage nach der Nicht-Existenz Gottes nicht gestellt werden darf?

Den zweiten Teil der Aussage formuliert Johanna weiter stockend, wobei im Mittelteil sogar das Vollverb fehlt. Sie wiederholt erneut, dass es keine Erklärungen gibt. Dabei sagt sie, dass *einiges,* aber nicht viele Dinge, in diese Kategorie fallen. Schließlich führt sie *Schicksal und Gott und sowas* als Erklärung angesichts unbeantwortbarer Fragen an. Indem sie dies relativ langsam spricht, hebt sie beide Begriffe hervor. Mit *uns* könnte es sich in diesem Kontext um die Lerngruppe, die Christenheit oder die gesamte Menschheit handeln. Nach *sowas* setzt Johanna ihre Erklärung neu an. Damit scheint sie zu meinen, dass man ohne *Schicksal und Gott* oder ähnliches nicht existieren kann.

In ihrem Beitrag bezieht Johanna die Aussagen ihrer Vorrednerinnen nicht mit ein, sondern reagiert lediglich auf Niklas' Ausgangsfrage. Auch die vorherigen Beiträge weisen nur einen latenten Bezug zueinander auf.

Niklas:	(schaut Johanna an) *Ähm* (letztes Wort langgezogen ausgesprochen), *du sagst, es geht nicht, dass, äh, Gott ganz verschwindet, natürlich geht das. Wieso denn nich? Guck mal, in letzter Zeit also, wie-, wie viel-*

Niklas bezieht sich mit *guck mal* und *du sagst* ganz direkt und unmittelbar auf Johanna. Dabei ist nun die Möglichkeit für ein echtes Unterrichtsgespräch[2] gegeben. Er fasst paraphrasierend zusammen, was er ihrem Beitrag entnommen hat. Dies ist neben dem steten Rückbezug auf die Ausgangsthese der erste Redebeitrag, der konkret Bezug zu einer vorherigen Aussage herstellt. Entweder ist die Existenz einer *Welt ohne Gott* möglich, auf diese Seite ordnet er sich selbst ein, oder nicht, hier ordnet er Johannas Aussage ein. Daran anschließend verdeutlicht er durch *natürlich geht das* seine eigene Position. Mit *natürlich* stärkt er seine Aussage gegenüber Johannes Argumenten. Niklas bekräftigt diese These durch eine anschließende, rhetorische Frage. Auf diese folgend leitet er mit *also* ein Argument ein, welches sich offenbar auf die jüngere Vergangenheit (*in letzter Zeit*) bezieht. Diese Floskel steht meist für eine längere Entwicklung, die nicht klar in der Zeit verortet ist. Durch *guck mal* spricht Niklas Johanna erneut an und fordert sie auf, das nun Folgende in ihren Überlegungen zu berücksichtigen sowie dazu Stellung zu nehmen. Um welche Geschehnisse es sich hierbei handelt, ist noch offen. Es ist jedoch zu vermuten, dass diese der erlebten Realität entstammen.

Johanna:	(schaut Niklas an) *Ja, vielleicht, dass Gott ganz verschwindet, aber nicht, dass so Glaube an irgendwas ganz verschwindet.*
Niklas:	(schaut Johanna an) *Natürlich, guck mal, in letzter Zeit sind, sind die, ist die Zahl der Atheisten, äh, ziemlich gestiegen* (ein Schüler sagt etwas Unverständliches). *Und das wa, ja das, sag ich,* und (blickt zu den Schüler_innen, die etwas getuschelt haben) *ja und wenn das so weitergeht, dann kann es durchaus sein, dass Gott irgendwann nur noch, äh, Geschichte ist.* (Lehrerin nickt, Schüler_innen tuscheln, 8 Sekunden Pause)

Johanna unterbricht Niklas, während er spricht und reagiert direkt auf seine Zusammenfassung ihrer Aussage. Ihr scheint diese Richtigstellung und Differenzierung wichtig zu sein, weil sie sich offenbar falsch verstanden fühlt. Sie erklärt, dass zwar Gott mit dieser spezifischen Bezeichnung verschwinden kann, aber dennoch Erklärungen benötigt werden, die weiterhin auf dem Glauben an etwas beruhen.

---

2 Ein echtes Unterrichtsgespräch ist mindestens dreipolig angelegt. Dieses findet im Klassenplenum mit Bezügen zueinander statt und weist ein gemeinsames Thema auf.

Niklas macht eine kurze Pause bevor er wieder beginnt zu sprechen. Anscheinend denkt er kurz über Johannas Einwand nach. Dann nimmt er sein obiges Argument wieder auf und führt es weiter aus. Er sieht die steigende Anzahl der Atheisten als Indikator für das Verschwinden Gottes. Hierbei scheint er Johannas Einwand zwar sprachlich, aber nicht inhaltlich zu berücksichtigen, da er seinen Gedanken weiter formuliert und sich nicht auf den Glauben bezieht. Dies wird durch die Wiederholung von *Natürlich, guck mal* und *in letzter Zeit* unterstrichen. Dabei bleibt offen, ob sich Niklas mit *Atheisten* tatsächlich auf die Gruppe der Nicht-Gläubigen oder auf die der Konfessionslosen bezieht. Das folgende *ja das sag ich* kann sowohl eine Bekräftigung der eigenen Aussage sein, als auch Bezug zu dem vorherigen Tuscheln nehmen. Jemand könnte ihm hier einen Hinweis gegeben haben, was noch eingebracht werden könnte, weswegen er *wa-* abbricht.

Es entsteht an dieser Stelle zwischen Johanna und Niklas eine Kontroverse bzw. ein fachliches Zwiegespräch, in der ein stetiger gegenseitiger Bezug herrscht. Dies ist für ein Unterrichtsgespräch sehr bemerkenswert.

Mit *kann es durchaus sein* scheint Niklas ausdrücken zu wollen, dass eine weiterhin steigende Zahl an Atheisten zu einem Verschwinden Gottes führen kann. Dies ist für ihn allerdings nur eine mögliche Entwicklung. (vgl. vorausgehende Aussage: *wenn wir eine neue Welt anfangen ohne Gott.* Auch hier verwendet er mit dem Pronomen (*wenn)* eine Möglichkeitsanzeige). Dabei ersetzt er den Begriff des Verschwindens durch *irgendwann nur noch Geschichte ist.* Geschichte meint hier vermutlich als Redensart keine Erzählung, sondern etwas historisch Gewesenes.

Es wird deutlich, dass Johanna und Niklas zwei vollkommen unterschiedliche Positionen vertreten und Argumentationsweisen nutzen. Während Johanna engagiert auf einer anthropologischen Ebene argumentiert (vgl. vorausgehende Aussagen: es liegt *im Wesen des Menschen*), geht Niklas auf eine soziologische Ebene ein und betrachtet den gesellschaftlichen Wandel. Dabei berücksichtigt er nicht Johannas Argument, sondern lediglich ihre grundlegende Positionierung. Beide nutzen trotz des großen Bezugs aufeinander unterschiedliche Begründungsmodelle. Diese bleiben trotz einer inhaltlich-qualitativen Steigerung im Vergleich zu den vorherigen Beiträgen an der Oberfläche.

Die Lehrerin nickt an dieser Stelle, was entweder das von Niklas genannte Faktum der ansteigenden Anzahl der Atheisten sowie seine gesamte Aussage bestätigen oder eine Geste sein kann, um das Gespräch aufrecht zu erhalten und die Schüler_innen zur Beteiligung zu motivieren. Das parallele Tuscheln der Mitschüler_innen kann dabei sowohl deren Langeweile als auch Interesse an der Diskussion oder eine produktive Denkpause zeigen. Die anschließende Pause von acht Sekunden, in der die Lehrerin in die Lerngruppe schaut und auf eine weitere Wortmeldung zu warten scheint, unterstützt diese beiden Sichtweisen. Entweder wissen die Schüler_innen nicht, was sie auf Niklas' Argument entgegnen sollen, weil sie sprachlos sind oder nicht wissen, um was es geht, oder sie nehmen die Diskussion als ein Zwiegespräch zwischen Johanna und Niklas wahr, in das sie sich nicht einmischen dürfen bzw. das nun beendet ist. Eventuell sind die Schüler_innen verwirrt von der Argumentation auf zwei verschiedenen Ebenen.

Lehrerin: (läuft dabei nach vorne zur Tafel) *Gut, es ist jetzt nicht von jetzt auf gleich, das ist klar, aber ihr hattet ja vorhin auch einige Punkte gesagt, wo ihr sagt, dass das ist, dass, das ist eigentlich, das bestärkt mich in meinem Glauben an Gott, das lässt mich an Gott glauben, das würde ja auch alles wegfallen. Das könnte ja im Extremfall* (stark betont) *dazu führen, dass auch alle christlichen Werte wegfallen, dass jeder sich seine eigenen Regeln macht, dass Moralvorstellungen völlig wegfallen. Niklas.*

Die Lehrerin ergreift das Wort, da es keine weiteren Meldungen mehr gibt. Offensichtlich fühlt sie sich gefordert, selbst Stellung zu nehmen. Dabei könnte sie an dieser Stelle sowohl das Gesagte resümieren als auch einen fachlichen Input geben. Jedoch entscheidet sie sich, zunächst etwas diffus formuliert, einen weiterführenden Impuls zu geben. Dabei eröffnet die Lehrerin mit der Frage nach der religiösen Fundierung von Werten einen Diskussionsstrang, der von den Schüler_innen zuvor nicht angesprochen wurde.

Gleichzeitig läuft sie während ihrer Aussage in Richtung Tafel vor die Lerngruppe. Sie scheint im Gespräch wieder eine aktivere und zentralere Rolle einnehmen zu wollen und es für den richtigen Zeitpunkt zu halten, sich einzumischen. Dies kann sowohl durch die lange Pause als auch durch ihre Auffassung motiviert sein, dass hier eine Intervention für den Inhalt oder das Verständnis der Schüler_innen wichtig ist.

Mit dem Bezug auf *vorhin* scheint die Lehrerin eine Brücke zu den Beiträgen einer vorausgehenden Unterrichtssequenz aufbauen zu wollen. Sie bestärkt in diesem Zuge die Möglichkeit, sich auf der Ebene des persönlichen Glaubens zur Frage nach einer Welt ohne Gott zu äußern. Diese persönlichen Motive würden bei *einer Welt ohne Gott* verschwinden.

Im zweiten Teil ihrer Aussage nutzt die Lehrerin den Konjunktiv sowie eine Konjunktivformulierung (*könnte*) und beschreibt so eine Welt ohne Gott. Damit unterstreicht sie, dass es sich hier um einen rein hypothetischen Fall, eine Dystopie, handelt, womit sie stringent an die bisherige Argumentationsweise anknüpft. Der Extremfall ist dabei die Situation, in der alle christlichen Werte wegfallen. Ob sie hier all diejenigen Werte meint, die aus dem und durch das Christentum entstanden sind, wird nicht klar. Sollten diese wegfallen, impliziert dies jedoch nicht automatisch, dass sich *jeder seine eigenen Regeln* machen kann und es keine *Moralvorstellungen* mehr gibt. Die Lehrerin unterschlägt hier, dass es in unserer Gesellschaft neben *christlichen auch* alternative Werte gibt und neue entstehen können. Diese Aussage kann die persönliche Auffassung der Lehrerin ausdrücken oder zeigen, dass die Lehrerin nie darüber nachgedacht hat, dass es neben den christlichen Werten auch andere „gute" Werte geben kann oder auch didaktisch manipulativ gemeint sein, um die Schüler_innen zu einer klaren Stellungnahme herauszufordern, was hier sinnlogischer erscheint.

Die Ausgangsfrage von Niklas hat sich nun durch den Einwand der Lehrerin zu der Frage entwickelt, was an *einer Welt ohne Gott in moralischer Sicht schlimm wäre.* Dazu muss geklärt werden, ob die moralischen Werte von Gott bzw. dem Christentum abhängen. Die Lehrerin ruft zunächst Niklas auf, der sich gemeldet hat.

Niklas:	*Dafür hat man ja den Staat und das Grundgesetz, das ist ja nicht an die Kirche gebunden.* (SuS tuscheln)
Lehrerin:	*Ja, teilweise schon.* (leise gesprochen)
Anna:	*Doch, zum Teil schon, oder?*

Es entsteht eine kurze Kontroverse zwischen Niklas und der Lehrerin über das Grundgesetz als Wertegarant. Dabei knüpft Niklas direkt und mit großem Bezug an das zuletzt Gesagte an. Er negiert den von der Lehrerin angeführten *Extremfall*, da es für ihn mit dem *Staat* und dem *Grundgesetz* Institutionen gibt, die Garanten für das Einhalten von Regeln sind. Anders als vorher spricht Niklas nun nicht mehr von Gott oder dem Glauben, sondern von der *Kirche.* Er scheint diese als Institution wahrzunehmen, die Regeln aus dem Glauben generiert und an die Menschen weitergibt. Ob die Lehrerin daraufhin Niklas‘ Aussage zustimmt bzw. ihm zumindest teilweise Recht gibt, oder ob sie weiter an ihrem Argument festhält und versucht dieses zu bekräftigen, wird nicht eindeutig klar. Sie scheint jedoch Niklas‘ Argument spontan nichts entgegensetzen zu können und verschafft sich Zeit zum Nachdenken. Die leise Tonlage der Aussage unterstreicht diese Deutung – die Lehrerin hält an ihrem Argument fest, dass *Regeln* und *Moralvorstellungen teilweise* an die Kirche gebunden sind. Kurz darauf wiederholt eine Schülerin, Anna, die Aussage der Lehrerin, formuliert sie jedoch durch *oder* zu einer rhetorischen Frage um. Dabei beginnt der Beitrag mit der definitiv wirkenden Antwortpartikel *doch*, wird jedoch im weiteren Verlauf abschwächt. Durch *zum Teil schon, oder?* wird Unsicherheit ausdrückt. Dies kann durch die große Abhängigkeit von der unentschiedenen Aussage der Lehrerin herrühren.

Johanna:	*Also, eigentlich ist ja sozusagen, also, jeder Me-, ähm, also jeder gesunde Mensch hat ja eigentlich so gewisse Moralvorstellungen, also, ja eigentlich wieso, das sind eigentlich die Zehn Gebote und man muss nicht Christ sein, um die Zehn Gebote zu befolgen. Also auch, wenn man jetzt nicht unbedingt sagt, ich befolge die Zehn Gebote, sondern das mach ich einfach, weil das so, ja, das Gewissen* (stark betont) *ist halt. Und dann, also, weiß ich nicht, vielleicht ist es einfach das Christentum, ist eigentlich sozusagen, vielleicht auch so eine große Geschichte ist, sozusagen, was so um diese Moralvorstellungen, die sowieso im Menschen eigentlich vorhanden sind, sozusagen so alles drum herum ist.*

Johanna sagt, dass jeder *gesunde Mensch* bestimmte *Moralvorstellungen* hat. Dabei beginnt sie zunächst nur *Me-* zu sagen, bricht dieses aber ab, um den Zusatz des *gesunden* einzufügen. Sie greift hier vermutlich den umgangssprachlich beschriebenen *gesunden Menschenverstand* auf. Darauffolgend beschreibt sie, dass diese *Moralvorstellungen* denselben Inhalt umfassen, wie der Dekalog und nicht spezifisch christlich sind. Ob sie mit *Christ sein* diejenigen Menschen assoziiert, die christlich getauft wurden, zum Gottesdienst gehen oder *wirklich* an Gott glauben, wird nicht deutlich. Dennoch wird klar, dass laut Johanna die Zehn Gebote auch dann eine inhaltliche und praktische Relevanz haben, wenn man sich nicht der Gruppe der Christen zuordnet. Sie geht davon aus, dass jeder Mensch natürlicherweise Moralvorstellungen hat, die den Zehn Geboten entsprechen. Dies ist eine kühne These, da es beispielsweise Kulturen gibt, in denen das Verbot des Ehebrechens in dieser Art nicht existiert.

Johanna deutet mit *wenn man jetzt nicht unbedingt sagt* an, dass das Befolgen der Zehn Gebote nicht bewusst durch eine innere oder äußere Autorität, sondern eher unbewusst durch das Gewissen geschieht. Wie das Verhältnis zwischen Geboten und Gewissen genau aussieht, bleibt offen. Jedoch muss auch das *Gewissen*, das für sich schon einen sehr umfassenden und nicht klar definierten Umfang besitzt, erst gebildet werden und ist in der Art nicht von Natur aus gegeben. Weiter bestätigt Johanna sehr diffus und mit Ausdrucksschwierigkeiten ihre obige anthropologische Vermutung, dass diese *Moralvorstellungen sowieso im Menschen eigentlich vorhanden sind.* Dabei stellt das *Christentum* die *Geschichte* dar, in die diese *Moralvorstellungen* ursprünglich eingebettet waren.

Mit ihrem Beitrag knüpft Johanna indirekt an die unmittelbar vorherige Diskussion an und liefert in differenzierter Weise eine Erklärung, wie Wertvorstellungen und Christentum zusammenhängen. Dabei positioniert sie sich zwischen den Aussagen von Niklas und der Lehrerin. Sie argumentiert hier, auch in Bezug auf ihre vorherigen Beiträge, dass die Menschen zwar ohne den Glauben nicht leben können, ihre Moralvorstellungen allerdings indirekt mit diesem Glauben in einer Beziehung stehen, da sie mit dem Inhalt des Dekalogs übereinstimmen. Hierbei verdeutlicht sie ihre Fähigkeit, auf völlig unterschiedliche Weisen argumentieren zu können.

Niklas: *Also, das stimmt ja nicht so, dass man, äh, an die Zehn Gebote gebun-den ist. Zum Beispiel ich, äh, glaube nicht an Gott und ich bin, äh, ich kenn' die Zehn Gebote nicht mal und, äh, meine Moralvorstellungen sind, äh, sind meine eigenen. Also, ich sage jetzt nicht, ich mach was falsch, weil irgendwie in den Zehn Geboten steht, sondern wenn mein Gewissen mir sagt, es ist falsch, dann ist es falsch.*

Erneut beginnt Niklas zu sprechen und wendet sich gegen Johannas Aussage, die er weiterhin als eine feste *Bindung* an die Zehn Gebote auffasst. Dabei äußert er die Vorstellung, dass seine *Moralvorstellungen* nur von ihm selbst abhängen und er in seinem Denken, Handeln und seinen Entscheidungen autonom ist. Durch diese sehr persönliche Stellungnahme, in der er erstmals über seine eigenen Glaubens- und Moralvorstellungen spricht, zeigt Niklas, dass er ein großes Vertrauen in die Lerngruppe hat. Er nimmt sich selbst als Gegenbeispiel zu Johannas These. Jedoch passt diese Positionierung nicht zu Johannas Argument, da sie gesagt hat, dass man die Zehn Geboten auch unbewusst befolgt. Anscheinend hat Niklas ihr Argument nicht verstanden.

Johanna:	*Ja nur...*
Niklas:	*Aber wenn, wenn, wenn es in irgendwelchen Regeln ist, aber doch nicht, wenn irgendwas in den Zehn Geboten steht.*

Im Video wird deutlich, dass Johanna Niklas an dieser Stelle unterbricht. Mit *Ja nur...*- versucht sie dabei entweder anzufangen, ihren Gedanken zu formulieren, ober bestätigt Niklas' Aussage (im Sinne von „ja, nur dann trifft dies zu"). Da Niklas aber Johannas Argument vermutlich nicht verstanden hat, ist an dieser Stelle wahrscheinlicher, dass ersteres zutrifft. Johanna bricht ihren Gedanken jedoch wieder ab, da Niklas sie unterbricht. Er wiederholt häufig die Konjunktion (*wenn*) und scheint sich auf diese Weise gegen Johannas Intervention zu wehren. Er macht den Widerspruch auf, dass *es* (vermutlich die Moralvorstellungen) für ihn nur dann bindend ist, wenn es in *irgendwelchen Regeln* steht. Die Zehn Gebote allein geben ihm keine Relevanz und stellen somit für ihn keinen ethischen Katalog dar. Der Dekalog kann für ihn keine Bedeutung haben, da er *nicht an Gott glaubt* und er dessen Inhalt auch *nicht kennt*.

Johanna:	*Ja, aber wenn du sagen würdest, wenn, wenn du jetzt die zehn Gebote kennen würdest, dann würdest du eigentlich sagen, das ist doch größtenteils, ist das doch selbstverständlich, oder wenn man das, dann bekommt man ein schlechtes Gewissen. Also zum Beispiel, du sollst nicht töten, ist doch selbstverständlich.*

Johanna setzt erneut ihre Argumentation fort, dass der Inhalt der Zehn Gebote für den sittlichen Menschen selbstverständlich ist und widerspricht Niklas. Dabei wendet sie sich mit *wenn du jetzt die Zehn Gebote kennen würdest* sprachlich an Niklas. Das Teilen ihres Arguments setzt jedoch eigentlich die Kenntnis der Zehn Gebote voraus, was sie auch selbst einräumt. Damit auch Niklas ihr Argument nachvollziehen kann, nennt Johanna ein relativ leichtes Beispiel aus den Zehn Geboten, das ihr Argument stützt. Dies würde vermutlich nicht mit allen Geboten (beispielsweise „Du sollst neben mir keine anderen Götter haben" Ex 20,3) gleich gut funktionieren. *Selbstverständlich* am Ende der Aussage zeigt, dass es für sie keine Strittigkeit um die Frage des Zusammenhangs zwischen den Moralvorstellungen des Gewissens und denen der Zehn Gebote gibt.

Niklas:	*Ja, das steht ja auch, glaub' ich, im Grundgesetz.*
Johanna:	*Ja, das steht auch in den Zehn Geboten.*
Lehrerin:	*Was war...*
Niklas:	*Dann kann ja eins weg.* (Klasse lacht)

Niklas versucht seine Position zu verteidigen und knüpft mit seiner Stellungnahme vermutlich unmittelbar an *du sollst nicht töten* an. Er lässt sich auf Johannas Argumentation kaum ein, sondern verweist auf seinen Ansatz, dass christliche Moralvorstellungen etwa durch Gesetze ersetzbar sind. Niklas lehnt die Autorität der Bibel grundsätzlich ab; deswegen können aus seiner Sicht die eigenen *Moralvorstellungen* nicht mit den Zehn Geboten in einem Zusammenhang stehen.

Daraufhin versucht Johanna sich und ihr Argument erneut zu verteidigen, allerdings lässt sie dabei ihren Kernpunkt weg, den Niklas nicht verstanden hat oder vielleicht auch nicht verstehen möchte. Unter Umständen hat sie festgestellt, dass sich Niklas nicht auf ihre Argumentation bezieht und auf sie einlässt. Vielleicht weiß sie in der Geschwindigkeit des Gespräches nicht, woran es hakt, und versucht nun noch einmal nachzusetzen und das Aneinander-Vorbeisprechen zu lösen. Anhand der engagierten Tonlage dieses Beitrages wird deutlich, dass Johanna das Gespräch mit dieser Aussage als beendet empfindet.

Daraufhin sieht die Lehrerin offensichtlich die Notwendigkeit einzugreifen, eventuell um die Positionen zu klären, zur Ausgangsfrage zurückzukommen, eine weitere Frage zu stellen, eigene Argumente einzubringen oder andere Schüler_innen in das Gespräch zu integrieren. Jedoch bricht sie ihre Intervention ab, weil sie von Niklas unterbrochen wird.

Niklas nutzt ein subtiles und salopp formuliertes Argument, auf das vermutlich die Klasse mit ihrem Lachen reagiert. Dabei konkretisiert und stärkt er seine Position. Wenn es Wertvorstellungen gibt, die von zwei verschiedenen Instanzen verbürgt werden, kann eine dieser beiden weg. Dabei scheint er entsprechend seiner obigen Positionierungen zum Glauben das Grundgesetz für geeigneter zu halten, um es beizubehalten. Aus seiner Sicht haben die Zehn Gebote heute keine Bedeutung mehr und können daher abgeschafft werden. Diese These ist konvergent zu seiner Ausgangsfrage, was an einer *neuen Welt ohne Gott* schlimm wäre.

Tim: Da hatte er das letzte Wort. (Klasse lacht.)

Tim, der sich im Laufe dieses Gespräches das erste Mal zu Wort meldet, scheint mit seiner Aussage keinen Beitrag zur vorherigen Diskussion machen zu wollen. Allerdings stellt er durch diese spontane Reaktion, die entweder auf der saloppen Formulierung von Niklas‘ letztem Beitrag aufbauend oder seiner außenstehenden Verfolgung des Gesprächs entstammen kann, die letzte Aussage als absolut und endgültig dar. Fraglich ist, welche Wirkung dies auf die anderen Schüler_innen und auf Johanna hat.

Das Gespräch findet ein abruptes Ende; dabei bleiben zwei kontroverse Aussagen stehen. Die Lehrerin versucht sie nicht mehr zu klären und auch die Schüler_innen gehen nicht mehr auf die letzten beiden Aussagen ein. Dabei stellt sich die Frage, worin dies begründet ist. Trauen sie sich nicht oder haben sie dem nichts entgegenzusetzen? Oder ist in der Unterrichtsstunde vielleicht keine Zeit mehr, dies alles zu klären?

Abschließende Thesen der Gesprächsfeinanalyse

Kein Unterrichtsgespräch ohne die Lehrperson

Das Gespräch verdeutlicht, dass die Lehrperson entscheidend dafür ist, ob ein Unterrichtsgespräch zustande kommt. Obwohl sich die Lehrerin hier im ersten Teil des Gesprächs eher passiv verhält, öffnet sie zu Beginn sowohl sprachlich (durch die Aufforderung an Niklas, seine These zu wiederholen) als auch körperlich (durch ihr in-den-Hintergrund-Treten) den Raum für das Gespräch der Schüler_innen miteinander. Das geschieht keineswegs explizit (z. B. darüber möchte ich mit euch sprechen). Vielmehr baut die Lehrerin darauf, dass die Schüler_innen ihre Einschätzung teilen, dass Niklas' These bzw. Frage diskussionswürdig ist und Anlass und Motivation für einen gemeinsamen Austausch. An diesem Gespräch zeigt sich exemplarisch, wie sehr die Entstehung eines Unterrichtsgesprächs davon abhängig ist, dass die Lehrperson sie in der konkreten Unterrichtssituation zulässt.

Eine den Schüler_innen zugewandte und kommunikationsförderliche Unterrichtsatmosphäre als grundlegender Nährboden für Gespräche

In diesem Gespräch wird exemplarisch deutlich, wie zentral die Unterrichtsatmosphäre, Sitz- und Raumkonstellationen und klare eingeübte Kommunikationsregeln und Rituale für gelingende Unterrichtsgespräche sind. Es besteht offenbar in der Lerngruppe eine Atmosphäre, in der die Schüler_innen sich nicht nur trauen, sich zu äußern, sondern sich sogar durch die implizite Einleitung des Gesprächs eingeladen fühlen zu partizipieren. Auch durch die Sitzordnung wird hier das respektvolle Miteinandersprechen begünstigt. Die Schüler_innen sind nicht rein auf die Lehrerin fixiert, sondern schauen während ihrer Redebeiträge den Schüler bzw. die Schülerin an, auf die sich ihre Aussage bezieht. Dafür ist wichtig, dass zuvor eine Gesprächskultur und positive Atmosphäre in der Lerngruppe etabliert wurde, die Voraussetzung dafür ist, dass sich Schüler_innen öffnen und mit ihren persönlichen Ansichten in der Gesprächssituation exponieren.

Klare Frage – vielschichtige inhaltliche Dynamik

Die Fragestellung, die zur Diskussion gestellt wird, wird zu Beginn klar benannt (Was ist so schlimm an einer Welt ohne Gott?). Trotzdem weisen nicht alle Gesprächsbeiträge in gleichem Maße einen Bezug zur Frage auf. Vielmehr entwickelt sich eine inhaltliche Dynamik im Zusammenspiel der verschiedenen Redebeiträge. In diesem Gespräch hat die daraus resultierende Unschärfe des Themas inhaltliche Gründe. Ein Teil der Schüler_innen lehnt die in der Frage enthaltene Prämisse ab, dass eine neue Welt ohne Gott möglich sei und verschiebt die Diskussion zu diesem Aspekt. Das ist selbstverständlich legitim, macht das Gespräch jedoch komplexer. Sowohl für die Schüler_innen als auch für die Lehrerin wird es dadurch schwieriger, den roten Faden des Gesprächs im Blick zu behalten. Didaktisch könnte hier Anlass zur Metakommunikation bestehen, in der thematisiert wird, was gerade die Fragestellung ist (z. B. Was Johanna da sagt, gehört zu der Frage, ob es eine Welt ohne Gott überhaupt geben kann) oder die Diskussion sogar fokussiert (z. B. Lasst uns für den Moment annehmen, dass es eine Welt ohne Gott geben könnte, und weiter darüber nachdenken, was daran schlimm wäre). Der Lehrerin scheint die argumentative Stärkung der Position, dass eine Welt ohne Gott schlimm wäre, wichtiger zu sein als die Sorge um inhaltliche Klarheit.

Die Lehrerin argumentiert mit

Die Lehrerin entscheidet sich, einen inhaltlichen Impuls in das Gespräch einzubringen. Damit entscheidet sie sich gleichzeitig dagegen, die zuvor von den Schüler_innen genannten Argumente zu vertiefen oder zu strukturieren. Diese Spuren werden daher nicht weiterverfolgt – die Schüler_innen gehen im weiteren Verlauf auf die provokant überspitzte These der Lehrerin (dass Moralvorstellungen völlig wegfallen) ein, was sicherlich nicht nur mit dem Inhalt, sondern auch mit ihrer Rolle als Lehrkraft zusammenhängt. Die Lehrerin wechselt an dieser Stelle zu einer aktiveren Rolle als Mitdiskutierende. Grundsätzlich kann es durchaus sinnvoll sein, dass die Lehrperson sich als Expert_in einbringt und bisher unberücksichtigte Aspekte in ein Gespräch einspielt. Das Skizzieren einer Dystopie durch die Lehrerin ist dabei ein bewusst eingesetztes didaktisches Mittel, das geeignet ist, Gegenargumente zu evozieren, aber auch riskant ist. Denn am Ende bleibt die Einsicht im Raum stehen, dass der Zusammenhang so einfach nicht ist, wie die Lehrerin ihn darstellt: ohne Glaube keine Werte. Eine differenziertere Betrachtung des Zusammenhangs von Glaube und Werten wird hier nicht in Gang gebracht und das Argument der Lehrerin wirkt entkräftet.

Eine atheistische Position als Reibungsfläche

Niklas präsentiert sich in diesem Gespräch mit einer atheistischen Position. Es entspricht zum einen dem Grundverständnis des konfessionellen Religionsunterrichts, demgegenüber offen zu sein. Zum anderen bietet sich genau dadurch ein starker apologetischer Impuls, argumentativ den Glauben zu verteidigen und damit eine gute Gelegenheit für religiöses Lernen. Für den zweiten Teil des Gesprächs ist jedoch anzufragen, ob die Auseinandersetzung mit der pointiert vertretenen Position von Niklas, der eine religiöse Begründung von Werten grundsätzlich ablehnt, nicht einer differenzierten Betrachtung des Zusammenhangs von Glaube bzw. Religion und Werten im Weg steht. Viele Fragen im Religionsunterricht sind schon herausfordernd, wenn man bei einer religiösen Perspektive verbleibt. Tritt eine atheistische Position hinzu, kann dies Diskussionen beleben, aber eben auch komplexer werden lassen. Zweifelsohne handelt es sich um eine besondere didaktische Herausforderung.

Das Gespräch wird zum Zwiegespräch und ist dabei Lernfeld und Attraktion

Das Gespräch zeichnet sich dadurch aus, dass eine relativ kleine Anzahl von Schüler_innen miteinander ins Gespräch kommt und dabei ein echtes Unterrichtsgespräch entsteht. Im Gespräch erfolgt eine kontroverse Auseinandersetzung mit starken gegenseitigen Bezügen und kritischen Reflexionen, was in dem beobachteten Unterricht eher selten vorkommt.

Am Ende spitzt sich das Gespräch sogar zu einem Zwiegespräch zwischen Niklas und Johanna zu, bei dem aber auch die Schüler_innen, die nicht sprechen, aufmerksam sind und gedanklich am Gespräch beteiligt scheinen.

Die Entwicklung zu einem Zwiegespräch kann unterschiedlich bewertet werden. Zuerst ist festzustellen, dass das Gespräch schon mit den wenigen eingebrachten Perspektiven vielschichtig ist und die gegenseitige Bezugnahme sowie eine mögliche inhaltliche Bündelung herausfordernd werden. Die geringe Anzahl teilnehmender Schüler_innen kann insofern das Einüben von gegenseitiger Bezugnahme und Argumentation begünstigen, da die Komplexität der Diskussion dadurch reduziert wird. Offen bleibt dagegen, inwiefern sich für die nicht aktiv am Gespräch beteiligten Schüler_innen hier ein Lernprozess ereignet, ob sie etwa in der Rezeption der Argumente inhaltlich lernen oder im Lernen am Modell eigene Gesprächskompetenzen erweitern.

Tims Kommentar *Da hatte er das letzte Wort.* hinterlässt zudem die Frage, ob er und gegebenenfalls andere Schüler_innen sich in der Rolle von Beobachter_innen eines Duells sehen, für die die Diskussion v. a. einen gewissen Unterhaltungswert bietet, oder ob es sich um eine inhaltliche Qualifizierung von Niklas‘ Argumentation als überlegen handelt. In jedem Fall wird die didaktische Herausforderung deutlich, eine Diskussion so zu gestalten, dass sie interessant für (alle) Schüler_innen ist und bleibt (etwa durch pointierte Positionen, die einander gegenüberstehen) und gleichzeitig eine differenzierte sachliche Auseinandersetzung mit der Fragestellung begünstigt.

III Ausgewählte thematisch-vertiefende Studien

Fragen über (Schüler_innen-)Fragen im Religionsunterricht

Martha Görth

Im Fach Religion wird davon ausgegangen, dass die Bedeutung von Schülerfragen größer ist als in den meisten anderen Fächern, da es insbesondere im Religionsunterricht nicht nur darum geht, Wissen zu erlangen, sondern vor allem um persönliche Erfahrungen und Einstellungen, eben die Dinge, die den Menschen unbedingt angehen (König, 2011, 183). Ausgehend von dieser Annahme lässt sich schlussfolgern, dass Schüler_innen im Religionsunterricht die Gelegenheit gegeben wird, viele Fragen einzubringen. Doch welche Rolle spielen Schülerfragen im Religionsunterricht wirklich? Wie viele Fragen werden in einer „Reli-Stunde" tatsächlich gestellt? Was ist das Besondere an Schülerfragen im Religionsunterricht? Sind alle Fragen gleich(wertig)? Welches Lernpotential bergen die Fragen? Und welchen Einfluss haben sie auf das Unterrichtsgeschehen und insbesondere auf das Unterrichtsgespräch?

In der Vielzahl an empirischen Studien zu Schülerfragen gibt es nur wenige, die sich auf den Religionsunterricht und damit auf die eben gestellten Fragen beziehen. Deshalb entstand im Frühjahr 2018 mit Bezug auf das Unterrichtsforschungsprojekt an der Universität Kassel eine empirische Studie im Rahmen einer Examensarbeit (Görth, 2018), die diesem Beitrag zugrunde liegt.[1]

Es sei vorweggenommen, dass in der Untersuchung und bei den Ergebnissen kein Anspruch auf Repräsentativität besteht, da die Auswahl der beobachteten Unterrichtsstunden überschaubar ist. Dass diese qualitative Einzelfallforschung dennoch erste und empirisch geerdete Einblicke in die Unterrichtsrealität des Religionsunterrichts liefert, versteht sich von selbst.

1 Hieraus ergab sich die Chance in Zusammenarbeit mit Dominic Fröhle einen Workshop für die Religionspädagogische Jahrestagung 2018 des deutschen Katecheten-Vereins anzubieten, der Grundlage für den folgenden Artikel war: Görth, Martha; Fröhle, Dominic (2019) „Ich hab' da mal 'ne Frage" – Schülerfragen im Religionsunterricht. In: Katechetische Blätter, 144 2, 106-110.

1. Was war das Untersuchungsziel und wie wurde vorgegangen?

Ziel der Untersuchung war es, den Fragen im Religionsunterricht quantitativ (wie viele?) und qualitativ (was für welche?) auf den Grund zu gehen und dabei herauszufinden, welche Rolle Schülerfragen nicht nur für den Religionsunterricht allgemein, sondern insbesondere für das Unterrichtsgespräch spielen. Da es kaum Studien zu dieser Thematik gibt, wurde der Fokus außerdem darauf gelegt, einen Einblick in die vorfindbare Wirklichkeit an Schulen zu geben. Um diese Ziele zu erreichen, wurde mit ausgewählten Videoaufnahmen der Unterrichtsforschungsgruppe „Unterrichtsgespräche im Religionsunterricht" gearbeitet. Analysegegenstand waren videografierte Unterrichtsstunden aus drei verschiedenen neunten Klassen unterschiedlicher Schulformen, Größe und Zusammensetzung bei verschiedenen Lehrenden. Um qualitative als auch quantitative Analyseschritte miteinander verbinden zu können und die Konstruktion möglicher Zusammenhänge zwischen mehreren Faktoren zu ermöglichen, wurden die Analysemethoden kategoriengeleitete Beobachtung und Bewertung und die strukturierende qualitative Inhaltsanalyse nach Mayring (2002, 114–121), angewandt. Die Kategorien wurden hierbei zuvor festgelegt, es handelt sich demnach um eine deduktive Vorgehensweise.

2. Theoretische Grundlegung

Um sich mit Fragen auseinanderzusetzten und diese im videografierten Material zu identifizieren, zu beobachten und zu analysieren, muss zuerst eine grundlegende Definition dazu aufgestellt werden: Was sind (Schüler_innen-) Fragen eigentlich und was ist so besonders an ihnen?

> „Als Frage gilt [...] eine durch Sprache kommunizierte Äußerung, die zwei Pole, den/die Fragesteller_in und das befragte Gegenüber (jeweils mindestens eine Person), einschließt. Fragen intendieren eine bestimmte, auf die Frage angepasste, Reaktion des/der Befragten und somit einen Austausch von verschiedenen Inhalten, je nach beabsichtigter möglicher Funktion der/des Fragenden. Dies muss nicht immer mit einem Fragesatz gekennzeichnet sein, genauso wie Fragesätze auch nicht immer fragend sein müssen." (Görth 2018, 11f.)

Diese Fragedefinition macht deutlich, welche Merkmale Fragen aufweisen:

- Wird eine Frage gestellt, sind immer mindestens zwei Pole einbezogen; die Person, die die Frage stellt, und die Person, an die die Frage gerichtet ist.
- Fragen beabsichtigen / intendieren Reaktionen, sie fordern eine auf den Inhalt bezogene Antwort ein und wollen einen Wissenstransfer einleiten;

der Wissensbegriff ist dabei weit gefasst und bezieht sich nicht nur auf Fachwissen.

– Fragen werden durch Sprache kommuniziert, sie geben Impulse und werden häufig, aber nicht notwendig in Fragesätzen formuliert.

Das Besondere an Schülerfragen im Unterricht ist, dass sie darüber Auskunft geben können, wo Interesse auf Seiten der Schüler_innen besteht (Weber 2011, 90), was diese gegebenenfalls persönlich betrifft, zu welchen Inhalten schon Vorwissen besteht (Karg 2011, 73–76) und zu welchen kognitiven Leistungen sie in der Lage sind; außerdem wirken Schülerfragen oft motivierend auf die Mitschüler_innen (Niehl / Thömmes 2012, 67). Gleichermaßen bieten Fragen den Schüler_innen die Möglichkeit, Verantwortung für das eigene Lernen zu übernehmen (Niegemann / Stadler 2001, 172), eine aktive Rolle im Unterrichtsgeschehen einzunehmen (Seifried / Sembill 2005, 240) und somit ihren Lernprozess eigenständig zu gestalten. Durch das Fragen befreien sie sich aus einem eher passiven Zustand und bewegen sich in Richtung Selbstständigkeit und Selbstbestimmung (Sembill / Gut-Sembill 2004, 330). (Schüler_innen-)Fragen im Religionsunterricht weisen insbesonders zwei Merkmale auf: Zum einen werden hier Fragen gestellt, die in anderen Schulfächern seltener bis gar nicht aufkommen (z. B. Fragen zu zentralen existentiellen oder theologischen Themen), zum anderen werden im Religionsunterricht aber auch Fragen gestellt, die sich dadurch auszeichnen, dass sie nicht eindeutig beantwortbar sind. Diese Fragen können offenbleiben oder individuell auf eigenen Glaubenserfahrungen beruhend beantwortet werden, eine universale Antwort kann es hier häufig nicht geben (Roose 2017, 280).

An dieser Stelle ist geklärt, was in diesem Kontext als Frage gilt und was die Besonderheit von Schülerfragen im Religionsunterricht ist. Es stellt sich eine weitere Frage.

2.1 Sind alle Fragen gleich(wertig)?

Nein, Frage ist nicht gleich Frage. Fragen beziehen sich nicht nur auf verschiedene Inhalte, werden in verschiedenen Kontexten gestellt oder unterschiedlich formuliert; sie lassen sich auch anhand des ihnen zugrundeliegenden kognitiven Niveaus unterscheiden. Auf dieser Grundlage besteht die Option, Fragen fachlich und qualitativ zu beurteilen und in Kategorien einzuordnen.

Eine solche Kategorisierung lässt sich bei Niegemann und Stadler (2001, 171–192) finden. Sie untersuchen Fragen im Unterricht, unabhängig vom Unterrichtsfach, und kommen zu dem Ergebnis, dass pro Unterrichtsstunde von 45 Minuten im Durchschnitt 82 Lehrerfragen und 1,6 Schülerfragen pro Schüler_in gestellt werden. In anderen Untersuchungen mit jüngeren Schüler_innen lag der Durchschnitt von Schülerfragen pro Schüler_in deutlich unter eins. Dabei teilen sie die gestellten Fragen in fünf Qualitätsstufen ein, die das kognitive Niveau der Fragen beurteilen sollen. Dieses wird nicht nur anhand der Frage selbst bestimmt, sondern durch die von der Frage bezweckte Antwort, deren Länge und Vielschichtigkeit. Werfen wir einen Blick auf die Qualitätsstufen und ihre Eigenschaften, die teilweise in weitere Kleingruppen unterteilt sind:

Qualitätsstufe 0: Fragen, die wegen Störungen nicht analysiert werden können, und Fragen, die auch im weiteren Sinne kein Lernen intendieren. Dazu gehören vor allem auch organisatorische Fragen (z. B.: Kann ich mal ein Fenster öffnen?).

Qualitätsstufe 1: Fragen, die auf eine reine Reproduktion abzielen; wenn beispielsweise explizit die Wiederholung von Lerninhalten intendiert wird (z. B.: Können Sie das nochmal wiederholen?).

Qualitätsstufe 2: Fragen, die eine kurze Antwort intendieren, und die nicht den ersten beiden Qualitätsstufen zugeordnet werden können. Dabei werden differenziert:

> Verifikationsfragen (zielen darauf ab, Annahmen und Sachverhalte als richtig oder falsch verifizieren zu lassen), Disjunktionsfragen (klassische „Entweder-Oder“-Fragen, zu deren Beantwortung oft die Wiederholung einer der gegebenen Optionen ausreichend ist), Konzeptfragen (dienen der gezielten Vervollständigung von Lerninhalten bezogen auf einzelne Begriffe), Elementfragen (bei den „Feature-specification questions“ wird eine nähere Charakterisierung, eine Spezifizierung von Besonderheiten oder Merkmalen bestimmter Inhalte intendiert), Quantifizierungsfragen (intendieren als Reaktion eine quantitative Aussage), sonstige Fragen (Kurzantwortfragen, die keiner der beschriebenen Kategorien zugeordnet werden können).

Qualitätsstufe 3: Langantwortfragen ohne argumentierenden oder tiefgehend durchdenkenden („deep reasoning“) Charakter, die somit nicht produktive, sondern vielmehr reproduktive Reaktionen intendieren (z. B.: Was ist „Kausalität“? → Definitionsfrage). Hier werden folgende Kategorien unterschieden:

> Definitionsfragen (hier werden Begriffsdefinitionen erfragt), Beispielfragen (intendieren das Schildern, Aufzählen und Nennen von Beispielen), Vergleichsfragen (fordern die Darlegung von Aspekten der Abgrenzung), Interpretationsfragen (wollen auf eine Auslegung bestimmter Inhalte als Reaktion hinaus), inhaltsspezifische Fragen (befassen sich mit dem Inhalt, in dessen Kontext / Unterrichtssituation sie gestellt werden), sonstige Fragen (Langantwortfragen ohne „deep reasoning“ Charakter, die keiner der beschriebenen Kategorien zugeordnet werden können).

Qualitätsstufe 4: Langantwortfragen mit „deep reasoning“ Charakter, die Argumentationsmuster für zielorientierte oder logische kausale Denkverfahren auslösen und somit tiefgehende Ebenen des Verstehens einbeziehen (z. B.: Kommt man eigentlich, wenn man zum Beispiel so Selbstmord oder so begeht, kommt man ja eigentlich nicht in den Himmel. → Erwartungsfrage in Form einer Aussage). Dabei werden unterschieden:

> Antendenzfragen (Ursache-Wirkungs-Zusammenhänge und somit logische Ableitungen von Inhalten und Tatsachen werden erfragt), Konsequenzfragen (erfragen die „Wenn-Dann"-Beziehungen und intendieren als Antwort die Ableitung von Schlussfolgerungen bestimmter Umstände), Voraussetzungsfragen (beziehen sich auf Gegebenheiten, die für das Eintreten bestimmter Enderscheinungen oder Handlungen notwendig waren), Ziel / Motiv Fragen („Goal-orientation questions" hinterfragen, welche Absichten und Ziele hinter einer Handlung stehen), Instrumentfragen (erfragen, welche Instrumente es bedarf, um ein bestimmtes Ziel zu erreichen, wobei der Fokus auf dem Prozess selber liegt), Erwartungsfragen (intendieren Antworten zum Eintreten oder nicht Eintreten von bestimmten Ereignissen und den Gründen dafür), Urteilsfragen (verlangen nach einer (persönlichen) Beurteilung der befragten Inhalte), sonstige Fragen (Langantwortfragen mit „deep reasoning" Charakter, die keiner der beschriebenen Kategorien zugeordnet werden können).

Die Kategorien nach Niegemann und Stadler sind verständlich, klar voneinander abgegrenzt und sachlich überzeugend, weshalb sie zur qualitativen Analyse und Kategorisierung der Fragen verwendet wurden. Für die erste Analyse sind die Oberkategorien jedoch von größerer Bedeutung als die Subkategorien. Diese werden hinzugezogen, wenn einzelne Fragen vertiefend analysiert werden.

Ganz so einfach wie in der Theorie kann es in der Praxis zur Fragenanalyse nicht sein, oder?

2.2 *Welche Probleme gibt es beim Fragen über Fragen in der Unterrichtspraxis?*

Fragen zu analysieren und zu kategorisieren, ist nicht so einfach, wie man vielleicht denkt. Dass Fragen ein komplizierteres Konstrukt sind, als man allgemein annimmt, wurde bereits durch die Fragedefinition und die Darlegung der Fragekategorien aufgezeigt: Fragen sind vielschichtig und komplex. Das kann im unterrichtlichen Umgang mit Fragen zu einigen Problemen führen, die hier kurz angesprochen und zu deren Lösung Vorschläge gegeben werden sollen.

Zuerst einmal muss deutlich gemacht werden, dass für diese Studie videografierte Unterrichtsstunden angeschaut wurden. Der Umstand, dass Kameras, Mikrofone und das Videoteam im Klassenraum anwesend sind, könnte die Schüler_innen eingeschüchtert und somit Einfluss auf ihr Frageverhalten genommen haben. Dazu lässt sich sagen, dass die verwendeten Utensilien relativ unauffällig in den Klassenraum integriert wurden und dass sich die Schüler_innen im Laufe der Zeit an die Situation gewöhnten, da das Team sie über eine gesamte Unterrichtseinheit begleitet und somit dazugehört hat. Außerdem kann es vorkommen, dass Schüler_innen durch die Kameras nicht gehemmt, sondern im Gegenteil stärker motiviert werden, sich am Unterricht zu beteiligen und eigene Fragen einzubringen. Ein möglicher Effekt in beide Richtungen würde sich demnach ausgleichen und eventuell relativieren.

Eine weitere Einschränkung besteht dadurch, dass Grundlage der Analyse nur das Videomaterial ist. Die Schüler_innen wurden nicht nach der Unterrichtsstunde zu dem Unterricht und ihren Fragen interviewt. Dies ist bedeutsam, weil die Kategorisierung von Niegemann und Stadler anhand der Intention der Frage für die Antwort stattfindet. Somit besteht die Gefahr, dass mehr oder weniger in eine Frage hereininterpretiert wird, als eigentlich von dem / der Schüler_in beabsichtigt und sie somit in eine falsche Qualitätsstufe eingeordnet wird. Um dem entgegenzuwirken und eine möglichst genaue Kategorisierung zu gewährleisten, wurden die Videos und die Fragen mehrfach angeschaut und analysiert. Es wurde auf den Kontext, die Mimik, die Gestik und den Tonfall geachtet, in dem die Frage gestellt wird. Wichtig bei der Analyse war es, sich bewusst zu machen, dass die Frage an sich eingeordnet werden muss und keine Interpretation darüber hinaus stattfinden darf. Außerdem wurde das Kommunikationsquadrat nach Friedemann Schulz von Thun hinzugezogen und bei der Analyse der Fragen berücksichtigt. Des Weiteren sind die Qualitätsstufen 0 bis 4 deutlich voneinander abgegrenzt, sodass mögliche Unschärfen, nur bei der Einteilung in die Untergruppen auftreten sollten.

Gesichtet wurden etwa 1035 Minuten Videomaterial, was 23 Unterrichtsstunden von jeweils 45 Minuten entspricht (davon waren elf Doppelstunden und eine Einzelstunde). Bei den analysierten Unterrichtsstunden handelt es sich in allen drei neunten Klassen um in den jeweiligen Unterrichtseinheiten aufeinanderfolgende Stunden. Die Auswahl des Videomaterials lässt sich durch das Prinzip der Vergleichbarkeit begründen. Einerseits sollten möglichst viele Stunden in der gleichen Klasse analysiert werden, damit nicht der Zufall darüber entscheidet, ob eine Stunde mit besonders vielen oder wenigen Fragen analysiert wird. Andererseits sollte auch der Vergleich zwischen den Klassen stattfinden können, um den Faktor *Alter* auszuschließen, die Faktoren *Klassengröße* und *Klassenzusammensetzung* jedoch weiter beleuchten zu können.

2.2.1 Ergebnisse quantitativ: Wie viele Fragen werden in einer „Reli-Stunde" gestellt?

In dem analysierten Material wurden insgesamt 62 Schülerfragen gestellt. Dabei entspricht die durchschnittliche Klassegröße 16 Schüler_innen, sechs Jungen und zehn Mädchen. Pro Unterrichtsstunde (45 Minuten) wurden demnach drei Fragen durch Schüler_innen gestellt, was pro Schüler_in einen Wert von *0,16 Fragen* ergibt.[2] Besonders einfach und exakt lässt sich dieser Wert berechnen, wenn man die absolute Anzahl der Schüler_innen (n=388, jede / r Schüler_in zählt pro Unterrichtsstunde als 1) mit der absoluten Anzahl der Fragen (=62) verrechnet: *62 ÷ 388 = 0,1597938144.*

Somit liegt auch hier der Wert von Schülerfragen pro Unterrichtsstunde und Schüler_in deutlich unter 1 und der / die durchschnittliche Schüler_in stellt nur etwa jede sechste Unterrichtsstunde eine Frage (1 ÷ 0,1597938144 = 6,2580645174).

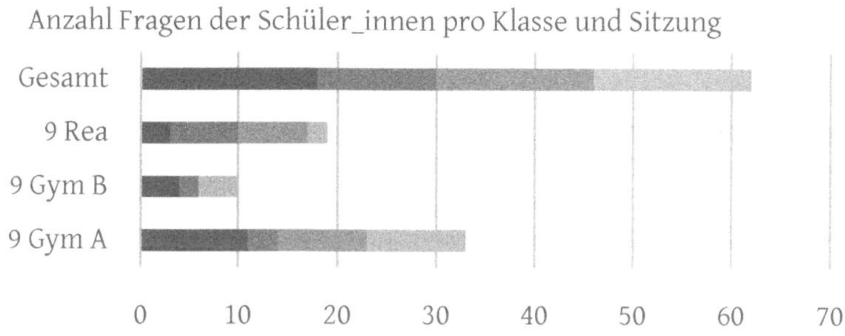

	9 Gym A	9 Gym B	9 Rea	Gesamt
Sitzung 4	11	4	3	18
Sitzung 3	3	2	7	12
Sitzung 2	9	0	7	16
Sitzung 1	10	4	2	16

Abbildung 1

In dieser Abbildung lässt sich erkennen, wie die Fragen auf die Klassen und Sitzungen verteilt sind. Es wird deutlich, dass in der ersten Sitzung meist nicht weniger Fragen gestellt werden als in den weiteren, was eine Hemmung der Schüler_innen durch das Kamerateam ausschließen lässt. Auch wenn es auf den ersten Blick so wirkt, unterscheidet sich der Durchschnitt der gestellten Fragen in den Klassen kaum, da die Schülerzahl variiert. 9 Gym A = 0,22, 9 Gym B = 0,13 und 9 Rea = 0,11 Fragen pro Schüler_in pro Unterrichtsstunde. Auch im direkten Vergleich der Klassen liegt der Wert der Fragen pro Unterrichtsstunde und Schüler_in deutlich unter 1.

2 Die Werte werden in dieser Arbeit gerundet; für die Rechnungen werden jedoch die exakten Zahlen verwendet.

2.2.2 Ergebnisse qualitativ: Wie ist die Qualität der Fragen zu bewerten? Wie ist das kognitive Niveau der Fragen einzuschätzen?

Mehr als die Hälfte aller gestellten Schülerfragen sind der Qualitätsstufe 0 zuzuordnen. Bei den meisten Fragen handelt es sich dabei um organisatorische Fragen. Dies bedeutet, dass 53 % aller von Schüler_innen gestellten Fragen zwar einen Wissensaustausch, jedoch auch im weiteren Sinne kein Lernen intendieren. Der Qualitätsstufe 1 lassen sich nur sechs aller gestellten Fragen zuordnen, sie intendieren als Antwort reine Reproduktionen. Die reinen Reproduktionsfragen machen somit fast 10 % aller gestellten Fragen aus. Nur neun und somit fast 15 % aller gestellter Schülerfragen sind der Qualitätsstufe 2, den Kurzantwortfragen, zuzuordnen; dabei handelt es sich um sechs Verifikationsfragen, zwei Konzeptfragen und eine Elementfrage. Fast 5 % der Schülerfragen lassen sich der Qualitätsstufe 3 zuordnen, den Langantwortfragen ohne „deep-reasoning" Charakter; alle drei dieser gestellten Fragen sind Definitionsfragen. Der höchsten Qualitätsstufe 4 lassen sich elf der 62 gestellten Schülerfragen zuordnen, somit gehören fast 18 % der Fragen (knapp ein Fünftel aller Fragen) zu den Langantwortfragen mit „deep-reasoning" Charakter. Dabei ist die Zuordnung zu den Unterkategorien wie folgt: vier Urteilsfragen, zwei Konsequenzfragen, zwei Motivfragen, eine Erwartungsfrage und zwei Urteils- / Konsequenzfragen.

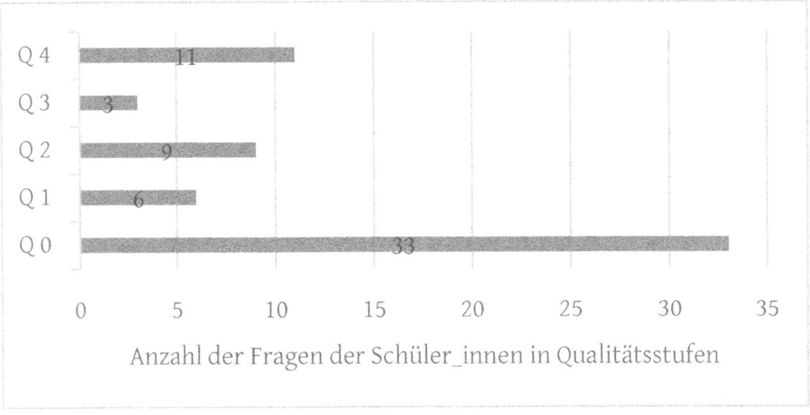

Abbildung 2

Die Abbildung 2 zur Verteilung der Anzahl der Fragen der Schüler_innen in Qualitätsstufen auf die einzelnen Qualitätsstufen veranschaulicht eindringlich, in welchem Verhältnis die Anzahl der Fragen in den Kategorien stehen und wie die Fragen der Qualitätsstufe 0 überwiegen. Überraschend ist hierbei, dass die Schülerfragen der höchsten Qualitätsstufe immerhin am zweithäufigsten vorkommen.

In der zugrunde liegenden Examensarbeit wurde an dieser Stelle außerdem auf die Themen der gestellten Fragen eingegangen und eine geschlechterspezifische Perspektive eingebracht, was hier nicht berücksichtigt wird.[3]

2.3 Welchen Einfluss haben Fragen auf das Unterrichtsgeschehen und das Unterrichtsgespräch?

Welchen Einfluss Schülerfragen auf den Unterricht haben, ist entscheidend von der Art der Frage abhängig. Was genau wird gefragt? Generell lässt sich sagen, dass Fragen das Unterrichtsgeschehen immer beeinflussen, auch wenn es nur kurze Unterbrechungen, durch zum Beispiel organisatorische Fragen, sind. Besonders eindrucksvoll ist, dass Schülerfragen eine so große „Power" haben: Sie können Unterrichtsprozesse entscheidend beeinflussen und den Unterrichtsprozess in eine bestimmte Richtung lenken. So kann sich durch eine Schülerfrage das gesamte Unterrichtskonzept samt Unterrichtsplanung grundlegend verändern, sie können den Unterrichtsprozess beschleunigen und voranbringen, bremsen und vertiefen, aber auch behindern und zum Stillstand bringen.

Wie Schülerfragen, die Lernen intendieren und den Qualitätsstufen 1 bis 4 entsprechen, mit Unterrichtsgesprächen zusammenhängen und welchen Einfluss sie auf eben diese haben, wird in Abbildung 3 deutlich.

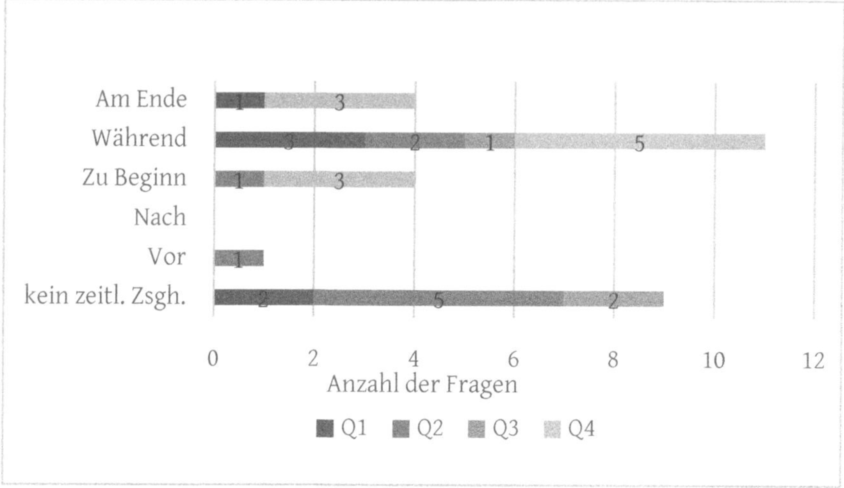

Abbildung 3: Anzahl der Fragen der Schüler_innen verteilt auf Zeitpunkt der Äußerung und Qualitätsstufen im Unterrichtsgespräch

3 Die hier vorliegenden Ergebnisse können über das Institut für Katholische Theologie der Universität Kassel bei Bedarf erfragt werden. Vgl. Görth 2018; Görth 2019.

Dargestellt wird hier die Verteilung der Schülerfragen auf den Zeitpunkt der Äußerung (kein zeitlicher Zusammenhang, kurz vor, kurz nach, zu Beginn, während oder am Ende des Gesprächs) und Qualitätsstufen 1 bis 4. Weiterhin ist auch von Bedeutung, wie diese Fragen inhaltlich mit dem Unterrichtsgespräch zusammenhängen. Ob sie also einen inhaltlichen Zusammenhang aufweisen oder nicht und ob sie vielleicht sogar neue Impulse liefern, die im Gespräch aufgenommen werden. Die insgesamt neun Fragen, die keinen zeitlichen oder inhaltlichen Zusammenhang mit einem Unterrichtsgespräch aufweisen, sind Fragen der Qualitätsstufen 1 bis 3. Insgesamt wird nur eine der 29 Fragen kurz vor einem Unterrichtgespräch gestellt. Auch diese Frage weist keinen inhaltlichen Zusammenhang mit dem Unterrichtsgespräch, dem sie nah ist, auf und lässt sich der Qualitätsstufe 2 zuordnen. Besonders interessant sind die Fragen, die in Unterrichtsgesprächen gestellt werden. Sie gehören zu großen Teilen der höchsten Qualitätsstufe 4 an, weisen immer einen inhaltlichen Zusammenhang mit dem Gespräch auf und liefern teilweise sogar neue Impulse. Schülerfragen, die neue Anregungen enthalten und zu Beginn eines Gesprächs gestellt werden, lösen einen Prozess aus, dem in Unterrichtsgesprächen gefolgt wird. Neue Impulse während des Unterrichtsgesprächs beziehen sich zwar auf das bisher Gesprochene, bringen jedoch neue Sichtweisen ein. Steht eine Frage mit neuem Impuls am Ende eines Gespräches, so beendet sie dieses und ein neuer Unterrichtsabschnitt beginnt. Es lässt sich also sagen, dass Schülerfragen, die Lernen intendieren, am häufigsten in Unterrichtsgesprächen gestellt werden. Dabei beinhalten diese besonders oft einen „deep-reasoning" Charakter und sind somit stark stimulierend für das Gespräch, initiieren es, bringen es voran oder beenden es (meistens, weil sie den Inhalt des Gesprächs übersteigen).

Die Forschungsgruppe zu Unterrichtsgesprächen unterscheidet vier verschiedene Unterrichtsgesprächstypen: echte Unterrichtsgespräche (UG), Gespräche als eine Hintereinanderreihung der Beiträge von Schüler_innen (UGS), Gespräche im Pingpong-Modus zwischen Lehrkraft und Schüler_innen (UGLS) und Gespräche als getarnte Lehrervorträge (UGLV).4

Wie die Qualitätsstufen der Schüler_innenfragen mit den Unterrichtsgesprächstypen zusammenhängen, zeigt Abbildung 4. Bei jedem Gesprächstyp kommen Fragen der höchsten Qualitätsstufe vor. Besonders auffällig sind hier die echten Unterrichtsgespräche. Alle Fragen (ausgenommen Fragen der Qualitätsstufe 0), die im analysierten Material in echten Unterrichtsgesprächen gestellt wurden, waren Fragen der höchsten Qualitätsstufe mit „deep-reasoning" Charakter. Echte Unterrichtsgespräche sind Gespräche, die mindestens drei Gesprächspartner haben, bei denen sich die Schüler_innen gegenseitig zuhören und in ihren Sprechbeiträge aufeinander beziehen, die im Plenum der Klasse

4 Vgl. die ausführliche Vorstellung der Unterrichtsgesprächstypen in Kapitel *Das methodische Vorgehen in der Unterrichtsstudie* auf Seite 194.

stattfinden und durch ein gemeinsames Thema verbunden sind. Auch dieser Zusammenhang lässt sich durch die Charakteristika der Qualitätsstufe 4 begründen. Es werden tiefgehende Überlegungsprozesse angeregt und Fragen wirken stark stimulierend, sodass Gespräche initiiert werden und sich entwickeln, die der Definition der echten Unterrichtsgespräche entsprechen.

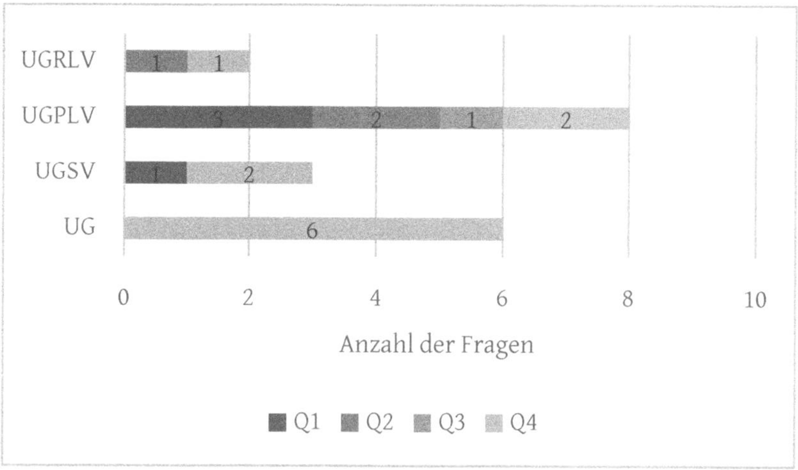

Abbildung 4: Anzahl der Fragen der Schüler_innen im Unterrichtsgespräch verteilt auf Gesprächsart und Qualitätsstufen

Die Ergebnisse zeigen deutlich, dass es einen signifikanten Zusammenhang zwischen Unterrichtsgesprächen und Schülerfragen gibt. Leider konnte bei dieser Einzelfallanalyse nur auf wenige Fragen zurückgegriffen werden, weil zum einen insgesamt nur wenige Fragen gestellt wurden und zum anderen die Fragen der Qualitätsstufe 0 über 50 % ausmachen und diese nicht in die Überlegungen einbezogen werden können, da sie kein Lernen intendieren.

Die Darlegung der Ergebnisse ist hiermit abgeschlossen und wir können zur nächsten und letzten Frage voranschreiten.

2.4 Resümee: Was können wir daraus mitnehmen und wie kann es weitergehen?

Trotz der eingeschränkten Reliabilität aufgrund der überschaubaren Anzahl von analysierten Unterrichtsstunden sind die gewonnenen Ergebnisse deutlich. Es stellt sich die Frage an jede_n Einzelne_n, ob die dargelegte Realität den Ansprüchen an den Religionsunterricht gerecht wird. Der Anspruch der Theorie und die Realität in der Praxis gehen weit auseinander. In religionsdidaktischen Konzepten spielen Schülerfragen für den Religionsunterricht und den Lernerfolg der Schüler_innen eine große Rolle. Schüler_innen sollen ihre eigenen Erfahrungen, Wünsche und Fragen, die sie persönlich betreffen, in den Religionsunterricht einbringen dürfen und können. Schüler_innen sollen zum Austausch, zur Diskussion und zu einem fortschreitenden Erkenntnisgewinn angeregt werden. Die Analyse der Praxis bestätigt zwar einerseits die These, dass dort, wo Schülerfragen aufkommen, diese vertieft werden und zu einer intensiven Beschäftigung mit dem Thema führen. Andererseits ist ernüchternd festzustellen, dass nur wenige Fragen und noch weniger qualitätsvolle Fragen von den Schüler_innen im realen Religionsunterricht gestellt werden. Die Praxis wird dem Anspruch fachdidaktischer Konzepte an Unterrichtsgespräch und den Religionsunterricht allgemein nicht annähernd gerecht. Der intendierte Lerngewinn durch die Auseinandersetzung mit Schülerfragen kann nur dann gelingen, wenn Schüler_innen Fragen der höheren Qualitätsstufen einbringen. Hier ist ein konkreter Ansatzpunkt für die Optimierung religionsunterrichtlicher Realität: Wie kann es gelingen, dass Schüler_innen Fragen stellen? Wie können sie dazu ermutigt werden? Welche Unterrichtsphase ist dafür besonders geeignet? Wie können sie kompetent im Fragen werden?

Als Ausgangspunkt für weitere Überlegungen sollen insbesondere zwei Punkte abschließend hervorgehoben werden:

1. Schülerfragen sind außerordentlich wertvoll für den Religionsunterricht: Sie zeigen echtes Interesse, motivieren Mitschüler_innen zum Mitdenken und Mitreden, fokussieren oft auf eine lebensweltlich für die Schüler_innen bedeutsame Perspektive und sind damit von großer Bedeutung für gelingende Unterrichtsgespräche.
2. Dass jede_ r Schüler_in nur etwa alle sechs Unterrichtsstunden (von 45 Minuten) eine Frage stellt, die auch Lernen intendiert, ist ein ernüchterndes Ergebnis und kann nicht zufrieden stellen. Es sind neue und alte Wege (wieder)zufinden, den Fragen der Schüler_innen und dem Austausch darüber wieder einen angemessenen Raum zu geben.

Es muss also ein Religionsunterricht und ein Lernumfeld etabliert werden, in dem Schüler_innen zum Fragenstellen angeregt und motiviert werden. Ein fragenorientierter Religionsunterricht, den Oberthür (2015) bereits in den 1990er Jahren angeregt hat, sollte stärker in der Unterrichtspraxis Anwendung finden. Lehrkräfte müssen sich dessen bewusst sein, welches Potential in Schülerfragen steckt und dass diese gewinnbringend für den Unterricht genutzt werden können. Die Frage danach, wie dies gelingen kann, könnte vielleicht eine Anregung für weitergehende Studien sein. In dieser Perspektive wäre auch die Frage nach dem Umgang von Lehrkräften mit Schülerfragen interessant und wie sich das Verhalten der Lehrer_innen auf das Frageverhalten der Schüler_innen auswirkt. Auch eine genauere Beleuchtung der Lehrerfrage und die methodischen Anforderungen an diese aus religionspädagogischer Perspektive, wie sie sich bei Harriet Gandlau (2017) finden lassen, wäre anzuraten.

Insgesamt sollte die Thematik der Schülerfragen mehr in den Fokus der Forschung gerückt werden, schließlich soll der Unterricht den Schüler_innen dienen.[5]

Literatur

GANDLAU, HARRIET (⁴2017), Wie Religion unterrichten? Grundlagen und Bausteine für einen qualifizierten Unterricht, München.

GÖRTH, MARTHA (2018), Schüler_innenfragen im Religionsunterricht und ihre Bedeutung für das Unterrichtsgespräch. Empirische Erkundungen und religionspädagogische Analyse. Unveröffentlichte Wissenschaftliche Hausarbeit im Rahmen der Ersten Staatsprüfung für das Lehramt an Gymnasien im Fach Katholische Religion, eingereicht der Hessischen Lehrkräfteakademie – Prüfungsstelle Kassel.

GÖRTH, MARTHA / FRÖHLE, DOMINIC (2019), „Ich hab' da mal 'ne Frage" – Schülerfragen im Religionsunterricht, in: Katechetische Blätter, 144 2, 106–110.

KARG, INA (2011), Fragen und ihr kognitiv-kreatives Potenzial – Schülerarbeiten zu Ödön von Horváths Roman „Jugend ohne Gott", in: LINDNER, HEIKE / ZIMMERMANN, MIRJAM (Hrsg.), Schülerfragen im (Religions-)Unterricht – Ein notwendiger Bildungsauftrag heute?!, Neukirchen-Vluyn, 73–88.

KÖNIG, KIRSTIN (2011), Was Schülerinnen und Schüler im Religionsunterricht gerne fragen würden, in: LINDNER, HEIKE / ZIMMERMANN, MIRJAM (Hrsg.), Schülerfragen im (Religions-) Unterricht – Ein notwendiger Bildungsauftrag heute?!, Neukirchen-Vluyn, 183–194.

MAYRING, PETER (2002), Einführung in die qualitative Sozialforschung, Weinheim und Basel.

NIEGEMANN, HELMUT / STADLER, SILKE (2001), Hat noch jemand eine Frage? Systematische Unterrichtsbeobachtung zu Häufigkeit und kognitivem Niveau von Fragen im Unterricht, in: Unterrichtswissenschaft 29 (2), 171–192.

NIEHL, FRANZ W. / THÖMMES, ARTHUR (2012), 212 Methoden für den Religionsunterricht, München.

OBERTHÜR, RAINER (¹¹2015), Kinder und die großen Fragen. Ein Praxisbuch für den Religionsunterricht, München.

ROOSE, HANNA (2017), Familienähnlichkeiten: Das fragend-entwickelnde und das theologische Unterrichtsgespräch, in: Theo-Web. Zeitschrift für Religionspädagogik 16(2), 275–289.

SCHULZ VON THUN, FRIEDEMANN (o. J.), das Kommunikationsquadrat, in: Schulz von Thun Institut für Kommunikation, Zugriff am 22.07.2019 https://www.schulz-von-thun.de/die-modelle/das-kommunikationsquadrat.

SEIFRIED, JÜRGEN / SEMBILL, DETLEF. (2005), Schülerfragen – ein brachliegendes didaktisches Feld, in: Zeitschrift für Berufs- und Wirtschaftspädagogik 101(2), 229–245.

SEMBILL, DETLEF / GUT-SEMBILL, KATRIN (2004), Fragen hinter Schülerfragen – Schülerfragen hinterfragen, in: Unterrichtswissenschaft 32(2), 321–333.

5 Wem hier konkretere Hinweise für die Umsetzung in der Praxis fehlen, sei an dieser Stelle auf den bereits veröffentlichten Artikel „„Ich hab' da mal 'ne Frage' Schülerfragen im Religionsunterricht" verwiesen. Dort wird die weitere Bedeutung dieser Ergebnisse für den Religionsunterricht in den Blick genommen: Görth / Fröhle 2019.

WEBER, PETER (2011), Schüler fragen – Zur Beschreibung einer sprachlichen Handlung im Religionsunterricht, in: LINDNER, HEIKE / ZIMMERMANN, MIRJAM (Hrsg.), Schülerfragen im (Religions-)Unterricht – ein notwendiger Bildungsauftrag heute?!, Neukirchen-Vluyn, 89–109.

Umsetzbarkeit korrelativer Lernprozesse im Unterrichtsgespräch

Eine vergleichende Analyse zweier Gesprächssequenzen

Elena Nowatschka

Seit mehr als vierzig Jahren ist die Korrelationsdidaktik das Leitprinzip des katholischen Religionsunterrichts in Deutschland. Zwischen der religiösen Tradition und Offenbarung einerseits und den individuellen Erfahrungen und Lebenswelten der Lernenden andererseits soll eine kritische und produktive Wechselbeziehung (Nocke 1980, 130f) hergestellt werden. Die von Lernenden erworbene Korrelationskompetenz soll als Kernkompetenz die religiöse Orientierungsfähigkeit stärken. Es geht um die Aneignung einer Korrelationskompetenz, um sich ihrer eigenen Glaubensüberzeugung zu vergewissern, sie kritisch zu überprüfen und auch denkerisch zu verantworten (Schröer 2001, 408).

Daher sollte jede Religionsstunde von diesem Konzept geprägt sein. Bisher gibt es nur wenige Forschungen, inwiefern dieser Anspruch erfüllt wird (Englert / Hennecke / Kämmerling 2014). Die zentrale Frage des Beitrags lautet demnach, inwiefern korrelative Momente im realen Religionsunterricht beobachtet werden können, wobei der besondere Fokus auf Unterrichtsgesprächen liegt. Wie sieht Korrelation in Unterrichtsgesprächen konkret aus? Was kennzeichnet sie? Wodurch werden korrelative Lernprozesse gefördert bzw. behindert? Lassen sich bestimmte Voraussetzungen oder Charakteristika herausstellen, die dieses Gelingen unterstützen?

Diese komplexen fachdidaktischen Fragen lassen sich nicht über absolute Zahlen beantworten. Zwar kann in einem ersten Schritt nach dem faktischen Vorkommen und der Ausprägung korrelativer Momente in Unterrichtsgesprächen gefragt werden. In dieser Studie wird darüber hinaus nach dem Erfahrungs- und dem Theologiebezug der Gesprächsinhalte sowie nach dem Vertiefungsgrad theologischer Themen in Gesprächen gefragt.[1] Um jedoch qualitative Aussagen treffen zu können, wie eben diese gefördert oder behindert werden, benötigt es eine tiefergehende Auseinandersetzung.

Daher soll nach einer kurzen Erläuterung des Prinzips der Korrelationsdidaktik sowie der Beschreibung der verwendeten Methodik und des Vorgehens, ein Vergleich von zwei ausführlichen qualitativen Gesprächsfeinanalysen unter den oben gestellten Fragen erfolgen. Nach der vergleichenden Betrachtung

1 Vgl. den Beitrag *Das methodische Vorgehen in der Unterrichtsstudie* und die Ergebnisse bei der Auswertung des hoch-inferenten Ratings, S. 270, 274.

der Ergebnisse beider Analysen werden abschließend die Ergebnisse thesenartig zusammengefasst, wobei Möglichkeiten und Grenzen der konkreten Umsetzung von Korrelation im Unterrichtsgespräch aufgezeigt werden.

1. Was versteht man unter Korrelationsdidaktik? Einführende Bemerkungen

Die Korrelationsdidaktik ist seit den 1970er Jahren trotz kritischer Einwände das zentrale Leitmotiv des katholischen Religionsunterrichts in Deutschland. Sie baut auf dem Beschluss „Der Religionsunterricht in der Schule" der Gemeinsamen Synode der Bistümer der Bundesrepublik Deutschland vom 22. November 1974 auf, der als zentrales Ziel des Religionsunterrichts den Beitrag zur Identitätsfindung der Lernenden sowie zur Humanisierung der Schule formuliert (DBK 1974, 16–19). Der Ansatz der Korrelationsdidaktik versucht vor zwei verschiedenen Engführungen zu bewahren: Einerseits vor der Konzentration auf eine christliche Lehre von erstarrten Traditionen in einem System aus Sätzen und Glaubenswahrheiten; andererseits vor der Gefahr, dass sich der Religionsunterricht zu stark an den heutigen Zeitgeist anpasst und so das kritische korrigierende Moment des Glaubens völlig außer Acht lässt.

Die Korrelationsdidaktik ist kein vollkommen neues Konzept. Vielmehr wurde versucht wichtige Ansätze der vorherigen religionspädagogischen Modelle nach einer Überarbeitung und Optimierung zu integrieren. So soll zum Beispiel der Fokus in der Korrelationsdidaktik gleichgewichtet auf Tradition *und* Erfahrung liegen. Die grundlegende Annahme eines korrelativen Religionsunterrichts ist, dass die Offenbarung Gottes sowie der Vollzug des Glaubens immer in konkrete, menschlich erfahrbare Situationen hinein geschehen. Daher können Glaubensüberlieferungen nur dann verstanden werden, wenn sie in ihrer Bedeutung für die jeweilige Situation und für das heutige Leben erschlossen werden (Mendl 2011, 58). Der Glaube muss sich als relevant für den je aktuellen Umgang mit Problemlagen erweisen und gegenwärtige Erfahrungen sollen durch den Glauben verstehbar werden. Aus diesem Grund muss sich nicht nur der / die Interpret_in vor dem Anspruch der Glaubenstradition, sondern auch die religiöse Tradition vor den Ansprüchen zeitgenössischer Erfahrungen verantworten (Englert 2008, 122). Beide Seiten sollen nicht starr und unverbunden nebeneinanderstehen, sondern in einem spannungs- und beziehungsreichen Miteinander (Hofmeier 1983, 50). Diese kritische und reziproke Wechselbeziehung zwischen der Lebenswelt der Lernenden und der religiösen Tradition bildet das Charakteristikum des korrelativen Ansatzes und soll zu einer Erhellung beider Seiten führen. Dabei stellt der Glaube keine fertige Antwort auf die Erfahrungen der Lernenden dar, weswegen zusätzlich geprüft werden muss, ob die religiöse Deutung der (existenziellen) Erfahrungen tatsächlich eine befreiende Wirkung hat. Hierbei besteht auch die Möglichkeit, dass die Lernenden die Glaubensdeutung kritisieren oder ablehnen (Baudler 2006, 448). Korrelation ist ein dynamischer und fragiler Prozess mit einem offenen, unvorhersehbaren Ergebnis.

Eine Grundvoraussetzung für das Gelingen von Korrelation ist immer, dass einerseits klar wird, welche Erfahrungen hinter dem überlieferten Glauben stecken und welche Erfahrungen die Menschen gemacht haben müssen, um zu den überlieferten Glaubensüberzeugungen zu gelangen und andererseits, dass die wandelnden Fragen, Probleme und Sehnsüchte der Lernenden aufgegriffen werden und erkennbar ist, wie die Lernenden über die existenziellen Fragen ihres Lebens denken und urteilen. Es muss gelingen, die Tradition des Glaubens in Erfahrungen zu übersetzen und die Erfahrungen der Lernenden auf die zugrundeliegende Glaubensstruktur hin zu verdichten (Englert 2008, 151). Dabei dürfen weder die Offenbarung und Glaubenstradition als sakrosankt, noch die Schülererfahrungen als Topf für Fragen angesehen werden, auf die die christlichen Antworten einen Deckel bilden.

Das didaktische Konzept der Korrelation kann im Religionsunterricht unterschiedlich umgesetzt werden. Georg Hilger unterscheidet zum Beispiel zwischen vier Strategien.

1. *korrelative Strukturanalogien:* Frage nach Schnittmengen in Erfahrungen von heute und denen der biblischen Überlieferung
2. *additive Korrelation:* gegenwärtige Probleme und Erfahrungen mit ähnlichen Situationen in Texten der Tradition verbinden
3. *kontrastive Korrelation:* Erfahrungen von heute mit denen der Bibel konfrontieren und provozieren
4. *überbietende Korrelation:* Erfahrungen durch ähnliche, sehr viel stärker dargestellte biblische Beispiele radikalisieren (Hilger 2013, 347)

Rudolf Englert hat hingegen in seiner empirischen Studie zur konkreten Umsetzung der Korrelationsdidaktik sieben Varianten des Religionsunterrichts herausgearbeitet.

1. Phänomenologische Variante: Die Religion über religiöse Phänomene entdecken
2. Performative Variante: Religionsunterricht als Ort religiöser Praxis
3. Philosophische Variante: Religion durch eigene Ideen bzw. Vorstellungen zu religiösen oder existenziellen Fragen selbst konstruieren
4. Adaptive Variante: Religiöse Zeugnisse individuell aneignen
5. Relevanzprüfende Variante: Aufforderung zur eigenen Stellungnahme gegenüber der Tradition

6. Existenzielle Variante: Lebensweltliche Themen, in denen Lernende möglichst persönlich und offen zeigen, was an diesen das für sie religiös Bedeutsame ist
7. Sachkundliche Variante: Erarbeitung von eher objektivem Wissen über Religion/en

Dabei werde der korrelative Grundgedanke am stärksten in der Relevanz prüfenden Variante des Religionsunterrichts umgesetzt, die sachkundliche Variante lasse ihm hingegen am wenigsten Raum. Die anderen fünf Zugänge eröffnen Möglichkeiten für eine korrelative sowie nicht-korrelative Umsetzung (Englert / Hennecke / Kämmerling 2014, 68–72; 107–109).[2] Die Korrelation kann hierbei von zwei verschiedenen Frageperspektiven ausgehen: Erfolgt die Korrelation über einen induktiven Zugang, ausgehend von der existenziellen Lebenserfahrung hin zum Dialog mit dem christlichen Glauben, so wird versucht, auf aktuelle Fragen eine Antwort zu finden. Geht man den umgekehrten Weg des deduktiven Zugangs, bei dem der Dialog mit der Lebenserfahrung vom Glauben her initiiert wird, kommt die Gegenwart durch einen wechselseitig-kritischen Dialog mit der religiösen Tradition aus einer neuen bzw. anderen Perspektive heraus in den Blick (Baudler 2006, 449; Hilger 2013, 351).

Deren Initiation kann einerseits der Lehrperson obliegen, indem sie korrelative Prozesse vorgibt, nahelegt oder anbietet, andererseits aber auch den Lernenden, indem sie lernen zu fragen, zu suchen, zu entdecken, zu erzählen bzw. kurz gesagt, sich zu wundern (Hilger 2001, 1108; Beuscher 1994, 59). Das anspruchsvolle Ziel ist hierbei mit Sicherheit, die Lernenden zu einer Korrelation zu bewegen, bei der sie eigenständig nach sinnvollen Bezügen zwischen ihrem Leben und der Botschaft des Glaubens suchen.

Als Gelingensbedingungen korrelativer Prozesse im Religionsunterricht nennt Englert eine gute Dechiffrierungs- und Übersetzungsarbeit der Lehrperson, bei der Schüleräußerungen so aufbereitet werden, dass sie mit der übrigen Lerngruppe und der Tradition in ein Gespräch kommen können, sowie eine implizite Korrelation, die sich vollzieht, wenn Lernende eine religiöse Tradition in Bild- oder Textform zu verstehen versuchen (Englert / Hennecke / Kämmerling 2014, 137–159). Für Korrelation hinderlich seien hingegen die Konzentration auf das Sachkundliche, ein bloßes Nebeneinanderstehen von Tradition und Erfahrung, der schwierige Transfer auf eine symbolische Ebene, eine problematische Gruppendynamik, das Fehlen theologischer Argumentationsstrategien und fruchtbarer Kontroversen sowie die Verwendung von Unterrichtsvorlagen ohne Pointe (ebd., 159–186).

2 Hier zeigt sich bereits, dass korrelativ angelegter Religionsunterricht keineswegs schulischer Alltag ist. Englert betont, dass auch nicht korrelative Formen des Religionsunterrichts, die eher auf eine religionskundliche Auseinandersetzung oder auf die Klärung existenzieller Problematiken abzielen, durchaus berechtigt und sinnvoll sein können (Englert / Hennecke / Kämmerling 2014, 68–72; 107–109).

2. Methodik und Vorgehen beim Vergleich der zwei Gesprächsfeinanalysen

Konkrete empirische Studien zur Korrelation im Religionsunterricht gibt es bisher kaum. Besondere Bedeutung erhält bezüglich der hier gestellten Forschungsfrage das Ergebnis der Untersuchung zu „Innenansichten des Religionsunterrichts“ (Englert / Hennecke / Kämmerling 2014). In dieser gelang es den Autor_innen für Korrelation förderliche und hinderliche Kriterien herauszustellen. Untersuchungen zu konkreten Bedingungen, wie Korrelation im Religionsunterricht gelingt bzw. gelingen kann, gibt es bisher nur vereinzelt (ebd., 187–219).

Im Folgenden wird anhand von zwei Fällen, d. h. zwei Unterrichtsgesprächen, eine intensive Analyse zur Korrelation im Unterrichtsgespräch stattfinden. Hierfür wurden auf Basis der Rating Ergebnisse der vorliegenden Gesamtstudie zunächst jene Gespräche identifiziert, die im hoch-inferenten Rating[3] mindestens in einem geringen Maße das Merkmal „Korrelative Momente im Unterrichtsgespräch“ aufweisen. Aus diesen Gesprächen wurden wiederum zwei ausgewählt, bei denen das Merkmal „korrelative Momente“ in einer starken Ausprägung geratet wurde. Dem lag die Annahme zugrunde, dass deren nähere Untersuchung im Sinne des hier angelegten Forschungsinteresses besonders aufschlussreich sein wird und eine offensichtlich gelungene Korrelation erkennbar ist. Zu diesen zwei Gesprächen wurde je eine Gesprächsfeinanalyse erstellt.[4] Im Anschluss folgt eine vergleichende, fragengeleitete Analyse der Ergebnisse beider Gesprächsfeinanalysen. Da letztere die Tiefenstruktur des Unterrichtsgespräches offenlegt und Inhalte sowie Intentionen der einzelnen Beiträge aufschlüsselt, ist es möglich, hierzu differenzierte Ergebnisse zu erhalten: Welche korrelativen Momente der beiden Gespräche können dargestellt und welche Chancen und Grenzen der Umsetzung der Korrelation erfasst werden?

Die vergleichende und auf das Vorkommen von korrelativen Momenten und Lernprozessen fokussierte Analyse baut auf den genannten theoretischen Grundlagen auf und bearbeitet folgende Fragekomplexe:

---

3 Mit diesem Item wurde im hoch-inferenten Rating danach gefragt, in welcher Intensität korrelative Lernprozesse stattfinden. Diese wurde in einer vierstufigen Skala von Level 0 (finden nicht statt) bis Level 3 (finden in sehr hohem Maße statt) eingestuft. Vgl. den Beitrag *Was zeichnet Unterrichtsgespräche aus?* S. 274f.

4 Vgl. die ausführliche Gesprächsfeinanalyse: *„Was ist so schlimm an einer neuen Welt ohne Gott?“ Ein echtes Unterrichtsgespräch über die Konsequenzen einer Welt ohne Gott, das zu einem Zwiegespräch wird...* in diesem Buch und die Fallanalyse bei Reese-Schnitker 2013, die auch als Grundlage für den Beitrag *Unterrichtsgespräche unter der Lupe. Möglichkeiten der Arbeit mit transkribierten Unterrichtsgesprächen unter religionsdidaktisch relevanten Frageperspektiven* didaktisch interpretiert wurde.

1. *Vorkommen von Erfahrungs- und Traditionsebene:* Kommen sowohl die Ebene der Lebenswelt der Lernenden als auch die Ebene der religiösen Traditionen vor? Wer bringt diese Ebenen wie konkret ein?
2. *Wer initiiert die Korrelation?*
3. *Verknüpfung von Erfahrung und Tradition bzw. Korrelationsstrategie:* Wie sind diese Ebenen miteinander verknüpft (summarisch, wechselseitig, kritisch produktiv)? Von welcher Ebene geht die Korrelation aus? Wird sie aktiv vollzogen oder passiv nachvollzogen? Wird von den Lernenden die eigene Position entwickelt, reflektiert bzw. verändert? Wird die der Tradition zugrundeliegende Erfahrungswelt vertiefend erschlossen? Wie genau korrelieren die Lernenden?[5] Welche Variante korrelativen Religionsunterrichts liegt vor? (Englert / Hennecke / Kämmerling 2014, 68–72; 107–109)
4. *Grundvoraussetzungen für Korrelation:* Welche Bedingungen sind für das Gelingen grundlegend? Welche Unterrichtsatmosphäre liegt vor?[6]
5. *Gelingende, misslingende Faktoren für Korrelation:* Wie gelingt die Korrelation? Welche Qualität hat diese, bzw. wie vertiefend wird sie vollzogen? Besteht die Möglichkeit, dass Lernende die Korrelation ablehnen? Welche Aspekte behindern das korrelative Lerngeschehen?

3. Ergebnisse des hoch-inferenten Ratings zum Vorkommen korrelativer Momente in Unterrichtsgesprächen

Im hoch-inferenten Rating[7] wiesen von 145 Unterrichtsgesprächen, die eine Mindestdauer von jeweils zwei Minuten haben, gut zwei Drittel (102 Fälle) keine korrelativen Momente auf. In 24 Gesprächen fanden korrelative Lernprozesse in geringem Maße, in 19 Gesprächen in starkem Maße statt. Bei keinem Gespräch waren korrelative Lernprozesse in sehr starkem Maße identifizierbar (Level 3). Obwohl die Korrelationsdidaktik das leitende Prinzip des Religionsunterrichts in Deutschland ist, zeigt sich bereits hier, dass Korrelation im Unterrichtsalltag faktisch nicht durchgängig vorliegt. Unter den 19 Gesprächen, in denen Korrelation in starkem Maße stattfand, waren acht echte Unterrichtsge-

5 Wie korrelieren die Lernenden entsprechend der Annahmen Beuschers? Fragen, suchen, entdecken, erzählen sie bzw. wundern sie sich? (Beuscher 1994, 59)

6 Für eine Didaktik, die auf die Äußerung persönlicher Sichtweisen und Einstellungen der Lernenden stark angewiesen ist, ist es unerlässlich, dass diese etwa von Offenheit und Akzeptanz geprägt ist.

7 Vgl. den Beitrag *Was zeichnet Unterrichtsgespräche aus? Merkmale und Charakteristika. Auswertung und Interpretation der Häufigkeiten und Korrelationen*, S. 274f.

spräche, sechs Gespräche als Reihung von Beiträgen der Schüler_innen, drei Pingpong-Gespräche und zwei getarnte Lehrervorträge.

4. Vergleichende Analyse zweier Unterrichtsgespräche

4.1 *Analyse des Gesprächs „Was ist so schlimm, wenn wir eine neue Welt anfangen ohne Gott?“ in einer 9. Gymnasialklasse mit Frau Blume*[8]

Situation und Initiierung

Dieses Unterrichtsgespräch findet in einer neunten Gymnasialklasse gegen Ende der ersten Doppelstunde der Unterrichtsreihe „Glauben an Gott – Zweifeln an Gott“ statt. Ein Schüler stellt die Frage: *Was ist daran so schlimm, äh, wenn wir ´ne neue Welt anfangen ohne Gott? (2).* Die Schülerfrage spricht sowohl die Ebene der religiösen Tradition als auch die persönlichen Glaubenserfahrungen der Lernenden an und *initiiert* damit einen potenziell-korrelativen Lernprozess. Die Frage zeigt sich als bedeutsame existentielle Glaubensfrage. Eine Welt „ohne Gott“ negiert die Existenz Gottes und damit einen Gottesglauben.[9] Es ist gleichzeitig eine herausfordernde Frage[10], die die Lebenswelt der Lernenden in den Fokus nimmt. Sie müssen sich ihrer eigenen Überzeugungen bewusst werden, diese reflektieren und durch die Stimme ihres Mitschülers kritisch hinterfragen. Auf diese Weise bereitet der Schüler Niklas den Weg zu einer kritischen, produktiven Wechselbeziehung und eröffnet durch sein Fragen (Beuscher 1994, 37) die Möglichkeit einer Korrelation. Dies wird durch die Kommunikation eröffnende Reaktion der Lehrerin in *(1)* bestärkt. *Sie* macht die Lerngruppe auf Niklas‘ Aussage aufmerksam und gibt ihr Raum für eine eigenständige kritische Stellungnahme. Hier kann Wechselbeziehung zwischen der Tradition des Glaubens, der auf einem personalen Gott basiert, und den indivi-

---

8 Vgl. das vollständige Transkript des Unterrichtsgesprächs am Ende dieses Beitrages und die ausführliche Gesprächsfeinanalyse *„Was ist so schlimm an einer neuen Welt ohne Gott?“ Ein echtes Unterrichtsgespräch in einer 9. Klasse über die Konsequenzen einer Welt ohne Gott, das zu einem Zwiegespräch wird...* in diesem Buch S. 425ff.

9 Die Relevanz dieser Frage zeigt sich zusätzlich in Johannas engagierten Wortbeiträgen und ihrem mehrmaligen Versuch Niklas und den Mitschüler_innen ihre Sichtweise näherzubringen.

10 Aber auch die Distanzierungen und Relativierungen wie im Wortbeitrag von Mareike (3) unterstreichen dies.

duellen Schülererfahrungen einer Welt mit oder ohne Gott, aufgebaut werden. Indem die Lehrerin den Lernenden den Fortlauf des Gesprächs überlässt, wird ein Potential für korrelative Äußerungen geschaffen.

Gesprächsverlauf

In den folgenden Wortbeiträgen nehmen die Lernenden Bezug zur Ebene ihrer Erfahrung. So sagt z. B. Emma in *(5)*, dass Gottes Verschwinden ein sehr langer Prozess wäre, an den man sich gewöhne. In *(7; 15)* bezieht sich Johanna sowohl auf die 10 Gebote als auch auf christliche Wertvorstellungen. Sie berührt damit die Ebene der religiösen Tradition. Dies tun ebenso Mareike *(3)*, Isabell *(6)* und die Lehrerin *(11)*. Jedoch überwiegt im Gespräch insgesamt die Ebene der Erfahrung. Zunächst müssen die Lernenden individuell eruieren, wie sie eine solche Welt ohne Gott empfinden würden, bevor sie diese Einschätzungen auf andere Menschen übertragen und feststellen können, ob eine *Welt ohne Gott* allgemein schlimm wäre. Sie würden also erst fragen, was bedeutet eine Welt ohne Gott für mich und in einem zweiten Schritt, was bedeutet es generell. Als korrelativen Zugang nutzen die Lernenden beide vertretenen Formen (Hilger 2013, 351). Die Äußerungen von Mareike *(3)*, ein Verschwinden Gottes sei nicht schlimm, da man heute nur noch aus Gewohnheit an Gott glaube und in die Kirche gehe, und Johanna *(15)* sind einem induktiven Zugang zuzuordnen. In *(7)* argumentiert Johanna deduktiv, dass Gott nicht ganz verschwinden könne, da er im Wesen des Menschen verankert sei.

Im hier vorliegenden analysierten Unterrichtsgespräch kann eine Engführung auf eine der beiden Ebenen vermieden werden, obwohl die wechselseitige Bezogenheit von Lebenswelt und Tradition nicht von allen Lernenden gleich stark aufgenommen und produktiv genutzt wird. Bei Emma beispielsweise findet kein Traditionsbezug *(5)* statt. Niklas hingegen stellt zwar zumindest indirekt über Johannas Beiträge einen Bezug zur Tradition her, jedoch befragt er lediglich die religiöse Tradition mit seiner Erfahrung und nicht umgekehrt, weswegen keine Wechselbeziehung entstehen kann *(8; 10; 16; 18)*.

Die Produktivität in der Wechselbeziehung beider Ebenen zeigt sich am stärksten in Mareikes Beitrag *(3)*.[11] Zwar tendiert sie zunächst zu Niklas Position, dies wandelt sich jedoch im Verlauf ihres Redebeitrages zu einer eigenen

---

11 Diese zeigt sich ebenfalls deutlich bei Johanna *(7)*. Wenn es die Erfahrung ist, dass immer nach Erklärungen gesucht wird, braucht es für Johanna anscheinend eine Instanz, die die verbliebenen Erklärungslücken füllt. Aber auch in *(15)* stellt Johanna eine These auf, die Ergebnis einer inneren produktiven Korrelation ist. Mit *man muss nicht Christ sein, um die zehn Gebote zu befolgen* zeigt sie einen vielleicht unbewussten Bezug zur Tradition des „anonymen Christen" Karl Rahners und der inhaltlichen und praktischen Relevanz des Dekalogs für alle Menschen, was sie am *Gewissen* der Menschen festmacht. Sie hat offensichtlich nach Schnittstellen zwischen ihren persönlichen und den im Dekalog implizierten Moralvorstellungen gesucht und kam zu diesem Ergebnis.

Feststellung, dass eine *neue Welt ohne Gott* vor allem eine große Veränderung mit sich bringe. Mit *irgendwo ist die Kirche ja auch ein bisschen mit in unser ganzes Leben so eingebunden* verdeutlicht sie eine Weiterentwicklung ihrer Anfangsthese. Auch wenn Mareike am Ende sagt, dass eine *neue Welt ohne Gott wahrscheinlich nicht schlimm* sei, wird dennoch durch die von ihr beschriebene immer größer werdende Veränderung (*irgendwo anderes, große Veränderung* zu *sehr große Veränderung*) deutlich, dass sie durch die kritischen Anfragen an die Tradition und an ihre eigene Erfahrung ihre Meinung während des Redebeitrags reformuliert sowie reflektiert. Indem sie hier die Bedeutung der religiösen Offenbarung für das Leben anklingen lässt, erschließt sie, wie auch Isabell *(6)*, die anscheinend weiß, was wahrhafter Glaube bedeutet, ein Stück weit das in der Lebenswelt Sichtbare der Tradition. Dies gelingt jedoch nicht allen Lernenden. Indem sich Niklas vor der religiösen Tradition und einer Befragung von dieser an seine Erfahrung verschließt, versteht er weder die ihr zugrundeliegende Lebenswelt, noch ist es ihm möglich, ihre Relevanz nachzuvollziehen.

Reflexion

Auch die von Rudolf Englert aufgestellten Grundbedingungen zur Förderung einer Korrelation (Englert / Hennecke / Kämmerling 2014, 137–159) werden in diesem Unterrichtsgespräch weitestgehend erfüllt: Sowohl Niklas' Äußerung *(16)*, die gerade im Religionsunterricht negative Konsequenzen haben kann, als auch Johannas engagierte Verteidigung des Glaubens deuten auf eine offene und *vertrauensvolle Unterrichtsatmosphäre* in der Lerngruppe hin, in der sich die Lehrerin herausnehmen kann und die Lernenden dennoch respektvoll untereinander diskutieren. Allerdings weisen Mareikes Wortwahl in *(3)* und Emmas Beitrag in *(5)* darauf hin, dass es dennoch einige Lernende gibt, die sich unsicher sind. Dies kann jedoch auch durch Schwierigkeiten im Formulieren und Reflektieren der eigenen Erfahrungen oder einer unklaren eigenen Meinung begründet sein. Bei einer Korrelation müssen laut Englert die wandelnden Fragen, Probleme und Sehnsüchte der Lernenden aufgegriffen werden und erkennbar sein, wie sie über die existenziellen Fragen ihres Lebens denken (Englert 2008, 151). Dies klingt zwar in den Aussagen aller Mitschüler_innen an, klar deutlich werden jedoch nur die Positionen von Niklas und Johanna. Mit der Eröffnung des Gesprächs durch einen Schüler kann die Motivation zur Auseinandersetzung mit seiner Frage sehr groß sein. In der Lerngruppe wird jedoch deutlich, dass nicht alle Lernenden von dem provokanten und herausfordernden Charakter der Frage gepackt sind. Es beteiligen sich nur fünf von 22 Schüler_innen und zusätzlich entsteht nach Niklas Beitrag *(10)* eine recht lange Pause. Dies kann an der Positionierung des Gespräches gegen Ende der Unterrichtsstunde liegen, daran, dass Niklas' Frage nicht die ihre ist, oder dass ihnen das Gespräch zu schnell verläuft und sie mit ihren Gedanken und der komplexen Anforderung, die die Ausgangsfrage sowie die bisherigen Redebeiträge implizieren, überfordert sind. Ohne einen Redebeitrag bleibt jedoch unklar, ob bei ihnen korrelative Prozesse stattfinden (können) oder nicht.

Rolle der Lehrperson

Die Aufbereitung und Dechiffrierungsarbeit der Lehrerin zeigt sich in beiden von ihr getätigten Aussagen. Indem sie in *(1)* noch einmal klar auf Niklas Aussage aufmerksam macht, ermöglicht sie die Entstehung einer Korrelation, deren Umsetzung sie wiederum den Lernenden überlässt. Auch wenn das Gespräch spontan durch einen Schüler initiiert wird, eröffnet sie den Raum, um dieses zu führen, und ordnet es gleichzeitig in die Stunde ein. In ihrem zweiten Eingreifen in *(11)* versucht sie Ergebnisse einer vorherigen Unterrichtsphase produktiv zu nutzen, indem sie sich persönlich mit der Ausgangsfrage auseinandersetzt und gleichzeitig eine Verbindung zur Tradition der christlichen Werte herstellt. Die Strukturierungsarbeiten der Lehrerin zeigen sich bereits in Minute 43:16, als Niklas schon einmal die Frage stellt *was ist daran so schlimm, wenn Gott stirbt, äh, wenn er von der Menschheit getötet wird*? Hier verweist die Lehrerin darauf, dass diese Frage erst in einem zweiten Schritt geklärt werden soll. Zunächst müssten einige grundlegende Dinge erarbeitet werden, um sich adäquat mit ihr auseinandersetzen zu können. Eine durchdachte Dramaturgie der Stunde scheint der Lehrerin wichtig zu sein. Allerdings fehlt am Ende des Gesprächs eine reflexive Aufbereitung der Beiträge, was vor allem darin deutlich wird, dass sie Niklas Aussage in *(23) dann kann ja eins weg* unkommentiert stehen lässt. Eventuell hat die Zeit bis zum Stundenende für dessen Klärung nicht mehr gereicht.

Dass die Korrelation jedoch nicht bei allen gelingt, kann darin begründet sein, dass zwei der sechs Beteiligten nicht auf die Tradition eingehen, ihre Erfahrung mit dieser verknüpfen und weitere theologische Argumentationsstrategien fehlen. Auch der zeitliche Druck am Stundenende sowie der eventuell fehlende Bezug der Lernenden zur christlichen Glaubenspraxis und deren Implikationen sowie Auswirkungen auf das persönliche Leben (Englert 1993, 101) können dies begründen.

Einordnung

Entsprechend der Varianten des Religionsunterrichts nach Englert lässt sich diese Sequenz nicht ganz eindeutig zuordnen, da sowohl die *relevanzprüfende* als auch die *existenzielle Variante* angesprochen werden (Englert / Hennecke / Kämmerling 2014, 225). Für ersteres spricht die Aufforderung an die Lernenden durch Niklas‘ These eine eigene Stellung zu beziehen. Dabei sind die Frage nach der Relevanz und Aktualität der Tradition – Gottes Existenz – zentrale Kritikpunkte. Für letzteres spricht, dass sich den Lernenden das für sie religiös Bedeutsame des Themas zunächst möglichst persönlich und offen zeigen muss, bevor sie sich überhaupt positionieren können. Sie müssen erst selbst eine Antwort auf diese existenzielle Frage finden, wodurch sich die lebensweltliche Erfahrung an dieser Tradition vertiefen kann. Gleichzeitig kann das hier untersuchte Gespräch der kontrastiven Korrelation zugeordnet werden. Die heutigen Lebenswelterfahrungen der Lernenden werden mit der Grundsatzfrage nach der Existenz Gottes konfrontiert. Vor allem bei Niklas zeigt sich der Kontrast zwischen diesen beiden Seiten sehr deutlich. Allerdings ist er auch derjenige, der die Korrelation trotz der Erklärungsversuche seiner Mitschüler_innen und der Lehrerin ablehnt. Offensichtlich wurden für ihn keine Argumente zur Verteidigung der Existenz Gottes vorgebracht, um seine Erfahrung mit diesen zu hinterfragen *(10; 16)*.

Bereits in diesem Gespräch zeigt sich, dass Korrelation ein individueller Prozess ist. Während sie bei Niklas offensichtlich scheitert, können bei Mareike, Isabell und Johanna starke korrelative Prozesse beobachtet werden.

4.2 Analyse des Gesprächs „Ich hab' eigentlich nie gemerkt, dass Gott mir geholfen hat" in einer 6. Realschulklasse mit Frau Mantel[12]

Situation und Entstehung

Das zweite hier zu untersuchende Gespräch findet in einer sechsten Realschulklasse statt. Die Lerngruppe setzt sich aus 13 Jungen und 5 Mädchen zusammen, von denen acht einen Wortbeitrag leisten. Auch hier handelt es sich um ein echtes Unterrichtsgespräch, dass sich in der Mitte der zweiten Doppelstunde der Unterrichtsreihe zu „Gottesbilder und Gottesvorstellungen" befindet.

Wie schon in der vorherigen Analyse wird auch dieses Unterrichtsgespräch durch die Frage bzw. Aussage eines Schülers initiiert *(1): Man hört so viele Geschichten damals, wie Gott war, aber... so in der heutigen Zeit sind da keine Geschichten mehr von ihm vorhanden.* Und auch hier ist es wieder die Lehrerin, die durch ihre Aussage in *(2) Ja, wie ist das denn überhaupt? Das ist ja spannend* die Frage aufgreift und an die Lerngruppe weitergibt. Zeitgleich nimmt sie einen Stuhl und setzt sich so in die Lerngruppe, dass eine Art Sitzkreis entsteht. Auf diese Weise schätzt sie die Frage des Schülers (Martin) wert, bietet ihr eine Bühne und unterstützt gezielt eine lernförderliche Atmosphäre in der Lerngruppe. Martins Frage selbst ist durch ihre Relevanz für den Glauben der Lernenden sowohl herausfordernd als auch offen und motivierend angelegt. Ebenso können in der

12 Vgl. das vollständige Transkript des Unterrichtsgesprächs am Ende dieses Beitrages und die ausführliche Fallanalyse in: Reese-Schnitker 2013.

Auseinandersetzung mit ihr Verknüpfungen mit der religiösen Tradition und der Lebenswelt der Lernenden hergestellt werden, wodurch Korrelationen durch die Frage eröffnet werden.

Gesprächsverlauf

Von den Lernenden werden im folgenden Gespräch beide Wahrnehmungsebenen, die eigene Erfahrung und die religiösen Traditionen berührt. Dabei nutzt beispielsweise Christian *(15)* den deduktiven Zugang von der Tradition aus, wenn es sagt, dass es zunächst nur sehr wenige Christen gegeben habe, die auf Gottes Taten angewiesen waren. Da das Christentum nun eine Weltreligion ist, seien die Menschen nicht mehr auf Gottes Taten angewiesen. In *(28)* wählt Christian hingegen einen induktiven Zugang ausgehend von seiner eigenen Erfahrung, dass die Menschen heute nicht mehr auf Gottes Geschichten achten, da es so viele Geschichten gäbe. Bei manchen Lernenden bleiben beide Seiten unverknüpft nebeneinanderstehen, wie bei Paul in *(7)*. Wohingegen beispielsweise bei Martin in *(16)* eine (leichte) Wechselbeziehung stattfindet, die der Tradition zugrundeliegende Lebenswelt jedoch nur teilweise erschlossen wird.[13] Ein Grund hierfür und auch für den teilweise fehlenden Traditionsbezug könnte fehlendes fundiertes Wissen darstellen, wie sich Gottes Wirken in der Welt zeigt bzw. gezeigt hat. Die Lehrerin hätte hier zusätzliche Informationen einbringen und so eine Übersetzungsarbeit leisten können, damit das Gespräch auf einer sachlich fundierten Ebene stattfindet. Dass sie das Gespräch jedoch an dieser Stelle hat laufen lassen, kann ebenfalls didaktisch motiviert sein. Dies spräche für eine durchdachte Dramaturgie der Unterrichtsphase.

Reflexion

Inhaltlich wird das Gespräch durch die Aussagen der Lernenden strukturiert. Dies zeigt sich besonders in der Intervention von Martin in *(16)*, bei der klar wird, dass die bisherigen Aussagen an der Ausgangsfrage vorbeigehen: *Aber es geht ja nicht drum, dass man Geschichten aufschreibt. Sondern wieso hört man nichts mehr….* Die Lehrerin übernimmt durch Aufrufen der Lernenden formale Strukturierungsarbeiten.

Dabei ist das Verhältnis zwischen Lernenden und Lehrerin von Akzeptanz, Respekt, Vertrauen und Freundlichkeit geprägt, was sich zum einen in deren Umgang miteinander und im zeitlichen Anteil der Gesprächsbeiträge der Ler-

---

13 Vgl. auch Aussage (15) – Christian: *Also vielleicht ist ja auch so. Früher, waren ja erstens die Christen, bevor sein Sohn kam, sowieso sehr wenige. Zweitens, wenn sie da waren, wurden sie verfolgt und jetzt geht es den Christen ja wunderbar. Es sind so viele, das ist ja eigentlich eine der Weltreligion, dass keine die… Und vielleicht hat er einfach keine Lust mehr große Sachen zu machen und vielleicht geht er ja…ohne Scheiß…auch Gott will ja auch Urlaub haben.*

nenden zeigt. Niemand wird für seine Aussage belächelt und die Beiträge der Lernenden nehmen insgesamt im Unterrichtsgespräch den größten Raum ein. Zum anderen spiegelt sich diese Atmosphäre in der oben beschriebenen Sitzposition der Lehrerin und in ihren Aussagen in *(2)* und *(25)* wider. Sie schätzt die Schülerfrage wert, lässt ihr Raum und stellt später ihre eigene Aussage (die erst nach dem Unterrichtsgespräch folgt) neben die der Lernenden, ohne ihr eine höhere Bedeutung zuzumessen.

Im Beitrag von Christian in *(15)* zeigt sich, dass einige Aussagen der Lernenden generierend und reflexiv angelegt sind. Er entwickelt hier einen Gedankengang, der ausgehend von den ersten Christen in der Gegenwart endet, und versucht zu begründen, warum man heute keine Geschichten mehr von Gott hört – *Gott will ja auch Urlaub haben.* Auch bei Martin in *(16)* wird deutlich, dass er die Aussagen seiner Mitschüler_innen wahrnimmt, reflektiert und sich zu ihnen positioniert. Die Lernenden erhalten also im Gespräch die Möglichkeit, eine eigene Meinung zu entwickeln, sie zu überdenken oder eine Korrelation abzulehnen. Es handelt sich bei dem analysierten Gespräch, bezogen auf die Untersuchungsergebnisse von Rudolf Englert (Englert / Hennecke / Kämmerling 2014, 68–72; 107–109), um eine philosophische bzw. existentielle Variante des Religionsunterrichts. Die Lernenden entwickeln eigene Ideen und Vorstellungen zur Frage, *warum man keine Geschichten mehr von Gott hört*, und versuchen deren religiöse Bedeutung zu begreifen.

Fazit

Festzustellen ist, dass in diesem Unterrichtsgespräch die Korrelation weder vollständig abgelehnt noch umgesetzt wird. Vielmehr findet sie durch das Fragen, Suchen und Entdecken der Lernenden in Ansätzen statt. Das Potential der Schülerfrage wird genutzt und so die Korrelationskompetenz der Lernenden geschult.

5. Vergleich der Untersuchungsergebnisse

Vergleicht man die Untersuchungsergebnisse der obigen Analysen, lässt sich zunächst herausstellen, dass sich in beiden Gesprächen korrelative Momente finden. Im Abgleich mit anderen (echten) Unterrichtsgesprächen (vgl. die Ergebnisse des hoch-inferenten Ratings) zeigt sich jedoch, dass stattfindende korrelative Momente in (echten) Unterrichtsgesprächen keineswegs dem Regelfall entsprechen. Von insgesamt 145 Gesprächen wurde nur bei 43 korrelative Momente festgestellt. Damit nehmen die analysierten Gespräche eine gewisse Sonderrolle ein. Aber wie ist es in genau diesen Gesprächen gelungen, korrelative Momente anzubahnen?

Welche *gemeinsamen Gelingensbedingungen* konnten bei beiden Gesprächen festgestellt werden? Zunächst ist offensichtlich, dass es sich jeweils um echte Unterrichtsgespräche handelt. Die Gespräche werden zudem durch eine Schülerfrage initiiert und, nachdem ihnen die Lehrerin mit einer Nachfrage an die Lerngruppe Raum gibt, wird diese ausführlich thematisiert. Die Wertschätzung der Fragestellung durch die Lehrperson und das Eröffnen eines kommunikativen Klärungsraums scheinen Voraussetzungen dafür zu sein, dass die Frage von den Lernenden in dieser Intensität bearbeitet werden kann. Die hohe Schülerbeteiligung und -steuerung sowie zurücknehmende Haltung der Lehrerin ist bei beiden Gesprächen auffällig. Außerdem liegt in beiden Lerngruppen eine vertrauens- und respektvolle Atmosphäre vor.

Bezogen auf die *Initiationsfrage* des Gesprächs ist festzustellen, dass diese jeweils offen und herausfordernd formuliert sowie an den existenziellen und relevanten Fragen der Lernenden orientiert ist und zu einer persönlichen Stellungnahme herausfordert. Neben einer Auseinandersetzung mit den eigenen Erfahrungen und den Aussagen der Mitschüler_innen wird eine Reflexion und eigene Positionierung gefordert. Die Lernenden nutzen gleichermaßen induktive wie deduktive Zugangsweisen, um Lebenswelt und religiöse Tradition zu verknüpfen. In den Gesprächen werden lebensweltliche Aspekte der Tradition erhellt.

Bezogen auf die *Lehrpersonen* leisten beide ertragreiche, methodische und strukturierende Arbeit und treffen bedeutsame didaktische Entscheidungen, um korrelative Prozesse des Gesprächs zu fördern. In beiden Gesprächen haben sich also die von Rudolf Englert erarbeiteten, für Korrelation förderlichen Aspekte bestätigt (ebd., 137–159).[14]

Folgende *Unterschiede* zwischen den Gesprächen sind zu nennen: Die Art der Korrelation ist in den beiden verschiedenen Altersstufen unterschiedlich ausgeprägt. Dies bestätigt sich auch in der Betrachtung jener zuvor genannten Aspekte, die sich vor allem auf die Lernenden selbst und deren Gesprächsbeiträge beziehen. Je stärker die Schülersteuerung, Forderung und Relevanz der Frage ausgeprägt ist, desto stärker scheinen die Kinder zu korrelieren, wie es in der 9. Klasse der Fall ist. Diese unterschiedliche Ausprägung lässt sich vermutlich durch die unterschiedlichen religiösen und kompetenzbezogenen Entwicklungsstufen der Lernenden erklären.

---

14 Für Korrelationen förderlich werden eine gute Dechiffrierungs- und Übersetzungsarbeit der Lehrperson genannt, bei der die Äußerungen der Lernenden so aufbereitet werden, dass sie mit der übrigen Lerngruppe und der religiösen Tradition ins Gespräch kommen können sowie eine implizite Korrelation, die sich vollzieht, wenn Lernende versuchen eine religiöse Tradition in Form eines Bildes oder Textes zu verstehen.

Behindernde Faktoren nach Englert (ebd., 159–186) können in den Gesprächen kaum beobachtet werden. Weder erfolgt eine Konzentration auf das Sachkundliche, noch ist eine problematische Gruppendynamik erkennbar. Auch, dass das korrelatives Potential ungenutzt geblieben wäre, kann nicht festgestellt werden. Auch eine bloße Frage-Antwort-Korrelation wird vermieden. Vielmehr wird durch die Moderation der Lehrperson deutlich, dass die Korrelation ein offener Prozess mit ungewissem Ausgang ist, deren Gelingen von den Beteiligten abhängt und von diesen auch abgelehnt werden kann. Als Mangel wird das fehlende religiöse Wissen der Lernenden erkannt, wodurch Korrelationen behindert werden können. In beiden Gesprächen hätten die Lehrerinnen die Möglichkeit gehabt, der Lerngruppe zusätzliches Wissen bereit zu stellen bzw. falsche Aussagen zu korrigieren. Dies hätte eine Korrelation unter Umständen in ihrer inhaltlichen Qualität bereichert, wenn Lernende dadurch einen größeren Horizont ihrer Reflexion hätten einbringen können, ohne sich nur auf ihre eigenen Erfahrungen zu beschränken.

Zu den Varianten des Religionsunterrichts sagt Englert, dass sich korrelative Momente vor allem in der relevanzprüfenden Herangehensweise finden. Die existentielle Variante gebe sowohl die Möglichkeit, dass diese stattfinden, als auch, dass keine Korrelation eintritt (ebd., 68–72; 107–109). In diesen Beispielen zeigt sich, dass auch die existentielle Variante, der sich beide obigen Gespräche zuordnen lassen, korrelative Momente fördert.

Folgende offenen Fragen und weiterführenden Forschungsansätze sind zu bedenken: Um Englerts These zu bestätigen oder zu widerlegen, müssen weitere Einzelfallanalysen durchgeführt werden. Dies gilt auch für die Frage nach der Relevanz der Geschlechterverteilung. Beide Gespräche wurden durch die Aussage eines Jungen initiiert und finden in Lerngruppen mit weiblicher Lehrperson statt. Ob dies Zufall ist oder einer gewissen Regelmäßigkeit folgt, lässt sich aufgrund der geringen Stichprobengröße und der unterschiedlichen Geschlechterverteilungen der Lerngruppen nicht entscheiden.

Allerdings bestätigt sich, dass die Einladung zur Korrelation abgelehnt werden kann. Dies war in beiden Klassenstufen in einer unterschiedlichen Deutlichkeit zu beobachten. Es gibt trotz des Herstellens einer bestmöglichen Ausgangslage keine Garantie für ein Gelingen der Korrelation. Auch ein Sich-Einlassen auf die Tradition hat nicht immer eine Korrelation zur Folge.

6. Fazit und Ausblick

Im Anschluss an die Korrelationsdidaktik soll Religionsunterricht eine kritische und produktive Wechselbeziehung zwischen Glaubensüberlieferung und Erfahrung der Lernenden hervorrufen, die reziprok zu einer Erhellung beider Seiten führt. Dabei bilden der Bezug zu Lebenswelt und Erfahrung der Lernenden, die Erfassung der der christlichen Tradition zugrundeliegenden Erfahrungswelt sowie die Offenheit und der Angebotscharakter des Prozesses entscheidende Merkmale eines korrelationsdidaktischen Religionsunterrichts. Lernende sollen aktiv Korrelieren lernen. Entsprechend ist ihre Bereitschaft, die Offenbarung auf sich wirken zu lassen, sie mit der eigenen Erfahrung zu konfrontieren und die eigene Erfahrung mit dieser kritisch zu befragen, unerlässlich für das Gelingen von Korrelation. Diese Aspekte zeigen sich auch in den beiden analysierten Unterrichtsgesprächen. Deren qualitativ empirische Analyse hatte als Ziel, Aussagen über Deutungsmuster und Strukturmerkmale der einzelnen Aussagen der Lernenden, sowie über korrelative Momente herauszustellen.

Korrelation findet sich in nur 30 % der untersuchten Unterrichtsgespräche, wovon sich wiederum 44 % den echten Unterrichtsgesprächen zuordnen lassen. Sie zeigt sich sowohl in den Wortbeiträgen der Lernenden als auch der Lehrenden, die den Ablauf der kommunikativen korrelativen Prozesse steuern. Die einzelnen Aussagen der Lernenden unterscheiden sich individuell in der Qualität der korrelativen Momente. Einige korrelieren sehr stark, während sich andere vor ihr verschließen. Je stärker sich Lernende auf religiöse Traditionen einlassen und ihre eigene Meinung sowie die Beiträge der anderen reflektieren, desto stärker scheinen sie zu korrelieren. Ob sie dabei einen induktiven oder deduktiven Zugang nutzen, hat hingegen in den analysierten Fällen keinen Einfluss auf die Intensität. Eine frei wählbare Zugangsweise scheint die Prozesse allerdings zu erleichtern.

Den Weg bahnen sich korrelative Prozesse im Unterricht vor allem durch die Fragen und Probleme der Lernenden. Diese haben für sie eine besondere Relevanz sowie existentielle Bedeutung und fordern eine tiefergehende Auseinandersetzung. Auch bringen diese Fragen in beiden obigen Fällen die für die Korrelation notwendige Offenheit und Anforderung mit. Da sich die Suche nach sinnvollen Bezügen zwischen ihrem Leben und der Botschaft des Glaubens als anspruchsvoll erweist, sollte das Potential der gestellten und korrelativ angelegten Fragen genutzt werden. Diese Fragen benötigen Raum zur Entfaltung, Auseinandersetzung und Vertiefung. Als hinderlich erweist sich in den obigen Analysen vor allem fehlendes religiöses Wissen auf Schülerseite.

Gefördert wird Korrelation im Unterrichtsgespräch durch eine große Schülersteuerung und -beteiligung sowie zurücknehmende Haltung der Lehrperson. Zudem scheint eine offene, vertrauens- und respektvolle sowie von Akzeptanz geprägte Unterrichtsatmosphäre, die sowohl von der Lehrperson unterstützt als auch in der Lerngruppe spürbar ist, für das Gelingen von Korrelation unerlässlich. Bei der älteren Lerngruppe konnte eine stärkere Korrelationsfähigkeit festgestellt werden, allerdings gab es hier auch mehr Stimmen, die einen korrelativen Prozess (bewusst) ablehnten.

Dennoch bleibt es abschließend immer den Lernenden überlassen, ob sie aktiv korrelieren, also zwischen beiden Ebenen Bezüge herstellen oder nicht.

Korrelation ist eine Einladung. Vielleicht müssen Religionslehrer_innen akzeptieren, dass sich Lernende trotz des Erfüllens sämtlicher Bedingungen und aller Bemühungen nicht alle gleichermaßen auf diese Wechselbeziehungen einlassen. Vielleicht wird zu viel von einem Unterrichtsgespräch verlangt, wenn Korrelation ein grundlegendes Merkmal desselben sein soll. Wie bereits oben angedeutet, ist das Gespräch ein kurzlebiger, dynamischer und sozialer Prozess, bei dem es in einer hohen Geschwindigkeit um den kommunikativen Austausch unterschiedlicher Inhalte und Beiträge geht. Diese Lernprozesse laufen vorwiegend oberflächlich ab. Laut Hans Schmid brauchen „Glauben und Leben [...] Zeit, um zu ‚korrelieren' und sich zu verbinden." (Schmid 2001, 414) Demnach muss auch über längere Zeitspannen untersucht werden, inwiefern einzelne Lernende korrelieren. Um dies untersuchen zu können, reicht die Analyse von Unterrichtsvideos nicht aus. Es müssen auch Einzelinterviews mit Lernenden und Lehrenden geführt werden, um innere korrelative Prozesse untersuchen und analysieren zu können.

Es gibt also verschiedene Faktoren, die ein Initiieren und Gelingen korrelativer Prozesse fördern, diese jedoch nie garantieren können. Gerade in diesem Charakter der Freiwilligkeit liegt sowohl eine Chance als auch eine Grenze der Korrelationsdidaktik.

Literatur

Baudler, Georg ([2]2006), Korrelation von Glaube und Leben, in: Bitter, Gottfried u. a. (Hrsg.), Neues Handbuch religionspädagogischer Grundbegriffe, München, 446–451.

Beuscher, Bernd (1994), Zurück zur Fragwürdigkeit! Der Rücktritt der Korrelationsdidaktik. Ein religionspädagogischer Fortschritt? Weitere Übungen zur religionspädagogischen Theoriebildung, Religionspädagogischer Beitrag 34, 33-61.

DBK (1974), Der Religionsunterricht in der Schule. Ein Beschluss der Gemeinsamen Synode der Bistümer in der Bundesrepublik Deutschland, Bonn.

Englert, Rudolf (1993), Die Korrelationsdidaktik am Ausgang ihrer Epoche. Plädoyer für einen ehrenhaften Abgang, in: Hilger, Georg / Reilly, Georg (Hrsg.), Religionsunterricht im Abseits? Das Spannungsfeld Jugend – Schule – Religion, München, 97–110.

Englert, Rudolf ([2]2008), Religionspädagogische Grundfragen. Anstöße zur Urteilsbildung, Stuttgart.

Englert, Rudolf / Hennecke, Elisabeth / Kämmerling, Markus (2014), Innenansichten des Religionsunterrichts. Fallbeispiele – Analysen – Konsequenzen, München.

Hilger, Georg (2001), Korrelationsdidaktik, in: Mette, Norbert / Rickers, Folkert (Hrsg.), Lexikon der Religionspädagogik, Neukirchen-Vluyn.

Hilger, Georg ([3]2013), Korrelation entdecken und deuten, in: Hilger, Georg / Leimgruber, Stephan / Ziebertz, Hans Georg (Hrsg.), Religionsdidaktik. Ein Leitfaden für Studium, Ausbildung und Beruf, München, 344–354.

Hofmeier, Johann (1983), Kleine Fachdidaktik katholische Religion, München.

Mendl, Hans (2011), Religionsdidaktik kompakt. Für Studium, Prüfung und Beruf, München.

NOCKE, FRANZ-JOSEF (1980), Korrelation. Stichwort zur Orientierung, in: Katechetische Blätter 105, 130f.
REESE-SCHNITKER, ANNEGRET (2013), Produktive Unterbrechungen im Unterrichtsgespräch. Typische Muster, Stolpersteine und Lernchancen von Unterrichtsgespräch – aufgezeigt an einem Fallbeispiel, in: Katechetische Blätter 138 / 2, 130–137.
SCHMID, HANS (2001), Ein Lackmustest für die Qualität der Religionsunterrichts, Katechetische Blätter 126, 409–416.
SCHRÖER, SIEGFRIED (2001), Dialogische Korrelation, Katechetische Blätter 126, 407–408.

Transkript des Gesprächs „Was ist so schlimm an einer neuen Welt ohne Gott?“ in einer 9. Gymnasialklasse mit Frau Blume

01 – Lehrerin: *Ja, Niklas hat 'ne These aufgestellt. Wiederhol' sie nochmal* (deutet mit der Hand auf Niklas).

02 – Niklas: (schaut L. an) *Was ist daran so schlimm, wenn wir 'ne neue Welt anfangen ohne Gott?*

03 – Mareike: (schaut Niklas an bzw. vor sich auf den Tisch) *Ja, also, ich meine, wir haben jetzt nicht so unbedingt gesagt, dass das so schlimm ist. Also, ich find' das jetzt auch nicht so, ist ja nicht so dramatisch* (stark betont) *oder so, weil, ich kann mir jetzt nicht vorstellen, dass irgendjemand, äh, von uns jetzt so extrem* (letztes Wort stark betont) *mit diesem Glauben lebt und, äh, alles so befolgt, was der Glaube uns vorgibt oder so. Aber es ist schon irgendwo anders, weil, man hat sich jetzt schon so daran gewöhnt. Es gibt halt diese, es gibt halt so Kirchen oder so und es gibt den Papst und, das weiß man so alles und man hat sich so daran gewöhnt. Und de- irgendwo ist die Kirche ja auch ein bisschen mit in unser ganzes Leben so eingebunden, dass halt gesagt wird: Ja, jeder darf sich seine Religion aussuchen, und so. Und dann würde ja auch Religionsunterricht gar nichts mehr bringen. Und deswegen wäre es dann schon alles sehr anders. Es wäre nur halt eine große Veränderung so. Ob das jetzt so schlimm* (stark betont) *wäre, wahrscheinlich nicht. Aber es wäre halt sehr, 'ne sehr große Veränderung.*

04 – Lehrerin: *Emma!*

05 – Emma: (schaut Niklas an) *Ja, und, ähm, es wäre auch eigentlich schlimm, irgendwie, denn so das Ganze klingt jetzt so, dass von heut' auf morgen jetzt überhaupt das alles nicht existiert. Aber, wenn das passieren würde, würde das ja sicher Jahre dauern, bis das alles irgendwie plötzlich weg ist und dann, weiß ja nicht, ob man sich daran gewöhnt auch irgendwann.*

06 – Isabell: (schaut Niklas bzw. manchmal auch L. an) *Ich mein', diese ähm, dieses Schlimme kommt einem ja nur so vor, wenn man wirklich noch glaubt und wenn man glaubt, dann stirbt Gott ja nicht. Von daher ändert sich dann ja gar nichts. Und wenn man wirklich aufhört, an Gott zu glauben, dann ist das ja auch nicht so schlimm, wenn, wenn sich dann was ändert. Also.*

07 – Johanna: (zur Lerngruppe hinter ihr gewandt, schaut Lehrerin an) *Also, ich glaube, dass, dass eigentlich, eigentlich kann man sowas, sowas gar nicht wirklich, also wenn man jetzt sagen würde, ja, was ist das Schlimme daran, dass, wenn es eine Welt ohne Gott gäbe, dann, ich glaube, das kann man sich gar nicht fragen, weil eigentlich einfach nicht möglich* (letzte beiden Worte stark betont) *ist, weil es eigentlich so ziemlich tota-, also es ist ja total im Menschen, im Wesen des Menschen verankert, dass man immer nach Erklärungen für alles sucht.* (Niklas beginnt sich zu melden, schaut Lehrerin und Johanna an.) *Also, wenn jetzt irgendjemand 'nen Autounfall hatte, dann suchen immer alle nach Erklärungen, auch wenn's keine Erklärungen gibt, weil es einfach, ja, Pech* (letztes Wort stark betont) *war oder sowas, und dann gibt es halt für einiges, gibt es eigentlich keine Erklärungen und dann, und, äh, für alles, für das es halt keine Erklärungen gibt, ähm, hat man uns dann als Erklärung so, also Schicksal und Gott* (letzte drei Wörter lang gezogene Aussprache) *und irgendwie so-*

was und deswegen gibt's ohne sowas, kann ja eigentlich dann (gar nicht) (letzten beide Worte schwer verständlich) *existieren.*

08 – Niklas: (schaut Johanna an) *Ähm* (letztes Wort lang gezogen ausgesprochen), *du sagst, es geht nicht, dass, äh, Gott ganz verschwindet, natürlich geht das. Wieso denn nich? Guck mal, in letzter Zeit also, wie-, wie viel-*

09 – Johanna: (schaut Niklas an) *Ja, vielleicht, dass Gott ganz verschwindet, aber nicht, dass so Glaube an irgendwas ganz verschwindet.*

10 – Niklas: (schaut Johanna an) *Natürlich, guck mal, in letzter Zeit sind, sind die, ist die Zahl der Atheisten, äh, ziemlich gestiegen.* (ein_e Schüler_in sagt etwas Unverständliches) *Und das wa, ja das, sag ich, und* (blickt zu den Schüler_innen, die etwas getuschelt haben) *ja und wenn das so weitergeht, dann kann es durchaus sein, dass Gott irgendwann nur noch, äh, Geschichte ist.*

(Lehrerin nickt, Schüler_innen tuscheln, 8 Sekunden Pause)

11 – Lehrerin: (läuft dabei nach vorne zur Tafel) *Gut, es ist jetzt nicht von jetzt auf gleich, das ist klar, aber ihr hattet ja vorhin auch einige Punkte gesagt, wo ihr sagt, dass, das ist das, das ist eigentlich, das bestärkt mich in meinem Glauben an Gott, das lässt mich an Gott glauben, das würde ja auch alles wegfallen. Das könnte ja im Extremfall* (stark betont) *dazu führen, dass auch alle christlichen Werte wegfallen, dass jeder sich seine eigenen Regeln macht, dass Moralvorstellungen völlig wegfallen. Niklas!*

12 – Niklas: *Dafür hat man ja den Staat und das Grundgesetz, das ist ja nicht an die Kirche gebunden.* (SuS tuscheln)

13 – Lehrerin: *Ja, teilweise schon.* (leise gesprochen)

14 – Anna: *Doch, zum Teil schon, oder?*

15 – Johanna: *Also, eigentlich ist ja sozusagen, also, jeder Me-, ähm, also jeder gesunde Mensch hat ja eigentlich so gewisse Moralvorstellungen, also, ja eigentlich wieso, das sind eigentlich die Zehn Gebote und man muss nicht Christ sein, um die Zehn Gebote zu befolgen. Also auch, wenn man jetzt nicht unbedingt sagt, ich befolge die Zehn Gebote, sondern das mach ich einfach, weil das so, ja, das Gewissen* (stark betont) *ist halt. Und dann, also, weiß ich nicht, vielleicht ist es einfach das Christentum, ist eigentlich sozusagen, vielleicht auch so eine große Geschichte ist, sozusagen, was so um diese Moralvorstellungen, die sowieso im Menschen eigentlich vorhanden sind, sozusagen so alles drum herum ist.*

16 – Niklas: *Also, das stimmt ja nicht so, dass man, äh, an die Zehn Gebote gebunden ist. Zum Beispiel ich, äh, glaube nicht an Gott und ich bin, äh, ich kenn' die Zehn Gebote nicht mal und, äh, meine Moralvorstellungen sind, äh, sind meine eigenen. Also, ich sage jetzt nicht, ich mach' was falsch, weil irgendwie in den Zehn Geboten steht, sondern wenn mein Gewissen mir sagt, es ist falsch, dann ist es falsch.*

17 – Johanna: *Ja nur...*

18 – Niklas: *Aber wenn, wenn, wenn es in irgendwelchen Regeln ist, aber doch nicht, wenn irgendwas in den Zehn Geboten steht.*

19 – Johanna: *Ja, aber wenn du sagen würdest, wenn, wenn du jetzt die Zehn Gebote kennen würdest, dann würdest du eigentlich sagen, das ist doch größtenteils, ist das doch selbstverständlich, oder wenn man das, dann bekommt man ein schlechtes Gewissen. Also zum Beispiel, du sollst nicht töten, ist doch selbstverständlich.*

20 – Niklas: *Ja, das steht ja auch, glaub' ich, im Grundgesetz.*

21 – Johanna: *Ja, das steht auch in den Zehn Geboten.*
22 – Lehrerin: *Was war…*
23 – Niklas: *Dann kann ja eins weg.* (Klasse lacht)
24 – Tim: *Da hatte er das letzte Wort.* (Klasse lacht)

Transkript des Gesprächs „Ich hab' eigentlich nie gemerkt, dass Gott mir geholfen hat" in einer 6. Realschulklasse mit Frau Mantel

01 – Martin:	*Ich hab' mal 'ne Frage. Man hört so viele Geschichten damals, wie Gott war, aber ... so in der heutigen Zeit sind da keine Geschichten mehr von ihm vorhanden.*
02 – Lehrerin:	*Ja, wie ist das denn überhaupt? Das ist ja spannend.* (setzt sich mit einem Stuhl vor das Pult und schaut zur Klasse)
03 – SuS:	(einige SuS reden durcheinander und melden sich anschließend)
04 – Lehrerin:	*Jonas!*
05 – Jonas:	*Vielleicht früher, da haben die Leute meinetwegen den ja äh ... gesehen oder so und dann äh... wussten ja, was der gemacht hat, aber heutzutage gibt's den ja nicht mehr oder so. Weiß ja keiner. Dann weiß man nicht, was man aufschreiben soll.*
06 – Lehrerin:	*Paul!*
07 – Paul:	*Ich hab' zwei Sachen. Vielleicht gibt es auch schon genug Geschichten, deswegen. Oder sie haben keine Lust mehr, Geschichten aufzuschreiben.*
08 – Lehrerin:	*Theresa!* (Schüler ruft rein: *Oder sie sind zu faul.*)
09 – Theresa:	*Also ich will jetzt auch mal sagen. Die Geschichten, die, die kommen einem gar nicht so viel vor, wenn man so die ganze Bibel jetzt durchliest; ja, da brauchst du Stunden für. Wirklich.*
10 – Lehrerin:	*Aber wir sollten uns....*
11 – Ramona:	(ruft dazwischen) *Deswegen sollte man sie ja weiterschreiben.*
12 – Lehrerin:	*Aber wir sollten uns da noch weiter auf den Weg machen. Niklas!*
13 – Niklas:	(ruft dazwischen) *Aufn' Weg?*
14 – Lehrerin:	*Christian!*
15 – Christian:	(versucht erst, Worte zu finden) *Also vielleicht ist ja auch so. Früher, waren ja erstens die Christen, bevor sein Sohn kam, sowieso sehr wenige. Zweitens, wenn sie da waren, wurden sie verfolgt und jetzt geht es den Christen ja wunderbar. Es sind so viele, das ist ja eigentlich eine der Weltreligion, dass keine die... Und vielleicht hat er einfach keine Lust mehr große Sachen zu machen und vielleicht geht er ja...ohne Scheiß...auch Gott will ja auch Urlaub haben.* (Martin versucht, sich in die Diskussion einzubinden)
16 – Martin:	(fällt Christian ins Wort) *Aber es geht ja nicht drum, dass man Geschichten aufschreibt. Sondern wieso hört man nichts mehr. Man muss es ja nicht unbedingt aufschreiben.* (Christian versucht zu intervenieren) *Und der hat halt ein ganz anderes Zeitgefühl als wir. Vielleicht 2000 Jahre ist für den wie für uns eine Woche. Hast du mal eine Tat, so die Sachen, die stehen doch bis zum Jahre 1100 und danach, sind es noch ganz wenige Sachen, dann hört es doch auf. Oder hast du...* (Christian versucht weiter, Martin zu unterbrechen) *Oder hast du irgendein Wunder von Gott gesehen?*
17 – Christian:	*Ja, ich habe dir doch eben zwei Gründe genannt. Erstens: die Christen können jetzt auf sich selbst aufpassen ... und zweitens: Gott möchte auch mal Ruhe haben.*
18 – Lehrerin:	*Konstantin!*

19 – Konstantin: *In der Bibel ist ja viel von der Rede von Leuten, die jetzt gar nicht mehr leben.*

20 – Lehrerin: *Genau. Janina!*

21 – Janina: *Und jetzt zum Beispiel. Das hat alles ja so im Mittelmeerraum stattgefunden und es braucht natürlich erstens eine Zeit erst mal, hier rüber zu kommen, und zweitens ist es ja so, die Leute leben nicht mehr. Jesus lebt nicht mehr und es war ja früher mal alles....*

22 – Lehrerin: *Jannis!*

23 – Jannis: *Vielleicht ist es auch so, dass Gott ähm...* (überlegt) *Vergessen.*

24 – SuS: (schmunzeln, lachen)

25 – Lehrerin: *Ja, Christian dazu noch und dann möchte ich dazu noch was sagen.*

26 – Christian: *Also, es ist ja* (Lehrerin war noch nicht fertig mit ihrer Ansage) *Soll ich jetzt oder soll ich nicht?*

27 – Lehrerin: *Ja.*

28 – Christian: *Also, der, es ist ja auch wirklich so. Ja, ... heutzutage achten wir auf solche Geschichten noch, also bev...hätte dir jemand, dir jemand die Frage gestellt. Ja klar, da achtest du jetzt drauf, aber wenn nicht ... die Tage vorher hast nie nach Geschichten von Jesus gesucht. Geschichtenschreiber. Es gibt so viele Geschichten...arten: Fantasy. Man kann am Computer einfach Bände von Geschichten schreiben. Und dann vielleicht die Geschichtenschreiber, die ... die heute, die sind schon viel mehr damit beschäftigt, überhaupt Geschichten auf den Markt zu bringen und die Bibel ist ja schon sozusagen beendet und heutzutage achten die Menschen noch nicht mal mehr auf sowas. Wenn du jetzt nach Hause gehst, vielleicht hä ... hätte ja schon längst ein Wunder, ein kleines Wunder so passieren können. Kein Mensch hat darauf geachtet. Vielleicht, dass der Zweite Weltkrieg überhaupt aufgehört hat, ist vielleicht schon ein Wunder. Oder, dass der 30-jährige Krieg aufgehört hat, ist auch vielleicht was von Gott und nur wir dachten...denken jetzt: Ach, die haben sich zu Ende gestritten und da achten wir jetzt nicht darauf und die ganzen Autoren, die schreiben nicht mehr sowas, weil die einfach, so viele Geschichtenarten es auch gibt und die Bibel ist ja jetzt sozusagen schon fertig geschrieben.*

29 – Lehrerin: *Lukas!*

30 – Lukas: *Es ging da um eine andere Frage.*

Teil C

Unterrichtsgespräche
Hinweise und Potentiale für die Praxis

Unterrichtsgespräche unter der Lupe
Möglichkeiten der Arbeit mit transkribierten Unterrichtsgesprächen unter religionsdidaktisch relevanten Frageperspektiven

Philipp Ernst / Martha Görth / Jesus Sola Requena

1. Einleitung

Das folgende Kapitel dient der praktischen und aktiven Auseinandersetzung mit und religionsdidaktischen Reflexion von Unterrichtsgesprächen. Es gibt Hinweise und Vorschläge, wie man anhand verschiedener didaktischer Fragestellungen einen Gewinn durch die Arbeit mit Unterrichtstranskriptionen erreichen kann. Als mögliche Adressat_innen dieses Kapitels sind Lehrer_innen, Referendar_innen, Studierende, aber auch Fachleiter und alle in der Lehrerbildung Tätigen im Blick. Religionsdidaktisch zentrale Fragestellungen, die für die Führung von Unterrichtsgesprächen relevant sind, dienen dabei als Leitfaden. Unter diesem Fokus wurde eine Transkription eines Unterrichtsgesprächs didaktisch kommentiert.

Die von uns erarbeiteten Hinweise und Vorschläge dienen der Schulung des eigenen Verständnisses von Unterrichtsgesprächen. Sie können als Arbeitshilfen und Anregungen für die Planung von Unterricht und als Vorlage für die gemeinsame Arbeit in allen Phasen der Lehrerbildung dienen. Als sicheres Rezept oder feste Handlungsanweisungen für gelingende Gesprächsphasen wären sie missverstanden.

In unserer Auswahl des nachfolgenden Beispiels wurde bewusst ein echtes Unterrichtsgespräch gewählt, da diese freie und meist längere Gesprächsphase die Lehrperson vor besondere Herausforderungen stellt und der Mehrwert und Kompetenzgewinn bei den Schüler_innen häufig besonders ergiebig und lohnend erscheint. Andere Formen von Unterrichtsgesprächen (vgl. auch die Ergebnisse zu den Unterrichtsgesprächstypen in Kapitel *Typen von Unterrichtsgesprächen und ihre Merkmale*) haben hingegen genauso ihre Berechtigung im Unterricht. Es sei bereits jetzt darauf hingewiesen, dass in Unterrichtsgesprächen eine Vielzahl von unterschiedlichen Faktoren zusammenspielen (Lernvoraussetzungen) und kein Gespräch exakt vorausgeplant werden kann.

2. Religionsdidaktische Leitfragen an Gespräche

Im vielschichtigen und komplexen Unterrichtsgeschehen können folgende didaktische Leitfragen nicht getrennt voneinander betrachtet werden. Um ihre Bedeutung besser herauszustellen, unterscheiden wir dennoch folgende Perspektiven auf das Lerngeschehen im Unterrichtsgespräch:

- *Initiatoren für Unterrichtsgespräche*
  Wie (Methode) und wodurch (Medium) können Unterrichtsgespräche initiiert und am Laufen gehalten werden?
- *Rolle der Lehrkraft*
  Wie kann sich die Lehrkraft in Unterrichtsgesprächen verhalten?
- *Rolle der Schüler_innen*
  Wie können sich Schüler_innen in Unterrichtsgesprächen verhalten?
- *Kompetenzen*
  Welche Kompetenzen können die Schüler_innen erlangen und weiterentwickeln?
- *Lernchancen*
  Welche Lernchancen wurden nicht genutzt?
  Welche Lernchancen können Unterrichtsgespräche bieten?

3. Didaktische Arbeitsanleitung

Im Folgenden soll kurz dargestellt werden, welche Möglichkeiten es gibt, mit Transkriptionen allgemein (vgl. die exemplarischen Arbeitsaufträge), aber auch speziell mit der unten aufgeführten Transkription zu arbeiten. Diese Transkription unterscheidet sich von den vorherigen dadurch, dass sie direkt neben den Wortbeiträgen, in der rechten Spalte der Tabelle, didaktische Kommentare mit dem Fokus der fünf oben benannten religionsdidaktischen Kategorien aufweist.

Sie können die folgende Transkription ohne die Seitenkommentare (so wie unkommentierte Transkriptionen) lesen und bearbeiten.

Eine Transkription kann darüber hinaus „im Ganzen", abschnittsweise oder Beitrag für Beitrag gelesen werden. Tipp: Die Fokussierung auf einen Aspekt, bzw. eine Fragestellung kann hilfreich sein. Dabei können über die fünf oben aufgeführten Fragestellungen hinaus eigene Aspekte herangezogen werden. Wird die kommentierte Fassung verwendet, kann das Ausblenden einzelner Kommentare zielführend sein. Es bietet sich ferner an, die eigenen Ergebnisse mit den vorhandenen Kommentaren zu vergleichen und gegebenenfalls Unterschiede zu diskutieren. Erst die Diskussionen solcher Vergleiche können wichtige Erkenntnisprozesse fördern.

Arbeitsaufträge zur Arbeit mit der ganzen Transkription

1. Decken Sie die Kommentare auf der rechten Seite ab und lesen Sie das Unterrichtsgespräch (linke Spalte).
2. Lesen Sie eine (und / oder mehrere) der fünf didaktischen Leitfragen und kommentieren Sie das Unterrichtsgespräch dahingehend.
3. Vergleichen Sie Ihre Anmerkungen mit den gegebenen Kommentaren in der rechten Spalte und nehmen Sie dazu Stellung.

Arbeitsaufträge zur abschnittsweisen Arbeit

1.
   a) Lesen Sie das Unterrichtsgespräch bis Beitrag 7 (Lea).
   b) Nehmen Sie Stellung und diskutieren Sie einen möglichen weiteren Verlauf.
2.
   a) Lesen Sie das Unterrichtsgespräch bis zum Beitrag 28 (L.).
   b) Diskutieren Sie den Verlauf des Gesprächs und das Vorgehen der Lehrperson.
3. Lesen Sie das Gespräch bis zum Ende und nehmen Sie Stellung zum Gespräch.

Arbeitsaufträge mit ausgewählten Gesprächsbeiträgen

1. Lesen Sie den Schülerbeitrag Nummer 1 (Tom). Wie könnte sich die Lehrkraft nach dieser Äußerung verhalten?
2. Lesen Sie den Redebeitrag Nummer 2 (L.) oder 35 (L.). Nehmen Sie Stellung zur Reaktion der Lehrperson.
3. Vergleichen Sie Ihre Ergebnisse mit den Kommentaren in der rechten Spalte.

4. Exemplarisches Fallbeispiel eines Unterrichtsgesprächs: *„Ich hab' noch nie gemerkt, dass er mir wirklich geholfen hat!"*[1]

Die nachfolgende Transkription ist ein Unterrichtsgespräch aus dem Religionsunterricht einer 6. Realschulklasse, die sich aus 14 Jungen und sechs Mädchen zusammensetzt.

Die Lerngruppe sitzt in einer Hufeisenform, welche von der Lehrerin, die auf einem Kinderstuhl vor ihrem Pult sitzt, geschlossen wird.

In der ersten Unterrichtsstunde der Reihe zum Thema „Gottesbilder / Gottesvorstellungen" entwickelt sich das Gespräch. Zuvor haben die Schüler_innen in einer Einzelarbeit von der Lehrperson vorgegebene Gottesbegriffe aussortiert, um sich auf einen für sie passenden Begriff zu beschränken. In der Auswertungsphase lesen die Schüler_innen ihren Begriff vor. Auf die Aussage eines Schülers, Gott sei für ihn ein „Helfer", meldet sich ein anderer Schüler, der auf diese Aussage Bezug nimmt. Das Gespräch beginnt.

5. Transkription des Unterrichtsgesprächs

1 Tom	Also ich muss jetzt, also aber nicht wütend sein, weil nämlich, ich hab' eigentlich, eigentlich nie gemerkt, dass Gott mir geholfen hat. Bei den meisten Sachen, wo ich den wirklich um Hilfe gebeten habe, die habe ich wahrscheinlich zu achtzig Prozent verhauen. Das ist eigentlich immer so, wenn ich den in einer Arbeit bete, anbete, dann hab' ich die verhauen. Und wenn ich da und da auf gut Glück hoffe, dann hab' ich da und da was falsch gemacht. Das ist, ich hab' noch nie gemerkt, dass er mir wirklich geholfen hat.	*Initiator:* Schüleraussage, keine Frage *Rolle SuS:* S. traut sich etwas zu erzählen, was ihm schwerfällt, was die Lehrerin ggf. nicht hören möchte. Entwicklungsstand auffällig: Tun-Ergehens-Zusammenhang, Gott greift direkt in die Welt ein (bestraft / belohnt Menschen) *Kompetenzen:* S entwickelt eigene Fragen zu Gott (Wie wirkt Gott? Wie ist Gott?) und setzt sich mit seinem Leben auseinander → Urteilskompetenz *Rolle L:* L. hört aktiv zu, um genaues Anliegen zu verstehen, einzuordnen und adäquat reagieren zu können. L. muss eine Entscheidung treffen: Anliegen des S. aufgreifen oder doch der konkreten Unterrichtsplanung folgen.

1 Vgl. auch die Gesprächsfeinanalyse in: Reese-Schnitker 2013, 130–137.

2 L	Habt ihr da irgendwie eine Hilfe für Tom oder eine Erklärung für Tom? Lea!	*Rolle L:* L. lässt die Situation zu, gibt die Frage in die Runde (erkennt die Lernchance in der Auseinandersetzung mit der Gottesfrage eines S. und eröffnet das Gespräch), aktiviert Mit-SuS, verschafft sich Zeit, tritt nicht direkt als Expertin auf.
3 Lea	Äh, dann muss er vielleicht mal öfters an ihn glauben.	*Rolle SuS:* Auch hier Entwicklungsstufe erkennbar. Frage wird konkretisiert / zugespitzt, Aussage wendet sich allerdings nicht direkt an Tom (*muss er*). Frage geht nun mehrere SuS an.
4 Tom	(antwortet, ohne aufgerufen zu werden, fühlt sich angesprochen) Ja, das tu ich ja. Ich geh' jeden Sonntag zur Kirche.	*Kompetenzen:* SuS können sich in ihrer (dem Entwicklungsstand entsprechenden) religiösen Fachsprache ausdrücken und eigene Glaubensüberzeugungen darstellen, reden miteinander über Glauben, Kirche und Gott. Zusammenhänge werden erschlossen, Verhalten und Situationen gedeutet und teilweise beurteilt.
5 Lea	Ach so, ja, dann weiß ich nicht.	
6 Tom	Ich mache alles, aber er hat mir noch nie geholfen so richtig, merke ich.	
7 L	Anna hast du noch...?	*Rolle L:* L. agiert als Moderatorin, nimmt sich insgesamt zurück und lässt S. sprechen. SuS bleiben Hauptakteure im Gespräch. Wertschätzung wird durch Tonlage und Körpersprache vermittelt. Gibt Mit-SuS die Chance zu antworten. Tipp: L. muss abwägen, wie viel Zeit investiert werden kann / sollte → muss dafür SuS kennen *Rolle L:* Ursprungsfrage bleibt im Blick, Flow des Gesprächs wird nicht unterbrochen; *Tipp:* dennoch sollten neu aufkommende Fragen / Anmerkungen aufgeschrieben / im Blick behalten werden, um später darauf eingehen zu können. Wichtiges nicht aus den Augen verlieren!
8 Lea	Vielleicht hast du es einfach nicht gemerkt, dass er dir geholfen hat oder wenn du Hilfe von ihm wolltest, dass das eben zu schwierig gewesen wäre oder dass er vielleicht gerade was anderes zu tun gehabt hat oder so...	*Rolle SuS:* Deutungsversuch der S. mit guten Ansätzen!

9 SuS	(lachen, reden durcheinander, L. gibt Tom wieder Gehör.)	
10 Tom	Ja, deswegen vertraue ich dem auch nicht, weil ich hab', ähm ich finde, das ist jetzt nichts gegen Gott. Ich hasse ihn nicht, ich mag ihn, aber der hat mir sozusagen noch keinen Grund gegeben, den bis in den Tod zu vertrauen. Noch nicht mal fast, annähernd.	*Rolle SuS:* SuS halten das Gespräch am Laufen, nehmen aufeinander Bezug.
11 L	Jonas.	*Rolle L:* *Tipp:* Je nach Lerngruppe darüber nachdenken, ob sich die SuS gegenseitig drannehmen.
12 Jonas	Also du merkst es ja nicht, er hilft dir auch in den Arbeiten, weil du es nicht weißt, wie es dir vorher, wie es dir sonst ergeht. Du weißt es nicht. Er hilft dir die ganze Zeit. Er hilft dir auch zum Beispiel, wenn du redest, dass das einfacher ist.	
13 alle	(lachen)	*Rolle L:* L. lässt das Lachen zu, erkennt das Lachen als ein dem Lernen förderliches Lachen (Atmosphäre), nicht als ein Auslachen.
14 Jonas	Damit dir die Wörter einfallen.	
15 L	Leo.	
16 Leo	Vielleicht muss er ja einfach nur dran glauben, dass er dir hilft.	*Kompetenzen:* SuS können echtes Unterrichtsgespräch führen, halten Regeln ein, hören zu, lassen aussprechen, beziehen sich aufeinander, verfolgen gemeinsames Ziel → Kommunikationskompetenz
17 Tom	Ja, ich glaube ja daran. Ich hab' schon so oft daran geglaubt und deswegen vertraue ich dem nicht. Ich vertraute dem mal, aber ich wurde so oft schon immer wieder enttäuscht.	
18 Martin	Vielleicht muss man gar nicht jeden Sonntag in die Kirche gehen und vielleicht reicht es ja, dass man einmal vielleicht im Monat oder abends mal gewesen ist. Man muss da nicht jede Woche unbedingt in die Kirche oder so...	*Kompetenzen:* S. deutet, dass Gottes Verhalten nicht direkt vom menschlichen Tun beeinflusst wird → Indikator für Deutungskompetenz
19 L	David.	

20 David	Wahrscheinlich hat er dich einmal enttäuscht und dann hast du nicht mehr an ihn vertraut und dann will er dir einfach nicht mehr helfen.	
21 Paul	Du musst ihm eine Chance geben.	*Kompetenzen:* S. deutet, dass man, um Gott zu erfahren, an ihn glauben muss → Indikator für Deutungskompetenz
22 L	Leni.	
23 Leni	Weil, wenn ich jetzt zum Beispiel meinem Vater, jetzt zum Beispiel die ganze Zeit vertrauc, dann macht er einmal, was ich nicht möchte, indem ich ihn dann nicht mehr vertraue, dann sagt er auch: Wieso sollte ich das noch machen, die vertraut mir sowieso nicht mehr.	*Tipp:* L. sollte Kenntnis über entwicklungspsychologischen Stand des Kindes haben, um entsprechend damit umgehen zu können (Stufenmodell zur religiösen Entwicklung, Fowler) *Initiator:* Weitere Aussagen der Schüler_innen machen das Gespräch lebendig, geben Impulse und begünstigen eine Diskussion
24 L	Ja, Mira.	
25 Mira	Vielleicht kann Gott ja auch kein Englisch.	
26 SuS	(lachen)	
27 Mira	Ja zum Beispiel in einer Englischarbeit und er betet an Gott und wenn der kein Englisch kann... (SuS lachen und reden durcheinander)	
28 L	Scht! Scht!	
29 Leon	Der kann alle Sprachen.	
30 L	Carl.	*Rolle L:* kurze Intervention wegen „Regelverstoßes", L. sieht Gesprächsverlauf in Gefahr.
31 Carl	Ich wollte auch noch, also zu Mira und Jonas sagen. Also der Jonas hat ja gesagt, wahrscheinlich hat er mir grad geholfen, aber davor haben wir doch gerade gesagt, dass Gott ein Multifunktionstalent ist...	*Rolle SuS:* SuS nehmen aufeinander Bezug, indem sie sich mit der These von Carl auseinandersetzen.
32 SuS	(lachen)	

33 Carl	Dass er jedem immer ein bisschen hilft, so. Und auch zu Mira, weil der ja, das haben wir ja gesagt, der ist Multifunktionstalent und dann kann er bestimmt auch Englisch.	
34 Tom	(ruft in die Klasse) Hallo, der kann auch funken...	
35 L	Ja, ich glaube, hier sind wir an einem Punkt (schaut Tom an). Tom, ich glaube, es geht hier ja auch um Stärken und Schwächen. Und jeder hat Stärken mitbekommen von Gott und Schwächen und das müssen wir einfach auch so akzeptieren, dass wir auch eine Schwäche haben, 'ne. Und Gott ist immer bei dir. Er unterstützt dich immer. Er hilft dir, aber vielleicht nicht diese konkrete Hilfe, wie sie dir vielleicht jetzt in der letzten Englischarbeit...	*Rolle L:* L. als Expertin. Instruktion. L. erkennt ein „Abdriften" in Bezug auf das Thema (Verlust von Ernsthaftigkeit bei SuS) und greift durch Input ein, sortiert, ordnet ein. *Tipp:* Mut zur Stellungnahme / Positionierung / Expertise zum richtigen Zeitpunkt mit dem Wissen, dass zufriedenstellende Antworten in der Komplexität eines Gesprächs nicht immer möglich sind. *Lernchance:* L. gibt keine konkrete Antwort auf die Frage, wie Gott den Menschen (spezifisch dem fragenden S.) hilft. *Rolle L:* Versuch einer kindgerechten, theologischen Hilfe / Antwort, dabei geht L. ungeordnet auf Aspekte des Gesprächs ein, würdigt somit indirekt die Beiträge der SuS.
36 Tom	Wie soll ich den jetzt besänftigen, wenn er jetzt das gehört hat und sauer auf mich ist?	*Rolle SuS:* S. denkt weiter und äußert dies.
37 L	Da ist er jetzt nicht sauer auf dich. Im Gegenteil, ich denke, der freut sich, dass du so darüber nachdenkst. Überhaupt, dass du so viel über, über Gott nachdenkst, dich mit ihm auseinandersetzt. Und auch diese Fragen einfach an ihn hast. Das ist ja ganz wichtig. Gibt ja viele Menschen, die haben diese Fragen überhaupt nicht. Und...	*Rolle L:* L. gibt Frage nicht an SuS ab, dadurch vertane *Lernchance:* SuS können eigene Gedanken nicht äußern. *Tipp:* Akquirieren von Gedanken zum Beispiel mithilfe von schriftlicher Denkaufgabe möglich. (Mögliche Fragen: Wo hat Gott dir schon einmal geholfen? Wie kann Gott helfen?) *Rolle L:* L. ordnet theologisch ein, klärt Situation für SuS fachlich richtig, beruhigt, wertschätzt.
38 Tom	Ich habe den auch einmal angebrüllt, muss ich zugeben.	

39 SuS	(lachen)	
40 L	Tom, das ist doch auch legitim. Das darf man auch, wenn man sauer ist, darf man auch mal sagen, das finde ich jetzt überhaupt nicht gut.	*Lernchance:* Möglichkeit auf Beziehung zu Gott einzugehen. *Rolle L:* L. erkennt die „schwierige" Situation, in der sich Tom befindet, beruhigt, ermutigt auch menschlich, mit Gott zu handeln, einher geht eine *Lernchance:* Nachdenken über die Freiheit des Handelns der Menschen, die uns Gott gibt.
41 Tom	Meine Mutter hat auf jeden Fall gesagt, der liebe Gott, der hat es schlecht mit dir... (lacht)	
42 alle	(lachen)	
43 L	So Jonas. Wolltest du noch was sagen?	*Rolle L:* L. hat die SuS während des Inputs weiterhin aufmerksam im Blick, erkennt Melden eines S.
44 Jonas	Ach so, wenn Tom alles könnte auch in der Schule, dann wäre er ja wie so ein super Computer und dann wäre er gar nicht mehr er selber.	
45 SuS	(reden durcheinander)	
46 L	Moment, Jonas nochmal, ganz wichtig.	*Rolle L:* L. greift ein, weil Gesprächsregeln (Störung durch Miteinanderreden) nicht eingehalten werden.
47 Jonas	Also, wenn Tom alles könnte, wäre er ja wie so ein super Computer, so ein super Roboter, dann wäre er gar nicht mehr er selber. Und jeder Mensch ist anderes, jeder Mensch hat einen anderen Charakter.	
48 L	Ja, Charakter oder auch Fähigkeit. Überleg mal, was du für eine Fähigkeit hast, wie du erzählen kannst, wie du vor der Klasse stehst, wie du Vorträge hältst. Da sind andere dann wieder, die denken, oh, diese Fähigkeit hätte ich auch gern...	*Rolle L:* L. gibt Impuls des S. nicht an Mit-SuS weiter, dadurch vertane *Lernchance:* S. können ihre Gedanken dazu nicht äußern. *Rolle L:* L. beruhigt S., motiviert mit wertschätzender, aufbauender Aussage.

6. Erkenntnis- und Lerngewinn des Unterrichtsgesprächs

Das oben aufgeführte Unterrichtsgespräch wurde im Rahmen der Forschungsgruppe und darüber hinaus bereits vielfach bearbeitet und es sei vorweggenommen: Die Meinungen über das Ge- und Misslingen dieses Gespräches gehen auseinander. Dabei liegt die Spannbreite der Beurteilung zwischen einem Lobgesang auf das Theologisieren dieser Kinder im Religionsunterricht und dem Nichtnutzen von Lernchancen, die durch die Schüler_innen gegeben und nicht durch die Lehrperson aufgegriffen werden. Im Folgenden sollen anhand der oben aufgeführten didaktischen Leitfragen wesentliche Aspekte herausgestellt sowie einige Handlungsoptionen benannt werden.

6.1 *Initiatoren für Unterrichtsgespräche*

Das echte Unterrichtsgespräch wird durch einen Impuls eines Schülers initiiert (Kommentar 1) und durch Aussagen weiterer Schüler_innen vorangebracht (Kommentar 23). Dabei scheint die persönliche Aussage des Schülers für alle anderen so spannend zu sein, dass es zu einem Unterrichtsgespräch kommt, in dem die Kinder einander zuhören und miteinander die implizierte Frage des Schülers erörtern. Allerdings wird die Schüleräußerung auch durch die von der Lehrperson gestaltete Unterrichtssituation gefördert. Durch das von der Lehrperson gewählte Material und die Methode, sich mit Gottesbegriffen auseinanderzusetzen, werden die Schüler_innen aktiviert. Die Lehrerin gibt dieser Schülerfrage Raum und öffnet das Gespräch eine gemeinsame Debatte.

Wie die Ergebnisse unserer Forschung zeigen[2], gelingen echte Unterrichtsgespräche am besten, wenn eine authentische Schülerfrage / -aussage ein Gespräch initiiert. Dabei ist zu bemerken, dass die Lehrkraft es schafft, ein Setting zu gestalten, welches solche Schülerimpulse provoziert.

Lehrkräfte sollten sich ihrer Mitverantwortung dafür bewusst sein, dass Schüler_innen stets das Gefühl und Wissen haben, ihre eigenen Fragen, Probleme, persönlichen Aussagen in das Gespräch einbringen zu dürfen und zu sollen. Somit müssen sie eine Haltung ausbilden, die ein echtes Interesse an den Beiträgen der Schüler_innen signalisiert.

---

2 Vgl. dazu die Gesprächsfeinanalyse „*Was ist so schlimm an einer neuen Welt ohne Gott?" Ein echtes Unterrichtsgespräch über die Konsequenzen einer Welt ohne Gott, das zu einem Zwiegespräch wird...*, dem Beitrag Fragen über *(Schüler_innen-)Fragen im Religionsunterricht* und dem Schlusskapitel *Zum Potential von Unterrichtsgesprächen. Zentrale Ergebnisse in Thesen.*

6.2 *Rolle der Lehrkraft*

Im vorliegenden Fallbeispiel ist zu beobachten, dass die Lehrperson primär eine Moderationsrolle einnimmt und sich zuhörend im Hintergrund des Gesprächs hält. Gleich zu Beginn des abgebildeten Gesprächs trifft sie eine wichtige Entscheidung: Anstatt selbst auf das Anliegen des Jungen einzugehen und eine direkte Antwort zu geben, gibt sie die Frage an die Klasse weiter. Das Zurückhalten der Lehrperson, die nicht „enger lenkt“ und „im Hintergrund“ moderiert, kann dazu führen, dass sie genau mitbekommt, was die Schüler_innen interessiert, um dies dann im weiteren Verlauf der Stunde(n) aufzuarbeiten. Dabei besteht durchaus die Gefahr, dass eine zielführende Diskussion verfehlt wird.

Nach der Entscheidung, das Gespräch zu öffnen, greift die Lehrperson lediglich durch ihr „Drannehmen“ ein. Offensichtlich sind die Schüler_innen im Laufe des vorangegangenen Unterrichts in die Gesprächsführung herangeführt worden, denn sie diskutieren, nehmen dabei aufeinander Bezug und vertreten ihre Meinung respektvoll im Umgang mit den Meinungen anderer. Trotzdem bleibt es weiterhin die Aufgabe der Lehrkraft, darauf zu achten, dass Schüler_innen die Rahmenbedingungen und kommunikative Regeln für ein gut gelungenes Unterrichtsgespräch einhalten. Dies verdeutlicht sich im Beitrag 28 (*Scht*).

Durch einzelne Redebeiträge der Lehrerin wird ersichtlich, dass sie immer wieder positiv bestärkt, aktiv zuhört und Beiträge durch das Aufgreifen dieser würdigt. In Beitrag 35 wechselt die Lehrkraft ihre Rolle und ist nicht mehr nur Moderatorin: Sie äußert sich als „Expertin“ mit einem eigenen Redebeitrag. Aus dem weiteren Verlauf, in dem die Schüler_innen weiter nachhaken, ist zu erkennen, dass ihre Fragen noch nicht zufriedenstellend beantwortet sind. Diese entscheidende Stelle im Gespräch zeigt wichtige Aspekte auf:

- Die Lehrerin sollte immer bereit dazu sein, mit ihrer fachlichen Expertise einzugreifen, Antworten auf die Fragen der Schüler_innen zu geben, gegebenenfalls sich persönlich zu der Frage positionieren.
- In der Komplexität und Dynamik eines Gesprächs ist es sehr schwer, immer adäquat und umfassend zu antworten. Der Anspruch, allen Schüler_innen mit der Antwort gerecht zu werden, erscheint außerdem schier unmöglich. Die Lehrerin sollte sich dieser Unzulänglichkeit bewusst sein und dies sollte sie entlasten.
- Dennoch ist eine Aussage gefragt. Sie bestärkt die Schüler_innen, dass sie auf dem richtigen Weg des Nachdenkens und Lernens sind. Lernen im Religionsunterricht heißt, dass es nicht auf alle Fragen die eine, „richtige“ Antwort gibt, sondern dass ein Ziel darin liegt, sich über Inhalte auszutauschen, bei der Klärung der Frage voranzukommen, auch wenn es keine einzige richtige Antwort gibt, aber verschiedene Lösungen zu erörtern und

gegeneinander abzuwägen. Die Lehrkraft muss offensichtlich nicht nur Expertin in der Sache des Unterrichts sein, sondern zusätzlich den entwicklungspsychologischen Stand der Schüler_innen kennen, und bedenken, um eine Antwort zu finden, welche die Schüler_innen erreichen kann.
- Eine Lehrkraft sollte auch über grundlegende Kommunikationskompetenzen verfügen, um diese dann auch innerhalb von Unterrichtsgesprächen bei ihren Schüler_innen erkennen und weiterentwickeln zu können.

6.3 *Rolle der Schüler_innen*

Zeitgemäßer Religionsunterricht ist schülerorientiert, indem er die Lernenden als Subjekte ernst nimmt und sie als Hauptakteure des Unterrichts versteht. Demnach sind sie maßgeblich direkt oder indirekt mitverantwortlich dafür, wie der Unterricht gestaltet wird bzw. werden kann und was schließlich gelernt wird.

Im vorliegenden Unterrichtsgespräch erfüllen die Schüler_innen Grundvoraussetzungen für gelingenden Unterricht, indem sie Gesprächsregeln einhalten, Aufgaben bearbeiten und sich mit dem Unterrichtsgegenstand ernsthaft, persönlich offen und kontrovers auseinandersetzen.

Sie initiieren aktiv das Unterrichtsgespräch und führen es weiter, indem sie Fragen formulieren und selbst nach Antworten suchen. Im Rahmen ihrer Möglichkeiten (religiöser Entwicklungsstand) beschreiben sie ihre Vorstellungen und suchen gemeinsam nach Erklärungen. Die Schüler_innen versuchen sich gegenseitig zu helfen, ihre Fragen und Antworten nehmen sie untereinander mit Wertschätzung auf. Die Frage nach Gott, bzw. wer und wie er ist, scheint diese Lerngruppe wirklich zu bewegen. In diesem Religionsunterricht erhoffen sie sich mögliche Antworten und Hilfestellungen, auf ihre Fragen zu bekommen.

6.4 Kompetenzen

Der vorliegende Auszug bildet ca. drei Minuten einer Religionsstunde ab. In dieser kurzen Zeit lassen sich dennoch beinahe alle fachspezifischen Kompetenzen erkennen. Darüber hinaus verknüpfen die Schüler_innen ihre Gedanken mit ihrer eigenen Lebenswelt und setzen an ihren eigenen Erfahrungen an. Unterrichtsgespräche dienen diesbezüglich besonders gut als Indikatoren für Kompetenzen, da die Schüler_innen etwas äußern und erkennen lassen, was die denken und ggf. verstanden oder nicht verstanden haben. Im Gespräch werden die Gedanken offenbar und Lehrkräfte und Schüler_innen erhalten die Gelegenheit, verstärkend oder korrektiv darauf einzugehen.

Im Inhaltsfeld „Gott" soll in der 6. Jahrgangsstufe „die Frage nach dem Verständnis Gottes" im Mittelpunkt stehen.[3] Im vorliegenden Auszug sind darüber hinaus die Deutungs- sowie Urteilskompetenz hervorzuheben. Der Schüler, der die Ausgangsfrage stellt (Beitrag 1), erfährt Gott nach eigener Aussage nicht spürbar, bzw. stellt sich Gottes Hilfe anders z.B. aktiver vor. Dieser Zusammenhang zeigt, dass der Schüler nicht nur eigene Fragen zu seinem Glauben entwickeln kann (Urteilskompetenz), sondern ebenso Kernaussagen des christlichen Glaubens zu Fragen seines Lebens in Beziehung setzen kann (Deutungskompetenz, korrelative Kompetenz). Die eigentliche Frage, wie Gott in die Welt eingreift, wie er handelt, wird zwar weder von dem Schüler benannt noch von der Lehrkraft extrahiert, sie ist aber Hauptanliegen des Gesprächs.

An dieser Stelle kann man sagen, dass die Schüler_innen theologisieren.[1]

6.5 *Lernchancen*

Bei den Lernchancen, den misslungenen Aspekten und Stolpersteinen soll hier besonders auf die Antwort der Lehrperson eingegangen werden.

Im Beitrag 35 greift die Lehrperson in das Unterrichtsgespräch inhaltlich schlussendlich selbst mit einer Antwort auf die entwickelte(n) Frage(n) der Schüler_innen ein. Die Lehrerin hat sich entschieden, der Schülerfrage Raum zu geben und von ihrer Unterrichtsplanung abzuweichen. Sie hat während des Gesprächs eine rein hörende und beobachtende Rolle eingenommen. Man erwartet, dass sie die Fragen der Schüler_innen aufmerksam wahrgenommen hat. Sie weiß, dass jetzt eine Antwort von ihr gefragt ist, die alle Schüler_innen, besonders den ersten Fragenden zufriedenstellt, sachlich-theologisch korrekt und persönlich authentisch. Dies ist sicher ein anspruchsvolles Unterfangen. Die Antwort 35 erfüllt diesen Anspruch nicht, was vermutlich dem theologisch diffizil Thema (Warum greift Gott nicht ein?), der persönlichen Positionierung bezüglich des eigenen Glaubens, aber auch der komplexen Kommunikationssituation geschuldet ist.

Während sich die Frage, wie Gott als Helfer zu verstehen sei, immer weiterentwickelt und bereits einige Antwortversuche seitens der Schüler_innen getätigt werden, geht die Lehrkraft lediglich auf einen Aspekt ein, bzw. direkt einen Schritt weiter: Im Bewusstsein, Stärken und Schwächen zu besitzen, spiegelt sich das Handeln Gottes in der Welt nicht direkt wider. Hier hätten vielmehr Schülerantworten hervorgehoben, vertieft, erörtert werden können. Die Beiträge 20 und 23 greifen bspw. Vertrauen und den Glauben an Gott auf. Eine weitere Lernchance wäre gegeben, wenn darauf eingegangen worden wäre, ob der Schüler zu wenig gebetet habe.

---

3 Hessisches Kultusministerium 2010, 22.

4 Vgl. den Beitrag von Altmann / Drube / Freudenberger-Lötz in diesem Buch.

Ausgehend von dem Ergebnis des Unterrichtsgespräches muss gefragt werden, was über das Unterrichtsgespräch hinaus bei den Schüler_innen in Erinnerung bleibt. Da die Stunde mit diesem Unterrichtsgespräch am Anfang der Unterrichtseinheit steht, ist es eine große intrinsische Chance, einige Fragen der Schüler_innen im weiteren Verlauf der Einheit aufzugreifen und diese zum Lerngegenstand zu machen. Hierzu könnten Notizen oder eine andere Form der Verschriftlichung bzw. dem Sammeln von Fragen, nützlich sein.

7. Wie kann ein Unterrichtsgespräch gelingen?

In diesem Kapitel werden zusammenfassende Hinweise und konkrete Vorschläge gegeben, wie ein Unterrichtsgespräch gelingen kann[5]:

Unterrichtsgespräche können spontan und auch ohne ein deutliches Eingreifen und eine Initiation der Lehrkraft entstehen; Lehrkräfte sollten dafür grundsätzlich sensibel sein, wann ein Gespräch stattfinden könnte, das besondere Lernchancen für die Schüler_innen bereitstellt. Die folgenden Aussagen können demnach mehr als Anregung und nicht als Anleitung verstanden werden. Gegebenenfalls können sie gezielt eingesetzt werden, damit ein Unterrichtsgespräch in Gang gesetzt werden kann.

Wenn eine Lehrkraft ein Unterrichtsgespräch, an dem sich viele Schüler_innen beteiligen und differenzierte Meinungen geäußert werden, initiieren möchte, sollte ein Thema mit Diskussionspotential gewählt werden. Dieses Thema sollte zur Meinungsbildung auffordern, vielschichtig sein und die Schüler_innen unbedingt betreffen. Daraus resultiert, dass in einem guten Unterrichtsgespräch die Äußerungen und Meinungen der Schüler_innen den Mittelpunkt bilden. Dies erfordert einerseits die Bereitschaft der Lehrkraft, die Schüler_innen reden zu lassen, andererseits müssen diese auch reden wollen. Um diese Motivation zu verstärken, ist es wichtig, die Themen, über die miteinander gesprochen werden soll, an die Lebenswelt der Schüler_innen anzuknüpfen, problemorientiert zu gestalten und sie authentisch und nicht nur oberflächlich zu behandeln. Es sollte ein wirklicher Lerngewinn durch die Auseinandersetzung mit diesem Thema angestrebt werden. Die Lehrkraft sollte die Haltung signalisieren, dass sie an den Beträgen, den Meinungen und Ansichten der Schüler_innen ernsthaftes Interesse hat und diese nicht in ihrem persönlichen Inhalt (ab-)wertet. Dabei sollte sie auch zeigen, dass sie eben nicht bereits zuvor die eine richtige Antwort kennt, die die Lernenden „erraten“ sollen.

Die Atmosphäre in der Lerngruppe kann sich förderlich auf die Unterrichtsgespräche auswirken. Um die Gesprächsatmosphäre zu verbessern, soll-

5 Vgl. auch die Resultate in: Reese-Schnitker 2013, 136f.

ten Regeln zum Führen von Gesprächen aufgestellt und eingehalten werden. Wichtig ist, dass die Schüler_innen lernen, nacheinander zu sprechen, einander zuzuhören, aufeinander einzugehen und nicht zu lange sprechen. Eine Sitzordnung, in der sich die Gesprächspartner_innen anschauen können, kann sich positiv auf die Gesprächsatmosphäre und auf das Unterrichtsgespräch auswirken.

Sicher ist für eine gute Gesprächsatmosphäre die gegenseitige Wertschätzung jedes Einzelnen fundamental. Eine gute Beziehung zwischen den Schüler_innen untereinander und auch zur Lehrkraft ist unabdinglich; jede/r muss das Gefühl haben, in seinem / ihrem Beitrag wertgeschätzt zu werden und alles äußern zu dürfen. Das heißt allerdings nicht, dass jeder Beitrag gleich wichtig ist und den Gesprächsprozess in gleicher Weise voranbringt. Die Qualität der einzelnen Beiträge sollte sich im Gespräch erweisen.

Gute Unterrichtsgespräche legen mehr Wert auf die Qualität als auf die Quantität der Beiträge. Ein bloßes Abfragen führt zwar zu Wortbeiträgen, verpasst jedoch die Chance, die Deutungs- und Urteilskompetenzen der Schüler_innen im Gespräch zu schulen.

In der vorliegenden Transkription des Unterrichtsgesprächs lässt sich gut erkennen, wie die Beiträge der Schüler_innen und ihr theologisches Denken von der Lehrkraft ernst genommen und somit wertgeschätzt werden. Außerdem wurden die Entwicklungsstufen und die Voraussetzungen, die die Kinder in den Unterricht mitbringen, in der Planung bedacht, sodass das Thema für diese Lerngruppe angemessen ist. Die Gedanken der Kinder werden nicht als falsch bewertet, sondern auf ihrem Entwicklungsniveau ernstgenommen und gewürdigt.

So wie es im Unterricht der Fall ist, kommt der Lehrperson auch im Unterrichtsgespräch eine gesonderte Rolle zu. Auch wenn sie sich zurücknimmt und das Gespräch laufen lässt, ist sie diejenige, die den Verlauf des Unterrichtsgesprächs lenkt und beeinflussen kann, indem sie eingreift, es abbricht, vertieft, unterbricht oder selbst Stellung nimmt. Sie ist nicht nur „einfache" Teilnehmerin (ggf. im Hintergrund), sondern ihr werden als Lehrperson besondere Kompetenzen abverlangt und zugesprochen, etwa als Religionsfachkraft auch als theologische Expertin sachliche Fragen klären oder als gläubige Christin zu einer Glaubensfrage Position beziehen zu können. Um dem gerecht zu werden – also adäquat auf das Unterrichtsgespräch eingehen zu können, ist es zunächst fundamental wichtig, aktiv zuzuhören und sich von den Beiträgen der Kinder auch überraschen und inspirieren zu lassen Das aktive Zuhören wird einfacher, wenn sie sich grundsätzlich in der Haltung übt, sich zurückzuhalten. Dies kann sie für die Schüler_innen gut auch sichtbarmachen, indem sie sich räumlich zurückzieht. Währenddessen sollte sie sich Notizen oder Stichpunkte zum Gesagten anfertigen, um den Überblick zu behalten und gegebenenfalls auf einige Stichworte später zurückkommen zu können. Außerdem muss die Lehrperson ein Gefühl dafür bekommen, wann es sinnvoll ist, in ein Gespräch einzugreifen oder es sogar zu beenden, gemessen an den Kompetenzen, die angestrebt werden, und natürlich gemessen an den zeitlichen Ressourcen.

Wenn eine benotete Leistungssituation keine zentrale Rolle im Unterrichtsgespräch spielt, kann dies förderlich sein. Vielen Schüler_innen kann dadurch die Befürchtung genommen werden, etwas „Falsches" zu sagen.

An dieser Stelle wird die Komplexität, gleichzeitig aber auch der Wert von Unterrichtsgesprächen klar. Für Lehrkräfte sind Gespräche zwar eine alltägliche, aber sehr komplexe Unterrichtsmethode. Sie bieten Chancen, die keine andere Unterrichtsform erlaubt. Im Gespräch werden die Gedanken und Ansichten der Schüler_innen verbalisiert und damit für die Gruppe hörbar und damit zur Verfügung gestellt. Hier besteht die Notwendigkeit, eigene Aussagen zu erläutern und die eigene Position zu begründen, und zwar so, dass diese von den anderen Mitschüler_innen verstanden wird. Nirgends sonst werden die religiöse Sprach- und Argumentationsfähigkeit und auch die religiöse Urteilsfähigkeit der einzelnen Schüler_innen so gezielt gefördert, wie in einem diskursiven Gespräch.

Unterrichtsgespräche sind schwer zu kontrollieren und insbesondere echte Unterrichtsgespräche sind sehr selten, weil dafür viele Faktoren zusammenkommen müssen. Die Lehrperson gibt zeitweise in Teilen den Verlauf des Unterrichts an die Schüler_innen ab. Dadurch ergibt sich verständlicherweise, dass diese Unterrichtsform im Vorfeld schwer planbar ist.

Auf der anderen Seite kann eine Lehrperson, die „nur" aktiv zuhört, mehr wichtige Informationen bezüglich der Kompetenzstände, Fragen, Themen ihrer Schüler_innen mitbekommen, als eine, die sich ständig lenkend ins Gespräch einbringt. Somit sollte der Einsatz von solchen Unterrichtsgesprächen dem Inhalt und der Zielsetzung entsprechen.

Wir wollen alle Lehrkräfte dazu ermutigen und ermuntern, Unterrichtsgespräche zu initiieren und flexibel im Unterricht zuzulassen und zu fördern. Selbst kurze Unterrichtsgespräche sind ein Erfolg. Nur so kann Stück für Stück eine Gesprächskultur entwickelt werden, in denen die Schüler_innen lernen, miteinander zu sprechen, und das Gespräch als eine Bereicherung auch für das eigene Denken erleben. Eine gemeinsame Reflexion über das Gespräch (im Hinblick auf die zuvor formulierten Anregungen) unterstützt dies.

Literatur

HESSISCHES KULTUSMINISTERIUM (2010), Bildungsstandards und Inhaltsfelder. Das neue Kerncurriculum für Hessen. Sekundarstufe I – Gymnasium. Katholische Religion, Wiesbaden.

REESE-SCHNITKER, ANNEGRET (2013), Produktive Unterbrechungen im Unterrichtsgespräch. Typische Muster, Stolpersteine und Lernchancen von Unterrichtsgespräch – aufgezeigt an einem Fallbeispiel, in: Katechetische Blätter 138 H. 2 (2013), 130–137.

Literatur zur Fallarbeit in der Lehrerbildung

FISCHER, DIETLIND (1983), Lernen am Fall. Zur Interpretation und Verwendung von Fallstudien in der Pädagogik, Konstanz.

HEINZEL, FRIEDERIKE (2020), Falldarstellungen in der Lehrerinnen- und Lehrerbildung, in: CRAMER, COLIN / KÖNIG, JOHANNES / ROTHLAND, MARTIN / BLÖMEKE, SIGRID (Hrsg.), Handbuch Lehrerinnen- und Lehrerbildung, Bad Heilbrunn, 700–705.

HEINZEL, FRIEDERIKE / KRASEMANN, BENJAMIN (2015), Lehrerbildung mit dem Online-Fallarchiv Schulpädagogik, in: BERENDT,B. / FLEISCHMANN, A. / SCHABER, N. / SZCZYRBA, B. (Hrsg.), Neues Handbuch Hochschullehre 73 / 2015, Berlin, 43–67.

HEINZEL, FRIEDERIKE / SIRTL, KATHARINA (2015), Online Fallarchiv, Zugriff am 10.06.2021 http://www.fallarchiv.uni-kassel.de/didaktik-der-lehrerbildung/fallbasiertes-lernen/aufgabenbereich-a/.

MEIER, MICHAEL u.a. (2016), Was ist der Fall? Kasuistik und das Verstehen pädagogischen Handelns, Wiesbaden.

PIEPER, IRENE / FREI, PETER / HAUENSCHILD, KATRIN / SCHMIDT-THIEME, BARBARA (2014), Was der Fall ist. Beiträge zur Fallarbeit in Bildungsforschung, Lehramtsstudium, Beruf und Ausbildung. Wiesbaden.

SCHELLE, CARLA u.a. (2010), Unterricht als Interaktion. Ein Fallbuch für die Lehrerbildung, Bad Heilbrunn.

WERNET, ANDREAS (2006), Hermeneutik – Kasuistik – Fallverstehen. Eine Einführung, Stuttgart.

Zum Potential von Unterrichtsgesprächen
Zentrale Erkenntnisse der Kasseler Studie

Daniel Bertram / Dominic Fröhle / Annegret Reese-Schnitker

In diesem letzten Kapitel sollen besonders bemerkenswerte Erkenntnisse thesenartig festgehalten und gedeutet werden. Dabei wird auf Ergebnisse Bezug genommen, die entweder im Einzelnen aussagekräftig sind oder die in der systematischen Betrachtung verschiedener Auswertungsperspektiven erhellende Zusammenhänge zeigen. Die religionspädagogische Bedeutung wird unter Bezugnahme auf die Daten problematisiert und interpretiert und dabei Stellung bezogen. Zudem werden offene, weiterführende Fragen und Desiderate religionspädagogischer Unterrichtsforschung formuliert.

1. Entstehung von Unterrichtsgesprächen

(1) Gesprächsatmosphäre und Gesprächshaltung als Basis und Qualitätsfaktor religionsunterrichtlicher Kommunikation

Eine wertschätzende Gesprächsatmosphäre und eine dialogisch ausgerichtete Grundhaltung der Beteiligten bilden das Fundament für Gespräche jeglicher Art. Welche Bedeutung haben diese für Gespräche im Religionsunterricht?

Eine grundlegende Voraussetzung für das Gelingen der Gespräche ist eine gute Gesprächsatmosphäre, die von allen Beteiligten getragen wird und in der sich besonders die Lernenden wertgeschätzt fühlen. Sie ist sowohl von den institutionellen und räumlichen Bedingungen als auch von einer zugewandten Lehrperson beeinflussbar (bspw. Körpersprache) und wird von der Lerngruppe konkretisiert (kommunikativer und sozialer Umgang miteinander). Das lassen sowohl die statistischen Auswertungen als auch die Gesprächsfeinanalysen deutlich erkennen.

Besonders in den Gesprächsfeinanalysen zeigte sich durch die Tiefe der sprachlichen Analyse der Unterrichtskommunikation immer wieder, welcher Art der atmosphärische „Nährboden" der Gespräche ist. Im Stellen von Fragen, im Eingeständnis des Nichtverstehens, aber auch wenn die Kommunikation humorvoll wird, im Lachen und Tuscheln wird die Beziehungsqualität in der Lerngruppe bzw. zwischen den Schüler_innen und der Lehrperson deutlich, sodass solche Gespräche möglich werden und glücken.

Als zentrale Voraussetzung für das Gelingen von Gesprächen sind an allererster Stelle offenbar vertrauensvolle Gesprächspartner_innen zu nennen. Es ist wichtig, dass Lehrpersonen achtsam und professionell die respektvolle unterrichtliche Kommunikation in geschützten Räumen des Religionsunterrichts einüben, gestalten und pflegen.

In einer kleinen Lerngruppe mit Frau Kösel, die aus Schüler_innen aus drei verschiedenen Klassen zusammengesetzt war, war keine gesprächsförderliche Atmosphäre innerhalb der Lerngruppe erkennbar (vgl. S. 234, S. 315ff.). Für vielfältige Faktoren der Gespräche hatte dies Konsequenzen: ihre Qualität wurde deutlich negativ beeinflusst (etwa geringe Gesprächsintensität, geringe Beteiligung, geringe Qualität der Partizipation, kaum korrelative Momente).

Auch Störungen und Unstimmigkeiten hinsichtlich der unterrichtlichen Atmosphäre und Kommunikationssituation konnten bei Gesprächen beobachtet werden, etwa wenn Schüler_innen einander nicht zuhören. Der eigene Beitrag ist für sie oft wichtiger als die Beiträge und Antworten der anderen in der Lerngruppe. Ist ein Verstehen seitens der Gesprächsteilnehmenden nicht intendiert oder gelingt es nicht, sich einander verständlich zu machen, ist ein gegenseitig bereichernder Dialog kaum möglich.

Zur Verständigungsbereitschaft, also der Bereitschaft, mit anderen wirklich ins Gespräch zu kommen, sind kommunikative Fähigkeiten voraussetzungsrelevant, etwa die Fähigkeit zuzuhören, andere Personen ausreden zu lassen, sich an die Gesprächsregeln zu halten, indem man sich beispielsweise meldet. Gesprächshaltung und kommunikative Kompetenzen sind dabei zugleich Ausgangs- und Zielpunkt pädagogischen Handelns, die einzuüben und zu pflegen sind.

Ebenso wesentlich sind das Miteinander im Gespräch und eine Haltung des gegenseitigen Interesses und Respekts. Den Fokus auf die Gesprächsatmosphäre zu legen, heißt eben auch neben dem Erkenntnisgewinn die soziale und gemeinschaftsstiftende Funktion der Gespräche ernst zu nehmen. Das Gespräch zielt darauf ab, sich zusammen über eine Sache auszutauschen, eigene Positionen einzubringen, Neues zu erfahren, gemeinsam die Sache aus unterschiedlichen Perspektiven zu betrachten, um miteinander als Lerngruppe zu neuen Erkenntnissen zu gelangen.[1]

Offensichtlich beeinflussen und bedingen sich Gesprächsatmosphäre, Gesprächshaltung und Gesprächsfähigkeit einerseits und Gesprächsqualität andererseits gegenseitig. Die Atmosphäre im Unterricht, die durch räumliche und institutionelle Faktoren, sowie durch die Haltungen und kommunikativen Fä-

1 Das größte Kommunikationsproblem unserer Zeit ist, dass wir nicht zuhören, um zu verstehen, sondern um zu antworten, so die viel rezipierte Aussage von Anthony Pica (Youtuber, unbekannte Quelle, vgl. auch Niekerken 2020, 1). Viele Gespräche scheitern, weil die Fähigkeit des Zuhörens und die Bereitschaft, sich auf das Gesagte einzulassen, nicht ausgebildet ist.

higkeiten der unterrichtlichen Akteur_innen geprägt ist, hat einen wesentlichen Einfluss auf die Gestalt der Gespräche und ihre Qualität. Und auch andersherum: Gute Unterrichtsgespräche verbinden. Sie prägen die Lerngruppe und haben eine entscheidende Funktion bei der Gemeinschaftsbildung, wahrscheinlich in besonderem Maße im Religionsunterricht.[2]

Resümierend ist festzuhalten, dass bei Schüler_innen in Gesprächen diese Schlüsselkompetenzen gefördert werden sollten, sich mit anderen Menschen so sprachlich auszutauschen und zu verständigen, dass dieser Dialog als Bereicherung für beide Seiten erlebt werden kann.

(2) Zeitliche Platzierung der Gespräche im Unterricht

Das Hinterfragen der zeitlichen Verortung der Gespräche in der Unterrichtszeit konzentriert sich u. a. auf die Planungsüberlegungen zum Unterricht: An welchen Stellen werden Gespräche eingeplant, wann wird ihnen Raum gegeben, welche Bedeutung haben die Gespräche für die Gesamtplanung und Dynamik der Unterrichtsstunde? In der Auswertung wurde deutlich, dass es nicht hinreichend ist, auf die verschiedenen Lehrpersonen mit ihren jeweiligen Gewohnheiten und Gesprächstypen zu verweisen. Welche Zusammenhänge zwischen Gesprächen und der Unterrichtszeit wurden hier sichtbar?

In der Regel sind die Gespräche bei den Lehrpersonen gleichmäßig auf die Unterrichtszeit verteilt. Nur bei zwei Lehrenden, die in Gesprächen vor allem stark motivierend auftreten, finden die Gespräche meist erst zum Ende der (ersten) Stunde statt, zuvor fast gar nicht. Dies legt nahe, dass die Lehrpersonen erst ein Stundenkonzept umsetzen wollen, in dem Gespräche wenig bis keinen Platz haben, bzw. Gespräche inhaltlich vorbereitet werden, bevor diesen Raum gegeben wird.

Hinsichtlich der Gesprächstypen lässt sich sagen, dass nur beim Pingpong-Gespräch und dem echten Unterrichtsgespräch Häufungen festgestellt werden können. Beide fanden sich vor allem in den ersten zehn Minuten der Stunde. Beim Pingpong-Gespräch sind dies vermutlich oft Wiederholungen oder Reaktivierungen, um an die vorausgegangenen Lernprozesse anzuknüpfen. Bei echten Unterrichtsgesprächen wird offenbar gleich zu Beginn ein zentrales Thema miteinander diskutiert und problematisiert. Dies kann entweder durch den Stundenbeginn angeregt werden oder von den Schüler_innen schon mit in die Stunde hineingetragen sein.

Das Pingpong-Gespräch findet dann noch einmal gehäuft in den letzten Minuten der ersten Stunde (30-45) statt, in denen vermutlich mit einer starken Lehrerlenkung Reflexions- und Sicherungsprozesse durchgeführt werden. Das echte Unterrichtsgespräch kommt in den zweiten zehn Minuten, also in den

---

2 So gibt etwa Schulte zu bedenken, dass Gespräche im Religionsunterricht in einer religiös heterogenen Klasse besonders zum intersubjektiven Austausch und zur gegenseitigen Verständigung geeignet sind und damit schließlich zur Ausbildung der sozialen Lernziele Dialogkompetenz und Haltung (vgl. Schulte in diesem Band, S. 53).

Minuten 10-20, gar nicht vor, dabei findet man es in dem nächsten Abschnitt (20-30 Minuten) des Unterrichts wieder vermehrt. Es ist eine Zeit, die häufig der Er- oder Verarbeitung neuer Inhalte gewidmet ist.

Eine Auffälligkeit lieferte die hoch-inferente Auswertung: Wird der Religionsunterricht in Doppelstunden erteilt, finden die Gespräche überdurchschnittlich oft in der zweiten Stunde statt, dann jedoch fast nie in deren zweiter Hälfte, also ab etwa der 65. Minute. Hans Schmid hat in seinem Beitrag im ersten Teil dieser Publikation einerseits auf die Importanz des Unterrichtsbeginns als mögliche Zeit für Gespräche hingewiesen und andererseits auf die von ihm sogenannte „20-Minuten-Grenze“: Hier entscheidet sich, ob die Schüler_innen „bei der Stange“ gehalten werden können – oder nicht (vgl. Schmid in dieser Publikation S. 168f.).

Vor diesem Hintergrund können die Forschungsergebnisse folgendermaßen gedeutet werden: Tatsächlich sind die ersten zwanzig Minuten einer Unterrichtsstunde eine für Gespräche prädestinierte Zeit. Die 20-Minuten-Grenze fällt in Einzelstunden, aber vor allem dann auf, wenn Religionsunterricht in Doppelstunden stattfindet. So gelingt es den Lehrpersonen offensichtlich in der Regel nicht, ab der 20. Minute der zweiten Stunde, respektive ab der 65. Minute, Gespräche zu initiieren oder den Unterricht allgemein für das Entstehen von Gesprächen fruchtbar zu machen bzw. zu halten.

(3) Wie entstehen Gespräche bzw. wer initiiert sie?

Nachdem die konkreten unterschiedlichen Orte von Gesprächen in der Unterrichtsstunde und Unterrichtsdramaturgie betrachtet wurden, stellt sich die zentrale Frage nach der Entstehung von Gesprächen. Aus welchen Situationen heraus werden Gespräche initiiert? Wie entstehen Gespräche bzw. wer initiiert sie? Die Lehrperson? Die Schüler_innen?

Wenn wir auf die von uns in den Fallanalysen genauer betrachteten Gespräche blicken, dann muss man unterscheiden zwischen Gesprächen, die bewusst von der Lehrperson initiiert werden und mutmaßlich bereits in der Unterrichtsplanung vorgesehen waren und Gesprächen, die sich aus der Situation heraus entwickeln, denen dann von der Lehrperson Raum gegeben wird.

Blicken wir auf die erstgenannte Entstehung von Gesprächen, so ist die Antwort auf die Frage nach der Initiierung banal: die Lehrperson muss Gespräche zunächst in ihrer Unterrichtsplanung vorsehen. Weil den Schüler_innen Gespräche dieser Art, also das schulische Setting, bei dem die Lehrperson für alles im Unterricht die Leitung und Verantwortung hat, vertraut sind, werden sie von Lehrerseite oft mit einfachen Mitteln in der Unterrichtssituation eingeleitet, etwa durch einen Auftrag, Ergebnisse aus einer Einzel- oder Gruppenarbeit darzustellen, Vergangenes zu wiederholen oder Gelerntes wiederzugeben. Auch ein Impuls zur Sammlung von Gedanken oder Ergebnissen initiiert den Austausch.

Ob ein Gespräch entsteht und welchen Charakter es hat, hängt auch davon ab, welche Art von Fragen durch die Lehrperson gestellt werden.[3] Insbesondere Fragen auf „deep-reasoning"-Niveau[4] bergen das Potential, die Schüler_innen zu vertieftem Nachdenken, Argumentieren und Diskutieren anzuregen.

Bei der lernförderlichen Ausgestaltung des Gesprächs ist die Lehrperson weiterhin gefordert. Sie fragt etwa nach, wenn etwas inhaltlich unklar erscheint, fasst zusammen, sichert Gesprächsergebnisse, ermuntert zu weiterem (kontroversen) Austausch. Förderlich für das Lernen und die Gesprächsatmosphäre, so zeigen unsere Ergebnisse, ist zudem, ob die Intention der Unterrichtsgespräche für alle Beteiligten transparent ist, wenn also die Richtung und das Ziel des gemeinsamen Lern- oder Diskussionsprozesses deutlich und klar sind. Im überwiegenden Teil der von uns gesichteten Gespräche (69 %) wurde die Intention immerhin genannt, wobei sicherlich zusätzlich eine Begründung derselben wünschenswert wäre.

Besonders echte Unterrichtsgespräche entstehen oftmals aus der konkreten Situation heraus, so zeigen dies die Gesprächsfeinanalysen. Sie sind weniger planbar, aber genau darin kann ihre besondere Qualität gesehen werden, denn sie entstehen häufig durch eine authentische Schülerfrage und fußen damit auf intrinsischer Motivation. In den Gesprächsfeinanalysen konnten wir herausarbeiten, wie sie solcher Schülerfrage entspringen können.[5] Oder die Lehrperson erkennt ein Diskussionspotential im Gespräch und vertieft das Gespräch etwa durch eine selbst formulierte Frage, die eng an einer Schüleräußerung orientiert ist.[6] Dass echte Unterrichtsgespräche geführt werden, hängt von der Offenheit der Lehrperson ab, von der eigenen Unterrichtsplanung abzuweichen und einer Schülerorientierung, die den Fragen der Lernenden Raum verschafft und sie miteinander ins Gespräch bringt.

Offenbar bedarf es bei der Frage, ob auch ungeplante Gespräche zugelassen und in ihrer Unplanbarkeit und Dynamik respektiert und geschätzt werden, eines besonderen Gespürs für den rechten Kairos.

Was heißt das konkret, wenn hier von „Gespür" gesprochen wird? Woher kommt dieses „Gespür"? Lässt es sich im Studium, Referendariat oder in der Schulpraxis erlernen? Entsteht es durch Erfahrung? Ist es eine grundsätzliche Haltung, im Sinne von „so eine Person bin ich als Lehrer_in"? Oder ist es erlern- und ausbildbar? Dies sind viele interessante, weiterführende Fragen für die Religionslehrerbildung.

---

3 Vgl. hierzu die konkreten Empfehlungen bei Orth in diesem Band S. 183f. und den Beitrag *Fragen über (Schüler_innen-)Fragen im Religionsunterricht* in diesem Band.

4 Vgl. den Beitrag zu *Fragen über (Schüler_innen-)Fragen im Religionsunterricht* in diesem Buch.

5 Vgl. die Gesprächsfeinanalyse *„Was ist so schlimm an einer neuen Welt ohne Gott?"* und das Gesprächstransskript auf Seite 477ff. Vgl. auch das Gesprächstransskript auf Seite 488ff.

6 Vgl. Gesprächsfeinanalyse *„Aber wir sollten uns da noch weiter auf den Weg machen!"* in diesem Band.

Allemal kann konstatiert werden, dass Gespräche kairologische Momente haben, die wahrgenommen und zugelassen werden müssen. Gespräche fordern daher einen Spagat von der Lehrperson zwischen Eigendynamik und Intervention.

2. Merkmale von Unterrichtsgesprächen

(1) Gesprächsintensität und die dafür eher bedeutungslose Rolle der Lehrkraft

Die Frage nach der Intensität von Gesprächen ist in gewisser Weise auch eine subjektive: Wann nimmt jemand ein Gespräch als intensiv wahr? Wie kann man die Intensität beschreiben oder abstufen? Unsere Ergebnisse sind in der Lage zu verdeutlichen, welche Bedingungen das Auftreten von intensiv(er)en Gesprächen begünstigen und was mit dieser Intensität einhergeht.

Die wahrgenommene Intensität der Gespräche korreliert in den ausgewerteten Gesprächen mit dem Diskussionsgrad, dem Vertiefungsgrad von Schüler_innen durch Schüler_innen, dem Gesprächsfluss, dem qualitativen Partizipationsgrad der Schüler_innen, dem Umgang mit Kontroversen und dem fortschreitenden, erkenntniserweiternden Gesprächsprozess. Diese Korrelationen vermögen nicht zu überraschen, einzelne Korrelationen erscheinen gar evident. Allerdings kann gleichwohl das Fehlen jedes Bezuges zur Lehrperson bemerkt werden. Die Intensität von Unterrichtsgesprächen hängt, unseren Ergebnissen nach, nahezu ausschließlich von den am Gespräch beteiligten Schüler_innen ab.

Es läge doch nahe anzunehmen, dass beispielsweise auch der Vertiefungsgrad der Schülerbeiträge, wenn die Lehrperson diese vertieft, messbaren Einfluss auf die Gesprächsintensität hätte. Doch unsere Daten zeigen das Gegenteil: In der Auswertung der Lehrerfallprofile wird deutlich, dass nur bei einer Lehrperson überwiegend, fast sogar in drei Viertel aller Gespräche, eine hohe oder sogar sehr hohe Gesprächsintensität messbar war – und zwar bei der einzigen Lehrkraft, die der Rolle der Auditorin zugeordnet werden konnte, die sich sowohl moderierend als auch motivierend stark zurückhielt und sich nur gelegentlich als fachlich kompetente Gesprächspartnerin einbrachte.

In der Gesprächsfeinanalyse[7] wurde dieses Verhalten der Lehrperson, das aktive Zuhören und das zurückhaltende Verhalten, welches das Gespräch offensichtlich stärkt, trotzdem ambivalent bewertet. Wie gelingt es an geeigneter

7 Vgl. Gesprächsfeinanalyse *„Aber wir sollten uns da noch weiter auf den Weg machen!“* in diesem Band.

Stelle, die teils auch hemmende Haltung der Passivität zu überwinden, um fachliche Impulse zu setzen bzw. den roten Faden im Gespräch zu halten?

Die Gesamtbetrachtung zeigt: Je höher der Gesprächs- oder Lenkungsanteil der Lehrperson(en), umso seltener werden Gespräche geführt, die als intensiv wahrgenommen werden können. Zudem wird an späterer Stelle noch festgehalten werden, dass ein höherer Redeanteil der Lehrperson den Gesprächsfluss und die (qualitative) Partizipation der Schüler_innen hemmt.

Auch die statistische Auswertung im Hinblick auf die unterschiedlichen Gesprächstypen bestätigt die Annahmen zur Gesprächsintensität und zwar hinsichtlich der unterschiedlichen Gesprächstypen: In den (eher) schülerzentrierten Gesprächstypen, dem echten Unterrichtsgespräch und dem Gespräch als Reihung von Beiträgen der Schüler_innen, sind die Gespräche überdurchschnittlich intensiv, in den eher lehrergeleiteten Gesprächstypen, dem Pingpong-Gespräch (UGLS) und dem Gespräch als getarnter Lehrervortrag (UGLV), sogar unterdurchschnittlich intensiv.

(2) Der diskursive Gesprächscharakter und das Potential von Kontroversen

Ein wichtiger Befund des Ratingverfahrens, das als Breitenanalyse einen guten Gesamtblick auf unsere Datenlage zulässt, ist, dass in den von uns videografierten Gesprächen weitgehend eine kontroverse Auseinandersetzung über das Thema fehlt. Gleichzeitig zeigt sich in den Gesprächsfeinanalysen, also der Tiefenanalyse, dass diskursive und dynamische Gesprächsfrequenzen ein besonderes Lernpotential haben.

Besonders in den Ergebnissen des Ratingverfahrens, die Aufschluss über das Vorkommen von Diskursen liefern, zeigt sich: Der Austausch über den Gesprächsgegenstand ist im Religionsunterricht kaum diskursiv und damit selten strittig und kontrovers. Nur in jedem 10. Gespräch konnten wir kontroverse Beiträge wahrnehmen. Drei Viertel dieser kontroversen Gespräche sind dabei echte Unterrichtsgespräche (vgl. S. 279).

Anders sieht es in den Gesprächsfeinanalysen aus. Hier konnten wir fast jedes Mal inhaltliche Kontroversen und eine fachliche Streitkultur finden. Berücksichtigt werden muss selbstverständlich für die Interpretation, dass nicht repräsentative, sondern besondere, dichte Gespräche für die Feinanalysen ausgewählt wurden. Die Analyse zeigte, dass diese Unterrichtsgespräche besondere Lernpotentiale aufweisen und zwar gerade wegen ihrer Kontroversität. Durch inhaltliche Unstimmigkeiten oder unterschiedliche Sichtweisen auf den Gegenstand konnte im Gespräch ein gemeinsamer Austausch darüber stattfinden, so dass die Schüler_innen hier klärend und vertiefend profitieren konnten. In einer Gesprächsfeinanalyse entsteht durch das Missverstehen ein vertiefter Austausch über den Gesprächsgegenstand (vgl. die Gesprächsfeinanalyse „*Ich hab‘ das nicht verstanden!*“). In einer anderen Unterrichtssequenz entwickelt sich ein Zwiegespräch mit deutlich kontroversem Charakter (vgl.

die Gesprächsfeinanalyse „*Was ist so schlimm an einer neuen Welt ohne Gott?*"). In einem anderen Gespräch wird eine Debatte mit widerstreitenden Positionen zur Theodizee-Problematik geführt (vgl. die Gesprächsfeinanalyse „*Wo ist das Problem? Wieso passt für euch Leid und Gott nicht zusammen?*"). Eine 6. Realschulklasse ringt miteinander über die Geschichten von Gott (vgl. die Gesprächsfeinanalyse „*Aber wir sollten uns da noch weiter auf den Weg machen!*").

Damit bestätigt sich der Befund der Essener Unterrichtsstudie, die auch von einer Seltenheit kontroverser Auseinandersetzung im Religionsunterricht berichtet (Englert u.a. 2014, 119). Gleichzeitig können wir den Befund von Domsgen / Lütze (2010, 128.199) in unserer Studie nicht bestätigen, dass im Religionsunterricht viel diskutiert wird.

Die fehlende Kontroversität im Religionsunterricht mag überraschen, denn an sich ist der Gegenstand des Religionsunterrichts bzw. sind die hier verhandelten Inhalte wie etwa biblische Texte, religiöse Erlebnisse plural und kontrovers und laden, so könnte man meinen, zu einer diskursiven Auseinandersetzung ein. Zu fragen wäre, warum offenbar diese Chance, die der Lerngegenstand in Religion bietet, im Religionsunterricht zu selten ergriffen wird.

Im Fehlen kontroverser kommunikativer Interaktionen sehen wir einen Hinweis dafür, dass die stattfindenden Gespräche weniger fachlich fundiert sind. Denn wir erkennen in der Diskursivität des Gesprächs ein wichtiges Merkmal für die fachliche Qualität der Gespräche.[8] Im engagierten Austausch gelingt es, intrinsische Motivation zur Auseinandersetzung mit den fachlichen Inhalten und Positionen zu wecken und durch die aktive Beteiligung die eigene Sprach- und Argumentationsfähigkeit zu stärken.

Allerdings muss mit Blick auf den Befund einer Gesprächsfeinanalyse gesagt werden, dass eine solche von der Lehrperson vorher geplante kontroverse Auseinandersetzung auch fehllaufen kann, wenn das von der Lehrperson ausgewiesene Problem für die Schüler_innen gar keins ist (vgl. Gesprächsfeinanalyse „*Wo ist das Problem? Wieso passt für euch Leid und Gott nicht zusammen?*").

Diskussionen sind auch deshalb wünschenswert, weil in ihnen eine passende Balance zwischen der Lehrerzentrierung und der Schülerselbsttätigkeit gefunden werden kann. Es ist die Chance, Denkprozesse anzustoßen, die im Lernenden ihren Ausgangspunkt haben, die nicht auf fertige Ergebnisse abzielen. Das Unterrichtsgespräch sollte nicht nur deklaratives Wissen abgreifen und fertige Denkwege fragend präsentieren, sondern höherwertige Argumentationen anregen. Im Zentrum solle nicht das Nacharbeiten, Memorieren, Parat haben, Abprüfen können, Zensieren stehen, sondern Raum und Zeit für ein selbstständiges Erfassen und Denken sein und eine „Liebe zur Sache, die Lernende und Lehrende verbinden könne" (Schneider / Draken 2020, 142).

---

8 So betrachtet Leisen etwa die Diskursivität als ein entscheidendes Qualitätsmerkmal in Unterrichtsgesprächen: Leisen 2007, 116.

3. Die Bedeutung von Gesprächen im Religionsunterricht und die verschiedenen Unterrichtsgesprächstypen

(1) Vorkommen und Bedeutung von Gesprächen im Religionsunterricht und die Frage nach ihrem Lernpotential

Dass im Religionsunterricht im Vergleich zum Unterricht in anderen Fächern viel geredet wird und damit das Gespräch rein quantitativ einen spürbaren Raum im Fachunterricht einnimmt, ist keine neue Erkenntnis. Immer wieder neu muss sich der Unterricht dabei gegen den Vorwurf wehren, ein „Laberfach" zu sein. Was kann nun vor dem Hintergrund der Studie, empirisch belegt, zum Gesprächsanteil im Religionsunterricht gesagt werden? Welcher Art sind die Gespräche und welches Lernpotential haben sie und kommt es dabei auch zu Erkenntnisfortschritten?

Gespräche haben zeitlich einen erheblichen Anteil am Unterricht. Schon das niedrig-inferente Rating hat aufgezeigt, dass Gespräche im Plenum etwa ein Drittel der Unterrichtszeit einnehmen (vgl. S. 225). Dabei handelt es sich in etwa der Hälfte aller ausgewerteten Gespräche um sogenannte Pingpong-Gespräche zwischen der Lehrperson und Schüler_innen und nur in einem Sechstel der Gespräche um echte Unterrichtsgespräche. Ein Zehntel der Gespräche sind Gespräche als getarnte Lehrervorträge und ein Drittel sind Gespräche als Reihung von Beiträgen der Schüler_innen[9].

In *echten Unterrichtsgesprächen*, das zeigte unsere Analyse der Gesprächsarten, lassen sich überdies fortschreitende Erkenntnisprozesse feststellen, die „das Verstehen [...] weiter vorantreiben" (Schneider / Draken 2020, 143)[10]. Beim *Pingpong-Gespräch* (UGLV) und beim *Gespräch als Reihung von Schülerbeiträgen* (UGS) ist ein Erkenntnisfortschritt nur selten und wenn dann in geringer

9 Das Vorkommen der Gesprächstypen ist nicht gleichmäßig auf alle aufgezeichneten Lehrpersonen verteilt: Pingpong-Gespräche (UGLS), Gespräche als Reihung von Schülerbeiträgen (UGS) und Gespräche als getarnte Lehrervorträge in verteilten Rollen (UGLV) kommen, wenn auch in unterschiedlichen quantitativen Intensitäten, bei allen Lehrpersonen vor. Erstaunlich ist, dass das echte Unterrichtsgespräch dagegen bei einigen Lehrpersonen vergleichsweise oft, bei anderen mitunter gar nicht zu finden gewesen ist. Offenbar ist hier auch ein Kennzeichen erfasst, das die Lehrpersonen unterscheidet.

10 Schneider und Draken haben anschaulich formuliert, was ein fortschreitender Erkenntnisgewinn im Gespräch bedeutet: Wenn das Unterrichtsgespräch „darauf angelegt ist, Denken zu schulen, Fragen zu provozieren, Zweifel als wesentliches Element zu stärken, Lücken im Verstandenen aufzudecken, Konsensuales wieder zu prüfen, Teilansichten zu vernetzen, vermeintliche Lösungen mit anderen Wissensbereichen abzugleichen, Ergebnisse zu kontextualisieren und in ihrer Bedeutung zu reflektieren, um aus dem Erkannten wieder neue Fragen zu entwickeln, kurz: das Verstehen immer in Stücken weiter voranzutreiben" (dies. 2020, 143).

Ausprägung feststellbar. Beim *Gespräch als getarnter Lehrervortrag* kommen Erkenntnisfortschritte zu 94 % gar nicht oder nur sehr gering vor. Das kann als tragisch verstanden werden, je nachdem, was man von diesen Gesprächen erwartet. Echte Unterrichtsgespräche (UG) zeigen hier offensichtlich ein Potential: in 90 % aller echten Unterrichtsgespräche ist ein fortschreitender Erkenntnisprozess messbar; in mehr als der Hälfte der Fälle (52 %) war dieser sogar sehr stark.

Es muss resümiert werden, dass die meisten von uns beobachteten kommunikativen Interaktionen keine sichtbaren Lernfortschritte zeigen. Zu berücksichtigen ist, dass diese allerdings dem Gespräch vorgelagert sein können oder nicht sichtbar werden. Hier muss die begrenzte Aussagekraft unserer Ergebnisse aufgrund der zweifach beschränkten Fokussierung auf kommunikative Interaktionen im Plenum und auf beobachtbare Sichtstrukturen dieser bedacht werden. Nur in wenigen Gesprächen, und hier vor allem beim echten Unterrichtsgespräch, kann ein Fortschritt im Gespräch beobachtet werden.

Zu überlegen ist grundsätzlich, ob hier der Anspruch an das Gespräch, der von vielen Fachdidaktiker_innen formuliert wurde (vgl. Reese-Schnitker S. 25. in diesem Band), für das Lernen in und durch Gespräche/n zu hoch ist. Stellt es für Lehrpersonen und Schüler_innen im schulischen Kontext eine Überfordeung dar? Geht es im Unterricht nicht auch um Innehalten, Wiederholen, Einüben, Erinnern, Zeigen? Wenn hier durchweg Erkenntnisgewinne erwartet werden, diese dabei nur vereinzelt in sogenannten Sternstunden aufscheinen, ist zu überlegen, ob die Frage nach dem Lernpotential nicht differenzierter zu stellen ist. Sicherlich sollte auch die soziale, gemeinschaftsstiftende und -pflegende Aufgabe von Klassenkommunikation beachtet und wertgeschätzt werden.

(2) Die Potentiale echter Unterrichtsgespräche oder: Sind echte Gespräche die besseren Gespräche?

In vielerlei Hinsicht zeichnet sich das echte Unterrichtsgespräch, ein Gespräch, in dem die Schüler_innen aufeinander Bezug nehmen und miteinander sprechen, teilweise deutlich gegenüber allen anderen Gesprächstypen aus. Diese Differenzen scheinen die Andersartigkeit dieses Gesprächstyps zu unterstreichen. In welchen Punkten unterscheiden sich echte Unterrichtsgespräche und worin genau qualifizieren sie sich?

Die statistische Auswertung unterstreicht, dass das echte Unterrichtsgespräch sich hochsignifikant von den anderen Gesprächstypen unterscheidet. Worin genau?

Im Hinblick auf die Lehrpersonen lässt sich feststellen, dass diese in echten Unterrichtsgesprächen besonders stark um eine gesprächsförderliche Atmosphäre bemüht sind. Insbesondere wird die Körpersprache unterstützend eingesetzt. In echten Unterrichtsgesprächen zeigen sich die Lehrpersonen auch häufiger als Expert_innen und geben fachliche Auskünfte. In jedem zweiten echten Unterrichtsgespräch bringen sie ihre Expertise sogar mindestens stark ein. Ein weiterer Wert, der Umgang der Lehrperson mit inhaltlichen Kontroversen, wie oben bereits angesprochen, ist in echten Unterrichtsgesprächen höher als bei den anderen Gesprächstypen.

Die von uns gemessene Gesprächsatmosphäre, die von den Schüler_innen mitgestaltet wird, hat ebenfalls, im Vergleich zu den anderen Gesprächstypen, den höchsten Wert. Offen bleibt, ob die gute Gesprächsatmosphäre eine Gelingensvoraussetzung für echte Unterrichtsgespräche ist oder ob echte Unterrichtsgespräche, also das Zuwenden der Schüler_innen zueinander und das Miteinander-Sprechen, Ausdruck einer lernförderlichen Atmosphäre sind. Vermutlich bedingen sich beide Faktoren.

Ein Blick auf die Gesprächsdynamik belegt ebenfalls die Sonderstellung dieses Gesprächstyps. So weist dieser beim Gesprächsfluss, der Gesprächsintensität sowie beim Diskussionscharakter Spitzenwerte auf. Zum herausragenden Wert beim fortschreitenden Erkenntnisprozess wurde bereits mehrfach hingewiesen: in echten Unterrichtsgesprächen sind in 90% der Fälle erkenntniserweiternde Lernprozesse feststellbar. Mehrpolige Gespräche unter Schüler_innen, die sich im Gesagten aufeinander beziehen, führen bei diesen offensichtlich durch ihre Art und Weise zu einem besseren Verstehen und Lernen.

Gleicht man diese gesprächsspezifischen Ergebnisse mit den Fallprofilen der Lehrer_innen ab, fällt auf, dass die Fähigkeit der jeweiligen Lehrperson, die identifizierten Rollen (Auditor_in, Motivator_in, fachkompetente_r Gesprächspartner_in) innerhalb des Gesprächs zu wechseln, entscheidenden Einfluss auf ebenjene hat: Echte Unterrichtsgespräche (UG) waren nämlich feststellbar, wenn die Lehrpersonen zu einer guten Atmosphäre beitrugen und diese vor allem durch ihre Körpersprache unterstützten. Der Redeanteil der Lehrperson wurde dann genutzt, um fachliche Impulse zu geben oder bestehende kontroverse Meinungen und Einschätzungen zu sammeln bzw. darauf zu reagieren.

Legt man den Fokus auf die am Gespräch beteiligten Schüler_innen, fällt auf, dass bei echten Unterrichtsgesprächen neben dem Vertiefungsgrad der Schülerbeiträge durch die Mitschüler_innen, was weniger überraschend ist, nur die Werte *eines* schülerbezogenen Items signifikant höher sind als die der anderen Gesprächstypen: der qualitative Partizipationsgrad. In 86% aller echten Unterrichtsgespräche wurde dieser als mindestens hoch gewertet. Das zeigt, dass, um es flapsig auszudrücken, in diesen Gesprächen nicht „gelabert" wird, sondern dass sich die Schüler_innen tatsächlich mit dem Thema oder dem zuvor Genannten auseinandersetzen und einen qualitätsvollen Gesprächsbeitrag beisteuern.

Dies hängt sicher auch mit dem zusammen, worüber geredet wird. Und auch hier gibt es eine deutliche Differenz zu anderen Gesprächen, denn fast alle (86% bzw. 95%) echten Unterrichtsgespräche haben einen Erfahrungs- oder Theologiebezug, was schließlich im Ergebnis dazu führt, dass in über drei Viertel aller echten Unterrichtsgespräche korrelative Momente beobachtbar waren (siehe auch die These „Erfahrungsbezüge und korrelative Momente" im Folgenden) und in mehr als 80% theologische Themen stark oder sogar sehr stark von den Schüler_innen selbst vertieft wurden.

Wenn also, auch in dieser Publikation, wiederholend hinterfragt wird, ob und wo denn Korrelation im Religionsunterricht stattfindet, kann geantwortet werden: Hier, im echten Unterrichtsgespräch!

Auch metakognitive Lernprozesse finden hier stärker statt. Zwar sind diese nur in etwa einem Drittel der Gespräche feststellbar, bei allen anderen Gesprächstypen geht dieser Wert allerdings gegen Null oder ist gleich Null.

Es wird deutlich: In echten Unterrichtsgesprächen geht es um etwas! Schüler_innen reden nicht nur miteinander, sie vertiefen, tragen etwas bei, korrelieren und setzen sich mit den eigenen kognitiven Prozessen auseinander. Echte Unterrichtsgespräche, bei denen die Schüler_innen miteinander in einen anregenden und bereichernden Austausch über ein theologisches Thema kommen und der Aufmerksamkeitsfokus weniger frontal als vielmehr auf der Gruppe liegt, sind offenbar hinsichtlich des Lernertrags qualitätsvoller im Hinblick auf zentrale Anliegen des Religionsunterrichts.

Wir plädieren daher dafür, Schüler_innen im Unterrichtsgespräch zu ermutigen, sowohl eigene Ideen und Beiträge einzubringen als auch den anderen zuzuhören und deren Beiträge verstehen zu wollen. Wir sind davon überzeugt, dass im Religionsunterricht gerade die Fähigkeit, einander zuzuhören, aufeinander einzugehen und miteinander zu sprechen, dazu führt, qualitätsvolle Gespräche zu führen. Je mehr Schüler_innen gelernt haben, im Gespräch gemeinsam ein Problem zu erörtern und Lösungsmöglichkeiten zu suchen, desto mehr öffnet sich die Möglichkeit, die einzelnen Beiträge der Lernenden im Gespräch zu bearbeiten, zu hinterfragen, zu korrigieren und zu profilieren.

(3) Welche Bedeutung haben die anderen drei Gesprächstypen?

Die drei Gesprächstypen außer dem echten Unterrichtsgespräch stellen einen bedeutenden Teil des beobachteten Unterrichts dar. Sind diese Gespräche nur missglückte echte Unterrichtsgespräche oder erfüllen sie einen eigenen Zweck?

Die statistischen Auswertungen mit Blick auf die unterschiedlichen Lehrpersonen und Lerngruppen zeigen eine recht unterschiedliche Verteilung der Gesprächstypen. Welche Art von Gesprächen geführt werden, hängt offenbar zumindest zum Teil von der Lehrer_innen-Persönlichkeit, von den fachlichen und kommunikativen Fähigkeiten oder der grundsätzlichen pädagogischen Haltung ab: Wie viel Raum sollen die Schüler_innen im Unterricht erhalten? Welcher Wert wird offenen Gesprächssituationen beigemessen? Neben den Motiven der Lehrperson, über die wir hier nur Vermutungen anstellen können, ist es denkbar, dass echte Unterrichtsgespräche – selbst, wenn sie von der Lehrperson hochgeschätzt würden – nicht zustande kommen und sich dann als Gespräche anderen Typs manifestieren. Sich im Gespräch aufeinander zu beziehen, setzt

Übung voraus und sicherlich hängt es auch vom Interesse der Schüler_innen am jeweiligen Thema ab, ob ein dynamisches Gespräch entsteht. Andere Gesprächstypen wären nach dieser Sicht somit gescheiterte echte Unterrichtsgespräche. Doch dies wird der Vielzahl des Vorkommens der Gesprächstypen nicht gerecht.

Am Ende unserer Studie sind wir der Meinung, dass alle Gesprächstypen einen eigenen didaktischen Wert haben. Wichtig wäre es, den Lehrer_innen bewusst zu machen, dass es a) unterschiedliche Unterrichtsgesprächstypen gibt, dass sie b) unterschiedliche Voraussetzungen, Absichten und Wirkungen haben, und dass sie deshalb c) gezielt an unterschiedlichen Stellen des Unterrichts fachlich und didaktisch sinnvoll einzusetzen sind.[11]

Eine klassische Situation für ein *Unterrichtsgespräch als Reihung von Schülerbeiträgen (UGS)* ist die Präsentation von Ergebnissen einer Gruppenarbeit. Primäres Ziel ist es hier, die anderen Schüler_innen über die Inhalte zu informieren. Daneben hat die Lehrkraft Gelegenheit, den Lernstand der Schüler_innen zu diagnostizieren bzw. ihre Leistungen wahrzunehmen und zu beurteilen. Keineswegs muss es aus unserer Sicht als defizitär angesehen werden, wenn es an dieser Stelle, an der es um den Erwerb von Wissen über ein bestimmtes Themengebiet geht, nicht zu kontroversen Diskussionen kommt. Vielmehr erscheint ein Unterrichtsaufbau gerade sinnvoll, bei dem zuerst eine inhaltliche Basis gelegt wird und im weiteren Verlauf (etwa der Unterrichtsreihe) die Auseinandersetzung weiter in die Tiefe geht und einen diskursiveren Charakter annimmt.

Die statistische Auswertung hat zudem dem Typ *Gespräch als Reihung von Schülerbeiträgen* einen besonderen Einfluss zugeschrieben. Offensichtlich fördern die sukzessiven Beiträge der Schüler_innen (UGS) das Entstehen von echten Unterrichtsgesprächen, also dass die Schüler_innen sich aufeinander beziehen und miteinander sprechen und damit auch einander zuhören und aufeinander eingehen (UG). Denkbar ist, dass solche Gespräche gute Nährböden für echte Unterrichtsgespräche sind, wie es in der Lerngruppe von Frau Mantel sichtbar wurde.

In den beiden Typen *Gespräch im Pingpong-Modus* (UGLS) und *Gespräch als getarnter Lehrervortrag* (UGLV) in verteilten Rollen bringt sich die Lehrperson deutlich mehr ein. Das erscheint z. B. in Unterrichtssituationen sinnvoll, in denen die Erarbeitung eines Themas direkt im Gespräch erfolgen soll und nicht etwa in einer vorgeschalteten Einzel- oder Gruppenarbeit. Während in der Gruppenarbeit das vorbereitete Arbeitsmaterial sicherstellen soll, dass das Thema sachgerecht erarbeitet wird, muss die Lehrperson dies bei der Erarbeitung im Plenum durch eigene mündliche Beiträge und Korrekturen leisten.

11 Für den Physikdidaktiker Leisen zeigt sich im passenden didaktischen Einsatz und in der Qualität der methodischen Ausführung die Professionalität in der Gesprächsführung (vgl. Leisen 2007, 124).

Diskursive Elemente, die hier in der Tat nur in geringem Maß auftreten, sind dabei von der Lehrkraft an dieser Stelle nicht beabsichtigt und erwünscht, etwa bei einem Austausch der Lehrkraft mit einer/m Schüler_in, die aus irgendwelchen Gründen eine Expert_innenrolle bei einem Thema einnimmt oder ein_e Schüler_in, die/der gezielt die Haltung der Lehrkraft zu einem Thema erfragt usw. Wenn also ein Gespräch als Ersatz für einen Lehrervortrag dienen soll, kann dies didaktisch und in dieser engmaschigen Gestalt durchaus Sinn machen. Wir sind der Meinung: Auch diese beiden Formen haben im Religionsunterricht absolut ihre Berechtigung, wenn die Form mit der beabsichtigen Intention kongruent ist.

Grundsätzlich zu überlegen ist, welches Lernverständnis hinter der gewählten Form des Unterrichtsgesprächs steht: Ist das Unterrichtsgespräch eher darauf gerichtet problem- und frageorientiert an die Denkwelten der Schüler_innen anzuknüpfen und damit offener und unbestimmter an einem stärker durch Einsicht und Vernunft bestimmten Lernverständnis orientiert? Oder ist es eher strategisch erfolgs- oder fachlich sachbezogen und damit eher entlang vorgeplanter Ergebnisse ausgerichtet (vgl. dazu auch Schneider / Draken 2020, 141)?

Gespräche als Reihung von Beiträgen der Schüler_innen eignen sich gut für das Wiederholen oder auch als Brainstorming zu einem Impuls welcher Art auch immer, z. B. zu Beginn einer neuen Einheit, wenn erstmals Vorwissen oder Ideen und Gedanken dazu gesammelt werden. Weniger beinhalten sie einen gemeinsamen kontroversen Austausch. Ist der Unterricht eher im Sinne einer didaktisch vorstrukturierten Lernumgebung konzipiert, dann nimmt die Wissensvermittlung im Gespräch eine untergeordnete Rolle ein und Gespräche dienen eher der eigenen Meinungsbildung, Positionsprüfung und Anwendung des vorher Gelernten, wofür *echte Unterrichtsgespräche* prädestiniert wären.

Unserer Ansicht nach nehmen die verschiedenen Gesprächstypen, also jeweils mit unterschiedlichen didaktischen Intentionen, einen legitimen Platz im Unterricht ein. Es kommt jedoch auf den didaktisch sinnvollen Kairos und ihr Verhältnis zueinander an. Die Überbetonung der sonstigen Gesprächstypen führt etwa zu einem geringeren Raum, um die Kompetenzen zu fördern, die mit dem echten Unterrichtsgespräch verknüpft sind.

4. Worüber in Unterrichtsgesprächen geredet wird

(1) *Unbestimmtheit des Gesprächsgegenstandes und die Bewertung des Aneinander-Vorbeiredens*

Zur Realität von Unterrichtsgesprächen gehört es auch, dass das Thema unscharf ist und Schüler_innen und Lehrer_in aneinander vorbeisprechen. Ist das immer ein Problem?

Inwiefern Schüler_innen aneinander vorbeisprechen, hängt vom Gesprächstyp ab. Denken wir etwa an die Präsentation von Ergebnissen einer Gruppenarbeit im Modus eines Gesprächs als Reihung von Schülerbeiträgen, dann ergibt es sich aus dem grundlegenden Setting, dass die gegenseitige Bezugnahme eher gering ausfällt. Dass die Beiträge nebeneinanderstehen, ist dann oft der Normalfall. Ob die Schüler_innen einander auch zuhören, kann hierbei nicht beurteilt werden. Die Schüler_innen sind in erster Linie auf das gemeinsam in der Kleingruppe Erarbeitete fokussiert. Ist die Gruppenarbeit so angelegt worden, dass die verschiedenen Kleingruppen unterschiedliches Material oder unterschiedliche Fragestellungen erhalten haben, dann liegt die geringe Chance der gegenseitigen Bezugnahme noch deutlicher auf der Hand. Die Bezugnahme auf das von der Lehrperson intendierte Thema ist in einer solchen Situation dagegen eher wahrscheinlich. Die Lehrperson hat mutmaßlich eine Fragestellung in ihrer Unterrichtsplanung entworfen und kann gut nachsteuern, wenn der Bezug zu ihr im Gespräch verloren zu gehen droht. D.h. die gegenseitige Bezugnahme und das Halten des roten Fadens ist hier eindeutig die Aufgabe der Lehrperson.

Anders verhält es sich, wenn etwa ein echtes Gespräch von selbst aus der Unterrichtssituation heraus entsteht. Hier muss die Lehrperson spontan für sich klären, was genau besprochen wird, um die Möglichkeit zu haben, thematische Unbestimmtheiten transparent zu machen und den Schüler_innen Orientierung zu bieten.

Im Zuge der Arbeiten an den Fallanalysen fiel auf, dass es mitunter schon beim mehrfachen Lesen eines Transkripts schwerfällt, die thematischen Bezugnahmen der Schüler_innen untereinander im Detail zu erfassen und zu verstehen. Soll dies synchron erfolgen, ist das eine noch schwierigere Aufgabe. Bereits an anderer Stelle wurde zur Bescheidenheit aufgerufen: „Es ist leicht, unterlassene Lernchancen in Unterrichtsgesprächen aus der Beobachterperspektive zu entlarven, um einiges schwerer in der konkreten Unterrichtssituation auf unerwartete Schüleräußerungen unmittelbar, flexibel, schülerorientiert und theologisch fundiert zu handeln.“ (Reese-Schnitker 2016, 247)

Die Lehrperson hat eine komplexe Aufgabe bei der Moderation, die es zu achten gilt; sie muss fortwährend abwägen, ob sie das Gespräch v. a. im Fluss halten möchte oder Unterbrechungen für metakommunikative Äußerungen in Kauf nimmt.

Allerdings sind thematische Unschärfen nicht pauschal negativ zu bewerten. Am Beispiel einer doppelten Lehrerfrage, die den Einstieg in ein Unterrichtsgespräch markiert, erkennen wir in einer unserer Fallanalysen[12], dass den Schüler_innen die Möglichkeit geboten wird, an zuvor bearbeitetes Material oder ihre eigenen Erfahrungen und Haltungen anzuknüpfen. Für die Beantwortung der Frage werden damit auch unterschiedliche Anforderungsniveaus angeboten, was im Sinne eines differenzierten Religionsunterrichts durchaus sinnvoll sein kann.

(2) Theologie in Unterrichtsgesprächen

Dass in Gesprächen im Religionsunterricht theologische Fragestellungen thematisiert werden, überrascht nicht; dennoch ist dies längst nicht immer der Fall. Gespräche zu theologischen Themen haben einen besonderen Charakter und stellen besondere Anforderungen. Wodurch zeichnen sie sich aus?

Theologische Gespräche sind besonders dynamische Gespräche und je schleppender Gespräche verlaufen, desto geringer ist der Theologiebezug des Gesprächs, so zeigt es die Auswertung des hoch-inferenten Ratings. Theologische Fragen laden offenbar dazu ein, kontrovers zu diskutieren, vielleicht, weil oftmals keine eindeutige Antwort erreichbar ist. Sie haben den Charakter eines gemeinsamen Suchens nach Antworten.

Gespräche, in denen theologische Themen bearbeitet werden, sind zudem oftmals anspruchsvoll. Das hängt zum einen mit der inhaltlichen Komplexität zusammen, zum anderen damit, dass sich die Schüler_innen auf unterschiedlichen Ebenen einbringen können: offene, (theologisch) anspruchsvolle Fragen bzw. Aufgaben bergen eine immanente Differenzierungsmöglichkeit, sodass Schüler_innen sich entsprechend ihres Lern-, Entwicklungs- oder Leistungsstandes äußern können.

In den Fallanalysen haben wir gesehen, dass es Gesprächssituationen gibt, in denen Schüler_innen sowohl auf einer persönlich-erfahrungsbezogenen Ebene als auch eher abstrakt-argumentativ einsteigen können.[13] Die Offenheit für verschiedene Zugänge ist auf der einen Seite für die Partizipation der Schüler_innen ein Vorteil, fordert jedoch die Lehrperson heraus, die unterschiedlichen Ebenen wahrzunehmen und die Schüler_innen metakommunikativ bei der Orientierung zu unterstützen, wovon die Rede ist.

Anspruchsvoll sind Gespräche zu theologischen Themen schließlich auch, weil der Theologie eine spezifische Sprachwelt zu eigen ist. In dieser müssen

---

12 Vgl. die Gesprächsfeinanalyse „*Wo ist das Problem? Wieso passt für euch Leid und Gott nicht zusammen?*" in diesem Buch.

13 Vgl. ebd.

die Schüler_innen navigieren und der Lehrkraft kommt die Aufgabe eines Lotsen / einer Lotsin zu.

Exemplarisch lässt sich an unserer Fallanalyse zu einem Gespräch zur Theodizeefrage überlegen[14], inwiefern theologische Fragen Lebensrelevanz für junge Menschen aufweisen. In der Auswertung entstand der Eindruck, dass dieser bei der verhandelten Frage eher nicht gegeben ist. Es zeigt sich an diesem Beispiel, dass dies nicht unbedingt zu einer geringen Bereitschaft führen muss, sich am Gespräch zu beteiligen. Es kann dazu führen, dass das Verständnis des didaktisch inszenierten Problems erschwert wird und das Gespräch in der Folge auf unterschiedlichen Ebenen unspezifisch und oberflächlich verläuft.

(3) Erfahrungsbezüge und korrelative Lernprozesse

Obwohl die Korrelationsdidaktik nach wie vor grundlegendes Konzept religionsunterrichtlichen Handelns ist, wurden von Schüler_innen in den videographierten Unterrichtsgesprächen insgesamt nur selten Erfahrungsbezüge zwischen dem Gesprächsgegenstand und ihrer Lebenswelt hergestellt, wobei gleichzeitig, wenn auch geringfügig, korrelative Lernprozesse feststellbar waren. Daher kann hinterfragt werden: Was erschwert Korrelation und wer bzw. was initiiert die (wenigen) korrelativen Momente im Unterrichtsgespräch?

Besonders aufschlussreich ist zunächst ein Blick auf die entworfenen Fallprofile der Lehrpersonen: Bei der Lehrperson, die als vornehmlich zuhörend auftritt, finden, rein quantitativ, die meisten korrelativen Lernprozesse statt – und zwar sogar in der Hälfte aller Gespräche. Bei den Lehrpersonen, die als kompetente Gesprächspartner_innen auftreten, finden auch korrelative Lernprozesse statt, obgleich nicht so stark ausgeprägt. Bei den motivierenden Lehrpersonen, einer dritten von uns identifizierten Gruppe, jedoch war fast gar kein korrelativer Lernprozess feststellbar. Offensichtlich ist deren Vorkommen also nicht nur von der Lehrperson, sondern auch von deren Rolle abhängig. Ohne die Lehrperson als starr in einem Typus verharrend zu verstehen, muss doch resümiert werden: Sich als Lehrperson motivierend in ein Unterrichtsgespräch einzubringen, hat nicht oder nur sehr bedingt den Effekt, dass korrelative Momente begünstigt werden.

Auch hinsichtlich der Gesprächstypen kann eine deutliche Differenz formuliert werden. In 89% der Gespräche, betrachtet man alle Gespräche zusammen, tauchten korrelative Momente überhaupt nicht auf. Korrelative Lernprozesse und der Erfahrungsbezug der Schüler_innen spielen offenbar nur eine untergeordnete Rolle in Gesprächen, außer – und das ist ein deutliches Ergebnis – beim echten Unterrichtsgespräch. Dort sind in fast drei Viertel aller Ge-

---

14 Vgl. ebd.

spräche korrelative Lernprozesse beobachtbar. In der Hälfte davon sind diese sogar sehr stark ausgeprägt.

Die statistische Auswertung verdeutlicht überdies, dass das echte Unterrichtsgespräch durch eine hohe Dynamik und eine besondere Qualität in der Auseinandersetzung mit erfahrungsbezogenen und theologischen Inhalten korrelative Lernprozesse fördert. Zum Vergleich: Beim stark lehrerzentrierten Unterrichtsgespräch, dem Gespräch als getarnter Lehrervortrag in verteilten Rollen (UGLV), bei dem die kommunikative Aktivität der Schüler_innen nur gering ausgeprägt ist, sind Theologie- und Erfahrungsbezug unterdurchschnittlich ausgeprägt.

Dass korrelative Momente stärker von den Schüler_innen eingebracht werden als von den Lehrpersonen, überrascht unter der Maßgabe, dass diese den Erfahrungsbezug herstellen, nicht. Auffällig ist allerdings die Wechselwirkung zwischen diesen und dem qualitativen Partizipationsgrad: Wenn die Beiträge der Schüler_innen qualitätsvoll sind, steigt die Wahrscheinlichkeit korrelativer Lernprozesse. Diese wiederum steigern den qualitativen Partizipationsgrad.

5. Die Akteur_innen der Unterrichtsgespräche

(1) Der große Redeanteil der Lehrpersonen und die ambivalenten Auswirkungen auf das Unterrichtsgespräch

Die gesichteten und untersuchten Gespräche weisen insgesamt einen sehr großen Redeanteil der Lehrpersonen auf, was Ergebnisse anderer empirischer Studien bestätigen.[15] *Wie wirkt sich dies auf die Unterrichtsgespräche aus und worüber reden die Lehrpersonen?*

Der, im Durchschnitt aller gesichteten Gespräche, sehr hohe Gesprächsanteil der Lehrpersonen (in der Hälfte der Unterrichtsgespräche reden die Lehrpersonen mehr oder deutlich mehr als ein Drittel der Gesprächszeit) ließ sich, das ergab das hoch-inferente Ratingverfahren, nur selten mit einer hohen Ausprägung der Bewertungskategorien methodische Lenkung, inhaltliche Strukturierung oder Anregung zu metakognitiven Prozessen erklären. Auch verwandten

15 Studien zu Redeanteilen von Lehrpersonen und Schüler_innen weisen in ähnliche Richtung: Im Rahmen der IPN-Videostudie bestimmen Kobarg und Seidel (2007, 159) für den Physikunterricht einen zeitlichen Anteil von Lehreräußerungen von sogar 80,26 %. In der Videostudie des Englischunterrichts von Helmke et al. (2008, 351) wird berechnet, dass die Lehrpersonen 68 % Anteil an der Gesamtsprechzeit des Unterrichts haben. Niegemann und Stadler kommen bei dem Vorkommen von Fragen von Lehrer_innen und Schüler_innen zu einem ähnlichen Ergebnis: Niegemann / Stadler 2001, 171–192.

die Lehrpersonen ihre Redezeit nur selten zur Herstellung übergreifender thematischer Zusammenhänge oder der Sicherung der Gesprächsergebnisse. Aber worauf verwenden die Lehrpersonen dann ihren hohen Redeanteil am Gespräch?

Überraschend ist, dass sich ein starker Zusammenhang zwischen dem Redeanteil der Lehrperson und der Vertiefung der Schülerbeiträge durch ebendiese zeigt. Was genau macht die Lehrperson hier, wenn sie, wie oben gesehen, nicht inhaltlich strukturiert oder metakognitive Lernprozesse initiiert? Wiederholt sie nur das Gesagte und gibt damit den Schüleräußerungen Raum und Bedeutung? Oder vertieft sie diese zudem fachlich mit eigenen Worten? Offenbar erweist sie sich in dieser Form, die genauer zu untersuchen wäre, als eine Gesprächspartnerin für die Schüler_innen.

Es muss kritisch festgehalten werden, wie oben bereits angedeutet, dass ein hoher Gesprächsanteil der Lehrperson den Gesprächsfluss in Unterrichtsgesprächen deutlich verlangsamt und der qualitativen Partizipation der Schüler_innen mitunter sogar abträglich ist. Außerdem stellen die Schüler_innen seltener einen Erfahrungsbezug zu den Inhalten her. Der Gedanke liegt nahe, Schüler_innen würden sich, wenn der Gesprächsanteil ihrer jeweiligen Lehrperson hoch ist, selbst eher zurückhalten.

Die statistische Auswertung bescheinigt dies vor allem bei Pingpong-Gesprächen. Die starke Lehrerzentrierung durch wiederkehrende kommentierende und lenkende Beiträge bremst die Dynamik. Die Lehrperson möchte offenbar die Lernenden in eine bestimmte thematische Richtung lenken und nimmt dafür auch, immerhin ist dieser Gesprächstyp der am häufigsten Gesichtete in unseren Aufzeichnungen, die oben beschriebenen negativen Implikationen in Kauf.

Aus konzeptioneller Perspektive plädiert Kunstmann für Zurückhaltung der Lehrperson in Unterrichtsgesprächen, sie solle bei der Gesprächsführung eine lenkende, aber zurückhaltende Rolle einnehmen: „Bei einer guten Moderation hat der Lehrer die Fäden des Gesprächs klar in der Hand, hält sich selbst aber vollkommen zurück – wie ein Dirigent, der leitet, aber selbst keine Musik macht. Lehrer sollen in Gesprächen nicht selbst Beiträge liefern.“ (Kunstmann 2004, 217)

Wir beurteilen dies differenzierter: Qualifizierte Beiträge der Lehrer_innen haben, wie in unseren Gesprächsfeinanalysen zu sehen ist, durchaus in Unterrichtsgesprächen einen sinnvollen Ort, wenn sie den Gesprächsprozess stimulieren oder mit fachlichen Beiträgen die Beiträge der Schüler_innen oder den Gesprächsgegenstand vertiefen. Wenn allerdings der durch die Lehrperson in Anspruch genommene Gesprächsraum zu gewaltig wird, dann wirkt sich dies negativ aus – auf die aktive Partizipation der Schüler_innen, den Gesprächsfluss und den Erfahrungsbezug der Inhalte. Unterrichtsgesprächstypen mit einem hohen Gesprächsanteil der Schüler_innen (UG, UGS) schneiden dagegen bei der wahrgenommenen qualitativen Partizipation der Schüler_innen um einiges besser ab.

Es ist unserer Ansicht nach wichtig, dass sich Lehrpersonen für den Verlauf von Unterrichtsgesprächen verantwortlich zeigen und diese leiten. Ihnen kommt die Aufgabe zu, den roten Faden zu halten, beziehungsweise diesen immer wieder einzuspielen und den Gesprächsprozess so für alle transparent zu gestalten. Dies ist nicht damit zu verwechseln, dass die Lehrperson sich dominant und fortwährend mit Gesprächsbeiträgen einklinkt. Auch bei großer Zurücknahme der Lehrperson kann und sollte sie die einzelnen Fäden im Blick behalten und strukturierend und Orientierung gebend handeln. „In guten Unterrichtsgesprächen redet die Lehrkraft wenig, sorgt aber für ein komplexes Denken der Lernenden und stärkt ihr Gespräch miteinander." (Schneider / Draken 2020, 10)

Hinsichtlich des Redeanteils der Lehrperson kann resümiert werden: „Behinderungen für qualitätsvolle Unterrichtsgespräche können sowohl in einer zu starken Lenkung durch die Lehrperson etwa auf ein konkretes Stundenziel (oder eine ‚vorgestanzte' Formulierung) hin oder durch ein zu schnelles Eingreifen gesehen werden als auch bei einer zu laschen und unstrukturierten Moderation des Unterrichtsgesprächs." (Fröhle / Reese-Schnitker 2018, 136)

(2) Unerwartete Beiträge und Fragen der Schüler_innen im Gespräch als Störfälle des Unterrichts bewerten und unterbinden oder als kairologische Momente wahrnehmen und nutzen?

Immer wieder fiel uns in den Unterrichtsvideos auf, dass Fragen und Beiträge der Schüler_innen von dem durch die Lehrperson geplanten Verlauf abweichen. Der Umgang der Lehrpersonen damit war unterschiedlich – sie gaben ihnen Raum und es entwickelte sich ein vertiefendes und fachlich qualitätsvolles Gespräch oder sie ignorierten diese Querläufe und Einwände und hielten an ihrer Unterrichtsplanung fest. Unserer Ansicht nach zeigt sich hier eine Antinomie des Lehrerhandelns: Einerseits muss die Lehrperson flexibel die Lernprozesse der Schüler_innen vor allem im Hier und Jetzt gestalten und fördern, andererseits ist sie gehalten, Lernen in die institutionellen Rahmenbedingungen einzugliedern und sich an zeitliche, räumliche und inhaltliche Vorgaben zu halten. Unterricht kann nicht jedem Impuls nachgehen und jeder Frage Raum geben.

Mühlhausen hat sich in seiner Forschung diesem Phänomen des Umgangs mit Unerwartetem im Unterricht gewidmet (Mühlhausen 2007, besonders 269). Ein kommunikativer und diskursiver Unterricht geschieht grundsätzlich situativ und unterliegt den Unwägbarkeiten des Augenblicks. Sich auf die Gesprächsführung vorbereiten heißt, sich passend einzustellen, d.h. die Lehrperson ist gefordert, das Potential von Schülerbeiträgen aufmerksam wahrzunehmen und – wenn dies die zeitlichen Rahmenbedingungen ermöglichen – diesen Schülerfragen angemessen Raum zu geben, um den Kairo für das intrinsische Lernen zu nutzen. Solche Unterrichtsgespräche, die durch die authentischen Anliegen und Fragen initiiert werden, führen offensichtlich zu einer hohen intrinsischen Lernmotivation – dies kann in den Gesprächsfeinanalysen an der besonderen Aufmerksamkeit der Schüler_innen beobachtet werden. Und sie haben einen erstaunlich theologischen Gehalt, gerade wenn und weil sie aus ihrem Erfahrungshintergrund heraus formuliert werden und die „glatten", reibungsfreien Deutungen in Frage stellen.

In der Gesprächsführung bedarf es daher nach Mühlhausen eines didaktisch-unterrichtlichen Gespürs. Ein solches Gespür (vgl. Mühlhausen, Unterrichten lernen mit Gespür, 2004) lässt sich nicht trainieren wie ein äußeres Verhalten, aber es kann in das Zentrum pädagogischer Aufmerksamkeit gerückt werden. Situationsangemessenes menschliches Handeln ist stets auf die Kopplung von Prozessen des Wahrnehmens, Spürens und Denkens angewiesen. Von Seiten der Lehrkräfte fällt bei unseren Unterrichtsbeobachtungen auf, dass diese zu oft höchst aufschlussreiche Schülerbeiträge ignorieren bzw. nicht weiter vertiefen. Theologisch interessante Beiträge von Schüler_innen werden immer wieder in ihrem Potential nicht ausgeschöpft, weil eine Vertiefung und kritische Sichtung der Inhalte im Gespräch nicht erfolgt. Hier gilt es, Kritik vor allem an der Lehrperson zu üben, bei der inhaltliche Interventionen, Klärungen und Fokussierungen, aber auch das Einbringen von fachlicher Expertise in den Gesprächen vermisst werden.

Für die Entscheidung der Lehrkraft, wie sie auf Fragen und Impulse der Schüler_innen didaktisch angemessen reagiert, ist es vielversprechend, die verschiedenen Fragearten mit ihren unterschiedlichen Implikationen zu betrachten: Deep-Reasoning-Fragen brauchen wahrscheinlich mehr Zeit, um sich damit auseinanderzusetzen und stellen hohe Anforderungen, inhaltlich zu strukturieren, auf der anderen Seite versprechen sie interessante, tiefergehende Gespräche mit einem hohen Lerngewinn. Dagegen beanspruchen Fragen auf einfacherem Niveau oft weniger Zeit, können auch sehr förderlich sein, wenn sie z. B. Missverständnisse schnelle klären, haben aber weniger das Potential, diskursive Lernsituationen auszulösen und damit komplexere Lernoperationen zu ermöglichen.

Verwiesen werden soll an dieser Stelle auch auf die ambivalente Rolle der Fragen von Schüler_innen im Unterricht: denn obwohl es aus religionspädagogischer Perspektive, im Besonderen beim Theologisieren der Kinder und Jugendlichen und einem frageorientierten Religionsunterricht, erwünscht ist, dass Schüler_innen Fragen stellen (Zimmermann 2013, 18–26; auch Roose hier im Band. S. 78f.), ist dies, strukturell betrachtet, eine Abweichung von der Regelhaftigkeit des Unterrichts. Roose hat eindrücklich auf die „Beharrungskräfte der unterrichtlichen Alltagspraxis" verwiesen und angemahnt diese „in ihrer Funktion für die Ordnung des Unterrichts" nicht zu unterschätzen (Roose S. 82 in dieser Publikation). Schülerfragen müssen von der Lehrkraft je einzeln zugelassen werden. Sie haben erst einmal keinen selbstverständlichen Ort im Unterricht. Schülerfragen sind, betrachtet man die strukturellen Bedingungen von Unterricht, nicht immer willkommen (vgl. vertiefend dazu Roose in diesem Band S. 78).

In dieser unterrichtlich herausfordernden Situation zeigt sich erneut eine interessante Antinomie des Lehrerhandelns: Die Lehrkraft soll sowohl kompetent ihren Unterricht planen, einen Rahmen vorgeben und ein vorher erarbeitetes Ziel souverän anpeilen, gleichzeitig aber auch offen, sensibel für die Gelegenheiten und Impulse der Schüler_innen sein und dabei gegebenenfalls jederzeit, wenn auch gut überlegt und entschieden, die eigenen Planungen beiseiteschieben. Sie soll stringent und didaktisch begründet ihren Unterricht planen und gleichzeitig flexibel und spontan agieren – dies lässt sich nicht immer zur Zufriedenheit vereinbaren.

(3) Wie inklusiv sind Unterrichtsgespräche und wen fördern sie? Differenzierte Blicke auf alle Schüler_innen

Wie steht es um die rein quantitative Beteiligung der Schüler_innen im Gespräch? Unsere Ergebnisse zeigen hier – je nach Lerngruppe und Lehrperson – unterschiedliche Formen. Es gibt Lehrpersonen und Lerngruppen, die sich durch eine hohe Beteiligung bei den Gesprächen auszeichnen einerseits (Hofmann) und andererseits Lerngruppen, bei denen sich immer wieder die gleichen Schüler_innen zu Wort melden und die Gespräche gestalten (Blömer / Mantel). Wie ist dies religionspädagogisch zu bewerten?

Gespräche unterscheiden sich in ihrer Gestalt, je nachdem ob viele oder wenige beteiligt sind. In den von uns ausgewerteten Unterrichtsgesprächen gibt die Anzahl der Beteiligten keinen Hinweis auf die Qualität der Gespräche, d. h. auch Gespräche, in denen nur wenige involviert sind, können eine hohe Qualität in der Auseinandersetzung mit dem Unterrichtsgegenstand haben.

Ein didaktischer Qualitätsbegriff würde allerdings als Maß von Qualität auch berücksichtigen, dass möglichst viele möglichst viel lernen. In ähnlicher Weise hält Schulte daran fest, dass gute Unterrichtsgespräche, möglichst viele Schüler_innen einbeziehen sollen.[16]

Mit Blick auf die gesamte Lerngruppe und diesen didaktischen Qualitätsbegriff ist kritisch zu bedenken, dass in Unterrichtsgesprächen vorwiegend die Engagierten, Mutigen und Wortgewandten Sprech- und Entwicklungsraum erhalten; die Trägen, Schüchternen, Gleichgültigen und Sprachlosen rücken in den Hintergrund und werden leicht übersehen. Dass sich immer wieder die gleichen Schüler_innen am Gespräch beteiligen, zeigen auch unsere Studien. Bereits 2013 hat eine der Autor_innen angemahnt (Reese-Schnitker 2013, 137), dass auch stilleren und weniger redegewandten und -geschulten Kindern Auf-

16 Schulte schreibt: Qualität von Unterrichtsgesprächen zeigt sich an der kognitiven Aktivierung der Schüler_innen, der Partizipation möglichst aller Lernenden am Gespräch (Hervorhebung) sowie der fachlichen Expertise der Religionslehrkräfte (vgl. Schulte in diesem Band S. 65).

merksamkeit und Lernangebote gegeben werden müssen. Hierfür sind besondere Kommunikationsmethoden zu verwenden, etwa wenn durch einen Sprechstein alle verpflichtet werden, einen Gesprächsbeitrag zu leisten, oder das geschütztere Kleingruppengespräch[17] gewählt wird (Reese-Schnitker 2021, 199f.). Für diese Schüler_innen sind zudem andere Ausdrucksformen – in denen den „Leiseren" ein Weg gezeigt wird, zu Wort zu kommen, etwa in schriftlichen Aufgaben, Kartenabfragen, Stimmungs- bzw. Meinungsbarometern mithilfe von Aufstellungen o. Ä., geeignete Lernformen.

Hier zeigt sich eine weitere Antinomie des Lehrerhandels: Die Lehrperson soll in Gesprächen einerseits möglichst viele Schüler_innen zu einer Teilnahme motivieren, also um vielfältige Beiträge werben, Kommunikationsbarrieren abbauen (etwa Strenge oder beschämendes Feedback) und Beteiligungshindernisse beseitigen. Andererseits sind in einem qualifizierten Unterricht den Interpret_innen und Interpretationen auch Kritik und Auseinandersetzung zuzumuten. Daran fehlt es im realen Religionsunterricht oft.

Es ist unserer Ansicht nach fatal, wenn um der Atmosphäre willen alle Äußerungen der Schüler_innen hochgelobt werden. Die einzelnen Schülerbeiträge sind nicht alle gleich wichtig und richtig: „Schülerbeiträge sind hinsichtlich ihrer Qualität vielfältig. Sie können enttäuschen, etwas Falsches wiedergeben oder erstaunlich originäre theologische Anfragen stellen. Die Unterscheidung der Geister, die Vertiefung und Unterscheidung der Schülerbeiträge ist [...] ein dringender Handlungsbedarf!" (Reese-Schnitker 2017, 238)

In Unterrichtsgesprächen ist die Teilhabe möglichst vieler Schüler_innen erwünscht, gleichzeitig zielen Gespräche auf die Qualifizierung des theologischen Sprach- und Denkvermögens der Beteiligten. Insofern ist ein fachliches Feedback der Lehrperson notwendig und ausdrücklich gefordert, wenngleich dieses sicher wohlwollend und respektvoll zu formulieren ist.

6. Schluss

Um die vielfältigen Ergebnisse der Studie zusammenzufassen, geht der Blick zuletzt auf den Zusammenhang von Forschung und schulischer Praxis, der für das Forschungsvorhaben zentral ist. In zwei Perspektiven sind die Erkenntnisse relevant.

17 Zu beachten ist bei Kleingruppengesprächen aber auch, dass dort ebenfalls die Mutigen, Engagierten, Wortgewandten häufig das „Zepter" übernehmen und die Lehrkraft in Kleingruppengesprächen eben auch nicht gleichzeitig in allen Kleingruppen „zuhören" (respektive unterschiedliche Aktivität der verschiedenen Schüler_innen wahrnehmen, bewerten und / oder eingreifen) kann.

Zum einen erhält die Sphäre der religionspädagogischen Wissenschaft detaillierte Einblicke in den real stattfindenden Religionsunterricht. Zentral ist dabei natürlich die Wahrnehmung des Stellenwerts von (guten) Unterrichtsgesprächen, die vor einem Über- und Unterschätzen bewahren kann. Es klingen aber auch Aspekte an, bei denen die Perspektive auf Unterrichtsgespräche exemplarisch ist für religionspädagogische Grundfragen, etwa welche Rolle Lehrer_innen im Unterricht haben und haben sollten: Expert_innen, Moderator_innen, Gestalter_innen von Lernumgebungen?

Zum anderen liefern die Auswertungen und ihre Interpretationen Impulse für die schulische Praxis. Sie entwickeln Reflexionskategorien für Gespräche, mit denen klarer gefasst werden kann, wie ein Gespräch in einer bestimmten Unterrichtssituation ausgestaltet sein sollte. Sie machen Lust, Gespräche zu führen und die Gesprächskultur zu verbessern, weil sie vor Augen führen, was gute Gespräche bringen können.

Gespräche im Religionsunterricht zu führen, will gelernt sein. In allen Phasen der Ausbildung von Religionslehrer_innen sollten daher grundlegende kommunikative Kompetenzen entwickelt, gepflegt und fortwährend verbessert werden. Sicherlich fokussiert sich das Studium auf fachliche und reflexive Kompetenzen, die notwendig sind, um durch theologisch qualifizierte Gesprächsimpulse und Strukturierungsleistungen den gemeinsamen Erkenntnisgewinn in der Lerngruppe voranzutreiben. Aber auch Grundlagen zur religionspädagogischen Gesprächsforschung können vermittelt und unterrichtskommunikative Kompetenzen in den Praktika angebahnt werden. Im Vorbereitungsdienst geht es um die Ausbildung und Differenzierung dieser praktisch-kommunikativen Kompetenzen, um eigenes Sprechen und Dirigieren in vielfältigen unterrichtlichen Situationen. In der dritten Phase sollte nach und nach eine Etablierung einer kommunikativen Grundhaltung gelingen, die sicher fortwährend weiterentwickelt und optimiert wird. Hier ist auch die Ausbildung eines religionspädagogischen Gespürs möglich, mit dem Rückgriff auf die vielfältigen unterrichtlichen Erfahrungen.

Grundlegendes Ziel ist es dabei, bei (angehenden) Religionslehrer_innen eine Sprachsensibilität für Gespräche und ihre Potentiale auszubilden, d.h. ein Bewusstsein für das eigene Sprechen und dessen Einfluss auf die sprachlichen Lernprozesse der Schüler_innen.

Auf beiden Ebenen – auf wissenschaftlicher wie unterrichtspraktischer – bleibt die Gestaltung von gutem Religionsunterricht ein immer neu anzupeilendes Ziel. Deutlich wurde, dass die Frage nach dem Lernen der Schüler_innen im Religionsunterricht (als innerer Prozess) empirisch weiter zu verfolgen ist. Für die schulische Praxis wurde evident, dass es nicht nur um den Erwerb von Kompetenzen, sondern um die (Aus-)Bildung einer Lehrer_innen-Persönlichkeit geht mit didaktischem Gespür für kairologische Momente im unterrichtlichen Gespräch. Dass dies weder gar nicht noch ausschließlich erlernbar ist, mag entlasten.

Literatur

Domsgen, Michael / Lütze, Frank M. (2010), Schülerperspektiven zum Religionsunterricht. Eine empirische Untersuchung in Sachsen-Anhalt, Leipzig.

Englert, Rudolf / Hennecke, Elisabeth / Kämmerling, Markus (2014), Innenansichten des Religionsunterrichts. Fallbeispiele – Analysen – Konsequenzen, München.

Fröhle, Dominic / Reese-Schnitker, Annegret (2018), Ist Reden wirklich nur Silber? Einblicke in videographierte Gespräche im Religionsunterricht, in: Pädagogische Stiftung Cassianeum (Hrsg.), Dokumentation des 13. Arbeitsforum für Religionspädagogik, München, 125–140.

Helmke, Tuyet / Helmke, Andreas / Schrader, Friedrich-Wilhelm / Wagner, Wolfgang / Nold, Günter / Schröder, Konrad (2008), Die Videostudie des Englischunterrichts, in: DESI-Konsortium (Hrsg.), Unterricht und Kompetenzerwerb in Deutsch und Englisch. Ergebnisse der DESI-Studie. Weinheim, Basel: Beltz, 345–370.

Kobarg, Mareike / Seidel, Tina (2007), Prozessorientierte Lernbegleitung – Videoanalysen im Physikunterricht der Sekundarstufe I., in: Unterrichtswissenschaft, 35/2, 148–168.

Kunstmann, Joachim (2004), Religionspädagogik, Tübingen.

Leisen, Josef (2007), Unterrichtsgespräch: Fragend-entwickelnder Unterricht, sokratischer Dialog und Schülergespräche, in: Physik Methodik für die Sekundarstufen, Berlin, 115–132.

Mühlhausen, Ulf (2004), Unterrichten lernen mit Gespür – Szenarien für eine multimedial gestützte Unterrichtsreflexion, Hohengehren.

Mühlhausen, Ulf (2007), Abenteuer Unterricht: Wie Lehrer/innen mit überraschenden Unterrichtssituationen umgehen, Hohengehren.

Niegemann, Helmut / Stadler, Silke (2001), Hat noch jemand eine Frage? Systematische Unterrichtsbeobachtung zu Häufigkeit und kognitivem Niveau von Fragen im Unterricht, in: Unterrichtswissenschaft 29/2, 171–192.

Niekerken, Anja (2020), Einleitung, in: Dies., Das Geheimnis richtigen Zuhörens, Wiesbaden 2020.

Reese-Schnitker, Annegret (2013), Produktive Unterbrechungen im Unterrichtsgespräch. Typische Muster, Stolpersteine und Lernchancen von Unterrichtsgesprächen – aufgezeigt an einem Fallbeispiel, in: Katechetische Blätter 138/2, 130–137.

Reese-Schnitker, Annegret (2016), Wie werden biblische Texte im Religionsunterricht ›eingespielt‹? Einblicke in eine empirische Unterrichtsforschungsstudie, in: Klumbies, Paul-Gerhard / Müllner, Ilse (Hrsg.), Bibel und Kultur. Das Buch der Bücher in Literatur, Musik und Film, Leipzig, 221–250.

Reese-Schnitker, Annegret (2021), Unterrichtsgespräche im Religionsunterricht. Formen und Gelingensbedingungen, in: Altmeyer, Stefan / Grümme, Bernhard u.a. (Hrsg.), Sprachsensibler Religionsunterricht (Jahrbuch der Religionspädagogik, Bd. 37), Göttingen, 189–200.

Schneider, Frank / Draken, Klaus (2020), Unterrichtsgespräche. Gespräche in der Klasse initiieren, moderieren, reflektieren, Berlin.

Zimmermann, Mirjam (2013), Fragen im Religionsunterricht. Unterrichtsideen zu einer schülerfragenorientierten Didaktik, Göttingen.

Herausgeber_innen

Dr. theol. Daniel Bertram ist seit 2016 wissenschaftlicher Mitarbeiter in der Religionspädagogik am Institut für Katholische Theologie der Universität Kassel und Mitglied der religionspädagogischen Forschungsgruppe „Gespräche im Religionsunterricht“. Forschungsschwerpunkte: Compassion-Projekte im Kontext von Migration und Asyl (Qualifikationsprojekt).

Dominic Fröhle war von 2015 bis 2018 wissenschaftlicher Mitarbeiter in der Religionspädagogik am Institut für Katholische Theologie der Universität Kassel und ist seitdem Mitglied der religionspädagogischen Forschungsgruppe „Gespräche im Religionsunterricht“. Er ist derzeit Lehrbeauftragter an der Universität Kassel und Grundschullehrer in Münster.

Prof. Dr. Annegret Reese-Schnitker ist seit 2011 Professorin für Religionspädagogik und ihre Fachdidaktik am Institut für Katholische Theologie der Universität Kassel und hat 2012 die religionspädagogische Forschungsgruppe „Gespräche im Religionsunterricht“ gegründet. Forschungsschwerpunkte: Unterrichtsforschung, Genderforschung, Sexualisierte Gewalt als Thema im Religionsunterricht, Interdisziplinäre und interreligiöse Lehrer_innenausbildung.

Autor_innen

Carolin M. Altmann ist wissenschaftliche Mitarbeiterin an der Universität Kassel im Fachgebiet Evangelische Religionspädagogik. Im Kasseler Studienprofil bietet sie die Grundlagenveranstaltung „Theologische Gespräche“ an und beschäftigt sich in ihrer qualitativ-empirischen Dissertation mit der Bedeutsamkeit einer persönlichen Auseinandersetzung Studierender mit theologischen Fragen hinsichtlich ihres unterrichtlichen Leitens Theologischer Gespräche.

Sarah Delling ist wissenschaftliche Mitarbeiterin am Lehrstuhl für Praktische Theologie und Religionspädagogik an der Universität Siegen. Forschungsschwerpunkte: Themenentwicklung in der Unterrichtsinteraktion des Religionsunterrichts und Körpersprache im Religionsunterricht (Promotionsthema).

Dr. theol. Rebecca Gira Deurer ist seit 2021 Akademische Rätin a. Z. am Lehrstuhl für Religionspädagogik und Didaktik des Religionsunterrichts an der Fakultät für Katholische Theologie der Universität Regensburg und nebenberufliche Religionslehrerin i. K. Forschungsschwerpunkte: Unterrichtsgespräche, Didaktik der Religionen.

Dr. Julia Drube ist wissenschaftliche Mitarbeiterin an der Universität Kassel im Fachgebiet Evangelische Religionspädagogik. Forschungsschwerpunkte: Theologisieren mit Kindern und Jugendlichen. Die in der *Forschungswerkstatt Theologische Gespräche* gewonnenen Einsichten werden dabei in ihrem Habilitationsvorhaben ausgewertet und für die Lehrer_innenbildung nutzbar gemacht.

Philipp Ernst ist Gymnasiallehrer an einer Gesamtschule in Nordhessen und seit 2015 Mitglied der religionspädagogischen Forschungsgruppe „Gespräche im Religionsunterricht" am Institut für Katholische Theologie der Universität Kassel.

Marcel Franzmann ist wissenschaftlicher Mitarbeiter und Promovend in der Religionspädagogik am Institut für Katholische Theologie der Universität Kassel und seit 2012 Mitglied der religionspädagogischen Forschungsgruppe „Gespräche im Religionsunterricht". Forschungsschwerpunkte: Geschlechterverhältnissen in Interaktionen von Schüler_innen im Religionsunterricht (Promotionsprojekt).

Prof. Dr. Petra Freudenberger-Lötz ist seit 2007 Professorin für Religionspädagogik am Institut für Evangelische Theologie der Universität Kassel. Forschungsschwerpunkte: Theologische Gespräche mit Kindern und Jugendlichen sowie Fragen der Achtsamkeit, Wertschätzung und Dankbarkeit als Grundlagen einer stärkenden Schulkultur.

Martha Görth war bis 2019 studentische Hilfskraft in der Religionspädagogik am Institut für Katholische Theologie der Universität Kassel und Mitglied der religionspädagogischen Forschungsgruppe „Gespräche im Religionsunterricht". Forschungsschwerpunkte: Schüler_innenfragen im Religionsunterricht, Gespräche im Religionsunterricht.

Dipl.-Theol. Marion Hanser war von 2012 bis 2016 wissenschaftliche Mitarbeiterin in der Religionspädagogik am Institut für Katholische Theologie der Universität Kassel, ist stolzes Mitglied des „Urgesteins" der dort gegründeten Forschungsgruppe „Gespräche im Religionsunterricht" und arbeitete an einem Promotionsvorhaben zur Rehabilitation des Monologs im Kontext der oft einseitig konzipierten Präferenz dialogischer Formen. Ein weiterer Lehr/Lernschwerpunkt lag auf dem Ansatz des Theologisierens und Philosophierens mit

Kindern und Jugendlichen. Seit 2016 ist sie im Landkreis Göttingen als ambulante Hilfe im sozialpädagogischen Bereich tätig.

Elena Nowatschka ist Gymnasiallehrerin für die Fächer Katholische Religion / Mathematik und arbeitete von 2015 bis 2017 als studentische Hilfskraft in der religionspädagogischen Forschungsgruppe „Gespräche im Religionsunterricht".

Prof. Dr. em. Peter Orth war von 1996 bis zu seinem Eintritt in den Ruhestand 2019 als Professor für Religionspädagogik an der Katholischen Hochschule Mainz tätig. Er arbeitete 22 Jahre lang im Beirat der Katechetischen Blätter. Forschungsschwerpunkte: Bibeldidaktik und Methodik.

Martin Richwien ist seit 2018 studentischer Mitarbeiter in der Religionspädagogik am Institut für Katholische Theologie der Universität Kassel und Mitglied der religionspädagogischen Forschungsgruppe „Gespräche im Religionsunterricht".

Prof. Dr. Hanna Roose ist seit 2015 Professorin für Praktische Theologie / Religionspädagogik an der Evangelisch-Theologischen Fakultät der Ruhr-Universität Bochum. Forschungsschwerpunkte: Unterrichtsforschung, Bibeldidaktik, konstruktivistische Religionsdidaktik, Kinder- und Jugendtheologie.

Prof. em. Dr. theol. Matthias Scharer war von 1996 bis zu seinem Eintritt in den Ruhestand 2014 als Professor für Religionspädagogik an der Universität Innsbruck tätig. Er ist grad. Lehrbeauftragter des Ruth C. Cohn Instituts. Forschungsschwerpunkte: Kommunikative Theologie einschl. TZI-Forschung, interkulturelle und transreligiöse Projekte, Curriculum- und Schulbuchforschung.

Dr. phil. Hans Schmid war bis 2016 Leiter der religionspädagogischen Ausbildung im Priesterseminar Bamberg und Verantwortlicher für den Religionsunterricht an Realschulen in der Erzdiözese Bamberg, Diözesanvorsitzender des Deutschen Katecheten-Vereins und langjähriges Mitglied im Bundesvorstand. Er ist Herausgeber einer Schulbuchreihe für den Religionsunterricht an Realschulen. Arbeitsschwerpunkte: Didaktik des Religionsunterrichts, Spiritualität der Religionslehrerinnen und Religionslehrer, konfessionelle Kooperation.

Prof. Dr. theol. Andrea Schulte ist seit 2001 Professorin für Religionspädagogik am Martin-Luther-Institut der Universität Erfurt. Forschungsschwerpunkte: Gegenwärtige Herausforderungen religiöser Sprachbildung und Kommunikation im Religionsunterricht, Didaktik und Methodik außerschulischer Lernorte und Evangelische Schulen in religiös indifferenten Kontexten.

Jesus Nicolas Sola Requena ist seit 2012 Pädagogischer Mitarbeiter in der Religionspädagogik am Institut für Katholische Theologie der Universität Kassel und seit 1999 Lehrer für Katholische Religion, Deutsch und Spanisch an der Gesamtschule mit Oberstufe Freiherr-vom-Stein-Schule in Hess. Lichtenau. Er ist seit 2012 Mitglied der religionspädagogischen Forschungsgruppe „Gespräche im Religionsunterricht“.

Pfr. Dr. theol. habil. Dr. phil. Hermann-Josef Wagener ist neben seiner Tätigkeit als Pfarrkooperator Lehrbeauftragter für Pädagogik, Psychologie und Empirische Forschung und wissenschaftlicher Mitarbeiter am Institut für Pastoralpsychologie und Spiritualität sowie am Seminar für Religionspädagogik, Katechetik und Didaktik der Philosophisch-Theologischen Hochschule Sankt Georgen in Frankfurt am Main. Forschungsschwerpunkte: Empirische Forschung, religionspädagogische Spiritualität und religiöse Entwicklung.